sistemas de informação

```
B197s   Baltzan, Paige
            Sistemas de informação / Paige Baltzan, Amy Phillips;
        tradução: Rodrigo Dubal ; revisão técnica: Miguel Sauan. –
        Porto Alegre : AMGH, 2012.
            xiv, 369 p. : il. color. ; 28 cm. – (Coleção A)

            ISBN 978-85-8055-075-7

            1. Sistemas de informação – Gestão do conhecimento.
        I. Phillips, Amy. II. Título.

                                                        CDU 005.94
```

Catalogação na publicação: Ana Paula M. Magnus – CRB 10/2052

sistemas de informação

Paige Baltzan
Daniels College of Business
University of Denver

Amy Phillips
Daniels College of Business
University of Denver

Tradução
Rodrigo Dubal

Revisão técnica
Miguel Sauan
Mestre em Ciências pelo IME/RJ
Professor de pós-graduação nas áreas
de Estratégia, Inovação Tecnológica,
Marketing Digital e CRM da ESPM/SP

AMGH Editora Ltda.
2012

Obra originalmente publicada sob o título
M: Information Systems, 1st Edition.
ISBN 0073376833/9780073376837

Original edition copyright © 2012, The McGraw-Hill Companies, Inc., New York, New York 10020. All rights reserved.

Capa: *Consolo&Cardinali Design*

Foto de capa: *iStockphoto*

Gerente editorial CESA: *Arysinha Jacques Affonso*

Coordenadora editorial: *Viviane R. Nepomuceno*

Assistente editorial: *Kelly Rodrigues dos Santos*

Preparação, revisão e editoração: *Know-how Editorial*

Reservados todos os direitos de publicação, em língua portuguesa, à
AMGH Editora Ltda., uma parceria entre GRUPO A EDUCAÇÃO S.A. e McGRAW-HILL EDUCATION.
Av. Jerônimo de Ornelas, 670 – Santana
90040-340 – Porto Alegre – RS
Fone: (51) 3027-7000   Fax: (51) 3027-7070

É proibida a duplicação ou reprodução deste volume, no todo ou em parte, sob quaisquer formas ou por quaisquer meios (eletrônico, mecânico, gravação, fotocópia, distribuição na Web e outros), sem permissão expressa da Editora.

Unidade São Paulo
Av. Embaixador Macedo Soares, 10.735 – Pavilhão 5 – Cond. Espace Center
Vila Anastácio – 05095-035 – São Paulo – SP
Fone: (11) 3665-1100   Fax: (11) 3667-1333

SAC 0800 703-3444 – www.grupoa.com.br

IMPRESSO NO BRASIL
PRINTED IN BRAZIL

Sumário Resumido

módulo um
SISTEMAS DE INFORMAÇÃO DIRECIONADOS AOS NEGÓCIOS 3
Capítulo 1 Sistemas de informação nos negócios 4
Capítulo 2 Tomada de decisão estratégica 28
Capítulo 3 e-Business 56

módulo dois
PRINCÍPIOS BÁSICOS DOS SISTEMAS DE INFORMAÇÃO 89
Capítulo 4 Ética e segurança da informação 90
Capítulo 5 Arquitetura corporativa 116
Capítulo 6 Banco de dados e armazém de dados 140
Capítulo 7 Redes, telecomunicações e tecnologia móvel 164

módulo três
SISTEMAS DE INFORMAÇÃO EMPRESARIAIS 193
Capítulo 8 Gerenciamento de operações e gestão da cadeia de suprimento 194
Capítulo 9 Gestão de relacionamento com o cliente e inteligência de negócios 216
Capítulo 10 Planejamento de recursos empresariais e sistemas de colaboração 244

módulo quatro
DESENVOLVIMENTO DOS SISTEMAS DE INFORMAÇÃO 275
Capítulo 11 Desenvolvimento de sistemas e gestão de projetos 276
Capítulo 12 Globalização, inovação e tendências organizacionais do século XXI 300

APÊNDICES ONLINE 327
GLOSSÁRIO 329
NOTAS 343
CRÉDITOS 351
ÍNDICE 355

Sumário

módulo um
SISTEMAS DE INFORMAÇÃO DIRECIONADOS AOS NEGÓCIOS 2

CAPÍTULO 1   SISTEMAS DE INFORMAÇÃO NOS NEGÓCIOS 4

INTRODUÇÃO 6

SEÇÃO 1.1 >> Sistemas de informação nos negócios .. 6

O PAPEL DA TECNOLOGIA DA INFORMAÇÃO NOS NEGÓCIOS 6
   Impacto da tecnologia da informação nas operações de negócios 7
   SAIBA QUE: As pessoas na China e na Índia estão famintas pelo seu trabalho 7

FUNDAMENTOS DA TECNOLOGIA DA INFORMAÇÃO 9
   Dados, informações e inteligência de negócios 9
   Recursos de TI 10
   Culturas de TI 10
   OMG LOL *Wikiblunders* (erros crassos da Wikipédia) 12

PAPÉIS E RESPONSABILIDADES NA TECNOLOGIA DA INFORMAÇÃO 13
   A lacuna entre o pessoal de negócios e o pessoal de TI 14

MEDIÇÃO DO SUCESSO DA TECNOLOGIA DA INFORMAÇÃO 15
   FALA SÉRIO! O que há de errado com esse banheiro? 15
   Métricas de eficiência e eficácia 16
   Benchmarking – métricas de referência 17
   A inter-relação entre as métricas de eficiência e de eficácia da TI 17

SEÇÃO 1.2 >> Estratégia de negócios 18

IDENTIFICAÇÃO DAS VANTAGENS COMPETITIVAS 19
   MINHA LISTA DO QUE NÃO FAZER O que acontece no YouTube fica no YouTube – PARA SEMPRE 19

O MODELO DAS CINCO FORÇAS – AVALIAÇÃO DOS SEGMENTOS DE NEGÓCIOS 20
   Poder de negociação dos compradores 20
   Poder de negociação dos fornecedores 21
   MOSTRE-ME O DINHEIRO A morte de um produto 21
   Ameaça de bens ou serviços substitutos 21
   Ameaça de novos entrantes 22
   Rivalidade entre concorrentes 22
   VIVENDO O SONHO Um *laptop* por criança 23

AS TRÊS ESTRATÉGIAS GENÉRICAS – CRIAÇÃO DE UM FOCO DE NEGÓCIOS 23

ANÁLISE DA CADEIA DE VALOR – PROCESSO DE SEGMENTAÇÃO DOS NEGÓCIOS 23
   Criação de valor 24
   NO FLAGRA Ouça o Homem-Aranha, ele sabe do que está falando! 27

CAPÍTULO 2   TOMADA DE DECISÃO ESTRATÉGICA 28

INTRODUÇÃO 30

SEÇÃO 2.1 >> Sistemas de tomada de decisão 30

OMG LOL Dirigindo enquanto amamenta – Sério? ..	30
TOMADA DE DECISÃO	31
SISTEMAS DE PROCESSAMENTO DE TRANSAÇÕES.....	32
SISTEMAS DE APOIO À DECISÃO	33
NO FLAGRA O criminoso na baia ao lado	35
SISTEMAS DE INFORMAÇÃO EXECUTIVA......................	36
Painéis digitais...	36
SAIBA QUE: Tem sucata? Chame um marmanjo! ...	37
INTELIGÊNCIA ARTIFICIAL..	37
Sistemas especialistas......................................	39
Redes neurais..	39
Algoritmos genéticos...	40
Agentes inteligentes	41
Mineração de dados..	42
SEÇÃO 2.2 >> Processos de negócios....................	42
VIVENDO O SONHO Entidades virtuais sem fins lucrativos ajudam na sustentabilidade – Do que você está falando?	42
COMPREENSÃO DA IMPORTÂNCIA DOS PROCESSOS DE NEGÓCIOS..	43
MELHORIA DO PROCESSO DE NEGÓCIOS	45
MINHA LISTA DO QUE NÃO FAZER Você acidentalmente enviou para sua avó uma mensagem confidencial destinada ao seu companheiro – Ai!...	46
REENGENHARIA DOS PROCESSOS DE NEGÓCIOS	46
Encontrar oportunidades utilizando a BPR........	46
Selecionando um processo para reengenharia	47
Armadilhas da BPR..	47
MODELAGEM DO PROCESSO DE NEGÓCIOS	48
GERENCIAMENTO DO PROCESSO DE NEGÓCIOS	51
FALA SÉRIO! Processe sua faculdade em US$ 70 mil	51
BPM é uma questão de negócios ou da tecnologia da informação?	51
Riscos e recompensas do BPM	52
MOSTRE-ME O DINHEIRO Se não está quebrado, não conserte	52
Exemplos de modelagem do processo de negócios	53
CAPÍTULO 3 E-BUSINESS..	**56**
INTRODUÇÃO..	58
SEÇÃO 3.1 >> Negócios e a internet	58
TECNOLOGIA DISRUPTIVA	58
Tecnologia disruptiva *versus* tecnologia sustentada	59
NO FLAGRA Desculpe-me, mas você está sentado no meu nome de domínio	59
A internet – Disrupção de negócios	60
EVOLUÇÃO DA INTERNET..	60
Evolução da World Wide Web............................	61
WEB 2.0..	63
Mashups..	64
SAIBA QUE: Você não adora o Mötley Crüe?..........	65
O FUTURO – WEB 3.0	65
Transformar a web em um banco de dados.......	66
Um caminho evolutivo até a inteligência artificial...	66
A realização da web semântica e SOA...............	66
Evolução em direção ao 3D...............................	66
ACESSO ÀS INFORMAÇÕES DA INTERNET..................	66
Intranet	67
Extranet	67
Portal...	67
Quiosque	67
FORNECIMENTO DE INFORMAÇÕES PELA INTERNET	68
Provedor de acesso à internet	68
FALA SÉRIO! Quem imaginou que a cana-de-açúcar fosse uma arma mortífera?..........	68
Provedor de acesso online	70
Provedor de serviços de aplicativo	70
SEÇÃO 3.2 >> e-Business	70
FUNDAMENTOS DO E-BUSINESS...................................	70

MODELOS DE E-BUSINESS 70
    Empresa-empresa (B2B) 71
    Empresa-consumidor (B2C) 73
    Consumidor-empresa (C2B) 73
    Consumidor-consumidor (C2C) 73
ESTRATÉGIAS ORGANIZACIONAIS PARA
O E-BUSINESS 74
    Marketing/vendas 74
    VIVENDO O SONHO   Louco por acesso 76
    Serviços financeiros 76
    Aquisição 77
    OMG LOL   Bem-vindo à revolução antissocial
    da rede 78
    Atendimento ao cliente 78
    Intermediários 79
MEDIÇÃO DO SUCESSO DO E-BUSINESS 79
    Métrica do website 80
BENEFÍCIOS E DESAFIOS DO E-BUSINESS 81
    MOSTRE-ME O DINHEIRO   Analisando websites 83
NOVAS TENDÊNCIAS NO E-BUSINESS: E-GOVERNMENT E
M-COMMERCE 85
    e-Commerce 86
    MINHA LISTA DO QUE NÃO FAZER   O que é a
    gritaria por e-mail? 87

módulo dois
PRINCÍPIOS BÁSICOS DOS SISTEMAS
DE INFORMAÇÃO 88

CAPÍTULO 4   **ÉTICA E SEGURANÇA DA
                      INFORMAÇÃO** 90
INTRODUÇÃO 92
SEÇÃO 4.1 >> Ética 92
ÉTICA 92
ÉTICA DA INFORMAÇÃO 93
    MINHA LISTA DO QUE NÃO FAZER   Você
    realmente quer arriscar? 93
    Informação não tem ética 94
DESENVOLVIMENTO DE POLÍTICAS
DE GERENCIAMENTO DA INFORMAÇÃO 96

    Política do uso ético de computadores 96
    Política de privacidade da informação 96
    VIVENDO O SONHO   O círculo da vida – Kiva 97
    Política de uso aceitável 98
    Política de privacidade de e-mail 98
    Política de uso da internet 99
    Política anti-spam 99
    SAIBA QUE: Spam: não é apenas para o jantar 99
ÉTICA NO TRABALHO 100
    Tecnologias de monitoramento 100
    Políticas de monitoramento do funcionário 101
SEÇÃO 4.2 >> Segurança da informação 102
QUANTO O TEMPO OCIOSO CUSTARÁ AO
SEU NEGÓCIO? 102
    NO FLAGRA   Eu estou sendo demitido por fumar,
    mas eu estava em casa e era sábado 102
PROTEGER OS ATIVOS INTELECTUAIS 103
A PRIMEIRA LINHA DE DEFESA – AS PESSOAS 106
A SEGUNDA LINHA DE DEFESA – A TECNOLOGIA 109
    Autenticação e autorização 109
    FALA SÉRIO!   Desenhando senhas 109
    Prevenção e resistência 111
    Filtragem de conteúdo 111
    Criptografia 112
    MOSTRE-ME O DINHEIRO   Os hackers amam *Phish*,
    e eu não me refiro à banda 112
    Firewalls 113
    Detecção e resposta 114
    OMG LOL   Você pode ter um alerta para não enviar
    e-mails quando estiver bêbado? 114

CAPÍTULO 5 ARQUITETURA CORPORATIVA **116**	Benefícios da SOA para os negócios 129
INTRODUÇÃO... 118	Serviço.. 131
SEÇÃO 5.1 >> Gerenciamento de arquiteturas corporativas 118	Interoperabilidade 131
ARQUITETURAS CORPORATIVAS....................................... 118	**OMG LOL** Eu não estou com febre, mas tenho certeza de que estou com um vírus............. 131
MINHA LISTA DO QUE NÃO FAZER Honestamente, meu cachorro comeu meu dever de casa.............. 119	Baixo acoplamento.. 132
ARQUITETURA DE INFORMAÇÃO..................................... 120	VIRTUALIZAÇÃO.. 133
Backup e recuperação.. 120	O que são máquinas virtuais?............................ 133
Recuperação de desastres 121	Benefícios de negócios da virtualização............ 134
FALA SÉRIO! Zumbis atacam a Universidade da Flórida 121	**SAIBA QUE:** Virtualização do seu telefone celular .. 134
Segurança da informação 122	Benefícios adicionais da virtualização 135
ARQUITETURA DE INFRAESTRUTURA............................... 124	COMPUTAÇÃO EM GRADE.. 136
Flexibilidade 124	**VIVENDO O SONHO** Recicle o seu telefone............. 136
Escalabilidade 125	Benefícios de negócios da computação em grade.. 138
Confiabilidade 125	
Disponibilidade 125	**NO FLAGRA** Ataque de hacker 139
Desempenho 125	
ARQUITETURA DE APLICAÇÃO... 126	**CAPÍTULO 6 BANCOS DE DADOS E ARMAZÉM DE DADOS** **140**
Serviços web.. 126	INTRODUÇÃO... 142
MOSTRE-ME O DINHEIRO Classificação dos "dados" 126	**SEÇÃO 6.1 >>** Princípios de banco de dados 142
Sistemas abertos... 128	INFORMAÇÃO ORGANIZACIONAL..................................... 142
SEÇÃO 5.2 >> Tendências da arquitetura 129	**OMG LOL** Não é a minha mãe que está no caixão!... 142
TENDÊNCIAS DA ARQUITETURA....................................... 129	O valor da informação transacional e da analítica 144
ARQUITETURA ORIENTADA A SERVIÇOS 129	O valor da informação oportuna 144
	O valor da informação de qualidade 145

ARMAZENAMENTO DA INFORMAÇÃO ORGANIZACIONAL	147
PRINCÍPIOS DE BANCO DE DADOS RELACIONAL	147
Entidades e atributos	148
Chaves e relações	148
MOSTRE-ME O DINHEIRO Determinando problemas de qualidade da informação	148
VANTAGENS DO BANCO DE DADOS RELACIONAL	148
Maior flexibilidade	148
MINHA LISTA DO QUE NÃO FAZER Sim, eu que comecei a internet	150
Maior escalabilidade e desempenho	150
Menos informações redundantes	150
Maior integridade de informação (qualidade)	151
Maior segurança da informação	151
SISTEMAS DE GERENCIAMENTO DE BANCO DE DADOS	151
Websites baseados em dados	152
Vantagens de negócios de websites baseados em dados	152
Inteligência de negócios baseada em dados	153
INTEGRAÇÃO DE INFORMAÇÕES ENTRE MÚLTIPLOS BANCOS DE DADOS	153
SEÇÃO 6.2 >> Princípios de armazém de dados	157
ACESSO A INFORMAÇÕES ORGANIZACIONAIS	157
HISTÓRICO DE ARMAZENAMENTO DE DADOS	157
FALA SÉRIO! Desculpe-me, eu não queria ter divulgado o número da sua carteira de trabalho na internet	157
NO FLAGRA Siga os dados	158

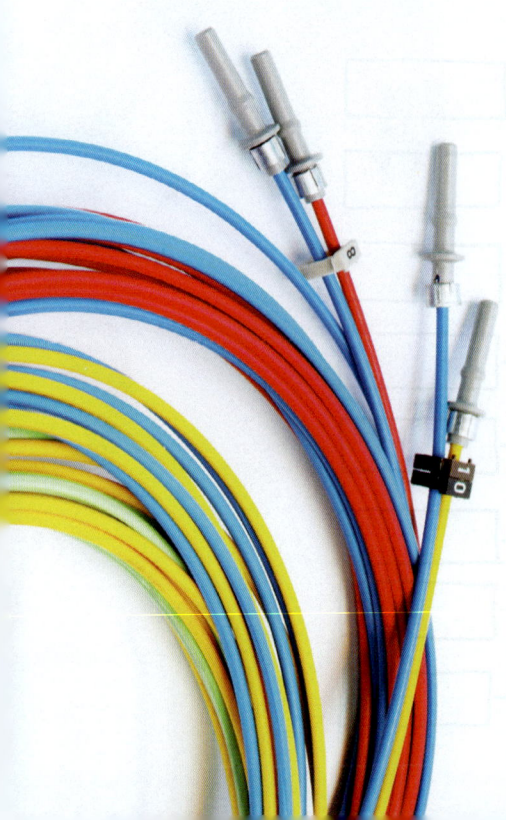

PRINCÍPIOS DE ARMAZÉM DE DADOS	158
Análise multidimensional	160
Limpeza de informações	160
SAIBA QUE: Quer livros de graça? Peça ao Google	161
MINERAÇÃO DE DADOS E INTELIGÊNCIA DE NEGÓCIOS	162
VIVENDO O SONHO O sorvete social assume um significado totalmente novo	163

CAPÍTULO 7 REDES, TELECOMUNICAÇÕES E TECNOLOGIA MÓVEL............ 164

INTRODUÇÃO	166
SEÇÃO 7.1 >> Redes e telecomunicações	166
FUNDAMENTOS DA REDE	166
Uso de redes e telecomunicações para vantagens de negócios	167
VOZ SOBRE IP	167
NO FLAGRA Nunca corra com o seu iPod	168
CONECTANDO AS EMPRESAS	169
AUMENTO DA VELOCIDADE DOS NEGÓCIOS	170
OMG LOL Ligue 911, McNugget em falta	171
SEGURANÇA DE REDES DE NEGÓCIOS	172
SAIBA QUE: Música nas nuvens	173
Compartilhamento de dados	173
SEÇÃO 7.2 >> Tecnologia móvel	173
DIRECIONADORES DE NEGÓCIOS PARA UMA FORÇA DE TRABALHO MÓVEL	174
USO DE TECNOLOGIAS DE CELULARES NOS NEGÓCIOS	176
MOSTRE-ME O DINHEIRO Redes sem fio e postes de luz	177
Assistentes digitais pessoais	178
Bluetooth	179
USO DE TECNOLOGIAS DE SATÉLITE NOS NEGÓCIOS	180

MINHA LISTA DO QUE NÃO FAZER Ding-a-Ling me tomou US$ 400! 181
Sistema de posicionamento global (GPS) 182
VIVENDO O SONHO Geoblogging para chimpanzés ... 184
USO DE TECNOLOGIAS SEM FIO NOS NEGÓCIOS 184
WiMAX 186
Identificação por radiofrequência (RFID) 187
FALA SÉRIO! WeatherBots 188
TENDÊNCIAS DA FORÇA DE TRABALHO MÓVEL 189

módulo três
SISTEMAS DE INFORMAÇÃO EMPRESARIAIS 192

CAPÍTULO 8 GERENCIAMENTO DE OPERAÇÕES E GESTÃO DA CADEIA DE SUPRIMENTO 194
INTRODUÇÃO 196
SEÇÃO 8.1 >> Gerenciamento de operações 196
FUNDAMENTOS DO GERENCIAMENTO DE OPERAÇÕES 196
GO NOS NEGÓCIOS 198
PAPEL DA TI NO GO 199
Sistemas estratégicos de negócios do GO 199
OMG LOL Precisa de dinheiro para o casamento? Leiloe suas damas de honra, ora! 200
ESTRATÉGIA COMPETITIVA DO GO 201
Custo 201
Qualidade 202
Entrega 202
Flexibilidade 203
Serviço 203
GO E A CADEIA DE SUPRIMENTO 203
SAIBA QUE: Consertando os Correios 204
SEÇÃO 8.2 >> Gestão da cadeia de suprimento 205
MOSTRE-ME O DINHEIRO Netflix seu negócio 205

FUNDAMENTOS DA CADEIA DE SUPRIMENTO 206
MINHA LISTA DO QUE NÃO FAZER Sinceramente, custa US$ 7.500 um bife no jantar 207
PAPEL DA TI NA CADEIA DE SUPRIMENTO 208
Visibilidade 209
FALA SÉRIO! Os robôs tomaram meu emprego 209
Comportamento do consumidor 210
Concorrência 210
Velocidade 211
FATORES DE SUCESSO DA GESTÃO DA CADEIA DE SUPRIMENTO 211
Métricas de sucesso do SCM 211
Efetuar a venda com os fornecedores 212
Desacostumar os funcionários das práticas comerciais tradicionais 212
Assegurar que o sistema de SCM apoie os objetivos organizacionais 212
Implantar em fases incrementais, medir e comunicar o sucesso 212
Ser orientado para o futuro 213
Histórias de sucesso da gestão da cadeia de suprimento 213
TENDÊNCIAS FUTURAS DA CADEIA DE SUPRIMENTO 214
VIVENDO O SONHO Pacotes de compensação de carbono da UPS 214
NO FLAGRA Cadeias políticas de suprimentos 215

CAPÍTULO 9 GESTÃO DE RELACIONAMENTO COM O CLIENTE E INTELIGÊNCIA DE NEGÓCIOS 216
INTRODUÇÃO 218
SEÇÃO 9.1 >> Gestão de relacionamento com o cliente (CRM) 218
PRINCÍPIOS DA GESTÃO DE RELACIONAMENTO COM O CLIENTE 218
NO FLAGRA Estou preso em Londres e fui assaltado. Ajude-me! 219
CRM como uma estratégia de negócios 219

Benefícios de negócios do CRM 220
Evolução do CRM 221
OMG LOL Poder do cliente para o resgate 222
CRM operacional e analítico 222
USO DA TI PARA DIRECIONAR O CRM OPERACIONAL. 223
Marketing e CRM operacional............................. 223
Vendas e CRM operacional.................................. 224
Atendimento ao cliente e CRM operacional 226
VIVENDO O SONHO Change.org 227
Métricas da gestão de relacionamento
com o cliente (CRM) 228
USO DA TI PARA DIRECIONAR
O CRM ANALÍTICO 229
TENDÊNCIAS DO CRM: SRM, PRM, ERM 231
Gestão de relacionamento com
o fornecedor 231
Gestão de relacionamento com
o parceiro 231
SAIBA QUE: Contate os clientes pelo YouTube:
é ótimo para os negócios 231
Gestão de relacionamento com o funcionário ... 232
O LADO FEIO DO CRM: POR QUE O CRM HOJE É
MAIS IMPORTANTE DO QUE NUNCA 232
SEÇÃO 9.2 >> Inteligência de negócios (BI) 232
INTELIGÊNCIA DE NEGÓCIOS 234
O problema: rico em dados, pobre em
informação 234
A solução: a inteligência de negócios 234
MINHA LISTA DO QUE NÃO FAZER
Contrate-me – Eu sou muito legal 236

BI OPERACIONAL, TÁTICO E ESTRATÉGICO.................... 237
Valor operacional do BI 237
MINERAÇÃO DE DADOS 238
Análise de agrupamento 239
FALA SÉRIO Massagem de US$ 400 mil 239
Associação de detecção 240
Análise estatística 240
BENEFÍCIOS DE NEGÓCIOS DO BI 241
Categorias de benefícios do BI 242
MOSTRE-ME O DINHEIRO Garota virtual, vivendo
em um mundo virtual 242

**CAPÍTULO 10   PLANEJAMENTO DE RECURSOS
EMPRESARIAIS E SISTEMAS
DE COLABORAÇÃO 244**
INTRODUÇÃO 246
SEÇÃO 10.1 >> Planejamento de recursos
empresariais 246
PLANEJAMENTO DE RECURSOS
EMPRESARIAIS 246
O coração do ERP 248
A evolução do ERP 249
COMPONENTES CENTRAIS DO ERP 251
Componentes de contabilidade e
finanças do ERP 251
Componentes do ERP de gerenciamento
de produção e de materiais 252
Componentes do ERP de recursos
humanos 252
COMPONENTES ESTENDIDOS DO ERP 253
MOSTRE-ME O DINHEIRO Classic Cars 253
Componentes do ERP de inteligência
de negócios 254
Componentes do ERP da gestão de
relacionamento com o cliente 254
Componentes do ERP da gestão
da cadeia de suprimento 254
Componentes do ERP de e-Business 254

INTEGRAÇÃO DE SCM, CRM E ERP	255
Ferramentas de integração	256
VIVENDO O SONHO Casas flutuantes e Brad Pitt	257
MEDIÇÃO DO SUCESSO DO ERP	258
ESCOLHA DO SOFTWARE DO ERP	258
Encontrando a solução certa do ERP	259
SEÇÃO 10.2 >> Sistemas de colaboração	260
EQUIPES, PARCERIAS E ALIANÇAS	260
SAIBA QUE: Integração de grãos	260
SISTEMAS DE COLABORAÇÃO	262
MINHA LISTA DO QUE NÃO FAZER Trabalho não social	263
SISTEMAS DE GESTÃO DO CONHECIMENTO	264
KM nos negócios	264
Conhecimento explícito e tácito	264
Tecnologias de KM	266
KM e redes sociais	266
FALA SÉRIO Obama diz um nome muito feio a Kanye West	266
SISTEMAS DE GESTÃO DE CONTEÚDO	267
Wikis de trabalho	268
SISTEMAS DE CONTROLE DE WORKFLOW	269
OMG LOL Twitter 101: guia para ser demitido	269
SISTEMAS DE GROUPWARE	270
Videoconferência	271
Webconferência	271
Mensagem instantânea	272
NO FLAGRA E Steve Jobs ressuscitou	272

módulo quatro
DESENVOLVIMENTO DOS SISTEMAS DE INFORMAÇÃO ... 274

CAPÍTULO 11 DESENVOLVIMENTO DE SISTEMAS E GESTÃO DE PROJETOS	**276**
INTRODUÇÃO	278
SEÇÃO 11.1 >> Desenvolvimento de aplicativos empresariais	278
DESENVOLVIMENTO DE SOFTWARE	278

O CICLO DE VIDA DO DESENVOLVIMENTO DE SISTEMAS (SDLC)	279
METODOLOGIA TRADICIONAL DO DESENVOLVIMENTO DE SOFTWARE: CASCATA	280
Metodologia em cascata	280
SAIBA QUE: Redução da ambiguidade em requisitos de negócios	281
METODOLOGIA DE DESENVOLVIMENTO ÁGIL DE SOFTWARE	282
Metodologia de desenvolvimento rápido de aplicação (RAD)	283
Metodologia de programação extrema	283
Metodologia de processo unificado racional (RUP)	284
Metodologia scrum	284
Implementação das metodologias ágeis	284
NO FLAGRA Fingindo sua própria morte	285
DESENVOLVIMENTO DE SOFTWARE DE SUCESSO	285
Reduza o orçamento	285
Se não funciona, mate-o	285
Mantenha os requisitos no mínimo	286
Teste e entregue o tempo todo	286
Atribuir diretores não relacionados à TI para projetos de software	286
SEÇÃO 11.2 >> Gestão de projetos	286
GESTÃO DOS PROJETOS DE DESENVOLVIMENTO DE SOFTWARE	286
VIVENDO O SONHO CharityFocus.org	287
A restrição tripla	287
FUNDAMENTOS DA GESTÃO DE PROJETOS	288
ESCOLHA DE PROJETOS ESTRATÉGICOS	289
ENTENDIMENTO DO PLANEJAMENTO DE PROJETOS	290
MINHA LISTA DO QUE NÃO FAZER Marcha da morte	291
Termo de abertura do projeto	291
Plano de projeto	292
GESTÃO DE PROJETOS	293
Gerenciamento de pessoas	293
Gerenciamento das comunicações	294

Gestão de mudança 294
   MOSTRE-ME O DINHEIRO   Mantendo o tempo 294
PROJETOS DE TERCEIRIZAÇÃO 295
   OMG LOL   Multa por dirigir um carrinho de golfe 297
   Benefícios da terceirização 298
   Desafios da terceirização 299
   FALA SÉRIO   Pesadelo de reunião 299

CAPÍTULO 12   GLOBALIZAÇÃO, INOVAÇÃO E TENDÊNCIAS ORGANIZACIONAIS DO SÉCULO XXI 300

INTRODUÇÃO 302
SEÇÃO 12.1 >> Globalização 302
GLOBALIZAÇÃO 302
   Desafios culturais de negócios 302
   Desafios políticos de negócios 303
   MINHA LISTA DO QUE NÃO FAZER   Onde foram parar todos os bons trabalhadores? 303
   Desafios geoeconômicos globais de negócios 304
ESTRATÉGIAS DE NEGÓCIOS DA TI GLOBAL 304
   Governança e conformidade 305
ARQUITETURAS CORPORATIVAS GLOBAIS 306
QUESTÕES GLOBAIS DE INFORMAÇÃO 308
   Privacidade de informações 309

   NO FLAGRA   Protestos cibernéticos 309
   Europa 311
   Estados Unidos 311
   Canadá 312
DESENVOLVIMENTO DE SISTEMAS GLOBAIS 312
   Integração de sistemas globais 313
SEÇÃO 12.2 >> Tendências organizacionais do século XXI 313
TENDÊNCIAS ORGANIZACIONAIS DO SÉCULO XXI 314
INOVAÇÃO: DESCOBRINDO O NOVO 314
   OMG LOL   Coisas que vamos dizer para os nossos netos 314
   Encontre a sua situação crítica relevante 315
   Montar "estufas" de inovação 315
   Recompensar os que assumem riscos 316
   Celebrar a diversidade 316
   Olhar em torno 316
   Misturar praticantes e desenvolvedores 316
EMPREENDEDORISMO SOCIAL: TORNANDO-SE ECOLÓGICO 316
   SAIBA QUE: Conhece o Ted? Se você não conhece, precisa conhecer! 316
   Consumo de energia 317
   Reciclagem do equipamento de TI 318
   TI ecológica 319
   VIVENDO O SONHO   Cidades inteligentes 319
REDES SOCIAIS: QUEM É QUEM 320
   Pesquisa passiva 321
   Bumerangues 321
   Redes de marketing 321
MUNDOS VIRTUAIS: É UM MUNDO COMPLETAMENTE NOVO 322
   Mundos virtuais 322
   MOSTRE-ME O DINHEIRO   Trabalhe virtualmente 323
   Mão de obra virtual 324
   FALA SÉRIO   Entrevistas de emprego no Second Life 325

APÊNDICES ONLINE 327
GLOSSÁRIO 329
NOTAS 343
CRÉDITOS 351
ÍNDICE 355

sistemas de informação

módulo um

em breve

A maioria das organizações, hoje, depende muito do uso de tecnologias de informação para executar vários aspectos de seus negócios. Seja para encomendar e transportar bens, para interagir com clientes, ou para conduzir outras funções de negócio, a tecnologia da informação é geralmente a infraestrutura base utilizada para realizar essas atividades. A tecnologia da informação permite às empresas levar adiante uma variedade de tarefas de forma eficiente e eficaz. Além disso, a tecnologia da informação garante a competitividade de uma organização no mundo veloz de hoje. Isso acontece especialmente quando se considera a crescente popularidade da condução de negócios na internet.

As organizações que não conseguem tirar proveito da tecnologia da informação correm o risco de ficar atrás daquelas que o fazem. As organizações devem adaptar-se aos avanços e inovações tecnológicas para acompanhar o ritmo veloz de transformação do ambiente atual. Os seus concorrentes certamente o farão!

Embora a tecnologia possa ser um fenômeno emocionante por si só, como estudante de administração você deve entender que organizações de sucesso não utilizam a tecnologia simplesmente por causa dela mesma. É preciso uma razão comercial sólida para implementá-la. Utilizar uma solução tecnológica apenas porque ela está disponível não é uma boa estratégia de negócios.

O objetivo do "Módulo Um" é aumentar a conscientização quanto às vastas oportunidades que surgem quando se entende a estreita relação entre negócios e tecnologia. As estratégias e os processos dos negócios devem sempre conduzir suas escolhas tecnológicas. Embora algumas vezes a percepção de uma tecnologia emergente possa levar a novas direções estratégicas, o papel da tecnologia da informação, em sua maior parte, é dar suporte às estratégias e aos processos dos negócios. Compreender as estratégias dos negócios e determinar as estruturas de suporte à tecnologia constituem uma discussão importante e são apresentadas ao longo deste módulo.

SISTEMAS DE INFORMAÇÃO DIRECIONADOS AOS NEGÓCIOS

módulo um
SISTEMAS DE INFORMAÇÃO DIRECIONADOS AOS NEGÓCIOS
- **cap. 1** Sistemas de informação nos negócios
- **cap. 2** Tomada de decisão estratégica
- **cap. 3** e-Business

módulo dois
PRINCÍPIOS BÁSICOS DOS SISTEMAS DE INFORMAÇÃO

módulo três
SISTEMAS DE INFORMAÇÃO EMPRESARIAIS

módulo quatro
DESENVOLVIMENTO DOS SISTEMAS DE INFORMAÇÃO

sistemas de informação nos negócios

capítulo um

O que a TI tem para mim?

Este capítulo dá um panorama do livro. O capítulo começa do zero, fornecendo uma descrição clara do que é tecnologia da informação e de como ela se encaixa nas estratégias de negócios e nas atividades organizacionais. Em seguida, fornece uma visão geral de como as organizações operam em ambientes competitivos e como elas devem definir e redefinir continuamente suas estratégias de negócios para criar vantagens competitivas. Fazendo isso, as organizações conseguem sobreviver e prosperar. Por sua importância, a tecnologia da informação é apresentada como o fator essencial que ajuda as organizações a operar com sucesso em ambientes competitivos.

Você, como um estudante de administração, deve entender a estreita correlação entre negócios e tecnologia. Entenda primeiro o papel da tecnologia da informação nas atividades diárias das empresas e, depois, o papel da tecnologia da informação em apoiar e implementar iniciativas em toda a empresa e as estratégias globais de negócios. Depois de ler este capítulo, você deverá ter adquirido um entendimento sólido dos sistemas de informação voltados aos negócios, dos fundamentos da tecnologia e de estratégia de negócios.

SEÇÃO 1.1 >>
Sistemas de informação nos negócios

- O papel da tecnologia da informação nos negócios
- Fundamentos da tecnologia da informação
- Papéis e responsabilidades na tecnologia da informação
- Medição do sucesso da tecnologia da informação

SEÇÃO 1.2 >>
Estratégia de negócios

- Identificação das vantagens competitivas
- O modelo das cinco forças – Avaliação dos segmentos de negócios
- As três estratégias genéricas – Criação de um foco de negócios
- Análise da cadeia de valor – Processo de segmentação dos negócios

A informação está em todos os lugares. A maioria das organizações a avalia como um ativo estratégico. Veja a Apple e seu iPod, acessórios do iPod e o iTunes Music Store. O sucesso da Apple depende muito da informação sobre seus clientes, fornecedores, mercados e operações de cada linha desses produtos. Por exemplo, a Apple deve ser capaz de prever o número de pessoas que irá comprar um iPod para ajudar a estimar a venda dos acessórios dele e do iTunes no ano seguinte. Fazer uma estimativa de muitos clientes levará a Apple a produzir um excesso de estoque; estimar poucos significará potencialmente uma perda de vendas devida à falta do produto (resultando em mais perda de receita dos downloads no iTunes).

Compreender o impacto direto que a informação tem sobre o resultado final de uma organização é fundamental para gerir um negócio bem-sucedido. Este texto foca na informação, nos negócios, na tecnologia e no conjunto integrado de atividades usado para gerir a maioria das organizações. Muitas dessas atividades constituem as principais características dos negócios hoje – gestão da cadeia de suprimento, gestão de relacionamento com o cliente, planejamento dos recursos empresariais, terceirização, integração, e-Business e outros.

SEÇÃO 1.1 Sistemas de informação nos negócios

OBJETIVOS DE APRENDIZAGEM

OA1.1 Descrever as áreas funcionais de um negócio e por que elas devem trabalhar em conjunto para que o negócio seja bem-sucedido.

OA1.2 Explicar o papel da tecnologia da informação nos negócios e como você mede o sucesso.

OA1.3 Comparar os Sistemas de Informação Gerencial (SIG) e a Tecnologia da Informação (TI) e definir as relações entre pessoas, tecnologia da informação e informação.

OA1.4 Comparar as responsabilidades do vice-presidente de sistemas de informação (CIO, *Chief Information Officer*), do vice-presidente de tecnologia (CTO, *Chief Technology Officer*), do vice-presidente de segurança (CSO, *Chief Security Officer*), do vice-presidente de privacidade (CPO, *Chief Privacy Officer*) e do vice-presidente de conhecimento (CKO, *Chief Knowledge Officer*).

OA1.5 Explicar a lacuna entre TI e os negócios, juntamente com a principal razão de essa lacuna existir.

OA1.1

Descrever as áreas funcionais de um negócio e por que elas devem trabalhar em conjunto para que o negócio seja bem-sucedido.

O PAPEL DA TECNOLOGIA DA INFORMAÇÃO NOS NEGÓCIOS

Os estudantes muitas vezes perguntam: "Por que precisamos estudar tecnologia da informação?". A resposta é simples: A tecnologia da informação está em toda parte nos negócios. Compreender a tecnologia da informação fornece uma grande percepção para todos que estejam aprendendo sobre negócios.

É fácil demonstrar o papel da tecnologia da informação nos negócios analisando revistas populares de cunho empresarial como a *BusinessWeek*, a *Fortune* ou a *Fast Company*. Colocando-se um marcador (como um *post-it*) em cada página que contenha um artigo ou um anúncio relacionado à tecnologia será possível verificar que a tecnologia da informação está em toda parte nos negócios (ver Figura 1.1). Essas são revistas de *negócios*, não revistas de *tecnologia*, ainda que repletas desta. Os estudantes que compreendem a tecnologia têm vantagem nos negócios.

Esses artigos de revista geralmente discutem tópicos como bancos de dados, gestão de relacionamento com o cliente, serviços web, gestão da cadeia de suprimento,

FIGURA 1.1 Tecnologia na *BusinessWeek* e na *Fortune*

ética, inteligência de negócios, e assim por diante. Os artigos também focam em empresas como Siebel, Oracle, Microsoft e IBM. Este livro explora esses tópicos em detalhe, juntamente com a revisão das oportunidades e desafios de negócios associados.

Impacto da tecnologia da informação nas operações de negócios

A Figura 1.2 destaca as funções de negócios que recebem o maior benefício da tecnologia da informação, juntamente com os objetivos comuns associados aos projetos de tecnologia da informação, de acordo com a revista *CIO*.[1]

Atingir os resultados apresentados na Figura 1.2, como reduzir custos, melhorar a produtividade e gerar crescimento, não é fácil. Implementar um novo sistema de contabilidade ou plano de marketing não tende a gerar um crescimento no longo prazo ou reduzir custos em toda uma organização. Devem ser desenvolvidas iniciativas em toda a empresa para atingir os amplos objetivos gerais dos negócios, como reduzir custos. A tecnologia da informação desempenha um papel fundamental na implantação dessas iniciativas ao facilitar a comunicação e aumentar a inteligência de negócios. Por exemplo, mensagem instantânea e WiMax permitem que as pessoas de uma organização comuniquem-se de maneiras novas.[2]

O entendimento da tecnologia da informação começa pela compreensão de como os negócios funcionam e do papel da TI no alcance da eficiência e da efetividade em toda a organização. Negócios típicos operam por áreas funcionais (geralmente chamadas de silos funcionais). Cada área desenvolve uma função central específica nos negócios (ver Figura 1.3).[3]

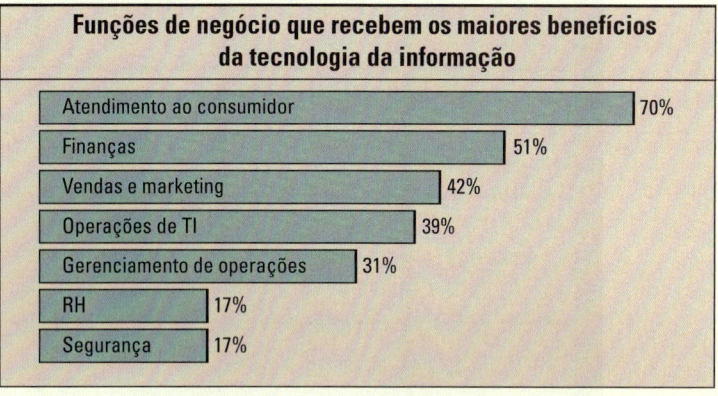

FIGURA 1.2 Benefícios dos negócios e objetivos do projeto de tecnologia da informação

Saiba que: As pessoas na China e na Índia estão famintas pelo seu trabalho

"Quando eu era criança em Minneapolis, meus pais sempre diziam: 'Tom, termine seu jantar. Existem pessoas famintas na China e na Índia'. Hoje, digo para minhas filhas: 'Terminem sua lição de casa, pois as pessoas na China e na Índia estão famintas pelos seus empregos'. E, em um mundo plano, elas podem conseguir isso, pois não existe mais esse negócio de 'um emprego *nos* Estados Unidos'". Thomas Friedman.

Em seu livro, "O mundo é plano: uma história breve do século XXI", Thomas Friedman descreve a sequência não planejada das mudanças tecnológicas e sociais que nivelou efetivamente o mundo econômico e "acidentalmente transformou Pequim, Bangalore e Bethesda em vizinhos". O vídeo da palestra de Thomas Friedman no MIT, discutindo o mundo plano, está disponível em <http://mitworld.mit.edu/video/266>. Se quiser se preparar para competir em um mundo plano, você precisa ver esse vídeo e responder as seguintes questões:

- Você concorda ou discorda da avaliação de Friedman de que o mundo é plano?
- Quais são os impactos potenciais de um mundo plano para um estudante em busca de emprego?
- O que os estudantes podem fazer para competir em um mundo plano?

FIGURA 1.3 Estrutura departamental de uma organização típica

- A **contabilidade** fornece informação quantitativa sobre as finanças dos negócios, incluindo a gravação, medição e descrição das informações financeiras.
- As **finanças** tratam das questões financeiras associadas ao aumento do valor dos negócios observando as leis e as responsabilidades sociais.
- Os **recursos humanos (RH)** incluem as políticas, os planos e os procedimentos para a administração efetiva dos funcionários.
- As **vendas** são a função de vender um bem ou serviço e focar em aumentar a venda para o cliente, o que aumenta as receitas da empresa.
- O **marketing** é o processo associado à promoção de vendas de mercadorias ou serviços. O departamento de marketing contribui para o departamento de vendas elaborando promoções que ajudam na venda dos produtos da empresa.
- O **Gerenciamento de Operações (GO)** é o gerenciamento de sistemas ou processos que convertem e transformam os recursos (incluindo os recursos humanos) em bens e serviços.
- O **Sistema de Informações Gerenciais (SIG)** é um nome comum para as funções do negócio e de disciplina acadêmica que abrange a aplicação de pessoas, tecnologias e procedimentos – coletivamente chamada de sistemas de informação – para resolver problemas de negócios.

Áreas funcionais são tudo em um negócio, menos independentes. Na verdade, áreas funcionais são *interdependentes* (ver Figura 1.4). As vendas devem basear-se nas informações das operações para entender o estoque, fazer encomendas, calcular os custos do transporte e ter a percepção da disponibilidade do produto com base nos cronogramas de produção. Para uma organização obter sucesso, cada departamento ou área funcional deve trabalhar em conjunto, dividindo informações comuns, ao invés de ser uma "ilha". A tecnologia da informação pode capacitar os departamentos a realizar suas operações de negócios de maneira mais eficiente e eficaz.

Aqueles que antecipam uma carreira de sucesso nos negócios, seja na contabilidade, finanças, recursos humanos ou gerenciamento de operações, devem compreender a tecnologia da informação, incluindo:

- Fundamentos da tecnologia da informação
- Papéis e responsabilidades na tecnologia da informação
- Medição do sucesso da tecnologia da informação

 OA1.2

Explicar o papel da tecnologia da informação nos negócios e como você mede o sucesso.

 **OA1.3**

Comparar os Sistemas de Informação Gerencial (SIG) e a Tecnologia da Informação (TI) e definir as relações entre pessoas, tecnologia da informação e informação.

FIGURA 1.4 O marketing trabalhando com outros departamentos organizacionais

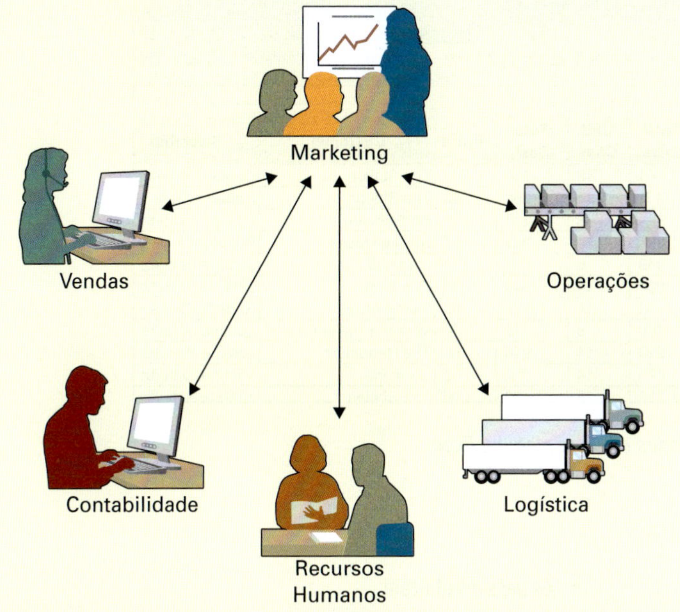

Organização funcional – Cada área funcional tem seus próprios sistemas e se comunica com todas as demais áreas funcionais (o diagrama apresenta o marketing se comunicando com todas as demais áreas funcionais na organização).

- Dados, informações e inteligência de negócios
- Recursos de TI
- Culturas de TI

Dados, informações e inteligência de negócios

É importante fazer a distinção entre dados e informações. *Dados* são fatos brutos que descrevem as características de um evento. As características de um evento de vendas poderiam incluir a data, o número do item, sua descrição, a quantidade pedida, o nome do cliente e os detalhes da remessa. *Informações* são dados convertidos em contexto significativo e útil. Informações de eventos de vendas poderiam incluir o item mais vendido, o menos vendido, o melhor cliente e o pior. *Inteligência de negócios* refere-se às aplicações e tecnologias que são utilizadas para coletar dados e informações e possibilitar acesso para analisá-los e utilizá-los para apoiar os esforços de tomada decisão. A inteligência de negócios ajuda as empresas a obter um conhecimento mais abrangente dos fatores que afetam seus negócios, como as métricas de vendas, a produção e as operações internas que ajudam a empresa a tomar melhores decisões de negócios (ver Figuras 1.5, 1.6 e 1.7).

FUNDAMENTOS DA TECNOLOGIA DA INFORMAÇÃO

A *Tecnologia da Informação* (TI) é um campo dedicado no uso da tecnologia no gerenciamento e no processamento da informação. A tecnologia da informação pode ser um importante facilitador do sucesso e da inovação dos negócios. Isso não significa que a TI *iguala* o sucesso e a inovação dos negócios ou que os *representa*. A tecnologia da informação é mais útil quando aproveita os talentos das pessoas. Ela em si não é útil, a não ser que as pessoas certas saibam como usá-la e gerenciá-la efetivamente.

Os sistemas de informações gerenciais são uma função de negócio, assim como o marketing, as finanças, as operações e a gestão de recursos humanos. Oficialmente definido, *Sistema de Informações Gerenciais* (SIG) é um nome comum para as funções do negócio e de disciplina acadêmica que abrange a aplicação de pessoas, tecnologias e procedimentos – coletivamente chamada de sistemas de informação – para resolver problemas de negócios. Para realizar a função do SIG de maneira efetiva, praticamente todas as organizações hoje, em particular as de grande e médio porte, possuem um departamento interno de TI, geralmente chamado de Tecnologia da Informação (TI), Sistemas de Informação (SI), ou Sistemas de Informações Gerenciais (SIG). No início da aprendizagem sobre tecnologia da informação, é importante compreender:[4]

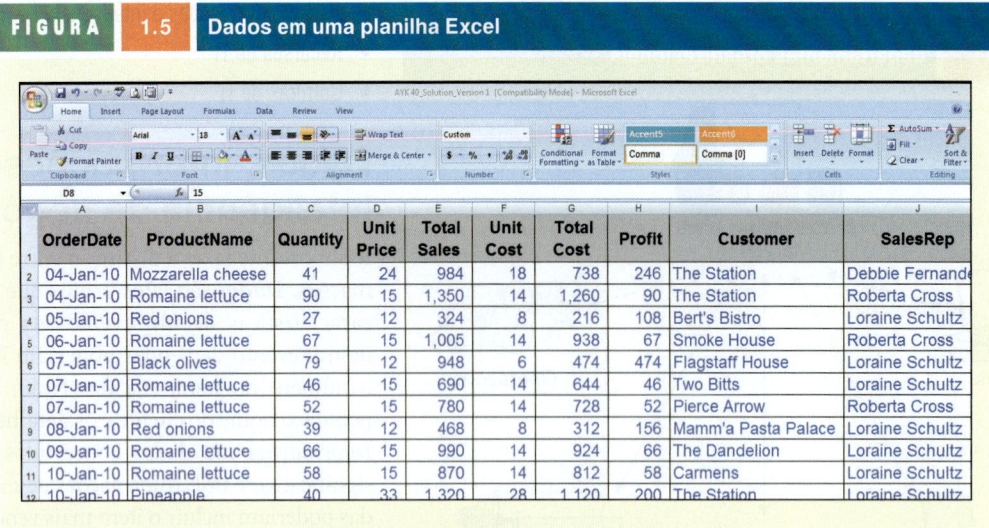

Linhas de dados em uma planilha Excel

Recursos de TI

Os planos e objetivos do departamento de TI devem alinhar-se aos da organização. A tecnologia da informação pode permitir que uma organização aumente a eficiência na produção, mantenha os principais clientes, busque novas fontes de suprimentos e introduza uma gestão financeira eficaz.

Nem sempre é fácil para os gerentes tomar a decisão correta ao utilizar a TI para sustentar (e, muitas vezes, dirigir) as iniciativas de negócios. A maioria dos gerentes entende bem suas iniciativas de negócios, mas, frequentemente, ficam perdidos quando se trata de saber como utilizar e gerenciar a TI de forma eficaz no apoio àquelas iniciativas. Os gerentes que entendem o que é a TI e o que ela pode e não pode fazer estão na melhor posição para o sucesso. Essencialmente,

- *As pessoas* utilizam
- *a tecnologia da informação* para trabalhar com
- *a informação* (ver Figura 1.8).

Esses três recursos principais – pessoas, informações e tecnologia da informação (nessa ordem de prioridade) – são indissociáveis. Se um falhar, todos falham. E o mais importante, se um falhar, então as chances são de o negócio também falhar.

Culturas de TI

A cultura de uma organização desempenha um grande papel em determinar o quanto ela irá compartilhar informações. A cultura influenciará a maneira como as pessoas utilizam a informação (seu comportamento da informação) e refletirá a importância que os líderes da empresa

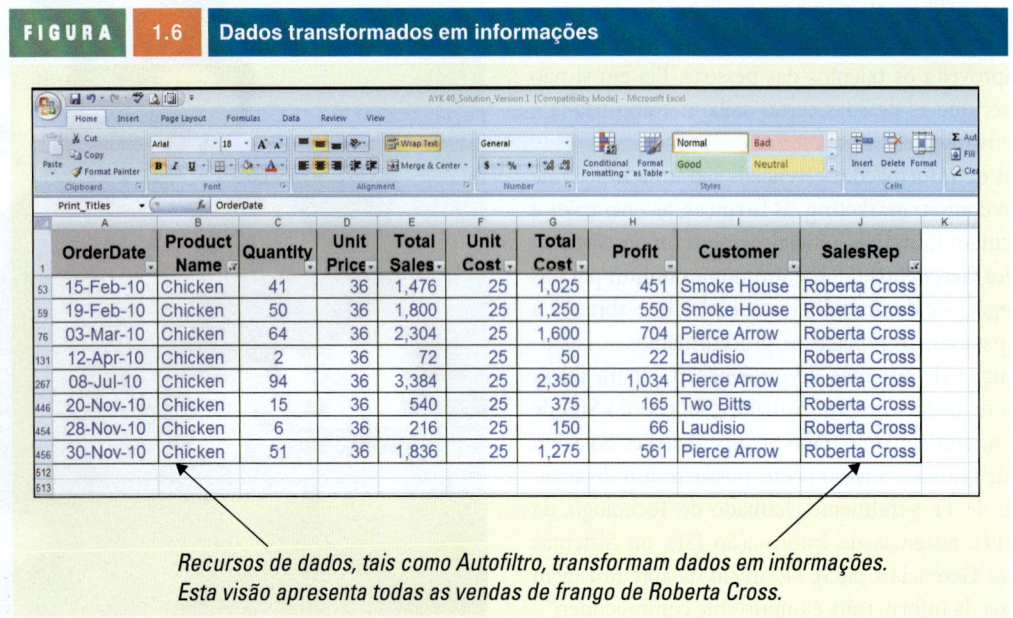

Recursos de dados, tais como Autofiltro, transformam dados em informações. Esta visão apresenta todas as vendas de frango de Roberta Cross.

FIGURA 1.7 Informações transformadas em inteligência de negócios

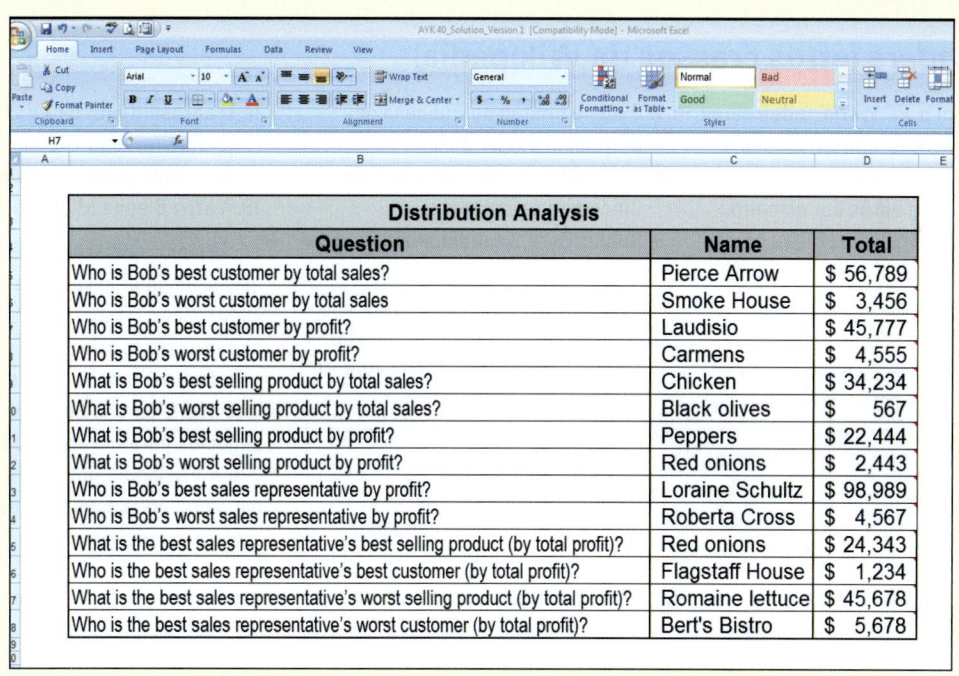

Ferramentas analíticas avançadas, como tabelas dinâmicas (pivot tables), revelam a inteligência de negócio nos dados. Por exemplo, o melhor cliente, o pior cliente e o produto mais vendido do melhor representante de vendas.

FIGURA 1.8 A relação entre pessoas, informações e tecnologia da informação

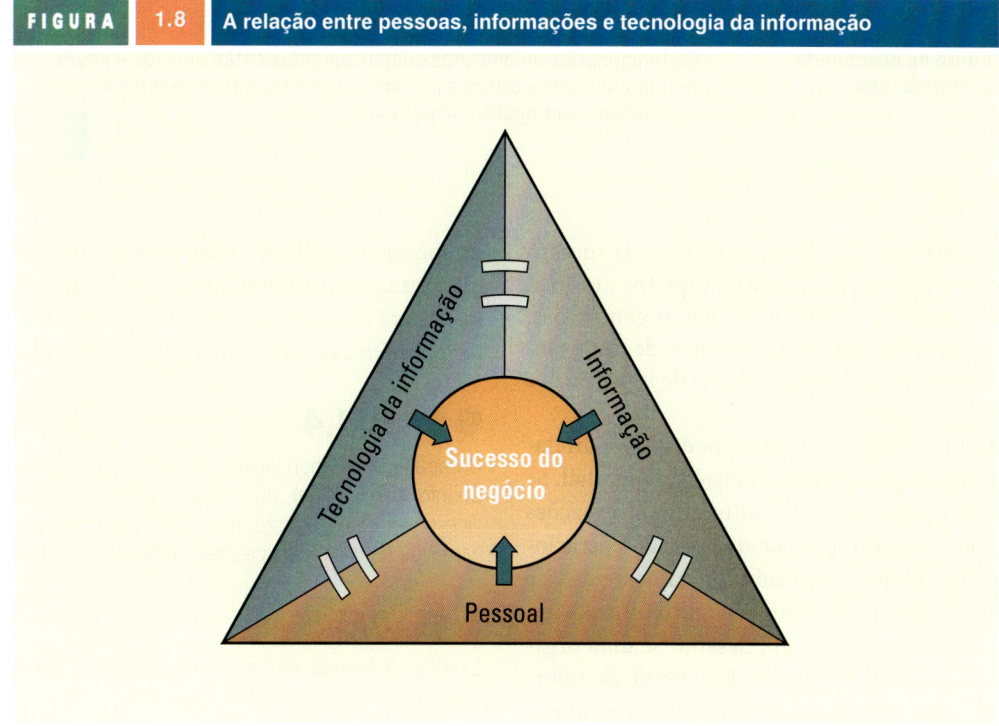

omg lol*

Wikiblunders (erros crassos da Wikipédia)

De acordo com a *PC World*, todos estes fatos falsos apareceram na Wikipédia:

1. Robbie Williams come animais domésticos em bares por dinheiro.
2. David Beckham foi um goleiro chinês no século XVIII.
3. O ator Paul Reiser morreu.
4. O ator Sinbad está morto.
5. Sergey Brin é sexy, está namorando Jimmy Wales e está morto. (Brin fundou o Google e Wales, a Wikipédia).
6. Tony Blair, o ex-primeiro ministro da Inglaterra, tem adoração por Hitler.
7. O nome cristão da Duquesa da Cornualha é Cow-miller.
8. A ex-reitora da Universidade de Cincinnati é prostituta.
9. Robert Byrd, senador americano da Virginia Ocidental, está morto.
10. Ted Kennedy morreu em janeiro.
11. John Seigenthaler, um jornalista, ajudou a assassinar John e Robert Kennedy.
12. Um iate matou o apresentador da TV britânica Vernon Kay.
13. Conan O'Brien agride tartarugas marinhas ao praticar canoagem.
14. O apresentador da TV britânica e jardineiro, Alan Titchmarsh, publicou uma nova versão do Kama Sutra.
15. A atriz Sienna Miller desfilou nua.

Sabemos que as pessoas utilizam a tecnologia da informação para trabalhar com informações. Diante disso, como esses tipos de erro podem ocorrer? O que poderia acontecer se você decidisse usar a Wikipédia para coletar inteligência de negócios para um artigo de pesquisa? O que a Wikipédia poderia fazer para ajudar a prevenir esses tipos de erro?

* N. de T.: Acrônimo, usado na internet, que corresponde às expressões "Oh! My God" (Oh! Meu Deus) e "laughing out loud" (rindo alto), usadas para caracterizar os absurdos que encontramos na rede.

FIGURA 1.9 — Diferentes culturas de informação encontradas nas organizações

Cultura de informações funcionais	Os funcionários utilizam as informações como um meio de exercer influência ou poder sobre os outros. Por exemplo, um gerente em vendas se recusa a compartilhar informações com o marketing. Isso faz com que o marketing precise de informações do gerente de vendas todas as vezes em que uma nova estratégia de vendas é desenvolvida.
Cultura de compartilhamento de informações	Os funcionários de diferentes departamentos confiam uns nos outros ao utilizar informações (especialmente sobre problemas e falhas) para melhorar o desempenho.
Cultura de pesquisa de informações	Os funcionários de diferentes departamentos buscam informações para entender melhor o futuro e alinhar-se às novas tendências e direções.
Cultura de descoberta de informações	Os funcionários de diferentes departamentos estão abertos a novas percepções sobre crises e mudanças radicais e procuram formas de estabelecer vantagens competitivas.

atribuem ao uso da informação para alcançar o sucesso ou para evitar o fracasso. Hoje, existem quatro culturas de compartilhamento de informações nas organizações: informações funcionais, compartilhamento de informações, pesquisa de informações e descoberta de informações (ver Figura 1.9).[5]

A cultura de TI de uma organização pode afetar diretamente sua capacidade de competir no mercado mundial. Se uma organização opera com uma cultura de informações funcionais, ela terá um alto grau de dificuldade operacional. Colocar os produtos no mercado rapidamente e criar uma visão de ponta a ponta (ou completa) de seus negócios, das vendas ao faturamento, será um desafio. Se uma organização opera com uma cultura de descoberta de informação, ela será capaz de colocar rapidamente os produtos no mercado e facilmente ter uma visão 360° de toda a sua estrutura. Os colaboradores serão capazes de utilizar essa visão para entender melhor o mercado e criar novos produtos que ofereçam uma vantagem competitiva.

 OA1.4

Comparar as responsabilidades do vice-presidente de sistemas de informação (CIO), do vice-presidente de tecnologia (CTO), do vice-presidente de segurança (CSO), do vice-presidente de privacidade (CPO) e do vice-presidente de conhecimento (CKO).

 OA1.5

Explicar a lacuna entre TI e os negócios, juntamente com a principal razão de essa lacuna existir.

FIGURA 1.10 — Remuneração média do CIO por setor

Setor	Remuneração média do CIO (US$)
Atacado/Varejo/Distribuição	243.304
Finanças	210.547
Seguros	197.697
Produção	190.250
Assistência Médica e Odontológica	171.032
Governo	118.359
Educação	93.750

PAPÉIS E RESPONSABILIDADES NA TECNOLOGIA DA INFORMAÇÃO

Os funcionários da organização devem trabalhar em conjunto para desenvolver iniciativas estratégicas que criam vantagens competitivas. Compreender a estrutura básica de um típico departamento de TI, incluindo cargos, papéis e responsabilidades, irá ajudar uma organização a construir uma equipe coesa em toda a empresa. A tecnologia da informação é uma área funcional relativamente nova, tendo surgido oficialmente na maioria das organizações apenas há cerca de 40 anos. Nomes de cargos, papéis e responsabilidades, muitas vezes, diferem de organização para organização. Contudo, estão sendo desenvolvidas tendências claras para a elevação a níveis estratégicos de alguns cargos de TI dentro de uma organização.

A maioria das organizações mantém cargos como presidente-executivo (CEO, *Chief Executivo Officer*), vice-presidente financeiro (CFO, *Chief Financial Officer*) e vice-presidente de operações (COO, *Chief Operations Officer*) em níveis estratégicos. Recentemente, surgiram mais cargos estratégicos relacionados à TI, como vice-presidente de sistemas de informação (CIO, *Chieff Information Officer*), vice-presidente de tecnologia (CTO, *Chief Technology Officer*), vice-presidente de segurança (CSO, *Chief Security Officer*), vice-presidente de privacidade (CPO, *Chief Privacy Officer*) e o vice-presidente de conhecimento (CKO, *Chief Knowledge Officer*).

J. Greg Hanson orgulha-se de ser o primeiro CIO do Senado dos Estados Unidos. Ao contrário de algumas opiniões, a tecnologia encontrada no Senado é muito boa, de acordo com Hanson. As responsabilidades de Hanson incluem criar a visão de tecnologia do Senado, liderando o departamento de TI e implementando sua infraestrutura. Hanson deve trabalhar com todos, desde os 137 administradores da rede até os próprios senadores, para garantir que tudo funcione tranquilamente.[6]

O **vice-presidente de sistemas de informação** (CIO) é responsável por (1) supervisionar todos os usos da tecnologia da informação e (2) garantir o alinhamento estratégico da TI com as metas e os objetivos dos negócios. O CIO, muitas vezes, reporta-se diretamente ao CEO (ver Figura 1.10 para remuneração média do CIO). Os CIOs devem possuir um sólido entendimento de todos os aspectos de uma organização, juntamente com uma grande percepção da capacidade da TI. As funções gerais de um CIO incluem:

- *Gerente* – garantir a entrega de todos os projetos de TI dentro do tempo e do orçamento.
- *Líder* – garantir que a visão estratégica da TI esteja de acordo com a visão estratégica da organização.
- *Comunicador* – defender e comunicar a estratégia de TI construindo e mantendo relações executivas fortes.[7]

Embora o CIO seja considerado um cargo dentro da TI, os CIOs devem preocupar-se com mais do que simplesmente a TI. De acordo com uma pesquisa recente (ver Figura 1.11), a maioria dos CIOs colocou "aumentar a satisfação do cliente" à frente de suas preocupações com qualquer aspecto específico da TI. Nós devemos aplaudir os CIOs que possuem a visão geral de negócios segundo a qual a satisfação do cliente é mais importante e decisiva que os aspectos específicos da TI.[8]

FIGURA 1.11 — O que mais preocupa os CIOs?

Preocupações dos CIOs	Porcentagem
Aumentar a satisfação do cliente	94%
Segurança	92%
Evolução da tecnologia	89%
Orçamento	87%
Grupo de trabalho	83%
Análise do retorno do investimento (ROI)	66%
Construir novas aplicações	64%
Terceirização de hospedagem	45%

O *vice-presidente de tecnologia* (CTO) é responsável por assegurar o rendimento, a velocidade, a precisão, a disponibilidade e a confiabilidade da tecnologia da informação de uma organização. Os CTOs têm responsabilidade direta sobre a garantia da eficiência dos sistemas de TI em toda a organização. A maioria deles possui um bom conhecimento de todos os aspectos da TI, incluindo hardware, software e telecomunicações. Eles geralmente reportam-se ao CIO. O papel do CTO é semelhante ao do CIO, exceto pelo fato de que este deve ter uma responsabilidade a mais quanto à garantia de que a TI alinhe-se às iniciativas estratégicas da organização.

O *vice-presidente de segurança* (CSO) é responsável por garantir a segurança dos sistemas de TI e desenvolver estratégias e proteções contra ataques de hackers e vírus. O papel de um CSO cresceu nos últimos anos por causa do número desses ataques. A maioria dos CSOs possui conhecimento detalhado das redes e das telecomunicações porque hackers e vírus geralmente encontram uma forma de entrar nos sistemas de TI por meio de computadores em rede.

O *vice-presidente de privacidade* (CPO) é responsável por garantir o uso ético e legal das informações dentro de uma organização. Os CPOs são os mais novos cargos de executivo sênior na TI. Recentemente, 150 empresas da relação *Fortune 500* incluíram o cargo de CPO na sua lista de executivos seniores. Muitos CPOs são advogados por formação, o que lhes permite compreender as questões legais muitas vezes complexas que cercam o uso de informações.[9]

O *vice-presidente de conhecimento* (CKO) é responsável pela coleta, manutenção e distribuição do conhecimento da organização. O CKO desenvolve programas e sistemas que tornam fácil para as pessoas reutilizar o conhecimento. Esses sistemas criam repositórios de documentos, metodologias, ferramentas e práticas organizacionais e estabelecem métodos para filtrar as informações. O CKO deve encorajar continuamente as contribuições do funcionário para manter os sistemas atualizados. O CKO pode contribuir diretamente para o resultado final da organização reduzindo a curva de aprendizagem para novos funcionários ou para funcionários que assumem novas funções.

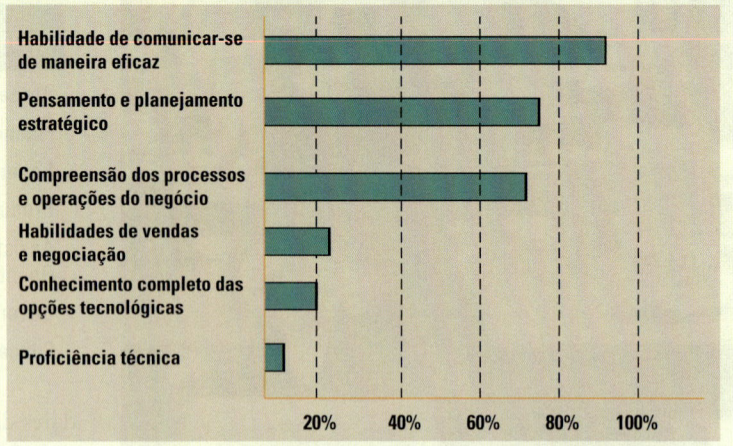

FIGURA 1.12 Habilidades importantes para o sucesso nos papéis executivos da TI

Todos os cargos de TI citados e suas responsabilidades são importantes para o sucesso de uma organização. Ainda que muitas organizações possam não ter uma pessoa diferente para cada um deles, elas devem possuir líderes que assumam a responsabilidade para todas essas áreas de interesse. As pessoas responsáveis pela TI e pelas questões relacionadas a ela em toda a empresa devem fornecer orientação e apoio aos funcionários. A Figura 1.12 mostra as habilidades pessoais essenciais para o sucesso em uma posição executiva de TI.

A lacuna entre o pessoal de negócios e o pessoal de TI

Um dos maiores desafios hoje é a comunicação eficaz entre o pessoal de negócios e o pessoal de TI. A Figura 1.12 mostra claramente a importância da comunicação para os executivos de TI. O pessoal de negócios é especialista em áreas funcionais como marketing, contabilidade, vendas, e assim por diante. O pessoal de TI é especialista em tecnologia. Infelizmente, muitas vezes existe uma lacuna de comunicação entre os dois grupos. O pessoal de negócios tem seu

[*"Um dos maiores desafios hoje é a comunicação eficaz entre o pessoal de negócios e o pessoal de TI."*]

Danny Shaw foi o primeiro CKO do Children's Hospital de Boston. Sua primeira tarefa foi reunir as informações de sistemas distintos para permitir a análise da eficiência e da eficácia do atendimento do hospital. Shaw começou construindo uma série de sistemas de informações, pequenos e integrados, que rapidamente demonstrou-se valiosa. Então, ele ampliou gradualmente esse sucesso, criando uma organização de conhecimentos uma camada de cada vez. Os sistemas de informação de Shaw permitiram análises operacionais administrativas e clínicas.[10]

próprio vocabulário baseado em suas experiências e especialidades. O pessoal de TI tem seu próprio vocabulário que consiste em acrônimos e termos técnicos. A comunicação eficaz entre o pessoal de negócios e o de TI deveria ser uma via de mão dupla, com cada lado esforçando-se para entender o outro (incluindo a comunicação escrita e a oral).

melhoria na comunicação O pessoal de negócios deve procurar aumentar seu entendimento de TI. Embora ele não precise saber todos os detalhes técnicos, é vantajoso entender o que a TI pode ou não realizar. Os gerentes e líderes de negócio devem ler revistas de TI orientadas a negócios, como a *InformationWeek* e a *CIO*, para aumentar seu conhecimento sobre TI.

Ao mesmo tempo, uma organização deve desenvolver estratégias de integração do seu pessoal de TI em várias funções de negócios. Muito frequentemente, eles são deixados de lado nas reuniões de estratégia por causa da crença de que não entendem de negócios e, portanto, não trarão nenhum valor. Essa é uma posição perigosa a se tomar. O pessoal de TI deve entender de negócios se a organização for determinar quais tecnologias podem ser proveitosas (ou prejudiciais) aos negócios. Com um pequeno esforço para comunicar-se, esse pessoal pode informar sobre a funcionalidade disponível em um sistema de informação, o que poderia ser muito valioso em uma reunião sobre como melhorar o serviço ao cliente. Trabalhando juntos, o pessoal de negócios e o de TI têm potencial para criar vantagens competitivas, reduzir custos e simplificar os processos de negócios.

É responsabilidade do CIO garantir a comunicação eficaz entre o pessoal de negócios e o de TI. Enquanto o CIO assume a responsabilidade em um nível que engloba toda a empresa, é responsabilidade de cada funcionário comunicar-se de maneira eficaz no nível pessoal.

OA1.2
Explicar o papel da tecnologia da informação nos negócios e como você mede o sucesso.

MEDIÇÃO DO SUCESSO DA TECNOLOGIA DA INFORMAÇÃO

A TI tornou-se uma importante parte da estratégia, da vantagem competitiva e da rentabilidade da organização. Existe uma pressão de gestão para construir sistemas mais rápidos, melhores e com custo mínimo. O retorno do investimento que uma organização pode alcançar com o dinheiro que ela gasta com a TI tem sido cada vez mais escrutinado pelos executivos e diretores seniores de negócios. Consequentemente, a TI agora tem de operar como outras partes da organização, estando ciente de seu desempenho e de sua contribuição ao sucesso da empresa e para oportunidades de melhorias. Então, o que os gerentes precisam saber sobre medir o sucesso da tecnologia da informação?

A primeira coisa que o gerente precisa entender sobre o sucesso da TI é que é incrivelmente difícil medi-lo. Determinar o retorno do investimento (ROI, *Return on Investment*) de um novo equipamento de informática é difícil. Por exemplo, qual é o ROI de um extintor de incêndio? Se o extintor de incêndio nunca for usado, o retorno do investimento é baixo. Se o extintor apagar um incêndio que poderia destruir todo o edifício, então o ROI é alto. Isso é semelhante aos sistemas de TI. Se uma empresa implementa um *firewall* de US$ 5 mil para prevenir ataques de vírus contra os sistemas de computadores e ele nunca evitar a entrada de nenhum vírus, a empresa perde US$ 5 mil. Se o *firewall* evitar a entrada de vírus que pudessem custar milhões de dólares à empresa, então o ROI desse *firewall* é significativamente maior que US$ 5 mil. Algumas questões

---

fala sério!

O que há de errado com esse banheiro?

Se você fosse o CEO de uma empresa financeira global que estivesse passando por uma crise financeira, você investiria US$ 1 milhão para reformar seu escritório? Provavelmente não, e você deve estar se perguntando se isso é uma estória fabricada pela *The Onion*. Adivinha! Essa é uma história real! John Thain, o ex-CEO da Merril Lynch, decidiu gastar US$ 1,2 milhões reformando seu escritório – logo após a Merril Lynch ter publicado grandes perdas financeiras. Thain assinou pessoalmente as seguintes despesas (em dólares):

- Tapete de área: US$ 87.784
- Mesa de pedestal de mogno: US$ 25.713
- Aparador do século XIX: US$ 68.179
- Lustre de teto: US$ 19.751
- 4 Pares de cortinas: US$ 28.091
- Par de cadeiras de visitas: US$ 87.784
- Poltrona George IV: US$ 18.468
- 6 castiçais de parede: US$ 2.741
- Lixeira revestida com papel de pergaminho: US$ 1.405 (sim, para uma lixeira!)
- Venezianas de tecido estilo romano: US$ 10.967
- Venezianas estilo romano: US$ 7.315
- Mesa de centro: US$ 5.852
- Cômoda: US$ 35.115

São anos de estudos e experiência profissional para as pessoas desenvolverem as habilidades necessárias para o cargo de CEO. Obviamente, uma empresa como a Merrill Lynch só contrataria uma pessoa altamente qualificada para o cargo. O que você acha que aconteceu com John Thain? Por que ele gastaria uma quantia absurda redecorando seu escritório quando a empresa estava passando por problemas financeiros? O que acontece com uma empresa cujos executivos não estão alinhados com suas metas? Como você pode garantir que os executivos da sua empresa não estão cometendo erros monumentais, como uma reforma milionária de um banheiro?

---

recentemente levantadas por executivos sobre seus sistemas de TI incluem:

- O desempenho da operação interna de TI é satisfatório?
- Eu deveria terceirizar algumas ou todas as operações de TI?
- Como está o desempenho do meu fornecedor terceirizado?
- Quais os fatores de risco a serem considerados em um projeto de TI?
- Quais perguntas devem ser feitas para garantir que a proposta de um projeto de TI seja realista?
- Quais são as características de um projeto saudável?
- Quais são os fatores mais importantes a serem monitorados para garantir que o projeto permaneça no rumo certo?[11]

quantificáveis aos processos de negócios, especialmente os qualitativos, como o atendimento ao cliente? Que tipo de informação melhor reflete o progresso ou falta dele?

Os **indicadores-chave de desempenho** (KPIs, *Key Performance Indicators*) são as medidas que estão vinculadas aos direcionadores de negócios. As métricas são as medidas detalhadas que alimentam esses KPIs. O desempenho das métricas cai em uma área nebulosa de inteligência de negócios que não está centrada nem na tecnologia nem nos negócios, mas requer insumos de ambos os profissionais de TI e de negócios para atingir o sucesso. A Cisco Systems implementou um conselho interdepartamental visando criar métricas para melhorar o processo de operações de negócios. O conselho desenvolveu métricas para avaliar a eficiência do processo de encomendas online da Cisco e descobriu que, em virtude de erros, mais de 70% das encomendas online precisavam de entradas manuais e era impossível encaminhá-las automaticamente para fabricação. Alterando o processo e adicionando novos sistemas de informações, em 6 meses a empresa dobrou a porcentagem de encomendas que iam diretamente para produção.[14]

Métricas de eficiência e eficácia

As organizações gastam enormes quantias de dinheiro em TI para competir no veloz ambiente atual de negócios. Algumas organizações gastam até 50% de todas as suas despesas de capital em TI. Para justificar esses gastos, uma empresa deve medir a recompensa desses investimentos, seu impacto no desempenho dos negócios e o valor total ganho.

Métricas de eficiência e eficácia são os dois tipos principais de métricas de TI. As **métricas de eficiência da TI** medem o

Para oferecer informações detalhadas para todas as camadas de gerenciamento, a General Electric Co. (GE) investiu US$ 1,5 bilhão em tempo de funcionários, hardwares, softwares e outras tecnologias para implementar um sistema de monitoração de operações em tempo real. Os executivos da GE utilizam o novo sistema de monitoração de vendas, estoque e economias em todas as 13 operações globais de negócios da empresa a cada 15 minutos. Isso permite que a GE responda às mudanças, reduza tempos de ciclo e melhore a gestão de risco em questão de horas, em vez de esperar por relatórios mensais ou trimestrais. A GE

[*"Os gerentes precisam perguntar a si mesmos como irão gerenciar projetos de TI quando é incrivelmente difícil medi-los."*]

estima que o investimento de US$ 1,5 bilhão irá proporcionar um retorno de 33% ao longo de cinco anos.[12]

Os profissionais de TI sabem como instalar e manter sistemas de informação. Profissionais de negócios sabem como realizar um negócio de sucesso. Mas como uma empresa decide se um sistema de informação ajuda a tornar um negócio bem-sucedido? Peter Drucker, um famoso guru do gerenciamento, disse, certa vez, que se você não consegue medi-lo, não pode gerenciá-lo. Os gerentes precisam perguntar a si mesmos como irão gerenciar projetos de TI quando é incrivelmente difícil medi-los.[13]

A resposta está na métrica. Projetar métricas requer uma qualificação que nem os profissionais de TI nem os de negócios geralmente possuem. As métricas não se referem nem à tecnologia nem à estratégia de negócios. As perguntas que surgem no projeto de métricas são quase filosóficas: Como você define o sucesso? Como você aplica medidas

desempenho do próprio sistema de TI, tais como rendimento, velocidade e disponibilidade. As **métricas de eficácia da TI** medem o impacto que a TI tem nos processos e atividades de negócios, incluindo a satisfação do cliente, taxas de conversão e o aumento de vendas. Peter Drucker oferece uma distinção útil entre eficiência e eficácia. Drucker diz que os gerentes "fazem as coisas direito" e/ou "fazem as coisas certas". Fazer as coisas direito leva à eficiência – tirar o máximo de cada recurso. Fazer as coisas certas leva à eficácia – estabelecer as metas e os objetivos certos e garantir que sejam cumpridos.[15]

A eficiência se concentra na medida na qual uma organização está usando seus recursos de maneira otimizada, enquanto a eficácia se concentra no quanto uma organização está atingindo suas metas e objetivos. Ambas – eficiência e eficácia – são definitivamente interligadas. Contudo, o sucesso em uma área não implica necessariamente o sucesso na outra.

Benchmarking – métricas de referência

Independentemente do que é medido, como é medido e se é por causa de eficiência ou de eficácia, devem existir **benchmarks**, ou valores de referência que o sistema procura atingir. O **benchmarking** é um processo contínuo de medição dos resultados de sistemas, que compara os resultados a um sistema de ótimo desempenho (valores de *benchmark*) e identifica os passos e procedimentos para melhorias de rendimento.

Imagine os serviços online do governo (e-Government) como ilustração das métricas de eficiência e de eficácia da TI do *benchmarking* (ver os resultados de pesquisa na Figura 1.13). Do ponto de vista da eficácia, o Canadá está em primeiro lugar em termos de satisfação dos cidadãos quanto ao e-Government (os Estados Unidos estão em terceiro lugar). A pesquisa, patrocinada pela Accenture, também incluiu atributos como visão de atendimento ao cliente, iniciativas para identificar serviços para segmentos individuais de cidadãos e abordagens de ofertas de serviço de e-Government por meio de canais de prestação de serviços múltiplos. Esses são todos os *benchmarks* pelos quais o governo canadense se destaca.[16]

Por outro lado, a *Divisão das Nações Unidas para Economia e Administração Públicas* classifica o Canadá em sexto lugar em termos de métricas de eficiência da TI (os Estados Unidos estão em primeiro lugar). Essa classificação particular, baseada simplesmente nas métricas de eficiência da TI, inclui *benchmarks* como o número de computadores a cada 100 cidadãos, o número de servidores de internet a cada 10 mil cidadãos e a porcentagem da população de cidadãos online. Portanto, embora o Canadá fique para trás em eficiência da TI, é o principal provedor de e-Government em termos de eficácia.[17]

Os governos que esperam aumentar a presença do e-Government iriam comparar-se a esses tipos de métricas de eficiência e eficácia. Há um alto nível de correlação entre a eficiência e a eficácia do e-Government, embora não seja absoluta.

A inter-relação entre as métricas de eficiência e de eficácia da TI

As métricas de eficiência da TI focam na tecnologia em si. A Figura 1.14 destaca os tipos mais comuns de métricas de eficiência da TI.

Embora essas métricas de eficiência sejam importantes para monitorar, elas nem sempre garantem a eficácia. As métricas de eficácia da TI são determinadas de acordo com metas, estratégias e objetivos da organização. Aqui, torna-se importante considerar a estratégia que uma organização está utilizando, como uma ampla estratégia de liderança de custos (Walmart, por exemplo), metas e objetivos, como o aumento de novos consumidores em 10% ou a redução do tempo do ciclo de desenvolvimento de produtos novos para 6 meses. A Figura 1.15 apresenta as métricas amplas e gerais de eficácia da TI.

No setor privado, o eBay qualifica constantemente sua eficiência e eficácia da tecnologia da informação. Manter constante a disponibilidade do website e o ótimo rendimento é fundamental para o sucesso do eBay.[18]

A Jupiter Media Metrix classificou o eBay como o website com maior volume de visitantes (eficiência) pelo 4º ano seguido, com um crescimento de 80% em relação ao ano anterior. O site de leilão teve uma média de 8 milhões de visitantes durante cada semana da temporada de feriado, com picos diários que excediam os 12 milhões de visitantes. Para garantir a disponibilidade e a confiabilidade do seu sistema, o eBay implementou o ProactiveNet, uma ferramenta de

FIGURA 1.13 Classificação do e-Government para eficiência e eficácia

Eficiência	Eficácia
1. Estados Unidos (3,11)	1. Canadá
2. Austrália (2,60)	2. Cingapura
3. Nova Zelândia (2,59)	3. Estados Unidos
4. Cingapura (2,58)	4. Dinamarca
5. Noruega (2,55)	5. Austrália
6. Canadá (2,52)	6. Finlândia
7. Reino Unido (2,52)	7. Hong Kong
8. Holanda (2,51)	8. Reino Unido
9. Dinamarca (2,47)	9. Alemanha
10. Alemanha (2,46)	10. Irlanda

FIGURA 1.14 — Tipos comuns de métricas de eficiência da TI

Rendimento	A quantidade de informação que pode se deslocar por meio de um sistema a qualquer momento.
Velocidade de transação	O tempo que um sistema leva para realizar uma transação.
Disponibilidade do sistema	O número de horas que um sistema permanece disponível aos usuários.
Precisão da informação	A medida na qual um sistema gera os resultados corretos ao executar a mesma operação várias vezes.
Tráfego da web	Inclui uma série de parâmetros, como o número de visualizações de página, o de visitantes únicos e o tempo médio gasto ao visitar uma página da web.
Tempo de resposta	O tempo que leva para responder às interações do usuário, como um clique do mouse.

medição de desempenho e de acompanhamento de gestão. Ela permite ao eBay o monitoramento do ambiente contra os parâmetros de referência de base, o que ajuda a equipe do eBay a manter um controle rígido dos sistemas. O novo sistema resultou em uma disponibilidade melhor, com um aumento de 150% de produtividade, medido pelo respectivo tempo de funcionamento (*uptime*).[19]

Assegure-se de considerar a questão da segurança ao determinar as métricas de eficiência e eficácia da TI. Quando uma empresa oferece a seus clientes a possibilidade de compras pela internet, ela deve implementar a segurança adequada. Na verdade, é ineficiente para uma organização implementar medidas de segurança para transações na internet em comparação ao processamento de transações não seguras. Porém, uma organização provavelmente terá dificuldades para atrair novos consumidores e aumentar a receita baseada na web caso não implemente as necessárias medidas de segurança. Do ponto de vista puramente da métrica de eficiência da TI, a segurança gera alguma ineficiência. Do ponto de vista de estratégia de negócios de uma organização, porém, a segurança deve levar a melhorias nas métricas de eficácia.

A Figura 1.16 mostra a inter-relação entre eficiência e eficácia. Idealmente, uma organização deve operar no canto superior direito do gráfico, realizando aumentos significativos tanto na eficiência quanto na eficácia. Contudo, operar no canto superior esquerdo (mínima eficácia com aumento da eficiência), ou no canto inferior direito (eficácia significativa com mínima eficiência), pode estar alinhado às estratégias específicas da empresa. No geral, operar no canto inferior esquerdo (mínima eficiência e mínima eficácia) não é ideal para operações de nenhuma organização.

SEÇÃO 1.2 Estratégia de negócios

OBJETIVOS DE APRENDIZAGEM

OA1.6 Explicar por que as vantagens competitivas são temporárias.

OA1.7 Listar e descrever cada uma das forças do Modelo das Cinco Forças de Porter.

OA1.8 Comparar as três estratégias genéricas de Porter.

OA1.9 Descrever a relação entre processos de negócios e análise da cadeia de valor.

FIGURA 1.15 — Tipos comuns de métricas de eficácia da TI

Usabilidade	A facilidade com que as pessoas realizam transações e/ou encontram informações. Uma métrica popular de usabilidade na internet são os níveis de liberdade, que medem o número de cliques necessários para encontrar a informação desejada.
Satisfação do consumidor	Medida por parâmetros como pesquisas de satisfação, porcentagem de clientes existentes retidos e aumento da receita por cliente.
Taxas de conversão	O número de clientes que uma organização "toca" pela primeira vez e convence a comprar seus bens ou serviços. Essa é uma métrica popular para avaliação da eficácia de propagandas em banner, pop-up e pop-under na internet.
Financeiro	Tais como: retorno sobre o investimento (o poder de ganhos dos ativos de uma organização); análise de custo-benefício (a comparação de receitas e custos projetados, incluindo desenvolvimento, manutenção, correção e variabilidade); e análise do ponto de equilíbrio (o ponto em que receitas constantes igualam os custos em andamento).

OA1.6
Explicar por que as vantagens competitivas são temporárias.

IDENTIFICAÇÃO DAS VANTAGENS COMPETITIVAS

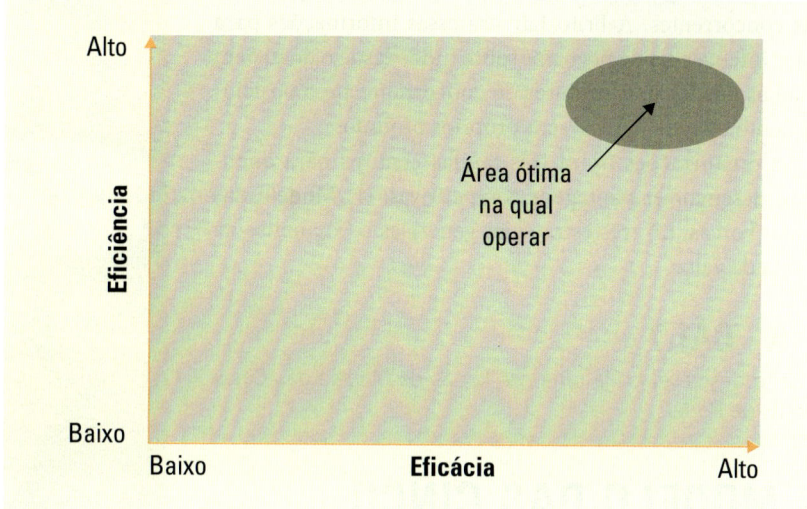

FIGURA 1.16 A inter-relação entre eficiência e eficácia

Para sobreviver e prosperar, uma organização deve criar uma vantagem competitiva. Uma *vantagem competitiva* é um produto ou um serviço que recebe, dos consumidores de uma organização, valor maior do que a oferta similar do concorrente. Infelizmente, as vantagens competitivas são temporárias porque os concorrentes geralmente buscam maneiras de copiar essa vantagem. Por sua vez, as organizações precisam desenvolver estratégias baseadas em uma nova vantagem competitiva.

Quando uma organização é a primeira no mercado com uma vantagem competitiva, ela ganha a *vantagem do primeiro movimento*. Esta se dá quando uma organização causa um impacto significativo na sua fatia de mercado por ser a primeira com uma vantagem competitiva. A FedEx estabeleceu uma vantagem do primeiro movimento ao criar o software de autoatendimento para seus clientes, que permite às pessoas e às organizações requisitar a coleta de encomenda, imprimir boletos e rastrear encomendas online. Outras empresas de entrega de encomendas rapidamente começaram a criar seus próprios serviços online. Hoje, o autoatendimento do cliente na internet é um padrão nos negócios de entrega de encomendas.

Conforme as organizações desenvolvem suas vantagens competitivas, elas devem prestar muita atenção na concorrência por meio da *varredura ambiental*. Esta se refere à aquisição e à análise de eventos e tendências no ambiente externo a uma organização. A tecnologia da informação tem a oportunidade de desempenhar um importante papel na varredura ambiental.

Os representantes da Frito-Lay, uma das principais fornecedoras dos salgadinhos Cracker Jacks e Cheetos, não só abastecem as prateleiras dos supermercados, mas

---

Minha Lista do que Não Fazer

O que acontece no YouTube fica no YouTube – PARA SEMPRE

Você está procurando por orientação para uma grande carreira? Aí vai: **nunca** poste nada em sites de acesso público que o deixaria desconfortável se você mostrasse a um gerente de recrutamento ou de contratação. Isso inclui fotos inapropriadas, comentários negativos sobre empregos, professores ou pessoas, e bebedeiras em festas. Futuros empregadores irão "googlar" você!

A má notícia: você tem de continuar mantendo seu perfil cibernético completamente limpo para o resto da vida. As empresas podem e irão demitir você por causa de postagens inapropriadas em websites. Uma história interessante aconteceu quando dois funcionários criaram um grupo privado protegido por senha no MySpace, onde eles reclamavam sobre seus trabalhos, postavam comentários depreciativos sobre seus gerentes e destacavam informações de produtos novos ultrassecretos. Os gerentes, que sabiam utilizar bem o computador, descobriram a senha e, imediatamente, demitiram os dois indivíduos após analisarem o site. Agora um deles está processando os gerentes por invasão de privacidade.

Você concorda que se você posta algo online, fica aberto para o mundo ver? O que você considera ser um material inapropriado que você nunca postaria na web? O que você pode fazer para remover um material inapropriado, em que você é identificado, e que foi postado na web por um amigo? Como a eficiência e a eficácia entram nesse cenário? O MySpace era a forma mais eficiente e eficaz para os dois funcionários comunicarem-se? Qual o possível argumento que cada lado poderia usar para ganhar o processo?

também carregam computadores portáteis e registram as ofertas, o estoque, e até mesmo a localização dos produtos dos concorrentes. A Frito-Lay usa essas informações para obter inteligência de negócios sobre tudo, desde o quão bem estão as vendas dos produtos do concorrente até o posicionamento estratégico dos seus próprios produtos.

As organizações usam três tarefas comuns para analisar e desenvolver vantagens competitivas: (1) Modelo das Cinco Forças, (2) três estratégias genéricas e (3) análise da cadeia de valor.

  OA1.7

Listar e descrever cada uma das forças do Modelo das Cinco Forças de Porter.

O MODELO DAS CINCO FORÇAS – AVALIAÇÃO DOS SEGMENTOS DE NEGÓCIOS

O Modelo das Cinco Forças de Michael Porter é uma ferramenta útil para ajudar as organizações a enfrentar a desafiadora decisão de entrar em novo negócio ou em um novo segmento de negócios. O *Modelo das Cinco Forças* ajuda a determinar a relativa atratividade de um setor e inclui:

1. Poder de negociação dos compradores.
2. Poder de negociação dos fornecedores.
3. Ameaça de bens e serviços substitutos.
4. Ameaça de novos entrantes.
5. Rivalidade entre concorrentes (ver Figura 1.17).

Poder de negociação dos compradores

O *poder de negociação dos compradores* no Modelo das Cinco Forças é alto quando os compradores têm muitas opções em relação a de quem comprar, e baixo quando suas opções são poucas. Para reduzir o poder de negociação dos compradores (e criar uma vantagem competitiva), uma empresa deve tornar mais atrativa aos consumidores a compra de seus produtos em vez dos de seus concorrentes. Um dos melhores exemplos baseados na TI são os programas de fidelidade que muitas organizações oferecem.

Os *programas de fidelidade* recompensam os clientes com base no volume de negócios que eles realizam com

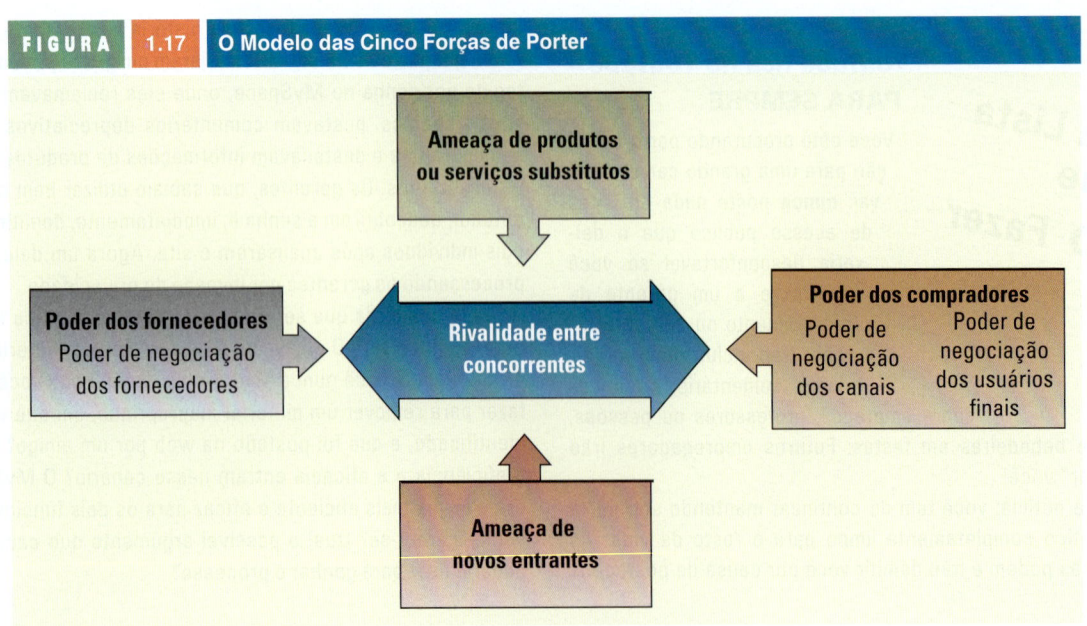

FIGURA 1.17 O Modelo das Cinco Forças de Porter

uma determinada organização. O setor de viagens é famoso por seus programas de fidelidade, tais como os programas de fidelização das companhias aéreas e dos hotéis. Manter o controle das atividades e das contas de milhares ou milhões de clientes cobertos por programas de fidelidade não é possível sem sistemas de TI de grande porte. Esses programas são um bom exemplo do uso da TI para reduzir o poder de negociação dos compradores. Por causa das recompensas (por exemplo: passagens aéreas grátis, upgrades ou estadias em hotéis) que os passageiros recebem, eles ficam mais propensos a ser fiéis ou a fazer a maioria dos negócios com uma única empresa.

Poder de negociação dos fornecedores

O *poder de negociação dos fornecedores* no Modelo das Cinco Forças é alto quando os compradores têm poucas opções em relação a de quem comprar, e baixo quando suas opções são muitas. O poder de negociação dos fornecedores é inverso ao poder de negociação dos compradores: uma empresa que fornece a um mercado irá querer que o poder de negociação dos compradores seja baixo. Uma *cadeia de suprimento* consiste em todas as partes envolvidas, direta ou indiretamente, na aquisição de um produto ou matéria-prima. Em uma cadeia de suprimento típica, uma empresa provavelmente será tanto uma fornecedora (aos clientes) como uma cliente (de outras empresas de abastecimento) (ver Figura 1.18).

Como um comprador, a empresa pode estabelecer uma vantagem competitiva alocando fontes de abastecimento alternativas. Mercados *business-to-business* (B2B) viabilizados por TI podem ajudar. Um mercado ***business-to-business*** (B2B) é um serviço baseado na internet, que traz consigo muitos compradores e vendedores (discutido em detalhes no Capítulo 3). Uma variação importante do mercado B2B é uma troca privada. Uma **troca privada** é um mercado B2B, no qual um comprador posta suas necessidades e, então, fica aberto a propostas de qualquer fornecedor que esteja interessado. As propostas são feitas por meio de um leilão reverso. Um ***leilão reverso*** é aquele no qual lances cada vez menores são solicitados por organizações que querem fornecer o produto ou serviço desejado a um preço cada vez menor. À medida que os lances vão ficando cada vez menores, mais e mais fornecedores abandonam o leilão.

> ## mostre-me o DINHEIRO
>
> ### A morte de um produto
>
> O Modelo das Cinco Forças de Porter é ideal para compreender as forças do setor e do mercado. Escolha uma das categorias listadas aqui e analise o que aconteceu ao mercado utilizando as Cinco Forças de Porter:
>
> - *Laptops* e *mainframes* (grandes computadores centralizados)
> - Assistente digital pessoal (PDA) e *laptop*
> - iPod e walkman
> - Blue-Ray e videocassete
> - Câmera digital e câmera Polaroid
> - Dispositivo GPS e mapa rodoviário
> - Patins de rodas paralelas e patins em linha
> - Livros eletrônicos e livros impressos
> - TV de alta de definição e rádio

Por fim, vence a organização com o lance mais baixo. Os leilões reversos com base na internet são um excelente exemplo da maneira como a tecnologia da informação pode reduzir o poder de negociação dos fornecedores para uma empresa e criar uma vantagem competitiva.

Ameaça de bens ou serviços substitutos

A *ameaça de bens ou serviços substitutos* no Modelo das Cinco Forças é alta quando há muitas alternativas de escolha de um produto ou serviço, e baixa quando há poucas. Idealmente, uma empresa gostaria de estar em um mercado em que há poucos substitutos para os bens ou serviços oferecidos por ela. Claro, isso é raro hoje em dia, mas uma organização ainda pode criar uma vantagem competitiva utilizando os custos de troca.

Os ***custos de troca*** são custos que podem deixar os clientes relutantes em trocar de produto ou serviço. Um custo de troca não precisa ter um custo *monetário* associado. A Amazon.com nos dá um exemplo. À medida que os clientes compram produtos da empresa ao longo do tempo, ela traça um perfil das compras e hábitos deles, o que permite à empresa oferecer produtos sob medida para um cliente, com base no respectivo perfil de compra. Se o cliente decide comprar em outro lugar, há um custo de troca associado, porque o novo site não terá o perfil

FIGURA 1.18 Uma organização dentro da cadeia de suprimento

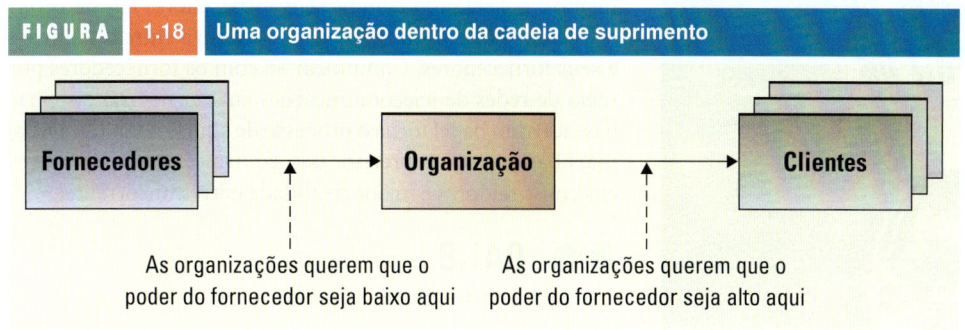

> ## O SETOR DE CELULARES NOS DÁ UM BOM EXEMPLO DE CUSTO DE TROCA.

das suas últimas compras. Dessa maneira, a Amazon.com reduziu a ameaça de bens ou serviços substitutos ao criar um "custo" para o cliente que migrar para outra loja online.

O setor de celulares nos dá outro bom exemplo de custo de troca. Os prestadores de serviços de telefonia celular querem manter seus clientes o maior tempo possível. Muitas dessas prestadoras lhes oferecem telefones gratuitos ou minutos ilimitados se eles assinarem um contrato de um ou dois anos. Isso cria um custo de troca para os consumidores, caso eles decidam trocar de prestadora, pois teriam de pagar uma multa por quebra de contrato. Outro custo de troca para esse cliente seria perder o número atual de telefone, porém, isso foi extinto com a implementação da portabilidade numérica ou a possibilidade de "transportar" os números telefônicos para os novos fornecedores. No contexto do Modelo das Cinco Forças de Porter, eliminar esse custo de troca cria uma grande ameaça de bens ou serviços substitutos ao fornecedor. Ou seja, agora os clientes verão mais prestadoras novas de telefonia celular surgindo nos próximos anos. Elas competirão quanto a preço, qualidade e serviços com as prestadoras atuais, pois os números dos celulares podem ser levados de um fornecedor para outro. Quando as empresas reduzem ou eliminam os custos de troca, o consumidor ganha mais poder.

Ameaça de novos entrantes

A *ameaça de novos entrantes* no Modelo das Cinco Forças é alta quando é fácil para novos concorrentes entrarem em um mercado, e baixa quando há barreiras significativas para essa entrada. Uma barreira de entrada é uma característica de produto ou de serviço que os consumidores já esperam das empresas de um setor específico e deve ser oferecida por uma empresa entrante para competir e sobreviver. Por exemplo, um banco novo deve oferecer a seus clientes um conjunto inédito de serviços viabilizados por TI, incluindo o uso de caixa automático, pagamento de contas online e monitoramento de conta. Há barreiras significativas para entrar no mercado bancário. No passado, o primeiro banco a oferecer esses serviços ganhava uma valiosa vantagem do primeiro movimento, mas apenas temporariamente, enquanto outros bancos concorrentes desenvolviam seus próprios sistemas de TI.

Rivalidade entre concorrentes

A *rivalidade entre concorrentes* no Modelo das Cinco Forças é alta quando a concorrência é feroz em um mercado, e baixa quando é mais complacente. Embora a concorrência seja sempre mais intensa em alguns setores do que em outros, a tendência geral é de aumento da concorrência em praticamente todos eles.

O setor varejista é intensamente competitivo. Enquanto a Kroger, a Safeway e a Albertsons competem nos Estados Unidos de várias maneiras diferentes, essencialmente tentam bater ou igualar a concorrência no preço. A maioria tem programas de fidelidade que dão descontos especiais aos compradores. Os clientes conseguem preços baixos enquanto a loja coleta informações valiosas sobre hábitos de comprar para criar estratégias de preços. No futuro, é esperado que os mercados usem tecnologias *wireless* para acompanhar o movimento dos clientes dentro da loja para depois compará-lo aos produtos comprados para determinar as estratégias de localização e preços dos produtos. Esse sistema será baseado na TI e significará uma grande vantagem competitiva para o primeiro que implementá-lo.

Uma vez que no setor varejista as margens são baixas, os mercados constroem eficiências em suas cadeias de suprimentos, conectando com os seus fornecedores em parcerias de informações viabilizadas por TI, como a entre o Walmart e seus fornecedores. Comunicar-se com os fornecedores por meio de redes de telecomunicações em vez de usar sistemas baseados em papel torna o processo de aquisição mais rápido, mais barato e mais preciso. Isso equivale a preços menores aos consumidores e maior rivalidade entre concorrentes.

 OA1.8

Comparar as três estratégias genéricas de Porter.

Vivendo o SONHO

Um *laptop* por criança

Nicholas Negroponte é o fundador da MIT Media Lab e passou sua carreira impulsionando a fronteira da revolução da informação como inventor, pensador e *angel investor**. Seu último projeto, *Um laptop por criança*, visa produzir *laptops* de US$ 100 que ele espera pôr nas mãos de milhões de crianças de países em desenvolvimento ao redor do mundo. XO (o "*laptop* de US$ 100") é um computador habilitado para internet sem fio, movido a pedal e com custo de aproximadamente US$ 100. Quais tipos de vantagens competitivas as crianças poderiam obter com o *laptop* de US$ 100 de Negroponte? Quais tipos de problemas poderiam resultar desse *laptop*? Negroponte está seguindo qual das três estratégias genéricas de Porter?

* N. de R.T.: *Angel investor* é o investidor que aplica recursos financeiros em empresas inovadoras. Pode ser uma pessoa física ou outra empresa.

AS TRÊS ESTRATÉGIAS GENÉRICAS – CRIAÇÃO DE UM FOCO DE NEGÓCIOS

Uma vez que a atratividade relativa de um setor de negócios é determinada, e uma empresa decide entrar naquele mercado, ela deve formular uma estratégia para isso. Uma organização pode seguir as três estratégias genéricas de Porter ao entrar em um novo mercado: (1) ampla liderança em custos, (2) ampla diferenciação ou (3) estratégia de foco. Estratégias amplas atingem um grande segmento de mercado, enquanto estratégias focadas atingem um nicho dele. Uma estratégia de foco concentra-se na liderança em custos ou na diferenciação. Tentar ser tudo para todos, porém, é receita para o desastre, uma vez que é difícil projetar uma imagem consistente para todo o mercado. Porter sugere que é sensato uma organização adotar apenas uma das três estratégias genéricas contempladas na Figura 1.19.

Para ilustrar o uso das três estratégias genéricas, veja a Figura 1.20. A matriz apresentada demonstra as relações entre as estratégias (liderança em custo *versus* diferenciação) e os segmentos do mercado (amplo *versus* focado).

- A **Hyundai** está seguindo uma estratégia de ampla liderança em custo. A empresa oferece veículos de baixo custo, em cada modelo específico de estratificação, que atraem um grande público.
- A **Audi** está seguindo uma estratégia ampla de diferenciação com seus modelos Quattro, disponíveis em vários níveis de preços. A diferenciação da empresa é a segurança, e ela determina os preços dos modelos Quattro (mais altos que os da Hyundai) para atingir um público grande e estratificado.
- A **Kia** tem uma estratégia mais focada na liderança em custos. A empresa oferece, principalmente, veículos de baixo custo nos níveis mais baixos do modelo de estratificação.
- A **Hummer** apresenta a estratégia de diferenciação mais focada de todo o setor (incluindo a Mercedes-Benz).

●● OA1.9

Descrever a relação entre processos de negócios e análise da cadeia de valor.

ANÁLISE DA CADEIA DE VALOR – PROCESSO DE SEGMENTAÇÃO DOS NEGÓCIOS

Uma vez que uma organização entra em um novo mercado utilizando uma das três estratégias de Porter, ela deve entender, aceitar e executar com sucesso sua estratégia de negócios. Cada aspecto da organização contribui para o sucesso (ou fracasso) da estratégia escolhida. Os processos de negócios da organização e a cadeia de valor que eles criam desempenham um papel integral na execução da estratégia. A Figura 1.21 combina as Cinco Forças de Porter e suas três estratégias genéricas, criando estratégias de negócios para cada segmento.[20]

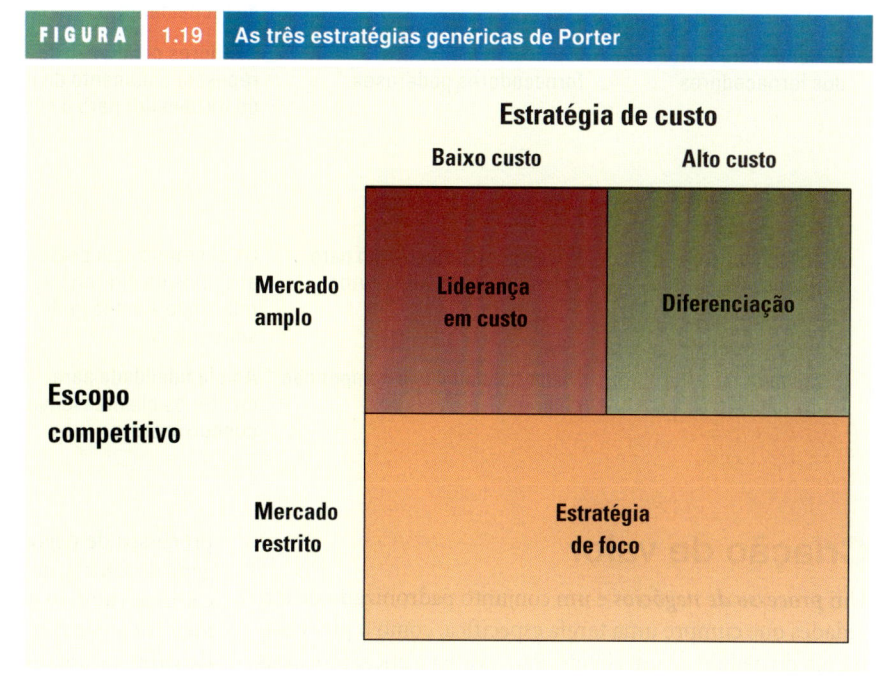

FIGURA 1.19 As três estratégias genéricas de Porter

FIGURA 1.20 As três estratégias genéricas de Porter no setor automobilístico

	Estratégia de liderança em custo	Estratégia de diferenciação
Mercado amplo	Hyundai	Audi
Mercado focado	Kia	Hummer

FIGURA 1.21 Estratégias genéricas e forças do setor

	Estratégias genéricas		
Força do setor	Liderança em custos	Diferenciação	Foco
Barreiras de entrada	A habilidade de cortar preços em retaliação desencoraja entrantes em potencial.	A fidelidade do cliente pode desencorajar entrantes em potencial.	O foco desenvolve competências principais que podem atuar como uma barreira de entrada.
Poder de negociação dos compradores	A habilidade de oferecer preços mais baixos a compradores poderosos.	Grandes compradores têm menos poder de negociação por causa das poucas alternativas de fechamento.	Grandes compradores têm menos poder de negociação por causa das poucas alternativas.
Poder de negociação dos fornecedores	Maior isolamento dos fornecedores poderosos.	Melhores condições de repassar o aumento de preços do fornecedor para o cliente.	Os fornecedores têm poder por causa do pouco volume, mas uma empresa focada em diferenciação tem melhores condições de repassar o aumento de preços do fornecedor.
Ameaça de bens e serviços substitutos	Pode usar o preço baixo para defender-se de substitutos.	Os clientes ficam presos aos atributos da diferenciação, reduzindo a ameaça de substitutos.	Produtos especializados e competência principal protegem contra substitutos.
Rivalidade	Maior habilidade de competição de preço.	Ampla fidelidade para manter os clientes longe dos concorrentes.	Os concorrentes não conseguem atender as necessidades dos clientes focadas na diferenciação.

Criação de valor

Um *processo de negócios* é um conjunto padronizado de atividades que cumpre uma tarefa específica, como o processamento do pedido de um cliente. Para avaliar a eficácia de seus processos de negócio, uma organização pode usar a abordagem de cadeia de valor de Michael Porter. Uma organização cria valor ao realizar uma série de atividades que Porter identifica como a cadeia de valor. A abordagem da **cadeia de valor** vê uma organização como uma série de processos, em que cada um agrega valor ao produto ou ao serviço para cada cliente. Para criar uma vantagem competitiva, a cadeia de valor deve permitir que a organização forneça um valor único aos seus clientes. Além das atividades de criação de valor da própria empresa, esta opera em um sistema de valor de atividades verticais, incluindo as dos fornecedores (para trás) e os membros de canais (para frente). Para alcançar uma vantagem competitiva, a empresa deve realizar uma ou mais atividades de criação de valor, de modo a criar um valor mais abrangente do que o dos concorrentes. O valor agregado é criado por meio de menores custos ou benefícios superiores aos do cliente (diferenciação).

As organizações podem agregar valor oferecendo preços mais baixos ou competindo de maneira distintiva. Examinar uma organização como uma cadeia de valor (na verdade, cadeias de valor numerosas e distintas, mas inseparáveis) leva à identificação das atividades importantes que agregam valor ao serviço. Isso gera uma métrica quantificável, mostrada em porcentagens na Figura 1.22, de como cada atividade agrega (ou reduz) valor. A decisão da vantagem competitiva, então, é para (1) direcionar as altas atividades de agregamento de valor para futuramente ampliar seu valor, (2) direcionar as baixas atividades de agregamento de valor para aumentar seus valores, ou (3) realizar algum tipo de combinação das duas.

As organizações devem tentar usar a tecnologia da informação para agregar valor tanto para as atividades primárias de valor quanto para as de apoio. Um exemplo de atividade primária de valor facilitada pela TI é o desenvolvimento de um sistema de gerenciamento de campanhas de marketing que poderia direcioná-las de maneira mais eficiente e, com isso, reduzir os custos do marketing. O sistema também ajudaria a empresa a identificar melhor as necessidades do mercado-alvo e, dessa maneira, aumentar as vendas. Um

> **As organizações devem tentar usar a tecnologia da informação para agregar valor tanto para as atividades primárias de valor quanto para as de apoio.**

para os clientes e, então, encontram sistemas de TI que apoiam essas atividades. A Figura 1.22 mostra uma cadeia de valor. As atividades primárias de valor, mostradas na parte inferior do gráfico, adquirem a matéria-prima e fabricam, entregam, comercializam, vendem e fornecem serviços pós-vendas. As atividades de valor de apoio, ao longo do topo do gráfico, tais como infraestrutura da empresa, gestão de recursos humanos, suprimento e desenvolvimento de tecnologia, sustentam as atividades primárias de valor.

A meta é sondar os clientes e perguntar-lhes o quanto acreditam que cada atividade agrega valor ao produto ou exemplo de uma atividade de valor de apoio facilitada pela TI é o desenvolvimento de um sistema de recursos humanos que poderia recompensar os funcionários de maneira mais eficiente, com base no desempenho. Esse sistema poderia também identificar funcionários que estão cogitando deixar a empresa, permitindo estabelecer desafios e oportunidades adicionais que ajudariam a mantê-los e, assim, diminuir os custos da rotatividade.

A análise da cadeia de valor, uma ferramenta muito útil, fornece números concretos e rápidos para avaliação das atividades que agregam valor aos produtos ou aos serviços.

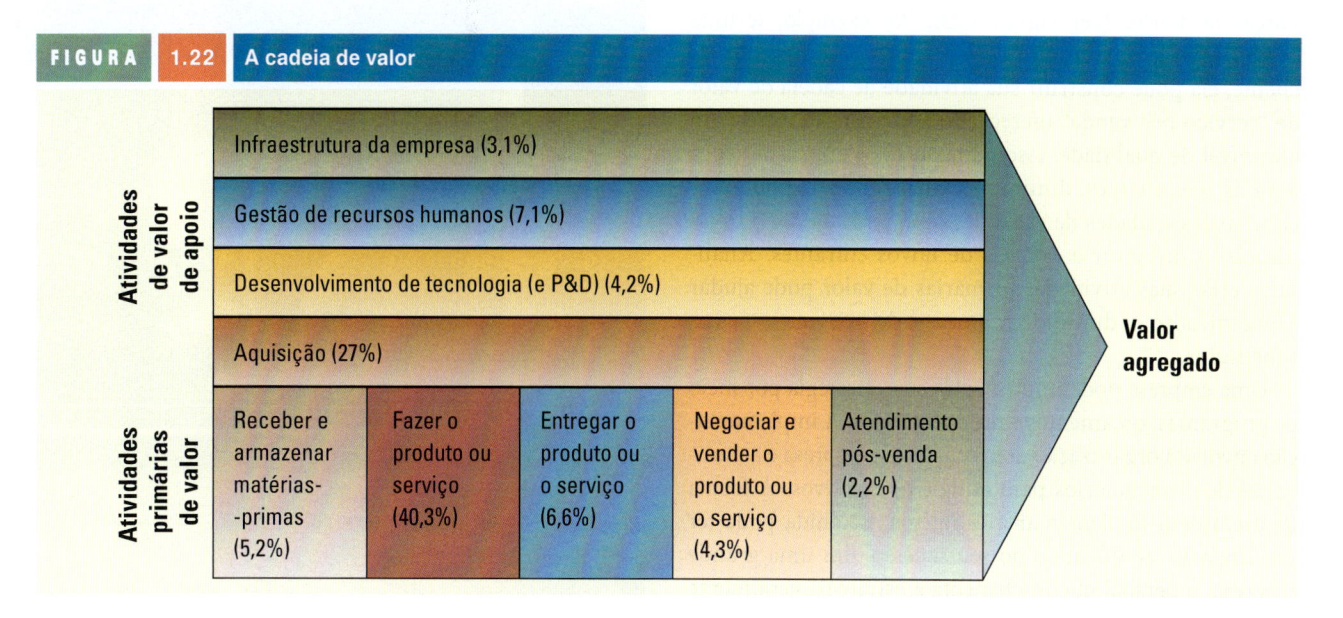

FIGURA 1.22 A cadeia de valor

Atividades de valor de apoio	Infraestrutura da empresa (3,1%)				
	Gestão de recursos humanos (7,1%)				
	Desenvolvimento de tecnologia (e P&D) (4,2%)				
	Aquisição (27%)				
Atividades primárias de valor	Receber e armazenar matérias-primas (5,2%)	Fazer o produto ou serviço (40,3%)	Entregar o produto ou o serviço (6,6%)	Negociar e vender o produto ou o serviço (4,3%)	Atendimento pós-venda (2,2%)

→ Valor agregado

FIGURA 1.23 A cadeia de valor e as Cinco Forças de Porter

```
                        Ameaça de
                      novos entrantes

   ← Cadeia de suprimento              Cadeia de demanda →

   ┌─────────────────────────────────────────────────┐
   │ Infraestrutura da empresa (3,1%)                │
   │ Gestão de recursos humanos (7,1%)               │
   │ Desenvolvimento de tecnologia (e R&D) (4,2%)    │   Valor
   │ Aquisição (27%)                                 │  agregado
   ├────────┬────────┬────────┬────────┬────────────┤
   │Receber │Fazer o │Entregar│Negociar│Atendimento │
   │e armaz.│produto │o prod. │e vender│pós-venda   │
   │matérias│ou serv.│ou serv.│produto │(2,2%)      │
   │-primas │(40,3%) │(6,6%)  │ou serv.│            │
   │(5,2%)  │        │        │(4,3%)  │            │
   └────────┴────────┴────────┴────────┴────────────┘

   Poder de                                    Poder de
   negociação                                  negociação
   do fornecedor                               do comprador

                        Ameaça de produtos
                               ou
                        serviços substitutos
```

Uma empresa pode encontrar um valor adicional ao analisar e construir sua cadeia de valor nos termos das Cinco Forças de Porter (ver Figura 1.23). Por exemplo, se uma organização quer diminuir o poder de seu comprador ou cliente, ela pode construir sua atividade de cadeia de valor de "serviço pós-venda" oferecendo ao cliente serviços com alto nível de qualidade. Isso aumentará os custos de troca para os seus clientes, diminuindo-lhes o poder. Analisar e criar suas atividades de valor de apoio pode ajudar a organização a diminuir a ameaça de novos entrantes. Analisar e criar suas atividades primárias de valor pode ajudar a organização a diminuir a ameaça de bens ou serviços substitutos.

Uma empresa pode implementar sua estratégia por meio de programas, orçamentos e procedimentos. A implementação envolve a organização dos recursos da empresa e a motivação dos funcionários para atingir os objetivos. A forma de a empresa implementar a estratégia escolhida pode ter um impacto significativo no seu sucesso. Em uma grande empresa, o pessoal que implementa a estratégia geralmente

NO FLAGRA
Ouça o Homem-Aranha, ele sabe do que está falando!

O conselho mais famoso do Homem-Aranha – "Grandes poderes trazem grandes responsabilidades" – deve ser aplicado em cada tipo de tecnologia encontrada nos negócios. A tecnologia fornece inúmeras oportunidades para as empresas, mas ela também pode levar a inúmeras ciladas e armadilhas. Um ótimo exemplo é o de quantas empresas lucraram com o comércio online e quantas pessoas perderam suas economias de uma vida em fraudes de negócios online. Por exemplo, Bernard Madoff, o dono de uma importante empresa de investimentos de Nova York, foi capaz de forjar declarações de investimentos e gastou supostamente quase US$ 50 bilhões dos clientes.

Utilizar mensagens SMS é um grande ativo para qualquer empresa que necessite de comunicação instantânea, mas também digitaliza conversas que podem ser rastreadas e recuperadas. David Colby, o CFO da Wellpoint, foi pego tendo vários casos e, certa vez, enviou um SMS com a mensagem "ABORTE!" para uma de suas muitas namoradas, após descobrir que ela estava grávida. Colby teve relacionamento com mais de 30 mulheres e pediu, no mínimo, 12 delas em casamento.

A AOL traz o poder da internet para milhões de pessoas e a Craigslist permite que todos se tornem provedores de bens e serviços. Infelizmente, a Craigslist não descreve exatamente quais tipos de bens e serviços são permitidos. Adam Vitale foi sentenciado a dois anos de prisão depois de encontrar uma maneira de burlar os filtros de spam da AOL e enviar spam para mais de 1,2 milhão de usuários da AOL. Vitale também teve 22 condenações anteriores, incluindo ativar uma rede de prostituição online por meio da Craigslist.

Quando for competir nos negócios, você deve analisar o que há de bom e de ruim associado a toda tecnologia. Escolha uma empresa que opera principalmente online – como a eBay, a Netflix ou a Amazon.com – e analise todas as oportunidades de negócios, juntamente com as possíveis armadilhas que você poderia encontrar caso fosse o dono da empresa.

é diferente daquele que a formula. Por esse motivo, a comunicação apropriada da estratégia é fundamental. O fracasso pode acontecer se a estratégia for mal interpretada ou se gerentes de níveis mais baixos resistem à implementação por não terem entendido o processo de seleção de determinada estratégia.

Uma organização deve adaptar-se continuamente ao seu ambiente competitivo, o que pode fazer com que sua estratégia de negócio mude. Para permanecer bem-sucedida, uma organização deve utilizar as Cinco Forças, as três estratégias genéricas e a análise da cadeia de valor de Porter para adotar novas estratégias de negócios. ∎

ACESSE <http://www.grupoa.com.br>

para materiais adicionais de estudo, incluindo apresentações em PowerPoint.

capítulo dois

SEÇÃO 2.1 >>
Sistemas de tomada de decisão
- Tomada de decisão
- Sistemas de processamento de transações
- Sistemas de apoio à decisão
- Sistemas de informação executiva
- Inteligência artificial

SEÇÃO 2.2 >>
Processos de negócios
- Compreensão da importância dos processos de negócios
- Melhoria dos processos de negócios
- Reengenharia dos processos de negócios
- Modelagem do processo de negócios
- Gerenciamento do processo de negócios

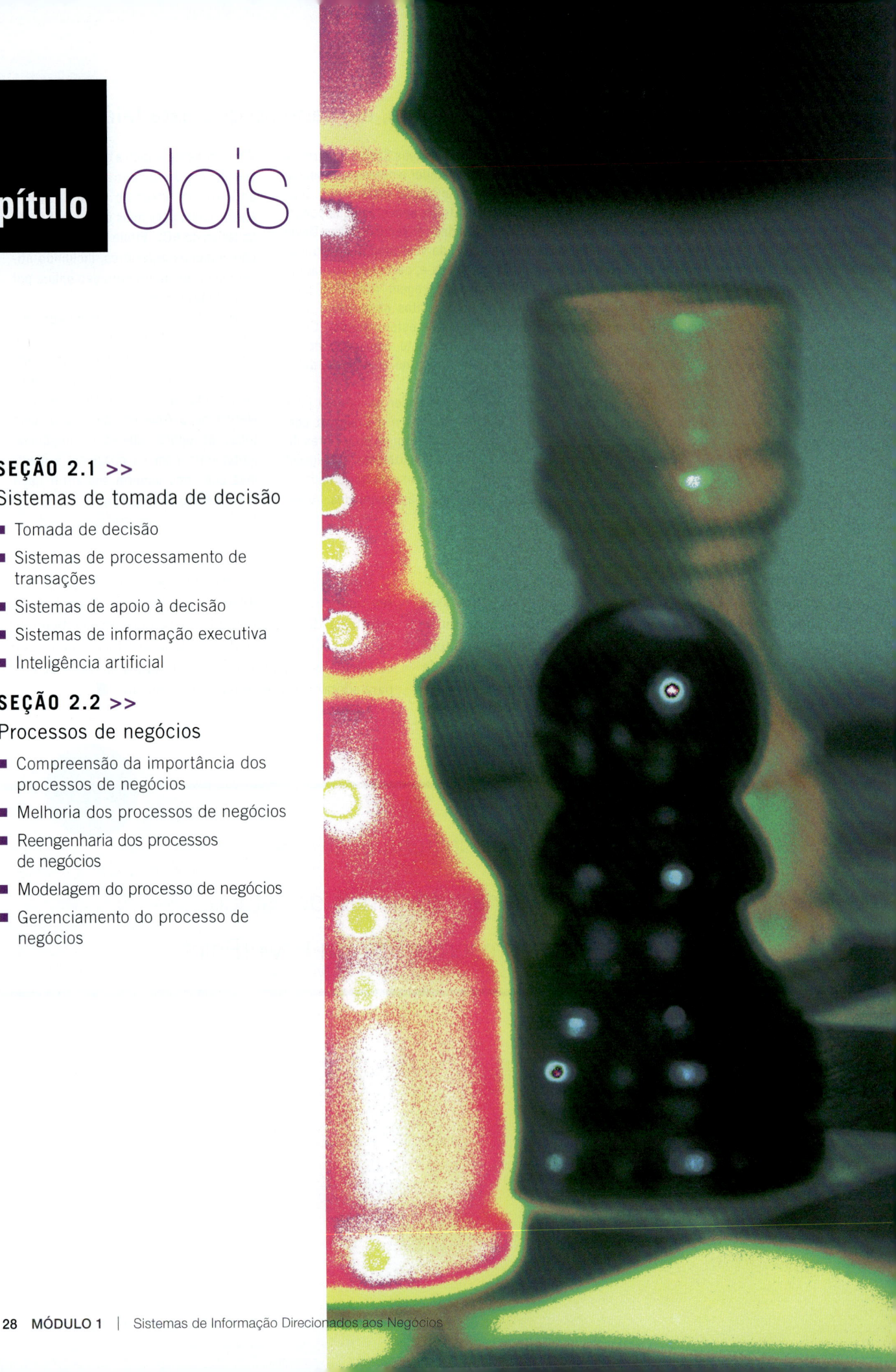

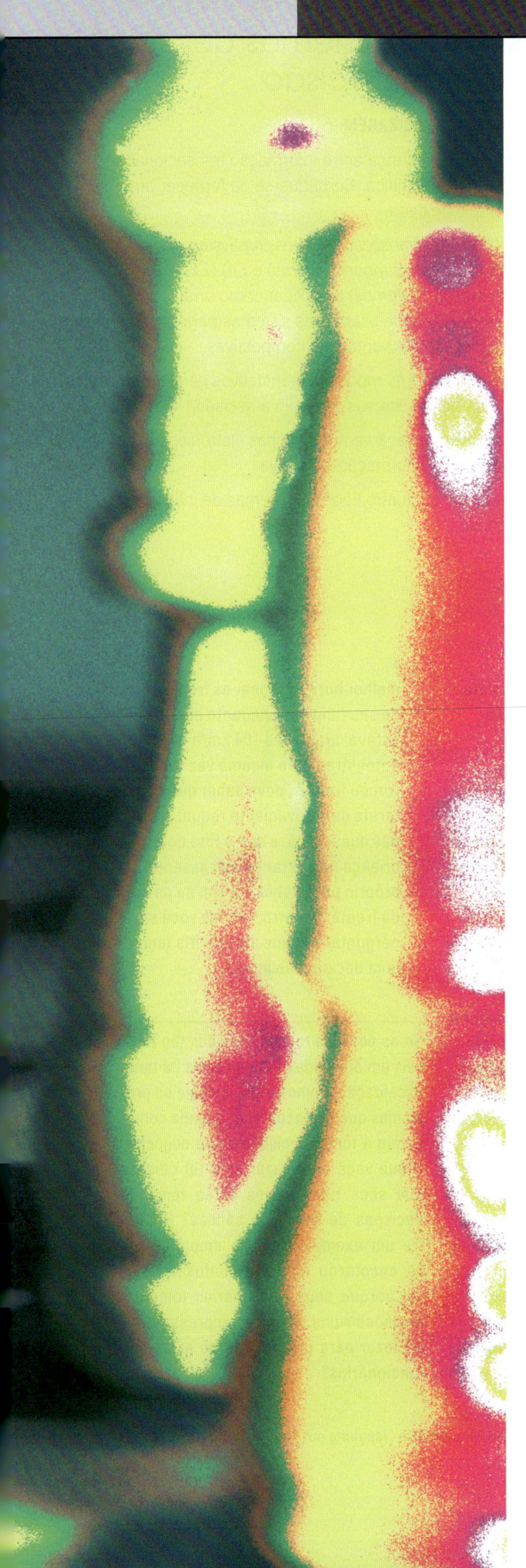

tomada
de decisão estratégica

O que a TI tem para mim?

Este capítulo descreve vários tipos de sistemas de informação para tomada de decisão usados para executar processos de negócios básicos e facilitar a tomada de decisão sensata e apropriada. Utilizá-los para melhorar e reformular os processos de negócios pode ajudar significativamente as organizações aumentando sua eficiência e eficácia, e mesmo redefinindo os padrões do setor.

Como estudante de administração, você pode obter valiosa percepção de uma organização ao compreender os tipos de sistemas de informação que existem nas empresas e entre elas. Ao compreender como utilizar esses sistemas para melhorar a tomada de decisão e a resolução de problemas, você melhorará sensivelmente o desempenho organizacional. Depois de ler este capítulo, você terá feito uma apreciação dos vários tipos de sistemas de informação utilizados pelas organizações e de como usá-los na tomada de decisões estrategicamente inteligentes.

As habilidades de tomar decisões e de resolver problemas são agora os traços mais procurados em executivos promissores, de acordo com uma pesquisa recente com mil executivos feita pela Caliper Associations, e divulgado no *The Wall Street Journal*. Para dizer o mínimo, os tomadores de decisão e solucionadores de problemas têm um potencial de carreira ilimitado.[1]

A tomada de decisão e a resolução de problemas, no mundo eletrônico atual, englobam soluções em larga escala que são oportunamente orientadas e estrategicamente focadas. A abordagem tradicional tipo "receita de bolo" na tomada de decisão simplesmente não funciona. Este capítulo foca na tecnologia para ajudar a tomar decisões, a resolver problemas e a encontrar novas oportunidades. O capítulo também destaca como reunir as pessoas com os melhores processos de TI e as melhores ferramentas em soluções completas e flexíveis que podem aproveitar as oportunidades de negócios e enfrentar os desafios (ver Figura 2.1).

●● SEÇÃO 2.1 Sistemas de tomada de decisão

OBJETIVOS DE APRENDIZAGEM

OA2.1 Explicar a diferença entre informação transacional e informação analítica. Certifique-se de fornecer um exemplo de cada.

OA2.2 Definir TPS (*Transaction Processing Systems*), DSS (*Decision Support Systems*) e EIS (*Executive Information Systemns*) e explicar como uma organização pode usar esses sistemas para tomar decisões e obter vantagens competitivas.

OA2.3 Descrever os três modelos quantitativos geralmente usados pelos sistemas de apoio à decisão.

OA2.4 Descrever a relação entre planilhas eletrônicas e sistemas de informação executiva.

OA2.5 Identificar os quatro tipos de sistemas de inteligência artificial.

omg lol*

Dirigindo enquanto amamenta – Sério?

Como as pessoas tomam decisões? Quase todos os dias é possível ler sobre alguém que toma uma decisão que a maioria da população acha completamente inacreditável – e que a lei considera absolutamente inaceitável. Listadas aqui, estão algumas manchetes que desafiam o pensamento racional e confundem o processo psicológico da tomada de decisão.

- **Mãe é presa dirigindo enquanto amamentava e falava ao celular:** uma mulher em Ohio foi acusada por colocar crianças em perigo após admitir à polícia que estava amamentando o filho e falando ao celular enquanto dirigia, ao levar seu outro filho para a escola. Todos nós já ouvimos falar em multitarefa, mas essa notícia leva esse conceito ao extremo.
- **Jantar no carro:** uma mulher no sul da Flórida foi presa enquanto dirigia, falava ao celular – que ela acomodou em seu ombro esquerdo – e tomando sopa em um copo que segurava com a mão esquerda. A mulher tirava as duas mãos do volante, usando a mão direita para segurar a colher e tomar a sopa, enquanto continuava falando ao celular. É de conhecimento comum ser inadequado falar com a boca cheia. Talvez ela não tenha entendido que também era inadequado dirigir enquanto come!
- **Dirigindo e nadando:** um homem na Califórnia foi intimado por dirigir enquanto carregava uma piscina. Sim, esse homem decidiu que "era uma boa" dirigir com uma mão, enquanto usava a outra para segurar sua piscina nova, colocada no teto do carro. Aquilo não foi apenas uma decisão ruim, como ele também decidiu recorrer à ajuda de seus três filhos, que estavam inclinados para fora das janelas do carro, sem usar o cinto de segurança, ajudando a segurar a piscina. Não seria o caso de o sujeito investir em algumas cordas ou elásticos?
- **O dever de trocar a fralda:** uma mulher em Baltimore foi acusada de trocar fraldas enquanto dirigia. Sim, essa mulher decidiu que a melhor hora de trocar as fraldas de seu filho era enquanto ela estava dirigindo a 104 km/h em uma autoestrada. Se alguma vez você trocou fraldas, deve saber que essa tarefa definitivamente requer o uso das duas mãos, e que o fato de a criança não estar em um assento próprio para bebês – e sim na parte da frente do carro – só faz você se perguntar por que alguém iria tomar uma decisão tão infeliz.

Se as pessoas tomam decisões tão terríveis em atividades para as quais há tanta fiscalização, como dirigir, imagine os problemas que vão acontecer quando começarem a tomar decisões sobre negócios. O que você pode fazer para ter certeza que seus funcionários estão tomando decisões de negócios sólidas? Encontre um exemplo de uma empresa que se encontrou em uma confusão terrível porque seus funcionários tomaram decisões ruins. O que a empresa poderia fazer para proteger-se de erros dos funcionários?

---

* N. de T.: Acrônimo, usado na internet, que corresponde às expressões "Oh! My God" (Oh! Meu Deus) e "laughing out loud" (rindo alto), usadas para caracterizar os absurdos que encontramos na rede.

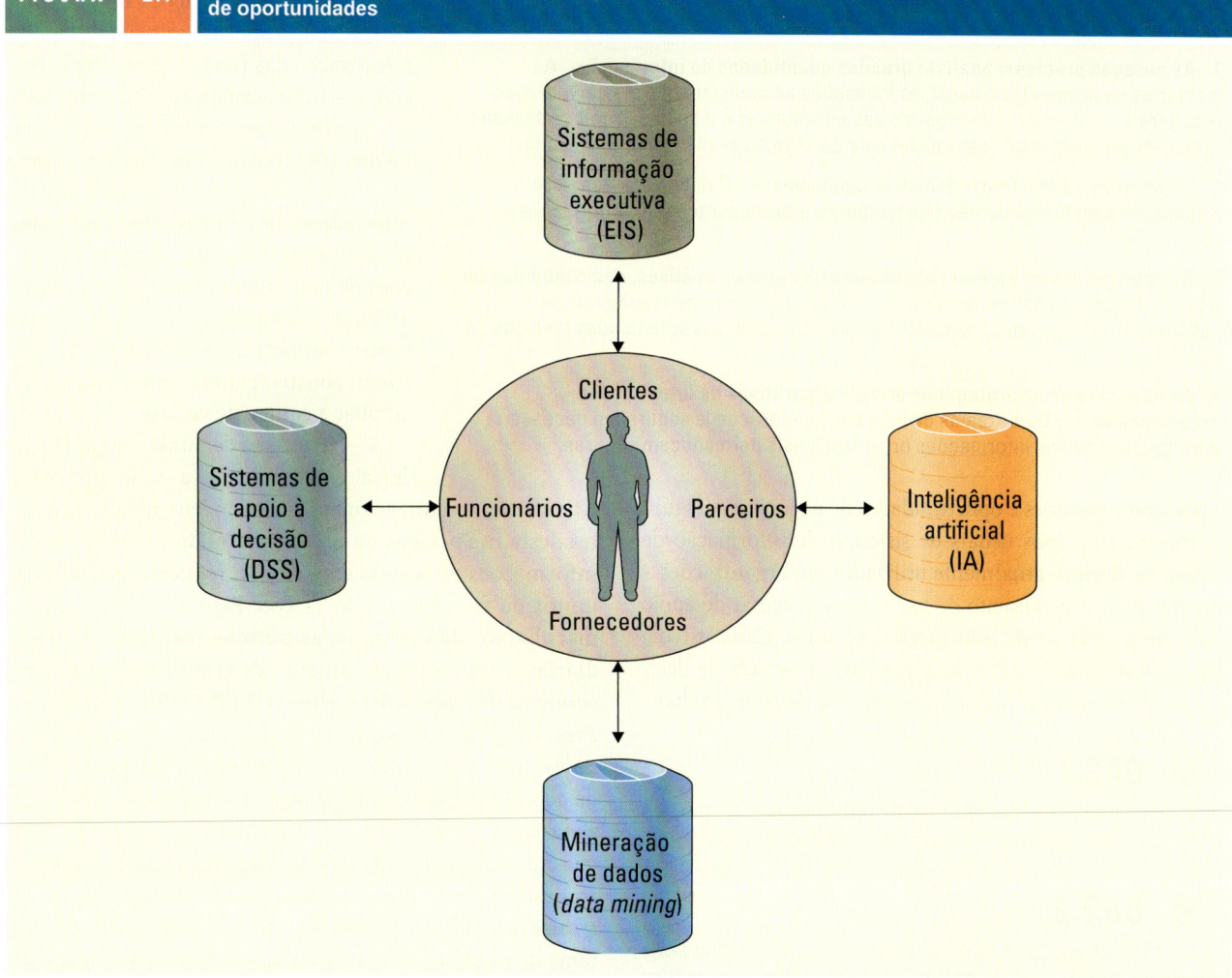

FIGURA 2.1 Exemplos de sistemas de informação de tomada de decisão, resolução de problemas e aproveitamento de oportunidades

[Diagrama mostrando quatro sistemas conectados a um círculo central com Clientes, Funcionários, Parceiros e Fornecedores: Sistemas de informação executiva (EIS), Sistemas de apoio à decisão (DSS), Inteligência artificial (IA) e Mineração de dados (data mining).]

TOMADA DE DECISÃO

Qual é o valor da informação? A resposta para essa importante questão varia. Karsten Solheim diria que o valor da informação é sua capacidade de diminuir as dificuldades de uma empresa. Solheim, um ávido golfista, inventou um taco de golfe com um "toque" (em inglês, *ping*), o que resultou em uma bem-sucedida empresa de equipamentos de golfe e nos clubes de golfe da Ping. A empresa privada Ping Inc. foi a primeira a oferecer clubes de golfe personalizados. A empresa orgulha-se de ser uma fabricante *just-in-time*, que depende de sistemas de informação flexíveis para tomar decisões inteligentes de produção. Os sistemas de produção da Ping digitalizam grandes quantidades de informação e preparam pedidos que atendem certos critérios, como a data do pedido (esta semana), prioridade do pedido (alta) e tipo de consumidor (Ouro). Em seguida, a Ping fabrica os produtos apropriados, permitindo manter menos que 5% de seu estoque no depósito. A Ping depende de seus flexíveis sistemas de informação para o suporte à decisão de produção e agradece à tecnologia da informação pela explosão do seu negócio ao longo da última década.[2]

Os negócios estão acelerando em um ritmo perigoso. Quanto mais informações um negócio obtém, mais difícil torna-se tomar decisões. A quantidade de informações que as pessoas devem compreender para tomar boas decisões está crescendo exponencialmente. No passado, as pessoas podiam confiar em relatórios manuais para tomar decisões porque tinham quantidades limitadas de informações para processar. Hoje, com volumes massivos de informações disponíveis, é quase impossível para as pessoas tomarem decisões sem a ajuda de sistemas de informações. Decisões altamente complexas – envolvendo muito mais informações que o cérebro humano pode compreender – devem ser tomadas em prazos cada vez mais curtos. A Figura 2.2 destaca as principais razões para a dependência de sistemas de informações para tomar decisões estar crescendo e continuar assim.

Um *modelo* é uma representação ou abstração simplificada da realidade. Os modelos podem ser usados para calcular riscos, entender incertezas, mudar variáveis e manipular tempos. Os sistemas de informação para a tomada de decisão funcionam por meio da criação de modelos a partir das informações organizacionais fornecendo percepções das

> **FIGURA 2.2** Principais razões para o crescimento dos sistemas de informações da tomada de decisão
>
> 1. **As pessoas precisam analisar grandes quantidades de informação** – As melhorias na própria tecnologia, as inovações na comunicação e a globalização resultaram em um aumento drástico das alternativas e dimensões que as pessoas precisam considerar quando tomam uma decisão ou avaliam uma oportunidade.
>
> 2. **As pessoas devem tomar decisões rapidamente** – O tempo é essencial e as pessoas simplesmente não têm tempo para examinar todas as informações manualmente.
>
> 3. **As pessoas devem aplicar sofisticadas técnicas de análises, como modelagem e previsão, para tomar boas decisões** – Os sistemas de informação reduzem substancialmente o tempo necessário para realizar essas sofisticadas técnicas de análise.
>
> 4. **As pessoas devem proteger os ativos corporativos de informações organizacionais** – Os sistemas de informação oferecem a segurança necessária para garantir que as informações organizacionais permaneçam seguras.

As *informações analíticas* compreendem todas as informações organizacionais, e seu propósito principal é apoiar a realização das tarefas de análise gerencial. As informações analíticas incluem as informações transacionais, juntamente com outras informações, como as de mercado e do setor. Exemplos de informações analíticas são tendências, vendas, estatísticas de produto e projeções de crescimento futuro. Os gerentes utilizam informações analíticas quando tomam importantes decisões *ad hoc*, como construir uma nova fábrica ou ampliar a equipe de vendas.

importantes questões e oportunidades de negócios. A Figura 2.3 mostra três tipos usuais de sistemas de informação de tomada de decisão atualmente utilizados em organizações – sistemas de processamento de transações, sistemas de apoio à decisão e sistemas de informação executiva. Cada sistema utiliza modelos diferentes para auxiliar na tomada de decisão, na resolução de problema e na captura de oportunidade.

OA2.1
Explicar a diferença entre informação transacional e informação analítica. Certifique-se de fornecer um exemplo de cada.

OA2.2
Definir TPS, DSS e EIS e explicar como uma organização pode usar esses sistemas para tomar decisões e obter vantagens competitivas.

SISTEMAS DE PROCESSAMENTO DE TRANSAÇÕES

As *informações transacionais* compreendem todas as informações contidas em um único processo de negócios ou unidade de trabalho, e seu propósito principal é apoiar a realização das tarefas operacionais diárias. Exemplos de informações transacionais incluem compra de ações, fazer uma reserva em uma companhia aérea ou retirar dinheiro de um caixa automático. As organizações utilizam as informações transacionais quando realizam tarefas operacionais e decisões repetitivas, como analisar relatórios diários de vendas para determinar a quantidade de produtos a ser mantida em estoque.

A estrutura de uma organização típica é semelhante a uma pirâmide. Atividades organizacionais ocorrem em níveis diferentes desta. As pessoas na organização têm necessidades de informações exclusivas e, portanto, requerem vários conjuntos de ferramentas de TI (ver Figura 2.4). Nos níveis mais baixos da pirâmide, as pessoas realizam as tarefas diárias, como o processamento de transações. O *processamento de transações online* (OLTP, *Online Transaction Processing*) é a captura de informações transacionais e de eventos utilizando a tecnologia para (1) processá-las de acordo com as regras de negócios definidas, (2) armazená-las e (3) atualizar as informações existentes. Executando OLTP, a organização captura cada detalhe das transações e eventos. Um *sistema de processamento de transação* (TPS, *Transaction Processing Systems*) é o sistema de negócios fundamental que serve o nível operacional (analistas) da organização. O exemplo mais comum de um TPS é um sistema operacional tal como um sistema de folha de pagamento ou um sistema de entrada de pedidos.

Ao subir pela pirâmide organizacional, as pessoas (geralmente gerentes) tratam menos dos detalhes (informações "finas") e mais das agregações significativas da informação (informações "grosseiras"), o que ajuda as pessoas a tomar

FIGURA 2.3 Sistemas de TI em uma empresa

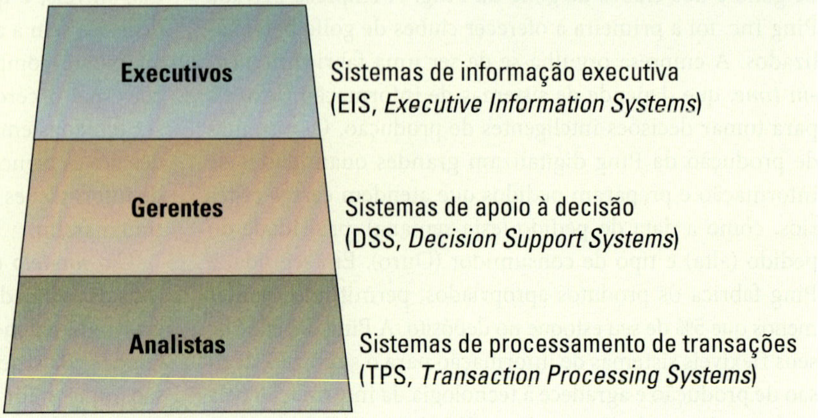

Executivos	Sistemas de informação executiva (EIS, *Executive Information Systems*)
Gerentes	Sistemas de apoio à decisão (DSS, *Decision Support Systems*)
Analistas	Sistemas de processamento de transações (TPS, *Transaction Processing Systems*)

decisões mais amplas para a organização (a granularidade significa informações finas e detalhadas ou "grosseiras" e abstratas). O *processamento analítico online* (OLAP, *Online Analytical Processing*) é a manipulação da informação para criar inteligência de negócios no apoio à tomada de decisão estratégica. A *inteligência de negócios* é um termo amplo e geral que descreve as informações que as pessoas usam para apoiar seus esforços de tomada de decisão.

OA2.2
Definir TPS, DSS e EIS e explicar como uma organização pode usar esses sistemas para tomar decisões e obter vantagens competitivas.

OA2.3
Descrever os três modelos quantitativos geralmente usados pelos sistemas de apoio à decisão.

FIGURA 2.4 Visão empresarial da informação e da tecnologia da informação

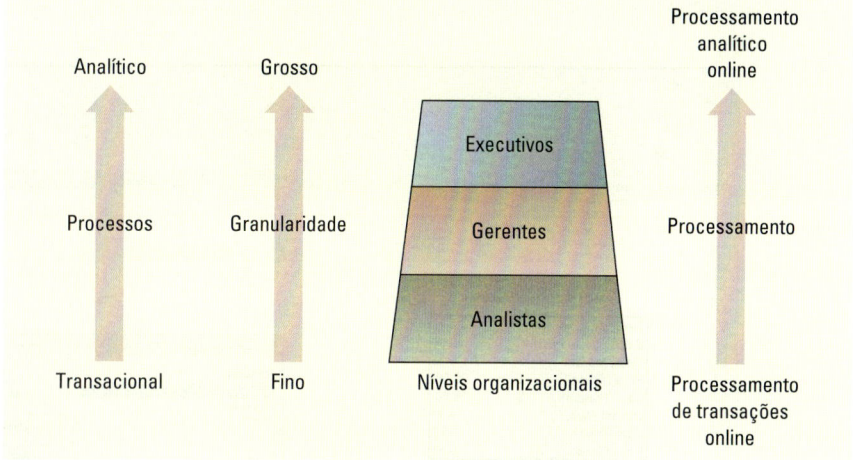

Analítico / Grosso / Processamento analítico online

Processos / Granularidade / Processamento

Executivos
Gerentes
Analistas

Transacional / Fino / Níveis organizacionais / Processamento de transações online

SISTEMAS DE APOIO À DECISÃO

Na empresa de limusines e transporte BostonCoach, os gerentes devem despachar frotas de centenas de veículos da forma mais eficiente possível. A BostonCoach requer um sistema de despacho em tempo real que examina e considera o estoque, as necessidades dos clientes e aspectos não previstos, como clima e tráfego. Pesquisadores do Centro de Pesquisa Thomas J. Watson, da IBM, construíram um algoritmo matemático, para a BostonCoach, de um sistema de envio personalizado que combina as informações sobre o clima, as condições de tráfego, localização dos motoristas e as requisições de busca do cliente e determina qual carro enviar e para qual cliente. O sistema é tão eficiente que, depois de lançado em Atlanta, a BostonCoach notou um aumento de 20% da receita.[3]

Um *sistema de apoio à decisão* (DSS, *Decision Support System*), como o da BostonCoach, modela a informação para apoiar os gerentes e os profissionais dos negócios durante o processo de tomada da decisão. Os três modelos quantitativos geralmente utilizados pelo DSS incluem:

1. A *análise de sensibilidade* é o estudo do impacto que as mudanças em uma (ou mais) parte(s) do modelo têm sobre outras partes. Os usuários mudam o valor de uma variável repetidamente e observam as mudanças do resultado em outras variáveis.

2. A *análise "what-if"* checa o impacto de uma mudança em uma hipótese da solução proposta. Por exemplo, "O que acontecerá com a cadeia de suprimento se um furacão na Carolina do Sul reduzir o estoque de 30% para 10%?". Os usuários repetem essa análise até que entendam todos os efeitos de várias situações. A Figura 2.5 mostra um exemplo da análise "what-if" utilizando o Microsoft Excel. A ferramenta calcula o efeito líquido de um aumento de 35% nas vendas sobre o lucro final da empresa.

3. A *análise de metas* encontra as entradas necessárias para atingir uma meta como um nível desejado de saída. Em vez de observar como as mudanças de uma variável afetam outras variáveis como acontece na análise "what-if", a análise de metas define um valor-alvo (uma meta) para uma variável e, então, altera repetidamente outras variáveis até que o valor-alvo seja atingido. Por exemplo, "Quantos consumidores são necessários para comprar um produto novo de modo a aumentar o lucro bruto em US$ 5 milhões?". A Figura 2.6 mostra um cenário de busca de metas utilizando o Microsoft Excel. O modelo está determinando quantas bicicletas a Hauger precisará vender para equilibrar as finanças ou obter lucro 0. Ela precisará vender 46 bicicletas a US$ 3,5 mil cada.

Uma empresa nacional de seguros utiliza DSS para analisar o grau de risco a que a empresa se sujeita quando faz seguro para motoristas que têm histórico de dirigir alcoolizados. O DSS descobriu que apenas 3% dos homens casados e donos de casa, na faixa dos 40 anos, receberam mais de uma autuação por dirigir alcoolizado. A empresa decidiu reduzir as taxas para clientes nessa categoria, o que elevou sua receita e reduziu seu risco.[4]

FIGURA 2.5 Exemplo da análise "what-if" no Microsoft Excel

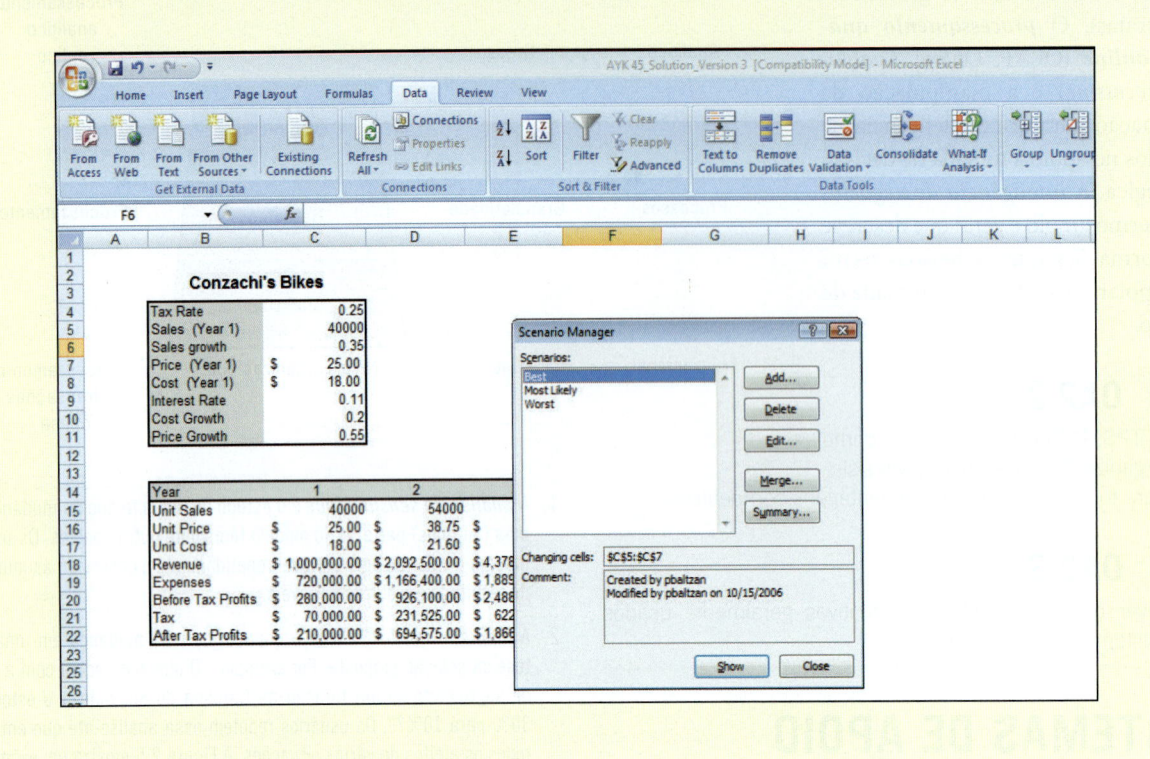

FIGURA 2.6 Exemplo da análise de metas no Microsoft Excel

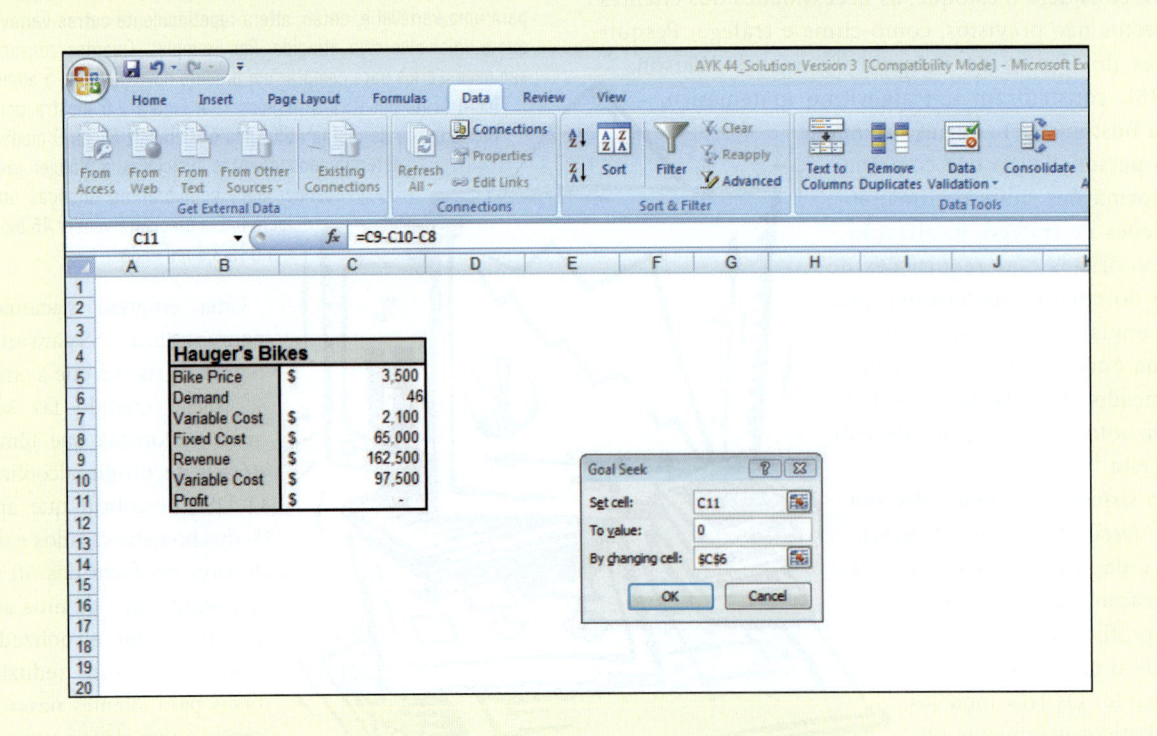

34 MÓDULO 1 | Sistemas de Informação Direcionados aos Negócios

NO FLAGRA
O criminoso na baia ao lado

Ese a pessoa que está sentada na baia ao lado da sua estivesse executando uma fraude que custe US$ 7 bilhões para a sua empresa? Um funcionário de um banco francês alegadamente usou seu conhecimento sobre processos de negócios para burlar os sistemas e executar negócios falsos de aproximadamente US$ 73 bilhões, que custaram mais de US$ 7 bilhões ao banco para serem desfeitos.

Descobertas do Serviço Secreto dos Estados Unidos e suas análises de 23 incidentes, envolvendo 26 funcionários com informações privilegiadas (*insiders*), determinaram que, em 70% das vezes, os informantes tiraram vantagem de falhas nas regras do processo de negócios e nos mecanismos de autorização para roubar a empresa. Em 78% das vezes, os *insiders* eram usuários de computador autorizados e ativos, e a quantidade surpreendentemente de 43% deles utilizaram seus próprios nomes de usuário e senha para cometer os crimes.

Esse é um lembrete assustador de que cada funcionário tem potencial para se tornar um *insider* bem informado que, no caso de tomar um caminho fraudulento, criminoso e até mesmo destrutivo, é capaz de causar um tremendo estrago à empresa. É preciso proteger os ativos da empresa, e muitos dos sistemas DSS e EIS contêm a inteligência de negócios que sua empresa precisa para operar de forma eficaz. Quais tipos de informações sigilosas estão guardados nos sistemas TPS, DSS e EIS de uma empresa? Quais problemas você poderia ter se um de seus funcionários decidisse roubar as informações guardadas no seu DSS? Como você poderia proteger seu EIS de usuários antiéticos? O que você faria se achasse que a pessoa que divide a baia com você fosse um *insider* desonesto?

A Figura 2.7 mostra como um TPS é utilizado dentro de um DSS. O TPS fornece os dados baseados em transações para o DSS. Este resume e agrega as informações dos diversos sistemas TPS, o que ajuda os gerentes a tomar decisões inteligentes. A Burlington Northern e a Santa Fe Railroad (BNSF) testam seus trilhos férreos regularmente. Todos os anos, centenas de descarrilamentos de trens são resultado de trilhos com defeito. Utilizar um DSS para agendar substituições dos trilhos ajudou a BNSF a diminuir em 33% os descarrilamentos desse tipo.[5]

OA2.2
Definir TPS, DSS e EIS e explicar como uma organização pode usar esses sistemas para tomar decisões e obter vantagens competitivas.

OA2.4
Descrever a relação entre planilhas eletrônicas e sistemas de informação executiva.

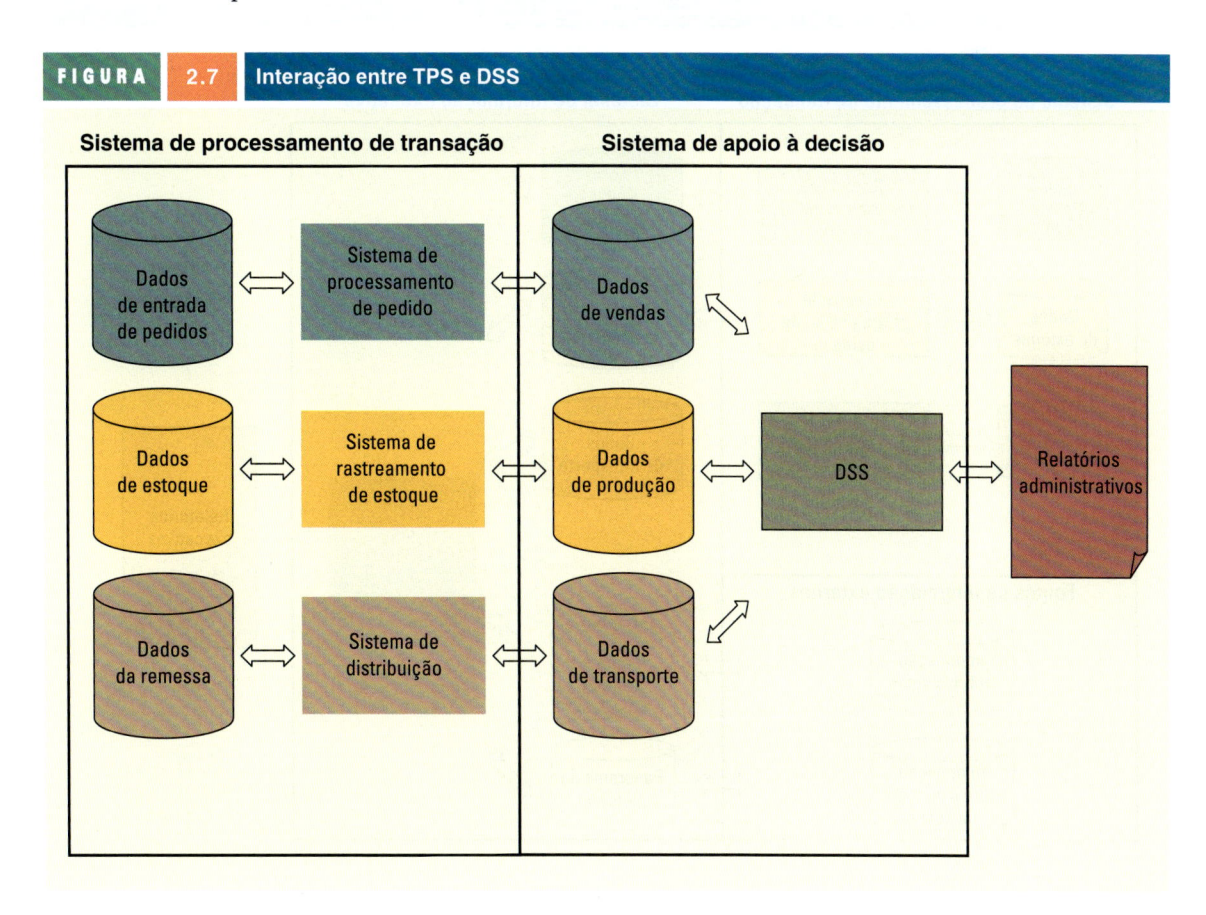

FIGURA 2.7 Interação entre TPS e DSS

Sistema de processamento de transação:
- Dados de entrada de pedidos ↔ Sistema de processamento de pedido
- Dados de estoque ↔ Sistema de rastreamento de estoque
- Dados da remessa ↔ Sistema de distribuição

Sistema de apoio à decisão:
- Dados de vendas
- Dados de produção ↔ DSS ↔ Relatórios administrativos
- Dados de transporte

SISTEMAS DE INFORMAÇÃO EXECUTIVA

Um *sistema de informação executiva* (EIS, *Executive Information System*) é um DSS especializado que apoia os executivos seniores da organização. Um EIS difere de um DSS porque o primeiro geralmente contém dados de fontes externas, assim como de fontes internas (ver Figura 2.8).

Consolidação, análise detalhada (*drill-down*) e reorientação (*slice-and-dice*) são alguns dos recursos oferecidos na maioria dos EIS.

- A **consolidação** envolve a agregação de simples divisões de informações e características em grupos complexos de informações inter-relacionadas. Muitas organizações rastreiam as informações financeiras em nível regional e, então, consolidam-nas em um único nível global.

- A **análise detalhada (*drill-down*)** permite aos usuários ver os detalhes, e os detalhes dos detalhes, da informação. Ver as informações mensais, semanais, diárias ou mesmo de hora em hora representa a capacidade de análise detalhada.

- A **reorientação (*slice-and-dice*)** é a capacidade de olhar para uma informação sob diferentes perspectivas. Uma fatia da informação poderia mostrar todas as vendas de um produto durante dada promoção. Outra fatia poderia mostrar as vendas de um único produto para todas as promoções.[6]

Painéis digitais

Uma característica comum de um EIS é um painel digital. Os **painéis digitais (*digital dashboard*)** integram as informações de múltiplos componentes e adaptam as informações para preferências individuais. Os painéis digitais comumente usam indicadores para ajudar os executivos a identificar rapidamente a situação da informação-chave ou os fatores críticos de sucesso. A seguir, é dada uma lista das características incluídas na estrutura de um painel para um executivo sênior de uma refinaria de petróleo:

- Uma lista de indicadores de desempenho, atualizada a cada 15 minutos.
- Um gráfico de linhas da produção planejada *versus* a produção real nas últimas 24 horas.
- Uma tabela mostrando os preços e estoques reais de um produto *versus* os preços e estoques previstos.
- Uma lista de alertas pendentes e seu estado de resolução.
- Um gráfico do preço do petróleo bruto no mercado de ações.
- Uma lista de manchetes da Companhia de Petróleo, um serviço de notícias do setor.

Os painéis digitais, sejam básicos ou abrangentes, informam os resultados rapidamente. Como os painéis digitais tornaram-se fáceis de usar, mais executivos podem realizar

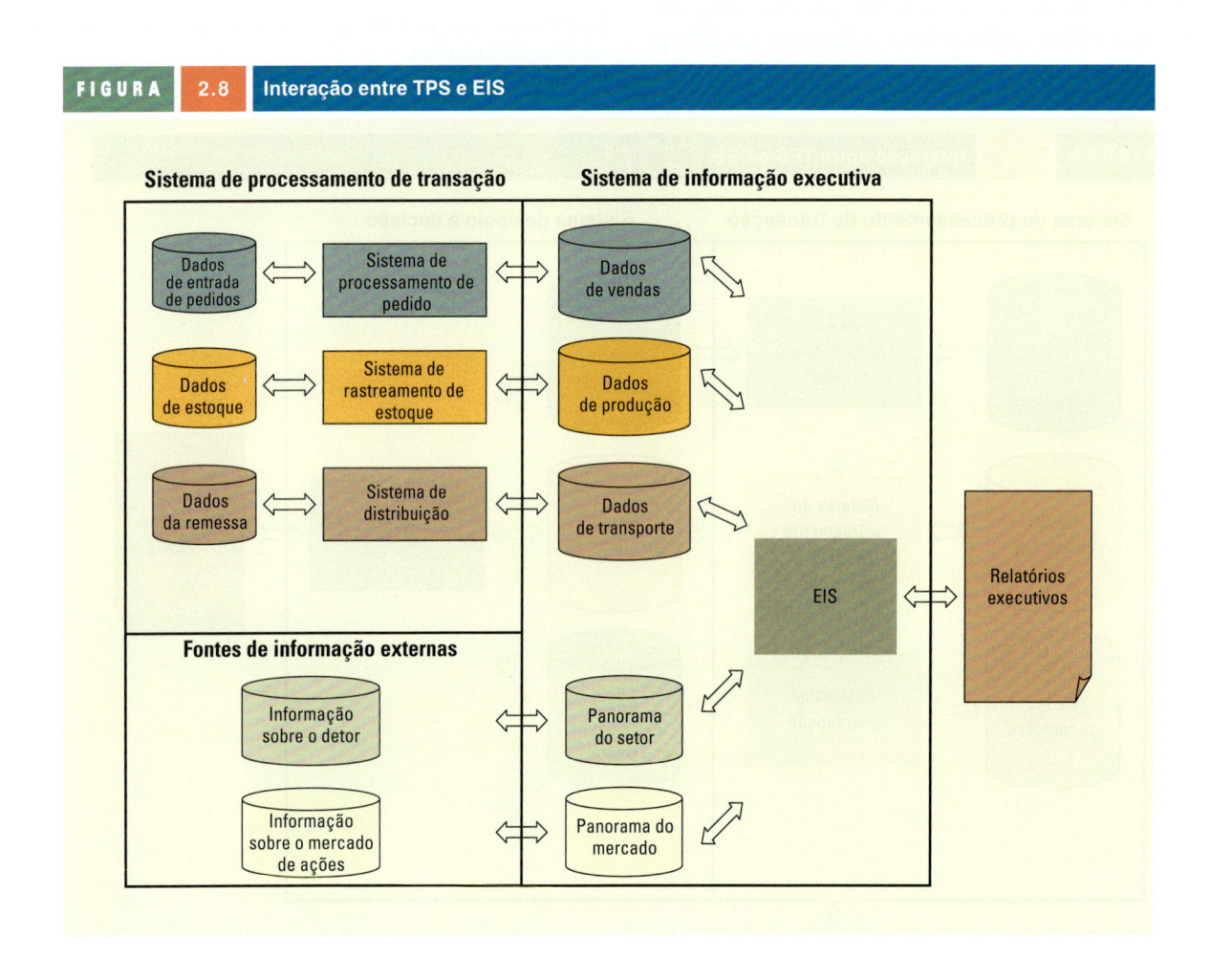

FIGURA 2.8 Interação entre TPS e EIS

Saiba que: Tem sucata? Chame um marmanjo!

Você gosta de sequestrar o mascote do time rival da faculdade ou jogar papel higiênico nas repúblicas de estudantes? Se a resposta for sim, você poderá encontrar sua carreira ideal no College Hunks Hauling Junk (em português, semelhante a Universitários Fortes Recolhendo Sucata). A empresa foi aberta em 2005 e contrata universitários e recém-formados para recolher sucatas. O fundador, Nick Friedman, objetivava abordar a amistosa rivalidade, muito frequentemente associada à vida universitária, de modo a transformá-la em lucro. Quando a empresa foi fundada, os transportadores da Virginia descobriram que os respectivos caminhões haviam sido cobertos com espuma de barbear e uma bandeira da Universidade de Maryland. Eles revidaram e, pouco tempo depois, foram encontrados peixes mortos revestindo os bancos do caminhão da Maryland. Friedman decidiu usar essa energia como um incentivo, em vez de repreender o comportamento nada ortodoxo. "Nós queríamos aproveitar aquele entusiasmo competitivo e brincalhão e canalizá-lo para o bem", afirma Friedman.

Friedman realizou um movimento ousado e decidiu que, em vez de seguir típicas métricas-chave de desempenho, como receita, média de esforço, fidelidade do consumidor etc., ele seguiria o volume de sucata coletado e a quantidade de sucata doada ou reciclada. A equipe vencedora ganha prêmios como a divulgação dos direitos e de *banners*, modestas quantias em dinheiro e "a primeira mesa a ser servida" no encontro anual da empresa. A maioria dos empregados consulta o painel digital diariamente para ver atualizadas as próprias posições e a dos rivais.

Por que você acha que a competição está ajudando o College Hunks Hauling Junk a ultrapassar as metas de receita? Se você fosse elaborar um painel da competição de equipes para a sua escola ou trabalho, quais tipos de métricas você seguiria? Quais tipos de motivadores você usaria para garantir que sua equipe estivesse sempre no azul? Quais tipos de informações externas você gostaria de seguir em seu painel? Uma pessoa antiética poderia usar as informações do seu painel para prejudicar seu time ou sua organização? O que você pode fazer para atenuar esses riscos?

---

suas próprias análises sem inundar o pessoal de TI com perguntas e pedidos de relatórios. De acordo com um estudo independente da Nucleus Research, há uma correlação direta entre o uso de painéis digitais e o retorno sobre investimento (ROI) de uma empresa. As Figuras 2.9 e 2.10 mostram dois painéis digitais diferentes da Visual Mining.[7]

2. **Atendimento ao cliente** – exemplos incluem problemas resolvidos na primeira chamada, tempo de espera na central de atendimento e reparos realizados no prazo.
3. **Direcionador de custo** – exemplos incluem o número de caminhões de reparo no campo, trabalhos de reparação completados por dia e produtividade da central de atendimento.

> "Os sistemas de informação executiva estão começando a aproveitar a inteligência artificial para ajudar os executivos a tomar decisões estratégicas."

Os sistemas EIS, como os painéis digitais, permitem aos executivos ir além de relatórios, passando ao uso de informações para impactar diretamente no desempenho dos negócios. Os painéis digitais ajudam os executivos a reagir à informação assim que ela estiver disponível e a tomar decisões, resolver problemas e mudar estratégias diariamente em vez de mensalmente.

O CIO da Verizon Communications, Shaygan Kheradpir, controla mais de 100 sistemas de TI principais em uma única tela chamada de "The Wall of Shaygan". A cada 15 segundos, um novo conjunto de gráficos comunicando o desempenho da Verizon aparece em uma tela de LCD gigante no escritório de Kheradpir. O ciclo de 44 aparições na tela é contínuo, o dia inteiro, todos os dias. O painel inclui mais de 300 medidas de desempenho de negócios que entram em uma das seguintes categorias:

1. **Pulso de mercado** – exemplos incluem os números diários de venda, participação de mercado e proporção de trocas de assinantes.

Kheradpir memorizou as telas e pode dizer imediatamente quando as linhas dos gráficos não estão seguindo o esperado. O sistema o informa sobre eventos como a porcentagem de ligações de clientes solucionadas por sistemas de voz, o número de caminhões de reparo no campo e o tempo que foi preciso para solucionar um problema do sistema de TI. O painel trabalha do mesmo jeito para 400 gerentes de cada nível da Verizon.[8]

OA2.5
Identificar os quatro tipos de sistemas de inteligência artificial.

INTELIGÊNCIA ARTIFICIAL

Os sistemas de informação executiva estão começando a aproveitar a inteligência artificial para ajudar os executivos a tomar decisões estratégicas. A RivalWatch, com sede em Santa Clara, Califórnia, oferece um serviço de informações

FIGURA 2.9 Painel de gráficos de finanças corporativas da Visual Mining

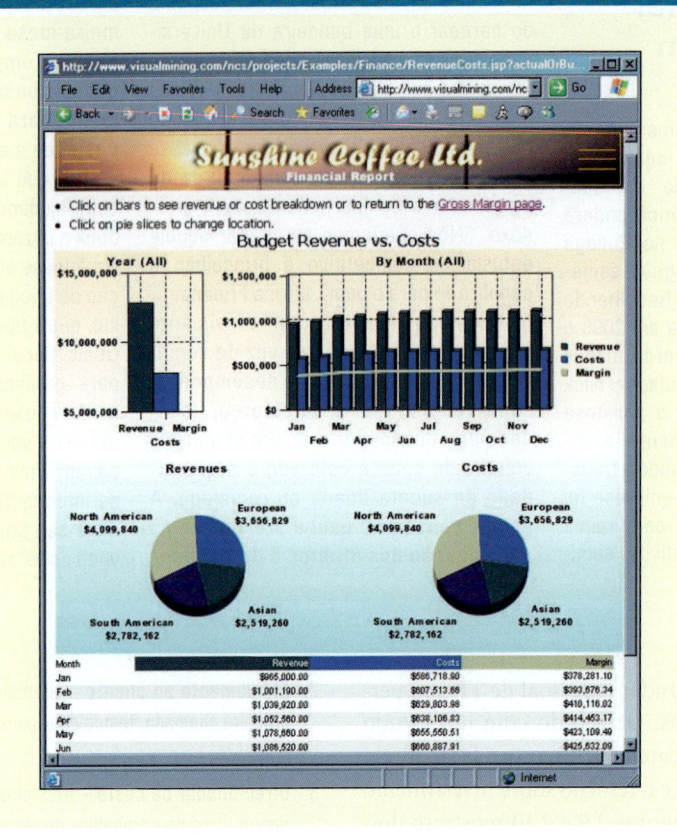

FIGURA 2.10 Painel de gráficos de comunicações de marketing da Visual Mining

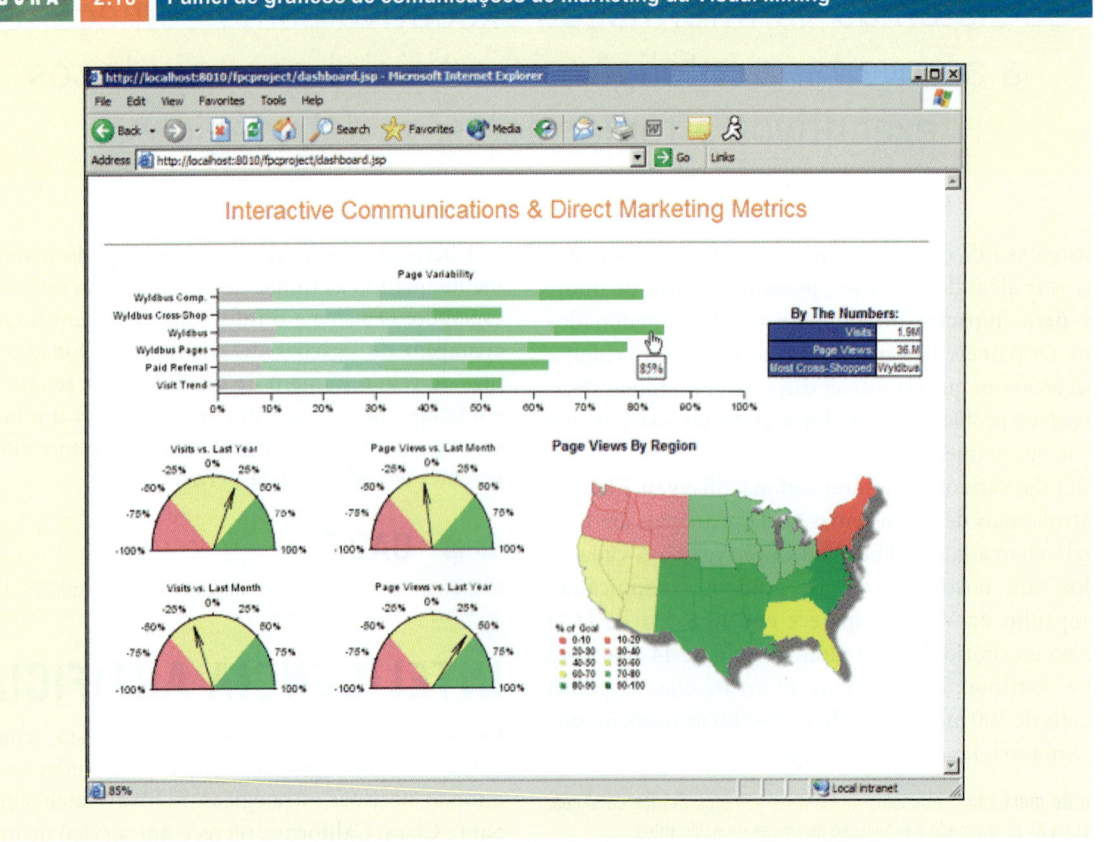

38 MÓDULO 1 | Sistemas de Informação Direcionados aos Negócios

> **A INTELIGÊNCIA ARTIFICIAL (IA) SIMULA A INTELIGÊNCIA HUMANA EM ASPECTOS COMO A CAPACIDADE DE RACIOCINAR E DE APRENDER.**

estratégicas de negócios utilizando inteligência artificial, o que permite às organizações rastrear as ofertas de produtos, as políticas de preço e as promoções dos concorrentes online. Os clientes podem determinar os concorrentes que querem observar e as informações específicas que querem reunir, desde produtos agregados, removidos ou fora de estoque até mudanças de preços, cupons oferecidos e condições especiais de remessa. Eles também podem verificar cada concorrente, categoria e produto diária, semanal, mensal ou trimestralmente.

"Competir na arena da internet é um jogo totalmente diferente em relação a fazer negócios no tradicional mundo de lojas físicas, porque você está competindo com o mundo inteiro, e não somente com a loja da quadra de baixo ou a alguns quilômetros de distância", disse Phil Lumish, vice-presidente de vendas e marketing da RivalWatch.com. "Com novos produtos e campanhas sendo introduzidos em um ritmo muito rápido, o e-Business precisa de novas ferramentas para monitorar o ambiente competitivo, e nosso serviço foi projetado especificamente para atingir essa necessidade."[9]

Os *sistemas inteligentes* são várias aplicações comerciais de inteligência artificial. A *inteligência artificial (IA)* simula a inteligência humana em aspectos como a capacidade de raciocinar e de aprender. Os sistemas de IA podem aprender ou compreender a partir de experiências, entender informações ambíguas ou contraditórias e até mesmo usar o raciocínio para resolver problemas e tomar decisões de maneira eficaz. Os sistemas de IA podem realizar tarefas como aumentar a produtividade nas fábricas por meio do monitoramento de equipamentos e de sinalização para manutenção preventiva. A meta final da IA é construir um sistema que possa imitar a inteligência humana. Os sistemas de IA estão começando a aparecer em toda parte:

- No aeroporto de Manchester, na Inglaterra, o Hefner AI Robot Cleaner (em português, Hefner, o Robô Faxineiro com Inteligência Artificial) alerta os passageiros sobre normas de segurança e de antitabagismo enquanto esfrega até 65,6 mil metros quadrados de piso por dia. Scanners a laser e detectores ultrassônicos fazem com que ele não colida com os passageiros.
- O SmartPump, da Shell, mantém seus motoristas dentro de seus carros nos dias frios e úmidos do inverno. Serve para qualquer carro fabricado depois de 1987 que tenha sido equipado com uma tampa de abastecimento especial e um *transponder* acoplado ao para-brisa que diz ao robô onde ele deve inserir a bomba.
- O robô mensageiro da Matsushita percorre corredores de hospitais, entregando prontuários, chapas de raio X e suprimentos médicos.
- O FireFighter AI Robot (em português, Robô Bombeiro com Inteligência Artificial) pode extinguir chamas em fábricas de produtos químicos e reatores nucleares com água, espuma, pó químico ou gás inerte. O robô mantém o operador humano distante do fogo.[10]

Os sistemas de IA fizeram crescer radicalmente a velocidade e a consistência da tomada de decisão, da solução de problemas com informações incompletas e da resolução de questões que não podem ser solucionados pela computação tradicional. Existem muitas categorias de sistemas de IA e quatro das mais familiares são: (1) sistema especialista, (2) rede neural, (3) algoritmos genéticos e (4) agentes inteligentes.

Sistemas especialistas

Os *sistemas especialistas* são programas de assessoria informatizados que imitam o processo de raciocínio de especialistas sobre a resolução de problemas difíceis. A experiência humana é transferida para o sistema especialista, e os usuários podem acessá-lo para orientações específicas. A maioria dos sistemas especialistas reflete a experiência de várias pessoas e pode, portanto, realizar análises melhores que as de qualquer especialista. Normalmente, o sistema inclui uma base de conhecimento contendo várias experiências acumuladas e um conjunto de regras para aplicá-las em cada situação particular. Os sistemas especialistas mais conhecidos jogam xadrez e auxiliam no diagnóstico médico. São a forma de IA mais utilizada na arena de negócios porque preenchem uma lacuna quando há dificuldade em encontrar ou manter especialistas humanos, ou quando estes são muito onerosos.

Redes neurais

Uma *rede neural*, também chamada de *rede artificial neural*, é uma categoria de IA que tenta imitar a forma como o cérebro humano trabalha. Os tipos de decisões para os quais as redes neurais são mais úteis são aqueles que envolvem o reconhecimento de padrões ou imagens, uma vez que uma rede neural pode aprender com a informação que processa. As redes neurais analisam grandes quantidades de informação para estabelecer padrões e características em situações em que a lógica ou as regras são desconhecidas.

O setor financeiro é veterano na tecnologia de rede neural e vem contando com várias formas de redes neurais por mais de duas décadas. O setor utiliza as redes neurais para revisar aplicações de crédito e criar padrões ou perfis de aplicações que seguem duas categorias: aprovada ou negada. Uma rede neural se tornou padrão em detecção de fraudes de cartões de crédito. Desde 1992, essa tecnologia reduziu a fraude em 70% para o U.S. Bancorp. Hoje, mesmo cooperativas de crédito pequenas devem utilizar o software a fim de qualificarem-se para o seguro de cartão de débito da Credit Union National Association.[11]

Outros exemplos de redes neurais incluem:

- O Citibank utiliza redes neurais para encontrar oportunidades no mercado financeiro. Examinando cuidadosamente os dados históricos do mercado de ações com softwares de rede neural, os gerentes financeiros do Citibank aprendem sobre coincidências interessantes ou pequenas anomalias (chamadas de ineficiências de mercado). Por exemplo, poderia ocorrer que sempre que as ações da IBM subissem, as da Unisys também subissem. Ou poderia ocorrer que uma nota do Tesouro dos Estados Unidos estivesse sendo vendida por um centavo a menos no Japão em comparação com os Estados Unidos. Esses trechos de informação podem fazer uma grande diferença no lucro final do Citibank, em um mercado financeiro bastante competitivo.
- Em Westminster, uma comunidade de 87 mil pessoas na Califórnia, a polícia utiliza um software de rede neural para combater o crime. Com os relatórios sobre crimes com entradas no software, o sistema detecta e mapeia os padrões locais de crimes. A polícia diz que, com esse sistema, pode antecipar mais precisamente a evolução da criminalidade, aperfeiçoar as atribuições de patrulha e desenvolver melhores programas de prevenção.
- Fingerhut, uma empresa de venda por catálogo de Minnesota, tem 6 milhões de pessoas na sua lista de clientes. Para determinar quais clientes tendiam ou não a comprar de seus catálogos, recentemente a Fingerhut passou a utilizar um software de rede neural. A empresa acredita que o novo software é mais eficaz e espera gerar milhões de dólares ao ajustar seu cadastro.
- A detecção de fraudes utiliza amplamente as redes neurais. Visa, MasterCard e várias outras empresas de cartão de crédito utilizam uma rede neural para identificar peculiaridades em contas individuais. A MasterCard estima que as redes neurais economizem US$ 50 milhões anualmente.
- Muitas seguradoras (Cigna, AIG, Travelers, Liberty Mutual, Hartford), juntamente com os fundos estatais de compensação e outras operadoras, utilizam softwares de rede neural para identificar fraudes. O sistema pesquisa padrões nas cobranças, nos testes de laboratório e na frequência de visitas ao consultório. Uma reclamação de que o diagnóstico foi uma entorse no tornozelo, mas incluiu um eletrocardiograma, seria sinalizada para o gerente da conta.
- A FleetBoston Financial Corporation utiliza uma rede neural para observar as transações com os clientes. A rede neural pode detectar padrões capazes de indicar uma insatisfação crescente do cliente com a empresa. A rede neural procura por sinais como a diminuição do número de transações ou do saldo da conta de um dos clientes de alto valor da FleetBoston.

As várias características das redes neurais incluem:

- Aprender e ajustar-se a novas circunstâncias por conta própria.
- Submeter-se ao processamento paralelo massivo.
- Funcionamento sem informações completas ou bem estruturadas.
- Lidar com grandes volumes de informação com muitas variáveis dependentes.
- Analisar relações não lineares (chamadas de sistemas de análise de regressão de fantasia).

O maior problema das redes neurais até hoje tem sido o fato de que as camadas ocultas estão, bem, ocultas. É difícil ver como a rede neural está aprendendo e como os neurônios estão interagindo. As novas redes neurais não escondem mais as camadas médias. Com esses sistemas, os usuários podem ajustar manualmente os pesos ou conexões, dando a elas mais flexibilidade e controle.

A *lógica difusa (fuzzy logic)* é um método matemático de lidar com informações imprecisas ou subjetivas. A abordagem básica é determinar valores entre 0 e 1 para informações vagas ou ambíguas. Quanto mais alto o valor, mais perto ele está do 1. O valor zero é utilizado para representar não participação, e o valor um é para representar a participação. Por exemplo, a lógica difusa é utilizada em máquinas de lavar que determinam, elas mesmas, o quanto de água usar ou por quanto tempo lavar (elas continuam lavando até que a água fique limpa). Em contabilidade e finanças, a lógica difusa permite às pessoas analisarem as informações com valores financeiros subjetivos (intangíveis como a boa vontade) que são considerações muito importantes na análise econômica. A lógica difusa e as redes neurais são geralmente combinadas para expressar conceitos complicados e subjetivos, de uma forma que permita simplificar o problema e aplicar regras que são executadas com um nível de certeza.[12]

Algoritmos genéticos

Um *algoritmo genético* é um sistema de inteligência artificial que imita o processo evolucionário e de sobrevivência do mais apto para gerar soluções cada vez melhores para um problema. Um algoritmo genético é essencialmente um sistema de otimização. Ele encontra a combinação de entradas que proporcionam as melhores saídas.

> "A lógica difusa é um método matemático de lidar com informações imprecisas ou subjetivas."

Os algoritmos genéticos são mais adequados para ambientes de tomada de decisão em que milhares, ou talvez milhões, de soluções são possíveis. Eles podem encontrar e avaliar soluções com muito mais possibilidades e de maneira mais rápida e mais profunda que um humano. As organizações encaram os ambientes de tomada de decisão, para todos os tipos de problemas que requerem técnicas de otimização, como os seguintes:

- Os executivos de negócio utilizam os algoritmos genéticos para ajudá-los a decidir em qual combinação de projetos uma empresa deve investir, levando em conta complicadas considerações fiscais.
- As companhias de investimento utilizam algoritmos para ajudar nas decisões de negociação.
- As empresas de telecomunicação utilizam os algoritmos genéticos para determinar a configuração ideal de cabos de fibra óptica em uma rede e que pode incluir até 100 mil pontos de conexão. O algoritmo genético avalia milhões de configurações e seleciona o que utiliza a menor quantidade de cabo.[13]

Agentes inteligentes

Um *agente inteligente* é um sistema de informação baseado no conhecimento e de propósito especial que cumpre determinadas tarefas em nome dos seus usuários. Os agentes inteligentes utilizam suas bases de conhecimento para tomar decisões e cumprir tarefas de forma que satisfaça as intenções de um usuário. Eles costumam ter uma apresentação gráfica, assim como "Sherlock Holmes", para um agente de busca da informação.

nacional de Robótica, mais da metade dos robôs inteligentes serão brinquedos e a outra metade realizará os serviços. Os robôs irão desativar bombas, limpar as janelas dos arranha-céus e aspirar o pó das casas.[14]

sistemas multiagentes e modelagem baseada em agentes
O que os sistemas de transporte de carga, os centros de distribuição de livros, o mercado de vídeo game, uma epidemia de gripe e uma colônia de formigas têm em comum? Todos são sistemas adaptativos complexos e, portanto, compartilham algumas características. Observando as partes do ecossistema, como colônias de formigas ou abelhas, cientistas da inteligência artificial usam os modelos de hardware e de software que incorporam as características e o comportamento dos insetos para (1) aprender como o sistema baseado em pessoas se comporta; (2) prever como eles se comportarão sob um dado conjunto de circunstâncias; e (3) melhorar os sistemas humanos para torná-los mais eficientes e eficazes. Esse conceito de aprender com os ecossistemas e adaptar suas características às situações humanas e organizacionais é chamado de biomimética.

["Nos últimos anos, a pesquisa de IA tem feito muito progresso na modelagem de organizações complexas como um todo com a ajuda de sistemas multiagentes."]

Um dos exemplos mais simples de um agente inteligente é o *shopping bot* (comparador de preços). Um *shopping bot* é um software que pesquisa vários sites varejistas e fornece uma comparação das ofertas de cada um, incluindo preço e disponibilidade. Cada vez mais os agentes inteligentes processam uma parte significativa das vendas e compras pela internet de uma empresa, e lidam com operações como encontrar produtos, negociar preços e executar transações. Os agentes inteligentes têm a capacidade de operar em toda a cadeia de suprimento de compra e venda.

Outra aplicação para os agentes inteligentes está na varredura ambiental e na inteligência competitiva. Por exemplo, um agente inteligente pode aprender os tipos de informações sobre a concorrência que os usuários querem rastrear, pode examinar a web continuamente e alertar os usuários quando um evento significante ocorrer.

Até 2013, cerca de 11 milhões de robôs com IA devem povoar as casas e as empresas, fazendo todo o tipo de serviço, desde abastecer o carro, até entregar cartas. Hoje, já são cerca de 8 milhões de robôs em serviços diversos. De acordo com um novo relatório dos Estados Unidos e da Federação Inter-

Nos últimos anos, a pesquisa de IA tem feito muito progresso na modelagem de organizações complexas como um todo com a ajuda de sistemas multiagentes. Em um sistema multiagente, grupos de agentes inteligentes têm a capacidade de trabalhar independentemente e de interagir uns com os outros. A simulação de uma organização humana utilizando um sistema multiagente é chamada de modelagem baseada em agentes. A modelagem baseada em agentes é uma forma de simular as organizações humanas utilizando múltiplos agentes inteligentes, em que cada um segue um conjunto de regras simples e pode adaptar-se a novas condições.

Os sistemas de modelagem baseada em agentes estão sendo utilizados para modelar as flutuações do mercado de ações, prever as rotas de fuga que as pessoas procuram em um prédio em chamas, avaliar os efeitos das taxas de juros para os consumidores com diferentes tipos de dívida e prever como as mudanças das condições afetarão a cadeia de suprimento, entre outras ações. Exemplos de empresas que têm utilizado a modelagem baseada em agentes incluem:

- Southwest Airlines – para otimizar o encaminhamento de carga.
- Procter & Gamble – para examinar o tratamento do que a empresa chama de "rede de abastecimento" de 5 bilhões de clientes em 140 países.
- Air Liquide America – para reduzir os custos de produção e distribuição de gases industriais liquefeitos.
- Merck & Co. – para encontrar maneiras mais eficientes de distribuição de remédios contra a Aids na África.
- Ford Motor Co. – para construir um modelo de preferências do cliente e encontrar o melhor equilíbrio entre os custos de produção e as demandas dos clientes.
- Edison Chouest Offshore LLC – para encontrar a melhor forma de implantar suas embarcações de serviço e abastecimento no Golfo do México.[15]

Mineração de dados

O Walmart consolida os detalhes de pontos de venda das suas 3 mil lojas e utiliza a IA para transformar as informações em inteligência de negócios. Os sistemas de mineração de dados (*data mining*) verificam as informações para descobrir padrões e relações que desconcertariam um exército de pesquisadores humanos. Os resultados permitem ao Walmart prever as vendas de cada produto de cada loja com uma precisão excepcional, traduzindo-se em grande economia de estoque e retorno máximo dos gastos com promoções.[16]

O software de mineração de dados geralmente inclui formas de IA, como redes neurais e sistemas especialistas. As ferramentas de mineração de dados aplicam algoritmos a conjuntos de informação para descobrir tendências e padrões inerentes na informação, o que os analistas utilizam para desenvolver novas estratégias de negócios. Os analistas utilizam os resultados das ferramentas de mineração de dados para construir modelos que, quando expostos a novos conjuntos de novas informações, realizam uma variedade de funções de análise de dados. Os analistas fornecem soluções de negócios ao aplicar as técnicas analíticas ao problema de negócios em questão, o que geralmente revela novas e importantes correlações, padrões e tendências da informação. Algumas das formas mais comuns de capacidade de análise da mineração de dados incluem a análise de grupos (*cluster analysis*), detecção de associação e análise estatística. A mineração de dados é abordada com detalhes no Capítulo 9.

●● SEÇÃO 2.2 Processos de negócios

OBJETIVOS DE APRENDIZAGEM

OA2.6 Descrever os processos de negócios e sua importância para uma organização.

OA2.7 Diferenciar processos voltados ao cliente e processos voltados ao negócio.

OA2.8 Comparar a melhoria e a reengenharia do processo de negócio.

OA2.9 Descrever a importância da modelagem de processo de negócios (ou mapeamento) e dos modelos de processos de negócios.

OA2.10 Explicar o processo de gestão de negócios, juntamente com a razão de sua importância para uma organização.

●● OA2.6

Descrever os processos de negócios e sua importância para uma organização.

Vivendo o SONHO

Entidades virtuais sem fins lucrativos ajudam na sustentabilidade – Do que você está falando?

O SecondLife é um mundo virtual 3D online em que seus milhões de habitantes criam o conteúdo. Os mundos virtuais são emocionantes para qualquer empresário inovador que quer encontrar novas maneiras de colaborar, de treinar funcionários e comercializar produtos. Algumas possibilidades no mundo virtual incluem:

- Realizar uma reunião virtual com gerentes de venda que estão na Europa e Ásia, o que economiza dinheiro e reduz a emissão de carbono.
- Apresentar novas iniciativas de vendas e ideias de produtos e discuti-las com um grupo de foco virtual, o que reduz a quantidade de correspondência necessária para materiais promocionais.
- Vender bens e serviços no SecondLife por meio da criação de um evento para promover o produto: um concerto, uma aula, um orador famoso, uma festa, um concurso.

Indivíduos inovadores estão buscando maneiras de usar o SecondLife para ajudar entidades sem fins lucrativos, como a Global Kids, grupo que trabalha na preparação de jovens urbanos para que se tornem cidadãos globais e líderes comunitários. Com a ajuda dos criadores de conteúdo e consultores da Main Grid, como The Magicians e o Electric Sheep Company, a Global Kids criou um programa no qual os estudantes da Cidade de Nova York colaboram com os participantes da Teen Grid Residents de todo o mundo. Os adolescentes tiveram de finalizar a aventura interativa para participar de um concurso de redação do mundo real. Os vencedores do concurso receberam prêmios em dinheiro e fizeram parte de uma cerimônia de premiação cotransmitida no Teen Grid e no palco em Nova York.

Os benefícios para o empreendedorismo e sustentabilidade social em um mundo virtual são infinitos. Identifique como você poderia usar o SecondLife para ajudar a resolver uma questão ambiental, uma ideia de negócios sustentáveis ou um esforço de empreendedorismo social. Quais tipos de obstáculos você espera encontrar à medida que implantar seu projeto de SecondLife? Quais tipos de questões de segurança e éticas você prevê encontrar em um mundo virtual?

● ● **OA2.7**

Diferenciar processos voltados ao cliente e processos voltados ao negócio.

COMPREENSÃO DA IMPORTÂNCIA DOS PROCESSOS DE NEGÓCIOS

As empresas obtêm uma vantagem competitiva quando minimizam os custos e agilizam seus processos de negócios. A Columbia Sportswear Company é líder global na concepção, produção, comercialização e distribuição de vestuário e calçados para uso ao ar livre. A empresa está sempre procurando tornar os membros da sua força de trabalho altamente móvel mais responsáveis e eficientes, enquanto também os ajuda a aproveitar melhor o equilíbrio entre a vida profissional e pessoal. A Columbia Sportswear queria novas maneiras de agilizar suas operações para fornecer informações atualizadas aos funcionários que trabalham em vários fusos horários. A empresa implantou um inovador software de mensagens da Microsoft para dar aos seus funcionários acesso flexível e seguro a mensagens de qualquer lugar do mundo. Isso ajuda a empresa a dar velocidade para cada aspecto de seus negócios e mais liberdade aos funcionários para desfrutar de um estilo de vida ativo.[17]

A maioria das organizações se orgulha de fornecer bens e serviços inovadores aos clientes. Infelizmente, se eles não recebem o que querem de maneira rápida, precisa e sem complicações, mesmo ofertas fantásticas não salvarão uma

Esse exemplo simples descreve o processo de encerramento de compra do cliente. Imagine outros processos de compra: desenvolvimento de novos produtos, construção de uma casa, encomenda de roupas por meio de venda por catálogo, pedido de novo serviço a uma empresa telefônica e pagamento do Seguro Social. Tornar o procedimento de encerramento de compra rápido e fácil é uma ótima maneira de os mercados aumentarem seus lucros. Quanto tempo um cliente irá esperar na fila para pagar por suas compras? Os sistemas automáticos de encerramento de compra em um mercado são um excelente exemplo de melhoria do processo de negócios.

Examinar os processos de negócios ajuda uma empresa a determinar as sobrecargas, eliminar as atividades duplicadas, combinar as atividades relacionadas e identificar os processos em bom funcionamento. Para manter-se competitivas, as empresas devem otimizar e automatizar seus processos de negócios. As empresas são tão eficazes quanto o são os seus processos de negócios. Desenvolver processos de negócios lógicos pode ajudar uma empresa a atingir suas

> " A melhor forma de uma organização satisfazer seus clientes e impulsionar os lucros é entender completamente os seus processos de negócios. "

empresa da irritação de seus clientes e, no fim das contas, prejudicará seu desempenho financeiro.

A melhor forma de uma organização satisfazer seus clientes e impulsionar os lucros é entender completamente os seus processos de negócios. Esperar na fila em um mercado é um bom exemplo da necessidade de uma organização de entender e melhorar seus processos de negócios. Nesse caso, o "processo" é chamado de encerramento de compra, e o objetivo é pagar e empacotar os produtos. O processo começa quando um cliente entra no final da fila e termina quando ele recebe a nota fiscal e deixa a loja. Os passos do *processo* são as atividades que os clientes e o pessoal da loja executam para completar a transação. Um *processo de negócios* é um conjunto padronizado de atividades que cumprem uma tarefa específica, como o processamento do pedido de um cliente.[18]

Os processos de negócios transformam um conjunto de entradas em um conjunto de saídas (bens ou serviços) para outra pessoa ou processo, utilizando pessoas e ferramentas.

metas. Por exemplo, um fabricante de automóveis deve ter uma meta de redução do tempo gasto para entregar o carro ao cliente. O fabricante não pode esperar atingir sua meta com um processo de encomenda ineficiente ou um processo de distribuição complicado. Os representantes de vendas podem estar cometendo erros ao preencher os formulários de encomenda, os funcionários responsáveis pelas entradas de dados podem não codificar as informações de encomenda de maneira precisa e as equipes do depósito podem carregar os carros nos caminhões de maneira ineficiente. Todos esses erros aumentam o tempo de entrega do carro ao consumidor. Melhorar qualquer um desses processos de negócios pode ter um efeito significativo no processo total de distribuição, na entrada do pedido, na programação da produção e nos processos de transporte. A Figura 2.11 mostra vários modelos de processos de negócios.[19]

Alguns processos (como o de programação) podem ser totalmente incluídos em um único departamento. Contudo, a

FIGURA 2.11 Exemplos de processos de negócios

PROCESSOS DE NEGÓCIOS DE CONTABILIDADE/FINANCEIROS

Contas a pagar
Contas a receber
Conciliação da conta bancária
Depreciação, faturamento
Procedimentos de fechamento no final do mês

PROCESSOS DE NEGÓCIOS AMBIENTAIS

Proteção ambiental
Gerenciamento de resíduos perigosos
Gerenciamento de recursos de ar/água/solo

PROCESSOS DE NEGÓCIOS DOS RECURSOS HUMANOS

Políticas de contratação de portadores de deficiência
Políticas de contratação de funcionários
Benefícios de planos de saúde
Demissões e rescisões
Orientações e regras de segurança no trabalho

PROCESSOS DE NEGÓCIOS DOS SISTEMAS DE GERENCIAMENTO DA INFORMAÇÃO

Procedimentos de recuperação de desastres
Procedimentos de backup/recuperação
Acordos de serviço
Serviços de emergência
Política de uso da internet
Política de e-mail

FIGURA 2.12 Processos voltados ao cliente, processos voltados ao cliente específico do setor e processos voltados ao negócio

Processos voltados ao cliente	Processos voltados ao cliente específico do setor	Processos voltados ao negócio
Processamento do pedido	Banco – processamento de empréstimo	Planejamento estratégico
Atendimento ao cliente	Seguro – processamento de reivindicações	Planejamento tático
Processo de vendas	Governo – alocação de subsídios	Previsão de orçamento
Cobrança	Hotel – tratamento de reservas	Treinamento
Remessa da encomenda	Companhia aérea – manuseio de bagagens	Compra de matéria-prima

maioria deles (como o pedido de um produto) é interdepartamental, abrangendo toda a organização. A Figura 2.12 mostra as diferentes categorias dos processos de negócios interdepartamentais. Os **processos voltados ao cliente** resultam em um bem ou serviço que é recebido pelo cliente externo de uma organização. Os **processos voltados ao negócio** são invisíveis ao cliente externo, mas essenciais ao gerenciamento efetivo do negócio e incluem o estabelecimento de metas, o planejamento do dia a dia, a avaliação de desempenho, as recompensas e a alocação de recursos.[20]

●● **OA2.8**

Comparar a melhoria e a reengenharia do processo de negócio.

MELHORIA DOS PROCESSOS DE NEGÓCIOS

Melhorar os processos de negócios é fundamental para manter-se competitivo no e-Marketplace atual. As organizações devem melhorar seus processos de negócios porque os clientes estão exigindo bens e serviços melhores. Se os clientes não recebem o que querem de um fornecedor, podem simplesmente clicar no mouse e ter muitas outras opções. A **melhoria do processo de negócios** tenta entender e medir o processo atual e fazer as melhorias de desempenho na mesma proporção.

A Figura 2.13 ilustra os passos básicos para a melhoria do processo de negócios. As organizações começam documentando o que elas fazem atualmente e, então, estabelecem uma maneira de medir o processo, segui-lo, medir o desempenho, e finalmente identificar as oportunidades de melhoria com base nas informações coletadas. O próximo passo é implementar as melhorias do processo e medir o desempenho do processo novo e melhorado. O ciclo é repetido várias vezes e é continuamente melhorado.[21]

Os processos de negócios devem orientar as opções tecnológicas e não o contrário. As empresas que escolhem a tecnologia e, só então, tentam implementar os processos de negócios baseados nela, geralmente fracassam. Todos os processos de negócios devem basear-se nas estratégias e metas de negócios. Depois de determinar o processo mais eficiente e eficaz, uma organização pode encontrar a tecnologia a ser utilizada para apoiar o processo de negócios. É claro que isso nem sempre acontece e, muitas vezes, os indivíduos encontram-se na difícil posição de alterar um processo de negócios, pois a tecnologia não pode suprir a solução ideal.

Esse método de melhoria dos processos de negócios é eficaz na obtenção da melhoria gradual e incremental. Contudo, vários fatores aceleraram a necessidade de melhorar radicalmente os processos de negócios. O fator mais óbvio é a tecnologia. Novas tecnologias (como a internet e a tecnologia sem fio) rapidamente trazem novos recursos às empresas, elevando, assim, o nível de competição e a necessidade de melhorar radicalmente os processos de negócios. Por exemplo, a Amazon.com reinventou a cadeia de suprimento de venda de livros ao utilizar a internet. Esta é uma empresa de venda de livros, ainda que tenha mudado essencialmente a forma como seus clientes compram livros.

Outra tendência aparente é o achatamento do mundo global pelo fato de a tecnologia estar trazendo mais empresas e mais clientes para o mercado e aumentando significativamente a competição. Hoje, um consumidor norte-americano pode facilmente encomendar uma garrafa de vinho de uma vinícola na França como o faria de um atacadista nos Estados Unidos. No mercado atual, importantes mudanças tecnológicas e de negócios são necessárias só para se manter no jogo. Como resultado, as empresas buscam métodos para uma melhoria mais rápida no processo de negócios. Além disso, as empresas querem mudanças significativas de desempenho, não apenas mudanças incrementais, e querem isso imediatamente. Como a taxa de mudança aumentou para todos, poucas empresas podem bancar um processo lento de modificação. Uma abordagem para a mudança rápida e a melhoria radical é a reengenharia do processo de negócios.

●● **OA2.8**

Comparar a melhoria e a reengenharia do processo de negócio.

Minha Lista do que Não Fazer

Você acidentalmente enviou para sua avó uma mensagem confidencial destinada ao seu companheiro — Ai!

Se alguém no seu trabalho olhasse seu e-mail nos últimos dias, iria encontrar algo inaceitável? Há 99% de chances de que, de alguma maneira, você seja considerado culpado por usar seu e-mail profissional para assuntos pessoais. Você não está apenas desperdiçando o tempo e os recursos da empresa, mas também está correndo sério risco de violar suas políticas. Não há dúvida que alguns desses erros são engraçados, como a história embaraçosa da mulher que enviou acidentalmente para o chefe um e-mail picante que escrevera para o marido. Porém, a graça acaba quando é você quem é o demitido por ter enviado o e-mail com conteúdo impróprio!

Você simplesmente não é dono do seu e-mail. Seu chefe é dono do seu e-mail, e ele tem todo o direito de ler cada partezinha de mensagem que você enviar ou receber. Algumas pessoas argumentam que é uma invasão de privacidade ler o e-mail de outra pessoa, mas não se trata de privacidade quando você está sentado no escritório do prédio da empresa, na mesa da empresa, usando o computador e o software de e-mail da empresa. A tecnologia está tão avançada que o seu chefe pode marcar qualquer coisa como linguagem ou palavras-chave inapropriadas como "curriculum vitae", "procura de emprego" ou "confidencial".

Como você evita erros de e-mail? Uma boa ideia é criar uma conta grátis do Google Gmail ou Hotmail para seu e-mail pessoal. Além disso, antes de enviar um e-mail, pergunte-se: se meu chefe estivesse olhando por cima do meu ombro agora, ele aprovaria? Essa é a prova de fogo que pode ser aplicada para qualquer coisa que um funcionário faz no trabalho.

Agora vem a parte difícil: e se você estiver trabalhando em casa, usando seu próprio computador, a empresa ainda tem o direito de monitorar seu e-mail? Se você estiver usando seu iPhone pessoal para trabalhar remotamente e recebe um e-mail da empresa no seu dispositivo, continua sendo propriedade da empresa? O que você acha? Quais novos dilemas você percebe enquanto tecnologias inovadoras como o BlackBerry ou iPhone continuam a mudar o processo básico de negócios de como trabalhamos?

REENGENHARIA DOS PROCESSOS DE NEGÓCIOS

A *reengenharia dos processos de negócios* (BPR, *Business Process Reengineering*) é a análise e o replanejamento do workflow dentro das empresas e entre elas. A BPR se baseia em uma escola de pensamento diferente da melhoria do processo de negócios. Em casos extremos, a BPR considera que o processo atual é irrelevante, não funciona, ou está quebrado e deve ser reformulado do zero. Essa abordagem permite que os projetistas do processo de negócios dissociem-se do processo atual e foquem em um novo. É como se os projetistas se vissem no futuro e perguntassem: com quê o processo deve se parecer? Com o quê os clientes querem que ele se pareça? Com o quê os outros funcionários querem que ele se pareça? Como as empresas líderes o fazem? Como a nova tecnologia pode facilitar o processo?[22]

A Figura 2.14 mostra os passos básicos do empenho de reengenharia dos processos de negócios. Começa definindo o escopo e os objetivos do projeto de reengenharia e, depois, passa por um processo de aprendizado (com clientes, funcionários, concorrentes, não concorrentes e novas tecnologias). Dado esse conhecimento básico, os projetistas podem criar uma visão para o futuro e projetar novos processos de negócios, criando um plano de ação baseado na lacuna entre os processos atuais, as tecnologias, as estruturas e a visão de processo. A questão é, então, implementar a solução escolhida.[23]

Encontrar oportunidades utilizando a BPR

As empresas geralmente se esforçam para melhorar seus processos de negócios realizando as tarefas de maneira mais rápida, barata e melhor. A Figura 2.15 mostra maneiras diferentes de trilhar o mesmo caminho. Uma empresa poderia melhorar a maneira que trilha um caminho trocando andar a pé por andar a cavalo e, depois deste, pelo andar de carro. Porém, a verdadeira BPR tentaria encontrar outro caminho. Uma empresa poderia se esquecer de trilhar o mesmo e velho caminho e usar um avião para chegar ao seu destino final. As empresas geralmente seguem o mesmo caminho indireto para realizar negócios, sem perceber que pode haver uma maneira diferente, mais rápida e mais direta de realizá-los.[24]

FIGURA 2.13 Modelo de aperfeiçoamento do processo de negócios

Documentar o processo atual As-Is → Definir métricas → Acompanhar o processo → Medir o desempenho → Identificar e implementar as melhorias

Criar valor para o consumidor é o fator principal para instituir a BPR, e a tecnologia da informação geralmente desempenha um importante papel facilitador. Processos de negócios radicais e fundamentalmente novos permitiram que a Progressive Insurance reduzisse a regularização de sinistros de 31 dias para 4 horas. Normalmente, as companhias de seguro de carro seguem esse processo padrão de resolução de sinistros: o cliente sofre um acidente, tem o carro rebocado e encontra uma carona para casa. Depois disso, ele liga para a companhia de seguro para começar o processo de sinistro, o que geralmente toma mais de um mês (ver Figura 2.16).

A Progressive Insurance melhorou seu atendimento ao cliente oferecendo um processo móvel de sinistros. Quando um cliente sofre um acidente de carro, ele liga para o seguro na hora. O operador de sinistros da Progressive vai até o local do acidente e realiza um processo móvel de sinistro, examinando a cena e tirando fotos digitais. O operador, então, oferece ao cliente pagamento no local, serviço de reboque e uma carona para casa (ver Figura 2.16).[25]

Um esforço de BPR de verdade faz mais para uma empresa do que simplesmente melhorá-la realizando um processo melhor, mais rápido e mais barato. O esforço de BPR da Progressive Insurance redefiniu as melhores práticas para todo o

FIGURA 2.14 Modelo de reengenharia do processo de negócios

Definir o escopo do projeto → Estudar a concorrência → Criar o novo processo → Implementar a solução

Selecionando um processo para reengenharia

Uma organização pode reestruturar seus processos de negócios interdepartamentais, ou de um único departamento, de acordo com suas necessidades. Ao selecionar um processo de negócios para reestruturar, as organizações inteligentes irão focar nos processos centrais que são fundamentais ao seu desempenho, em vez de concentrarem-se nos processos marginais que têm um impacto pequeno. Os praticantes da reengenharia podem usar vários critérios para determinar a importância do processo:

- O processo está inutilizado?
- É possível que a reengenharia desse processo seja bem-sucedida?
- Ela tem um impacto alto na direção estratégica da agência?
- Ela impacta significativamente na satisfação do cliente?
- É antiquado?

["A reengenharia dos processos de negócios (BPR) é a análise e o replanejamento do workflow dentro das empresas e entre elas."]

seu setor. A Figura 2.17 mostra os diferentes tipos de mudança que uma organização pode atingir, juntamente com a magnitude da mudança e o benefício potencial dos negócios.[26]

FIGURA 2.15 Melhor, mais rápido, mais barato, ou BPR

- Ela fica muito abaixo das empresas líderes?
- É importante para a melhoria da produtividade?
- As economias da automação serão claramente visíveis?
- O retorno de investimento da implementação é alto e, preferencialmente, imediato?

Armadilhas da BPR

Um perigo da BPR é que a empresa fique tão envolvida na luta contra seus próprios demônios, que fracasse ao tentar acompanhar seus concorrentes quanto às ofertas de novos bens ou serviços. Enquanto a American Express enfrentava uma reengenharia completa dos seus negócios de cartão de crédito, a MasterCard e a Visa introduziram um novo produto: o cartão de crédito corporativo. A American Express se atrasou um ano inteiro antes de oferecer aos seus clientes o mesmo serviço.

OA2.9

Descrever a importância da modelagem de processo de negócios (ou mapeamento) e dos modelos de processos de negócios.

FIGURA 2.16 Processos de sinistros de autosseguro

Companhia A: Processo de resolução de sinistros

Seguro progressivo: Processo de resolução de sinistros

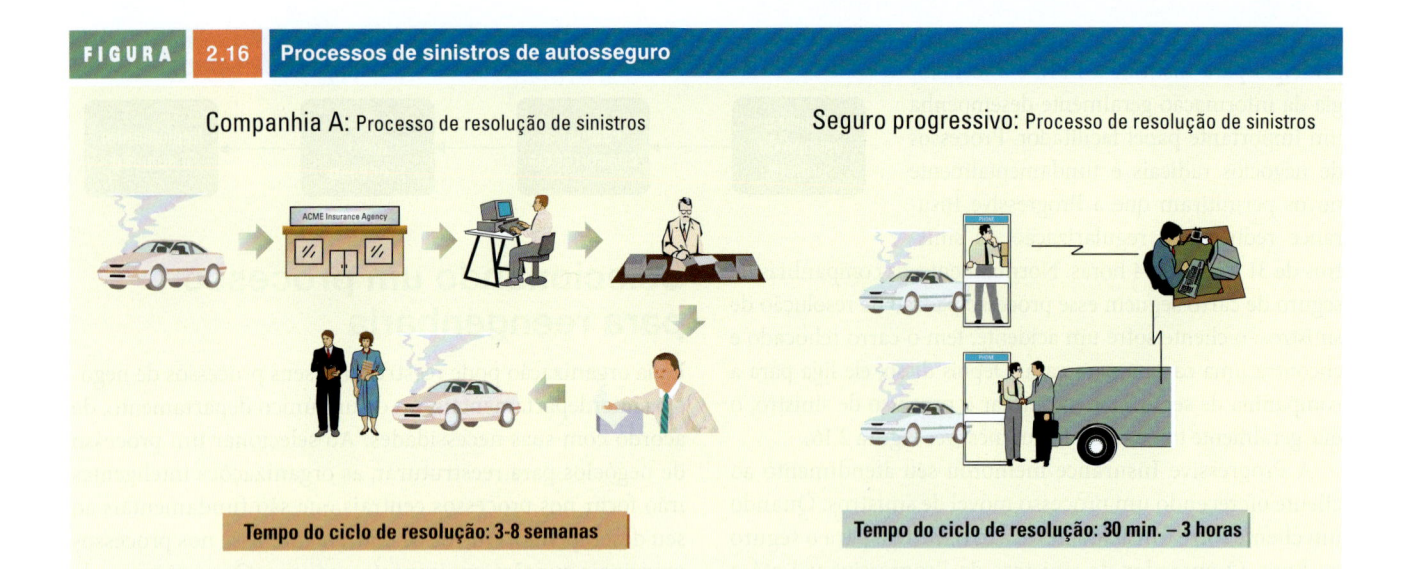

Tempo do ciclo de resolução: 3-8 semanas

Tempo do ciclo de resolução: 30 min. – 3 horas

MODELAGEM DO PROCESSO DE NEGÓCIOS

Depois de escolher o processo a ser reestruturado, a empresa deve determinar a maneira mais eficiente de começar a reestruturar os processos. Para determinar se cada processo é adequadamente estruturado, as empresas devem criar uma equipe multifuncional para construir modelos de processos que mostrem as relações de entrada e saída entre as operações e departamentos dependentes do processo. Eles devem criar os modelos de processos de negócios, documentando uma sequência, passo a passo, do processo para as atividades necessárias para converter entradas em saídas para os processos específicos.

A **modelagem do processo de negócios** (ou **mapeamento**) é a atividade de criação de um fluxograma ou mapa detalhado de um processo de trabalho mostrando suas entradas, tarefas e atividades em uma sequência estruturada. Um **modelo de processo de negócios** é uma descrição gráfica de um processo, mostrando a sequência das tarefas, o que é desenvolvido para um fim específico e a partir de um ponto de vista selecionado. Um conjunto de um ou mais modelos de processo detalha as várias funções de um sistema ou área com gráficos e textos, e seu propósito é:

- Expor os detalhes do processo gradualmente e de forma controlada.
- Incentivar a concisão e a precisão ao descrever o modelo de processo.
- Atentar às interfaces do modelo de processo.
- Fornecer uma poderosa análise do processo e um vocabulário de projeto consistente.[27]

Um modelo de processo de negócios normalmente mostra as atividades como caixas e utiliza setas para representar os dados e as interfaces. A modelagem do processo de negócios geralmente começa com uma representação de processo funcional de *o quê* é o problema do processo ou como modelo de processo As-Is. Os **modelos de processo atual** (As-Is) representam o estado atual da operação mapeada, sem melhorias ou alterações específicas em relação aos processos existentes. O próximo passo é construir um modelo de processo futuro (To-Be) que mostre *como* o problema do processo será resolvido ou implementado. Os **modelos de processo To-Be** mostram as melhorias resultantes da mudança aplicada ao processo atual (As-Is). Essa abordagem garante que o processo é completa e claramente compreendido antes que os detalhes de uma solução de processo sejam decididos. O modelo de processo To-Be mostra *como* e *o que* deve ser realizado. A Figura 2.18 mostra os modelos de processo As-Is e To-Be para o pedido de hambúrguer.[28]

Analisar os modelos de processo de negócios leva ao sucesso de sua reengenharia, uma vez que esses diagramas são muito eficazes na visualização das atividades, processos e fluxo de dados de uma organização. Os modelos de processo As-Is e To-Be são parte integrante nos projetos de reengenharia do processo. A Figura 2.19 ilustra um modelo de processo As-Is de um

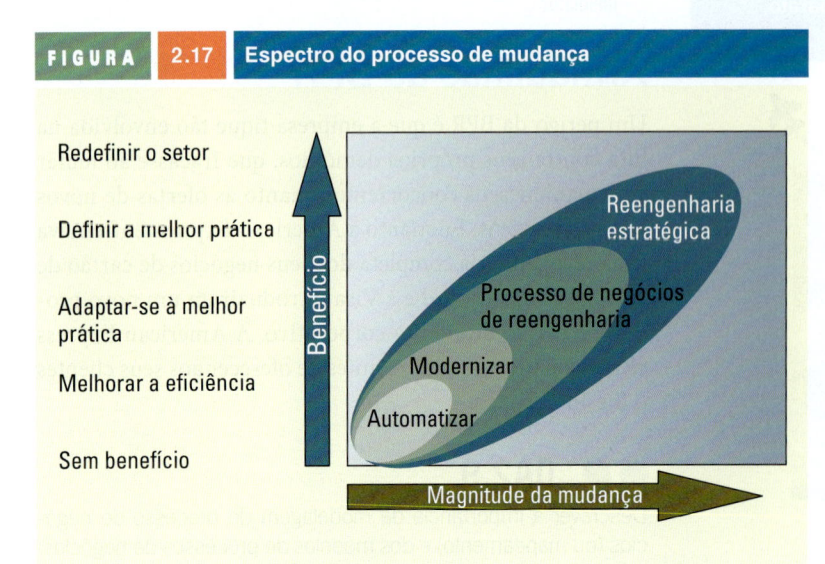

FIGURA 2.17 Espectro do processo de mudança

- Redefinir o setor
- Definir a melhor prática
- Adaptar-se à melhor prática
- Melhorar a eficiência
- Sem benefício

Benefício / Magnitude da mudança

Reengenharia estratégica
Processo de negócios de reengenharia
Modernizar
Automatizar

FIGURA 2.18 Modelo de processo As-Is e To-Be para pedido de hambúrguer

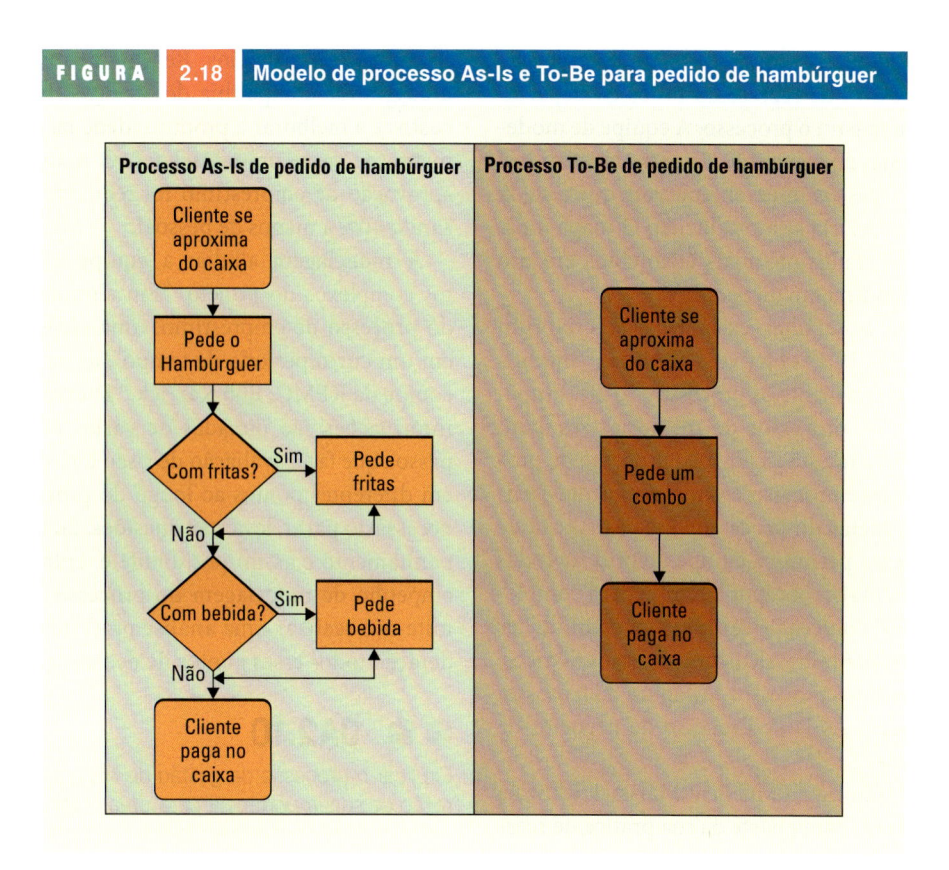

Processo As-Is de pedido de hambúrguer

- Cliente se aproxima do caixa
- Pede o Hambúrguer
- Com fritas? — Sim → Pede fritas / Não
- Com bebida? — Sim → Pede bebida / Não
- Cliente paga no caixa

Processo To-Be de pedido de hambúrguer

- Cliente se aproxima do caixa
- Pede um combo
- Cliente paga no caixa

FIGURA 2.19 Modelo de processo As-Is para atendimento de pedidos

Processo de atendimento de pedidos As-Is

- **Consumidor:** Pedido gerado → ... → Efetuar pagamento
- **Vendas:** Pedido enviado → Encontrados problemas com o crédito → Crédito OK? — Não → Pedido cancelado / Sim
- **Cobrança:** Pedido recebido → Crédito checado → Crédito OK? — Não (volta para Vendas) / Sim → Crédito aprovado → Fatura pronta → Pedido enviado? → Fatura enviada
- **Estoque:** Entrada do pedido → Disponível em estoque? — Não → Reposição de estoque / Sim
- **Remessa:** Pedido coletado e empacotado → Pedido enviado

CAPÍTULO 2 | Tomada de Decisão Estratégica

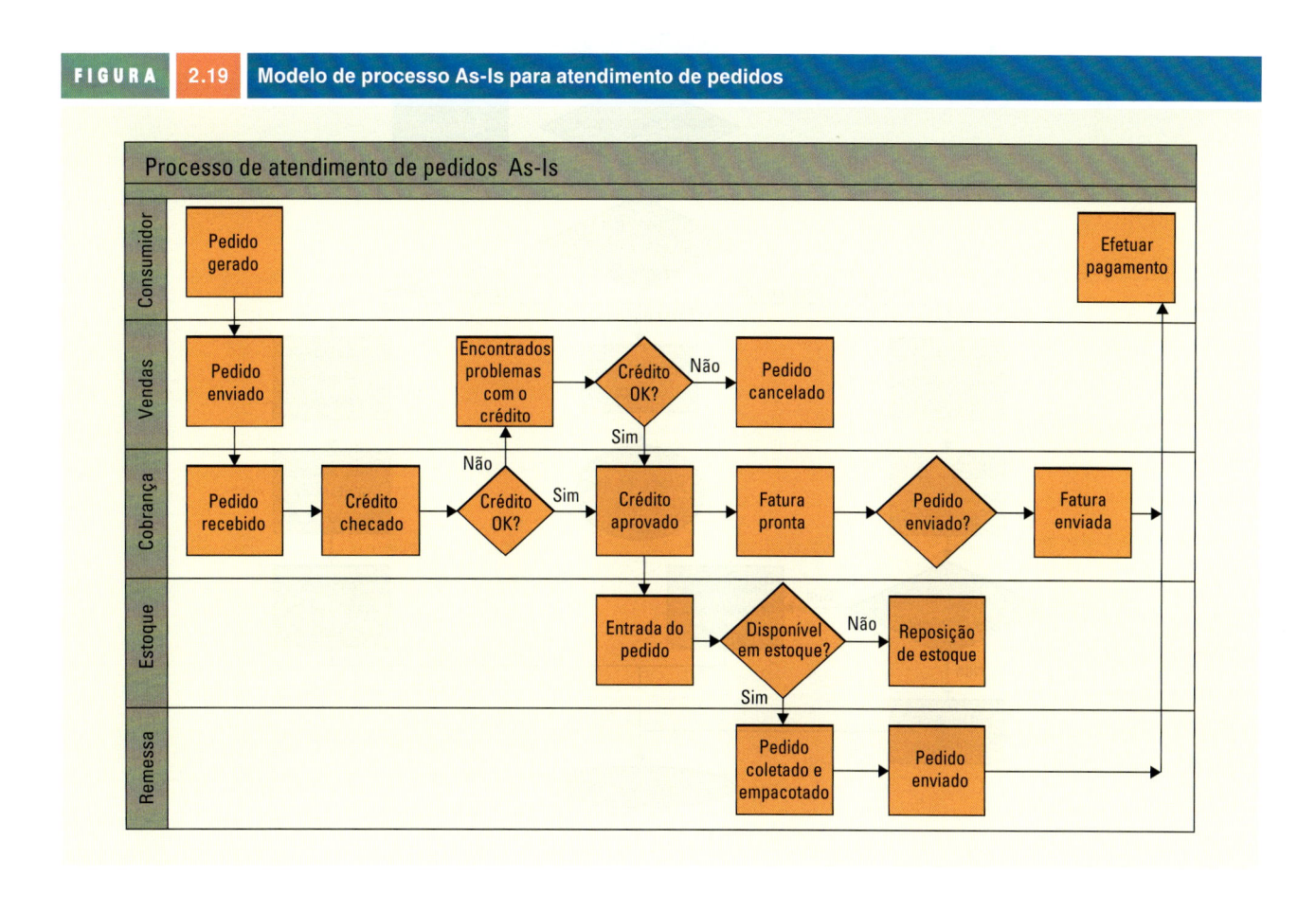

atendimento de pedido, desenvolvido por uma equipe de modelagem de processo que representa todos os departamentos que contribuem para o processo. A equipe de modelagem segue o processo de conversão da entrada (pedidos) por meio de todos os passos intervenientes até que a saída (pagamento) final necessária seja produzida. O mapa mostra os departamentos multifuncionais envolvidos em um processo típico de atendimento de pedido.[29]

É fácil prender-se a detalhes excessivos ao criar um modelo de processo As-Is. O objetivo é eliminar, simplificar ou melhorar agressivamente os processos To-Be. Empenhos bem-sucedidos de processos de melhorias resultam em respostas positivas à questão-chave do processo de projeto ou da melhoria: esse processo é o mais eficiente e eficaz para cumprir as metas do processo? Essa estrutura de modelagem de processo permite à equipe identificar todas as interfaces fundamentais, sobrepor o tempo para completar processos variados, começar a definir as oportunidades de simulação e identificar falhas de ligação (passos ilógicos, faltantes ou estranhos) nos processos. A Figura 2.20 mostra um exemplo de modelo As-Is de processo de negócios de atendimento ao cliente.[30]

A empresa de consultoria KPMG Peat Marwick utiliza a modelagem de processos como parte da sua prática de reestruturação de negócios. Recentemente, a empresa ajudou uma grande companhia de serviços financeiros a reduzir custos e a melhorar a produtividade na divisão de financiamento de casas pré-fabricadas. O tempo de resposta para aprovação de empréstimo foi reduzido pela metade, utilizando 40% a menos de pessoal.

A modelagem ajudou a equipe a analisar os aspectos complexos do projeto. "Em algumas partes da origem do processo de empréstimo, uma série de coisas acontece em um curto período de tempo", de acordo com o líder de equipe da KPMG, Bob Karrick. "Durante a coleta de dados, informações são puxadas de várias fontes diferentes, e a pessoa que faz a avaliação de risco tem de fazer julgamentos em diferentes pontos ao longo do processo. Geralmente, é necessário parar, levantar questões, fazer ligações de acompanhamento e assim por diante e, então, continuar com o empenho de modelagem do processo. A modelagem permite-nos realizar uma análise profunda que leve em consideração todos esses pontos de decisão e variáveis."[31]

OA2.10

Explicar o processo de gestão de negócios, juntamente com a razão de sua importância para uma organização.

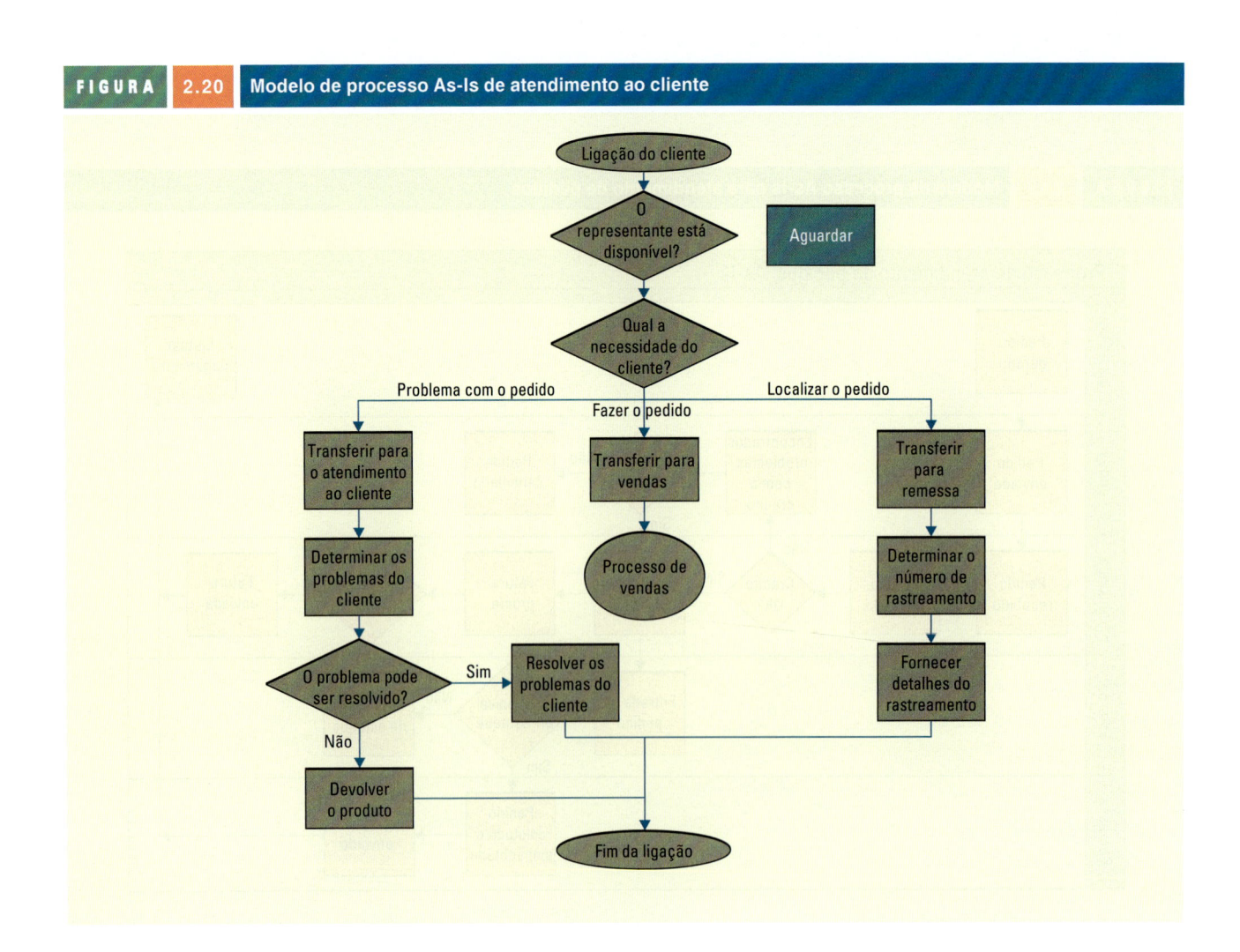

FIGURA 2.20 Modelo de processo As-Is de atendimento ao cliente

GERENCIAMENTO DO PROCESSO DE NEGÓCIOS

Uma vantagem-chave da tecnologia é sua capacidade de melhorar processos de negócios. Trabalhar mais rápido e de maneira mais inteligente tornou-se uma necessidade para as empresas. Ênfases iniciais foram dadas a áreas como produção, contabilidade, aquisição e logística. As grandes áreas seguintes a descobrir o valor da tecnologia no processo de negócios foram vendas e automação de marketing, gestão de relacionamento com o cliente e gestão de relacionamento com o fornecedor. Alguns desses processos envolvem vários departamentos da empresa e são o resultado da interação em tempo real da empresa com seus fornecedores, clientes e outros parceiros de negócios. A última área a descobrir o poder da tecnologia de automatizar e reestruturar o processo de negócios foi o gerenciamento do processo de negócios. O *gerenciamento do processo de negócios* (BPM, *Business Process Management*) integra todos os projetos de negócios de uma organização para tornar os processos individuais mais eficientes. O BPM pode ser utilizado para resolver uma falha única ou para criar um sistema unificador para consolidar uma infinidade de processos.

Muitas empresas estão insatisfeitas com seu composto de aplicações de softwares e estão lidando com processos de negócios que estão sujeitos à alteração constante. Essas organizações estão se voltando para os sistemas BPM que podem automatizar seus processos de forma flexível e juntar suas aplicações corporativas. A Figura 2.21 apresenta algumas razões principais pelas quais as organizações estão adotando as tecnologias BPM.

As tecnologias BPM controlam e coordenam os processos de negócios de maneira eficaz. O BPM pode automatizar as tarefas que envolvem informações de múltiplos sistemas, com regras para definir a sequência em que as tarefas são realizadas, bem como as responsabilidades, as condições e outros aspectos do processo. O BPM pode beneficiar uma empresa atualizando processos em tempo real, reduzindo despesas, automatizando decisões-chave e melhorando a produtividade. O BPM não apenas permite a execução mais eficaz do processo de negócios, como também fornece as ferramentas para medir o desempenho e identificar oportunidades de melhoria – bem como fazer alterações facilmente nos processos para agir sobre oportunidades como:

- Juntar processos, pessoas e informações.
- Quebrar as barreiras entre as áreas de negócios e encontrar donos para os processos.
- Gerenciar processos de negócios dentro e fora da empresa com fornecedores, parceiros de negócios e clientes.
- Olhar para a automação horizontalmente, em vez de verticalmente.[32]

fala sério!

Um processo de US$ 70 mil contra a própria faculdade

Trina Thompson, uma moradora de Nova York, está movendo uma ação contra a Monroe College, alegando não conseguir emprego depois de graduar-se em bacharelado. Thompson está pedindo o reembolso da matrícula de US$ 70 mil e afirma que está desempregada desde sua graduação porque o Departamento de Progressão de Carreira da universidade falhou ao fornecer-lhe as orientações e os conselhos de carreira prometidos. Gary Axelbak, o porta-voz da Monroe College diz que a ação de Thompson é completamente sem mérito e insiste que a instituição ajuda seus alunos a encontrar emprego.

Projete o atual processo de negócios (As-Is) de um estudante da sua escola, desde o dia em que ele começou o curso até a graduação. Como sua escola poderia reestruturar o processo para garantir que não acabe em litígio sobre as expectativas de um indivíduo de conseguir um emprego automaticamente após a graduação?

BPM é uma questão de negócios ou da tecnologia da informação?

Uma boa solução de BPM requer que duas grandes partes trabalhem como uma. Uma vez que as soluções de BPM atravessam as fronteiras da aplicação e do sistema, muitas vezes elas precisam ser sancionadas e implementadas pela organização da TI, enquanto os produtos do BPM são ferramentas de negócios que os gerentes precisam possuir. Portanto, muitas vezes surgem confusões sobre se os gerentes de negócios ou de TI devem ser os responsáveis por conduzir a seleção de uma nova solução de BPM.

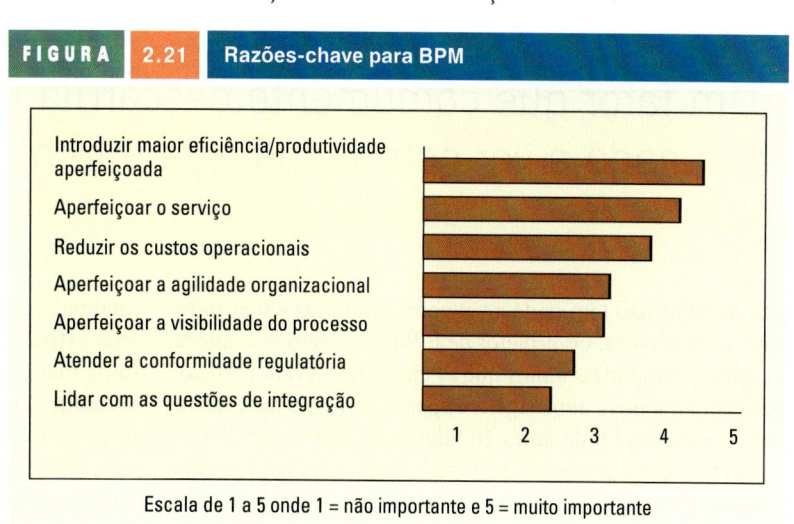

FIGURA 2.21 Razões-chave para BPM

- Introduzir maior eficiência/produtividade aperfeiçoada
- Aperfeiçoar o serviço
- Reduzir os custos operacionais
- Aperfeiçoar a agilidade organizacional
- Aperfeiçoar a visibilidade do processo
- Atender a conformidade regulatória
- Lidar com as questões de integração

Escala de 1 a 5 onde 1 = não importante e 5 = muito importante

O requisito-chave para o sucesso do BPM em uma organização é a compreensão de que ele é uma colaboração entre os negócios e a TI e, portanto, ambas as partes precisam estar envolvidas na avaliação, na seleção e na implementação de uma solução de BPM. Os gerentes de TI precisam compreender os direcionadores de negócios por trás dos processos, e os gerentes de negócios precisam compreender o impacto que a solução de BPM pode ter na infraestrutura. Geralmente, as empresas que implementam com sucesso as soluções de BPM são aquelas cujos grupos de negócios e de TI trabalharam juntos como uma equipe coesa.

Todas as empresas podem se beneficiar com uma melhor compreensão dos seus processos-chave de negócios, analisando-os para áreas de melhoria e implementando melhorias. As aplicações de BPM têm sido desenvolvidas com sucesso para melhorar questões complexas de negócios de algumas empresas de médio a grande porte. Como muitos projetos de implementação em larga escala, as soluções de BPM são mais bem-sucedidas em empresas com uma boa compreensão de seu cenário tecnológico e gerenciamento, dispostas a abordar os negócios de uma maneira inédita. As soluções de BPM são verdadeiramente direcionadas pelos processos de negócios e pelos proprietários da empresa.[33]

Soluções eficazes de BPM permitem que os proprietários das empresas gerenciem vários aspectos da tecnologia por meio de regras de negócios que eles desenvolvem e mantêm. As empresas que não conseguem apoiar ou gerenciar mudanças culturais e organizacionais podem não alcançar resultados positivos do BPM.

Riscos e recompensas do BPM

Se uma organização está levando o BPM em consideração, ela deve estar ciente dos riscos envolvidos na implementação dos sistemas. Um fator que comumente descarrila um projeto de BPM não tem nada a ver com tecnologia e tem tudo a ver com pessoas. Os projetos de BPM envolvem mudanças culturais e organizacionais que as empresas devem realizar para apoiar a nova abordagem de gerenciamento necessária para o sucesso. Onde antes 10 líderes de área controlavam 10 partes de um processo de ponta a ponta, agora um novo grupo está envolvido na implementação de soluções de BPM entre todas as áreas. De repente, o controle está consolidado e todos são responsáveis pelo processo como um todo, não por apenas uma peça do quebra-cabeça.

O benefício agregado de BPM não é apenas uma solução de tecnologia, mas também uma solução de negócios. O BPM é uma nova arquitetura e abordagem de negócios para gerenciar o processo e permitir a melhoria proativa e contínua. As novas estruturas e papéis organizacionais criados para apoiar o BPM ajudam a maximizar os benefícios contínuos para garantir o sucesso.

Um diretor de TI de uma grande empresa de serviços financeiros deu essa resposta quando questionado sobre sua experiência usando uma solução de BPM para melhorar o processo de aplicação de serviço de assistência técnica (*help desk*) da empresa. "Antes do BPM, o *help desk* da empresa era um processo manual, cheio de ineficiências, erros humanos e sem responsabilidade individualizada. Além disso, não fornecia visibilidade alguma para o processo. Não havia maneira de controlar os pedidos, uma vez que era tudo manual. A satisfação do usuário de negócios com o processo era extremamente baixa. Uma solução de BPM forneceu uma maneira de a empresa automatizar, executar, gerenciar e monitorar o processo em tempo real. O maior desafio técnico na implementação era assegurar que o grupo de usuários fosse autossuficiente. Embora a empresa reconhecesse que a organização da TI era necessária, ela queria ser capaz de manter e implementar quaisquer mudanças essenciais

---

mostre-me o DINHEIRO

Se não está quebrado, não conserte

Você odeia esperar na fila em um mercado? Você acha frustrante ir a uma locadora de vídeos e não encontrar o filme que queria alugar? Você fica irritado quando o entregador de pizza traz o pedido errado? Essa é sua chance de reestruturar o irritante processo que o enlouquece. Escolha um problema que você está vivendo atualmente e reestruture o processo de forma a deixá-lo mais eficiente e eficaz. Assegure-se de fornecer um modelo de processo de negócios As-Is e To-Be.

> "Um fator que comumente descarrila um projeto de BPM não tem nada a ver com tecnologia e tem tudo a ver com pessoas."

no processo com pouca dependência da TI. Ela vê o gerenciamento do processo como um facilitador para os usuários para que eles mantenham, controlem e monitorem o processo. O BPM vai levar um bom tempo para viabilizar esse processo."[34]

Exemplos de modelagem do processo de negócios

Uma imagem vale mais que mil palavras. Basta perguntar a Wayne Kendrick, analista de sistema da Mobil Oil Corporation, em Dallas, Texas. Kendrick, cujo trabalho envolve planejar e projetar processos complexos, teve uma apresentação agendada para deixar a alta gerência a par do número de projetos em que seu grupo estava trabalhando. "Deram-me 10 minutos para minha apresentação, e eu tinha de 20 a 30 páginas de documentação detalhada para apresentar. Obviamente, eu não iria conseguir apresentar tudo no tempo estipulado." Kendrick voltou-se aos modelos de processos de negócios para ajudar na comunicação de seus projetos. "Acredito que as pessoas podem se relacionar com fotos melhor do que com palavras", disse Kendrick. Ele aplicou sua ideia na apresentação utilizando o Microsoft Visio para criar modelos de processos de negócios e gráficos para representar as 30 páginas originais de texto. "Foi uma maneira eficaz de fazer as pessoas se interessarem pelos meus projetos e para ver rapidamente a importância de cada um deles", disse. Os modelos de processo funcionaram e Kendrick recebeu aprovação imediata para prosseguir com todos os seus projetos. As Figuras de 2.22 a 2.27 mostram exemplos de modelos de processos de negócios.[35] ■

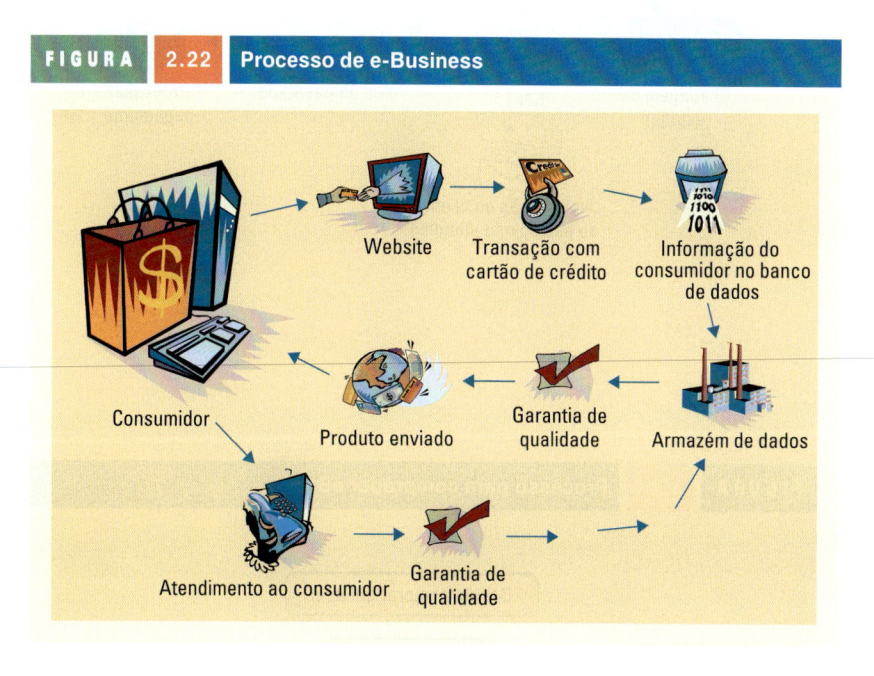

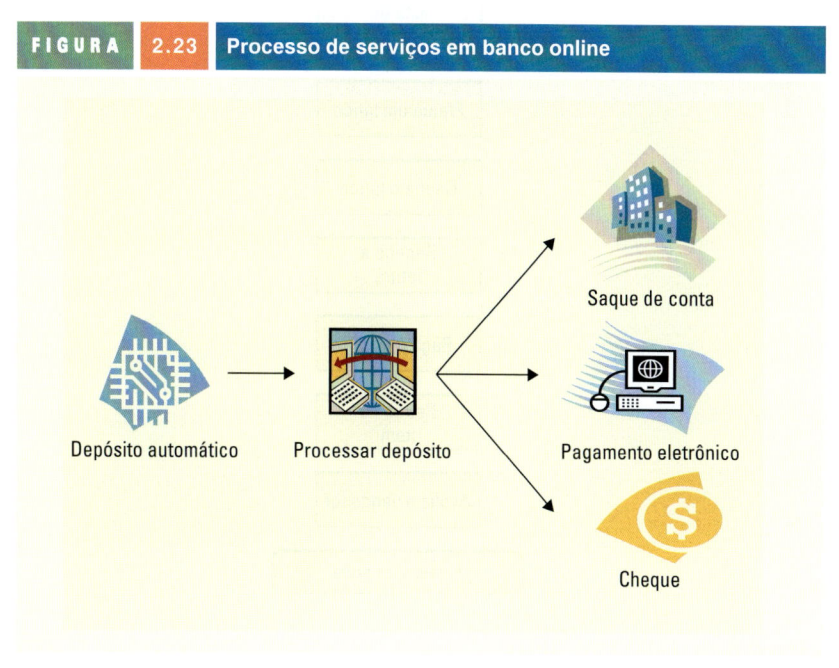

FIGURA 2.22 Processo de e-Business

FIGURA 2.23 Processo de serviços em banco online

FIGURA 2.24 Processo para pedidos de clientes

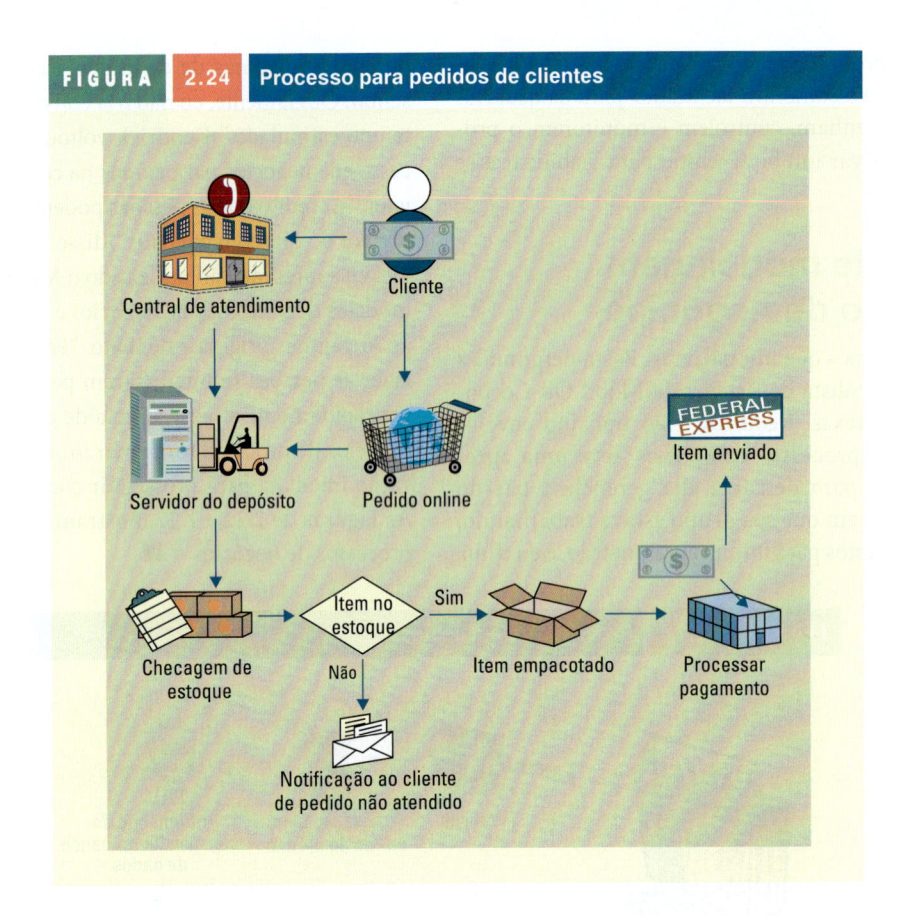

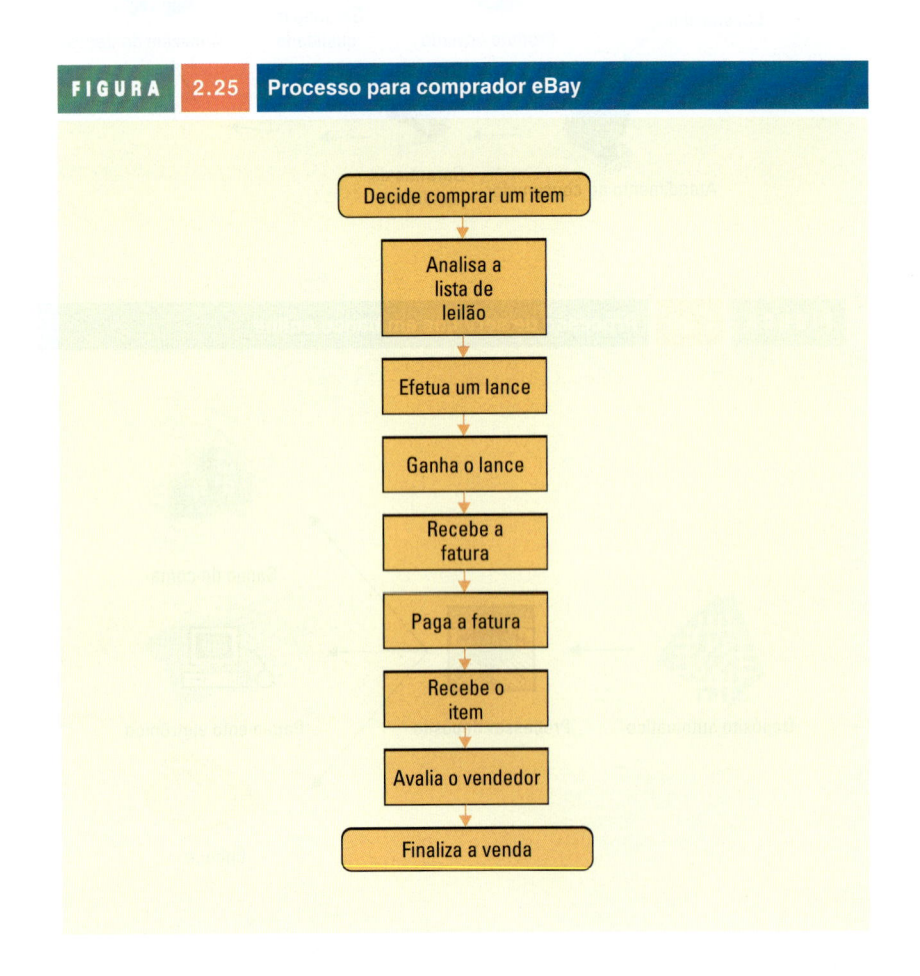

FIGURA 2.25 Processo para comprador eBay

FIGURA 2.26 Processo para vendedor eBay

- Decide vender um item
- Lista o item no eBay
- Define o preço inicial
- Define o período do leilão
- Fatura o lance vendedor
- Recebe o pagamento
- Envia o item
- Avalia o comprador
- Finaliza a venda

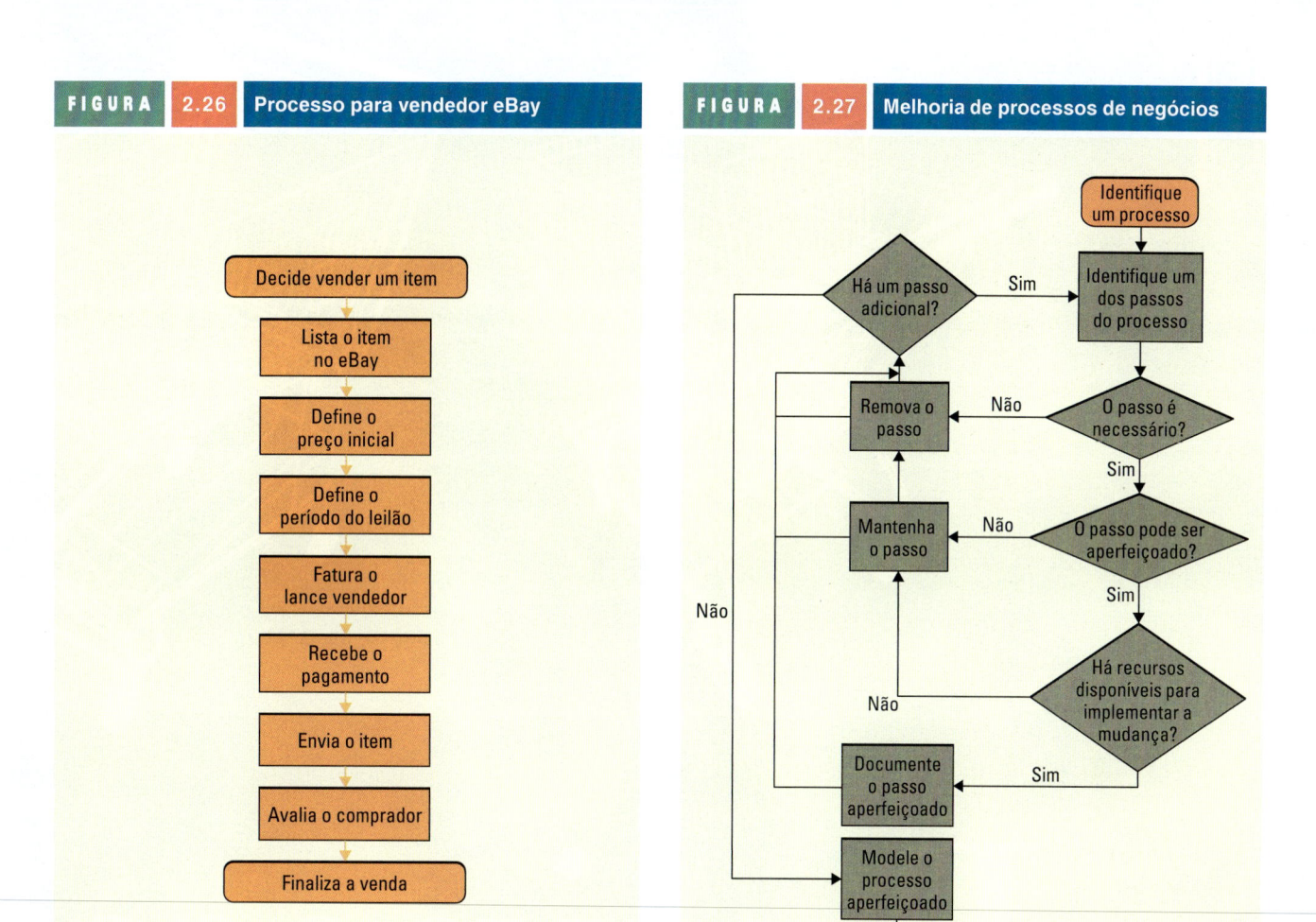

FIGURA 2.27 Melhoria de processos de negócios

- Identifique um processo
- Identifique um dos passos do processo
- Há um passo adicional? — Sim
- O passo é necessário? — Não → Remova o passo
- O passo pode ser aperfeiçoado? — Não → Mantenha o passo
- Há recursos disponíveis para implementar a mudança? — Sim
- Documente o passo aperfeiçoado
- Modele o processo aperfeiçoado
- Implemente o novo processo

ACESSE <http://www.grupoa.com.br>

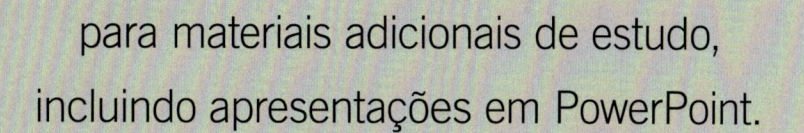

para materiais adicionais de estudo, incluindo apresentações em PowerPoint.

e-Business

capítulo três

O que a TI tem para mim?

Os gerentes têm de entender a importância de fazer negócios na internet e como isso revolucionou a maneira como estes são realizados. O e-Business (negócio no ambiente virtual) oferece novas oportunidades para o crescimento e novas maneiras de realização de atividades de negócios que simplesmente não eram possíveis antes da internet. Mais do que apenas um meio de realizar transações, o e-Business dá às empresas a capacidade de desenvolver e manter relações com os clientes, fornecedores e mesmo com os funcionários, entre e dentro das empresas.

Como estudante de administração, você deve entender o impacto fundamental da internet nos negócios. Como futuros gerentes e trabalhadores do conhecimento organizacional, vocês devem entender quais benefícios o e-Business pode oferecer a uma organização e à sua carreira. Além disso, você precisa entender os desafios que vêm junto com a adoção de tecnologias da web e como a web 2.0 está impactando a comunicação. Você precisa estar ciente das diversas estratégias que as organizações podem utilizar para implementar o e-Business, bem como das novas tendências e métodos de medição do sucesso deste. Este capítulo irá fornecer esse conhecimento a você, e vai ajudar a prepará-lo para o sucesso no e-Marketplace global de hoje.

SEÇÃO 3.1 >>
Negócios e a internet
- Tecnologia disruptiva
- Evolução da internet
- Web 2.0
- O futuro – Web 3.0
- Acesso às informações da internet
- Fornecimento de informações da internet

SEÇÃO 3.2 >>
e-Business
- Fundamentos do e-Business
- Modelos de e-Business
- Estratégias organizacionais para o e-Business
- Medição do sucesso do e-Business
- Benefícios e desafios do e-Business
- Novas tendências no e-Business: e-Government e M-Commerce

Uma das maiores forças de mudança dos negócios é a internet. Aos 21 anos, a vocalista californiana, Colbie Caillat, rapidamente evoluiu de uma aspirante a cantora de R&B/folk para uma sensação pop dos Estados Unidos, com a assistência de marketing de uma pequena ferramenta de rede chamada MySpace. Caillat gravou uma porção de músicas, postou-as em sua página do MySpace e praticamente não recebeu qualquer resposta nos primeiros meses. Para sua surpresa, quando ela adicionou o *single* "Bubbly" ao site, as pessoas notaram, e, com a notícia espalhando-se graças ao boca a boca, sua página passou a registrar alguns milhares de acessos por dia. Depois de ter acumulado 6.240 amigos, a *Rolling Stone* a destacou como uma das principais artistas do sexo feminino no MySpace. Durante 4 meses, ela foi a artista sem selo número um e acumulou mais de 14 milhões de execuções em seu site. Com essa estatística atraente no currículo, as gravadoras começaram a cortejá-la, e ela assinou contrato com a Universal Republic, com seu número de amigos online ultrapassando a marca de 100 mil.[1]

O ***e-Business*** é a realização de negócios na internet, não apenas de compra e venda, mas também de atendimento ao cliente e de colaboração com os parceiros de negócios. As organizações perceberam que criar websites simples para os clientes, funcionários e parceiros não estabelece um e-Business. Os sites de e-Business devem criar um burburinho, assim como a Amazon.com fez no ramo de venda de livros. Esses sites devem ser inovadores, agregar valor e fornecer informações úteis. Em resumo, o site deve construir um senso de comunidade e colaboração, tornando-se finalmente a porta de entrada para os negócios. Compreender o e-Business começa com a compreensão de:

- Tecnologia disruptiva
- Evolução da internet
- Acesso às informações da internet
- Fornecimento de informações da internet

> "O e-Business é a realização de negócios na internet, não apenas de compra e venda, mas também de atendimento ao cliente e de colaboração com os parceiros de negócios."

SEÇÃO 3.1 Negócios e a internet

OBJETIVOS DE APRENDIZAGEM

OA3.1 Comparar as tecnologias disruptiva e sustentada.

OA3.2 Explicar como a internet causou uma disrupção dentro das empresas.

OA3.3 Definir a relação entre a internet e a World Wide Web.

OA3.4 Descrever os diferentes métodos que uma organização pode utilizar para acessar informações.

OA3.5 Comparar os três tipos diferentes de provedores de serviço.

OA3.1
Comparar as tecnologias disruptiva e sustentada.

OA3.2
Explicar como a internet causou uma disrupção dentro das empresas.

TECNOLOGIA DISRUPTIVA

A Polaroid, fundada em 1937, produziu a primeira câmera instantânea no final da década de 1940. A câmera Polaroid foi um dos avanços tecnológicos mais emocionantes que a indústria fotográfica já viu. Utilizando uma câmera Polaroid, os clientes não precisavam mais depender de terceiros para revelar suas fotos. A tecnologia foi inovadora e o produto era de alto nível. A empresa finalmente se popularizou, tornando-se uma das empresas mais importantes da Wall Street, com suas ações sendo negociadas a mais de US$ 60 em 1997. Em 2002, as ações caíram para 8 centavos e a empresa decretou falência.[2]

Como uma empresa como a Polaroid, que tinha uma tecnologia inovadora e uma base de clientes cativos, pôde falir? Talvez os executivos da empresa tenham fracassado no uso das Cinco Forças de Porter ao analisar a ameaça de bens ou serviços substitutos. Se eles os tivessem analisado, teriam notado as duas ameaças (revelação de fotos em uma hora e as câmeras digitais) que, no final, roubaram as fatias de mercado da Polaroid? Eles teriam compreendido que seus clientes, pessoas que queriam acesso instantâneo às próprias fotos sem ter uma terceira parte envolvida, seriam os primeiros a utilizar o método de revelação de fotos em uma hora e os primeiros a comprar câmeras digitais? A empresa teria encontrado uma maneira de competir com a revelação de fotos em uma hora e com a câmera digital para se salvar?

A maioria das empresas enfrenta o mesmo dilema da Polaroid – os critérios que uma organização utiliza para tomar decisões quanto aos seus negócios atuais possivelmente poderiam criar problemas aos seus negócios futuros. Essencialmente, o que é o melhor para um negócio atual pode arruiná-lo a longo prazo. Alguns observadores do nosso ambiente de negócios têm uma visão fatídica do futuro – darwinismo digital. O ***darwinismo digital*** significa que as organizações que não podem adaptar-se às novas demandas da era da informação estão fadadas à extinção.[3]

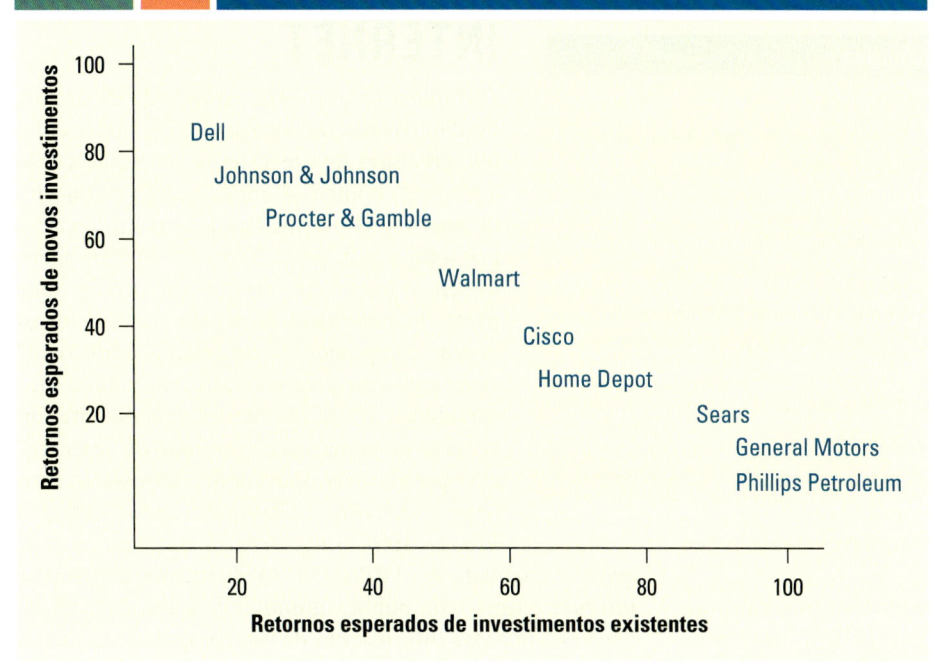

FIGURA 3.1 Tecnologia disruptiva *versus* tecnologia sustentada

[Gráfico: Retornos esperados de novos investimentos (eixo Y, 0-100) vs. Retornos esperados de investimentos existentes (eixo X, 0-100)
- Dell (~25, 80)
- Johnson & Johnson (~35, 72)
- Procter & Gamble (~40, 62)
- Walmart (~52, 52)
- Cisco (~60, 40)
- Home Depot (~65, 32)
- Sears (~78, 22)
- General Motors (~82, 15)
- Phillips Petroleum (~85, 10)]

Tecnologia disruptiva *versus* tecnologia sustentada

Uma **tecnologia disruptiva** é uma nova maneira de fazer as coisas que inicialmente não atendiam as necessidades dos clientes existentes. As tecnologias disruptivas tendem a abrir novos mercados e destruir os antigos. Uma **tecnologia sustentada**, por outro lado, gera um produto melhorado que os clientes anseiam comprar, como um carro mais rápido ou um disco rígido maior. Tecnologias sustentadas tendem a nos fornecer produtos melhores, mais rápidos e mais baratos em mercados estabelecidos. Empresas incumbentes, na maioria das vezes, levam a tecnologia sustentada ao mercado, mas, praticamente, nunca levam aos mercados abertos por tecnologias disruptivas. A Figura 3.1 mostra empresas que estão esperando que ocorra um crescimento futuro a partir de novos investimentos (tecnologia disruptiva) e empresas esperando que ocorra um crescimento futuro a partir de investimentos existentes (tecnologia sustentada).

As tecnologias disruptivas normalmente entram no segmento inferior do mercado e finalmente evoluem para substituir concorrentes de alto nível e suas tecnologias dominantes. A Sony é um exemplo perfeito de uma empresa que entrou no segmento inferior do mercado e evoluiu para substituir seus concorrentes de alto nível. Ela começou como uma pequena empresa que montava rádios portáteis a bateria que as pessoas podiam carregar com eles. A qualidade de som dos rádios transistores da Sony era baixa porque os amplificadores eram de qualidade inferior do que as tradicionais válvulas eletrônicas, que produziam um som melhor. Mas os clientes estavam dispostos a ignorar a qualidade do som para ter a conveniência da portabilidade. Com a experiência e o fluxo de receitas dos portáteis, a Sony melhorou sua tecnologia para produzir amplificadores baratos e populares que fossem adequados para uso doméstico e investiu

---

NO FLAGRA

Desculpe-me, mas você está sentado no meu nome de domínio

Você sabia que pode ganhar a vida nomeando coisas? Eli Altman vem nomeando coisas desde que ele tinha seis anos de idade e nomeou mais de 400 empresas e filiais trabalhando para a A Hundred Monkeys, uma empresa de consultoria de marcas (*branding*). Altman, um veterano em nomear empresas, recentemente começou a notar uma tendência não familiar no setor: nomes sem sentidos. As regras gramaticais do inglês são bem precisas e dizem que um *e* ou um *o* geralmente precedem um *r*. Como são possíveis esses novos nomes de empresas, como Flickr, Socializr, Zoomr, Rowdii, Yuuguu e Oooooc? A resposta: internet!

Com a ascensão da internet, nomes tradicionais, feitos de palavras de verdade, como Apple, Harley e The Gap foram levados pelo vento. Se você acha que eles não são bons o suficiente para os negócios de hoje, você está errado. O verdadeiro motivo para esses nomes malucos de negócios tem a ver com a pirataria de domínio (*domain squating* ou *cyber squatting*), a prática de compra de um domínio a fim de lucrar com uma marca registrada. Por exemplo, se você queria começar uma empresa chamada Drink, há chances de que um pirata de domínio já tenha comprado o drink.com e esteja apenas esperando que você pague um bom dinheiro para comprar o domínio. O domínio sex.com foi comprado por US$ 8 e vendido recentemente por US$ 3 milhões. A pirataria de domínio é um grande negócio. Pena que é ilegal e proibido pela Lei Anti-cybersquatting de Proteção ao Consumidor de 1999, bem como por um conjunto de diretrizes internacionais chamado Uniform Domain-Name Dispute-Resolution Policy. As disputas são geralmente mediadas pelo Fórum Nacional de Arbitragem (NAF, *National Arbitration Forum*) ou pela Organização Mundial da Propriedade Intelectual (*World Intellectual Property Organization*) dos Estados Unidos.

A internet é uma tecnologia disruptiva. Quando ela começou a tomar os negócios de assalto, havia muitas armadilhas imprevistas, como a pirataria de domínio. Você concorda ou discorda que a pirataria de domínio deva ser ilegal? Você consideraria o indivíduo que vendeu o sex.com um empreendedor ou um trapaceiro? Se você estivesse começando uma empresa e alguém estivesse pirateando o seu domínio, o que você faria?

| FIGURA | 3.2 | Empresas que capitalizaram a tecnologia disruptiva |

Empresa	Tecnologia disruptiva
Charles Schwab	Corretagem online
Hewlett-Packard	Computadores baseados em microprocessadores; impressoras de jato de tinta
IBM	Minicomputador; computadores pessoais
Intel	Microprocessadores populares
Intuit	Software QuickBooks, TurboTax e Quicken
Microsoft	Computação baseada na internet; software de operação de sistema; software SQL e Access database
Oracle	Software de banco de dados
Quantum	Discos de 3,5 polegadas
Sony	Eletrônicos baseados no consumo de transistores

essas receitas para melhorar ainda mais a tecnologia, o que produziu rádios melhores.[4]

O livro de Clayton M. Christensen, *Innovator's dilemma*, discute como empresas estabelecidas podem tirar proveito de tecnologias disruptivas sem prejudicar as relações existentes com os clientes, parceiros e partes interessadas. Xerox, IBM, Sears e DEC ouviram os consumidores, investiram agressivamente em tecnologia, levantaram sua antena competitiva e, ainda assim, perderam suas posições dominantes de mercado. Christensen afirma que essas empresas podem ter dado muita ênfase na satisfação das necessidades atuais dos clientes, negligenciado a adoção de uma nova tecnologia disruptiva que iria atender as necessidades futuras dos clientes, acabando por perder participação no mercado. A Figura 3.2 destaca várias empresas que lançaram novos negócios ao capitalizar tecnologias disruptivas.[5]

A internet – Disrupção de negócios

Quando a internet estava começando, ninguém tinha ideia do quão grande ela se tornaria. As empresa de computadores não achavam que seria uma grande coisa, nem mesmo as empresas de telefone ou a cabo. De difícil acesso e operação, parecia provável que permaneceria uma ferramenta secreta do Departamento de Defesa e da Academia. Porém, a internet cresceu, e cresceu, e cresceu. Ela começou com um punhado de usuários na metade da década de 1960 e alcançou 2 bilhões em 2010 (ver Figuras 3.3 e 3.4). As estimativas preveem que haverá mais de 3 bilhões de usuários em 2015. Vilas na Indonésia e na Índia já têm acesso à internet antes mesmo de terem eletricidade.[6] A Figura 3.5 mostra várias maneiras de como a internet está mudando os negócios.

● ● **OA3.3**
Definir a relação entre a internet e a World Wide Web.

EVOLUÇÃO DA INTERNET

Durante a Guerra Fria, na metade da década de 1960, o exército dos Estados Unidos decidiu que precisava de um sistema de comunicação à prova de bombas e, então, nasceu o conceito de internet. O sistema ligaria os computadores por todo o país, permitindo que as mensagens fossem transmitidas mesmo que uma grande parte do país fosse destruída. No início, os únicos computadores conectados eram os de *think tanks* do governo e de umas poucas universidades. A internet era essencialmente um sistema de comunicação militar de emergência operado pela Agência de Pesquisa de Projetos Avançados (ARPA, *Advanced Research Project Agency*) do Departamento de Defesa, que era chamada de ARPANET. Oficialmente definida, a **internet** é uma rede pública mundial de redes de computadores que passa informações de um computador a outro, utilizando protocolos comuns de computadores. **Protocolos** são padrões que especificam o formato do dado, bem como as regras a serem seguidas durante a transmissão.

Com o tempo, todas as universidades dos Esrados Unidos que tinham financiamento relacionado à defesa instalaram os computadores ARPANET. Gradualmente, a internet passou de um canal de processamento de dados militar para uma ferramenta de comunicação para os cientistas. À medida que mais pesquisadores ficavam online, o sistema de administração foi transferido da ARPA para a Fundação Nacional de Ciência (NSF, *National Science Foundation*). Anos depois, os negócios começaram a usar a internet, e as responsabilidades administrativas foram transferidas novamente. Hoje, nenhum grupo opera a internet, porém, várias entidades a supervisionam e definem padrões que incluem:

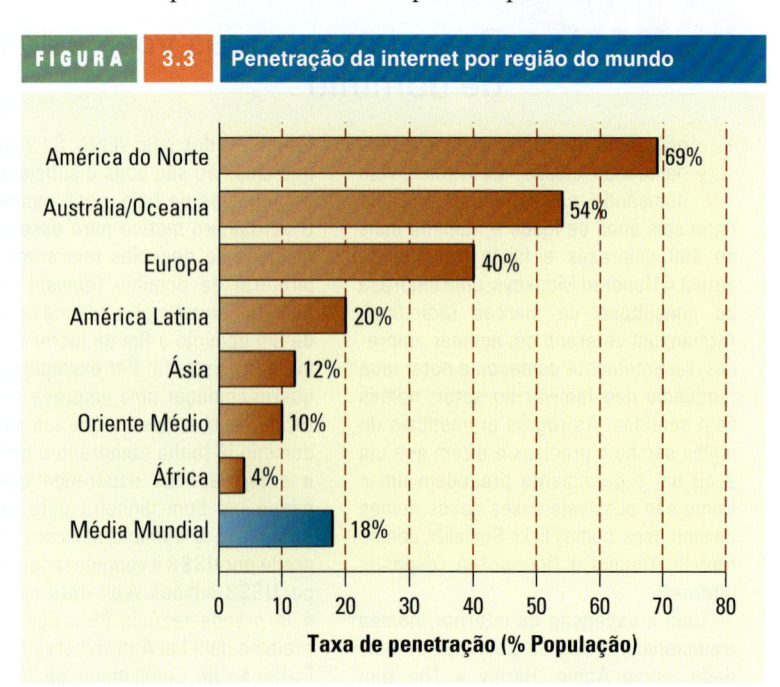

| FIGURA | 3.3 | Penetração da internet por região do mundo |

Região	Taxa de penetração (% População)
América do Norte	69%
Austrália/Oceania	54%
Europa	40%
América Latina	20%
Ásia	12%
Oriente Médio	10%
África	4%
Média Mundial	18%

FIGURA 3.4 Usuários da internet no mundo

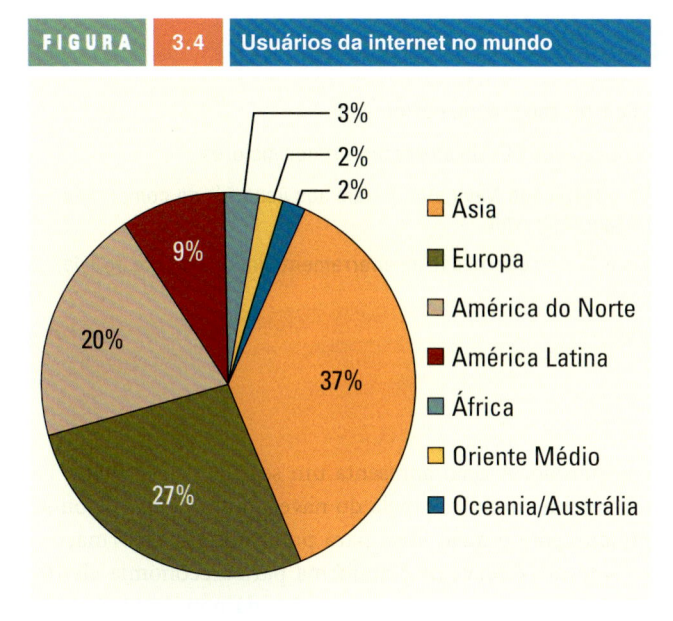

- Ásia: 37%
- Europa: 27%
- América do Norte: 20%
- América Latina: 9%
- África: 3%
- Oriente Médio: 2%
- Oceania/Austrália: 2%

- Força Tarefa da Engenharia da Internet (IETF, *Internet Engineering Task Force*): o braço de engenharia e desenvolvimento de protocolo da internet.
- Conselho de Arquitetura da Internet (IAB, *Internet Architecture Board*): responsável pela definição da arquitetura global da internet, fornecendo a orientação e a direção à IETF.
- Grupo de Gestão da Engenharia da Internet (IESG, *Internet Engineering Steering Group*): responsável pelo gerenciamento técnico da IETF e pelas normas de processo da internet.

Evolução da World Wide Web

As pessoas geralmente trocam os termos *internet* e *World Wide Web* (www), mas eles não são sinônimos. Ao longo das décadas de 1960 a 1980, a internet era originalmente usada pelo Departamento de Defesa para apoiar atividades como e-mail e transferências de arquivos. A internet era restrita a atividades não comerciais, e seus usuários incluíam os funcionários do governo, pesquisadores, professores universitários e estudantes. A World Wide Web mudou o propósito e o uso da internet.

Alguns *hobbies* mudam o mundo. Em 1994, os estudantes de doutorado da Stanford, Jerry Yang e David Filo, postaram uma lista de seus sites favoritos na web. A data exata de quando eles postaram os *links* se perdeu na história, mas sabemos o nome original da lista: "Guia de Jerry e David a World Wide Web". Em abril de 1994, a lista tinha um novo e irônico nome: "Yet Another Hierarchical Officious Oracle", ou, abreviando, *Yahoo!*. O Yahoo! representou a primeira tentativa de catalogar a web, oferecendo listas em formato de diretório de todo site importante – com pequenos óculos

FIGURA 3.5 O impacto da internet nos negócios

Setor	Mudanças nos negócios devido à tecnologia
Viagem	O site de viagens Expedia.com é hoje a maior agência de viagens de lazer, com margens de lucro maiores que até mesmo a American Express. Entre as agências de viagens tradicionais, 13% fecharam em 2002 por causa de sua incapacidade de competir com as agências online.
Entretenimento	A indústria da música ainda impede que o Napster e outros sites operem, mas os US$ 35 bilhões anuais em downloads online estão quebrando a indústria da música tradicional. As vendas de unidades de música nos Estados Unidos estão 20% mais baixas desde 2000. A próxima indústria do setor de entretenimento a sentir os efeitos do e-Business será o de cinema e seus US$ 67 bilhões em negócios.
Eletrônicos	Ao utilizar a internet para ligar seus fornecedores e clientes, a Dell estabelece os lucros do setor. Suas margens de operação subiram de 7,3% em 2002 para 8% em 2003, ao mesmo tempo em que levou os preços a níveis que impedem os concorrentes de ganharem dinheiro.
Serviços financeiros	Quase toda empresa pública de financiamento eletrônico ganha dinheiro, com o serviço de hipoteca online da Lending Tree crescendo 70% ao ano. Processar aplicações de hipoteca online é hoje 40% mais barato para os clientes.
Varejo	Menos de 5% das vendas a varejo são feitas online. A eBay está no caminho esse ano para tornar-se uma das 15 maiores varejistas no país, e a Amazon.com irá se juntar aos grupos dos 40 maiores. A estratégia de e-Business do Walmart está forçando seus concorrentes a fazer pesados investimentos em tecnologia.
Automóveis	O custo de produção de veículos está baixo por causa do SCM e da compra com base na web. A eBay tornou-se a líder de revendedoras de carros usados nos Estados Unidos, e a maioria dos principais sites de carros é lucrativa.
Educação e treinamento	A Cisco economizou US$ 133 milhões, em um ano, levando as sessões de treinamento para a internet.

| FIGURA | 3.6 | Razões do crescimento da World Wide Web |

- A revolução de microcomputadores possibilitou a uma pessoa comum ter seu próprio computador.
- Avanços em hardware, software e mídias de rede baratearam a conexão dos PCs de empresas a redes maiores.
- Softwares de navegação, como o internet Explorer da Microsoft e o Netscape Navigator, deram aos usuários de computador uma interface gráfica fácil de usar para encontrar, baixar e exibir páginas da web.
- A velocidade, a conveniência e o baixo custo do e-mail fizeram com que ele se tornasse uma ferramenta incrivelmente popular para a comunicação de empresas e pessoas.
- Páginas básicas da web são fáceis de criar e extremamente flexíveis.

escuros marcando os sites considerados bons de verdade. Quando o fornecimento exaustivo de cobertura se tornou impossível, o Yahoo! renasceu como um portal da web, combinando o diretório com pesquisa, manchetes de notícias, mensagem instantânea, e-mail, hospedagem de fotos, classificados de emprego e diversos outros serviços. Uma vez que os outros portais, como o Lycos e o Excite, morreram ou foram devorados pelo peixe maior, o Yahoo! continuou a expandir-se. Embora superado pelo rolo compressor do pesquisador Google, o Yahoo! continua sendo um verdadeiro ícone da internet.

O *World Wide Web* (WWW) é um sistema global de hipertexto que utiliza a internet como seu mecanismo de transporte. O *protocolo de transferência de hipertexto* (HTTP, *Hypertext Transport Protocol*) é o padrão da internet que suporta a troca de informações no www. Ao definir os localizadores universais de recurso (URLs, *Universal Resource Locators*) e como eles podem ser utilizados para recuperar recursos em qualquer lugar da internet, o http permite aos autores inserir hiperlinks em documentos da web. O http define o processo pelo qual um cliente da web, chamado de navegador, origina um pedido de informação e envia-o para um servidor da web, um programa projetado para responder aos pedidos do http e fornecer a informação desejada. Em um sistema de hipertexto, os usuários navegam clicando em um hiperlink inserido no documento em questão. A ação apresenta um segundo documento na mesma ou em outra janela do navegador. A web tornou-se rapidamente o meio ideal para publicação de informações na internet e serve de plataforma para a economia eletrônica. A Figura 3.6 mostra as razões da popularidade e do crescimento do www.

O www permaneceu originalmente baseado em texto até 1991, quando ocorreram dois eventos que mudariam a web para sempre, a quantidade e a qualidade das informações disponíveis (ver Figura 3.7). Primeiro, Tim Berners-Lee construiu o primeiro website em 6 de agosto de 1991 (http://info.cern.ch/ – o site foi arquivado). O site fornece detalhes sobre o world wide web, incluindo como construir um navegador e configurar um servidor da web. O site também hospedou o primeiro diretório de web do mundo, uma vez que Berners-Lee manteve, posteriormente, uma lista de outros websites além do seu próprio.[7]

Em segundo lugar, Marc Andreesen desenvolveu um novo programa de computador chamado NCSA Mosaic (*National Center for Super Computing Applications*, da Universidade de Illinois) e jogou fora! O navegador tornou mais fácil o acesso a websites que começaram a aparecer. Logo, os websites continham mais do que apenas texto: eles também tinham arquivos de áudio e vídeo (ver Figura 3.8). Essas páginas, escritas na linguagem de marcação de hipertexto (HTML, *Hypertext Markup Language*), têm *links* que

| FIGURA | 3.7 | Impacto da internet na informação |

Fácil para compilar	Procurar informações sobre produtos, preços, clientes, fornecedores e parceiros é mais rápido e mais fácil quando se utiliza a internet.
Aumento da riqueza	A *riqueza da informação* se refere à profundidade e amplitude das informações transferidas entre os clientes e as empresas. As empresas e os clientes podem coletar e controlar mais detalhes das informações quando utilizam a internet.
Aumento do alcance	O *alcance da informação* se refere ao número de pessoas com quem um negócio pode se comunicar em uma base global. As empresas podem compartilhar informações com vários clientes em todo o mundo.
Melhor conteúdo	Um elemento-chave da internet é sua habilidade de fornecer um conteúdo dinâmico e relevante. Os compradores precisam de boas descrições de conteúdo para fazer compras informadas, e os vendedores utilizam o conteúdo para fazer um comércio apropriado e diferenciarem-se dos concorrentes. A descrição do conteúdo e do produto estabelece a compreensão comum entre ambas as partes da transação. Como resultado, o alcance e a riqueza daquele conteúdo afetam diretamente a transação.

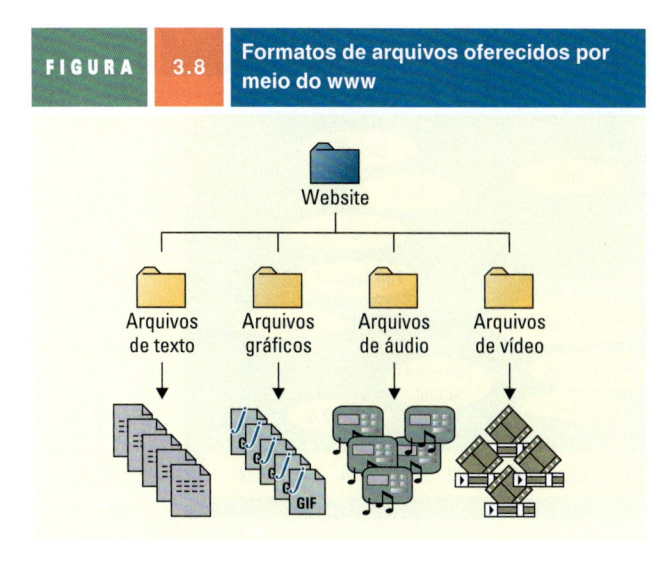

FIGURA 3.8 Formatos de arquivos oferecidos por meio do www

permitem ao usuário a rápida troca entre um documento e outro, mesmo quando os documentos estão guardados em diferentes computadores. Os navegadores da web leem o texto HTML e o convertem em uma página da web.[8]

Ao eliminar tempo e distância, a internet possibilita realizar negócios em formas até então inimagináveis. A *exclusão digital* ocorre quando aqueles com acesso à tecnologia têm grandes vantagens sobre aqueles sem acesso à ela. Os habitantes da Vila de Siroha, na Índia, precisam andar 8 quilômetros de bicicleta para encontrar um telefone. Para mais de 700 milhões de moradores rurais da Índia, a exclusão digital era a forma de vida até recentemente. A Media Lab Asia vende serviços de telefonia e e-mail por intermédio de um quiosque de internet móvel montado em uma bicicleta, conhecido como um "info-thelas". O quiosque tem um computador de bordo equipado com antena para serviço de internet e uma bateria especialmente projetada para duração de um dia. Mais de 2 mil vilas compraram o quiosque por US$ 1,2 mil, e outras 600 mil estão interessadas.[9]

WEB 2.0

O vasto impacto disruptivo da web 2.0 está apenas começando. A *web 2.0* é um conjunto de tendências econômicas, sociais e tecnológicas que formam coletivamente a base para a próxima geração da internet – um meio mais maduro e distinto, caracterizado pela participação do usuário, pela abertura e pelos efeitos da rede. Embora o termo sugira uma nova versão do World Wide Web, ele não se refere a uma atualização das especificações técnicas da web, ao contrário, refere-se a mudanças nas formas como os desenvolvedores de softwares e usuários finais utilizam a *web* como uma plataforma. De acordo com Tim O'Reilly, "A web 2.0 é a revolução dos negócios no setor de computadores causada pelo movimento da internet como plataforma, e é uma tentativa para compreender as regras para o sucesso nessa nova plataforma". A Figura 3.9 mostra o movimento da web 1.0 para a web 2.0, e a Figura 3.10 mostra a linha do tempo da web 1.0 e da web 2.0.[10]

Mais do que ser apenas a última palavra da moda na tecnologia, a web 2.0 é uma força transformadora que está

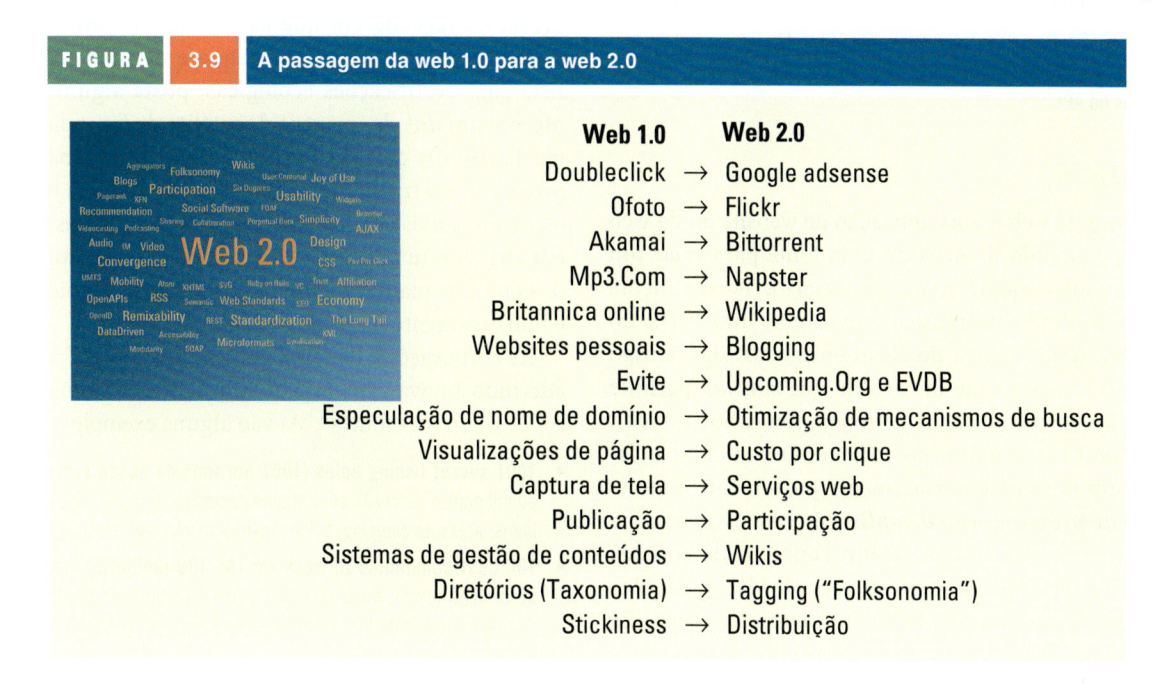

> "Ao eliminar tempo e distância, a internet possibilita realizar negócios em formas até então inimagináveis."

FIGURA 3.9 A passagem da web 1.0 para a web 2.0

Web 1.0		Web 2.0
Doubleclick	→	Google adsense
Ofoto	→	Flickr
Akamai	→	Bittorrent
Mp3.Com	→	Napster
Britannica online	→	Wikipedia
Websites pessoais	→	Blogging
Evite	→	Upcoming.Org e EVDB
Especulação de nome de domínio	→	Otimização de mecanismos de busca
Visualizações de página	→	Custo por clique
Captura de tela	→	Serviços web
Publicação	→	Participação
Sistemas de gestão de conteúdos	→	Wikis
Diretórios (Taxonomia)	→	Tagging ("Folksonomia")
Stickiness	→	Distribuição

FIGURA 3.10 Linha do tempo da web 1.0

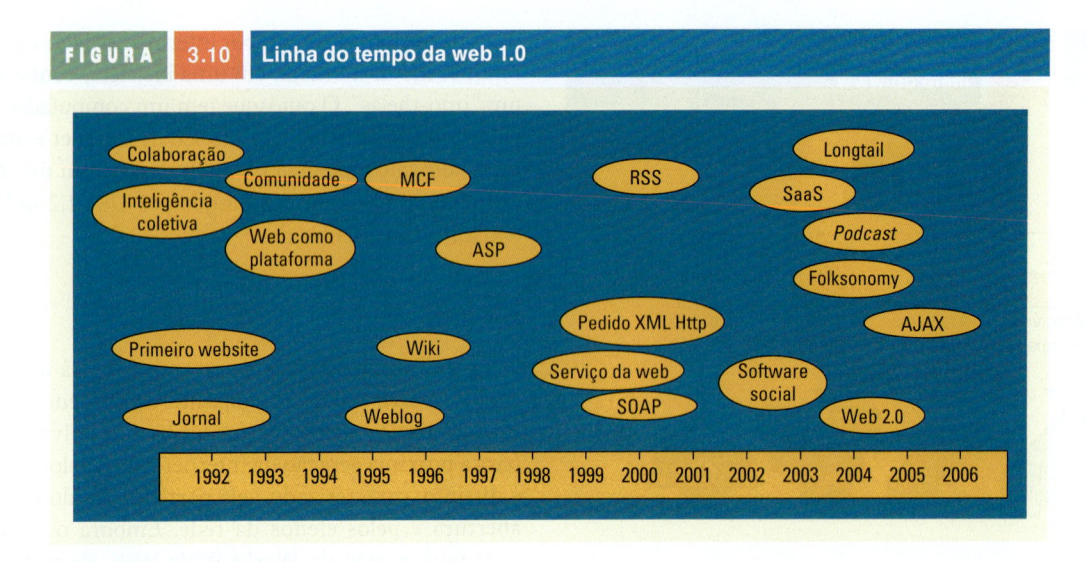

Elementos na linha do tempo (1992–2006): Colaboração, Inteligência coletiva, Comunidade, Web como plataforma, MCF, ASP, RSS, Pedido XML Http, Serviço da web, SOAP, Longtail, SaaS, Podcast, Folksonomy, Software social, AJAX, Web 2.0, Primeiro website, Wiki, Jornal, Weblog.

---

impulsionando as empresas de todas os setores em direção a uma nova maneira de fazer negócios. Aqueles que reagem à oportunidade da web 2.0, colocam-se em posição de obter uma vantagem inicial nos seus mercados. O que está causando essa mudança? Considere os seguintes direcionadores tecnológicos e demográficos:

- Um bilhão de pessoas ao redor do mundo agora tem acesso à internet.
- Os dispositivos móveis ultrapassam o número de computadores de mesa em quase o dobro.
- Quase 50% de todo o acesso à internet nos Estados Unidos dá-se agora por meio de conexões de banda larga.[11]

Combine esses direcionadores com as leis fundamentais das redes sociais e com as lições da primeira década da web e você terá a web 2.0, a nova geração da web, inteligente e direcionada ao usuário:

- No primeiro trimestre de 2006, o MySpace.com teve 280 mil novos usuários inscritos a cada dia e tinha o segundo maior tráfego da internet.
- No segundo trimestre de 2006, 50 milhões de blogs foram criados – blogs eram criados a uma taxa de dois por segundo.
- Em 2005, o eBay realizou 8 bilhões de transações de serviços de web baseados na API.[12]

Mashups

Um *mashup* da web é uma aplicação de website ou da web que usa o conteúdo de mais de uma fonte para criar um serviço completamente novo. O termo é normalmente usado no contexto da música: colocando uma letra do Jay-Z sobre uma música do Readiohead faz algo antigo tornar-se novo. A versão da web de um *mashup* permite aos usuários misturar dados de mapa, fotos, novos *feeds*, entradas de blog, e assim por diante. O conteúdo utilizado em um *mashup* é normalmente proveniente de uma **interface de programação de aplicação** (API, *Application Programming Interface*), que é um conjunto de rotinas, protocolos e ferramentas para construção das aplicações de software. Uma boa API facilita o desenvolvimento de um programa ao fornecer todos os módulos para a construção. Um programador une os módulos. A maioria dos ambientes operacionais, como o Microsoft Windows, fornece uma API para que os programadores possam criar aplicações consistentes com o ambiente operacional. Muitas pessoas que experimentam os *mashups* estão utilizando as APIs da Microsoft, Google, eBay, Amazon.com, Flickr e Yahoo!, o que levou à criação de editores de *mashups*. Os **editores de mashup** são os WYSIWYG (*What You See Is What You Get*, em português: O que você vê é o que você obtém) para *mashups*. Eles fornecem uma interface visual para construir um *mashup*, geralmente permitindo ao usuário arrastar e soltar os ponteiros de dados em uma aplicação da web.

Quem diria que a tecnologia poderia ajudar a vender bananas? A Dole Organic agora coloca códigos de exploração de três dígitos em cada banana e cria um *mashup* utilizando o Google Earth e seu banco de dados de bananas. Compradores social e ambientalmente conscientes podem inserir os números no website da Dole e ver a biografia da fazenda em que as bananas foram cultivadas. O site conta a história da fazenda e de sua comunidade, lista suas certificações ecológicas, posta algumas fotos e oferece um *link* de imagens de satélite da fazenda no Google Earth. Os clientes podem monitorar pessoalmente a produção e o tratamento de suas frutas desde a bananeira até o mercado. O processo garante aos clientes que suas bananas foram cultivadas sob padrões ecológicos adequados em uma plantação que respeita o meio ambiente e que é holisticamente planejada.

As corporações, da IBM, ao Google e ao E*Trade, estão aderindo à nova tendência de misturar e combinar softwares de diferentes fontes.[13] Aí vão alguns exemplos:

- **1001 secret fishing holes (1001 buracos de pesca secretos):** mais de mil pontos de pesca em parques nacionais, refúgios de vida silvestre, lagos, áreas de camping, trilhas históricas etc. (API do Google Maps).
- **100 best companies to work for (As 100 melhores empresas nas quais trabalhar):** mapa das 100 melhores empresas dos Estados Unidos nas quais trabalhar, avaliadas pela revista *Fortune* (API do Google Maps).

Saiba que:

Você não adora o Mötley Crüe?

Eurpac, uma empresa de propriedade dos funcionários, realiza negócios em vários setores, de cigarro a videogames. Mike Skinner, o CIO da Eurpac, faz as seguintes perguntas todas as vezes em que se encontra com sua equipe:
- Onde os recursos estão investidos?
- Quais progressos nós fizemos?
- Qual é a nossa próxima meta?

Ao cultivar uma cultura corporativa focada na inovação e na tecnologia, sua equipe criativa desenvolveu a plataforma para o Artist2Market, um website em que os artistas podem gravar, desenvolver e distribuir seu trabalho, uma alternativa única à infraestrutura das gravadoras tradicionais. A meta do Artist2Market é dar ao artista o total controle criativo do próprio projeto, maximizar sua exposição a seus fãs e minimizar os custos dos projetos. A ideia do Artist2Market foi concebida a partir de um encontro por acaso entre o baterista da Mötley Crüe, Tommy Lee, e o Gerente Geral da A2M, Paul Ignasinski. Tommy Lee estava interessado em produzir e distribuir um disco sem ter de recorrer a um grande selo. Ignasinski voltou a Michigan e desenvolveu o conceito que agora é conhecido como Artist2Market.

Artist2Market é um excelente exemplo de como você pode usar o poder da internet para mudar fundamentalmente a indústria inteira. O takelessons.com também é altamente lucrativo, uma vez que conecta estudantes de música com os instrutores. Uma das maneiras mais fáceis de criar um negócio online é criando um *mashup*. Utilizando o que você sabe sobre *mashups*, crie um website que tenha a capacidade de transformar completamente uma indústria, como o Artist2Market fez com a fonográfica.

- **Capas de álbuns:** utiliza o API da Amazon e uma interface de usuário ao estilo Ajax para acessar capas de CD/DVD do catálogo da Amazon.com (API da Amazon.com e-Commerce).
- **Gawker:** um *mashup* útil para acompanhar a visualização das celebridades em Nova York. Os leitores são encorajados a enviar e-mail assim que a celebridade é localizada (API do Google Maps).
- **Gigul8tor:** fornece página de entrada de dados em que as bandas podem inserir informações sobre shows e eventos. O Gigul8tor exibe uma lista de possíveis locais, dependendo do mecanismo do local, e mostra as informações do evento diretamente no Eventful, uma interface projetada apenas para bandas. Ele mostra como as diferentes interfaces de usuário poderiam ser criadas no Eventful com técnicas de *mashup*.
- **GBlinker:** um recurso do Google ligado a uma porta serial que pisca quando chega um e-mail.
- **OpenKapow:** oferece uma plataforma para a criação de APIs, *feeds* e pedaços de HTML de qualquer site, tendo mais possibilidades de *mashup* do que os mais de 300 APIs oferecidos na ProgrammableWeb.
- **The Hype Machine:** combina postagens de blog a partir de um conjunto de blogs musicais com curadoria de dados de vendas da Amazon.com e de próximos eventos. O The Hype Machine localiza as músicas e discussões postadas nos melhores blogs sobre música. Ele se integra ao iTunes para levar os clientes diretamente da página da web para a faixa de música pela qual estão interessados. Se o cliente preferir comprar por meio da Amazon.com, *The Hype Machine* descobre qual página do CD deve mostrar.
- **Zillow:** ferramentas sofisticadas de avaliação em casa com 65 milhões de listas e amplos dados comparáveis (Microsoft Virtual Earth API).
- **ProgrammableWeb:** o site favorito do público de desenvolvedores de *mashup*. Fornece listas detalhadas de APIs disponíveis na web e inclui fóruns em que os desenvolvedores podem discutir a melhor forma de usá-las.[14]

O FUTURO – WEB 3.0

Web 3.0 é um termo que foi cunhado com significados diferentes para descrever a evolução do uso e da interação da web por vários caminhos separados. Incluem-se transformá-la em um banco de dados, um movimento em direção a tornar o conteúdo acessível por meio de múltiplas aplicações de não navegadores, a alavancagem das tecnologias de inteligência artificial, ou a web semântica. A **web semântica** é uma extensão evolutiva do world wide web na qual o conteúdo da web pode ser expresso não apenas em linguagem natural, mas também em um formato que possa ser lido e utilizado por agentes de softwares, permitindo, então, que eles encontrem, compartilhem e integrem as informações mais facilmente. Ela deriva da visão do diretor do W3C, Sir Tim Berners-Lee, que pensou a web como um meio universal para troca de dados, informações e conhecimento. Há um debate importante sobre o que o termo *web 3.0* significa, mas muitos concordam que ele abrange um ou mais dos seguintes conceitos:

1. Transformar a web em um banco de dados.
2. Um caminho evolutivo até a inteligência artificial.
3. A realização da web semântica e da arquitetura orientada a serviço.
4. Evolução em direção ao 3D.[15]

> "AS EMPRESAS GOSTARIAM DE INTEGRAR OS SISTEMAS EXISTENTES A FIM DE GARANTIR O SUPORTE DE TECNOLOGIA DA INFORMAÇÃO PARA OS PROCESSOS DE NEGÓCIOS QUE COBREM TODA A CADEIA DE VALOR DE NEGÓCIOS."

Transformar a web em um banco de dados

O primeiro passo em direção à web 3.0 é o surgimento da web orientada por dados, assim como os registros de dados estruturados que são publicados em formatos que são reutilizáveis e passíveis de acesso remoto. Por causa do crescimento recente da linguagem de consulta padronizada para busca por meio de bancos de dados distribuídos na web, a web orientada por dados permite um novo nível de integração de dados e a interoperabilidade de aplicações, tornando os dados tão abertamente acessíveis e conectáveis quanto páginas da web. A web orientada por dados é o primeiro passo no caminho da web semântica total. Na fase da web orientada por dados, o foco está em tornar os dados estruturados disponíveis utilizando bancos de dados. O estágio total da web semântica irá ampliar o escopo de tal maneira que tanto os dados estruturados quanto o que é tradicionalmente pensado como conteúdo não estruturado ou semiestruturado (como páginas da web, documentos, e-mail etc.) ficarão amplamente disponíveis em formatos comuns.

Um caminho evolutivo até a inteligência artificial

A web 3.0 também tem sido utilizada para descrever um caminho evolutivo que leva à inteligência artificial, e esta, por sua vez, pode raciocinar sobre a web de uma forma semi-humana. Alguns céticos consideram isso uma situação inalcançável. Contudo, empresas como IBM e Google estão implementando novas tecnologias que estão rendendo informações surpreendentes, como a previsão de músicas que terão sucesso ao explorar informações em websites de escolas de música. Há também o debate sobre se a força motriz por trás da web 3.0 será de sistemas inteligentes, ou se a inteligência surgirá em uma forma mais orgânica, proveniente de sistemas de pessoas inteligentes, por meio de serviços de filtros colaborativos como del.icio.us, Flickr e Digg, que extraem o significado e o pedido da web existente, e como as pessoas interagem com isso.[16]

A realização da web semântica e SOA

Relacionada à direção da inteligência artificial, a web 3.0 poderia ser a realização de uma possível convergência da web semântica e da arquitetura orientada a serviços. Uma **arquitetura orientada a serviços** (SOA, *Service-Oriented Architecture*) é uma abordagem arquitetônica da TI orientada aos negócios que sustenta a integração de um negócio como serviços ou tarefas ligadas e repetitivas. A SOA é basicamente uma coleção de serviços que se comunicam, por exemplo, passando dados de um serviço para outro, ou coordenando uma atividade entre um ou mais serviços. As empresas gostariam de integrar os sistemas existentes a fim de garantir o suporte de tecnologia da informação para os processos de negócios que cobrem toda a cadeia de valor de negócios. Os principais motivos para a adoção da SOA são que ela liga recursos computacionais e promove seu reúso. A SOA é abordada com detalhes no Capítulo 5.

Os arquitetos corporativos acreditam que a SOA pode ajudar as empresas a responder mais rapidamente e com melhor custo-benefício, de modo a mudar as condições do mercado. Esse estilo de arquitetura pode simplificar a interconexão com – e o uso de – ativos de TI existentes legados.[17]

Evolução em direção ao 3D

Outro caminho possível para a web 3.0 é em direção à visão tridimensional promovida pelo Web3D Consortium. Isso envolveria a transformação da web em uma série de espaços 3D, levando adiante o conceito realizado pelo SecondLife. Isso poderia criar novas maneiras de se conectar e colaborar, utilizando espaços 3D compartilhados.

●● **OA3.4**

Descrever os diferentes métodos que uma organização pode utilizar para acessar informações.

ACESSO ÀS INFORMAÇÕES DA INTERNET

Muitos especialistas em restaurantes e franquias acreditam que a intranet das Cold Stone Creamery franqueadas é o que mantém a empresa no caminho certo. Os proprietários franqueados se comunicam por meio do Creamery Talk, uma sala de conversa da empresa baseada na intranet. Desde que foi lançado, o Creamery Talk transformou-se no guia das franqueadas, com dicas sobre tudo, desde o design da vitrine até o reparo do equipamento. Quando o congelador de um proprietário quebrou recentemente, uma postagem na sala de conversa transformou-se em um conserto fácil envolvendo uma ventoinha de US$ 21.[18]

As quatro ferramentas comuns para acessar as informações da internet são:

- Intranet
- Extranet
- Portal
- Quiosque

Intranet

Uma *intranet* é uma porção de internet internalizada, protegida do acesso externo, que permite uma organização fornecer acesso a informações e aplicações somente para seus funcionários. Uma intranet é uma ferramenta inestimável de apresentação das informações organizacionais, pois oferece um local central aos funcionários. Ela pode hospedar todos os tipos de informações relacionadas à empresa, como benefícios, agenda, direções estratégicas e diretórios de funcionários. Em muitas empresas, cada departamento tem sua própria página na intranet para o compartilhamento de informações departamentais. Uma intranet não é necessariamente aberta à internet externa e permite às organizações disponibilizar os recursos internos utilizando clientes usuais da internet, como navegadores da web, newsreaders e e-mail.

A editoração da intranet é o que há de mais moderno em editoração eletrônica. As empresas perceberam que há significantes retornos de investimento (ROI) simplesmente publicando informações como manuais de funcionário ou diretórios de telefone nas intranets em vez de na mídia impressa.

Divisões do Citigroup Global Corporate and Investment Banking utilizam uma intranet para dar ao seu departamento de TI inteiro o acesso a todos os projetos de TI, incluindo informações sobre os responsáveis pelos projetos, datas de entrega, recursos chave, informações orçamentárias e métricas dos projetos. Fornecer essas informações por meio de uma intranet ou de um local conveniente permitiu ao Citigroup obter 15% de melhoria na entrega dos projetos de TI.[19]

Extranet

Uma *extranet* é uma intranet que fica disponível a aliados estratégicos (como clientes, fornecedores e parceiros). Muitas empresas estão criando extranets depois de perceber os benefícios de oferecer a pessoas de fora da organização o acesso a informações e aplicações com base na intranet, como o processamento de pedidos. Ter uma área comum em que funcionários, parceiros, fornecedores e clientes acessem as informações pode ser uma vantagem competitiva importante para uma organização.

O Walmart criou uma extranet para seus fornecedores, que podem ver informações detalhadas dos produtos nas sedes da empresa. Os fornecedores entram na extranet do Walmart com seu *login* e veem métricas sobre produtos como estoque, pedidos, previsões e campanhas de marketing. Isso ajuda os fornecedores do Walmart a manter suas cadeias de suprimentos e garantir que a empresa nunca sofra com a falta de produtos.[20]

Portal

Portal é um termo bastante genérico para o que é, na essência, uma tecnologia que fornece acesso à informação. Um *portal* é um website que oferece uma ampla gama de recursos e serviços, como e-mail, grupos de discussão online, mecanismos de pesquisa e centros de compra online.

Não muito tempo atrás, a única maneira de obter algum retorno sobre as quinquilharias de sua casa era fazer uma venda de garagem (*yard sale*). O eBay mudou tudo isso. Hoje, dezenas de milhares de empresas pequenas e médias utilizam o eBay como vitrine principal, levando o e-Commerce até as pessoas. De acordo com a lenda do eBay, o primeiro item leiloado foi um ponteiro de laser quebrado que foi vendido por US$ 14,83, mostrando que alguém, em algum lugar, comprará qualquer coisa. Com vários bilhões de dólares ganhos em transações posteriores, está mais do que provado.

Existem portais gerais e especializados, ou portais de nicho. Os líderes são: Yahoo!, Netscape, Microsoft e America Online. Exemplos de portais de nicho incluem: Garden.com (para jardineiros), Fool.com (para investidores) e SearchNetworking.com (para administradores de rede).

A Pratt & Whitney, um dos maiores fabricantes de motores de aeronaves do mundo, economizou milhões de dólares com sua iniciativa de um portal de serviço de campo. Os escritórios de vendas e de serviços de campo da Pratt & Whitney estão geograficamente espalhados pelo globo e precisaram de dispendiosas linhas dedicadas para conexão. A empresa economizou US$ 2,6 milhões anualmente substituindo as linhas dedicadas por internet com acesso de alta velocidade para seu portal de serviço de campo. As equipes de campo podem encontrar as informações necessárias em uma fração do tempo que levava antes. A empresa estima que essa mudança resultará em US$ 8 milhões por ano em economias de "processo e oportunidade".[21]

Quiosque

Um *quiosque* é um sistema de computador de acesso público que foi configurado para permitir a navegação em informação interativa. Em um quiosque, o sistema operacional do computador fica escondido, e o programa roda em modo de tela cheia, o que fornece apenas algumas ferramentas para navegação.

Jason Suker entrou no *showroom* da Mazda em Bountiful, Utah, e rapidamente achou em uma concessionária de carros o que estava procurando: um quiosque de web, um dos seis localizados no *showroom*. Ao utilizar o quiosque, ele podia controlar as últimas informações de preços de sites como Kelley Blue Book e Edmunds.com. Suker, de olho em um Miata de edição limitada, de 4 anos de idade e em ótimas condições, logo encontrou o preço médio de varejo na Kelley Blue Book. A US$ 16 mil, ele estava US$ 500 acima do preço da concessionária. Então, no eBay, Suker checou os lances para modelos similares e descobriu que estavam caindo bastante. Com um representante de vendas olhando por cima de seu ombro para confirmar suas descobertas, o cético Suker fez a menor oferta e esperava o pior: discussões intermináveis sobre o preço. Porém, o representante de vendas, depois de elogiar Suker por seu talento para pesquisa, acabou cedendo e ofereceu o Miata por US$ 13,3 mil.

Foi um negócio ainda melhor para a Bountiful Mazda. Ao utilizar um quiosque para ajudar Suker a encontrar a barganha de preço que ele queria, a concessionária movimentou um carro usado (com uma margem de lucro maior que a de um modelo novo) e abriu a porta a uma venda adicional inesperada de US$ 1,3 mil por uma garantia de serviço.[22]

OA3.5
Comparar os três tipos diferentes de provedores de serviço.

FORNECIMENTO DE INFORMAÇÕES PELA INTERNET

A British Airways, uma companhia aérea de US$ 11,9 bilhões, terceirizou a automatização de suas páginas de FAQ (*Frequently Asked Questions*, em português: Perguntas mais frequentes). A companhia precisou desenvolver, gerenciar e postar automaticamente diferentes conjuntos de FAQs ao programa de fidelidade de clientes, permitindo a oferta de promoções especiais baseadas no *status* do programa de fidelidade (ouro, prata e bronze). A companhia terceirizou o projeto para o provedor de serviços de aplicativo RightNow Technologies. O novo sistema está ajudando a British Airways a criar os programas de marketing corretos para a categoria apropriada de clientes.[23]

As três formas comuns de provedores de serviço são:

1. Provedor de acesso à internet (ISP, *Internet Service Provider*).
2. Provedor de acesso online (OSP, *Online Service Provider*).
3. Provedor de serviços de aplicativo (ASP, *Application Service Provider*).

Provedor de acesso à internet

Um **provedor de acesso à internet** (ISP, *Internet Servisse Provider*) é uma empresa que fornece acesso à internet para pessoas e outras empresas, juntamente com serviços adicionais relacionados, como a criação de um website. Um ISP tem o equipamento e o acesso à linha de telecomunicação necessários para ter um ponto de presença na internet para diferentes áreas geográficas. ISPs maiores têm suas próprias linhas de alta velocidade de maneira que são menos dependentes dos provedores de telecomunicação e podem oferecer um serviço melhor aos seus clientes. Entre os maiores ISPs nacionais e regionais estão: AT&T WorldNet, IBM Global Network, MCI, Netcom, UUNet e PSINet.

---

fala sério!

Quem imaginou que a cana-de-açúcar fosse uma arma mortífera?

Você pode ter lido a seção sobre acesso à internet e pensado: "Não é grande coisa". Bem, pense novamente. O acesso à internet é uma grande coisa. Um adolescente de 15 anos de idade em Palm Bay, na Flórida, recentemente descobriu que os privilégios de acesso ao seu computador tinham sido mudados pelo seu irmão mais velho. A maioria de nós pensaria que esse tipo de brincadeira é previsível entre irmãos. Infelizmente, esse adolescente não achou nada engraçada a brincadeira e descontrolou-se violentamente, começando a atirar coisas. Ele, então, pegou uma faca e um pedaço de cana-de-açúcar e, de acordo com o relato, bateu no seu irmão com a cana-de-açúcar e ameaçou sua mãe com a faca enquanto a empurrava bruscamente. Nunca vi um pedaço de cana-de-açúcar, mas posso imaginar que deve machucar.

A mãe, incapaz de controlar a situação, chamou a polícia, e o adolescente foi preso e acusado por agressão com o agravante de lesão corporal. Esse caso poderia chegar até a Corte Judicial e, se chegasse, esse adolescente seria tratado como um adulto, porque ameaçar alguém com uma arma mortífera é um caso sério. Estamos nos referindo à faca com que ele ameaçou sua mãe, não à cana-de-açúcar!

Quando você estiver considerando os serviços de internet para seus negócios, você precisa levar o acesso a sério. O que pode acontecer se um de seus funcionários estiver para fechar um contrato multimilionário e o acesso à internet cair e o contrato for perdido? O que pode acontecer se o computador de um funcionário que estiver trabalhando em um extenso relatório mensal contrair um vírus e o documento ficar inacessível? O que pode acontecer se você administrar um hospital e seu software de programação falhar e você não tiver ideia de quais pacientes estão agendados para qual sala de operações e com quais médicos? Esses são cenários bem piores do que o de um adolescente que não consegue acesso ao e-mail ou à sua página no Facebook. O que você pode fazer para prevenir a violência desnecessária relacionada ao computador no seu local de trabalho?

> **FIGURA 3.11 Serviços comuns de ISP**
>
> - **Hospedagem da web.** A hospedagem, os serviços e a manutenção de arquivos para um ou mais websites são ofertas frequentes.
>
> - **Espaço de armazenamento no disco rígido.** Sites menores podem precisar de apenas 300 a 500 MB (megabytes) de espaço de armazenamento, enquanto outros sites de e-Commerce podem precisar de, no mínimo, 10 GB (gigabytes) de espaço ou ter o seu próprio servidor de web dedicado.
>
> - **Disponibilidade.** Para executar um e-Business, um site deve ser acessível a clientes 24 x 7. Os ISPs maximizam a disponibilidade dos sites que eles hospedam, utilizando técnicas como o balanceamento de carga e agrupamento automático (*clustering*) de vários servidores para atingir 100% de disponibilidade.
>
> - **Suporte.** Um dos principais motivos para se usar um ISP é que há pouca preocupação quanto a manter o servidor de web funcionando. A maioria dos ISPs oferece atendimento aos clientes 24 horas por dia, 7 dias por semana.

Navegar nas diferentes opções de um ISP pode ser assustador e confuso. Existem mais de 7 mil ISPs nos Estados Unidos, sendo alguns grandes, com nomes conhecidos, e outros operações de uma pessoa só, literalmente. Embora o acesso à internet seja visto como um serviço de commodity, na realidade, características e desempenho podem ser tremendamente diferentes entre os ISPs. A Figura 3.11 destaca características comuns do ISP.

Outro membro da família do ISP é o **provedor de acesso à internet sem fio** (WISP, *Wireless Internet Service Provider*), um ISP que permite aos assinantes se conectarem a um servidor em *hotspots* designados ou acessar pontos utilizando uma conexão sem fio. Esse tipo de ISP oferece acesso à internet e à web de qualquer local dentro da zona de convergência de uma antena. Geralmente é uma região com raio de 1,6 km. A Figura 3.12 mostra uma breve visão geral de como essa tecnologia funciona.

Um exemplo de WISP é a T-Mobile International, empresa que fornece acesso sem fio a usuários de *laptop* em mais de 2 mil locais, incluindo aeroportos, clubes de aviação, cafeterias Starbucks e Border Books. Um serviço sem fio, chamado T-Mobile HotSpot, permite aos usuários acessar a internet e a intranet corporativa da T-Mobile por meio de uma rede sem fio de locais convenientes fora de casa ou do escritório. A T-Mobile International é a primeira empresa de comunicações móveis a estender o serviço para os dois lados do Atlântico, oferecendo aos clientes a vantagem de utilizar seus serviços sem fio durante viagens ao redor do mundo.[24]

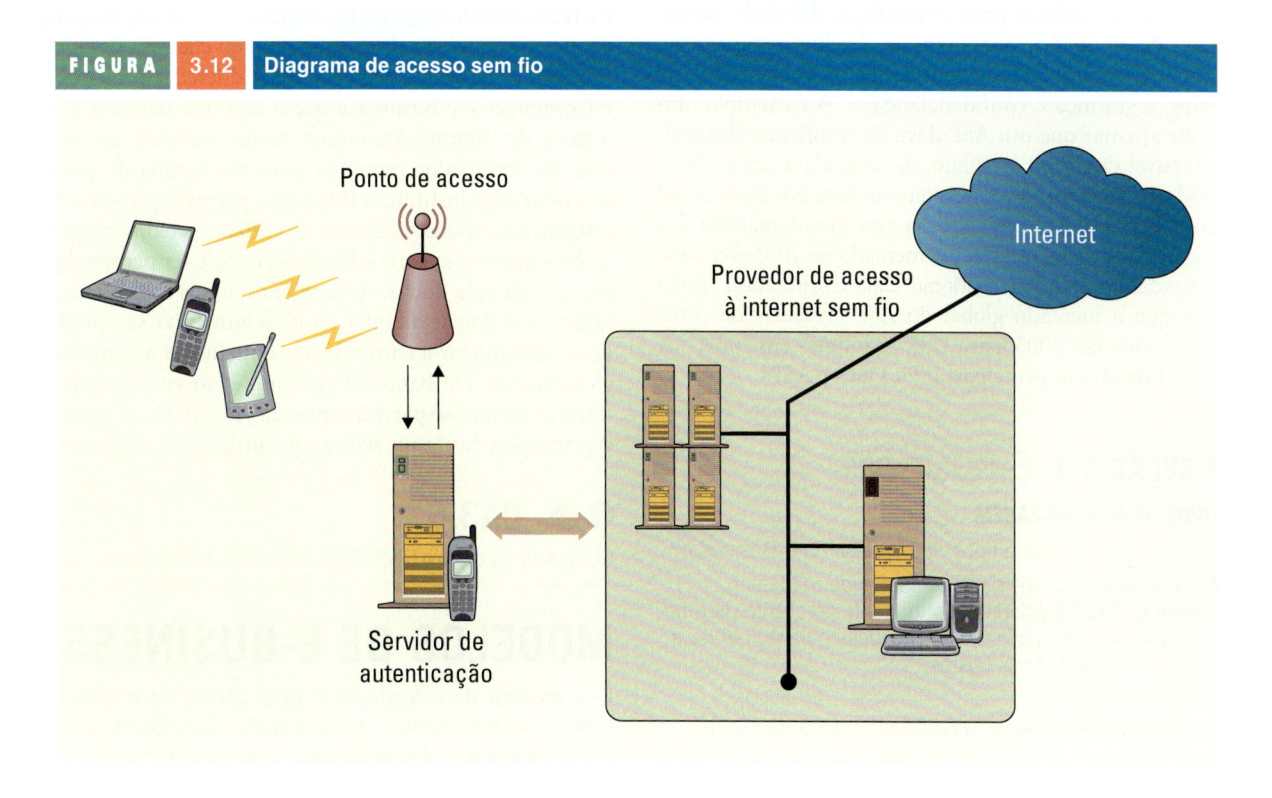

FIGURA 3.12 Diagrama de acesso sem fio

> "Contratar um ASP para gerenciar os softwares da empresa permite repassar as responsabilidades de operação, manutenção e atualização para o sistema ASP."

Provedor de acesso online

Um *provedor de acesso online* (OSP, *Online Service Provider*) oferece uma ampla gama de serviços exclusivos, como sua própria versão de um navegador da web. A expressão *provedor de acesso online* ajuda a distinguir os ISPs que oferecem acesso à internet e seu próprio conteúdo online, como a American Online (AOL), dos ISPs que simplesmente conectam os usuários diretamente com a internet, como a EarthLink. Conectar-se à internet por meio de um OSP é uma alternativa de conexão por meio de um dos ISPs nacionais, como AT&T ou MCI, ou um ISP regional ou local.*

Provedor de serviços de aplicativo

Um *provedor de serviços de aplicativo* (ASP, *Application Service Provider*) é uma empresa que oferece acesso, via internet, aos sistemas e serviços relacionados que, de outra forma, teriam de ser alocados em computadores pessoais ou organizacionais. Empregar os serviços de um ASP é, essencialmente, terceirizar parte da lógica de negócios de uma empresa. Contratar um ASP para gerenciar os softwares da empresa permite repassar as responsabilidades de operação, manutenção e atualização para o sistema ASP.

Um dos acordos mais importantes entre o cliente e o ASP é o de nível de serviço. Os *acordos de nível de serviço* (SLAs, *Service Level Agreements*) definem as responsabilidades específicas do provedor de serviços e as expectativas do cliente. Os SLAs incluem itens como disponibilidade, acessibilidade, desempenho, manutenção, backup/recuperação, atualizações, propriedade de equipamentos, propriedade de softwares, segurança e confidencialidade. Por exemplo, um SLA pode afirmar que um ASP deve ter o software disponível e acessível das 7h00 às 19h00, de segunda a sexta. Também pode afirmar que se o sistema está fora por mais de 60 minutos, não haverá cobrança para esse dia. A maioria dos analistas do setor concorda que o mercado do ASP está crescendo rapidamente. A International Data Corporation (IDC) esperava que o mercado global do ASP crescesse de cerca US$ 13 bilhões, em 2005, para US$ 23 bilhões em 2008.[25] A Figura 3.13 mostra os principais ISPs, OSPs e ASPs.

●● SEÇÃO 3.2 E-Business

OBJETIVOS DE APRENDIZAGEM

OA3.6 Comparar os quatro tipos de modelos de e-Business.

OA3.7 Descrever como os departamentos de marketing, vendas, contabilidade e atendimento ao cliente de uma empresa podem utilizar o e-Business para aumentar a receita ou reduzir os custos.

OA3.8 Explicar por que uma empresa utilizaria métricas para determinar o sucesso de um website.

OA3.9 Descrever o e-Business juntamente com seus benefícios e desafios.

OA3.10 Definir o M-Commerce e explicar como um e-Government poderia usá-lo para aumentar sua eficiência e eficácia.

FUNDAMENTOS DO E-BUSINESS

Em 2003, Tom Anderson e Chris DeWolf fundaram o MySpace, um website de rede social que oferece, aos respectivos membros, informações sobre a cena da música independente ao redor dos Estados Unidos, representando as culturas da internet e dos adolescentes. Os músicos se inscrevem gratuitamente nas home pages do MySpace, local em que podem postar a agenda de shows, músicas e letras. Os fãs se inscrevem nas próprias páginas da web para se conectarem a suas bandas favoritas e amigos. O MySpace é hoje o quinto site em inglês mais popular do mundo, com mais de 100 milhões de usuários.[26]

Um dos maiores benefícios da internet é permitir às empresas realizar negócios com qualquer pessoa, em qualquer lugar, e em qualquer hora. O *e-Business* é a compra e venda de bens e serviços na internet. O e-Commerce refere-se apenas a transações online. O *e-Business*, derivado do termo *e-Commerce*, é a realização de negócios na internet, não apenas de compra e venda, mas também de atendimento ao cliente e de colaboração com os parceiros de negócios. A diferença principal entre e-Commerce e e-Business é que o segundo também se refere à troca de informações online, como a fábrica que permite que seu fornecedor monitore seu cronograma de produção ou como uma instituição financeira permite que seus clientes revejam suas contas bancárias, de cartão de crédito e hipotecas.

Nos últimos anos, o e-Business parece ter permeado cada aspecto da vida diária. Ambos, indivíduos e empresas, adotaram tecnologias da internet para aumentar sua produtividade, maximizar a conveniência e melhorar a comunicação globalmente. Do banco às compras e ao entretenimento, a internet tornou-se parte integral da vida diária. A Figura 3.14 dá exemplos de alguns setores que utilizam o e-Business.

●● OA3.6

Comparar os quatro tipos de modelos de e-Business.

MODELOS DE E-BUSINESS

Um *modelo de e-Business* é uma forma de condução do e-Business na internet. As transações do e-Business se dão entre duas entidades principais: empresas e clientes. Todas

---

* N. de R.T.: Exemplos no mercado brasileiro – ISPs: Virtua, Speedy; OSPs: UOL, IG, Terra.

FIGURA 3.13 Maiores ISPs, OSPs e ASPs

Empresa	Descrição	Especialidade
Appshop <http://www.appshop.com>	Provedor de serviços de aplicativos	*Oracle 11i ebusiness suite applications* (um conjunto de aplicações de e-Business)
BlueStar Solutions <http://www.bluestarsolutions.com>	Provedor de serviços de aplicativos	Soluções de gerenciamento do ERP com foco no SAP
Concur <http://www.concur.com>	Provedor de acesso à internet	Integra os contratos B2B
Corio <http://www.corio.com>	Provedor de serviços de aplicativos	Especializa-se nos aplicativos Oracle (*Oracle applications*)
Employease <http://www.employease.com>	Provedor de acesso online	Serviço de aplicações de recursos humanos
Intacct <http://www.intacct.com>	Provedor de acesso online	Serviço geral e online de livro contábil
LivePerson <http://www.liveperson.com>	Provedor de acesso online	Provedor de sala de conversa em tempo real
NetLedger <http://www.netledger.com>	Provedor de acesso online	Plataforma de contabilidade baseada na web
Outtask <http://www.outtask.com>	Provedor de serviços de aplicativos	Integração de aplicativos de orçamento, atendimento ao consumidor, vendas, gerenciamento e recursos humanos
RightNow <http://www.rightnow.com>	Provedor de acesso online, provedor de acesso à internet	Conjunto de aplicações de atendimento ao cliente
Salesforce.com <http://www.salesforce.com>	Provedor de acesso online	Conjunto de aplicações de atendimento ao cliente
Salesnet <http://www.salesnet.com>	Provedor de acesso online	Conjunto de bens e serviços de automatização de força de vendas
Surebridge <http://www.surebridge.com>	Provedor de serviços de aplicativos	Aplicativos de alta tecnologia de fabricação, distribuição e cuidados à saúde
UpShot <http://www.upshot.com>	Provedor de acesso online	Bens e serviços de automatização da força de vendas
USi <http://www.usinternetworking.com>	Provedor de serviços de aplicativos	Base de consumidores da Ariba, Siebel, Microsoft e Oracle

as atividades do e-Business acontecem a partir de dois tipos de relações de negócios: (1) a troca de bens e serviços entre empresas (empresa–empresa – *business-to-business*, ou B2B) e (2) a troca de bens e serviços com consumidores (empresa–consumidor – *business-to-consumer*, ou B2C).

A principal diferença entre B2B e B2C são os consumidores: os consumidores da B2B são outras empresas, enquanto a B2C comercializa com pessoas. Em geral, as relações B2B são mais complexas e têm maiores exigências de segurança, além de que a B2B é a força dominante do e-Business, representando 80% de todas os negócios online.[27] A Figura 3.16 ilustra todos os modelos de e-Business: empresa–empresa, empresa–consumidor, consumidor–consumidor e consumidor–empresa.

Empresa–empresa (B2B)

A *empresa–empresa* (B2B) aplica-se à compra e venda entre empresas na internet. O acesso online a dados – incluindo data esperada de remessa, data de chegada e *status* da remessa –, fornecidos pelo vendedor ou por um fornecedor, é amplamente sustentado pelos modelos B2B. Mercados eletrônicos representam uma nova onda nos modelos B2B. *Mercados eletrônicos*, ou *e-Marketplaces*, são comunidades de negócios interativas que formam um mercado central, em que múltiplos compradores e vendedores podem exercer atividades de e-Business (ver Figura 3.17). Apresentam estruturas para trocas comerciais, consolidação de cadeias de suprimentos e criação de novos canais de venda. Sua meta

FIGURA 3.14 Visão geral de vários setores que utilizam o e-Business

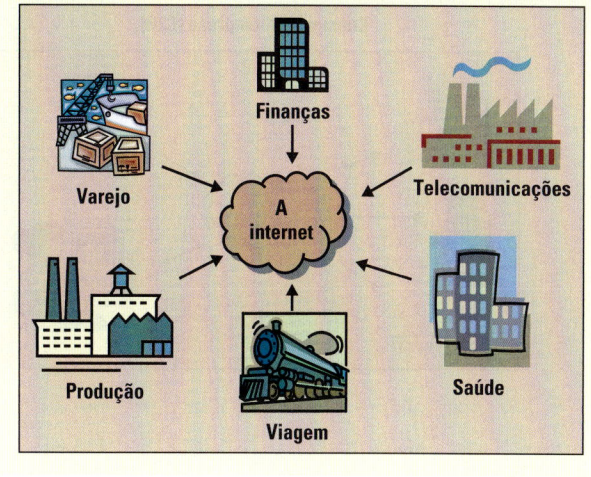

FIGURA 3.15 Modelos básicos do e-Business

Termo de e-Business	Definição
Empresa-empresa (B2B)	Aplica-se às empresas que compram e vendem entre si por meio da internet.
Empresa-consumidor (B2C)	Aplica-se a qualquer empresa que vende seus produtos ou serviços por meio da internet.
Consumidor-empresa (C2B)	Aplica-se a qualquer consumidor que vende um produto ou serviço a uma empresa por meio da internet.
Consumidor-consumidor (C2C)	Aplica-se aos sites que oferecem bens e serviços para ajudar consumidores a interagir entre si por meio da internet.

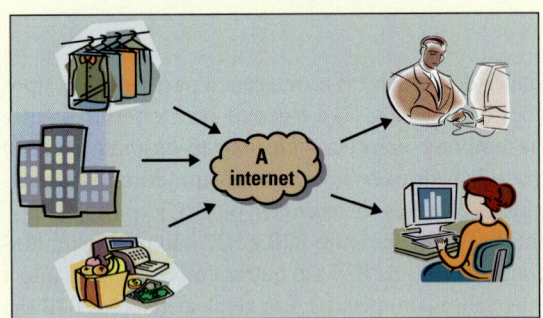

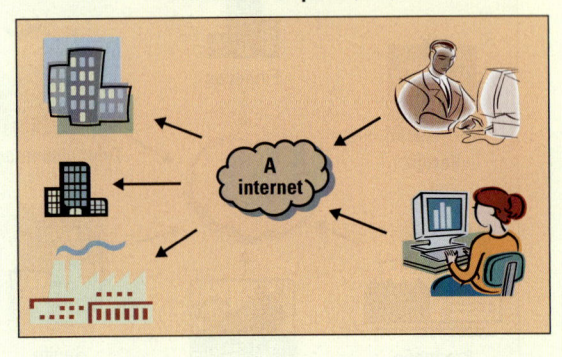

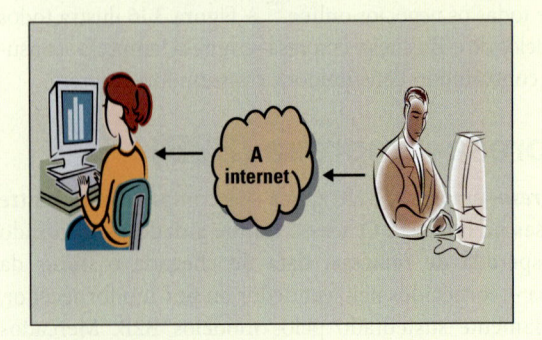

	Empresa	Consumidor
Empresa	B2B	B2C
Consumidor	C2B	C2C

FIGURA 3.16 Modelos do e-Business

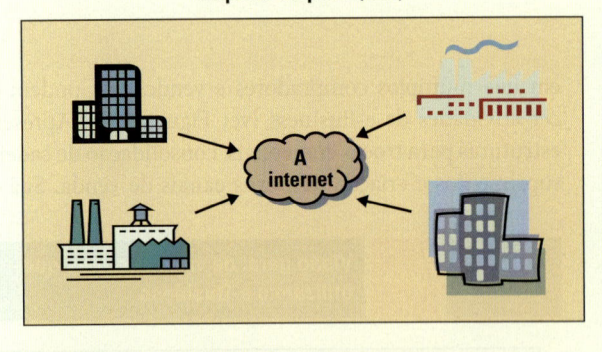

Empresa–empresa (B2B)

Empresa–consumidor (B2C)

Consumidor–empresa (C2B)

Consumidor–consumidor (C2C)

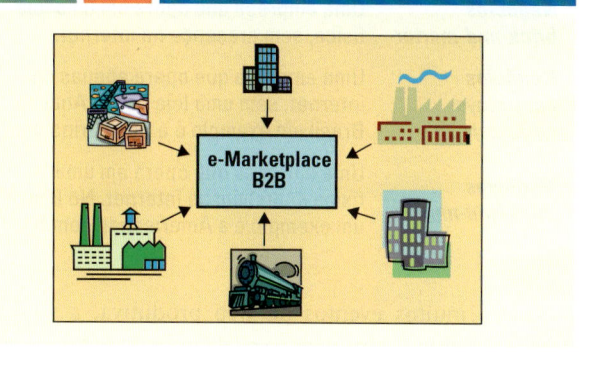

principal é aumentar a eficiência do mercado por meio do estreitamento e automatização da relação entre compradores e vendedores. Os e-Marketplace existentes permitem o acesso a vários mecanismos pelos quais é possível comprar e vender praticamente tudo, desde serviços a materiais diretos.

Empresa-consumidor (B2C)

O modelo *empresa-consumidor* (B2C) aplica-se a qualquer negócio que venda seus bens ou serviços a consumidores pela internet. A Carfax está no ramo de divulgação de relatórios de históricos de veículos há 20 anos, com uma base de revendedores de carros usados como clientes. "A internet foi apenas uma forma nova para atingirmos o mercado consumidor", declarou Dick Raines, presidente da Carfax. A empresa gasta US$ 20 milhões em anúncios impressos e na TV para atrair consumidores ao seu website. Os consumidores podem comprar um relatório da Carfax por US$ 14,95 ou seis dias de relatórios por US$ 19,95. A empresa lançou agora um programa de parceria para websites de pequenas concessionárias de carros e um programa de recompensas (*cash-back*) que oferece 20% da receita ganha por meio de suas referências. "Nós continuamos procurando mais e mais formas de agregar valor", disse Raines.[28] Modelos comuns de e-Business B2C incluem os *eshops* e *emalls*.

eshop Um *eshop* (loja virtual), muitas vezes referido como um *estore* ou *etailer*, é uma versão de uma loja de varejo em que os consumidores podem comprar a qualquer hora do dia, sem ter de sair de sua casa ou escritório. Essas lojas online comportam uma variedade de bens e serviços. Os negócios online que canalizam seus bens e serviços apenas via internet, como a Amazon.com, são chamados *pure plays*. Outros negócios são uma extensão das tradicionais lojas de varejo, que vendem tanto online quanto por meio de uma loja física. São geralmente conhecidos como organizações "*bricks and clicks*" ou "*click and mortar*" (organizações que operam na internet e também em lojas físicas), como a Gap <http://www.gap.com> e a Best Buy <http://www.bestbuy.com> (ver Figura 3.18).

emall Um *emall* consiste em um número de *eshops* e funciona como um portal por meio do qual um visitante pode acessar outros *eshops*. Um *emall* pode ser generalizado ou especializado, dependendo dos produtos oferecidos pelos *eshops* que ele hospeda. As receitas dos operadores *emall* incluem taxas pela participação nos *eshops*, propagandas e possivelmente uma taxa para cada transação no caso de também processar pagamentos. Os *eshops* e *emalls* beneficiam-se com o reforço da marca e com o aumento de tráfego, uma vez que o ato de visitar uma loja no *emall*, muitas vezes, leva à visita de lojas "vizinhas". Um exemplo de um *emall* é o Arizona emall <http://www.1az1.com/shopping>.

Consumidor-empresa (C2B)

O modelo *consumidor-empresa* (C2B) aplica-se a qualquer consumidor que venda seus bens ou serviços a uma empresa pela internet. Um exemplo desse modelo de e-Business é o Priceline.com, em que os licitantes (ou consumidores) lançam seus preços a itens como passagens aéreas ou quartos de hotel, e os vendedores decidem se querem fornecer a eles. A demanda para e-Business C2B aumentará nos próximos anos em virtude do desejo dos consumidores de ter maior conveniência e preços mais baixos.

Consumidor-consumidor (C2C)

O modelo *consumidor-consumidor* (C2C) aplica-se a sites que oferecem principalmente bens e serviços de assistência aos consumidores que interagem entre si pela internet. O eBay, o site de leilão online mais bem-sucedido da internet, liga compradores e vendedores com propósitos semelhantes por uma pequena comissão. A Figura 3.19 mostra os diferentes tipos de leilões online.

Comunidades online C2C, ou comunidades virtuais, interagem por meio de grupos de e-mail, fóruns de discussão, com base na web ou salas de bate-papo. Os modelos de negócios C2C são direcionados ao consumidor, e as oportunidades estão disponíveis para satisfazer a maioria das necessidades dos consumidores, variando entre encontrar uma hipoteca até busca de emprego. São lojas de troca global com base na comunicação centrada no consumidor. Uma comunidade C2C, o KazaA, permite aos usuários baixar arquivos de música MP3 e a troca de arquivos. A Figura 3.20 destaca os diferentes tipos de comunidades C2C que estão prosperando na internet.

FIGURA 3.18	Tipos de negócios
Negócios brick-and-mortar	Uma empresa que opera em uma loja física, sem presença na internet.
Negócios pure-plays (virtuais)	Uma empresa que opera apenas na internet, sem uma loja física. Aqui no Brasil um exemplo é a Submarino.com.br.
Negócios click-and-mortar	Uma empresa que opera em uma loja física e também na internet. No Brasil, um exemplo é a Americanas.com.br.

Como muitos eventos de web produtiva, a Craigslist começou como um projeto paralelo aparentemente desprovido de possibilidades comerciais. Em março de 1995, Craig Newmark largou seu emprego de arquiteto de software da Charles Schwab, em São Francisco, e começou uma lista de e-mails em que os assinantes podiam compartilhar informações sobre eventos culturais interessantes na região. "Eu estava refletindo sobre o quanto as pessoas ajudavam umas às outras na Rede, naqueles dias, nos novos grupos WELL e *usenet*", declarou por e-mail. À medida que a lista crescia, as pessoas começaram a postar mensagens procurando por apartamentos, empregos e outros tópicos. Em outubro de 1995, Craig transformou sua lista privada em um website público no Cnewmark.com. Em setembro de 1997, a lista de Craig virou Craigslist.org. No início de 1998, o site começou a cobrar uma taxa nominal para listas de empregos (embora a grande maioria dos anúncios continuem grátis), e em 1999 a Craigslist.org se tornou uma corporação e contratou funcionários. Hoje, existem 450 versões locais da Craigslist em 50 países, e mais de 25 milhões de pessoas visitam-nas a cada mês. O serviço leva o crédito (ou a responsabilidade, dependendo do seu ponto de vista) de ter tomado o mercado de anúncios de classificados dos jornais convencionais. Mas a maior contribuição da Craigslist pode estar em provar que, como na política, os melhores movimentos globais são sempre locais.

OA3.7
Descrever como os departamentos de marketing, vendas, contabilidade e atendimento ao cliente de uma empresa podem utilizar o e-Business para aumentar a receita ou reduzir os custos.

ESTRATÉGIAS ORGANIZACIONAIS PARA O E-BUSINESS

Para ser bem-sucedido no e-Business, uma empresa deve dominar a arte das relações eletrônicas. Os meios tradicionais de aquisição de clientes, como propagandas, promoções e relações públicas são muito importantes com um website. As principais áreas de negócios que se beneficiam do e-Business incluem:

- Marketing/Vendas
- Serviços financeiros
- Aquisição
- Atendimento ao cliente
- Intermediários

Marketing/Vendas

A venda direta foi o primeiro tipo de e-Business e provou ser o trampolim para operações comerciais mais complexas. Sucessos como eBay, Barnes and Noble, Dell Inc. e Travelocity provocaram o crescimento desse segmento, comprovando a aceitação do consumidor. Os departamentos de marketing e vendas estão iniciando algumas das inovações de e-Business mais empolgantes (ver Figura 3.21).

A WCPO-TV, de Cincinnati, tinha um dos maiores índices de audiência em 2002 e hoje é a afiliada da ABC de número três nos Estados Unidos. A WCPO-TV credita grande parte de seu sucesso aos painéis digitais que mostram diferentes programações, dependendo do horário do dia. Eles são atualizados diretamente de um website. A estação rapidamente notou que, quando as notícias dos eventos do início da noite eram mostradas durante a tarde, a audiência aumentava.

Os painéis eletrônicos permitem que várias empresas compartilhem um espaço e possam trocar mensagens diretamente a partir do computador da empresa. Durante a manhã, uma loja de departamentos pode anunciar uma venda e, durante a tarde, um restaurante pode anunciar suas promoções. Eventualmente, os clientes poderão comprar o tempo de assinatura no outdoor em degraus de horas ou minutos. Os custos atuais para compartilhar um painel digital são de US$ 40 mil por mês, comparados aos US$ 10 mil de um painel padrão.[29]

O e-Business fornece uma maneira fácil de penetrar em um novo território geográfico e aumentar o alcance global. Empresas grandes, pequenas ou especializadas podem usar seus sites de vendas online para vender em uma base mundial com um custo extrabaixo. Essa capacidade de explorar mercados internos expandidos, ou mesmo mercados internacionais, pode gerar um aumento imediato de receita para artistas, fabricantes de joias, vinícolas, entre outros, com pedidos iniciais e especialmente em reencomendas.

O Hotel Gatti <http://www.hotel-gatti.com> é um pequeno estabelecimento no norte da Itália que atende prin-

FIGURA 3.19	Leilões online*
Leilão eletrônico (e-Auction)	Os vendedores e compradores fazem lances consecutivos e os preços são determinados dinamicamente.
Leilão tradicional	Um leilão em que os vendedores utilizam como canal de vendas para vários compradores e em que o maior lance vence.
Leilão reverso	Um leilão em que os compradores utilizam para comprar um produto ou serviço, selecionando o vendedor com o lance mais baixo.

* Aqui no Brasil um exemplo é o Mercadolivre.com.br

FIGURA 3.20 Comunidades C2C

- Comunidades de interesse – As pessoas interagem entre si em tópicos específicos, como golfe e coleção de selos.
- Comunidades de relação – As pessoas reúnem-se para compartilhar certas experiências de vida, como pacientes de câncer, idosos e apreciadores de carros.
- Comunidades de fantasia – As pessoas participam em ambientes imaginários, com times de basquete fantasia, e jogam ao lado de Michael Jordan.

FIGURA 3.21 Gerando receita na internet por meio dos departamentos de marketing e vendas

Inovações de e-Business em marketing e vendas

- Um *anúncio online* é um box em uma página da web que é geralmente utilizada para conter propagandas. O *banner* geralmente tem um link para o website do anunciante. Os serviços de propaganda baseados na web podem controlar o número de vezes que os usuários clicam no *banner*, gerando estatísticas que permitem aos anunciantes julgar se a taxas de anúncio valem o pagamento. Anúncios de *banner* são como anúncios classificados vivos e respirando.

- Um *anúncio pop-up* é uma pequena página da web contendo uma propaganda que aparece sobreposta à página original. Um *anúncio pop-under* é uma forma de *pop-up* que os usuários não veem, até que fechem a tela corrente do navegador de internet.

- Os *programas de associados (programas de afiliados)* permitem às empresas gerar comissões ou *royalties* de um site de internet. Por exemplo, uma empresa pode se inscrever como associada de um grande site comercial, como a Amazon.com. A empresa, então, envia compradores potenciais ao site da empresa associada utilizando um anúncio em código ou *banner*. A empresa recebe uma comissão quando o cliente referido faz uma compra na Amazon.com.

- O *marketing viral* é uma técnica que induz os websites ou usuários a repassar uma mensagem de marketing a outros websites ou usuários, criando um crescimento exponencial na visibilidade e no efeito da mensagem. Um exemplo de marketing viral de sucesso é o Hotmail, que promove seu serviço e suas próprias mensagens de propaganda em cada nota de e-mail do usuário. O marketing viral encoraja os usuários de um produto ou serviço sustentado por um e-Business a incentivar os amigos para participar. O marketing viral é um tipo de programa de propaganda boca a boca.

- A *customização em massa* é a capacidade de uma organização dar a seus consumidores a oportunidade de customizar seus bens ou serviços conforme suas especificações. Por exemplo, os consumidores podem pedir M&M's com dizeres customizados como "Case comigo".

- A *personalização* ocorre quando um website pode saber o suficiente sobre o que uma pessoa gosta ou não e pode moldar ofertas que possam agradá-la. A personalização envolve a adaptação de uma apresentação de um website de e-Business para consumidores individuais ou de grupos baseada nas informações de perfil, na demografia ou transações anteriores. A Amazon.com utiliza a personalização para criar um portal exclusivo para cada um de seus clientes.

- Um *blog* (a contração da frase "*web log*") é um website no qual itens são postados regularmente e apresentados em ordem cronológica inversa. Assim como outras mídias, os blogs geralmente focam em um assunto particular, como comida, política ou notícias locais. Alguns blogs funcionam como diários online. Um blog normal combina texto, imagens e links para outros blogs, páginas da web e outras mídias relacionadas com seu tópico. Desde seu surgimento, em 1995, o blog é um meio de comunicação popular, afetando a opinião pública e a mídia de massa ao redor do mundo.

- O *real simple syndications* (RSS) é uma família de formatos de *feed* da web utilizados para a distribuição de programas e conteúdos da web. O RSS é utilizado por (entre outras coisas) websites novos, blogs e *podcasting*, o que permite aos consumidores e jornalistas ter as notícias aparecendo constantemente para eles, em vez de ter que procurá-las. Além disso, para facilitar a distribuição, o RSS permite que os leitores frequentes do website acompanhem as atualizações do site.

- O *podcasting* é a distribuição de arquivos de áudio ou vídeo, como programas de rádio ou vídeos de música, por meio da internet para tocar em dispositivos móveis e computadores pessoais. A essência do *podcasting* é quanto à criação de conteúdo (áudio ou vídeo) para um público que quer ouvi-lo quando, onde e como quiser. Os websites de *podcasters* também podem oferecer download direto de seus arquivos, mas a assinatura do *feed* de entrega de novo conteúdo automática é o que distingue um *podcast* de um simples download ou de uma transmissão em tempo real. Geralmente, o *podcast* caracteriza um tipo de show com novos episódios esporadicamente ou em intervalos planejados, como diariamente, semanalmente etc.

- A *otimização de mecanismos de busca* (SEO, *Search Engine Optimization*) é um conjunto de métodos destinados a melhorar a classificação de um website em listas de mecanismos de busca. Estes apresentam diferentes tipos de listas nas páginas de resultados (SERPs, *Search Engine Results Pages*), incluindo: propagandas *pay-per-click*, listas de anúncios pagos e resultados de busca orgânica. O SEO está preocupado principalmente com o avanço das metas de websites, por meio do aperfeiçoamento do número e da posição dos resultados da busca orgânica para uma grande variedade de palavras-chave relevantes. As estratégias do SEO podem aumentar o número e a qualidade dos visitantes, quando qualidade significa visitantes que completam a ação pretendida pelo site (por exemplo, compra, cadastro, aprendizagem de algo).

  O SEO, ou "SEO *white hat*", distingue-se do "SEO *black hat*", ou *spamdexing*, pelos seus métodos e objetivos. O *spamdexing* utiliza uma variedade de técnicas enganosas como tentativa de manipular a classificação do mecanismo de busca, enquanto o SEO legítimo foca na criação de sites melhores, utilizando métodos honestos de promoção. O que constitui um método honesto ou ético é uma questão que tem sido objeto de numerosos debates.

> # Vivendo o
> # SONHO
> ### Louco por acesso
> Vocês todos estão familiarizados com o Craigslist, mas e com a Craigslist Foundation que assume causas sociais? O site <http://www.craigslistfoundation.org> hospeda informações que vão desde campos de treinamento sem fins lucrativos até recursos de apoio sem fins lucrativos. A Craigslist Foundation vê o seu papel como um catalisador da comunidade, promovendo e destacando eventos e recursos online que fornecem aos líderes o conhecimento, os recursos e a visibilidade que eles precisam encontrar para o sucesso de suas organizações.
>
> Reveja o website da Craigslist Foundation e o campo de treinamento online sem fins lucrativos. Crie um novo programa social online utilizando os recursos encontrados no site.

cipalmente viajantes italianos. Ao introduzir seu próprio website com opções em língua inglesa, o hotel aumentou significantemente seu alcance geográfico. Agora, a um custo bem baixo, o hotel se comunica e faz reservas com consumidores potenciais dos Estados Unidos e outros países de língua inglesa. O ponto principal é que o e-Business permite que qualquer empresa comercialize e venda seus produtos de maneira global, independentemente do tamanho.[30]

Serviços financeiros

Os websites de serviços financeiros estão desfrutando de um rápido crescimento, uma vez que ajudam os consumidores, as empresas e as instituições financeiras a distribuir informação com maior comodidade e riqueza do que a disponível em outros canais. Os consumidores, nos mercados de e-Business, pagam por bens e serviços utilizando um cartão de crédito ou um dos métodos indicados na Figura 3.22. Os pagamentos de empresas online diferem dos pagamentos de consumidores online porque aqueles tendem a fazer grandes compras (de milhares de milhões de dólares) e, normalmente, não pagam com cartão de crédito. As empresas fazem pagamentos online utilizando o intercâmbio eletrônico de dados (EDI) (ver Figura 3.23). As transações entre empresas são complexas e normalmente requerem um nível de integração de sistemas entre elas.

Muitas organizações estão se voltando para os fornecedores de redes de e-Commerce para uma rede baseada na internet e serviços de mensagens aprimorados. As redes de e-Commerce são provedores de serviço que gerenciam os serviços de rede. Elas sustentam a troca de informações de integração B2B, a segurança aprimorada, os níveis de serviço assegurados e o suporte do centro de comando (ver Figura 3.24). À medida que as redes de e-Commerce expandem seu alcance, e o número de empresas de internet continua a crescer, o mesmo acontecerá com a necessidade de serviços de comércio administrados. Utilizar esses serviços permite que as organizações reduzam o tempo para comercializar e os custos globais de desenvolvimento, desdobramento e manutenção associados com suas grandes infraestruturas.

Os investidores da Vanguard Petroleum Corporation perdiam grande parte do dia ao telefone, controlando o mercado sobre informações de preços e volumes a fim de encontrar o melhor negócio possível. O processo era lento, prendia os investidores em um negócio por vez, tornando inerentemente difícil permanecer no topo das rápidas alterações de preços. Em um inverno, a permanente baixa temperatura aumentou abruptamente o preço do propano. O preço estava mudando tão rápido que a Vanguard estava perdendo oportunidades de comprar, vender ou realizar negócios, uma vez que só era capaz de completar um negócio por vez.

Para preencher essas lacunas e acelerar o processo, a empresa se tornou um dos primeiros usuários de Chalkboard, uma rede de e-Commerce de *commodity* que hoje é parte do ChemConnect, um e-Marketplace B2B. A empresa usa o Chalkboard para alocar lances e ofertas a centenas de investidores e fecha vários negócios em múltiplos pontos de chegada simultaneamente. A Vanguard agora fecha negócios em tempo real e consegue acessar um público mais amplo de compradores e vendedores.[31]

FIGURA 3.22	Tipos de pagamentos de consumidores online
Cibermediadores financeiros	Um *cibermediador financeiro* é uma empresa com base na internet que facilita os pagamentos por seu intermédio. O PayPal é o exemplo mais conhecido de um cibermediador financeiro.
Cheque eletrônico	Um cheque eletrônico é um mecanismo de envio de pagamento de uma conta corrente ou de poupança. Existem muitas implementações de cheques eletrônicos, sendo a mais proeminente o banco online.
Apresentação e pagamento de contas eletrônicas (EBPP)	Um sistema de *apresentação e pagamento de contas eletrônicas* (EBPP, *Electronic Bill Presentment and Payment*) envia contas por meio da internet e fornece mecanismos de uso fácil (como clicar em um botão) para pagar a conta. Os sistemas EBPP estão disponíveis por meio de bancos locais ou serviços online como o Checkfree e o Quicken.
Carteira digital	Uma *carteira digital* é tanto um software quanto informações – o software dá segurança à transação e as informações são sobre o pagamento e a entrega (por exemplo, o número do cartão de crédito e a data de validade).

FIGURA 3.23 — Tipos de pagamentos de empresas online

O *intercâmbio eletrônico de dados* (EDI, *Electronic Data Interchange*) é um formato padrão de transferência de dados corporativos. As organizações podem utilizar o EDI por meio de uma rede de valor agregado. Uma **rede de valor agregado (VAN, *Value-Added Network*) é uma rede privada, fornecida por terceiros, para transferência de informações por meio de uma conexão de alta capacidade.** As VANs servem de suporte aos catálogos eletrônicos (a partir do qual os pedidos são alocados), às transações baseadas no EDI (os pedidos em si) e às medidas de segurança como codificação de dados e caixas de e-mail de EDI.

O *EDI financeiro (intercâmbio eletrônico de dados financeiros)* é um processo eletrônico padrão para os pagamentos das compras do mercado B2B. O National Cash Management System é uma câmara de compensação automática que dá suporte à conciliação dos pagamentos.

Aquisição

Esperava-se que as aquisições na web de suprimentos de manutenção, reparo e operações alcançassem mais de US$ 200 bilhões em todo o mundo no ano de 2009. Os **materiais de manutenção, reparo e operações** (MRO, *Maintenance, Repair and Operations*) (também chamados de **materiais indiretos**) são necessários para o funcionamento de uma organização, mas não estão relacionados com as principais atividades de negócios da empresa. Bens típicos de MRO incluem materiais de escritório (como papel e canetas), equipamento, mobília, computadores e peças de reposição. Na abordagem tradicional de compra de MRO, um gerente de compras receberia um pedido em papel para compra dos materiais. O gerente de compras precisaria pesquisar uma variedade de catálogos de papel para encontrar o produto correto e pelo preço certo. Não é surpresa que o custo administrativo de compra de materiais indiretos geralmente exceda o valor unitário do produto. De acordo com a Organização para a Cooperação e Desenvolvimento Econômico (OECD, *Organization for Economic Cooperation and Development*), as empresas com mais de 500 milhões em receitas gastam estimados US$ 75 a US$ 150 para processar um único pedido de compra de materiais de MRO.[32]

E-procurement O *e-procurement* é compra e venda de suprimentos B2B pela internet. A meta de muitas aplicações de *e-procurement* é ligar as organizações diretamente para pré-aprovar catálogos de fornecedores e processar toda a transação de compra online. Fazer o link para catálogos eletrônicos reduz significativamente a necessidade de checar a pontualidade e a precisão das informações do fornecedor.

Um *catálogo eletrônico* apresenta aos consumidores as informações sobre os bens e serviços à venda, oferta ou leilão na internet. Alguns catálogos eletrônicos gerenciam grandes números de itens individuais, e as capacidades de busca ajudam os compradores a navegar rapidamente até os itens que desejam comprar. Outros catálogos eletrônicos destacam a apresentação da mercadoria e as ofertas especiais, assim como uma loja de varejo é planejada para incentivar a compra por impulso ou adicional. Como com outros aspectos do e-Business, é importante adequar o projeto e a funcionalidade do catálogo eletrônico aos objetivos de negócio da empresa.

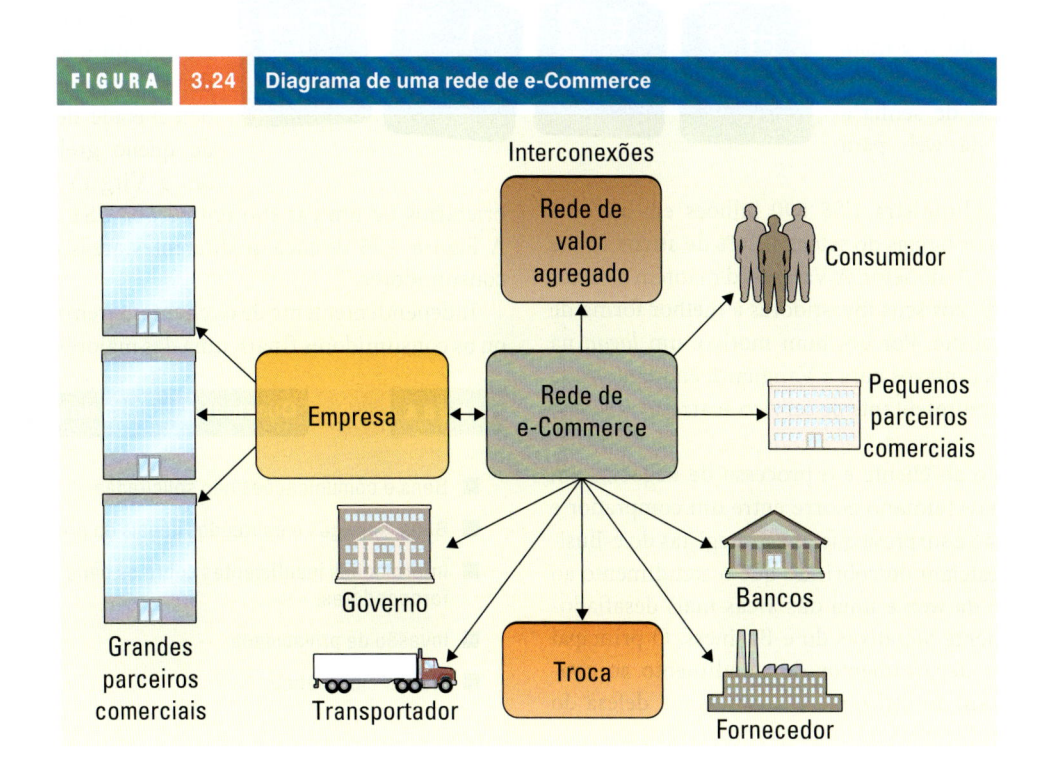

FIGURA 3.24 — Diagrama de uma rede de e-Commerce

omg lol*

Bem-vindo à revolução antissocial da rede

Alguém já lhe enviou uma solicitação de amizade no Facebook e você pensou que aquela pessoa não era um amigo, mas um inimigo? Bem, um indivíduo esperto criou uma aplicação que permite que você diga aos seus inimigos, bem como aos seus amigos, o que você realmente pensa sobre eles: introduzindo o Enemybook. O Enemybook permite ao usuário adicionar inimigos e amigos no Facebook, e você pode descrever em detalhes exatamente como você conhece a pessoa e por que você a odeia de verdade. Outra grande característica: em vez de cutucá-los, você pode mostrar-lhes o dedo (o médio).

Você notou que as pessoas têm uma grande energia quando se trata de internet? Aquele fracote que costumava ser atormentado no ensino médio, agora, pode mandar pelo Facebook um Enemybook àqueles valentões. O mesmo poder foi dado ao consumidor. Antes da internet, se um consumidor ficasse com raiva, ele poderia escrever uma carta ou dar um telefonema, mas seu poder individual era relativamente fraco. Agora, o consumidor pode criar um website ou importar um vídeo no YouTube criticando um produto ou serviço, e seus esforços podem ser vistos por milhões e milhões de pessoas. O poder passou para as mãos do consumidor.

De quais problemas sua empresa pode prevenir o consumidor? Que poder tem um consumidor insatisfeito e que métodos ele poderia usar para comunicar seus problemas? Qual o papel do marketing viral no cenário do consumidor insatisfeito? O que uma empresa pode fazer para proteger-se da fúria de um usuário de blog ou twitter?

* N. de T.: Acrônimo, usado na internet, que corresponde às expressões "Oh! My God" (Oh! Meu Deus) e "laughing out loud" (rindo alto), usadas para caracterizar os absurdos que encontramos na rede.

Atendimento ao cliente

O e-Business permite aos clientes ajudarem a si mesmos, combinando a capacidade de comunicação de um sistema tradicional de resposta ao cliente com a riqueza de conteúdo que apenas a web pode oferecer – todos disponíveis e operantes 24 x 7. Como resultado, a realização de negócios por meio da web oferece aos clientes a comodidade que eles querem e, ao mesmo tempo, libera o pessoal chave de apoio para enfrentar problemas mais complexos. A web também permite que uma organização forneça um serviço melhor ao consumidor usando o e-mail, mensagens especiais e acesso privado por meio de senha a áreas especiais da web para clientes top.

A Vanguard administra US$ 690 bilhões em ativos e cobra as taxas mais baixas do setor; 0,26% de ativos *versus* uma média de 0,81% do setor. A Vanguard mantém as taxas baixas, ensinando aos seus investidores a melhor forma de utilizar o seu website. Por um bom motivo: um *logon* na web custa alguns centavos para a Vanguard, enquanto cada ligação para um representante de serviço acarreta uma despesa de US$ 9.[33]

O atendimento ao cliente é o processo de negócios em que o contato mais humano ocorre entre um comprador e um vendedor. Não é surpresa que os estrategistas do e-Business eletrônico estejam descobrindo que o atendimento ao cliente por meio da web é uma das áreas mais desafiadoras e potencialmente lucrativas do e-Business. O principal problema que os departamentos de atendimento ao consumidor enfrentam ao utilizar o e-Business é a defesa do consumidor.

defesa do consumidor Uma organização que quer se destacar oferecendo um atendimento superior ao cliente, como uma vantagem competitiva, deve considerar não apenas como atender os clientes, mas também como defendê-los. As organizações devem reconhecer que muitos consumidores não estão familiarizados com suas escolhas digitais, e que alguns e-Business estão bem cientes dessas vulnerabilidades. Por exemplo, Francis Cornworth, aluno de 17 anos do último ano de uma escola de ensino médio de Miami, colocou sua "virgindade de rapaz" à venda no eBay. Sua oferta atraiu uma proposta falsa de US$ 10 milhões. Diana Dyser, de Holywood, Flórida, vendeu metade de um sanduíche de queijo grelhado que lembra a Virgem Maria aos proprietários de um cassino online por US$ 28 mil no eBay. A Figura 3.25 destaca as diferentes áreas de proteção aos consumidores.[34]

Independentemente de os clientes serem outras empresas ou os consumidores finais, uma das maiores preocupações é

FIGURA 3.25 Questões da defesa do consumidor

- Bens e comunicações não solicitadas.
- Bens, serviços e conteúdos ilegais ou prejudiciais.
- Informações insuficientes sobre os bens e seus fornecedores.
- Invasão de privacidade.
- Fraude cibernética.

o nível de segurança de suas transações financeiras. Isso inclui todos os aspectos da informação eletrônica, mas foca principalmente nas informações relacionadas aos pagamentos (por exemplo, um número de cartão de crédito) e aos pagamentos em si, ou seja, o "dinheiro eletrônico". Uma organização deve considerar questões como criptografia, segurança SSL (*Secure Socket Layers*) e transações eletrônicas seguras (SET, *Secure Electronic Transactions*), como explicado na Figura 3.26.

FIGURA 3.26 Segurança dos e-Business

A *criptografia* codifica a informação de uma forma alternativa que requer uma chave ou uma senha para descriptografar as informações. A criptografia é feita por meio da mistura e substituição de letras, da substituição de letras por números, entre outras formas.

A **SSL** (*Secure Socket Layer*) (1) cria uma ligação segura e privada entre um cliente e um servidor, (2) codifica a informação e (3) envia a informação por meio da internet. A SSL é identificada por um endereço de website que inclua um "s" ao final – http**s**.

Uma *transação eletrônica segura* (SET, *Secure Electronic Transation*) é um método de segurança da transmissão que garante que as transações são seguras e legítimas. Semelhante ao SSL, o SET codifica a informação antes de enviá-la por meio da internet. Contudo, o SET também permite a autenticação por parte dos consumidores para transações de cartão de crédito. Os SETs são endossados pelos maiores usuários do e-Commerce, incluindo: MasterCard, American Express, Visa, Netscape e Microsoft.

Intermediários

Os *intermediários* são agentes, softwares ou empresas que unem compradores e vendedores que fornecem uma infraestrutura comercial para fortalecer o e-Business. Com a introdução do e-Commerce, houve muita discussão sobre a desintermediação. No entanto, os recentes desenvolvimentos no e-Business têm visto mais reintermediações. A *reintermediação* se refere à utilização da internet para reunir, novamente e de novas maneiras, compradores, vendedores e outros parceiros em uma cadeia de suprimento tradicional. Exemplos incluem a e-Steel Corp., com base em Nova York, e a PetroChemNet Inc., com base na Filadélfia, reunindo produtores, investidores, distribuidores e compradores de aço e produtos químicos, respectivamente, em mercados com base na web. A Figura 3.27 lista intermediários e suas funções.

● ● **OA3.8**

Explicar por que uma empresa utilizaria métricas para determinar o sucesso de um website.

MEDIÇÃO DO SUCESSO DO E-BUSINESS

O tráfego no site de varejo da internet Walmart cresceu 66% em um ano. O site recebe mais de 500 mil visitantes diários (6,5 milhões por semana), baixa 2 milhões de páginas da web diariamente e calcula uma média de 60 mil usuários logados simultaneamente. A principal preocupação do Walmart

FIGURA 3.27 Tipos de intermediários

Tipos de intermediários	Descrição	Exemplo
Provedores de acesso à internet	Ganha dinheiro vendendo um serviço, não um bem.	Earthlink.com, Comcast.com, AOL.com
Portais	*Hubs* centrais para conteúdo online.	Yahoo.com, MSN.com, Google.com
Provedores de conteúdo	Usa a internet para distribuir conteúdo protegido por direitos autorais.	wsj.com, cnn.com, espn.com
Corretores online	Intermediários entre os compradores e os vendedores de bens e serviços.	charlesschwab.com, fidelity.com, datek.com
Formadores de mercado	Agrega três serviços aos participantes do mercado: um local, regras e infraestrutura.	amazon.com, ebay.com, priceline.com
Provedores de acesso online	Amplo conjunto online de serviços.	xdrive.com, lawinfo.com
Agentes inteligentes	Aplicativos de software que seguem instruções e aprendem de maneira independente.	Sidestep.com, WebSeeker.com, iSpyNOW.com
Provedor de serviços de aplicativos	Vende o acesso aos aplicativos de software de internet a outras empresas.	ariba.com, commerceone.com, ibm.com
Infomediários	Fornece informações especializadas em nome de produtores de bens e serviços e seus consumidores em potencial.	autobytel.com, BizRate.com

> **FIGURA 3.28** Métrica de eficácia do website

Cookie – Um pequeno arquivo depositado por um site em um disco rígido, contendo informações sobre os clientes e suas atividades na web. Os cookies permitem que os websites gravem a navegação dos clientes, geralmente sem seu conhecimento ou consentimento.

Click-through – Uma contagem do número de pessoas que visitam um site e clicam em um anúncio que as levam para o site do anunciante. A eficácia do rastreamento baseado no *click-through* garante a exposição aos anúncios-alvo, no entanto, não garante que o visitante goste do anúncio, que passe um tempo substancial visualizando-o ou que fique satisfeito com as informações contidas nele.

Banner – Anuncia os bens e serviços de outra empresa, normalmente uma empresa.com. Os anunciantes podem acompanhar a frequência com que os consumidores clicam nos *banners,* resultando em um *click-through* para seu site. Muitas vezes, o custo do *banner* depende do número de clientes que clicam nele. Controlar o número de cliques em *banners* é uma forma de compreender a eficácia do anúncio em seu público-alvo.

é manter um ótimo desempenho nas transações online. Uma interrupção no website afeta diretamente a lucratividade da empresa e a fidelidade dos clientes. A empresa monitora e controla o hardware, o software e a rede que gerenciam o seu website para garantir a qualidade do serviço.[35]

O Yankee Group relata que 66% das empresas determinam o sucesso do website exclusivamente por meio da medição do volume de tráfego. Infelizmente, grandes volumes de tráfego do website não indicam, necessariamente, grandes vendas. Muitos websites com muito tráfego têm vendas mínimas. A melhor maneira de medir o sucesso de um site é medir coisas como receitas geradas pelo tráfego na web, o número de novos clientes adquiridos e quaisquer reduções no atendimento ao consumidor resultantes desse tráfego.[36]

Ashley Qualls não é uma aluna normal de ensino médio. A garota de 17 anos é a CEO de um negócio de milhões de dólares. Ashley é mentora da whateverlife.com, um site que ela começou quando tinha apenas 14 anos – com US$ 8 que pegou emprestado de sua mãe. Agora, apenas três anos depois, o site ganha mais de US$ 1 milhão por ano, proporcionando à Ashley e à sua família da classe trabalhadora uma sensação de segurança que nunca haviam conhecido. Essa CEO adolescente comprou uma casa de quatro quartos para a sua família e construiu um escritório para si mesma no porão. Isso tudo começou com o capitalismo 101, a lei da oferta e da procura. Ashley interessou-se por design gráfico tão logo a loucura das redes sociais online começou a pegar fogo. Quando viu seus amigos personalizando as páginas deles no MySpace, ela começou a criar designs para fundo de página para o site por meio do Whateverlife. Os projetos são alegres, coloridos e caprichados, com muitos corações, os favoritos da Ashley.

Métrica do website

Figura 3.28 apresenta algumas métricas que uma organização pode utilizar para medir a eficácia do site.

Para ajudar a compreender a eficácia da publicidade, as medidas de interatividade são rastreadas e monitoradas. A ***interatividade*** mede a interação do visitante com o anúncio-alvo. Essas medidas de interação incluem o tempo que o visitante passa visualizando o anúncio, o número de páginas visualizadas e até mesmo o número de visitas ao anúncio-alvo. As medidas de interatividade são um passo gigante para os anunciantes, uma vez que os métodos tradicionais de publicidade – jornais, revistas, rádio e televisão – fornecem poucas maneiras de controle das métricas de eficácia. As métricas de interatividade medem as atividades de consumo real, algo que era impossível no passado, e fornecem aos anunciantes uma alta quantidade de inteligência de negócios.

> " Vincular as quantias compradas às visitas ao website ajuda a comunicar o valor do site. "

O resultado final de qualquer propaganda é a compra. Vincular as quantias compradas às visitas ao website ajuda a comunicar o valor do negócio do site. As organizações usam métricas para vincular os números das receitas e de captação de novos clientes aos sites ou *banners*. As organizações podem observar, por meio de **dados *clickstream***, o padrão exato de navegação de um consumidor dentro de um site. Os dados *clickstream* podem revelar alguns dados básicos sobre a forma como os consumidores interagem com os sites. A Figura 3.29 mostra diferentes tipos de métricas de *clickstream*.

Marc Barach é o coinventor e *Chief Marketing Officer* (CMO) da Ingenio, uma empresa iniciante que se especializa em conectar pessoas em tempo real. Quando a internet surgiu pela primeira vez, os *banners* foram as ferramentas de marketing prevalentes. Em seguida, veio o *pay-per-click*, método em que a empresa paga ao mecanismo de busca cada vez que o seu site é acessado a partir de uma pesquisa. Hoje, 35% dos gastos online ocorrem por meio de *pay-per-clicks*. Infelizmente, os *pay-per-clicks* não são adequados para todos os negócios. Os consertadores de telhados, os encanadores, os trabalhadores de reparação de automóveis e os cirurgiões plásticos raramente têm sites e não geram negócios por meio dos *pay-per-clicks*. Barach acredita que

> **UM NÚMERO CRESCENTE DE EMPRESAS JÁ ESTÁ UTILIZANDO A INTERNET PARA DINAMIZAR SEUS PROCESSOS DE NEGÓCIOS, ADQUIRIR MATERIAIS, VENDER PRODUTOS, AUTOMATIZAR O ATENDIMENTO AO CLIENTE E CRIAR FLUXOS DE RECEITA.**

a próxima linha de publicidade na internet será o *pay-per-call*, e a Ingenio investiu cinco anos e US$ 50 milhões na construção da plataforma para executar o negócio. O *pay-per-call* funciona assim:

- O usuário digita uma palavra-chave em mecanismo de busca.
- O mecanismo de busca passa a palavra-chave para a Ingenio.
- A Ingenio determina a categoria e envia de volta o número de telefone 800 exclusivo e rastreável da mercadoria adequada.
- O número 800 é direcionado aos computadores da Ingenio que, por sua vez, cobra do comerciante quando um consumidor liga.

Um estudo da Jupiter Research descobriu que as empresas estavam dispostas a pagar entre US$ 2 e US$ 35 para cada ligação.[37]

A Figura 3.30 fornece definições de métricas comuns baseadas nos dados *clickstream*. Para interpretá-los adequadamente, os gerentes comparam com outras empresas. Por exemplo, os consumidores aparentam visitar regularmente os seus sites favoritos, inclusive voltando ao site várias vezes durante dada sessão. Os consumidores tendem a se tornar fiéis a um pequeno número de sites, e tendem a revisitar esses sites várias vezes durante uma única sessão.

OA3.9

Descrever o e-Business juntamente com seus benefícios e desafios.

BENEFÍCIOS E DESAFIOS DO E-BUSINESS

De acordo com o NUA internet Survey, a internet conecta mais de 1 bilhão de pessoas em todo o mundo. Especialistas previram que o uso global da internet triplicasse entre 2006 e 2010, tornando o e-Business um fator mais significante na economia mundial. À medida que o e-Business é aperfeiçoado, as organizações irão, da mesma forma, experimentar benefícios e desafios. A Figura 3.31 detalha os benefícios do e-Business para uma organização.

A internet está forçando as empresas a redirecionar o foco dos seus sistemas de informação de dentro para fora. Um número crescente delas já está utilizando a internet para dinamizar seus processos de negócios, adquirir materiais, vender produtos, automatizar o atendimento ao cliente e criar fluxos de receita. Embora os benefícios do sistema de

---

FIGURA 3.29 Métricas de dados *clickstream*

- O número de visualizações de páginas (por exemplo, o número de vezes que uma única página foi apresentada a um visitante).
- O padrão dos sites visitados, incluindo a página de saída e o site anterior mais frequente.
- Tempo de permanência no site.
- Datas e horários de visitas.
- Número de registros preenchidos a cada 100 visitantes.
- Número de registros abandonados.
- Demografia dos visitantes registrados.
- Número de consumidores com carrinhos de compra.
- Número de carrinhos de compra abandonados.

FIGURA 3.30 — Definições das métricas de website

Visitante	Métricas do visitante
Visitante não identificado	Um visitante é um indivíduo que acessa um website. Um "visitante não identificado" significa que nenhuma informação sobre esse visitante está disponível.
Visitante único	Um visitante único é aquele que pode ser reconhecido e contado apenas uma vez, em certo período de tempo. Uma contagem precisa de visitantes únicos não é possível sem alguma forma de identificação, registro ou autenticação.
Sessão do visitante	Uma identificação de sessão é disponibilizada (ex.: cookie) ou inferida por meio de um endereço de entrada mais um tipo de navegador, o que permite que as respostas de um visitante sejam rastreadas dentro de cada visita ao site.
Visitante monitorado	Uma identidade (ex.: cookie) está disponível, o que permite que um usuário seja controlado por meio de várias visitas a um site. Nenhuma informação, além de um identificador único, é disponibilizada a um visitante monitorado.
Visitante identificado	Uma identidade é disponibilizada (ex.: cookie ou registro voluntário), o que permite que um usuário seja controlado por meio de várias visitas a um site. Outras informações (nome, demografia, possivelmente fornecidas voluntariamente pelo visitante) podem ser ligadas a essa identidade.
Exposição	**Métrica de exposição**
Exposições de página (visualizações de página)	O número de vezes que uma única página da web foi vista pelos visitantes em um dado período de tempo, sem levar em consideração a duplicação.
Exposições de sites	O número de sessões de visitante em um website em um dado período de tempo, sem levar em consideração visitantes duplicados.
Visita	**Métricas de visita**
Stickiness (duração da visita)	O tempo que um visitante passa em um website. Pode ser relatado como uma média em um dado período de tempo, sem levar em consideração visitantes duplicados.
Raw visit depth (total de exposição de páginas por sessão)	O número total de páginas expostas a um visitante durante uma única visita a um site. Pode ser relatado como uma média ou distribuição em um dado período de tempo, sem levar em consideração visitantes duplicados.
Visit depth (total de exposição exclusiva de páginas por sessão)	O número total de páginas exclusivas expostas a um visitante durante uma única visita a um site. Pode ser relatado como uma média ou distribuição em um dado período de tempo, sem levar em consideração visitantes duplicados.
Hit	**Métricas de hit**
Hits	Quando os visitantes acessam um website, seu computador envia um pedido ao computador servidor do site para que este comece a exibir as páginas. Cada elemento de uma página requisitada (incluindo gráficos, texto, itens interativos) é gravado pelo arquivo de log do servidor do site como um "hit".
Hits qualificados	Excluem as informações menos importantes gravadas em um arquivo de log (como mensagens de erros etc.).

FIGURA 3.31 — Benefícios do e-Business

Altamente acessível	As empresas podem operar 24 horas por dia, 7 dias por semana, 365 dias por ano.
Maior fidelidade do consumidor	Canais adicionais para contatar, responder e cadastrar os consumidores ajudam a contribuir para a fidelidade do consumidor.
Melhor conteúdo de informação	No passado, os consumidores tinham de encomendar catálogos ou se deslocar até uma loja física antes que pudessem comparar os preços e os atributos do produto. Os catálogos eletrônicos e as páginas da web apresentam, aos consumidores, informações atualizadas em tempo real sobre bens, serviços e preços.
Maior conveniência	O e-Business automatiza e melhora grande parte das atividades que compõem uma experiência de compra.
Maior alcance global	Empresas pequenas e grandes podem atingir novos mercados.
Redução de custo	O custo para conduzir negócios na internet é substancialmente menor que o das formas tradicionais de comunicação de negócios.

mostre-me o DINHEIRO

Analisando websites

A Wishes é uma empresa sem fins lucrativos, especialista na venda de itens online doados por celebridades, tais como roupas, joias, bolsas e muitas outras formas de recordações. Os lucros da Wishes são usados para apoiar iniciativas em hospitais infantis no mundo todo. Há muitos voluntários ajudando na Wishes, o que tem sido ótimo para a empresa, mas não tão bom para a sua presença online. A empresa tem quatro websites diferentes, criados por quatro voluntários diferentes, e as únicas informações que você consegue encontrar nos quatro sites são as seguintes:

Website	Clássico	Contemporâneo	New Age	Tradicional
Análise de tráfego	5.000 hits/dia	200 hits/dia	10.000 hits/dia	1.000 hits/dia
Stickiness (média)	20 min	1 h	20 min	50 min
Número de carrinhos de compras abandonados	400/dia	0/dia	5.000/dia	200/dia
Número de visitantes únicos	2.000/dia	100/dia	8.000/dia	200/dia
Número de visitantes identificados	3.000/dia	100/dia	2.000/dia	800/dia
Receita média por venda	US$ 1.000	US$ 1.000	US$ 50	US$ 1.300

Você foi contratado para administrar a Wishes e sua primeira tarefa é escolher um dos websites para continuar executando os negócios. Os outros três sites serão removidos. Analise as métricas descritas na tabela e determine qual site você quer usar enquanto leva o negócio adiante.

e-Business sejam sedutores, desenvolver, distribuir e gerenciar esses sistemas nem sempre é fácil. Infelizmente, o e-Business não é algo que a empresa possa simplesmente sair e comprar. A Figura 3.32 detalha os desafios do e-Business.

Um elemento-chave do e-Marketplace é a sua capacidade de fornecer não apenas recursos de operação, mas também conteúdo dinâmico e relevante para os parceiros comerciais. Os websites originais de e-Business forneciam recursos de carrinho de compras construído em torno dos catálogos de produtos. Como resultado do complexo e-Marketplace, que deve sustentar sistemas e processos de negócios existentes, o conteúdo está se tornando ainda mais importante para esse tipo de mercado. Os compradores precisam de boas descrições de conteúdo para fazer compras inteligentes, e os vendedores utilizam o conteúdo para fazer um comércio apropriado e diferenciarem-se dos concorrentes. A descrição do conteúdo e do produto estabelece a compreensão comum entre ambas as partes da transação. Consequentemente, a acessibilidade, a usabilidade, a precisão e a riqueza desse conteúdo afetam diretamente a transação. A Figura 3.33 mostra os diferentes benefícios e desafios de vários modelos de receitas do e-Marketplace.

FIGURA 3.32 — Desafios do e-Business

Proteção aos consumidores
Os consumidores devem ser protegidos contra bens e mensagens não solicitados, bens ilegais ou prejudiciais, informação insuficiente sobre bens ou seus fornecedores, invasão de privacidade e fraude na internet.

Alavancagem de sistemas existentes
A maioria das empresas já utiliza a tecnologia da informação para conduzir os negócios em ambientes fora da internet, como marketing, gerenciamento de pedido, faturamento, estoque, distribuição e atendimento ao consumidor. A internet representa uma forma alternativa e complementar de fazer negócio, mas é imperativo que os sistemas de e-Business integrem os sistemas existentes de forma que evite a duplicação da funcionalidade e mantenha a usabilidade, o desempenho e a confiabilidade.

Aumento da responsabilidade
O e-Business expõe os fornecedores a responsabilidades desconhecidas porque a lei de comércio da internet é definida vagamente e difere de país para país. A internet e seu uso no e-Business têm levantando várias questões éticas, sociais e políticas, como roubo de identidade e manipulação de informações.

Fornecimento de segurança
A internet fornece acesso universal, mas as empresas devem proteger seus ativos contra o uso impróprio acidental ou malicioso. O sistema de segurança, contudo, não deve criar uma complexidade proibitiva ou reduzir a flexibilidade. As informações do consumidor também precisam ser protegidas do uso impróprio interno e externo. Os sistemas de privacidade devem proteger as informações pessoais importantes para criar sites que satisfaçam a necessidades do consumidor e da empresa. Uma grave deficiência surge do uso da internet para fins de marketing. Entre os usuários da internet, 60% não confiam nela como um canal de pagamento. Fazer compras pela internet não é considerado seguro por muitos. Essa questão afeta tanto a empresa quanto o consumidor. Porém, com a criptografia e o desenvolvimento de sites seguros, a segurança está se tornando uma restrição a menos para os e-Business.

Adesão às regras de tributação
A internet ainda não está sujeita ao mesmo nível de tributação das empresas tradicionais. Enquanto a tributação não deve desencorajar os consumidores a utilizar canais de compra eletrônica, ela também não deve favorecer as compras pela internet em detrimento daquelas feitas em lojas físicas. Em vez disso, uma política fiscal deve proporcionar condições equitativas para as empresas tradicionais de varejo, as empresas de venda por catálogo e os mercados com base na internet. O mercado da internet está se expandindo rapidamente, mas ainda permanece predominantemente livre das formas tradicionais de tributação. Em um estudo recente, os impostos do estado e locais sobre as vendas do e-Business não coletados foram estimados em mais de 60 bilhões em 2008, nos Estados Unidos.

FIGURA 3.33 — Os benefícios e desafios de vários modelos de receita do e-Marketplace

Modelos de receita	Vantagens	Limitações
Taxas de transação	■ Podem estar diretamente ligadas à economia (economias no processo e de preço). ■ Importante fonte de receita quando um nível alto de liquidez (volume de transações) é alcançado.	■ Se as economias no processo não são totalmente visíveis, o uso do sistema é desencorajado (incentivo para fazer transações offline). ■ As taxas de transação tendem a diminuir com o tempo.
Taxas de licença	■ Cria incentivos para realizar várias transações. ■ A integração da customização e da finalização do processo leva à permanência dos participantes.	■ A taxa inicial é uma barreira para a entrada de participantes. ■ A diferenciação de preço é complexa.
Taxas de assinatura	■ Cria incentivos para realizar transações. ■ O preço pode ser diferenciado. ■ Possibilidade de gerar uma receita adicional a partir de novos grupos de usuários.	■ A taxa fixa é uma barreira para a entrada de participantes.
Taxas de serviços de valor agregado	■ A oferta de serviço pode ser diferenciada. ■ O preço pode ser diferenciado. ■ Possibilidade de gerar receita adicional a partir de grupos de usuários novos e já estabelecidos (terceiros).	■ Processo incômodo para os consumidores avaliarem continuamente os novos serviços.
Taxas de propaganda	■ Propagandas bem direcionadas podem ser vistas como conteúdo de valor agregado pelos participantes comerciais. ■ Fácil implementação.	■ Potencial de receita limitado. ■ Propagandas em exagero ou mal direcionadas podem ser elementos incômodos no site.

FIGURA 3.34 Modelos estendidos do e-Business

	Empresa	Consumidor	Governo
Empresa	B2B conisint.com	B2C dell.com	B2G lockheedmartin.com
Consumidor	C2B priceline.com	C2C ebay.com	C2G eGov.com
Governo	G2B export.gov	G2C medicare.gov	G2G disasterhelp.gov

● ● **OA3.10**

Definir o M-Commerce e explicar como um e-Government poderia usá-lo para aumentar sua eficiência e eficácia.

NOVAS TENDÊNCIAS NO E-BUSINESS: E-GOVERNMENT E M-COMMERCE

Modelos recentes de negócio que surgiram para permitir que as organizações tirem vantagem da internet e criem valor fazem parte do e-Government. O **e-Government** envolve o uso de estratégias e tecnologias para transformar o(s) governo(s) por meio da melhoria da prestação de serviço e da qualidade da interação cidadão–consumidor, dentro de todas as áreas do governo (ver Figura 3.34).

Um exemplo de um portal de e-Government é o FirstGov.gov, portal oficial para todas as informações do governo e catalisador para um e-Government crescente. Seu poderoso motor de busca e sua coleção sempre crescente de links atuais e focados no consumidor conectam os usuários a milhões de páginas da web, desde o governo federal, passando pelos governos locais e tribais, até outros países ao redor do mundo. A Figura 3.35 destaca modelos específicos de e-Government.

FIGURA 3.35 Modelos de e-Government

Consumidor–governo (C2G)	O C2G constituirá principalmente as áreas em que um consumidor (ou cidadão) interage com o governo. Irá incluir áreas como as eleições, quando os cidadãos votam para escolher seus representantes; o censo, em que o consumidor fornece informações demográficas; e a tributação, em que o consumidor paga impostos.
Governo–empresa (G2B)	Esse modelo inclui toda a interação do governo com empresas, seja para aquisição de bens e serviços de fornecedores, seja de informações quanto a questões legais e de negócios transmitidas eletronicamente.
Governo–consumidor (G2C)	Os governos, em todo o mundo, lidam hoje com consumidores (ou cidadãos) eletronicamente, fornecendo-lhes informações atualizadas. Os governos também estão processando pedidos de vistos, renovação de passaportes e de licenças de motoristas, anúncios de concursos e outros serviços online.
Governo–governo (G2G)	Os governos no mundo todo estão agora se relacionando eletronicamente. Ainda em fase inicial, esse modelo de e-Business fortalecerá o comércio internacional e o acesso a dados como, por exemplo, quanto à ficha criminal de novos imigrantes. No nível do Estado, a troca de informação e o processo de transações online permitirão melhorias na eficiência.

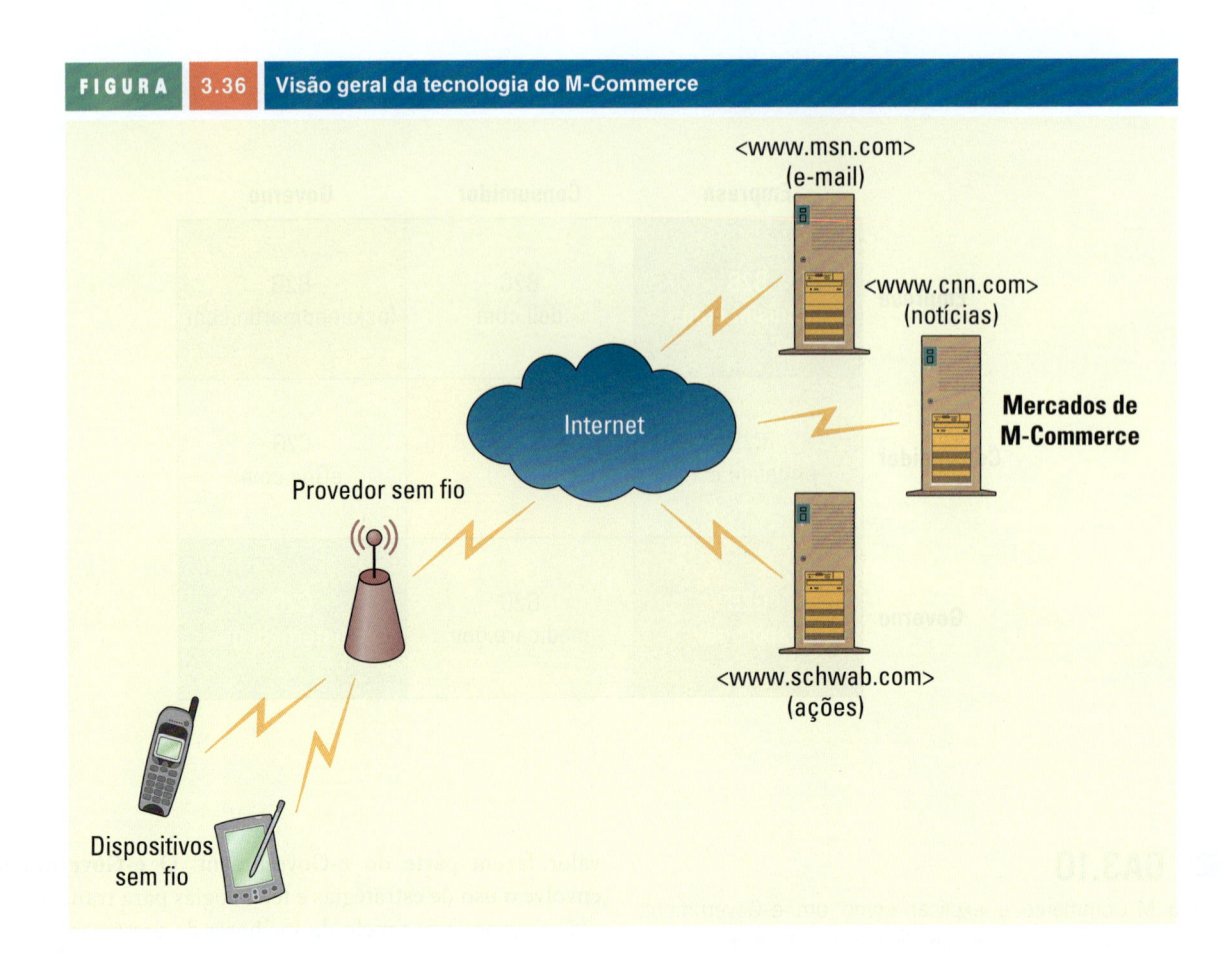

FIGURA 3.36 Visão geral da tecnologia do M-Commerce

<www.msn.com>
(e-mail)

<www.cnn.com>
(notícias)

Mercados de M-Commerce

Internet

Provedor sem fio

<www.schwab.com>
(ações)

Dispositivos sem fio

> " O comércio via dispositivos móveis, ou M-Commerce, permite comprar bens e serviços por meio de um dispositivo habilitado com internet sem fio. "

e-Commerce

Em alguns anos, dispositivos móveis com internet ultrapassarão o número de PCs. O comércio via dispositivos móveis, ou M-Commerce, permite comprar bens e serviços por meio de um dispositivo habilitado com internet sem fio. A tecnologia por trás do e-Commerce é um dispositivo móvel equipado com um micronavegador da web. Para obter vantagem do potencial de mercado do M-Commerce, as fabricantes de celular Nokia, Ericsson, Motorola e Qualcomm estão trabalhando com as operadoras de telecomunicação AT&T Wireless e Sprint para desenvolver *smartphones*. Utilizando novas formas de tecnologia, os *smartphones* oferecem recursos de e-mail e telefone em um único aparelho, abrindo o caminho para o e-Commerce ser aceito por uma crescente força de trabalho móvel. A Figura 3.36 fornece uma visão geral do e-Commerce.

A Amazon.com tem colaborado com a Nokia para que se tornem pioneiras em um novo território. Com o lançamento do serviço Amazon.com Anywhere, ela se tornou um dos principais varejistas online a aproveitar o potencial dos dispositivos com internet sem fio. À medida que a distribuição de conteúdo através de dispositivos sem fio se tornar mais rápida, mais segura e escalonável, o M-Commerce irá superar o e-Business por fios (telefonia tradicional) como o método de escolha para transações do comércio digital. De acordo com a empresa de pesquisa Strategy Analytics, era esperado que o mercado global de M-Commerce valesse mais de US$ 200 bilhões em 2005, com 350 milhões de consumidores gerando quase 14 bilhões de transações anualmente. Além disso, atividades de informação como e-mail, notícias e cotações da bolsa irão avançar para transações personalizadas, reservas de viagem em "um click", leilões online e videoconferência.[38]

As organizações enfrentam as mudanças mais abrangentes e com maior alcance em suas implicações do que qualquer outra coisa, desde a revolução industrial moderna que ocorreu no início de 1900. A tecnologia é a força principal que dirige essas mudanças. As organizações que querem sobreviver devem reconhecer o imenso poder da tecnologia, realizar mudanças organizacionais necessárias frente a ela e aprender a operar de uma maneira totalmente diferente. ■

Minha Lista do que Não Fazer

O que é a gritaria por e-mail?

Quando você começa a trabalhar, aumenta a probabilidade de usar o e-mail para comunicar-se com seu chefe, colegas e consumidores. Erros gritantes, como os de ortografia e gramática pobre, são simplesmente inaceitáveis no e-mail corporativo. A seguir estão as normas básicas de etiqueta sobre e-mail que todos os estudantes devem usar:

- **Endereço de e-mail:** o endereço lil_gatinha_linda_79@email.com não será levado a sério por possíveis empregadores. Deixe para trás seus e-mails do ensino médio e da faculdade e crie uma conta de e-mail profissional utilizando o Google Gmail ou Hotmail e PrimeironomeSobrenome@email.com.
- **Ortografia e gramática:** todas as mensagens devem apresentar boa ortografia e gramática, e você deve sempre executar uma verificação ortográfica antes de enviá-las. Na verdade, você pode configurar isso como tarefa automática na maioria dos sistemas de e-mail. Por favor, lembre-se que a verificação ortográfica não consegue distinguir entre alternativas de escrita da mesma palavra, como: pode e pôde, número e numero, então, verifique a acentuação também.
- **Seja breve:** mensagens de e-mail devem ser breves – ponto. Mostre o propósito da mensagem ao seu leitor o mais rápido possível, e assegure-se de incluir os detalhes necessários. Utilizar marcadores é uma ótima ideia se você tem várias colocações a fazer, pois é mais fácil para o leitor compreender rapidamente a mensagem.
- **Sem abreviações p/fvr:** não utilize texto abreviado em mensagens. Você não iria ficar falando em código no seu escritório, então não utilize isso nas suas mensagens.
- **NÃO GRITE:** tome cuidado quando utilizar o CAPS LOCK, pois pode parecer que você está gritando. Não é apropriado gritar no seu ambiente de trabalho.
- **Nunca use o "Responder a Todos":** deste dia em diante, finja que essa opção está desabilitada. Não há nada mais constrangedor do que usar o responder a todos e contar a todos da lista de e-mail suas informações confidenciais. Use como regra o nunca "responder a todos". Use o "responder" e adicione cada nome individualmente. Sei que isso parece cansativo, mas não tanto quanto o constrangimento de dizer a todos da sua organização a sua altura, seu peso, sua data de aniversário e seu número do Seguro Social ao responder a uma pesquisa de RH.

Normas de etiqueta de e-mail parecem mais uma questão de bom-senso do que qualquer outra coisa, então por que é necessário citá-las? O que pode acontecer com seu emprego se você enviar uma campanha de marketing eletrônico contendo erros gramaticais? Há um ditado segundo o qual a internet pode fazer erros acontecerem mais rapidamente. O que você acha que isso quer dizer? O que você pode fazer para evitar erros de e-mail?

ACESSE <http://www.grupoa.com.br>

para materiais adicionais de estudo, incluindo apresentações em PowerPoint.

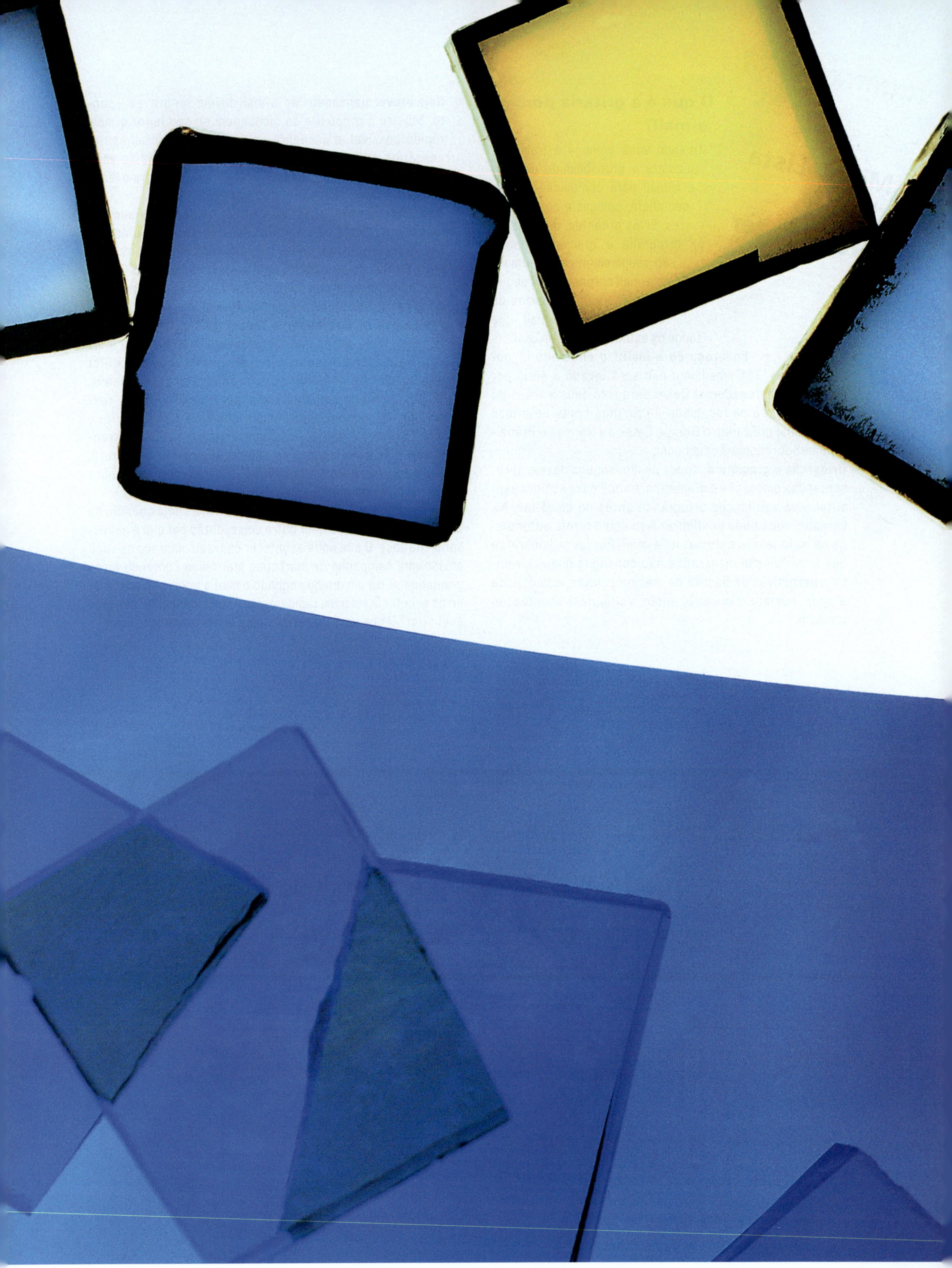

módulo dois

em breve

O Módulo Dois concentra-se nos componentes essenciais dos sistemas de informação. A maioria das pessoas vê a TI estritamente a partir de um paradigma tecnológico, mas, na verdade, o poder e a influência da TI não é tanto um fator de sua natureza técnica, mas sim sobre o que a infraestrutura técnica carrega, hospeda e apoia: informação. E, para uma empresa, informação é poder. Este Módulo destaca tal ponto e aumenta a consciência sobre a importância da informação para o sucesso organizacional. Entender como a arquitetura corporativa sustenta a informação, como os funcionários as acessam e as analisam para tomar decisões de negócios e como as tecnologias sem fio e móvel podem permitir o acesso à informação 24 x 7 são as principais metas de aprendizagem do Módulo Dois. Gerenciar a informação de maneira apropriada é um recurso organizacional chave e pode dar à empresa uma vantagem competitiva clara sobre os concorrentes. O ponto principal é que os gerentes que tratam a informação como um ativo corporativo alcançam sucesso no mercado.

O módulo começa tratando da ética e da segurança da informação. Com as muitas novas regras de governança e de conformidade, todos os gerentes devem entender as questões éticas em torno da informação. Como um recurso organizacional chave, a informação deve ser protegida contra danos e utilização indevida. Isso envolve a abordagem das questões éticas sobre a coleta, o armazenamento e o uso da informação; a proteção da privacidade da informação; e a garantia de que as informações estão seguras contra ataques e acesso não autorizado.

PRINCÍPIOS BÁSICOS DOS SISTEMAS DE INFORMAÇÃO

módulo um
SISTEMAS DE INFORMAÇÃO
DIRECIONADOS AOS NEGÓCIOS

módulo dois
PRINCÍPIOS BÁSICOS DOS
SISTEMAS DE INFORMAÇÃO
cap. 4 Ética e segurança da informação
cap. 5 Arquitetura corporativa
cap. 6 Bancos de dados e armazém de dados
cap. 7 Redes, telecomunicações e tecnologia móvel

módulo três
SISTEMAS DE INFORMAÇÃO
EMPRESARIAIS

módulo quatro
DESENVOLVIMENTO DOS SISTEMAS
DE INFORMAÇÃO

ética
+ segurança da informação

Princípios Básicos dos Sistemas de Informação

capítulo quatro

O que a TI tem para mim?

Este capítulo trata da proteção da informação contra seu potencial uso indevido. As organizações devem garantir o recolhimento, a captura, o armazenamento e o uso da informação de maneira ética. Trata-se de qualquer tipo de informação que elas recolhem e utilizam, incluindo aquelas sobre os consumidores, parceiros e funcionários. As empresas devem garantir que as informações pessoais coletadas sobre qualquer pessoa permaneçam privadas. Isso não é apenas uma coisa boa de se fazer: a lei a exige. Talvez o mais importante, a informação deve ser fisicamente mantida em segurança para evitar o acesso e as possíveis disseminação e utilização por fontes não autorizadas.

Você, estudante de administração, deve compreender a ética e a segurança, porque são as principais preocupações manifestadas pelos clientes hoje. Essas preocupações influenciam diretamente as chances de um cliente adotar as tecnologias eletrônicas e conduzir negócios por meio da web. Nesse sentido, essas preocupações afetam o lucro final de uma empresa. Você pode encontrar evidências nos noticiários recentes sobre como o preço das ações das organizações cai drasticamente quando violações de privacidade e de segurança da informação são divulgadas. Além disso, as organizações enfrentam o litígio em potencial se fracassam ao cumprir suas obrigações éticas, de privacidade e de segurança, relativas ao tratamento da informação em suas empresas.

SEÇÃO 4.1 >>
Ética
- Ética
- Ética da informação
- Desenvolvimento de políticas de gerenciamento da informação
- Ética no trabalho

SEÇÃO 4.2 >>
Segurança da informação
- Quanto o tempo ocioso custará ao seu negócio?
- Proteger os ativos intelectuais
- A primeira linha de defesa – As pessoas
- A segunda linha de defesa – A tecnologia

Ética e segurança são dois pilares fundamentais para todas as empresas. Nos últimos anos, eventos como os escândalos da Enron e de Martha Stewart, juntamente com o 11 de setembro, lançaram uma nova luz sobre o significado de ética e segurança. Quando o comportamento de alguns indivíduos pode destruir empresas de bilhões de dólares, o valor da ética e da segurança torna-se evidente.

SEÇÃO 4.1 Ética

OBJETIVOS DE APRENDIZAGEM

OA4.1 Explicar as questões éticas que envolvem a tecnologia da informação.

OA4.2 Identificar as diferenças entre uma política ética de uso do computador e uma política de uso aceitável.

OA4.3 Descrever a relação entre uma política de privacidade de e-mail e uma política de uso da internet.

OA4.4 Explicar os efeitos do spam em uma organização.

OA4.5 Resumir as diferentes tecnologias de monitoramento e explicar a importância de uma política de monitoramento dos funcionários.

ÉTICA

Ian Clarke, inventor de um serviço de troca de arquivos chamado Freenet, decidiu deixar os Estados Unidos e ir para o Reino Unido, onde as leis de direitos autorais são mais brandas. Wayne Rosso, o inventor de um serviço de compartilhamento de arquivos chamado Grokster, deixou os Estados Unidos e foi para a Espanha, novamente dizendo adeus à dura proteção de direitos autorais norte-americana. As leis norte-americanas de direitos autorais, concebidas décadas antes da invenção da internet, tornam ilegais o compartilhamento de arquivos e muitas outras tecnologias da internet. Embora algumas pessoas utilizem o compartilhamento de arquivos de maneira antiética, como baixar músicas e filmes ilegalmente, o compartilhamento de arquivos tem muitos benefícios, como melhorar a pesquisa sobre drogas, o desenvolvimento de software e o fluxo de informações.[1]

As questões éticas envolvendo a violação de direitos autorais e a propriedade intelectual estão consumindo o mundo do e-Business. Os avanços na tecnologia facilitam copiar tudo, da música às imagens. A tecnologia levanta novos desafios para a nossa *ética* – os princípios e as normas que guiam o nosso comportamento em relação a outras pessoas. Observe novamente a Figura 4.1 para uma visão geral dos conceitos, dos termos e das questões éticas decorrentes da evolução tecnológica.

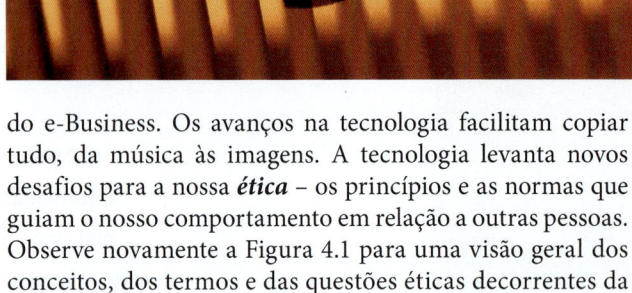

A Comissão de Valores Mobiliários (SEC, *Securities Exchange Commission*) iniciou investigações sobre as práticas contábeis da Enron, em 22 de outubro de 2001. David Duncan, o parceiro da Arthur Andersen, responsável pela Enron, instruiu sua equipe de trabalho para começar a destruir papéis e registros eletrônicos relacionados à Enron em 23 de outubro de 2001. Kimberly Latham, uma subordinada de Duncan, enviou, em 24 de outubro de 2001, instruções à sua equipe inteira para seguir as ordens de Duncan e até mesmo compilou uma lista de arquivos para deletar. A Arthur Andersen culpa Duncan pela destruição de milhares de documentos relacionados à Enron. Duncan culpa a advogada de Arthur Andersen, Nancy Temple, por enviar-lhe um memorando instruindo-o a destruir arquivos. Temple culpa as políticas de eliminação de documentos de Arthur Andersen.[2]

Independentemente de quem é a culpa, o maior problema é que a destruição de arquivos depois de uma investigação federal ter sido iniciada é tanto antiético quanto ilegal. A ordem direta da empresa para destruir informações sob uma investigação federal em curso representa um dilema para qualquer profissional. Cumpra, e você participa de atividades potencialmente criminosas; recuse, e você poderia acabar tendo de procurar um novo emprego.

A privacidade é um dos maiores problemas éticos enfrentados pelas empresas. A *privacidade* é o direito de ser deixado sozinho quando você quiser, de ter controle sobre seus próprios bens pessoais e não ser observado sem o seu consentimento. A privacidade está relacionada à **confidencialidade**, que é a garantia de que as mensagens e informações estão disponíveis apenas para aqueles que estão autorizados a vê-las. Algumas das decisões mais problemáticas enfrentadas pelas organizações estão situadas nas águas turvas e turbulentas da privacidade. A carga vem do conhecimento de que a cada

FIGURA 4.1 Questões éticas relacionadas à tecnologia

Propriedade intelectual	Trabalho criativo intangível que se materializa na forma física.
Direitos autorais (*copyright*)	A proteção jurídica proporcionada a uma expressão de uma ideia, como uma música, um videogame e alguns tipos de documentos.
Doutrina do uso justo	Em determinadas situações, é legal usar material com direitos autorais.
Software pirateado	A utilização não autorizada, a cópia, a distribuição ou a venda de software com direitos autorais
Software falsificado	O software que é fabricado para se parecer ao software real e ser vendido como tal.

vez que um funcionário toma uma decisão sobre questões de privacidade, o resultado poderia afundar a empresa.

A confiança entre empresas, consumidores, parceiros e fornecedores é a estrutura de apoio do e-Business. Um dos principais ingredientes da confiança é a privacidade. A privacidade continua a ser uma das principais barreiras para o crescimento do e-Business. As pessoas têm receio de que sua privacidade seja violada por causa das interações na web. A menos que uma empresa possa tratar efetivamente dessa questão de privacidade, seus clientes, parceiros e fornecedores podem perder a confiança nela, o que prejudicaria seus negócios. De acordo com sua tarefa de reunir a inteligência, a CIA está assistindo ao YouTube. Espiões dos Estados Unidos, agora sob o Director of National Intelligence (DNI), estão procurando, cada vez mais, por inteligência em âmbito online, pois eles se tornaram grandes consumidores de mídia social. "Nós estamos examinando o YouTube, que dispõe de alguma inteligência verdadeira exclusiva", disse Doug Naquin, diretor da DNI Open Source Center. "Estamos vendo salas de bate-papo e coisas que não existiam há cinco anos, e estamos tentando ficar à frente. Temos grupos examinando o que chamam de 'Citizens Media': pessoas fotografando com seus celulares e postando as fotos na internet." A Figura 4.2 mostra os resultados de uma pesquisa da *CIO* sobre como as questões de privacidade reduzem a confiança para o e-Business.

FIGURA 4.2 Confiança e e-Business

Principais razões de as questões de privacidade reduzirem a confiança do e-Business

1. Perda da privacidade pessoal.
2. Dos usuários da internet, 37% são "muito" mais inclinados a comprar um produto em um site que tem uma política de privacidade.
3. Privacidade e segurança efetivas converteriam mais usuários de internet em compradores via internet.

OA4.1
Explicar as questões éticas que envolvem a tecnologia da informação.

ÉTICA DA INFORMAÇÃO

A *ética da informação* diz respeito às questões éticas e morais decorrentes do desenvolvimento e utilização das tecnologias da informação, bem como a criação, coleta, duplicação, distribuição e processamento da informação em si (com ou sem o auxílio das tecnologias de informática). Os indivíduos determinam como utilizar essa informação e como ela os afeta. Como os indivíduos se comportam em relação aos outros e como lidam com a informação e a tecnologia são questões amplamente influenciadas pela ética de cada um deles. Os dilemas éticos geralmente não surgem em situações simples e bem definidas, mas de um confronto entre metas concorrentes, responsabilidades e lealdades. Inevitavelmente, o processo de decisão tem mais de uma decisão "correta" socialmente aceitável. A Figura 4.3 contém exemplos de usos eticamente questionáveis ou inaceitáveis de tecnologia da informação.

Na Figura 4.3, as pessoas apresentam argumentos a favor ou contra – justificando ou condenando – os comportamentos. Infelizmente, há poucas regras rígidas e rápidas para

Minha Lista do que Não Fazer

Você realmente quer arriscar?

Ética. É apenas uma palavra pequena, mas tem um impacto monumental em cada área de negócio. Das revistas, blogs e jornais que você lê até os cursos que você faz, você vai se deparar com a ética, pois é um tema quente no mundo eletrônico de hoje. A tecnologia tem proporcionado várias oportunidades incríveis, mas também tem proporcionado essas mesmas oportunidades para pessoas sem ética. Discuta as questões éticas que cercam cada uma das seguintes situações (sim, essas são histórias reais):

- Uma menina levanta a mão em sala de aula e diz: "Eu posso copiar legalmente qualquer DVD que pego da Netflix, porque a Netflix comprou o DVD, e os direitos autorais só se aplicam à empresa que comprou o produto".
- Um aluno se levanta no primeiro dia de aula, antes do professor chegar, e anuncia que pode digitalizar manuais, que estão no livro didático para o curso em seu *pen drive*, e que ficará feliz em vender por US$ 20. Vários estudantes pagam na hora e fazem o upload do livro digitalizado para seus computadores. Um estudante anota as informações do aluno e contata a editora sobre o incidente.
- Um gerente sênior é solicitado a monitorar os e-mails de seu funcionário porque há um boato de que ele está à procura de outro emprego.
- Uma vice-presidente de vendas pede a seu funcionário para gravar todos os dados de clientes em um disco rígido externo, porque ela fez um acordo para fornecer informações de clientes para um parceiro estratégico.
- Um gerente sênior é solicitado a monitorar e-mails de sua funcionária para descobrir se ela está assediando sexualmente um funcionário.
- Um funcionário está examinando a unidade de rede compartilhada e descobre que todo o disco rígido de seu chefe, incluindo o seu backup de e-mail, foi copiado para a rede e está visível a todos.
- Um funcionário é acidentalmente copiado em um e-mail que enumera os alvos para a próxima rodada de demissões.

FIGURA 4.3 — Uso eticamente questionável ou inaceitável da tecnologia da informação

1. Indivíduos copiam, utilizam e distribuem softwares.
2. Funcionários pesquisam bases de dados organizacionais para obter informações pessoais e corporativas confidenciais.
3. Organizações coletam, compram e usam informações sem checar sua validade ou precisão.
4. Indivíduos criam e disseminam vírus que causam problemas para aqueles que usam e fazem a manutenção de sistemas de TI.
5. Indivíduos invadem sistemas de computadores para roubar informações confidenciais.
6. Funcionários destroem ou roubam informações confidenciais da empresa, como diagramas esquemáticos, anotações, listas de clientes e relatórios.

determinar sempre o que é e o que não é ético. Conhecer a lei nem sempre ajuda, porque o que é legal pode não ser sempre ético, e o que poderia ser ético nem sempre é legal. Por exemplo, Joe Reidenberg recebeu uma oferta de serviço de telefonia celular da AT&T Wireless. A oferta revelou que a AT&T Wireless usou a Equifax, uma agência de crédito de informação, para identificar Joe Reidenberg como um cliente potencial. Em geral, essa estratégia parecia ser um bom negócio. A Equifax poderia gerar receita adicional com a venda de informações que já possuía e a AT&T Wireless poderia identificar mercados-alvo, aumentando, assim, as taxas de resposta para as suas campanhas de marketing.

Infelizmente, o Fair Credit Reporting Act (FCRA) proíbe o redirecionamento de informações de crédito, exceto quando a informação é utilizada para "uma oferta de crédito ou de seguro a uma empresa". Em outras palavras, o único produto que pode ser vendido com base em informações de crédito é o próprio crédito. Um representante da Equifax declarou: "Enquanto a AT&T Wireless (ou qualquer outra empresa) está oferecendo o serviço de telefonia celular como se fosse crédito, como permitir a utilização do serviço antes que o consumidor tenha de pagar, ela está em conformidade com o FCRA". No entanto, a questão permanece: isso é ético?[3]

Esse é um bom exemplo dos dilemas éticos enfrentados pelas empresas. Como a tecnologia é bastante nova e abrangente em formas inesperadas, a ética em torno das informações ainda está sendo definida. A Figura 4.4 mostra os quatro quadrantes de comportamento ético e legal. A meta ideal para as organizações é tomar decisões dentro do quadrante I, que são legais e éticas.

Informação não tem ética

Jerry Rode, CIO da Saab Cars US, percebeu que tinha um problema de relações públicas em suas mãos quando recebeu um e-mail de um cliente enfurecido. A Saab contratou quatro empresas de marketing na internet para distribuir informações eletrônicas sobre os novos modelos da empresa para seus clientes. A Saab especificou que a campanha de marketing seria *opt-in* (opção na entrada), o que implica que seriam contatadas apenas as pessoas que haviam concordado em receber promoções e material de marketing por e-mail. Infelizmente, uma das empresas de marketing aparentemente tinha uma definição diferente de *opt-in* e foi enviando e-mail a todos os clientes, independentemente da sua opção por receber ou não o material.

Rode dispensou a empresa de marketing que cometeu o erro e logo desenvolveu uma política formal para o uso de informações do cliente. "O cliente não vê as agências de publicidade e as empresas de marketing contratadas. Eles veem a Saab USA enviando spam a eles", disse Rode. "Apontar culpados não vai fazer seus clientes se sentirem melhor".[4]

A informação não tem ética. A informação não se importa em como será usada. Ela não vai parar, por conta própria, de enviar spam aos clientes, de compartilhar seu conteúdo eventualmente confidencial ou pessoal, ou de revelar detalhes a terceiros. A informação não pode excluir-se ou preservar-se. Portanto, recai sobre os ombros daqueles que possuem a informação o estabelecimento de diretrizes éticas sobre a forma de gerir a informação. A Figura 4.5 fornece uma visão geral de algumas leis importantes, nos Estados Unidos, que as pessoas devem seguir quando estão tentando gerenciar e proteger informações.*

FIGURA 4.4 — Agir eticamente e agir legalmente nem sempre são a mesma coisa

	Legal	Ilegal
Ético	I	II
Não ético	III	IV

OA4.2
Identificar as diferenças entre uma política ética de uso do computador e uma política de uso aceitável.

OA4.3
Descrever a relação entre uma política de privacidade de e-mail e uma política de uso da internet.

OA4.4
Explicar os efeitos do spam em uma organização.

---

* N. de R.T.: Embora prevista na constituição, a proteção à informação no Brasil ainda carece de leis e regulamentações robustas. O Ministério da Justiça criou um blog no endereço <http://culturadigital.br/dadospessoais>, com o objetivo de receber contribuições de entidades, de especialistas e da população em geral sobre o tema da segurança à informação. O debate ficou aberto até abril de 2011 e agora serve de subsídio para a futura confecção de um projeto de lei sobre o assunto.

FIGURA 4.5 — Leis estabelecidas nos Estados Unidos relacionadas à informação

Lei	Descrição
Privacy Act – 1974	Restringe as informações que o governo federal pode coletar; permite às pessoas acessar e corrigir informações sobre si mesmas; requer procedimentos para garantir a segurança das informações pessoais; e proíbe a divulgação, sem permissão, de informações ligadas a nomes.
Family Education Rights and Privacy Act – 1974	Regulamenta o acesso aos registros de formação pessoal por órgãos governamentais e por terceiros e assegura o direito dos estudantes de ver seus próprios registros.
Cable Communications Act – 1984	Requer autorização escrita ou eletrônica dos espectadores antes que as operadoras de TV a cabo possam liberar suas escolhas de visualização ou outras informações pessoalmente identificáveis.
Electronic Communications Privacy Act – 1986	Permite a leitura de mensagens de comunicação por uma empresa e diz que os funcionários não têm direito à privacidade quando utilizando computadores das empresas.
Computer Fraud and Abuse Act – 1986	Proíbe o acesso não autorizado a computadores usados por instituições financeiras, pelo governo dos Estados Unidos, ou pelo comércio interestadual e internacional.
The Bork Bill (oficialmente conhecido como *Video Privacy Protection Act*, 1988)	Proíbe o uso de informações sobre o aluguel de vídeos de clientes para qualquer outro propósito além do de comercialização de bens e serviços diretamente ao cliente.
Communications Assistance for Law Enforcement Act – 1994	Exige que os equipamentos de telecomunicações sejam projetados de modo que os agentes autorizados do governo sejam capazes de interceptar todas as comunicações, com e sem fio, que são enviadas ou recebidas por qualquer assinante. A lei também exige que as informações de identificação de chamada de assinantes sejam transmitidas para um governo quando e se for necessário.
Freedom of Information Act – 1967, 1975, 1994 e 1998	Permite a qualquer pessoa examinar os registros do governo, a menos que possa causar uma invasão de privacidade. Essa lei foi alterada em 1974 para aplicar-se ao FBI, novamente em 1994, para permitir aos cidadãos acompanhar as atividades e a coleta de informações por parte do governo, e novamente em 1998 para acessar informações do governo na internet.
Health Insurance Portability and Accountability Act (HIPAA) – 1996	Requer que o setor de saúde formule e implemente regras para manter a confidencialidade das informações do paciente.
Identity Theft and Assumption Deterrence Act – 1998	Reforçou as leis criminais que regem o roubo de identidade, tornando crime federal a utilização ou a transferência de identificação pertencente a outro. Também criou um atendimento central federal para as vítimas.
USA Patriot Act – 2001 e 2003	Permite a aplicação da lei para o acesso a quase toda informação, incluindo registros da biblioteca, videolocadoras, compras em livraria e os registros de negócios na investigação de qualquer ato de terrorismo ou de atividades de inteligência clandestina. Em 2003, o Patriot II ampliou a lei original.
Homeland Security Act – 2002	Reformulou a autoridade de agências do governo para explorar dados sobre os indivíduos e grupos, incluindo e-mails e visitas ao site; pôs limites às informações disponíveis no Freedom of Information Act; e deu novos poderes para agências do governo declararem emergências nacionais de saúde.
Sarbanes-Oxley Act – 2002	Almejada para proteger os investidores, melhorando a precisão e a confiabilidade das divulgações corporativas, e exige que as empresas (1) implementem políticas abrangentes e detalhadas para prevenir atividades ilegais dentro da empresa, e (2) respondam em tempo hábil para investigar a atividade ilegal.
Fair and Accurate Credit Transactions Act – 2003	Contempla provisões para a prevenção de roubo de identidade, incluindo o direito dos consumidores de obter gratuitamente um relatório de crédito por ano, exigindo que os comerciantes deixem todos, exceto os últimos cinco dígitos do número do cartão de crédito, fora de um recibo, e que os credores e as agências de crédito ajam quando notarem quaisquer circunstâncias que possam indicar roubo de identidade, antes mesmo que uma vítima saiba que um crime ocorreu.
CAN-Spam Act – 2003	Elaborada para regular o comércio interestadual, impondo limitações e sanções às empresas que enviam e-mails não solicitados para os consumidores. A lei proíbe linhas de assunto enganosas, cabeçalhos, endereços de retorno etc., bem como a coleta de endereços de e-mail de sites. Exige que as empresas que enviam spam mantenham uma lista de e-mails para os quais não enviar spam e incluam um endereço postal na mensagem.

> **AS EMPRESAS DEVEM REGISTRAR SUA POLÍTICA, ESTABELECENDO ORIENTAÇÕES AOS FUNCIONÁRIOS, PROCEDIMENTOS DE PESSOAL E REGRAS DE ORGANIZAÇÃO DA INFORMAÇÃO.**

DESENVOLVIMENTO DE POLÍTICAS DE GERENCIAMENTO DA INFORMAÇÃO

Tratar informações corporativas confidenciais como um recurso valioso reflete uma boa administração. Formar uma cultura empresarial baseada em princípios éticos que os funcionários possam entender e implementar é gestão responsável. Em um esforço para fornecer orientações para o gerenciamento da informação ética, a revista *CIO* (juntamente com mais de 100 CIOs) desenvolveu seis princípios para o gerenciamento ético da informação, apresentados na Figura 4.6.

As empresas devem registrar sua política, estabelecendo orientações aos funcionários, procedimentos de pessoal e regras de organização da informação. Essas políticas definem as expectativas dos funcionários sobre as práticas e as normas da organização e protegem a organização da má utilização dos sistemas de informática e recursos de TI. Se os funcionários de uma empresa utilizam computadores no trabalho, a organização deve, no mínimo, implementar políticas eletrônicas. As políticas eletrônicas (*epolicies*) são políticas e procedimentos que visam o uso ético dos computadores e da internet no ambiente de negócios. Essas políticas normalmente incorporam o seguinte:

- Política de uso ético do computador.
- Política de privacidade da informação.
- Política de aceitação de uso.
- Política de privacidade de e-mail.
- Política de uso da internet.
- Política anti-spam.

FIGURA 4.6 Seis princípios de gerenciamento ético da informação da revista *CIO*

1. A informação é um ativo valioso das empresas e deve ser tratada como tal, como o dinheiro, as instalações ou qualquer outro ativo corporativo.
2. O CIO é o administrador das informações corporativas e é responsável pelo gerenciamento delas durante o respectivo ciclo de vida: desde a geração até a destruição adequada.
3. O CIO é responsável por controlar o acesso e o uso da informação, conforme determinado pela regulamentação governamental e pela política corporativa.
4. O CIO é responsável por prevenir a destruição inadequada da informação.
5. O CIO é responsável por trazer o conhecimento tecnológico ao desenvolvimento de práticas e políticas de gerenciamento da informação.
6. O CIO deve se associar a colegas executivos para desenvolver e executar políticas de gerenciamento da informação da organização.

Política do uso ético de computadores

Em um caso que ilustra os perigos das apostas online, um site de pôquer líder na internet informou que um hacker explorou uma falha de segurança para obter uma vantagem insuperável nos torneios de pôquer *high-stakes* e *Texas hold-'em no-limit*: a capacidade de ver as cartas de seus oponentes. O trapaceiro, cujos ganhos ilegítimos foram estimados entre US$ 400 e US$ 700 mil, era um funcionário da AbsolutePoker.com que invadiu o sistema para mostrar que isso poderia ser feito. Independentemente do negócio que uma empresa opera – mesmo aquele que muitos consideram antiético –, ela deve se proteger do comportamento do funcionário antiético.

Um dos passos essenciais para criar uma cultura ética empresarial é estabelecer uma política de uso ético dos computadores. Uma **política de uso ético de computadores** contém princípios éticos gerais para orientar o comportamento do usuário. Por exemplo, pode declarar explicitamente que os usuários devem evitar jogos de computador durante o horário de trabalho. Essa política assegura que os usuários saibam como comportar-se no trabalho e que a empresa tem uma norma escrita de como lidar com as infrações do usuário. Por exemplo, depois dos avisos apropriados, a empresa pode demitir um funcionário que passa boa parte do tempo jogando no computador do trabalho.

Existem variações em como as empresas esperam que seus funcionários utilizem os computadores, mas em qualquer abordagem, o princípio primordial quando se procura o uso apropriado do computador deve ser o consentimento informado. Os usuários devem ser *informados* sobre as regras e, ao concordar em utilizar o sistema com base nelas, *consentir* em cumpri-las.

Uma organização deve fazer um esforço consciente para assegurar que todos os usuários estejam cientes da política, por meio de treinamento formal e de outros meios. Se uma empresa pudesse ter apenas uma política eletrônica, deveria ser a de uso ético dos computadores, uma vez que esse é o ponto de partida e a proteção para quaisquer outras políticas que a empresa venha a estabelecer.

Política de privacidade da informação

Scott Thompson é o vice-presidente-executivo da Inovant, a empresa da Visa estabelecida para operar sua tecnologia. Thompson

Vivendo o SONHO

O círculo da vida – Kiva

A missão da Kiva é conectar as pessoas por meio de empréstimos com o intuito de reduzir a pobreza. A Kiva é um microcrédito online sem fins lucrativos que permite aos indivíduos emprestar dinheiro diretamente a empresários de todo o mundo. Se você quiser participar da Kiva, basta entrar no site <http://www.kiva.org>, e escolher um empresário que lhe interesse, fazer um empréstimo e depois acompanhar o seu empresário nos próximos 6 a 12 meses, enquanto ele desenvolve o seu negócio e gera os fundos para pagar o empréstimo. Quando o empréstimo terminar, você pode reemprestar o dinheiro para alguém que esteja precisando.

A Kiva é um excelente exemplo de combinação de ética e de tecnologia da informação. Como a Kiva está operando diferentemente do tradicional sem fins lucrativos? Quais são os riscos associados ao investimento na Kiva? Quando você investe na Kiva, ativa três riscos principais: riscos do empreendedor, risco do parceiro local e risco país. Analise cada um desses potenciais riscos para questões éticas que possam surgir ao trabalhar com a Kiva.

---

peca pelo excesso nos cuidados em relação às informações da Visa: ele proíbe a utilização de informações de clientes da Visa para qualquer coisa fora do seu destino – faturamento.

As informações dos clientes da Visa detalham como as pessoas estão gastando dinheiro, em quais lojas, em quais dias e até em qual momento do dia. Os departamentos de vendas e de marketing de todo o país estão, sem dúvida, com água na boca para ter acesso à base de dados da Visa. "Eles gostariam de trabalhar as informações em programas de fidelidade, mercados-alvo ou mesmo parcerias com a Visa. Há muitas pessoas criativas surgindo com essas ideias. Toda essa área de compartilhamento de informações é enorme e crescente. Para os comerciantes, o céu é o limite", disse Thompson. Especialistas em privacidade, juntamente com Thompson, desenvolveram uma rigorosa política de informações do cartão de crédito, seguida pela empresa.

A questão agora é: Thompson pode garantir que o uso antiético de suas informações não irá ocorrer? Muitos especialistas não acreditam que seja possível. Na grande maioria dos casos, o uso ético da informação não ocorre por meio de maquinação maliciosa de um comerciante desonesto, mas involuntariamente. Por exemplo, a informação é recolhida e armazenada por algum motivo, como atualização cadastral ou de faturamento. Então, um profissional de vendas ou de marketing descobre outra maneira de usar a informação internamente, compartilhando com os parceiros ou vendendo a um terceiro confiável. A informação é, "sem querer", utilizada para novos fins. O exemplo clássico desse tipo de reutilização não intencional de informações é o número da Previdência Social, que, nos Estados Unidos, começou apenas como uma forma de identificar benefícios de aposentadoria do governo e agora é usado como uma espécie de identificação pessoal universal, encontrado em tudo, desde carteiras de motorista até contas de poupança.

Uma empresa que quer proteger suas informações deve desenvolver uma política contendo princípios gerais sobre a privacidade da informação. A Figura 4.7 destaca algumas orientações que uma empresa deve seguir durante a criação de uma política de privacidade da informação.

FIGURA 4.7 Orientações organizacionais para a criação de uma política de privacidade da informação

1. **Adoção e implementação de uma política de privacidade.** Uma empresa comprometida com atividades online ou com e-Business tem a responsabilidade de adotar e implementar uma política para proteger a privacidade de informações pessoais. As empresas também devem tomar medidas que fomentem a adoção e a implementação de políticas eficazes de privacidade online pelas organizações com as quais interagem, por exemplo, partilhando práticas melhores com os parceiros de negócios.

2. **Notificação e divulgação.** Uma política de privacidade deve ser fácil de ser encontrada, lida e entendida. A política deve indicar claramente:
   - Que tipo de informação está sendo coletada?
   - O uso da informação sendo coletada.
   - A possível distribuição dessa informação a terceiros.
   - As opções disponíveis para um indivíduo quanto à coleta, ao uso e à distribuição das informações coletadas.
   - Uma declaração de compromisso da empresa com a segurança da informação.
   - Quais medidas a organização toma para garantir a qualidade e o acesso à informação.

3. **Escolha e consentimento.** Os indivíduos devem ter a oportunidade de decidir a respeito de como as informações pessoais coletadas online podem ser utilizadas para finalidades diferentes daquelas para as quais foram coletadas. No mínimo, os indivíduos devem ter a oportunidade de opinar sobre essa utilização.

4. **Segurança da informação.** As empresas que criam, mantêm, utilizam ou divulgam informações pessoais devem tomar medidas adequadas para garantir a sua confiabilidade e devem tomar precauções sensatas para proteger as informações quanto à perda, má utilização ou alteração.

5. **Qualidade e acesso à informação.** As empresas devem estabelecer processos ou mecanismos adequados para que as imprecisões no material de informações pessoais, como conta ou informações de contato, possam ser corrigidas. Outros procedimentos para garantir a qualidade da informação podem incluir o uso de fontes confiáveis, métodos de coleta, acesso apropriado dos consumidores e proteção contra alteração acidental ou não autorizada.

FIGURA 4.8 — Política de uso aceitável

1. Não utilizar o serviço para violar nenhuma lei.
2. Não tentar quebrar a segurança de nenhuma rede de computador ou usuário.
3. Não postar mensagens comerciais nos grupos sem autorização prévia.
4. Não realizar nenhum não repúdio.
5. Não tentar enviar lixo eletrônico ou spam para quem não quer recebê-lo.
6. Não tentar enviar uma bomba de e-mails a um site. Uma bomba de e-mail é o ato de enviar uma enorme quantidade de e-mails para uma pessoa ou sistema específico, resultando no enchimento do espaço de disco do destinatário, o que, em alguns casos, pode ser demais para a capacidade do servidor, fazendo-o, ocasionalmente, parar de funcionar.

Política de uso aceitável

Uma **política de uso aceitável** (AUP, *Acceptable Use Policy*) é uma política com a qual o usuário deve concordar em seguir a fim de receber o acesso a uma rede ou à internet. O **não repúdio** é uma cláusula contratual para garantir que os participantes do e-Business não neguem (repudiem) as suas ações online. A cláusula de não repúdio está geralmente contida em uma AUP.

Muitas empresas e instituições de ensino exigem que os funcionários ou estudantes assinem uma política de uso aceitável antes de obter acesso à rede. Ao inscrever-se com um provedor de serviços da internet (ISP), geralmente é apresentado um AUP para cada cliente, declarando que ele concorda em aderir a determinadas condições (ver Figura 4.8).

Política de privacidade de e-mail

O e-mail é tão difundido nas empresas que exige a sua própria política específica. Em uma pesquisa recente, 80% dos trabalhadores profissionais identificaram o e-mail como o modo preferencial de comunicação corporativa. As tendências também mostram um aumento drástico na taxa de adoção de mensagens instantâneas (MI) no local de trabalho. Apesar de o e-mail e as MI serem ferramentas de comunicação de negócio comuns, existem riscos associados ao seu uso. Por exemplo, uma mensagem enviada fica armazenada em, pelo menos, três ou quatro computadores diferentes (ver Figura 4.9). Simplesmente apagar uma mensagem de um computador não a exclui dos outros computadores. As empresas podem atenuar muitos dos riscos do uso de sistemas de mensagens eletrônicas mediante implementação e adoção de uma política de privacidade de e-mail.[5]

Um dos maiores problemas do e-mail são as expectativas de privacidade por parte do usuário. Em grande medida, isso se baseia na falsa suposição de que a proteção da privacidade de e-mail existe de uma forma análoga à da correspondência de primeira classe dos Estados Unidos. Isso simplesmente não é verdade. Tome-se o exemplo do advogado Richard Phillips, de Londres. Após a secretária derramar um pouco de ketchup nas calças dele, Phillips exigiu dela a restituição – por meio de uma mensagem de e-mail – de míseras 4 libras. O assunto do e-mail era: "Calças Ketchup". A secretária deixou de pagar imediatamente em virtude da morte repentina de sua mãe, mas rapidamente levou a público a briga de Davi *versus* Golias, humilhando Phillips. A empresa disse, mais tarde, que Phillips havia se demitido, mas teve o cuidado de observar que sua saída não teve nada a ver com o incidente das calças.

Geralmente, a empresa que possui o sistema de e-mail pode operá-lo tão aberto ou restrito quanto queira. Isso significa

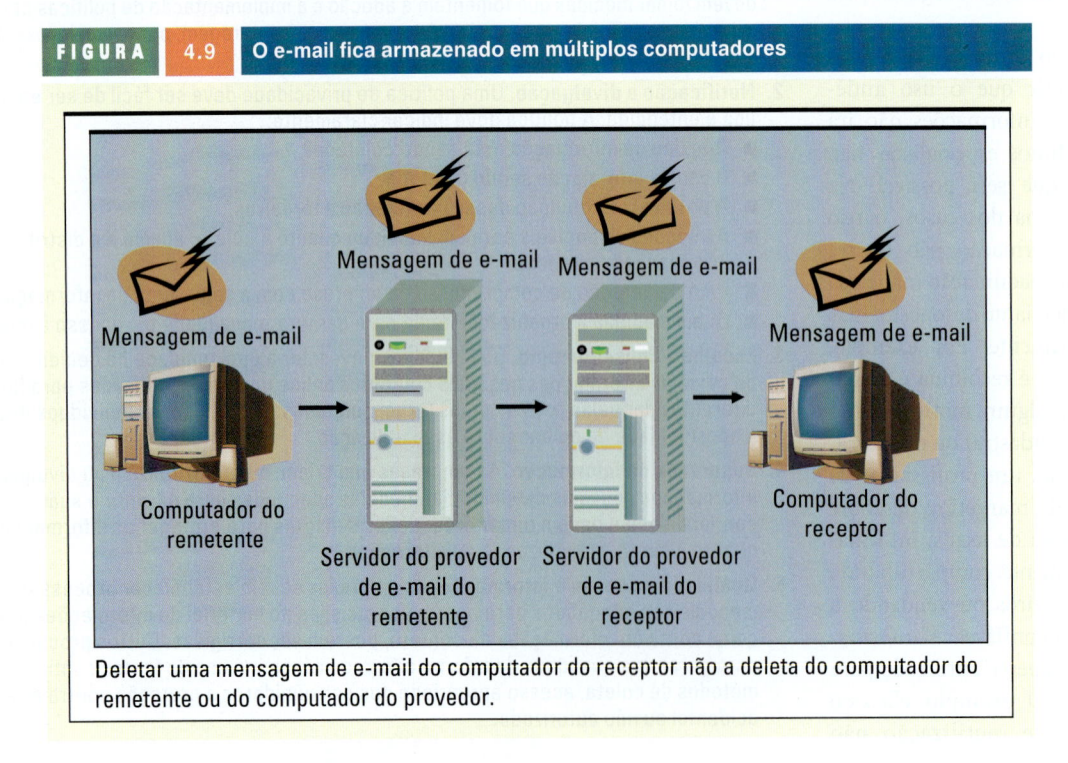

FIGURA 4.9 — O e-mail fica armazenado em múltiplos computadores

Computador do remetente → Servidor do provedor de e-mail do remetente → Servidor do provedor de e-mail do receptor → Computador do receptor

Deletar uma mensagem de e-mail do computador do receptor não a deleta do computador do remetente ou do computador do provedor.

FIGURA 4.10 — Disposições da política de privacidade de e-mail

1. A política deve ser complementar à do uso ético de computadores.
2. Define quem legitimamente são os usuários de e-mail.
3. Explica o processo de backup, assim os usuários saberão que, em algum momento, mesmo que uma mensagem seja apagada do seu computador, ela ainda estará no backup.
4. Descreve os motivos legítimos para a leitura das mensagens do e-mail de alguém e do processo necessário antes que tal ação possa ser executada.
5. Informa que a empresa não tem controle sobre a mensagem de e-mail, uma vez que ela é transmitida fora da organização.
6. Explica o que vai acontecer se o usuário romper sua ligação com a empresa.
7. Pede que os funcionários tenham cuidado ao criar arquivos organizacionais e documentos disponíveis para terceiros.

que, se a empresa quer ler as mensagens de todos, pode fazê-lo. Se ela optar por não ler nenhuma, isso também é permitido. Assim, cabe à empresa decidir quantas mensagens de e-mails, se houver, ela vai ler. Então, quando ela decidir, deve informar os usuários, de modo que eles possam consentir esse nível de intrusão. Em outras palavras, uma *política de privacidade de e-mail* detalha em que medida as mensagens de e-mails podem ser lidas por terceiros.

As organizações devem criar uma política de privacidade de e-mail. A Figura 4.10 mostra algumas das disposições-chave, geralmente contidas em uma política de privacidade de e-mail.

Política de uso da internet

Semelhantemente ao e-mail, a internet tem alguns aspectos únicos que fazem dela uma boa candidata a ter sua própria política. Esses aspectos contemplam as grandes quantidades de recursos computacionais que os usuários da internet podem consumir, tornando, então, essencial que esse uso seja legítimo. Além disso, a internet contém vários materiais que alguns acreditam ser ofensivos e, portanto, alguma regulamentação é necessária. Uma *política de uso da internet* contém princípios gerais para orientar seu uso correto. A Figura 4.11 enumera algumas disposições importantes a serem incluídas em uma política de uso da internet.

Política anti-spam

O vice-presidente de tecnologia (CTO) da empresa de advocacia Fenwick and West, Matt Kesner, reduziu o número de spams recebidos em 99% e viu-se como um herói corporativo. Antes da redução de spam, os sócios do escritório de advocacia (cujo tempo vale de US$ 350 a US$ 600 por hora) gastavam muitas horas verificando de 300 a 500 mensagens de spam por dia. O bloqueio de spam projetado por Kesner captura entre 5 mil e 7 mil mensagens por dia.[6]

Spam é a mensagem não solicitada. Uma *política anti-spam* simplesmente afirma que os usuários de e-mail não enviarão mensagens não solicitadas (ou spam). O spam é uma praga que atinge todos os níveis de funcionários dentro de uma empresa, de recepcionistas a CEOs. Estimativas indicam que o spam representa de 40% a 60% do tráfego de e-mail da maioria das empresas. Ferris Research diz que o spam custou às empresas americanas mais de US$ 10 bilhões em 2005, e o Nucleus Research afirma que elas perdem anualmente US$ 874 por funcionário em produtividade apenas com spam. O spam obstrui os sistemas de e-mail e desvia os recursos de TI dos projetos empresariais legítimos.[7]

É difícil criar políticas, leis ou softwares anti-spam, porque não existe algo como um teste decisivo universal de spam. O spam de uma pessoa é a *newsletter* de outra. Os usuários finais têm de ser envolvidos na decisão sobre o que é spam, porque o que é indesejado pode variar bastante não só de uma empresa para outra, mas também de uma pessoa para outra. O que parece ser spam para o resto do mundo poderia ser comunicação de negócios essenciais para determinados funcionários.

Saiba que:

Spam: não é apenas para o jantar

O spam é uma promessa de riqueza. O spam é uma mensagem de e-mail ou uma *newsletter* que você não pediu, mas foi enviado em massa por alguém que você nem sabe quem é. O objetivo do spam é fazer dinheiro, e ele funciona porque as pessoas compram os produtos anunciados em mensagens de lixo eletrônico. Os spammers (pessoas que enviam spam) distribuem suas mensagens por meio de ISPs abertas ao spam ou transformando um computador individual inocente em uma máquina de spam (comumente chamado de rapto). É claro que o CAN-SPAM, o Controlling the Assault of Non-Solicited Pornography and Marketing Act de 2003, tornou ilegal o ato de enviar spam, mas ainda deve-se parar os spammers. Um dos spammers mais famosos do mundo, Robert Soloway, foi sentenciado a 47 meses de prisão e uma multa de US$ 700 mil, condenado por envio de spam por meio de computadores raptados com cabeçalhos falsos, contendo endereços de MSN da Microsoft e do Hotmail, os quais ele usou para fazer com que as mensagens parecessem legítimas. Ele também foi processado em US$ 7 milhões pela Microsoft. Ai!

A mania mais nova de spam, o spam móvel (m-spam) ou spam de celular, é uma forma de spam que envia mensagens de texto não solicitadas para telefones móveis. Uma nova questão associada ao spam móvel é o custo para o usuário final. Isso mesmo. O usuário final pode ter de pagar para receber o spam porque muitas operadoras cobram taxas para recebimento de mensagens de texto.

Você pode apostar que, um dia, você vai se deparar com os spammers atacando sua empresa e perturbando os funcionários. O que você pode fazer para ter certeza que os funcionários não estão inundados com spam? O que você pode fazer para garantir que nenhum dos funcionários envie spam? Quais são as potenciais ramificações de negócios se os computadores de trabalho na sua empresa são raptados por spammers?

FIGURA 4.11 Política de uso da internet

1. A política deve descrever os serviços disponíveis na internet porque nem todos os sites permitem aos usuários o acesso a todos os serviços.
2. A política deve definir a posição da empresa sobre o propósito do acesso à internet e quais restrições, se houver, são colocadas nesse acesso.
3. A política deve complementar a política do uso ético de computadores.
4. A política deve descrever a responsabilidade do usuário pela citação de fontes, pelo tratamento apropriado de material ofensivo e pela proteção do bom nome da empresa.
5. A política deve expressar claramente as consequências de sua violação.

FIGURA 4.12 Dicas de prevenção de spam

- Disfarce endereços de e-mail postados em local eletrônico público. Ao postar um endereço de e-mail em um local público, disfarce o endereço por meio de formas simples, como a substituição de "jsmith@dominio.com" com "jsmith no domínio ponto com". Isso evita que o spam reconheça o endereço de e-mail.
- Opte por diretórios de membros que possam colocar um endereço de e-mail online. Opte por não participar de qualquer atividade que coloque os endereços de e-mail online. Se algum endereço de e-mail for colocado online, tenha a certeza de que ele está disfarçado de alguma forma.
- Use um filtro. Muitos ISPs e serviços de e-mail grátis agora fornecem filtragem de spam. Apesar de os filtros não serem perfeitos, eles podem reduzir enormemente a quantidade de spam que um usuário recebe.

John Zarb, CIO da Libbey, fabricante de vidros, porcelanas e talheres, testou o Guenivere (um filtro de vírus de e-mail) e o SpamAssassin (um filtro de spam de código aberto). Ele teve de parar de usá-los depois de 10 dias, porque eles estavam rejeitando importantes mensagens legítimas. Como Zarb descobriu rapidamente, uma vez que uma empresa começa a filtragem de mensagens de e-mails, ela corre o risco de bloquear algumas legítimas que pareçam spam. Evitar um nível inaceitável de "falsos positivos" requer um equilíbrio delicado. A equipe de TI ajustou os filtros de spam e hoje eles bloqueiam em torno de 70% de spam da Libbey, e Zarb disse que a taxa de "falso positivo" está bem mais baixa, mas ainda não chegou a zero. A Figura 4.12 destaca alguns métodos que uma empresa pode seguir para prevenir o spam.

OA4.5
Resumir as diferentes tecnologias de monitoramento e explicar a importância de uma política de monitoramento dos funcionários.

ÉTICA NO TRABALHO

Está crescendo entre os funcionários a preocupação de que infrações em relação às políticas das empresas, mesmo as acidentais, venham a ser motivo para ação disciplinar. O site Whitehouse.gov exibe o site oficial do presidente dos Estados Unidos e atualiza assinaturas de leis e novas políticas. O endereço Whitehouse.com, porém, leva a um site falso que capitaliza por meio do nome famoso do verdadeiro. Um simples erro de digitação de .gov para .com poderia custar o emprego de alguém, caso a empresa tenha uma política de rescisão para a visualização de sites ilegais. Monitorar os funcionários é um dos maiores problemas que os CIOs enfrentam quando estão desenvolvendo políticas de gestão de informação.

Precedentes legais que sustentam as empresas financeiramente responsáveis pelas ações de seus funcionários dirigem a decisão de monitorar ou não o que os funcionários fazem no horário de expediente com os recursos corporativos. Cada vez mais o monitoramento do funcionário não é uma escolha, é uma obrigação de gestão de risco. Michael Soden, CEO do Bank of Ireland, emitiu um mandato afirmando que os funcionários não poderiam navegar em sites ilícitos com os equipamentos da empresa. Em seguida, ele contratou a Hewlett-Packard para administrar o departamento de TI. Um funcionário da Hewlett-Packard logo descobriu sites ilícitos no computador de Soden. Soden demitiu-se.[8]

Uma pesquisa de monitoramento do local de trabalho e as práticas de vigilância feitas pela American Management Association (AMA) e pelo epolicy Institute mostraram o quanto as empresas estão se voltando para o monitoramento:

- Dos 1.627 entrevistados do estudo, 82% admitiram conduzir algum tipo de monitoramento eletrônico ou de vigilância física.
- Das empresas, 63% afirmaram monitorar as conexões de internet.
- Entre essas, 47% admitiram armazenar e analisar as mensagens de e-mail do funcionário.[9]

Tecnologias de monitoramento

Muitos trabalhadores usam o acesso de alta velocidade à internet de sua empresa para fazer compras, pesquisas e navegar na web. Entre todas as compras online nos Estados Unidos, em 2004, 59% foram feitas a partir do local de trabalho, de acordo com a ComScore Networks. A Vault.com identificou que 47% dos funcionários passam, pelo menos, meia hora por dia navegando na internet.[10]

Essa pesquisa mostra que os gestores devem monitorar o que os funcionários estão fazendo com o acesso à web. A maioria dos gerentes não quer que os funcionários realizem negócios pessoais durante o expediente. Por isso, muitas empresas têm utilizado, cada vez mais, a abordagem "Big Brother" para monitorar a web com um software que controla o uso da internet e, até mesmo, permite que o chefe leia as mensagens de e-mails dos funcionários. A Figura 4.13 destaca algumas razões pelas quais os efeitos do monitoramento do funcionário são piores do que a perda de produtividade do funcionário que navega na web.

Esse é o pensamento da SAS Institute, empresa privada de software, classificada consistentemente no top 10 em várias pesquisas dos "Melhores lugares onde trabalhar". A SAS não monitora o uso da web de seus funcionários. A empresa lhes solicita que utilizem os recursos dela de maneira responsável, mas não se importa se eles, ocasionalmente, checam os placares esportivos ou utilizam a web para fazer compras.

Muitos gurus da administração defendem que as empresas cujas culturas corporativas são baseadas na confiança são mais bem-sucedidas do que aquelas cujas culturas corporativas são baseadas na desconfiança. Antes que uma empresa implemente uma tecnologia de monitoramento, ela deve se perguntar: "O que isso diz sobre como a empresa se sente em relação aos funcionários?". Se a organização realmente não confia neles, então, talvez ela deva contratar outras pessoas. Se uma organização confia nos funcionários, então ela pode querer tratá-los adequadamente. Uma organização que monitora cada toque dos funcionários está, inconscientemente, enfraquecendo as relações com eles.[11]

O **monitoramento da tecnologia da informação** é o acompanhamento das atividades das pessoas por meio de medidas tais como o número de toques, a taxa de erro, o número de transações processadas. A Figura 4.14 mostra os diferentes tipos de tecnologias de monitoramento disponíveis no momento.

Monitorar o comportamento dos funcionários não deve se ater apenas ao funcionário, mas em como os funcionários monitoram uns aos outros. Em 2002, um garoto canadense de 14 anos de idade chamado Ghyslain Raza, inocentemente, fez movimentos circulares com um recuperador de bola de golfe em um lugar calmo da sua escola, fingindo ser o Darth Maul do *Star Wars Episódio I: A ameaça fantasma*. Ele gravou essa cena e deixou a fita na escola, onde foi encontrada vários meses depois. Pouco tempo depois, Raza tornou-se uma sensação na internet, hoje conhecido como o "Star Wars Kid", com os fãs adicionando efeitos de sabre de luz e música e criando mais de 100 versões do vídeo. Essa cena constrangedora tornou-se, desde então, uma das mais populares da internet, tendo sido parodiada em programas de TV que vão desde o *American Dad*, até o *The Colbert Report* ou ao *Arrested Development*. Em 2003, Raza processou as pessoas que postaram o vídeo online, e o caso foi resolvido.

FIGURA 4.13 Efeitos do monitoramento do funcionário

1. O absenteísmo dos funcionários está em ascensão, atingindo 21% em 2004. A lição aqui pode ser a de que mais funcionários estão faltando ao trabalho para cuidar de negócios pessoais. Talvez perder alguns minutos aqui ou ali – ou mesmo um par de horas – é mais barato do que perder o dia inteiro.
2. Estudos indicam que o monitoramento eletrônico resulta na redução da satisfação no trabalho, em parte porque as pessoas começam a acreditar que a quantidade do seu trabalho é mais importante do que a qualidade.
3. O monitoramento eletrônico também induz o que os psicólogos chamam "reatância psicológica": a tendência a rebelar-se contra restrições. Se você disser aos funcionários que eles não podem fazer compras, não podem usar as redes corporativas para assuntos pessoais e não podem fazer ligações de telefone pessoais, então o desejo deles de fazer todas essas coisas provavelmente irá aumentar.

Políticas de monitoramento do funcionário

As mulheres são conhecidas por se juntarem em um pequeno bate-papo privado no banheiro, mas como elas se sentiriam se a conversa fosse transmitida na CNN durante um discurso presidencial? Quando a apresentadora Kyra Phillips fez uma pausa para ir ao banheiro, ela infelizmente deixou o microfone ligado, transmitindo a notícia de que sua cunhada era uma "maluca controladora", entre inúmeras outras declarações. Mais tarde, Phillips riu e até mesmo proporcionou, em um *Late Show*, uma lista Top 10 de desculpas do porquê isso aconteceu. Exemplo: "Como eu ia saber que tinha uma repórter infiltrada no banheiro?" Embora essa repórter tenha sido capaz de rir do incidente, a empresa deve assegurar que os funcionários fiquem confortáveis com qualquer monitoramento sendo feito, incluindo no banheiro.

O melhor caminho para uma empresa que planeja contratar um serviço de monitoramento dos funcionários é abrir uma discussão sobre a questão. Uma pesquisa recente descobriu que essa é uma atitude tímida na maioria das empresas. Uma em cada cinco nem sequer tinha uma política de uso aceitável, e uma em cada quatro não tinha uma política de uso da internet. As empresas que possuíam políticas geralmente

FIGURA 4.14 Tecnologias de monitoramento

Software key logger ou key trapper	Um programa que, quando instalado em um computador, registra cada toque de tecla e clique do mouse.
Hardware key logger	Um dispositivo de hardware que captura as teclas digitadas no caminho entre o teclado e a placa-mãe.
Cookie	Um pequeno arquivo gravado por um site em um disco rígido, contendo informações sobre os clientes e suas atividades na web. Os cookies permitem que os websites gravem as idas e vindas dos clientes, geralmente sem seu conhecimento ou consentimento.
Adware	Software que gera anúncios que se instalam no computador quando uma pessoa faz o download de algum outro programa da internet.
Spyware (sneakware ou stealthware)	Software que vem escondido em um software grátis para download e controla os movimentos online, explora as informações armazenadas em um computador, ou utiliza a CPU e a memória de um computador para alguma tarefa sobre a qual o usuário não tem nenhum conhecimento.
Web log	Consiste em uma linha de informação para todos os visitantes de um site e é normalmente armazenado em um servidor web.
Clickstream	Registra as informações sobre um consumidor durante uma sessão de navegação na web, tais como os sites que foram visitados, quanto tempo durou a visita, quais anúncios foram vistos e o que foi comprado.

as guardavam dentro dos recessos raramente sondados do manual do funcionário, e, então, as políticas tendiam a ser vagas e de uma variedade de jargão jurídico: "A empresa XYZ reserva-se o direito de monitorar ou analisar qualquer informação armazenada ou transmitida em seus equipamentos". Reservar-se o direito de monitorar é substancialmente diferente de estabelecer claramente que a empresa monitora, listando o que é controlado, descrevendo o que é procurado e detalhando as consequências de violações.

Uma empresa deve formular as políticas corretas de monitoramento e colocá-las em prática. As políticas de monitoramento do funcionário explicitamente declaram como, quando e onde a empresa monitora os funcionários. Os CSOs que são explícitos sobre o que a empresa faz para monitoramento e as razões para isso, juntamente com a educação ativa dos funcionários sobre o que é um comportamento inaceitável, vão descobrir que os funcionários não apenas se enquadram rapidamente em uma política, mas também reduzem a carga sobre os CSOs por se policiarem. A Figura 4.15 mostra algumas disposições comuns que uma empresa pode seguir durante a criação de uma política de monitoramento do funcionário.

FIGURA 4.15 Disposições da política de monitoramento do funcionário

1. Ser o mais específico possível.
2. Sempre aplicar a política.
3. Aplicar a política da mesma maneira para todos.
4. Comunicar expressamente que a empresa reserva-se o direito de monitorar todos os funcionários.
5. Declarar especificamente quando o monitoramento será realizado.
6. Declarar especificamente o que será monitorado (e-mail, MI, atividade de rede etc.).
7. Descrever os tipos de informações que serão coletados.
8. Declarar as consequências por violar a política.
9. Declarar todas as disposições que permitem atualizações da política.
10. Especificar o escopo e a forma de monitoramento de qualquer sistema de informação.
11. Quando necessário, obter um recibo escrito reconhecendo que cada parte recebeu, leu e compreendeu as políticas de monitoramento.

SEÇÃO 4.2 Segurança da informação

OBJETIVOS DE APRENDIZAGEM

OA4.6 Descrever a relação entre políticas de segurança da informação e um plano de segurança da informação.

OA4.7 Resumir os cinco passos para a criação de um plano de segurança da informação.

OA4.8 Dar um exemplo de cada uma das três áreas principais da segurança da informação: (1) autenticação e autorização, (2) prevenção e resistência e (3) detecção e resposta.

OA4.9 Descrever as relações e as diferenças entre hackers e vírus.

QUANTO O TEMPO OCIOSO CUSTARÁ AO SEU NEGÓCIO?

O velho axioma dos negócios "tempo é dinheiro" precisa ser atualizado para refletir com mais precisão a interdependência fundamental entre TI e processos de negócios. Para refletir nossa época, a frase deveria dizer "tempo de atividade é dinheiro". A principal causa de inatividade é uma falha de software seguida por erro humano, segundo a pesquisa da Infonetics. O tempo de inatividade não planejado pode ocorrer em qualquer momento e por variadas causas, que vão desde os furacões até pias transbordando ou falhas

---

NO FLAGRA

Estou sendo demitido por fumar, mas eu estava em casa e era sábado

Se, no fim de semana, você gosta de fumar e comer *fast-food*, você precisa ter cuidado, não porque seja ruim para você, mas isso poderia simplesmente causar sua demissão. As empresas estão começando a implementar políticas contra o tabagismo e a obesidade e estão testando os funcionários para o uso de tabaco e pressão arterial alta. Se os testes forem positivos, o funcionário pode receber multas ou, até mesmo, a demissão. Na Weyco Inc., quatro funcionários foram demitidos por se recusarem a fazer um teste para determinar se fumavam. A Weyco Inc. adotou uma política que determina que os funcionários fumantes seriam demitidos, mesmo que o ato de fumar aconteça após o horário comercial ou em casa. Howard Weyers, fundador da Weyco, acredita que as políticas antitabagismo foram projetadas para proteger a empresa de altos custos com tratamentos de saúde. "Eu não quero pagar pelos resultados do tabagismo", afirma Weyers.

As minorias e mulheres grávidas são protegidas pela lei contra a discriminação no local de trabalho. Infelizmente, se você tem alguns hábitos ruins, você está sozinho. Como você se sentiria se fosse demitido porque estava fumando no fim de semana? Você concorda que hábitos pouco saudáveis justifiquem ações disciplinares? Se as empresas estão autorizadas a implementar políticas contra o tabagismo e contra a obesidade, qual hábito pouco saudável pode ser o próximo? Até hoje, não houve qualquer política sobre o consumo de álcool fora do trabalho. Você concorda que comer demais e fumar são piores do que o hábito de beber?

> **O VELHO AXIOMA DOS NEGÓCIOS 'TEMPO É DINHEIRO' PRECISA SER ATUALIZADO PARA REFLETIR COM MAIS PRECISÃO A INTERDEPENDÊNCIA FUNDAMENTAL ENTRE TI E PROCESSOS DE NEGÓCIOS. PARA REFLETIR NOSSA ÉPOCA, A FRASE DEVERIA DIZER 'TEMPO DE ATIVIDADE É DINHEIRO'.**

de rede por falta de energia. Apesar de os desastres naturais parecerem as causas mais devastadoras de interrupções da TI, dificilmente são as mais frequentes ou as maiores ameaças ao tempo de atividade. A Figura 4.16 destaca as fontes da inatividade imprevista.

Segundo o Gartner Group, em média, as empresas perdem US$ 108 mil de receita em cada hora que sua infraestrutura de TI fica fora do ar. A Figura 4.17 exibe as quatro categorias associadas ao tempo de inatividade, de acordo com o Gartner Group. Algumas perguntas que as empresas devem fazer ao determinar o custo da inatividade incluem:

- Quantas operações a empresa pode perder sem impactar significativamente os negócios?
- A empresa depende de uma ou mais aplicações de missão crítica para conduzir os negócios?
- Quanto de receita a empresa perderá em cada hora que uma aplicação crítica não estiver disponível?
- Qual é a perda de produtividade associada a cada hora de inatividade?
- Como os processos de negócios colaborativos com parceiros, fornecedores e consumidores irão ser afetados por uma inesperada queda de TI?
- Qual é o custo total da perda de produtividade e da perda da receita durante a inatividade não planejada?

A confiabilidade e a solidez dos sistemas de TI nunca foram tão essenciais para o sucesso, na medida em que as empresas lidam com as forças da globalização, com operações 24 x 7, com regulamentos do governo e do comércio e com orçamentos e recursos de TI prolongados em demasia. Qualquer tempo inesperado de inatividade da TI no ambiente de negócios de hoje tem o potencial de causar custos em curto e em longo prazo, com consequências de longo alcance. A Seção 4.2 explica como você pode utilizar a segurança para combater a ameaça de inatividade. Compreender como proteger uma rede de negócios é fundamental para manter o tempo de inatividade no mínimo e o tempo de atividade no máximo.

FIGURA 4.16 — Fontes da inatividade imprevista

Ameaça de bomba	Hacker	Nevasca
Explosão de tubulação	Granizo	Avaria do irrigador de incêndio
Derramamento químico	Furacão	Eletricidade estática
Construção	Tempestade de gelo	Greve
Dados corrompidos	Insetos	Terrorismo
Terremoto	Relâmpago	Roubo
Curto-circuito	Falha na rede	Tornado
Epidemia	Acidente aéreo	Descarrilamento de trem
Falha do equipamento	Congelamento da tubulação	Danos por fumaça
Evacuação	Blecaute	Vandalismo
Explosão	Oscilação de energia	Acidente de carro
Fogo	Roedores	Vírus
Inundação	Sabotagem	Danos causados pela água (vários)
Fraude	Dados fragmentados	Vento

PROTEGER OS ATIVOS INTELECTUAIS

Fumar não é apenas ruim para a saúde de uma pessoa, parece que também é ruim para a segurança da empresa. Com as empresas proibindo o fumo em suas dependências, os fumantes são obrigados a sair – normalmente para áreas específicas para fumantes, na parte de trás do edifício. As portas que levam a essas áreas são uma grande falha na segurança, de acordo com estudo realizado pela NTA Monitor Ltda., um especialista em segurança do Reino Unido com base na internet.

A NTA foi capaz de entrar facilmente em um edifício corporativo por uma porta traseira, deixada aberta para que os fumantes pudessem entrar e sair fácil e rapidamente, de acordo com a empresa. Uma vez lá dentro, o especialista pediu que um funcionário o levasse para uma

FIGURA 4.17 O custo da inatividade

Desempenho financeiro
- Reconhecimento da receita
- Fluxo de caixa
- Garantias de pagamento
- Classificação de crédito
- Preço da ação

Receita
- Perda direta
- Pagamentos compensatórios
- Perda de receita futura
- Perdas de faturamento
- Perdas de investimento
- Perda de produtividade

$ Conheça os seus custos de inatividade por hora, por dia e por semana.

Reputação prejudicada
- Consumidores
- Fornecedores
- Mercados financeiros
- Bancos
- Parceiros de negócio

Outras despesas
- Funcionários temporários
- Aluguel de equipamentos
- Custos com horas extras
- Despesas extras de remessa
- Despesas de viagem
- Obrigações legais

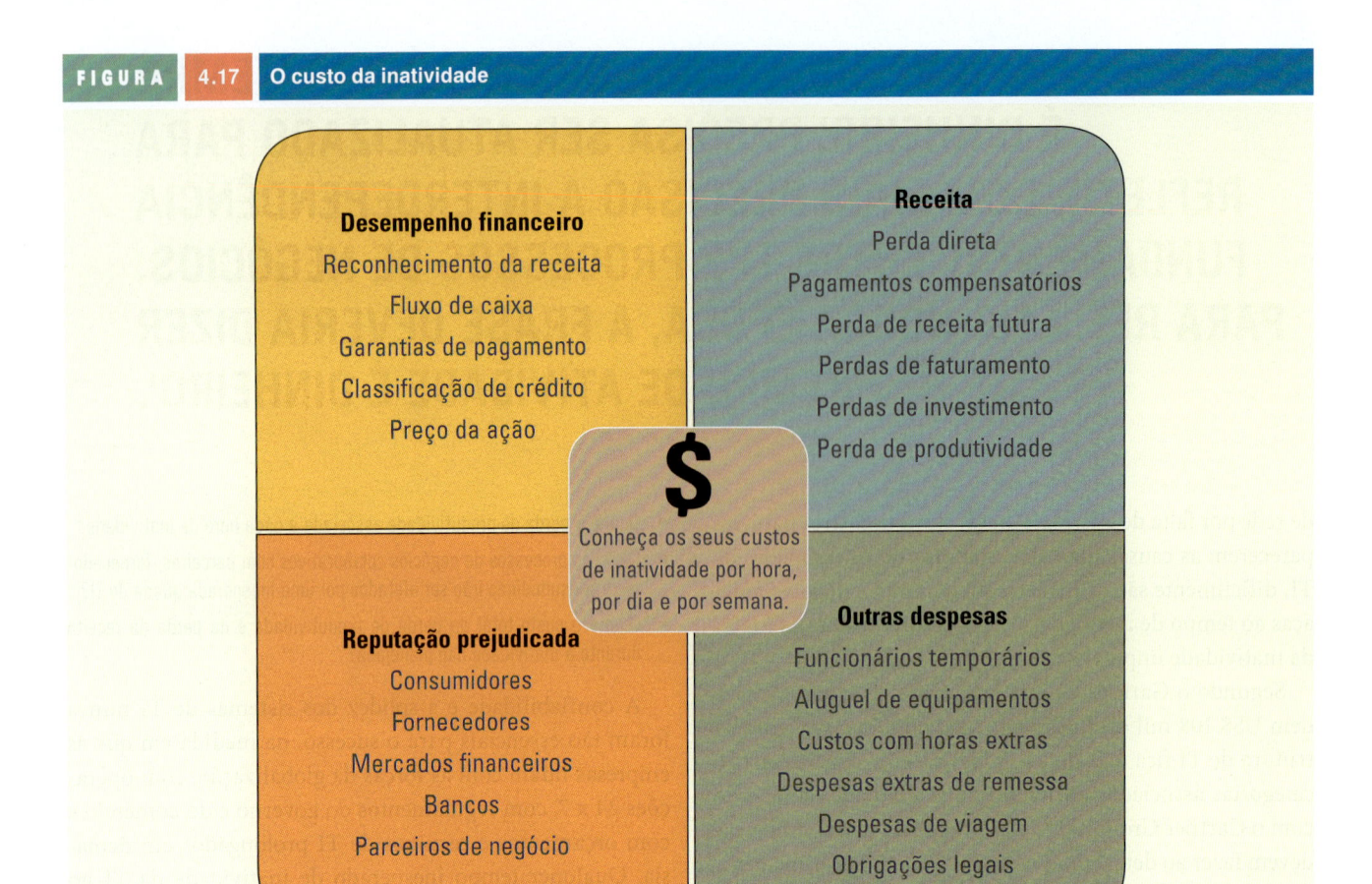

sala de reunião, alegando que o departamento de TI o tinha enviado. Mesmo sem um passe, de acordo com o relatado, ele obteve o acesso sem dificuldades e, então, conseguiu conectar seu *laptop* à rede da empresa.

A informação organizacional é o capital intelectual. Assim como as empresas protegem seus ativos – mantendo seu dinheiro em um banco ou proporcionando um ambiente de trabalho seguro aos funcionários –, elas também devem proteger seu capital intelectual. O capital intelectual de uma empresa inclui tudo, desde patentes até informações transacionais e analíticas. Com falhas de segurança em ascensão e hackers de computador em todo lugar, uma empresa deve colocar em prática medidas fortes de segurança para sobreviver.

O Health Insurance Portability and Accountability Act (HIPAA) protege a privacidade e a segurança dos registros pessoais de saúde e tem o potencial de influenciar todos os negócios nos Estados Unidos. Ele afeta todas as empresas que utilizam o intercâmbio eletrônico de dados (EDI) para comunicar os registros pessoais de saúde. O HIPAA exige que as empresas de assistência médica desenvolvam, implementem e mantenham medidas de segurança adequadas ao envio de informações eletrônicas sobre saúde. E o mais importante, essas organizações devem documentar e manter registros atualizados, detalhando como estão garantindo as medidas de segurança para todas as transmissões de informações sobre saúde. Em 21 de abril de 2005, as regras de segurança do HIPAA tornaram-se obrigatórias por lei.

A Health Information Management Society estima que 70% de todos os prestadores de cuidados de saúde não conseguiram cumprir o prazo de abril de 2005 para adequação à regra de privacidade. As organizações de saúde precisam levar as regulamentações do HIPAA a sério, uma vez que o descumprimento pode resultar em multas substanciais e, até mesmo, em prisão.[12]

Além das empresas do setor de saúde, todas precisam entender a importância da segurança da informação, mesmo que não seja obrigatório por lei. A *segurança da informação* é um termo amplo que abrange a proteção da informação contra mau uso acidental ou intencional por pessoas dentro ou fora da empresa. A Figura 4.18 mostra a proporção típica do orçamento da segurança da informação de uma empresa em relação ao orçamento total de TI a partir do CSI/FBI Computer Crime and Security Survey. Entre os entrevistados, 46% disse que a empresa gasta entre 1% e 5% do orçamento total de TI em segurança. Apenas 16% disse que a empresa gasta menos de 1% do orçamento da TI em segurança.

A Figura 4.19 apresenta o gasto por funcionário em relação à segurança de computadores, dividido pelos setores público e privado. A maior média de investimento em segu-

FIGURA 4.18 — Orçamento da segurança da organização

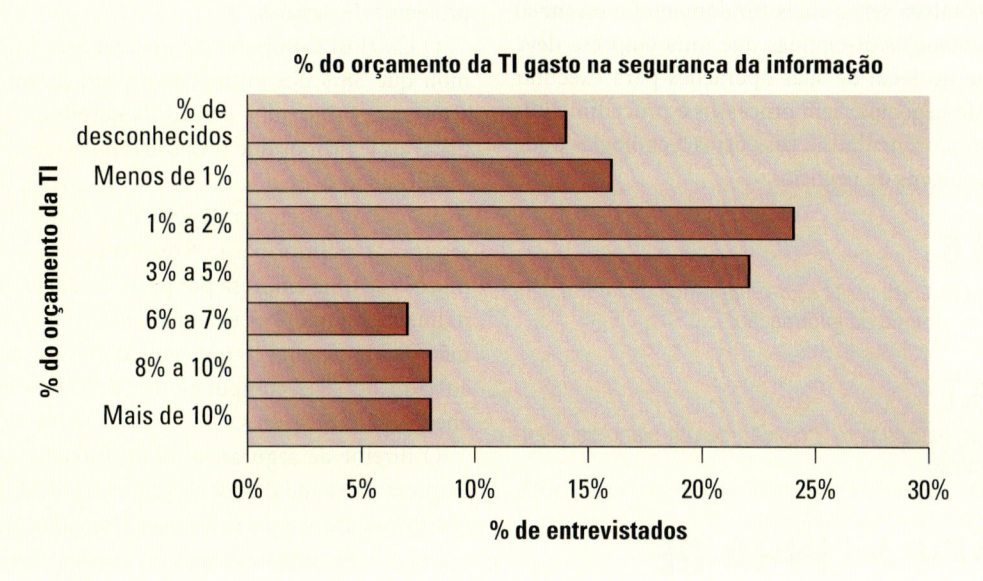

% do orçamento da TI gasto na segurança da informação

% do orçamento da TI:
- % de desconhecidos
- Menos de 1%
- 1% a 2%
- 3% a 5%
- 6% a 7%
- 8% a 10%
- Mais de 10%

Eixo horizontal: % de entrevistados (0% a 30%)

FIGURA 4.19 — Gasto com segurança por funcionário

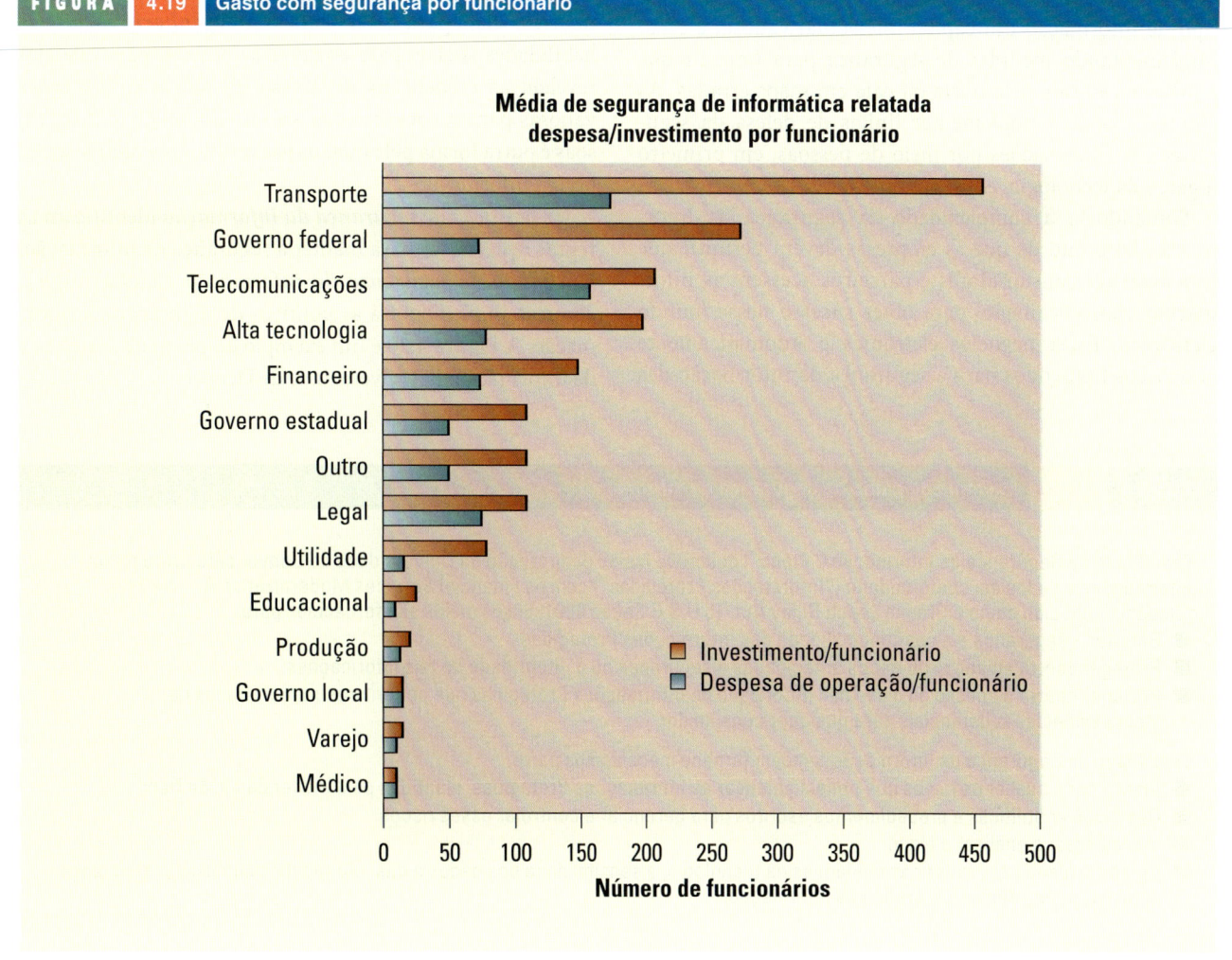

Média de segurança de informática relatada despesa/investimento por funcionário

Categorias (de cima para baixo):
- Transporte
- Governo federal
- Telecomunicações
- Alta tecnologia
- Financeiro
- Governo estadual
- Outro
- Legal
- Utilidade
- Educacional
- Produção
- Governo local
- Varejo
- Médico

Legenda:
- ■ Investimento/funcionário
- ■ Despesa de operação/funcionário

Eixo horizontal: Número de funcionários (0 a 500)

CAPÍTULO 4 | Ética e Segurança da Informação

rança do computador por funcionário foi encontrada no setor de transportes.[13]

A segurança talvez seja a mais fundamental e essencial de todas as tecnologias/disciplinas que uma empresa deve ter diretamente no local de suas operações para executar sua estratégia de negócios. Sem processos e procedimentos de segurança sólidos, nenhuma das outras tecnologias pode desenvolver vantagens de negócios.

OA4.6
Descrever a relação entre políticas de segurança da informação e um plano de segurança da informação.

OA4.7
Resumir os cinco passos para a criação de um plano de segurança da informação.

A PRIMEIRA LINHA DE DEFESA – AS PESSOAS

Com os atuais avanços nas tecnologias e estratégias de negócios, as empresas geram informações valiosas, tais como quem são os 20% de clientes top que produzem 80% de todas as receitas. A maioria das empresas considera esse tipo de informação um capital intelectual valioso, e estão implementando medidas de segurança para impedir que a informação saia pela porta ou caia em mãos erradas. As empresas podem implementar linhas de defesa da segurança das informações por meio de pessoas, em primeiro lugar; e da tecnologia, em segundo.

Somando-se à complexidade da segurança da informação, há o fato de que as empresas devem permitir que funcionários, consumidores e parceiros acessem as informações eletronicamente para obter sucesso nesse mundo eletrônico. Fazer negócios eletrônica e automaticamente cria riscos tremendos para a segurança da informação das empresas. Surpreendentemente, o maior problema relacionado à segurança da informação não é técnico, mas um problema de pessoas.

O CSI/FBI Computer Crime and Security Survey informou que 38% dos entrevistados indicaram incidentes de segurança originados dentro da empresa. Os *insiders* são usuários legítimos que proposital ou acidentalmente fazem mau uso do acesso ao ambiente e causam algum tipo de incidente que afeta os negócios. A maioria das falhas na segurança da informação é resultado do mau uso de informações de uma empresa por parte de uma pessoa, intencionalmente ou não. Por exemplo, muitos funcionários abrem mão de suas senhas livremente ou gravam-nas em adesivos ao lado de seus computadores, deixando as portas bem abertas para invasores.[14]

O diretor de segurança da informação de uma grande empresa de saúde descobriu como era fácil criar uma brecha de segurança da informação quando foram contratados auditores independentes para testar a atenção quanto à segurança da empresa. Em um exemplo, os auditores descobriram que os membros da equipe que estava testando um novo sistema tinham acidentalmente exposto a rede a hackers externos. Em outro, os auditores conseguiram obter as senhas de 16 funcionários quando fingiram ser da equipe de suporte; os hackers frequentemente usam "engenharia social" para obter senhas. A *engenharia social* usa habilidades sociais para enganar as pessoas para que elas revelem as credenciais de acesso ou outras informações valiosas para o hacker. Catar ou vasculhar o lixo das pessoas é outra forma pela qual os hackers de engenharia social obtêm informações.[15]

As *políticas de segurança da informação* identificam as regras necessárias para manter a segurança da informação. Um *plano de segurança da informação* detalha como a empresa implementará as políticas de segurança da informação. A Figura 4.20 é um exemplo do plano de segurança da informação da Universidade de Denver.

FIGURA 4.20 Exemplo de plano de segurança da informação

Esse Plano de Segurança da Informação ("Plano") descreve meios de proteção da Universidade de Denver para proteger as informações e dados em conformidade ("Informações Protegidas") com os Financial Services Modernization Act, de 1999, também conhecido como o Gramm Leach Bliley Act, 15 U.S.C Seção 6801. Esses meios são fornecidos para:
- Garantir a segurança e a confidencialidade das Informações Protegidas.
- Proteger contra ameaças ou riscos antecipados à segurança ou à integridade de tais informações.
- Proteger contra o acesso ou o uso não autorizado de Informações Protegidas que poderia resultar em danos ou inconveniências substanciais para qualquer consumidor.

Esse Plano de Segurança da Informação também fornece mecanismos para:
- Identificar e avaliar os riscos que podem ameaçar as Informações Protegidas, mantidas pela Universidade de Denver.
- Desenvolver políticas e procedimentos escritos para gerenciar e controlar esses riscos.
- Implementar e analisar o plano.
- Ajustar o plano para refletir as mudanças na tecnologia, a sensibilidade dos dados e das informações cobertas e as ameaças internas ou externas à segurança da informação.

FIGURA 4.20 (Continuação)

Identificação e avaliação dos riscos da informação do cliente

A Universidade de Denver reconhece que há riscos internos e externos. Eles incluem, mas não estão limitados a:
- Acesso não autorizado a Informações Protegidas por alguém que não seja o respectivo proprietário.
- Sistema de segurança comprometido como resultado do acesso a ele por uma pessoa não autorizada.
- Interceptação de dados durante a transmissão.
- Perda de integridade dos dados.
- Perda física de dados em um desastre.
- Erros introduzidos no sistema.
- Corrupção de dados ou sistemas.
- Acesso não autorizado dos funcionários a dados e informações protegidos.
- Solicitações não autorizadas de dados e informações protegidos.
- Acesso não autorizado por meio de arquivos ou relatórios impressos.
- Transferência não autorizada a terceiros de dados e informações protegidos.

A Universidade de Denver reconhece que essa pode não ser uma lista completa dos riscos associados à defesa de Informações Protegidas. Uma vez que o crescimento da tecnologia não é estático, outros riscos surgem regularmente. Assim sendo, o Information Technology Department e o Office of Student Affairs participarão ativamente da busca, aconselhado por um comitê consultivo composto por representantes da Universidade para a identificação de novos riscos. A Universidade de Denver acredita que as defesas utilizadas atualmente pelo Information Technology Department são razoáveis e que, à luz das avaliações de risco atual, são suficientes para garantir a segurança e a confidencialidade das Informações Protegidas mantidas pela Universidade.

Coordenadores do plano de segurança da informação

O CIO da Universidade e o vice-presidente de assuntos estudantis, com a orientação de um comitê consultivo, foram nomeados como os coordenadores desse Plano. Eles são responsáveis pela avaliação dos riscos associados a transferências não autorizadas de dados e informações protegidas e pela implementação de procedimentos para minimizar os riscos à Universidade de Denver.

Projeto e implementação de programas de defesa

Gerenciamento e formação do funcionário

Durante a orientação dos funcionários, cada novo funcionário dos departamentos que lidam com Informações Protegidas receberá treinamento adequado sobre a importância da confidencialidade de tais informações.

Segurança física

- A Universidade de Denver voltou-se à segurança física das Informações Protegidas limitando o acesso apenas aos funcionários que têm um motivo relacionado aos negócios para ter essas informações.

Sistemas de informação

A Universidade de Denver tem políticas que regem a utilização de recursos eletrônicos e de políticas de *firewall* e as tecnologias sem fio. Ela tomará medidas cabíveis e adequadas consistentes com o atual desenvolvimento tecnológico para se certificar de que todas as Informações Protegidas fiquem seguras e para defender a integridade dos registros armazenados e em transmissão. A Universidade de Denver desenvolverá um plano para garantir que todas as Informações Protegidas eletrônicas em trânsito sejam codificadas.

Seleção de prestadores de serviços apropriados

Em virtude das habilidades especializadas que são necessárias para projetar, implementar e servir novas tecnologias, os vendedores podem ser necessários para fornecer os recursos que a Universidade de Denver determina que não vai oferecer por conta própria. No processo de escolha de um prestador de serviços que irá fazer a manutenção ou acessar regularmente a Informação Protegida, o processo de avaliação deve incluir a capacidade de o prestador de serviços defendê-la. Os contratos com prestadores de serviços podem incluir as seguintes disposições:
- Uma disposição de que as Informações Protegidas serão mantidas em sigilo e só serão acessadas pelo propósito explícito do objeto do contrato.
- Uma garantia do parceiro de contrato de que ele protegerá as Informações Protegidas que recebe.

Avaliação e ajuste permanentes

Esse Plano de Segurança da Informação será objeto de revisão e adaptação periódicas, especialmente em virtude da constante mudança tecnológica e aos riscos crescentes. Os Coordenadores, em consulta com o Gabinete do Conselheiro Geral, irão rever as normas estabelecidas nessa política e recomendar atualizações e revisões que forem necessárias. Pode ser preciso ajustar o plano para refletir as mudanças na tecnologia, a sensibilidade dos dados do estudante/consumidor e as ameaças internas ou externas à segurança da informação.

FIGURA 4.21 Criando um plano de segurança da informação

Cinco passos para a criação de um plano de segurança da informação

1. Desenvolva as políticas de segurança da informação	Identifique quem é responsável e confiável para projetar e implementar as políticas de segurança da informação da empresa. Simples, mas tipos de políticas de segurança da informação altamente eficazes incluem: exigir que os usuários façam *log off* de seus sistemas antes de sair para almoço ou reuniões; nunca compartilhar senhas; e mudar as senhas pessoais a cada 60 dias. O diretor de segurança (CSO) normalmente é responsável pela concepção dessas políticas de segurança da informação.
2. Comunique as políticas de segurança da informação	Ensine as políticas a todos os funcionários e estabeleça claras expectativas de cumprimento das políticas. Por exemplo, deixe todos os funcionários cientes de que irão receber uma advertência formal caso deixem um computador desprotegido.
3. Identifique os principais ativos e riscos associados da informação	Exija o uso de identificação (ID) de usuário, senhas e softwares antivírus em todos os sistemas. Certifique-se de que qualquer sistema que contenha links para redes externas tenha as devidas proteções técnicas, tais como *firewalls* ou softwares de detecção de intrusos. Um *firewall* é um hardware e/ou software que protege uma rede privada por meio da análise das informações que entram e saem da rede. Um **software de detecção de intrusos** (IDS) procura por padrões no tráfego de informações e da rede para indicar os ataques e responder rapidamente a eles para evitar qualquer dano.
4. Teste e reavalie os riscos	Realize revisões contínuas de segurança, auditorias, verificação de antecedentes e avaliações de segurança.
5. Obtenha apoio das partes interessadas	Obtenha a aprovação e o apoio das políticas de segurança da informação, do conselho de administração e de todas as partes interessadas.

A primeira linha de defesa que uma empresa deve seguir é criar um plano de segurança da informação, detalhando as várias políticas de segurança. Um plano de segurança da informação detalhado minimiza as questões de segurança da informação baseadas nas pessoas. A Figura 4.21 mostra os cinco passos para a criação de um plano de segurança.

FIGURA 4.22 Top 10 das questões gerenciais para garantir a segurança da informação

1. O nosso Conselho de Administração reconhece que a segurança da informação é uma questão que envolve a diretoria e não pode ser deixada somente nas mãos do departamento de TI?
2. Existe uma responsabilidade clara da segurança da informação na nossa empresa?
3. Os membros do nosso Conselho articulam um acordo sobre o conjunto de ameaças e ativos importantes? Com que frequência os revisamos e atualizamos?
4. Quanto é gasto em segurança da informação e como está sendo gasto?
5. Qual é o impacto de um sério incidente de segurança na organização?
6. Nossa empresa vê a segurança da informação como um facilitador? (Por exemplo, por meio da implementação de uma segurança eficaz, poderíamos permitir que a nossa empresa aumentasse os negócios na internet?)
7. Qual é o risco de o nosso negócio obter a reputação de baixa segurança da informação?
8. Que medidas nós tomamos para assegurar que terceiros não irão comprometer a segurança da nossa empresa?
9. Como podemos obter uma garantia independente de que a segurança da informação é gerida com eficácia na nossa empresa?
10. Como medimos a eficácia das nossas atividades de segurança da informação?

As empresas consideram os usuários de computadores desktop como os de maior risco de segurança para as suas redes, apesar da preocupação crescente sobre o trabalhador terceirizado e os usuários remotos. Números de uma recente pesquisa da Sophos sobre segurança da rede indicam que as empresas ainda consideram os funcionários ligados ao escritório como os mais prováveis a expor suas redes a ameaças. Esses usuários foram considerados a maior ameaça para a segurança por 44% dos entrevistados. Os funcionários com mobilidade são considerados uma ameaça maior à segurança por 31% dos entrevistados. Outros usuários considerados como ameaças à segurança de rede incluem fornecedores e mão de obra terceirizada, em 14%, e convidados, em 11%. O chefe de tecnologia da Sophos, Paul Ducklin, disse: "Essa é uma representação do quão comum se tornaram a telecomunicação e o trabalho remoto", na medida em que metade das pessoas no escritório atua também como trabalhadores remotos. "A conclusão mais óbvia que podemos tirar desses resultados é que os administradores não se tornaram complacentes com a segurança dos desktops", disse Ducklin. Ele também destacou que, enquanto algumas empresas empregam um "regime mais rigoroso fora do que dentro", os riscos físicos para os equipamentos associados aos usuários com mobilidade, tais como a perda ou dano de um *laptop*, são inevitáveis.

A Figura 4.22 fornece o top 10 da Ernst&Young das questões gerenciais para assegurar que a informação está segura.

OA4.8

Dar um exemplo de cada uma das três áreas principais da segurança da informação: (1) autenticação e autorização, (2) prevenção e resistência e (3) detecção e resposta.

OA4.9

Descrever as relações e as diferenças entre hackers e vírus.

A SEGUNDA LINHA DE DEFESA – A TECNOLOGIA

A Arkansas State University (ASU) terminou recentemente uma grande atualização da rede que elevou a velocidade a gigabyte para cada dormitório e cada escritório no campus. A Universidade estava preocupada que a nova rede se tornasse uma diversão tentadora para hackers. Para reduzir seu receio, ela instalou um software de detecção de intrusos (IDS) da Cisco Systems para ficar no topo da segurança sobre as potencias violações na rede. Sempre que o IDS identifica uma ameaça potencial à segurança, como um vírus ou um hacker, ele alerta o sistema central de gerenciamento. O sistema, automaticamente, avisa a equipe de TI, que lida com o ataque por meio do fechamento do acesso ao sistema, identificando a localização do hacker e chamando a segurança do campus.[16]

Uma vez que a organização protege seu capital intelectual armando seu pessoal com um plano detalhado de segurança da informação, ela pode concentrar seus esforços na implantação dos tipos certos de tecnologias de segurança da informação, como o IDS instalado na Universidade do Arkansas.

As organizações podem implantar várias tecnologias para evitar violações de segurança da informação. Determinar em quais tipos de tecnologias investir ajuda a entender as três principais áreas de segurança da informação:

1. Autenticação e autorização
2. Prevenção e resistência
3. Detecção e resposta[17]

Autenticação e autorização

A *autenticação* é um método para confirmar as identidades dos usuários. Uma vez que o sistema confirma a autentica-

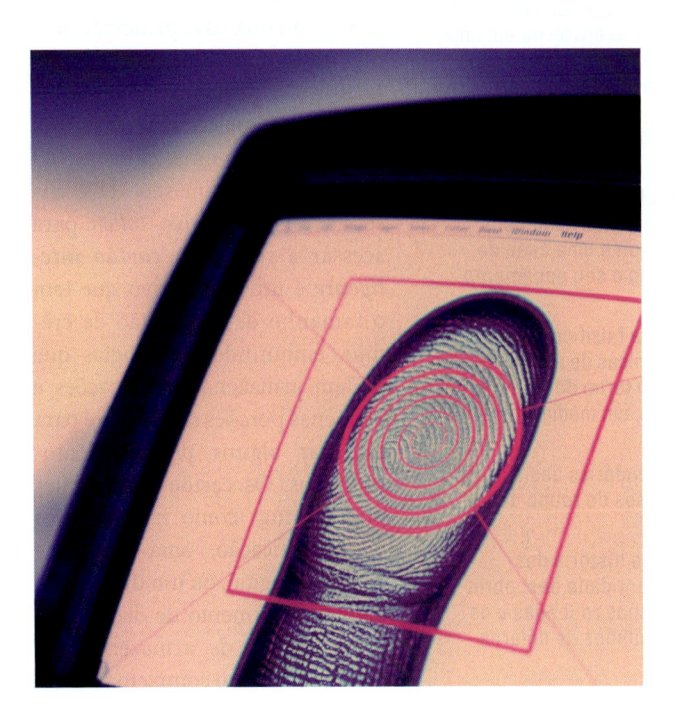

fala sério!

Desenhando senhas

Enquanto o nosso mundo online continua explodindo, as pessoas percebem que o total de nomes de usuários e senhas que precisam lembrar está crescendo exponencialmente. Por essa razão, muitos usuários atribuem a mesma senha para cada cadastro, escolhem nomes e datas fáceis de lembrar, ou simplesmente anotam suas senhas em *post-its* e grudam-nos em seus computadores. Isso é ótimo para quem precisa lembrar 72 senhas diferentes, mas não tão bom para a segurança do sistema.

Com certeza, a resposta óbvia é implantar a biometria em todos os níveis, mas, assim que você revê os custos associados, logo percebe que isso não é viável. O que pode nos salvar do pesadelo que criamos com as senhas? O *doodle*. O Background Draw-a-Secret (BDAS) é um novo programa criado por cientistas da Universidade de Newcastle, na Inglaterra. O BDAS começa com o registro do número de rabiscos que um usuário leva para desenhar um *doodle*. Quando o usuário deseja obter acesso ao sistema, ele simplesmente redesenha o *doodle* em um *touchpad** e, então, compara com o protótipo armazenado. Se o *doodle* combina, o usuário obtém o acesso. Os *doodles* são descritos até mesmo como muito mais anônimos, portanto, oferecem mais segurança que a biometria.

Você provavelmente está pensando que vai acabar voltando à mesma questão de ter de lembrar todas as suas 72 senhas *doodle*. A boa notícia é que, com estas, você não precisa se lembrar de nada. A senha *doodle* pode ser exibida ao usuário, e eles simplesmente têm de redesenhá-la, uma vez que o sistema analisa a forma como o usuário a desenha ou os traços manuais únicos do usuário, e não o *doodle* em si (semelhante às tecnologias de reconhecimento de escrita).

Se você fosse implantar senhas *doodle* em sua empresa, quais problemas e preocupações poderiam ocorrer? Você concorda que *doodles* são mais fáceis de lembrar que senhas de texto? Você concorda que os *doodles* oferecem o meio mais eficaz de autenticação, melhor ainda que a biométrica?

Quais tipos de questões antiéticas você acha que poderia encontrar com as senhas *doodle*?

---

* N. de R.T: Um *touchpad* é um dispositivo sensível ao toque dos dedos ou de uma caneta especial. Pode substituir o mouse em notebooks ou ser utilizado para fazer desenhos, como citado no texto.

ção de um usuário, ele pode, assim, atribuir os privilégios de acesso (ou autorização) para o usuário. A *autorização* é o processo de permitir a alguém fazer ou ter algo. Em sistemas multiusuários, o controle de acesso ou autorização define coisas como acesso a arquivos, horas de acesso e o total de espaço alocado. As técnicas de autenticação e autorização são divididas em três categorias, e o tipo mais seguro envolve uma combinação de todas as três:

1. Algo que o usuário conheça, como um ID de usuário e uma senha.
2. Algo que o usuário tenha, como um cartão inteligente ou um token.
3. Algo que é parte do usuário, como uma impressão digital ou assinatura de voz.

algo que o usuário conheça, como um ID de usuário e uma senha

O primeiro tipo de autenticação, utilizando algo que o usuário conheça, é a forma mais comum de identificar usuários individuais e normalmente consiste em ID de usuário e senhas únicos. No entanto, essa realmente é uma das formas mais *ineficazes* para determinar a autenticação, porque senhas não são seguras. Tudo o que normalmente é preciso para quebrar uma senha é tempo suficiente. Mais de 50% das chamadas de assistência técnica (*help desk*) estão relacionadas ao uso de senha, o que pode custar bastante dinheiro à empresa, e as senhas são vulneráveis à engenharia social.

O *roubo de identidade* é a falsificação da identidade de alguém com o intuito de cometer fraude. A fraude é frequentemente financeira, para solicitar e utilizar cartões de crédito em nome da vítima ou para solicitar um empréstimo. Em 2003, as operações bancárias online ainda não eram generalizadas, mas estava claro que seriam em breve. E "todos" inclui criminosos da internet, que naquela época já haviam construído um software capaz de sorrateiramente pegar informações pessoais de formulários online, como os utilizados para operações bancárias online. O primeiro desses vírus conhecidos como coletores de informações de formulários era chamado de Berbew e foi amplamente eficaz. Lance James, um pesquisador da Secure Science Corp., acredita que esse vírus operou despercebido por até nove meses e pegou 113 GB de dados – milhões de referências pessoais. Como todo aproveitador, o Berbew foi finalmente detectado e contido, mas, como é habitual com os vírus, os filamentos do código do coletor-de-formulário Berbew foram agregados em novos vírus que tinham se adaptado às defesas. O processo não é diferente do que os horticultores empregam, enxertando pedaços de uma planta em outra a fim de criar mudas mais resistentes. A Figura 4.23 mostra vários exemplos de roubo de identidade.

O *phishing* é uma forma comum de roubo de identidades online. É uma técnica de obtenção de informações pessoais para roubar identidades, geralmente mediante e-mail fraudulento. Uma maneira de cometer o *phishing* é enviar mensagens de e-mail que parecem ter sido enviadas por empresas legítimas, como AOL, MSN ou Amazon.com. As mensagens parecem ser autênticas com aparência oficial e logotipo. Essas mensagens de e-mails normalmente pedem uma verificação de informações importantes, como senhas e números de conta. A razão dada geralmente é que essa informação pessoal é requerida para fins de contabilidade ou auditoria. Uma vez que os e-mails parecem autênticos, um em cada cinco destinatários responde fornecendo as informações e, posteriormente, torna-se uma vítima de roubo de identidade e outras fraudes.

algo que o usuário tenha, como um cartão inteligente ou um token

O segundo tipo de autenticação, utilizando algo que o usuário tem, oferece uma maneira muito mais eficaz de identificar os indivíduos do que um ID de usuário e uma senha. Os *tokens* e os cartões inteligentes são duas das principais formas desse tipo de autenticação. Os **tokens** são pequenos dispositivos eletrônicos que alteram as senhas do usuário automaticamente. O usuário entra com seu ID e sua senha do dispositivo token para acessar a rede. Um **cartão inteligente** é um dispositivo que tem o tamanho de um cartão de crédito, embutindo tecnologias que podem armazenar informações e pequenas porções de software para executar alguns processamentos limitados. Os cartões inteligentes podem atuar como instrumentos de identificação, uma forma de dinheiro digital, ou um dispositivo de armazenamento de dados com a capacidade de armazenar um histórico médico completo.

FIGURA 4.23 Exemplos de roubo de identidade

- Uma senhora de 82 anos de idade, em Fort Worth, Texas, descobriu que sua identidade havia sido roubada quando a mulher que estava usando seu nome se envolveu em uma colisão entre quatro carros. Durante 18 meses, aquela senhora continuou recebendo avisos de processos e despesas médicas atrasadas que de fato eram destinadas para outra pessoa. Demorou sete anos para ela conseguir limpar o nome no comércio depois de a ladra de identidade ter feito dívidas de mais de US$ 100 mil com seus 12 cartões de crédito obtidos de modo fraudulento.
- Um capitão aposentado do exército, de 42 anos de idade, em Rocky Hill, Connecticut, descobriu que um ladrão de identidade tinha gastado US$ 260 mil comprando bens e serviços que incluíam dois caminhões, uma moto Harley-Davidson e uma casa de férias na Carolina do Sul. A vítima só descobriu o problema quando o seu pagamento da aposentadoria foi embargado para pagar as contas pendentes.
- Em Nova York, os membros de uma gangue de batedores de carteira falsificaram carteiras de motorista de suas vítimas horas depois de roubar as bolsas de algumas mulheres. O lucro total do roubo de uma bolsa normalmente fica em torno de US$ 200, se não menos. Mas roubar a identidade da pessoa pode gerar lucro, em média, entre US$ 4 mil e US$ 10 mil.
- Uma gangue obtove um valor de US$ 8 milhões em hipotecas secundárias das residências das vítimas. Descobriu-se que a fonte de todos os casos de roubo de identidade era uma concessionária de carros.
- O maior golpe de roubo de identidade conhecido até o momento na história dos Estados Unidos foi desarticulado pela polícia em 2002, quando a entidade descobriu que três homens haviam baixado relatórios de crédito usando senhas roubadas e os venderam para os criminosos nas ruas por US$ 60 cada. Muitos milhões de dólares foram roubados de pessoas em todos os 50 estados.

Prevenção e resistência

As tecnologias de prevenção e resistência impedem que intrusos acessem o capital intelectual. Uma divisão da Sony Inc., a Sony Pictures Entertainment (SPE), defende-se dos ataques utilizando um sistema de detecção de intrusos para identificar novos ataques assim que ocorrem. A SPE desenvolve e distribui uma grande variedade de produtos, incluindo filmes, televisões, vídeos e DVDs. Um comprometimento da segurança da SPE poderia custar à empresa um valioso capital intelectual, assim como milhões de dólares e meses de tempo. A empresa precisava de uma solução avançada de gestão de ameaças que exigisse menos recursos para ser mantida e de recursos limitados para controlar e responder às atividades suspeitas na rede. A empresa instalou um sistema de detecção de intrusos avançado que lhe permite controlar toda a sua atividade da rede, incluindo quaisquer possíveis violações de segurança.[18]

O custo de tempo de inatividade ou de falhas de operação da rede pode ser devastador para qualquer negócio. Por exemplo, o eBay sofreu uma interrupção de 22 horas, em junho de 2000, que acarretou a queda do valor de mercado da empresa em incríveis US$ 5,7 bilhões. Os custos de inatividade das empresas podem variar de US$ 100 a US$ 1 milhão por hora. Uma empresa deve se preparar e se antecipar a esses tipos de interrupções mais comuns, decorrentes de hackers e vírus. As tecnologias disponíveis para ajudar a prevenir e criar resistência aos ataques incluem a filtragem de conteúdo, a criptografia e os *firewalls*.[19]

algo que é parte do usuário, como uma impressão digital ou assinatura de voz O terceiro tipo de autenticação, utilizando algo que é parte do usuário, é de longe a melhor e mais eficaz forma de gerir a autenticação. A **biometria** (estritamente definida) é a identificação de um usuário com base em uma característica física, como uma impressão digital, a íris, a face, a voz ou a escrita à mão. Infelizmente, a autenticação biométrica é dispendiosa e intrusiva. Por exemplo, a digitalização da íris é um processo caro e considerado intrusivo pela maioria das pessoas. A autenticação por impressão digital é menos intrusiva e mais barata, mas não é 100% precisa. A biometria está sendo utilizada para ajudar a desobstruir a segurança dos aeroportos em cerca de quatro minutos. O Clear Card é uma forma pré-registrada de ID que permite que viajantes evitem as filas de segurança dos aeroportos. O cartão funciona por armazenamento de dados biométricos de íris e impressão digital dentro de um microchip no cartão. No aeroporto, o usuário passa o cartão em um quiosque de segurança, e o computador compara os dados biométricos no cartão com a impressão digital ou com a íris. Se corresponder, o usuário está pronto para decolar. O cartão está disponível por US$ 100 juntamente com uma taxa de US$ 28 para uma verificação de antecedentes da Administração de Segurança de Transporte (*Transportation Security Administration*).

> "As tecnologias de prevenção e resistência impedem que os intrusos acessem o capital intelectual."

Filtragem de conteúdo

A **filtragem de conteúdo** é feita pelas empresas utilizando um software que filtra conteúdo para evitar a transmissão de informações não autorizadas. As empresas podem usar as tecnologias de filtragem de conteúdo para filtrar mensagens de e-mails e evitar a transmissão daquelas que contenham informações confidenciais, seja transmissão intencional ou acidental. Também pode evitar a transmissão de quaisquer arquivos suspeitos, como possíveis arquivos infectados por vírus. A filtragem de conteúdo de e-mail também pode detectar spam, uma forma de mensagem de e-mail não solicitada. Segundo a The Radicati Group, uma empresa de pesquisa e desenvolvimento, em 2007, os gastos das empresas para evitar ou tratar o spam

FIGURA 4.24 Perdas corporativas causadas por spam em todo o mundo (2003 e 2007 em bilhões)

2003	US$ 20,5
2007	US$ 198

CAPÍTULO 4 | Ética e Segurança da Informação

chegaram a quase US$ 200 bilhões. Em 2010, quase 20% de todos os e-mails recebidos pelas empresas eram indesejados ou não solicitados (ver Figura 4.24).[20]

A compra de Sean Lane deveria ser uma surpresa para sua esposa. Então, ele apareceu como uma manchete de jornal, "Sean Lane comprou um anel de ouro branco de 14k com um diamante de 1/5 ct (*Diamond Eternity Flower Ring*) na overstock.com", no site de rede social Facebook. Sem o conhecimento de Lane, a manchete ficou visível a todos da sua rede online, incluindo 500 colegas da Universidade de Columbia e 220 outros amigos, colegas de trabalho e conhecidos. E sua esposa. A navegação na internet acabou com o seu presente de Natal graças a uma ferramenta de propaganda chamada Beacon, que compartilha notícias sobre as compras online de membros do Facebook com os seus amigos da rede. A ideia, segundo a empresa, é permitir que os comerciantes transformem, de maneira eficaz, milhões de usuários do Facebook em um serviço de promoção boca a boca. Lane chamou de "Natal arruinado", e mais de 50 mil outros usuários assinaram uma petição solicitando ao Facebook que interrompesse a transmissão das transações das pessoas sem o seu consentimento.

Criptografia

A ***criptografia*** codifica a informação de uma forma alternativa, que requer uma chave ou uma senha para descripto-

---

mostre-me
o DINHEIRO

Os hackers amam *Phish*, e eu não me refiro à banda

O *Phishing* é uma técnica para obter informações pessoais com o intuito de roubar identidades, geralmente mediante mensagens de e-mail fraudulentas. Os *Phishers* fingem ser o seu site favorito ou seu amigo de uma rede social para ver se você morde a isca e envia as suas informações pessoais a eles. Em outras palavras, as chaves do reino da sua identidade online. Analise cada um dos itens a seguir e veja se você acabaria como isca de um *Phish*.

1. Qual dos seguintes sites são verdadeiros e quais são falsos (*Phishings*)?
   a. http://www.books-google.com
   b. http://www.amazom.com
   c. http://www.myspace.com.profile.php.id.371233.cn
   d. http://www.burp.com

2. Verdadeiro ou Falso: o HTTPS representa um site fraudulento e S significa *scam* ("falso").

3. Os *Phishers* começaram fingindo ser bancos e agora eles estão entrando em novos domínios. Qual dos seguintes disfarces os golpistas começaram a usar?
   a. Jogadores de Xbox Live
   b. Equipe de suporte do Facebook
   c. Quizzes na revista *BussinesWeek*
   d. Amigos do MySpace

4. Qual das seguintes maneiras são as melhores para determinar se um site é legítimo?
   a. Recorte e cole a URL em um navegador para ver se funciona
   b. Examine o site para ver se ele tem uma política de privacidade da informação
   c. Digite seu nome de usuário e a senha errados para ver se o site aceita
   d. Verifique erros de digitação no e-mail

5. Verdadeiro ou Falso: a Receita Federal envia mensagens de e-mail informando aos cidadãos o que eles precisam fazer para receber a sua restituição de imposto de renda.

FIGURA 4.25 Sistema de criptografia de chave pública (PKE)

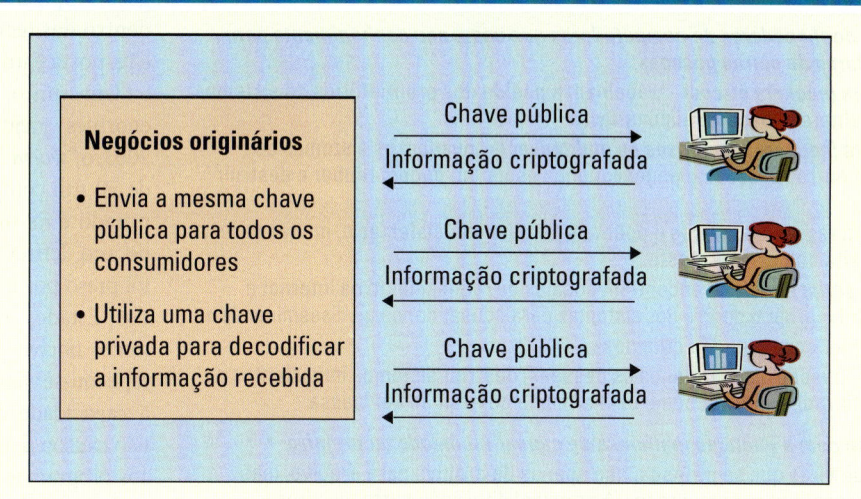

Negócios originários
- Envia a mesma chave pública para todos os consumidores
- Utiliza uma chave privada para decodificar a informação recebida

grafar as informações. Se houver uma violação da segurança da informação, e esta estivesse criptografada, a pessoa que a roubou não conseguirá lê-la. A criptografia pode alternar a ordem dos caracteres, substituir caracteres por outros, inserir ou remover caracteres ou usar uma fórmula matemática para converter a informação em algum tipo de código. As empresas que transmitem informações confidenciais de clientes pela internet, como números de cartão de crédito, frequentemente fazem uso da criptografia.

Algumas tecnologias de criptografia utilizam chaves múltiplas, como a criptografia de chave pública. A **criptografia de chave pública** (PKE, *Public Key Encryption*) é um sistema de criptografia que utiliza duas chaves: uma pública, que todos podem ter; e outra privada, apenas para o receptor (ver Figura 4.25). Ao implementar a segurança usando chaves múltiplas, a empresa fornece a chave pública para todos os seus clientes (consumidores finais e outras empresas). Os clientes utilizam a chave pública para criptografar suas informações e enviá-las pela internet. Quando as informações chegam ao seu destino, a empresa deve usar a chave privada para decifrar as informações criptografadas.

Firewalls

Uma das defesas mais comuns para prevenir uma violação de segurança é um *firewall*. Um **firewall** é um hardware e/ou software que protege uma rede privada por meio da análise das informações que entram e saem da rede. Os *firewalls* analisam cada mensagem que tenta entrar na rede. A não ser que a mensagem tenha as marcações corretas, eles a impedem de entrar. Os *firewalls* podem detectar, até mesmo, computadores que se comunicam com a internet sem aprovação. Como a Figura 4.26 ilustra, as empresas geralmente colocam um *firewall* entre o servidor e a internet.

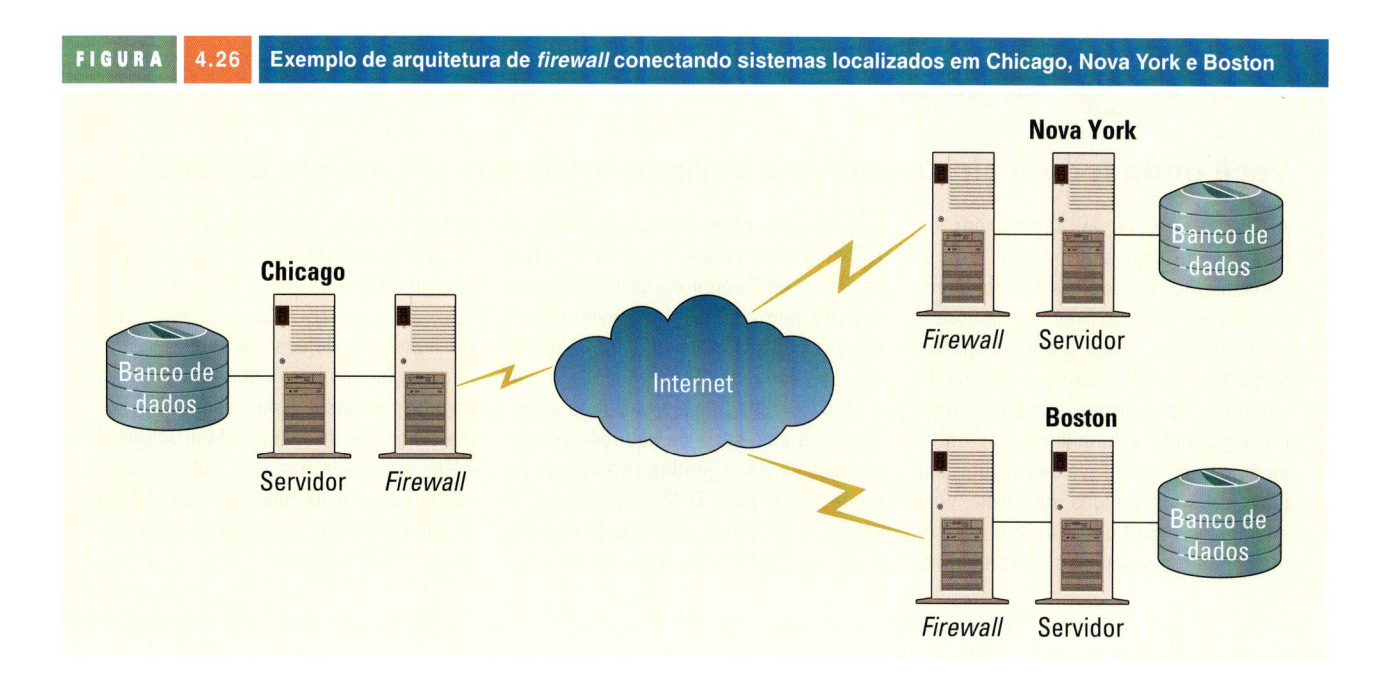

FIGURA 4.26 Exemplo de arquitetura de *firewall* conectando sistemas localizados em Chicago, Nova York e Boston

> **FIGURA 4.27** Hackers e vírus
>
> **Hackers** – extremos conhecedores de computadores que usam seu conhecimento para invadir os computadores de outras pessoas.
> - **White-hat hackers (hackers éticos)** – trabalham a pedido dos proprietários do sistema para encontrar vulnerabilidades e eliminá-las.
> - **Black-hat hackers (hackers criminosos ou maliciosos)** – invadem os sistemas dos computadores de outras pessoas e podem apenas espiar ou podem roubar e destruir informações.
> - **Hacktivistas** – têm razões filosóficas e políticas para invadir sistemas e, muitas vezes, vão desfigurar o site como um protesto.
> - **Script kiddies** ou **script bunnies** – encontram códigos de raqueamento na internet e colocam um caminho próprio dentro dos sistemas para causar danos ou disseminar vírus.
> - **Cracker** – um hacker com intenção criminosa.
> - **Ciberterroristas** – buscam causar danos às pessoas, destruir sistemas importantes ou informações, e utilizam a internet como uma arma de destruição em massa.
>
> **Vírus** – software feito com a intenção maliciosa de causar incômodo ou prejuízo.
> - **Worm** – um tipo de vírus que se propaga, não apenas de arquivo para arquivo, mas também de computador para computador. A principal diferença entre um vírus e um *worm* é que um vírus que deve anexar algo a alguma coisa, como um arquivo executável, a fim de se espalhar. Os *worms* não precisam anexar nada a coisa alguma para propagar-se, e podem entrar em computadores sozinhos.
> - **Ataque de negativa de serviço (DOS, Denial-of-Service Attack)** – inundam um site com tantas solicitações de serviço que o ele fica lento ou cai.
> - **Ataque distribuído de negativa de serviço (DDoS, Distributed Denial-of-Service Attack)** – ataques a partir de vários computadores que inundam um site com tantas solicitações de serviço que ou ele fica lento ou cai. Um tipo comum é o Pingo da Morte (*Ping of Death*), em que milhares de computadores tentam acessar um site ao mesmo tempo, sobrecarregando-o e tirando-o do ar.
> - **Vírus cavalo de Troia (Trojan horse)** – esconde-se dentro de outro software, normalmente como um anexo ou um arquivo para download.
> - **Programas backdoor (porta dos fundos)** – vírus que abrem um caminho na rede para futuros ataques.
> - **Vírus e worms polimórficos** – mudam sua forma à medida que se propagam.

Detecção e resposta

A última área em que as empresas podem alocar recursos é a de tecnologias de detecção e resposta. Se as estratégias de prevenção e resistência falham e há uma violação de segurança, uma empresa pode utilizar as tecnologias de detecção e resposta para minimizar os estragos. O tipo mais comum de defesa dentro das tecnologias de detecção e resposta é um software antivírus.

Um único *worm* pode causar enormes prejuízos. Em agosto de 2003, o "*worm Blaster*" infectou mais de 50 mil computadores em todo o mundo e foi um dos piores ataques do ano. Jeffrey Lee Parson, 18 anos, foi preso por investigadores de *cyber* dos Estados Unidos por soltar o *worm* nocivo na internet. O *worm* replicou-se várias vezes, consumindo a capacidade do computador, mas não causou danos às informações ou aos programas. O *worm* gerou tanto tráfego que fez redes inteiras caírem.

O FBI usou as últimas tecnologias e análises de código para descobrir a fonte do *worm*. Os promotores disseram que a Microsoft sofreu prejuízos financeiros que excederam significativamente US$ 5 mil, o limite legal na maioria dos casos de hackers. Parson, acusado por causar ou tentar causar danos intencionalmente a um computador, foi condenado a 18 meses de prisão, três anos de liberdade condicional e 100 horas de serviço comunitário. "O que você fez é uma coisa terrível. Além de causar danos às pessoas e a seus computadores, você abalou as bases da tecnologia", disse a juíza regional Marsha Pechman a Parsons.

"Com essa prisão, queremos mandar uma mensagem aos *cyberhackers* daqui e de todo o mundo", disse o procurador John McKay, em Seattle. "Que não haja dúvidas sobre isso,

omg lol*

Você pode ter um alerta para não enviar e-mails quando estiver bêbado?

Alguma vez você já passou por um momento de leve embriaguez, com os pensamentos confusos e decidiu enviar um e-mail para o seu ex-namorado para dizer que ainda o ama ou para a namorada que lhe deixou? Na manhã seguinte, você provavelmente estava envergonhado e humilhado por causa da mensagem e estava se perguntando por que seus amigos deixaram você enviar um e-mail bêbado. Bem, não há mais com o que se preocupar, uma vez que o Google está vindo para o resgate. O Mail Goggles é um dos mais recentes recursos do Google e é projetado para impedir que os usuários enviem mensagens embaraçosas quando bêbados. Se você estiver usando o Gmail e ativar o Mail Goggles, você é obrigado a responder a uma série de equações matemáticas em 60 segundos antes de poder enviar um e-mail. O Mail Goggles só é ativado nas noites dos fins de semana entre as 22h00 e as 4h00, assim você não precisa se preocupar em responder às perguntas toda vez que enviar um e-mail.

As linhas de defesa da segurança da informação são implementadas primeiro com as pessoas e depois com a tecnologia. Como isso se aplica ao Mail Goggles? Além da bebida, em que outros casos seria útil para as pessoas usar o Mail Goggles? Existem questões éticas a respeito do Mail Goggles?

---

* N. de T.: Acrônimo, usado na internet, que corresponde às expressões "Oh! My God" (Oh! Meu Deus) e "laughing out loud" (rindo alto), usadas para caracterizar os absurdos que encontramos na rede.

cyberhacking é um crime. Nós iremos investigar, prender e processar *cyberhackers*".[21]

Normalmente, as pessoas comparam os vírus (o software malicioso) aos hackers (as pessoas). Embora nem todos os tipos de hackers criem vírus, muitos o fazem. A Figura 4.27 fornece uma visão geral dos tipos mais comuns de hackers e vírus.

Algumas das formas mais nocivas de ameaças de segurança aos sites de e-Business incluem códigos maliciosos, fraudes, falsificações e *sniffers* (ver Figura 4.28).

Implementar linhas de defesa da informação de segurança por meio de pessoas, em primeiro lugar, e da tecnologia, em segundo, é a melhor maneira de uma empresa proteger seu capital intelectual vital. A primeira linha de defesa de uma empresa é proteger o capital intelectual, mediante a criação de um plano de segurança da informação que detalhe as várias políticas dessa segurança. A segunda linha de defesa é investir em tecnologia para ajudar a proteger as informações por meio de autenticação e autorização, prevenção e resistência e detecção e resposta. ∎

FIGURA 4.28 Ameaças de segurança ao e-Business

A **elevação de privilégio** é um processo pelo qual um usuário engana um sistema com concessão de direitos não autorizados, geralmente com o propósito de comprometer ou destruir o sistema. Por exemplo, um invasor pode conectar-se a uma rede usando uma conta de convidado e, então, explorar uma fraqueza no software que o permita alterar os privilégios de convidado para privilégios administrativos.

Os **hoaxes** atacam sistemas de computador mediante a transmissão de um vírus hoax (boato), com um vírus real anexado. Ao mascarar o ataque em uma mensagem aparentemente legítima, os usuários desavisados distribuem a mensagem mais facilmente e enviam o invasor aos seus colegas de trabalho e amigos, infectando muitos usuários ao longo do caminho.

O **código malicioso** inclui uma variedade de ameaças como vírus, *worms* e cavalos de Troia.

O **spoofing** (falsificações) é a falsificação do endereço de retorno em um e-mail para que a mensagem pareça vir de alguém que não seja o verdadeiro remetente. Isso não é um vírus, mas uma maneira que os autores do vírus utilizam para esconder suas identidades enquanto enviam vírus.

O **spyware** é um software que vem escondido em outros softwares livres para download e que controla os movimentos online, explora a informação armazenada em um computador, ou utiliza a CPU ou a memória de um computador para alguma tarefa sobre a qual o usuário não tem nenhum conhecimento. De acordo com a National Cyber Security Alliance, 91% do escritório tinha *spyware* nos computadores que podia provocar um desempenho extremamente lento, excesso de anúncios *pop-up*, ou rapto de *home pages*.

Um **sniffer** é um programa ou dispositivo que pode monitorar os dados de tráfego em uma rede. Os *sniffers* podem mostrar todos os dados que estão sendo transmitidos em uma rede, incluindo senhas e informações confidenciais. Eles tendem a ser uma das armas favoritas no arsenal do hacker.

O **packet tampering** (alteração de pacotes) consiste na alteração do conteúdo dos pacotes enquanto eles viajam na internet ou na alteração de dados nos discos do computador depois de penetrar em uma rede. Por exemplo, um invasor pode colocar um "grampo" em uma linha de rede para interceptar os pacotes que saem do computador. O invasor pode espreitar ou alterar a informação assim que ela sai da rede.

ACESSE <http://www.grupoa.com.br> para materiais adicionais de estudo, incluindo apresentações em PowerPoint.

capítulo cinco

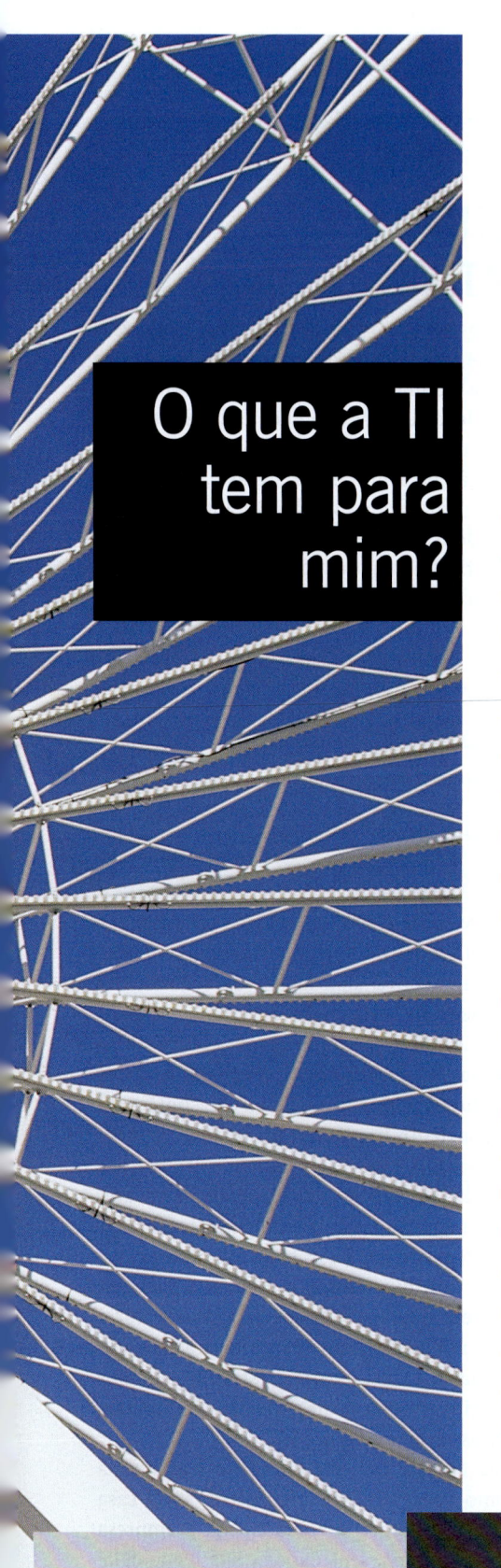

arquitetura corporativa

O que a TI tem para mim?

Por que você, estudante de administração, precisa entender a tecnologia de base de todos os negócios? Esse material técnico não é uma coisa para a qual as empresas contratam *nerds* e *geeks* para trabalhar? Todo gerente no século XXI deve ter uma compreensão básica do que a tecnologia pode e não pode fazer para os negócios. As informações apresentadas neste capítulo tentam criar uma igualdade de condições entre os gestores e a equipe de TI, que já estão arraigados nos termos e siglas da tecnologia.

Se você entende os conceitos de planejamento e desenvolvimento de sistemas de informação, pode pensar sobre como a tecnologia da informação pode ser usada para apoiar decisões de negócios. Essa é uma habilidade fundamental para qualquer empresário, não importando se ele é apenas iniciante ou um experiente funcionário da *Fortune 500*. Aprender sobre arquiteturas de informação dará a você uma vantagem competitiva, pois a compreensão de como funcionam os sistemas de informação ajuda no entendimento do desempenho global dos negócios.

Depois de ler este capítulo, você deverá reunir muitas das habilidades necessárias para se envolver diretamente na análise dos sistemas de negócios atuais, na recomendação das mudanças necessárias nos processos de negócios, na avaliação de alternativas e opções de hardwares e softwares e na avaliação da viabilidade técnica do projeto.

SEÇÃO 5.1 >>
Gerenciamento de arquiteturas corporativas
- Arquiteturas corporativas
- Arquitetura de informação
- Arquitetura de infraestrutura
- Arquitetura de aplicação

SEÇÃO 5.2 >>
Tendências da arquitetura
- Tendências da arquitetura
- Arquitetura orientada a serviços
- Virtualização
- Computação em grade

A arquitetura corporativa está no centro da maioria das capacidades operacionais da empresa. Desse modo, as mudanças na TI levam a mudanças fundamentais na forma como as empresas operam. Uma vez que muitas empresas dependem dessas tecnologias, já não é mais apenas agradável contar com uma TI, como simples agregação de valor. A TI tornou-se vital.

Avanços recentes levaram a mudanças importantes na forma como os serviços de TI são fornecidos. O poder computacional de baixo custo tem impulsionado uma mudança na direção de um maior processamento distribuído. As tecnologias de interligação de redes, que fornecem uma conexão virtual de baixo custo a todos na mesma rede, apresentam novas possibilidades para atender às necessidades da computação empresarial. Os mecanismos operacionais no centro de muitas empresas continuam a evoluir. As novas tecnologias adicionam, melhoram e interligam os sistemas mais antigos para produzir arquiteturas complexas com características operacionais.

E o mais importante: as novas abordagens para a concepção e o desenvolvimento de sistemas permitem agora grandes e complexas aplicações a serem construídas a partir de módulos reutilizáveis, ligados por meio de serviços partilhados e interfaces comuns. Essa abordagem aumenta drasticamente a capacidade de reutilização de dados, informações e aplicações, bem como a capacidade de compartilhamento de uma infraestrutura comum, o que aumenta a flexibilidade e a rapidez com que as novas iniciativas de criação de valor suportadas por TI possam ser lançadas e implantadas mundialmente.

Enquanto a arquitetura corporativa por si só não pode transmitir vantagens exclusivas sustentáveis, as empresas que permanecem acorrentadas a um legado de arquiteturas proprietárias incompatíveis e inflexíveis se encontram em uma significativa desvantagem estratégica, ao tentar acompanhar o ritmo de ciclos cada vez mais breves de inovação, produtividade e retorno sobre investimentos. Este capítulo aborda os conceitos básicos da arquitetura corporativa, incluindo terminologia, características e competências de gerenciamento para construir uma arquitetura corporativa sólida.

●● SEÇÃO 5.1 Gerenciamento de arquiteturas corporativas

OBJETIVOS DE APRENDIZAGEM

OA5.1 Explicar os três componentes de uma arquitetura corporativa.

OA5.2 Descrever como uma organização pode implementar uma arquitetura de informação sólida.

OA5.3 Listar e descrever os cinco "dades" em uma arquitetura de infraestrutura.

OA5.4 Comparar serviços web e sistemas abertos.

●● OA5.1
Explicar os três componentes de uma arquitetura corporativa.

ARQUITETURAS CORPORATIVAS

Uma falha de 66 horas em um banco de dados do FBI que realizava a verificação de antecedentes dos compradores de armas foi o suficiente para permitir que criminosos comprassem armas. O banco de dados caiu às 13h00 de uma quinta-feira e somente foi restaurado às 07h30 do domingo. O FBI precisa completar a verificação de armas em três dias e, se falhar, o comerciante fica livre para fazer a venda. Durante essa interrupção, os controles de armas que estavam em andamento não foram concluídos, permitindo que os comerciantes completassem suas vendas de armas a seu próprio critério.[1]

> "Para sustentar o volume e a complexidade do usuário e dos requisitos de aplicações de hoje, a tecnologia da informação precisa ter uma nova abordagem de arquiteturas corporativas por meio da construção de ambientes mais inteligentes e flexíveis, que fiquem protegidos contra falhas e quedas do sistema."

Para sustentar o volume e a complexidade do usuário e dos requisitos de aplicações de hoje, a tecnologia da informação precisa ter uma nova abordagem de arquiteturas corporativas por meio da construção de ambientes mais inteligentes e flexíveis, que fiquem protegidos contra falhas e quedas do sistema. As **arquiteturas corporativas** (EA, *Enterprise Architectures*) incluem os planos de como uma organização deve construir, implantar, utilizar e compartilhar seus dados, processos e ativos de TI. Uma arquitetura corporativa unificada padroniza os sistemas de hardwares e softwares de toda a empresa, estabelecendo ligações mais estreitas com a estratégia de negócios. Uma arquitetura corporativa sólida pode diminuir custos, aumentar a padronização, promover a reutilização de ativos de TI e acelerar o desenvolvimento de novos sistemas. A arquitetura corporativa certa pode tornar a TI mais barata, estratégica e mais responsiva. As principais metas de negócio das arquiteturas corporativas são mostradas na Figura 5.1.

Os especialistas comparam um plano de EA a uma planta. Assim como você nunca iria construir uma casa sem uma planta, a arquitetura corporativa dá à empresa um exame de seus processos, seus dados e sua tecnologia, e sobre como eles estão sustentando as metas da empresa,

Minha Lista do que Não Fazer

Honestamente, meu cachorro comeu meu dever de casa

Aqui estão alguns exemplos da vida real das desculpas mais incomuns que os funcionários dão para faltar ao trabalho.

- Eu fui preso vendendo um jacaré.
- Meus amigos me trancaram no porta-malas de um carro abandonado.
- Minha mãe disse que eu não tinha permissão para ir ao trabalho hoje.
- Eu simplesmente não estou a fim de trabalhar hoje.
- Acidentalmente atropelei uma freira com a minha moto.
- Uma pessoa qualquer jogou uma planta venenosa em meu rosto, e agora eu estou com brotoeja.
- Estou convencido de que minha esposa está tendo um caso e vou ficar em casa para pegá-los.
- Fui ferido perseguindo uma gaivota.
- Estou com dor de cabeça por comer pimenta.

Este capítulo foca nas arquiteturas corporativas, que são os principais componentes que funcionam em conjunto para controlar todos os sistemas da organização. Se sua arquitetura estiver fora, nada em sua empresa poderá funcionar, assim como seu estado de saúde controla sua capacidade de trabalho. Não há nada mais frustrante do que tentar fazer negócios com uma empresa quando os seus sistemas e o acesso à internet caíram, ou a rede sem fio não está funcionando corretamente. Quando esses tipos de problemas acontecem, raramente você irá ouvir a verdade sobre o que realmente está acontecendo. As empresas não querem anunciar que estão passando por dificuldades técnicas por causa de hackers, ou uma conta de luz não paga, ou esquilos que invadiram o data center e comeram todos os fios (sim, isso realmente aconteceu).

Quantas vezes você ligou para uma empresa e o representante do atendimento ao consumidor disse que o sistema tinha caído ou estava muito lento? Quantas vezes você já deixou de enviar um trabalho porque o serviço de internet tinha caído? Por que é importante para uma organização ter os seus sistemas disponíveis 24 horas por dia, 7 dias por semana, 365 dias por ano? Por que uma empresa esconderia a verdadeira razão de os seus sistemas não estarem funcionando corretamente? O que poderia acontecer se os clientes fossem informados de que os sistemas caíram por causa de ação de hackers? Como uma empresa pode proteger os seus sistemas?

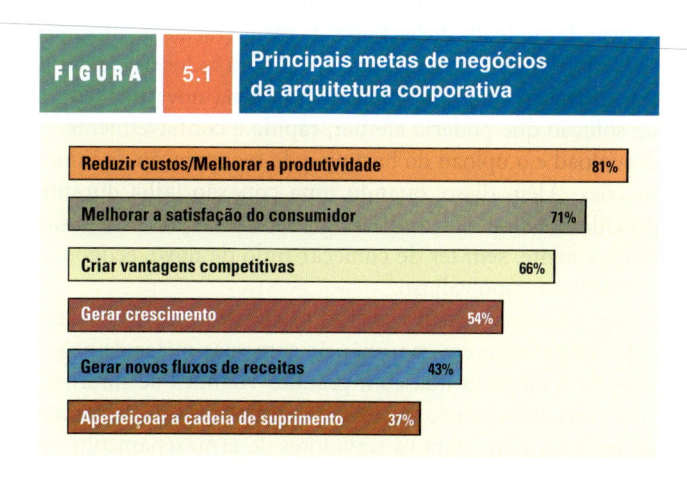

FIGURA 5.1 — Principais metas de negócios da arquitetura corporativa

Meta	%
Reduzir custos/Melhorar a produtividade	81%
Melhorar a satisfação do consumidor	71%
Criar vantagens competitivas	66%
Gerar crescimento	54%
Gerar novos fluxos de receitas	43%
Aperfeiçoar a cadeia de suprimento	37%

para tornar os processos mais eficientes e eficazes e para reduzir custos. Para obter sucesso, no entanto, um programa de EA deve abordar mais do que apenas tecnologia. Com arquitetura corporativa, o assunto são os negócios, que devem ser examinados sob quatro visões diferentes: negócios, dados, aplicações e arquitetura de tecnologia. A arquitetura corporativa tem a ver com a tentativa de alinhamento dessas visões. Portanto, arquiteturas corporativas nunca são estáticas: elas mudam continuamente. As empresas usam arquitetos corporativos para ajudar a gerenciar a mudança. Um **arquiteto corporativo** é uma pessoa fundamentada em tecnologia e fluente em negócios, que oferece a importante ponte entre a TI e os negócios. Os arquitetos corporativos da T-Mobile International revisam projetos para garantir que eles sejam bem concebidos, que cumpram os objetivos de negócio e que se encaixem com a arquitetura corporativa geral. A T-Mobile tinha um projeto para criar um software que permitiria que os assinantes personalizassem os sons de chamada de seus telefones celulares. O grupo de projeto pressupôs que teria de criar a maior parte do software a partir do zero. No entanto, as EAs da T-Mobile encontraram um software já pronto em outro local da T-Mobile e que poderia ser reutilizado para criar o novo aplicativo. A reutilização reduziu o tempo do ciclo de desenvolvimento em oito meses, e o novo aplicativo estava disponível em menos de seis semanas.[2]

As empresas que criaram arquiteturas corporativas sólidas, como a Vingin Mobile e a T-Mobile, estão colhendo grandes recompensas de economia, flexibilidade e alinhamento dos negócios. As arquiteturas corporativas fundamentais contêm três componentes (ver Figura 5.2).

1. A **arquitetura de informação** identifica onde e como informações importantes, como registros de clientes, serão mantidas e protegidas.
2. A **arquitetura de infraestrutura** inclui o equipamento de hardware, software e telecomunicações que, quando combinados, fornecem a base subjacente para sustentar as metas da empresa.
3. A **arquitetura de aplicação** determina como os aplicativos integram-se e relacionam-se entre si.

OA5.2

Descrever como uma organização pode implementar uma arquitetura de informação sólida.

ARQUITETURA DE INFORMAÇÃO

A *arquitetura de informação* identifica onde e como informações importantes, como os registros de clientes, serão mantidas e protegidas. Uma única falha no backup ou na restauração pode custar a uma empresa mais do que tempo e dinheiro. Alguns dados não podem ser recriados, e a perda da inteligência de negócios pode ser enorme. O vice-presidente de sistemas de informação (CIO) deve ter confiança suficiente em seus sistemas de backup e de recuperação para que possa andar pela empresa e puxar cabos aleatoriamente para comprovar que os sistemas são seguros. O CIO também deve estar seguro o suficiente para executar esse teste durante o horário de pico. Se pensar nesse teste faz com que o CIO trema de medo, os clientes da empresa também deverão tremer. A Figura 5.3 mostra as três principais áreas em que uma empresa de arquitetura de informação deve focar:

1. Backup e recuperação
2. Recuperação de desastres
3. Segurança da informação

FIGURA 5.2 Três componentes da arquitetura corporativa

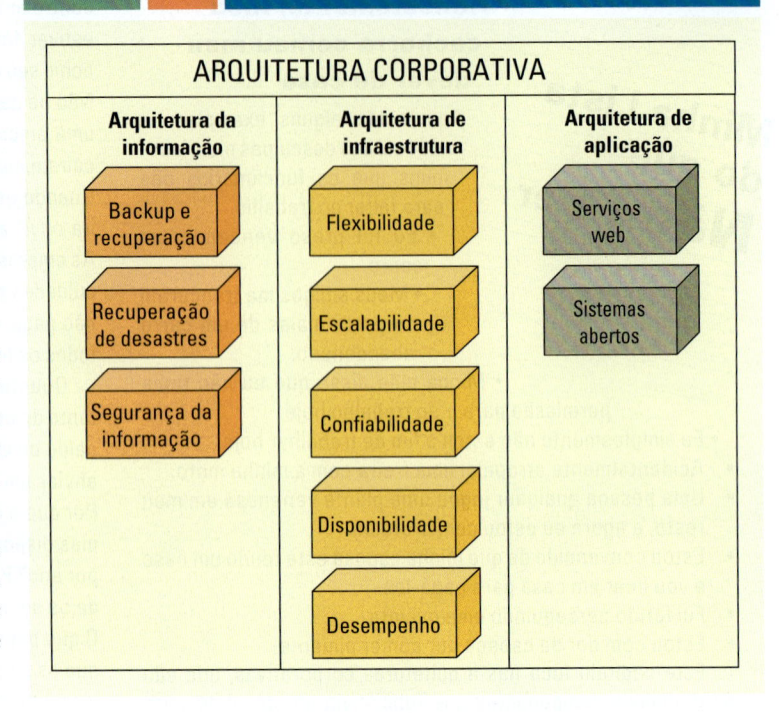

Backup e recuperação

A cada ano, as empresas perdem tempo e dinheiro por causa de quedas e falhas do sistema. Uma forma de minimizar os danos de uma queda do sistema é ter uma estratégia de backup e recuperação no local. Um *backup* é uma cópia exata de um sistema de informação. A *recuperação* é a possibilidade de obter um sistema restabelecido e em funcionamento em caso de queda ou falha e inclui a restauração do backup de informações. Muitos tipos diferentes de mídia de backup e de recuperação estão disponíveis, incluindo servidores de armazenamento redundante, fitas magnéticas, discos e até CDs e DVDs. Todos os tipos diferentes de mídia de backup e de recuperação são confiáveis. As principais diferenças são a velocidade e os custos associados.

Uma cadeia de mais de 4 mil franquias, a 7-Eleven Taiwan faz uploads de backup e de recuperação de informações diariamente da sua sede central para todos os locais da sua cadeia. A empresa implementou uma nova tecnologia de solução que poderia efetuar, rápida e confiavelmente, o download e o upload do backup e da recuperação de informações. Além disso, quando uma conexão falha durante download ou upload, a tecnologia reinicia o processo automaticamente, sem ter de começar tudo de novo, economizando um tempo valioso.[3]

As empresas devem escolher uma estratégia de backup e de recuperação em consonância com suas metas de negócios. Se a empresa lida com grandes volumes de informações importantes, isso vai exigir backups diários, talvez até de hora em hora, para os servidores de armazenamento. Se

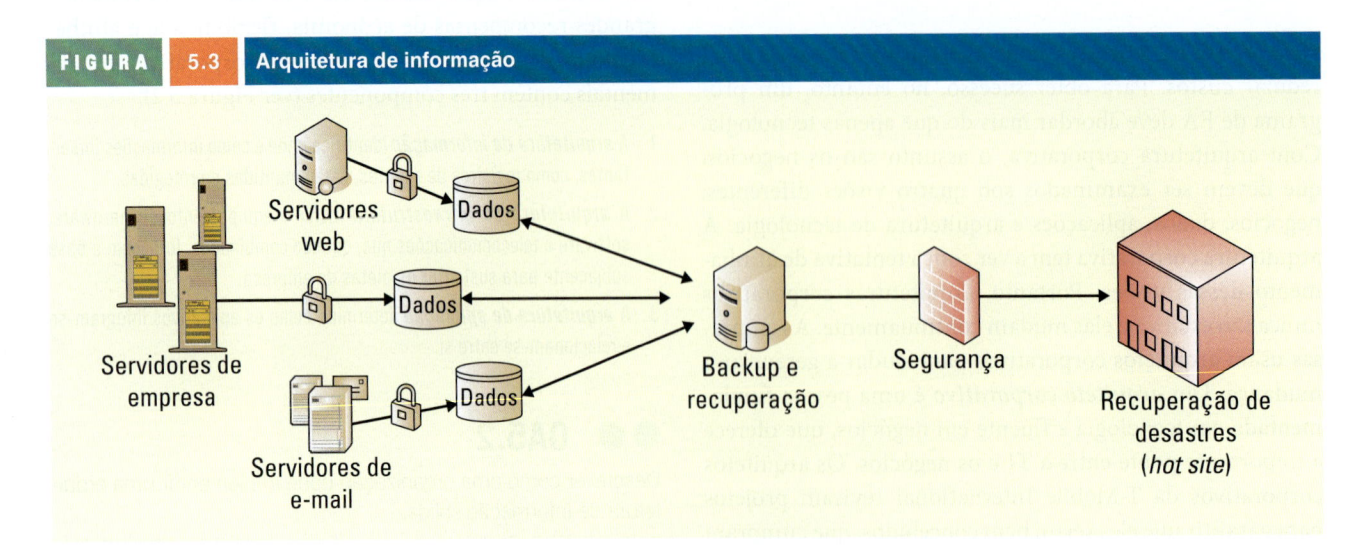

FIGURA 5.3 Arquitetura de informação

a empresa lida com pequenas quantidades de informações não importantes, então ela pode precisar apenas de backups semanais para discos rígidos externos, fitas magnéticas, CDs ou DVDs. Determinar a frequência de backup de informações e que meios utilizar é uma decisão fundamental dos negócios. Se uma empresa decide fazer o backup semanalmente, ela está correndo o risco de que, se ocorrer uma falha total do sistema, perderia uma semana de trabalho. Se esse risco for aceitável, apenas um backup semanal irá funcionar. Se esse risco for inaceitável, então a empresa precisa partir para uma estratégia de backup diário. Algumas organizações acham que o risco de perder um dia inteiro de trabalho é muito alto e partem para uma estratégia de backup de hora em hora.

Duas técnicas utilizadas para ajudar em caso de falha do sistema são a tolerância a falhas e o *failover*. A **tolerância a falhas** é um sistema de computador projetado para que, caso um componente falhe, outro componente ou procedimento de backup tome o seu lugar imediatamente, sem perda de serviço. A tolerância a falhas pode ser fornecida por meio de um software, embutida no hardware, ou uma combinação dos dois. O ***failover*** é um backup em que as funções de um componente do computador (como processador, servidor, rede ou banco de dados) são assumidas pelos componentes secundários do sistema quando o componente primário fica indisponível por falha ou parada programada. Um procedimento de *failover* envolve tarefas automáticas de descarregamento para o componente de espera, de forma que o processo seja o mais simples possível para o usuário final. Utilizado para tornar os sistemas mais tolerantes a falhas, o *failover* é normalmente uma parte integrante de sistemas de missão crítica e deve estar permanentemente disponível, como os sistemas utilizados no setor financeiro.[4]

Recuperação de desastres

Uma empresa de energia do norte de Ohio, a FirstEnergy, não percebeu os sinais de que havia problemas potenciais na área sob sua responsabilidade da rede elétrica da América do Norte. Os acontecimentos que se seguiram deixaram um número estimado de 50 milhões de pessoas no nordeste da região e no Canadá no escuro. As falhas foram mostradas nas conclusões amplamente divulgadas de uma força-tarefa conjunta dos Estados Unidos e Canadá que investigou as causas do apagão e recomendou ações para evitar interrupções em grande escala no futuro. O relatório detalhou vários procedimentos e melhores práticas, incluindo:

- Cuidado com as arquiteturas corporativas.
- Monitoramento da qualidade das redes de computadores que fornecem dados sobre os fornecedores e sobre a demanda de energia.
- Certificação de que as redes possam ser restauradas rapidamente em caso de inatividade.
- Estabelecimento de planos de recuperação de desastres.
- Fornecimento de treinamento adequado da equipe, incluindo protocolos de comunicação verbal para que os operadores tenham conhecimento de quaisquer problemas relacionados a TI que possam estar afetando o reconhecimento da situação da rede de energia.

Os desastres, como falta de energia, inundações e até mesmo a ação de hackers afetam empresas todos os dias. Elas

---

fala sério!

Zumbis atacam a Universidade da Flórida

Backup e recuperação são essenciais para qualquer sistema de computador. Felizmente, a maioria de vocês tem um backup dos seus dados. Se você não tiver, deixe-me fazer uma pergunta: quão doloroso seria se alguém roubasse seu *laptop* agora? Quantas informações importantes você perderia? Quantas horas você levaria para refazer os dados perdidos? Talvez isso o motive a implementar um procedimento de backup. Agora, quantos de vocês têm um plano de recuperação de desastres? Eu ficaria surpreso se algum de vocês tivesse planos de recuperação de desastres para os seus computadores pessoais. A recuperação de desastres ocorre quando seu melhor amigo decide derrubar café no seu computador ou quando seu companheiro de quarto acidentalmente molha seu *pen drive*.

Os planos de recuperação de desastres são fundamentais para qualquer negócio, e você deve garantir que sua empresa tenha tudo para continuar as operações se houver algum desastre, como o 11 de setembro. Agora você precisa decidir quais catástrofes são dignas de preocupação e quais provavelmente nunca irão ocorrer. Por exemplo, se você mora no Colorado, há boas chances de que não precise se preocupar com furacões, mas avalanches são outra história. Existem algumas empresas que levam a recuperação de desastres muito longe, como a Universidade da Flórida, que lista os planos de recuperação de desastres para um apocalipse zumbi em seu site de recuperação de desastres. Sim, você leu certo. O exercício de recuperação de desastres para um apocalipse zumbi detalha como a escola poderia responder a uma epidemia de mortos-vivos, juntamente com os planos para lidar com furacões e pandemias. Acho que, para lidar com o inesperado, nenhuma preparação é exagerada!

Com que frequência uma empresa precisa fazer backup de seus dados? Onde deve ser armazenado o backup? Contra quais tipos de desastres as empresas em seu estado devem se preparar em caso de emergência? Por que é importante testar o backup? O que poderia acontecer a uma empresa que não conseguisse fazer o backup dos dados e aplicativos?

---

devem desenvolver um plano de recuperação de desastres para se preparar para esses acontecimentos. Um **plano de recuperação de desastres** é um processo detalhado para a recuperação de informações ou de sistemas no caso de um desastre catastrófico, como incêndio ou inundação. Os gastos com a recuperação de desastres estão aumentando em todo o mundo entre as instituições financeiras (ver Figura 5.4).

FIGURA 5.4 Gastos em recuperação de desastres de instituições financeiras espalhadas pelo mundo

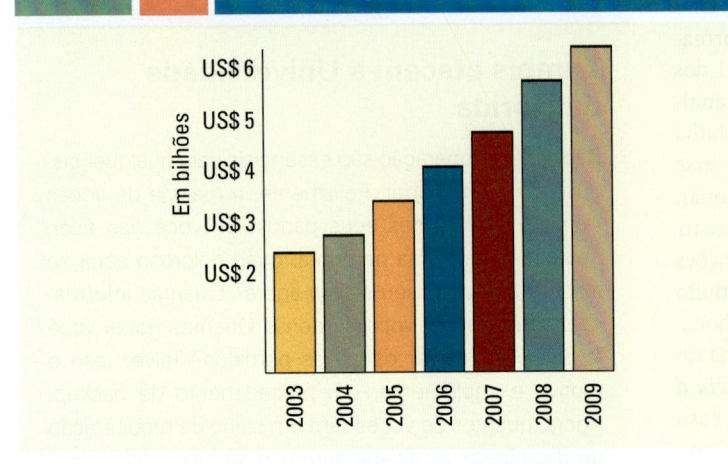

Em bilhões: US$ 2 (2003), US$ 3 (2004), ~US$ 3.5 (2005), US$ 4 (2006), ~US$ 4.8 (2007), ~US$ 5.7 (2008), ~US$ 6.2 (2009)

Um plano abrangente de recuperação de desastres leva em consideração a localização das informações de backup. Muitas empresas armazenam as informações de backup em uma instalação fora do local de trabalho. A StorageTek, uma empresa de tecnologia de nível mundial que disponibiliza uma ampla gama de ofertas de armazenamento de dados, especializou-se no fornecimento de armazenamento de informações fora do local de trabalho e nas soluções de recuperação de desastres. Um plano abrangente de recuperação de desastres também prevê a possibilidade de que não apenas o equipamento de informática, mas também o prédio em que os funcionários trabalham seja destruído. Um *hot site* é uma instalação separada e totalmente equipada para onde a empresa pode transferir-se imediatamente após um desastre e retomar os negócios. Um *cold site* é uma instalação separada que não possui nenhum equipamento de informática, mas é um lugar para onde os funcionários podem se transferir após um desastre.

Uma **curva de custo de recuperação de desastre** projeta (1) o custo para a organização da indisponibilidade de informações e de tecnologia e (2) o custo para a organização da recuperação de um desastre ao longo do tempo. A Figura 5.5 apresenta uma curva de custo de recuperação de desastres e mostra que o ponto em que as duas linhas se cruzam é o melhor plano de recuperação em termos de custo e tempo. Criar uma curva de custo de recuperação de desastres da empresa não é tarefa fácil. É preciso considerar o custo da perda de informações e de tecnologia dentro de cada departamento ou área funcional e o custo da perda de informações e de tecnologia de toda a empresa. Durante as primeiras horas de um desastre, os custos serão mais baixos, mas aumentam, cada vez mais, ao longo do tempo. Conhecidos esses custos, uma empresa deve, a seguir, determinar os custos da recuperação. Estes, durante as primeiras horas de um desastre, são muito altos e diminuem ao longo do tempo.

Em 18 de abril de 1906, São Francisco foi abalada por um terremoto que destruiu grandes áreas da cidade e causou a morte de mais de 3 mil habitantes da região da Baía. Mais de um século depois, uma São Francisco maior, mais ousada, reconstruída e mais resistente é o que mais importa. Agora ela funciona como o coração da indústria global de TI e um importante centro do mundo financeiro. No entanto, São Francisco continua bem ciente do potencial terrível que existe ao longo da falha de San Andreas.

Os enormes arranha-céus do centro agora são construídos para resistir a grandes pressões, mas e quanto à infraestrutura e aos sistemas que mantêm os negócios modernos – e as pessoas que precisam acessá-los? O ***plano de continuidade de negócios*** (BCP, *Business Continnuity Planning*) é um plano para uma empresa recuperar e restaurar parcial ou completamente as funções cruciais dentro de um prazo predeterminado após um desastre ou uma interrupção prolongada. A continuidade dos negócios e a recuperação de desastres são problemas sérios para todas as empresas da área da Baía, incluindo o Union Bank da Califórnia, cuja sede fica no coração de São Francisco.[5]

Barry Cardoza, chefe de planejamento de continuidade de negócios e recuperação de desastres do Union Bank da Califórnia, disse: "Há desastres que você consegue prever e há desastres que você não consegue prever. Um terremoto é um exemplo [do último]. Você não sabe a extensão dos danos até que ele o atinja".[6]

Como tal, o banco deve possuir processos permanentes contra um evento como esse para atenuar a ameaça. Apenas reagir não é uma estratégia. O departamento de continuidade também deve entender todos os aspectos do negócio e pesar o tempo de inatividade para cada um, em termos de prejuízos financeiros e de reputação. O Union Bank da Califórnia criou um plano de recuperação de desastres que inclui data centers (centros de processamento de dados) múltiplos em diversos locais, sites espelhados que podem assumir no apertar de um botão, *hot sites* onde a equipe pode entrar e começar a trabalhar exatamente como trabalharia caso estivesse na sua localização habitual, e uma vasta quantidade de redundância. Além disso, o banco criou o espelhamento em tempo real entre os data centers. Agora é uma questão de minutos, não de horas, para que o Union Bank da Califórnia volte a funcionar, no caso de um desastre.

Segurança da informação

Os profissionais de segurança são cada vez mais pressionados a fazer seu trabalho direito e com bom custo-benefício à medida que as redes se expandem além das empresas,

Resultado do terremoto de 1906 em São Francisco.

chegando aos usuários, parceiros e clientes remotos, aos telefones celulares, aos PDAs e a outros dispositivos móveis. Os requisitos regulamentares de proteção de dados têm aumentado. As preocupações com o roubo de identidade estão maiores do que nunca. Hacking e outros tipos de acesso não autorizado contribuem para os cerca de 10 milhões de casos de roubo de identidade a cada ano, de acordo com a Federal Trade Commission. Boas arquiteturas de informação incluem um forte plano de segurança de informação, juntamente com o gerenciamento do acesso dos usuários e a atualização de softwares antivírus e de correção.[7]

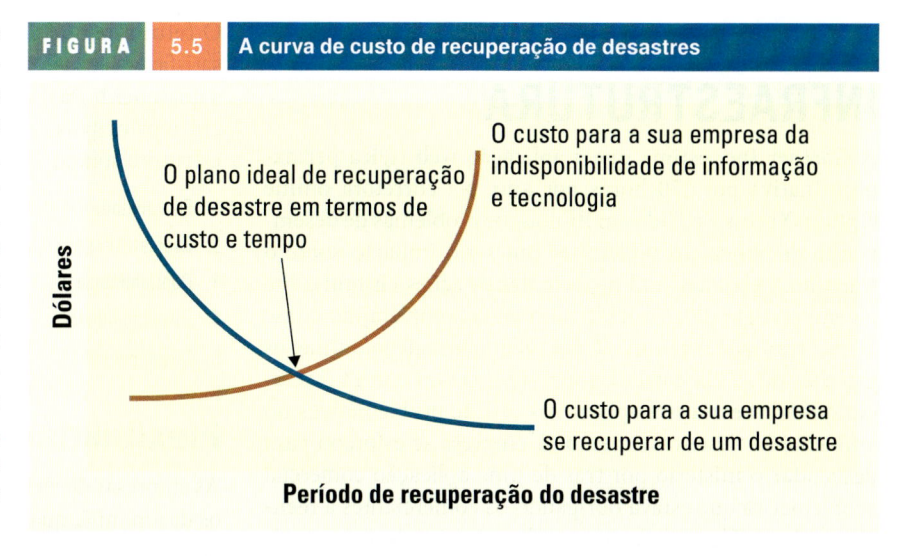

FIGURA 5.5 A curva de custo de recuperação de desastres

O plano ideal de recuperação de desastre em termos de custo e tempo

O custo para a sua empresa da indisponibilidade de informação e tecnologia

O custo para a sua empresa se recuperar de um desastre

Dólares

Período de recuperação do desastre

gerenciamento do acesso de usuários
O gerenciamento do acesso de usuários à informação é uma parte fundamental da arquitetura da informação. As senhas ainda podem ser o elo mais fraco na cadeia de segurança. Na Vitas Healthcare Corporation, com uma força de trabalho de 6 mil pessoas e operações em 15 estados, os funcionários autorizados utilizam uma meia dúzia de senhas por dia para acessar múltiplos sistemas. Embora seja importante manter a senha como método para proteger os dados de assistência médica dos clientes, fazer manutenção e gerenciar problemas criam um empecilho para o departamento de TI. "A nossa assistência técnica gasta 30% de seu tempo no gerenciamento e fornecimento de senhas", afirma John Sandbrook, diretor sênior de TI.

A empresa começou a usar o Identity Management Suite da Fischer International Corporation para gerenciar senhas e cumprir os regulamentos de acesso a dados, como a Lei Sarbanes-Oxley. O produto de gerenciamento de ID inclui auditoria automatizada, relatórios e capacidades de execução, além de uma plataforma comum para o gerenciamento, fornecimento e autosserviço de senhas. Com o software, a empresa pode aplicar senhas mais complexas, com sete, oito ou nove caracteres, números e caixa alta que mudam frequentemente. A empresa prevê reduzir o tempo de assistência técnica de senha em 50%.[8]

softwares antivírus e correções atualizados
A segurança é uma prioridade principal para gerentes de negócios, independentemente do tamanho da empresa. Entre as empresas da *Fortune 500*, mais de 80% dos entrevistados descreveram a atualização de procedimentos de segurança, de ferramentas e de serviços como uma das prioridades de negócios. Esse desejo é válido para as pequenas, médias ou grandes empresas e para os gerentes e gerentes corporativos de TI.

O foco principal para a maioria dos gerentes é impedir que hackers, spammers e outros descontentes entrem em suas redes, e quase dois terços esperam reforçar sua rede de gerenciamento de segurança, detecção de intrusos, fil-

> "Os profissionais de segurança são cada vez mais pressionados a fazer seu trabalho direito e com bom custo-benefício à medida que as redes se expandem além das empresas, chegando aos usuários, parceiros e clientes remotos, aos telefones celulares, aos PDAs e a outros dispositivos móveis."

tragem de conteúdo e software antispam. Mais da metade também planeja atualizar seu software de criptografia.

A Microsoft lança correções para seu software na segunda terça-feira de cada mês. Essas correções devem ser baixadas e instaladas em todos os sistemas e em toda a extensão da empresa se ela quiser manter os seus sistemas protegidos. Na OMD, uma subsidiária de compra de mídia e planejamento do Omnicom Group Inc., o gerente de rede tinha de instalar manualmente as atualizações fundamentais em todos os 100 servidores, levando mais de uma semana para implantar a correção em toda a empresa. Agora, a OMD utiliza o software de instalação automatizada de correções e atualizações. A empresa comprou um software que permite realizar correções de aplicação sem derrubar sistemas inteiros e com ajuste de calendário entre os servidores para que os departamentos não caiam todos juntos durante uma instalação de correções. Levando em conta tudo o que os profissionais de segurança precisam pensar, o software de instalação automática é um alívio bem-vindo.[9]

● ● **OA5.3**
Listar e descrever os cinco "dados" em uma arquitetura de infraestrutura.

CAPÍTULO 5 | Arquitetura Corporativa

ARQUITETURA DE INFRAESTRUTURA

A Gartner Inc. estima que a aplicação web típica permaneça inativa por 170 horas por ano. Na corretora online OptionsXpress, sediada em Illinois, os problemas de desempenho de aplicativo podem ter um sério impacto sobre o trabalho. Cerca de 7 mil negociantes de ações visitam o site da empresa em determinado momento, completando quase 20 mil transações por dia. Com todo esse tráfego online, os gerentes de TI da corretora sempre lutavam contra o relógio quando recriavam aplicativos offline problemáticos no ambiente de desenvolvimento. A empresa se esforçou para desvendar o mistério por trás de uma aplicação comercial problemática que estava obrigando os comerciantes a reenviar ordens. Algumas vezes, a aplicação simplesmente caía e, em seguida, reiniciava, sem razão aparente.[10]

A *arquitetura de infraestrutura* inclui o equipamento de hardware, software e de telecomunicações que, quando combinados, fornecem a base subjacente para apoiar as metas da organização (ver Figura 5.6). Assim como as mudanças organizacionais, seus sistemas devem permitir mudanças para sustentar operações. Se uma empresa cresce 50% em um único ano, os seus sistemas devem ser capazes de lidar com uma taxa de 50% de crescimento. Os sistemas que não conseguem se adaptar às mudanças organizacionais podem prejudicar bastante a capacidade de operação da empresa.

O futuro de uma empresa depende da sua capacidade para satisfazer seus parceiros e clientes nos termos e ritmos deles, a qualquer hora do dia, em qualquer local. A seguir, estão as cinco principais características de uma arquitetura de infraestrutura sólida:

1. Flexibilidade
2. Escalabilidade
3. Confiabilidade
4. Disponibilidade
5. Desempenho

Flexibilidade

As empresas devem observar os negócios de hoje, assim como os de amanhã, quando projetam e constroem sistemas. Estes devem ser flexíveis o suficiente para atender a todos os tipos de mudanças nos negócios. Por exemplo, um sistema pode ser projetado para incluir a capacidade de lidar com várias moedas e idiomas, mesmo que a empresa não esteja realizando negócios em outros países no momento. Quando a empresa começa a crescer e a realizar negócios em novos países, o sistema tem a flexibilidade para lidar com várias moedas e idiomas. Se a empresa falhou em reconhecer que seu negócio, um dia, seria global, ela precisará reprojetar todos os seus sistemas para lidar com várias moedas e idiomas, o que não é fácil quando os sistemas estão rodando.

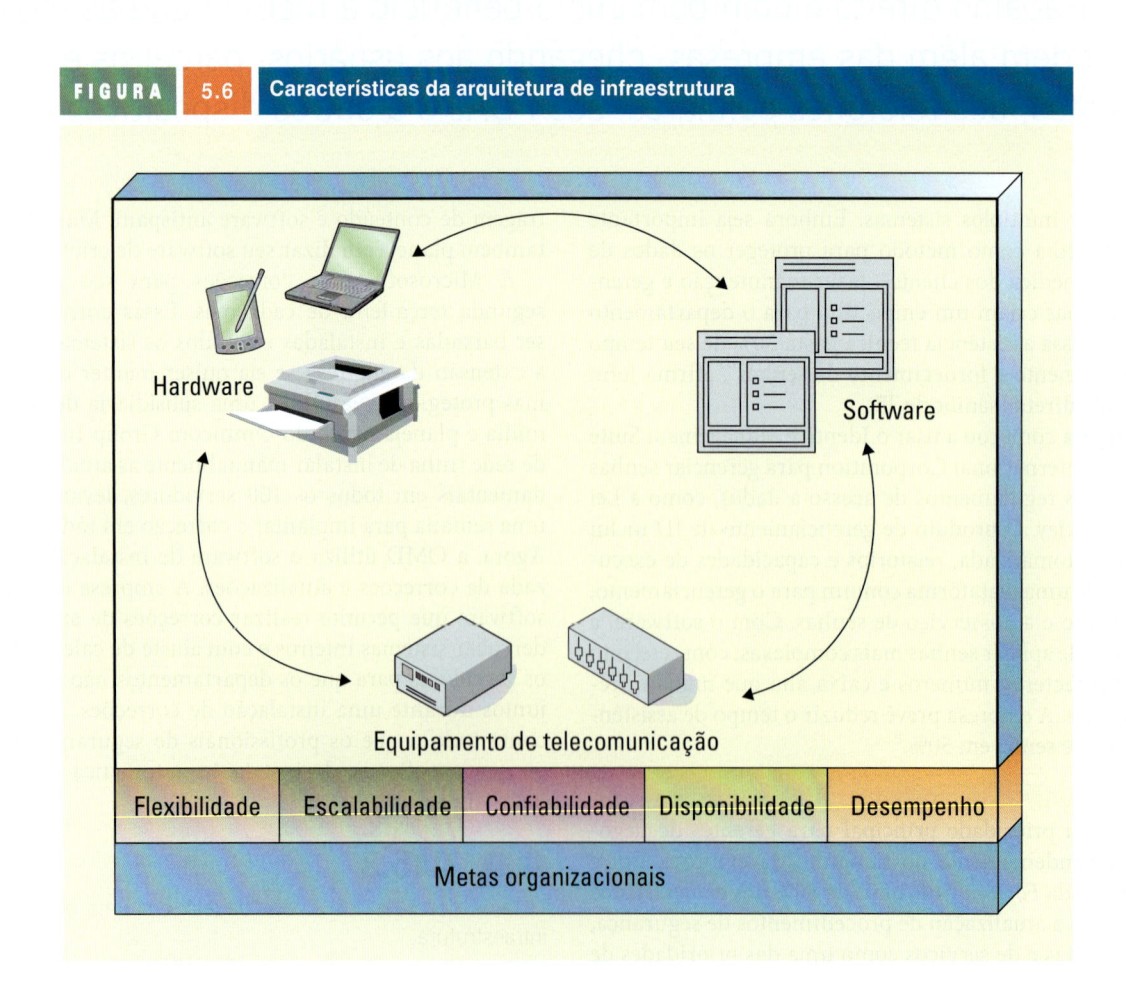

FIGURA 5.6 Características da arquitetura de infraestrutura

Escalabilidade

Estimar o crescimento da organização é uma tarefa desafiadora. O crescimento pode ocorrer de várias formas diferentes, incluindo mais clientes e linhas de produtos e a expansão para novos mercados. A *escalabilidade* se refere a quanto um sistema pode se adaptar em caso de grande demanda. Uma série de fatores pode induzir o crescimento da empresa, incluindo o mercado, o setor e os fatores de economia. Se uma organização cresce mais rápido do que o previsto, experimenta todos os tipos de degradações de desempenho, que vão desde a falta de espaço em disco até uma desaceleração na velocidade de operação. Antever o crescimento esperado – e inesperado – é fundamental para a construção de sistemas escaláveis que possam suportá-lo.

O site da MSNBC normalmente recebia tráfego moderado. Em 11 de setembro de 2001, ele foi inundado com mais de 91 milhões de visualizações, uma vez que seus clientes estavam tentando saber sobre os ataques terroristas. Felizmente, a MSNBC havia previsto esse tipo de demanda crescente e construiu sistemas escaláveis, permitindo-lhe lidar com o aumento dos pedidos de visualização da página.[11]

O *planejamento da capacidade* define os requisitos futuros da infraestrutura de TI para novos equipamentos e capacidade adicional de rede. Executar um plano de capacidade é uma forma de garantir que a infraestrutura de TI seja escalável. Para uma empresa, implementar uma infraestrutura de TI que considere o crescimento da capacidade no início do lançamento de um sistema é mais barato que tentar atualizar os equipamentos e as redes depois que o sistema foi implementado. A capacidade insuficiente leva a problemas de desempenho e cria dificuldades para os funcionários realizarem suas tarefas. Se 100 funcionários estiverem usando a internet e a empresa comprar uma banda larga muito pequena e a capacidade da rede também for muito pequena, eles terão de esperar muito tempo para consultar a internet. Esperar pelo retorno da informação de um site na internet não é muito produtivo.

A web 2.0 está direcionando a demanda para o planejamento de capacidade. Proporcionar uma grade de vídeos de entretenimento por meio da internet impõe desafios significativos à medida que os provedores de serviços escalam soluções para administrar milhões de usuários, resistir a períodos de pico de demanda e oferecer uma qualidade de experiência superior, enquanto equilibram a capacidade da rede e o investimento eficiente de capital. Dado o sucesso do YouTube e a probabilidade de experiências semelhantes de vídeo, a largura da banda necessária para o transporte dos serviços de vídeo continuará a aumentar, e a possibilidade da redução da qualidade de vídeos ficará mais desafiadora. Uma vez que o vídeo não pode tolerar a perda de pacotes (por exemplo, blocos de dados perdidos), o congestionamento devido ao excesso não é aceitável – admitir apenas mais um *stream* para a capacidade próxima do máximo de uma rede poderia reduzir a qualidade dos vídeos e das transmissões para todos os usuários.

Confiabilidade

A *confiabilidade* garante que todos os sistemas estejam funcionando corretamente e fornecendo informações precisas. Confiabilidade é outro termo para precisão quando se discute a exatidão dos sistemas dentro do contexto da eficiência das métricas de TI. O processamento de informações imprecisas ocorre por vários motivos, desde a entrada incorreta de dados até a corrupção da informação. As informações não confiáveis colocam a empresa em risco ao tomar decisões com base nas informações.

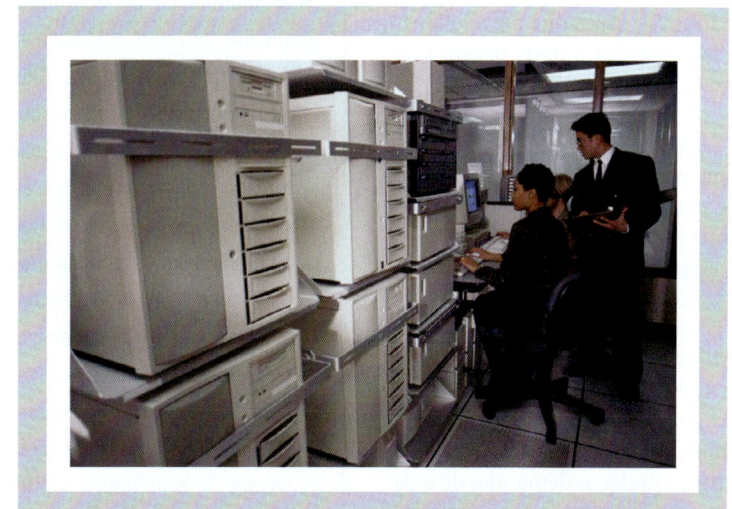

Disponibilidade

A *disponibilidade* (uma métrica de eficiência da TI) indica quando os sistemas podem ser acessados pelos usuários. A *alta disponibilidade* se refere a um sistema ou componente que permanece operante por longo período de tempo. A disponibilidade é normalmente medida com relação a "100% operacional" ou "nunca falha". Um padrão de disponibilidade de um sistema ou produto que é amplamente difundido, mas difícil de alcançar, é conhecido como "cinco 9s" (99,999%) de disponibilidade. Algumas empresas têm sistemas disponíveis 24 x 7 para sustentar as operações de negócios e as necessidades mundiais dos clientes e dos funcionários. Com o surgimento da web, as empresas esperam que os sistemas operem dia e noite. Um cliente que acha que um site fecha às 21h00 não vai ser cliente por muito tempo.

Os sistemas, no entanto, precisam ser interrompidos para manutenção, atualizações e correções. Um dos desafios enfrentados pelas empresas é determinar para quando agendar o tempo de interrupção, uma vez que se espera que o sistema opere continuamente. Exacerbar o impacto negativo da queda programada do sistema é a natureza global dos negócios. O agendamento da manutenção durante a noite pode parecer uma ótima ideia, mas de noite em uma cidade é de manhã em algum outro lugar, e os funcionários ao redor do mundo podem não conseguir desempenhar suas funções se o sistema estiver inativo. Muitas empresas superam esse problema por ter sistemas redundantes, que permitem derrubar um sistema e comutar para um outro sistema redundante ou duplicado.

Desempenho

O *desempenho* mede a rapidez com que um sistema executa um determinado processo ou transação (em termos de métricas de eficiência de TI de velocidade e rendimento). A capacidade insuficiente de desempenho pode ter um impacto negativo e devastador em um negócio. Um cliente irá esperar apenas alguns segundos para que um site retorne um pedido antes de desistir e passar para outro site. Para garantir o desempenho de sistemas adaptáveis, o planejamento de capacidade ajuda uma organização a determinar as necessidades futuras da infraestrutura da TI para novos equipamentos e para a capacidade adicional de rede. Para uma empresa, projetar e implementar uma infraestrutura que prevê o crescimento da capacidade de desempenho é mais barato que atualizar todo o equipamento depois que o sistema já está operacional.

A Abercrombie & Fitch (A&F) utiliza a internet para comercializar sua distinta imagem de ser uma criadora de tendências de moda para um de seus maiores segmentos: estudantes universitários. A empresa projetou sua arquitetura corporativa com a ajuda da IBM, que garantiu que a <http://www.abercrombie.com> se comparasse ao elegante, mas simples, design da *A&F Quarterly*, a principal revista da empresa. A Abercrombie & Fitch sabia que o site tinha de ser acessível, disponível, confiável e escalável para atender as demandas de seus clientes jovens. Estes tendem a ser mais experientes em relação à internet, e seus hábitos de compra variam daqueles que só compram no saldão da meia-noite até clientes que sabem exatamente o que querem. O site muito bem-sucedido oferece aos clientes não só uma oportunidade de fazer compras online, mas também uma amostra do estilo de vida da Abercrombie & Fitch por meio de MP3s, calendários e acessórios de mesa para download.[12]

● ● **OA5.4**
Comparar serviços web e sistemas abertos.

ARQUITETURA DE APLICAÇÃO

A pesquisa da Gartner Inc. indica que os problemas de aplicação são a maior fonte de inatividade, causando 40% de horas anuais de inatividade e 32% dos custos decorrentes. A **arquitetura de aplicação** determina como os aplicativos integram-se e relacionam-se entre si. Os avanços na integração da tecnologia – principalmente serviços web e sistemas abertos – estão proporcionando novas formas para projetar arquiteturas corporativas mais ágeis e mais responsivas, que oferecem o tipo de valor que as empresas necessitam. Com essas novas arquiteturas, a TI pode criar recursos de negócios de forma mais rápida, mais barata e com um vocabulário que a empresa entende.[13]

Serviços web

Os serviços web estão se tornando rapidamente a próxima vanguarda na computação. Os **serviços web** contêm um repertório de dados e recursos processuais que utiliza protocolos compartilhados e padrões que permitem que dife-

---

mostre-me o DINHEIRO

Classificação dos "dados"

A arquitetura de infraestrutura inclui o equipamento de hardware, software e telecomunicações que, quando combinados, fornecem a base subjacente para sustentar as metas da empresa. Assim como as mudanças organizacionais, seus sistemas devem permitir mudanças para sustentar as operações. Se uma empresa crescer 50% em um único ano, os seus sistemas deverão ser capazes de lidar com uma taxa de 50% de crescimento. Os sistemas que não conseguem se adaptar às mudanças organizacionais podem prejudicar bastante a capacidade de operação da empresa. O futuro de uma empresa depende da sua capacidade para satisfazer seus parceiros e clientes nos termos e ritmos deles, a qualquer hora do dia, em qualquer local.

Avalie a arquitetura de infraestrutura para a sua escola. Revise a lista de características da arquitetura de infraestrutura e classifique-a por ordem de impacto no sucesso da sua escola. Utilize um sistema de classificação de 1 a 7, em que 1 indica o maior impacto, e 7, o menor.

Qualidades da infraestrutura da TI	Impacto nos negócios
Disponibilidade	
Acessibilidade	
Confiabilidade	
Escalabilidade	
Flexibilidade	
Desempenho	
Planejamento de capacidade	

---

rentes aplicações partilhem dados e serviços. A principal aplicação dos serviços web é a integração entre diferentes aplicações (ver Figura 5.7). Antes dos serviços web, as organizações tinham problemas com a interoperabilidade. A **interoperabilidade** é a capacidade de dois ou mais sistemas de computadores compartilharem dados e recursos, mesmo que eles sejam feitos por diferentes fabricantes. Se um sistema de manufatura se comunica (compartilha informações) com um sistema de remessa, existe interoperabilidade entre os dois. A maneira tradicional que as empresas usaram para alcançar a interoperabilidade foi a construção de integrações. Agora, uma empresa pode utilizar os serviços web para executar a mesma tarefa.

A arquitetura corporativa maciça da Verizon inclui três empresas: GTE, Bell Atlantic e NYNEX, cada uma com seus próprios sistemas complexos. Para encontrar um regis-

FIGURA 5.7 Arquitetura de serviços web

tro de um cliente em qualquer um dos sistemas das três empresas, a Verizon volta-se para seu mecanismo de busca, chamado Spider. Ele é a versão da Verizon para o Google, e está ajudando os negócios da empresa a prosperar.

O Spider contém um serviço vital de informações do consumidor que encapsula as regras de negócios da Verizon, que a ajuda a acessar o repositório de dados correto ao procurar informações sobre o consumidor. Sempre que um novo sistema é criado e precisa de informações de consumidores, tudo que o desenvolvedor do sistema tem de fazer é reutilizar os serviços web que irá ligá-lo aos registros do cliente. Uma vez que Verizon tem o serviço da web funcionando como parte de sua arquitetura corporativa, as equipes de desenvolvimento podem construir novas aplicações em um mês, em vez de seis meses.

Os serviços web abrangem todas as tecnologias que são usadas para transmitir e processar informação por meio de uma rede, mais especificamente, a internet. É mais fácil pensar em um serviço individual como o software que executa uma tarefa específica, disponível para qualquer usuário que precise do seu serviço. Por exemplo, um serviço da web de "depósito" para um sistema bancário poderia permitir que os clientes realizassem a tarefa de depositar o dinheiro em suas contas. O serviço da web pode ser usado por um caixa de banco tanto por parte do cliente, em um caixa eletrônico, quanto pelo cliente realizando uma transação online por meio de um navegador web.

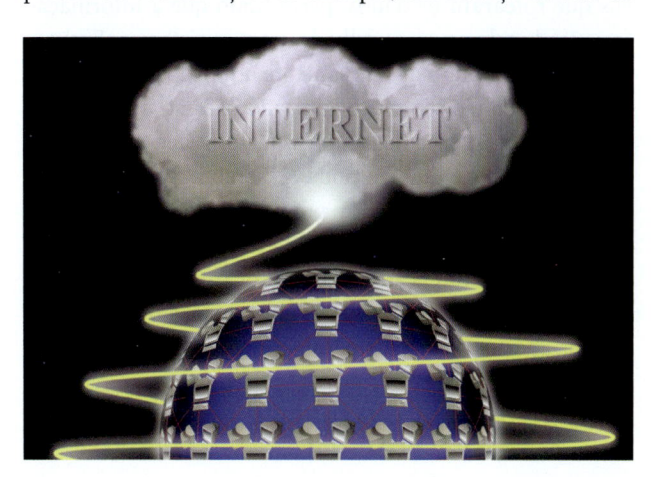

O serviço web de "depósito" demonstra uma das grandes vantagens de utilizar o modelo de serviço da web para desenvolver aplicações. Os desenvolvedores não têm de reinventar a roda toda vez que precisam incorporar novas funcionalidades. Um serviço realmente é um pedaço de código reutilizável de software. Um desenvolvedor de software pode criar rapidamente uma nova aplicação usando muitos desses pedaços reutilizáveis de código. As duas partes principais de serviços web são os eventos e os serviços.

eventos Eventos são os olhos e os ouvidos do negócio expressos em tecnologia – eles detectam ameaças e oportunidades e alertam aqueles que podem agir na informação. Promovido pela primeira vez pelas empresas de telecomunicação e de serviços financeiros, envolve o uso de sistemas de TI para monitorar um processo de negócio para os eventos relevantes – final de estoque no depósito ou um custo particularmente elevado no cartão de crédito de consumidor – e automaticamente alertar as pessoas competentes para que lidem com o problema. Por exemplo, um sistema de monitoramento de crédito automaticamente alerta o supervisor de crédito e encerra uma conta quando o sistema processa uma cobrança de US$ 7 mil no cartão cujo limite é de US$ 6 mil.

serviços Os serviços são mais parecidos com os produtos de softwares do que com os projetos de codificação. Eles devem apelar a um público amplo, e precisam ser reutilizáveis se vão ter um impacto sobre a produtividade. As primeiras formas de serviços foram definidas a um nível muito baixo na arquitetura para interessar aos negócios, simples como "Imprimir" e "Salvar". Os novos serviços estão sendo definidos em um nível superior, descrevendo coisas como "verificação de crédito", "informações do cliente" e "processo de pagamento". Esses serviços descrevem valiosos processos de negócios. Por exemplo, "verificação de crédito" tem valor não apenas para os programadores que desejam usar esse código em outro aplicativo, mas também para empresários que querem usá-lo em vários produtos, tais como autoempréstimos e hipotecas, ou por meio de negócios múltiplos.

O truque para criar serviços é encontrar o nível correto de granularidade. O T-Mobile cria serviços começando no mais alto nível e depois quebra até os níveis mais baixos, ajudando a evitar serviços que ninguém usa. A empresa primeiramente criou um serviço "enviar mensagem" e, em seguida, elaborou um serviço "enviar mensagens SMS", que envia mensagens em formatos especiais para diferentes dispositivos, como telefones celulares e *pagers*.

Os arquitetos da empresa Lydian Trust projetaram um serviço chamado "obtenção de crédito", usado por várias unidades de negócios diferentes para pedidos de empréstimo. A "obtenção crédito" procura avaliações de crédito pela internet a partir da agência de crédito. Um dia, um dos servidores da agência de crédito caiu, e o serviço de "obtenção de crédito" de Lydian Trust não conseguia fazer uma conexão. Como a conexão com o servidor falhou, o sistema não sabia o que fazer. A "obtenção de crédito" não foi criada para fazer mais de uma chamada. Então, enquanto esperavam por uma resposta, centenas de pedidos de empréstimo ficaram parados.

Os escritórios de empréstimo da Lydian Trust tiveram de trabalhar durante a noite para garantir que todos os pedidos fossem concluídos dentro de 24 horas, como prometido pela empresa. Felizmente, os clientes da Lydian Trust nunca passaram por esse problema, mas os funcionários, sim. Os sistemas devem ser projetados para lidar com a existência ou falta de determinados eventos, de forma que não interrompa todos os negócios. O serviço de "obtenção de crédito" foi modificado para incluir uma mensagem de e-mail de alerta automático para um supervisor, sempre que o serviço percebe um atraso.[14]

Sistemas abertos

O Microsoft Internet Explorer (MSIE) é basicamente o vencedor entre os navegadores da web. Antes da chegada do Mozilla Firefox de código aberto, o MSIE tinha 97% do mercado. O Firefox tem reduzido os nichos do MSIE, diminuindo seu uso para abaixo de 90% nos Estados Unidos e abaixo de 60% na Alemanha. O Firefox tem uma equipe de desenvolvedores e testadores de código aberto. O lançamento do projeto Mozilla Firefox pela Netscape, em 1998, foi um momento decisivo para o movimento do código aberto. O Firefox é um líder no desenvolvimento de código aberto, o que proporciona baixo custo e muitas opções para a tecnologia. Os desenvolvedores do Firefox interagem por meio de grupos de discussão, listas de e-mail, canais IRC e vários sites.[15]

Um *sistema aberto* é um termo geral e amplo que descreve hardwares e softwares de TI "nonproprietary", disponibilizando os padrões e rotinas a partir dos quais eles operam, tornando mais fácil integrá-los. Em geral, o *código aberto* se refere a qualquer programa cujo código fonte é disponibilizado para uso ou modificação no momento em que os usuários ou desenvolvedores aprovarem um ajuste. Historicamente, os fabricantes de softwares proprietário, em geral, não deixam o código fonte disponível. O software de código aberto geralmente é desenvolvido em colaboração pública e é disponibilizado livremente. A Amazon.com adotou a tecnologia de código aberto, fazendo a conversão do sistema operacional Sun para o Linux. A mudança para um sistema operacional de código aberto, como o Linux, simplifica o processo pelo qual os associados da Amazon.com podem criar links para os aplicativos desta em seus sites.

Os projetos de sistemas abertos permitem o compartilhamento de informações. No passado, os diferentes sistemas eram independentes uns dos outros e operavam como ilhas individuais de controle. O compartilhamento de informações foi realizado por meio de *drivers* e dispositivos que rotearam os dados, permitindo que a informação fosse traduzida e compartilhada entre os sistemas. Embora esse método ainda seja amplamente utilizado, a sua capacidade limitada e o seu custo agregado não são uma solução eficaz para a maioria das empresas. Outra desvantagem do sistema isolado é que ele pode se comunicar apenas com componentes desenvolvidos por um único fabricante. A natureza proprietária desses sistemas geralmente resulta em reparo, manutenção e expansão caros, em virtude da falta de forças competitivas. Por outro lado, a integração de sistema aberto é projetada para:

- Permitir que sistemas compartilhem informações continuamente. A partilha de informação reduz o número total de dispositivos, resultando em uma diminuição geral dos custos.

- Capitalizar as arquiteturas corporativas. Isso evita a instalação de vários sistemas independentes, e a duplicação de dispositivos.
- Eliminar sistemas proprietários e promover preços competitivos. Muitas vezes, um vendedor de fonte única pode exigir o seu preço e pode até mesmo fornecer ao cliente um serviço não satisfatório. A utilização de sistemas abertos permite aos usuários a compra de sistemas competitivos.[16]

SEÇÃO 5.2 Tendências da arquitetura

OBJETIVOS DE APRENDIZAGEM

- **OA5.5** Descrever o valor de negócios na implantação de uma arquitetura orientada a serviços.
- **OA5.6** Explicar a necessidade da interoperabilidade e baixo acoplamento na criação dos sistemas de TI atuais.
- **OA5.7** Identificar as funções lógicas utilizadas em um ambiente virtualizado.
- **OA5.8** Explicar os benefícios da computação em grade.

TENDÊNCIAS DA ARQUITETURA

Manter os sistemas de negócios operantes 24 x 7 x 365 e também flexíveis, escaláveis, confiáveis e disponíveis não é tarefa fácil. Atualmente, as empresas devem observar continuamente as novas tendências da arquitetura para garantir

> "Atualmente, as empresas devem observar continuamente as novas tendências da arquitetura para garantir que elas lancem mão de novas tecnologias disruptivas."

que elas lancem mão de novas tecnologias disruptivas. Esta seção aborda três tendências da arquitetura que rapidamente estão se tornando requisitos para todas as empresas, incluindo:

- Arquiteturas orientadas a serviços
- Virtualização
- Computação em grade

OA5.5

Descrever o valor de negócios na implantação de uma arquitetura orientada a serviços.

OA5.6

Explicar a necessidade da interoperabilidade e baixo acoplamento na criação dos sistemas de TI atuais.

ARQUITETURA ORIENTADA A SERVIÇOS

A *arquitetura orientada a serviços* (SOA, *Service Oriented Architecture*) é uma abordagem arquitetural da TI orientada aos negócios que sustenta a integração de um negócio como serviços (ou tarefas) conectadas ou iterativas. A SOA ajuda as empresas a inovar mediante a garantia de que os sistemas podem se adaptar veloz, fácil e economicamente para suportar as rápidas necessidades dos negócios. Auxilia ainda a aumentar a flexibilidade de seus processos, reforçar a arquitetura de TI subjacente e reutilizar os investimentos de TI por meio da criação de conexões entre diferentes aplicações e fontes de informação.

A SOA não é uma arquitetura concreta: é algo que leva a uma arquitetura concreta (como ilustrado na Figura 5.8). Ela pode ser descrita como um estilo, um paradigma, um conceito, uma perspectiva, uma filosofia ou uma representação. Ou seja, a SOA não é um instrumento ou estrutura concreta para ser comprada. É uma abordagem, um modo de pensar, um sistema de valores que leva a certas decisões concretas durante a concepção de uma arquitetura concreta.

A Crutchfield, em Charlottesville, Virginia, Estados Unidos, vende eletrônicos em três canais: a web, uma central de atendimento e duas lojas de varejo. Com uma arquitetura orientada a serviços, agora um único aplicativo lida com o processamento de pedidos iniciais de todos os três canais de vendas, com a verificação de fraudes e o workflow encapsulado utilizando uma série de mensagens. Embora simples de criar, a SOA da Crutchfield é rigorosa, com média de 3.800 pedidos por dia que registram, em média, US$ 1,1 milhões diariamente em receita.[17]

Benefícios da SOA para os negócios

A realidade quanto às empresas de TI é que as arquiteturas são heterogêneas entre sistemas operacionais, aplicativos, softwares e infraestrutura de aplicações. Alguns aplicativos são utilizados para executar processos de negócios atuais, começando do zero a criação de uma nova arquitetura. As empresas devem responder às mudanças nos negócios com agilidade, alavancar os investimentos existentes em aplicativos e infraestrutura para atender aos novos requerimentos dos negócios e sustentar novos canais de interação com os clientes, parceiros e fornecedores. A SOA, com sua natureza flexível, permite que as empresas conectem-se em novos serviços ou melhorem os serviços existentes de forma granular. Isso permite que elas enfrentem os novos requisitos de negócios, oferece a opção de utilizar os serviços por meio de diferentes canais e trata o legado de aplicativos existentes como serviços, protegendo, assim, os investimentos existentes da infraestrutura de TI (ver Figura 5.9). Os principais conceitos técnicos da SOA são:

- **Serviços** – uma tarefa de negócio.
- **Interoperabilidade** – a possibilidade de dois ou mais sistemas de computadores compartilharem dados e recursos, mesmo que sejam feitos por diferentes fabricantes.
- **Acoplamento livre** – a possibilidade de os serviços serem combinados para criar serviços compostos, ou desagregados, com a mesma facilidade, em seus componentes funcionais.[18]

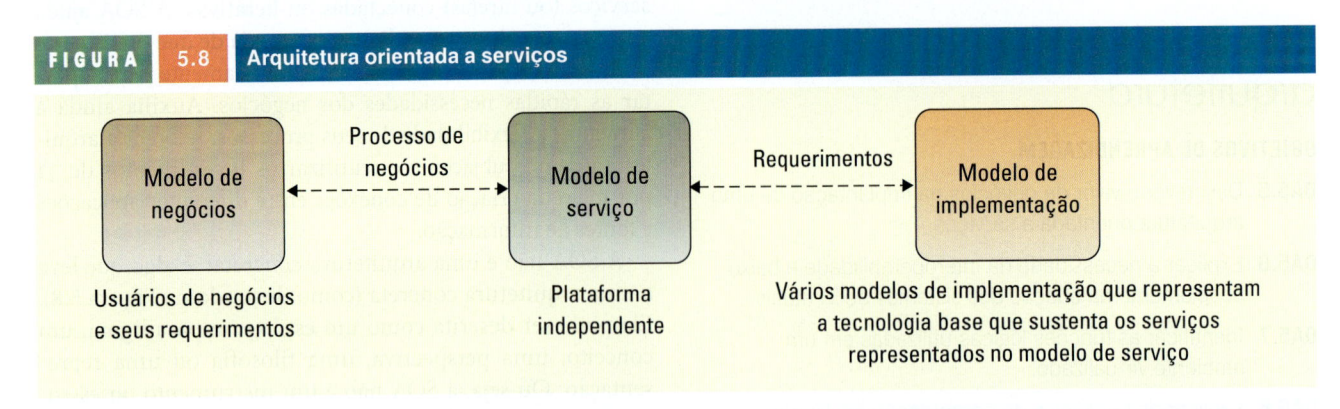

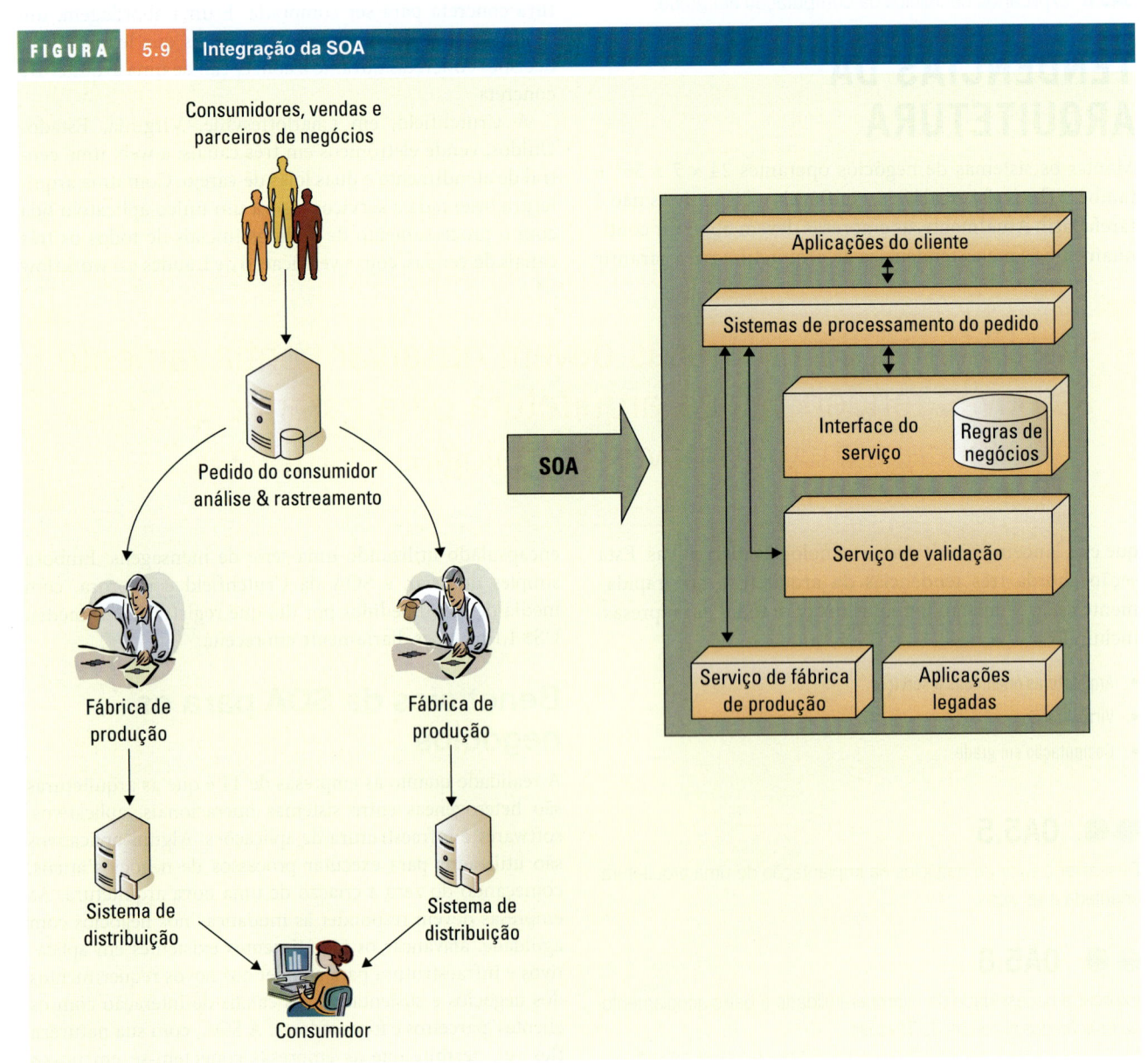

FIGURA 5.8 Arquitetura orientada a serviços

Modelo de negócios — Processo de negócios → Modelo de serviço — Requerimentos → Modelo de implementação

- Usuários de negócios e seus requerimentos
- Plataforma independente
- Vários modelos de implementação que representam a tecnologia base que sustenta os serviços representados no modelo de serviço

FIGURA 5.9 Integração da SOA

Consumidores, vendas e parceiros de negócios
↓
Pedido do consumidor análise & rastreamento
↓
Fábrica de produção / Fábrica de produção
↓
Sistema de distribuição / Sistema de distribuição
↓
Consumidor

SOA →
- Aplicações do cliente
- Sistemas de processamento do pedido
- Interface do serviço / Regras de negócios
- Serviço de validação
- Serviço de fábrica de produção / Aplicações legadas

Serviço

A arquitetura orientada a serviços começa com um serviço – sendo um *serviço* SOA apenas uma tarefa de negócios, como a avaliação de crédito de clientes potenciais no momento em que abrem uma conta. É importante salientar que isso é parte de um processo de negócios. Conforme mencionado na seção anterior, os serviços são "semelhantes a" produtos de software, no entanto, ao descrever a SOA, não pense em software ou em TI. Pense no que uma empresa faz no dia a dia e divida os processos de negócios em tarefas de negócios ou componentes iterativos.

A SOA fornece os fundamentos da tecnologia para trabalhar com serviços que não sejam apenas softwares ou hardwares, mas tarefas de negócios. É um padrão para o desenvolvimento de um tipo mais flexível de aplicativo que promova o acoplamento fraco entre os componentes de software, enquanto reutiliza os investimentos existentes em tecnologia de maneiras novas e mais valiosas para a empresa. A SOA é baseada em padrões que permitem a interoperabilidade, a agilidade dos negócios e a inovação para gerar mais valor de negócio para quem usa seus princípios.

A SOA ajuda as empresas a se tornarem mais ágeis, mediante o alinhamento das necessidades do negócio e das capacidades de TI que sustentam tais necessidades. Os negócios direcionam os requisitos da TI e a SOA permite que o ambiente da TI responda de maneira eficaz e eficiente a esses requisitos. A SOA diz respeito a ajudar as empresas a aplicarem a reutilização e a flexibilidade para reduzir custos (de desenvolvimento, integração, manutenção), aumentar a receita e obter vantagens competitivas sustentáveis por meio da tecnologia.

É muito importante lembrar que a SOA é uma evolução. Embora seus resultados sejam revolucionários, ela se baseia em várias tecnologias utilizadas no mercado, tais como serviços web, tecnologias transacionais, princípios orientados por informações, acoplamento fraco, componentes e design orientado a objeto. A beleza da SOA é que ela reúne essas tecnologias por meio de padrões, de interfaces bem definidas e de compromissos organizacionais para reutilizar os serviços-chave, em vez de reinventar a roda. A SOA não trata apenas de tecnologia, mas sobre como a tecnologia e os negócios conectam-se a uma meta comum de flexibilidade de negócios.

As empresas têm se tornado cada vez mais complexas ao longo das duas últimas décadas. Fatores como fusões, regulamentações, concorrência mundial, terceirização e parcerias resultaram em um aumento maciço do número de aplicativos que as empresas utilizam. Esses aplicativos foram implementados com pouco conhecimento de outros aplicativos com os quais seria necessário compartilhar informações no futuro. Como resultado, muitas empresas estão tentando manter sistemas de TI que coexistem, mas não são integrados.

A SOA ajuda a fornecer soluções para as empresas que enfrentam uma série de problemas de negócios. A Figura 5.10 enumera alguns desses problemas.[19]

Interoperabilidade

Conforme definido na seção anterior, a interoperabilidade é a capacidade de dois ou mais sistemas de computador compartilharem dados e recursos, mesmo que eles

---

omg lol*

Eu não estou com febre, mas tenho certeza de que estou com um vírus

Não há nada pior do que terminar seu trabalho da faculdade às 04h00 da manhã, e descobrir que seu computador está com um vírus e que você perdeu o documento inteiro. Bem, pode haver algo pior. Você envia o seu documento final, que vale metade da sua nota e, em seguida, dirige-se para a Flórida para as férias de primavera. Você volta e descobre que não passou no curso, e começa a verificar o e-mail freneticamente para descobrir o que aconteceu. Em seu e-mail há uma mensagem de seu professor, informando que seu arquivo estava corrompido, não pôde ser aberto e que você teve 24 horas para reenviar o arquivo, o que, naturalmente, você não fez, porque estava deitado na praia.

Existe um empreendedor em cada grupo, e bons negociantes podem pegar limões e fazer uma limonada. Uma pessoa experiente viu uma limonada no problema do arquivo corrompido e lançou o Corrupted-Files.com, que vende aos alunos (por apenas US$ 3,95) arquivos corrompidos intencionalmente. Por que alguém iria querer comprar um arquivo corrompido? Segundo o site as razões são óbvias.

"Passo 1: Adquira e renomeie o arquivo como, por exemplo, Mike_Artigo-Final. Passo 2: Envie o arquivo por e-mail para o seu professor, juntamente com a mensagem 'aqui está o meu trabalho'. Passo 3: Vai levar algumas horas, se não dias, para o seu professor perceber que o seu arquivo está, 'infelizmente', corrompido. Use o tempo que você acabou de comprar com sabedoria e termine seu artigo! Esse download inclui 2, 5, 10, 20, 30 e 40 páginas de arquivos corrompidos do Word. Use o tamanho apropriado para combinar com cada trabalho. Quem vai dizer que o seu artigo de 10 páginas não foi corrompido? Exatamente! Ninguém pode! É a desculpa perfeita para ter um tempo extra e não entregar um artigo ruim. Trapacear não é a resposta à procrastinação! – Corrupted-Files.com é! Mantenha este site em segredo!"

Quando se discutem as arquiteturas orientadas a serviço, há três componentes principais: serviços, interoperabilidade e acoplamento fraco. Qual é o serviço da Corrupted-Files.com? Não faz diferença se um aluno está usando um Mac ou um PC ao enviar o arquivo corrompido, e como isso se relaciona com a interoperabilidade? Analise o Corrupted-Files.com em termos de acoplamento fraco.

---

* N. de T.: Acrônimo, usado na internet, que corresponde às expressões "Oh! My God" (Oh! Meu Deus) e "laughing out loud" (rindo alto), usadas para caracterizar os absurdos que encontramos na rede.

FIGURA 5.10 Problemas de negócio e soluções da SOA

Problemas de negócios	Soluções da SOA
■ Agentes impossibilitados de ver a cobertura da política da informação remotamente. ■ Chamadas/fax usados para obter informações de outras divisões. ■ Informações clínicas do paciente armazenadas em papel. ■ Acesso complexo aos desenhos de concepção do fornecedor.	Integrar as informações para torná-las mais acessíveis aos funcionários.
■ Alto custo do tratamento de chamadas de clientes. ■ Reconciliação das deduções e abatimentos na fatura. ■ Horas de espera para determinar a elegibilidade do seguro dos pacientes. ■ Alta rotatividade de pessoas levando a custos de contratação e treinamento excessivo.	Compreender como os processos de negócio interagem para gerenciar melhor os custos administrativos.
■ Diminuição da lealdade do cliente devida a faturas incorretas. ■ Clientes em espera para verificar a situação da encomenda. ■ Impossibilidade de atualizar políticas rapidamente. ■ Níveis de serviço pobres.	Melhorar a retenção dos clientes e oferecer novos bens e serviços por meio da reutilização dos investimentos atuais.
■ Tempo desperdiçado reconciliando bancos de dados separados. ■ Processos manuais como o tratamento das alocações comerciais. ■ Incapacidade de detectar falhas de qualidade no início do ciclo. ■ Alto percentual de refugo e retrabalho.	Melhorar a produtividade das pessoas com melhor integração e conectividade de negócios.

sejam feitos por diferentes fabricantes. As empresas hoje usam uma variedade de sistemas que resultaram em um ambiente heterogêneo. Essa heterogeneidade tem atrapalhado as empresas com a falta de interoperabilidade. No entanto, uma vez que SOA é baseada em padrões abertos, as empresas podem criar soluções que potencializem a funcionalidadde de sistemas portáteis ou interoperáveis, isolados anteriormente, independente do ambiente em que estão.

Um serviço web foi definido anteriormente como uma forma de padrões abertos de suporte da interoperabilidade. Os serviços web são frequentemente interfaces de programação de aplicativos (API) que podem ser acessadas por meio de uma rede, como a internet, e executadas em um sistema remoto que hospeda os serviços solicitados. A SOA é um estilo de arquitetura que permite a criação de aplicações construídas pela combinação de serviços interoperáveis e de baixo acoplamento. Esses serviços interoperam com base em uma definição formal que é independente da plataforma e da linguagem de programação. Na SOA, uma vez que a unidade básica de comunicação é uma mensagem em vez de uma operação, os serviços web são geralmente de baixo acoplamento. Embora a SOA possa existir sem os serviços web, as melhores práticas da SOA para garantir flexibilidade sempre os envolve.

Tecnicamente, os serviços web são baseados no ***Extensible Markup Language*** (XML), uma linguagem de construção de documentos que contenham informações estruturadas. As especificações técnicas dos recursos de XML vão além do escopo deste livro, mas para os nossos propósitos, eles suportam transações de e-Business, equações matemáticas e mil outros tipos de informação estruturada. O XML é uma representação de dados que pode ser usada como meio de troca entre os programas criados em diferentes linguagens de programação e executam diferentes tipos de instruções de máquina. Em termos simples, pense no XML como o tradutor oficial da informação estruturada. A informação estruturada é tanto o conteúdo (imagem, palavra, e assim por diante) quanto o papel que desempenha. O XML é a base para todas as tecnologias de serviço web e a chave para a interoperabilidade. Cada especificação de serviço web é baseada no XML.

Baixo acoplamento

Parte do valor da SOA é que ela é construída sobre a premissa de baixo acoplamento de serviços. O ***baixo acoplamento*** é a possibilidade de os serviços serem combinados sob demanda a fim de criar serviços compostos ou desagregados, com a mesma facilidade, em seus componentes funcionais.

O baixo acoplamento é uma forma de garantir que os detalhes técnicos, como a linguagem, a plataforma, e assim por diante, estejam dissociados do serviço. Por exemplo, observe a conversão de moeda. Hoje, todos os bancos possuem múltiplos conversores de moedas, todos com atualizações de taxa em diferentes momentos. Ao criar um serviço comum de "conversão da moeda" que esteja fracamente acoplado a todas as funções bancárias que exigem a conversão, as taxas, os horários e as amostragens podem ter suas médias calculadas para garantir a flutuação do Tesouro da maneira mais eficaz possível. Outro exemplo é a identificação do cliente. A maioria das empresas não possui uma identificação padrão do cliente e, portanto, não tem como determinar quem são os clientes, o que eles compram e por que razão. Criar uma ID de cliente padronizada que seja independente de aplicações e de bancos de dados permite o baixo acoplamento do serviço "ID do cliente" para dados e para aplicativos sem que a aplicação ou o banco de dados saibam quem ele é ou onde ele está.

A diferença entre as interações tradicionais, fortemente amarradas, e os serviços de baixo acoplamento, é que antes que a transação ocorra, as peças funcionais (serviços) que operam dentro da SOA estão inativas e desconectadas. Quando o processo de negócios se inicia, esses serviços, momentaneamente, interagem uns com os outros. Eles fazem isso apenas o tempo suficiente para executar sua parte do processo global, e depois voltam ao seu estado latente, sem qualquer ligação permanente com os outros serviços. A próxima vez que o mesmo serviço for chamado, poderá ser como parte de um processo de negócio diferente, com serviços diferentes de chamada e destino.

Uma ótima maneira de entender isso é por meio da analogia com o sistema telefônico. No surgimento do uso generalizado do telefone, os operadores tinham de ligar fisicamente um fio para criar uma conexão semipermanente entre duas partes. As pessoas que ligavam eram "fortemente conectadas" entre si. Hoje, você pega seu celular, coloca em seu ouvido, e não há nenhum tom de discagem – está desconectado. Você digita um número, pressiona "Chamar", e só então o processo inicia, estabelecendo uma conexão de baixo acoplamento apenas o tempo suficiente para a conversa. Então, quando a conversa acaba, o celular vai voltar ao modo inativo até que uma nova conexão seja feita com outra parte. Como resultado, suportar um milhão de assinantes de telefonia celular não exige que o prestador de serviços de telefone celular suporte um milhão de conexões ao mesmo tempo, exige apenas que suporte o número de chamadas simultâneas em um determinado momento. Permite uma troca muito mais flexível e dinâmica.[20]

●● OA5.7
Identificar as funções lógicas utilizadas em um ambiente virtualizado.

VIRTUALIZAÇÃO

A **virtualização** é uma estrutura de divisão dos recursos de um computador em vários ambientes de execução. É uma forma de aumentar os recursos físicos para maximizar o investimento em hardware. Geralmente, esse processo é feito com um software de virtualização, rodando em uma unidade física que imita múltiplos hardwares.

Em um ambiente virtualizado, as funções lógicas da computação, armazenamento e rede, são separadas de suas funções físicas. As funções desses recursos podem ser manual ou automaticamente alocadas para atender às novas necessidades e prioridades de um negócio. Esses conceitos podem ser aplicados amplamente em toda a empresa, de data centers a PCs.

Por meio da virtualização, pessoas, processos e tecnologia trabalham juntos e de forma mais eficiente para atender o aumento dos níveis de serviços. Uma vez que a capacidade pode ser alocada dinamicamente, o excesso de provisionamento é eliminado e toda uma arquitetura de TI é simplificada (ver Figura 5.11).

Mesmo algo tão simples como o particionamento de um disco rígido é considerado virtualização, porque você pega um disco e faz o particionamento dele para criar dois discos rígidos separados. Os dispositivos, os aplicativos e os usuários são capazes de interagir com as máquinas virtuais como se fosse um recurso lógico único.

O que são máquinas virtuais?

O **sistema de virtualização** (muitas vezes referido como "virtualização de servidor" ou "virtualização de desktops", dependendo da função do sistema virtualizado) é a possibilidade de tratar um único computador como se fosse uma coleção de computadores separados ("máquinas virtuais"), cada um com suas CPUs, interfaces de rede, armazenamento e sistema operacional virtuais.

A tecnologia de máquina virtual foi implementada pela primeira vez em um computador central, na década de 1960, para permitir que os sistemas caros fossem partidos em domínios separados e utilizados de forma mais eficiente por mais usuários e aplicações. Como os servidores padrão de PC tornaram-se mais poderosos na última década, a virtualização foi levada aos processadores de desktop e de notebook para fornecer os mesmos benefícios.[21]

As máquinas virtuais aparecem tanto para o usuário dentro do sistema quanto para o mundo exterior como

FIGURA 5.11 Integração da SOA

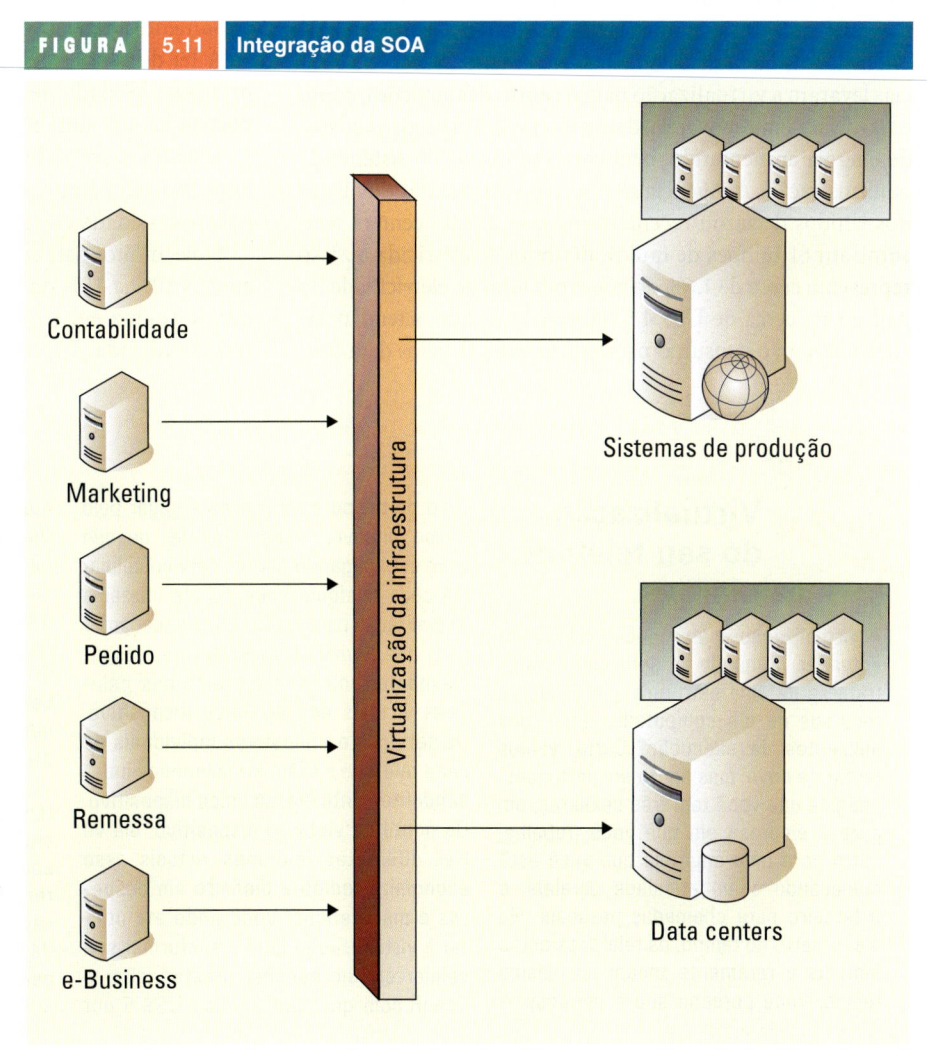

> *AS MÁQUINAS VIRTUAIS APARECEM TANTO PARA O USUÁRIO DENTRO DO SISTEMA QUANTO PARA O MUNDO EXTERIOR COMO COMPUTADORES SEPARADOS, CADA UM COM SEUS PRÓPRIOS: IDENTIDADE DE REDE, AUTORIZAÇÃO DO USUÁRIO E RECURSOS DE AUTENTICAÇÃO, VERSÃO E CONFIGURAÇÃO DO SISTEMA OPERACIONAL, APLICAÇÕES E DADOS.*

computadores separados, cada um com seus próprios: identidade de rede, autorização do usuário e recursos de autenticação, versão e configuração do sistema operacional, aplicações e dados. O hardware é consistente em todas as máquinas virtuais: embora o número ou o tamanho possa ser diferente, são utilizados dispositivos que permitem que máquinas virtuais sejam portáteis, independentemente do tipo de hardware real sobre os sistemas subjacentes.

A Figura 5.12 oferece uma visão geral da aparência de uma estrutura de virtualização do sistema

Benefícios de negócios da virtualização

A virtualização não é de forma alguma uma nova tecnologia. Como mencionado anteriormente, os computadores centrais têm oferecido a possibilidade de hospedar vários sistemas operacionais há mais de 30 anos. No entanto, várias tendências levaram a virtualização para o centro das atenções, como o hardware em renovação, data centers sem espaço, os custos de energia aumentando, bem como os custos do sistema de administração. A Agência de Proteção Ambiental dos Estados Unidos declarou recentemente que os data centers consumiram 61 bilhões de quilowatts-hora de eletricidade. Isso representa cerca de 1,6% do consumo total de eletricidade do país e vale cerca de US$ 4,5 bilhões. Se as atuais tendências continuarem, o consumo nacional de energia pelos data centers vai quase dobrar, fazendo da eficiência da energia a principal prioridade.[22]

A primeira principal tendência de virtualização destaca a subutilização do hardware. Em 1965, na edição de abril da revista *Electronics*, Gordon Moore foi o primeiro a observar o poder de computação do processador, que passou a ser conhecida como lei de Moore. Ao descrever o crescimento do poder de computação, Moore afirmou: "A complexidade dos custos de componentes mínimos tem aumentado a uma taxa de aproximadamente um fator de dois por ano". O que ele queria dizer era que, a cada ano (na verdade, a maioria das pessoas estima o período de tempo em cerca de 18 meses), para um determinado tamanho de processador, o dobro de componentes individuais pode ser espremido em um pedaço de silício do mesmo tamanho. Dito de outra forma, cada nova geração de *chip* fornece duas vezes mais poder de processamento em relação à geração anterior, pelo mesmo preço.

A lei de Moore demonstra retornos crescentes – a própria possibilidade de melhoria cresce ao longo do tempo, porque há um aumento exponencial da capacidade de cada geração de processador. Esse crescimento exponencial é responsável pela impressionante melhoria na computação e pela necessidade crescente da virtualização.[23]

Hoje, muitos data centers têm máquinas funcionando com apenas 10% a 15% da capacidade total de processamento, o que se traduz em 85% a 90% da potência da máquina não sendo utilizada. De certa forma, a lei de Moore não é mais

Saiba que: Virtualização do seu telefone celular

A virtualização é um conceito difícil de entender. Segundo a definição formal, trata-se de uma estrutura que divide os recursos de um computador em vários ambientes de execução. Certo, vamos tentar de novo, mas agora em português. Imagine que você tem três celulares, um para a empresa em que você trabalha, outro para uma empresa que você está começando como atividade paralela, e o terceiro para chamadas pessoais. Na maior parte do tempo, os telefones estão inativos e raramente tocam ao mesmo tempo. Você percebe que é um desperdício de tempo e de recursos pagar pelo tempo inativo, especialmente quando você está pagando por um serviço celular em cada telefone. Você decide utilizar a virtualização para ajudar a sua situação.

O que a virtualização faria é, essencialmente, colocar três telefones celulares virtuais em um único dispositivo. Os serviços e aplicativos individuais de cada telefone seriam armazenados independentemente em um único dispositivo. Do ponto de vista do dispositivo, ele vê três diferentes telefones virtuais. Isso economiza tempo e dinheiro em despesas e manutenção. Você pode até utilizar a virtualização para transformar seu celular em um escâner. Basta visitar o ScanR.com que, por apenas US$ 5 por mês, você pode usar a câmera do seu telefone para digitalizar documentos. Tire uma foto de qualquer documento, cartão de visita ou quadro branco e faça o upload para o site ScanR; em poucos minutos, a foto é devolvida a você em um arquivo digital. Isso poderia ser útil se o seu amigo tivesse de faltar à aula e você quisesse guardar as anotações do seu professor.

A virtualização, atualmente, é um tema quente à medida que mais e mais empresas focam na responsabilidade social e tentam encontrar maneiras de reduzir suas pegadas de carbono. Quais são os impactos potenciais ambientais da virtualização? Quais são as vantagens da virtualização? Quais são os riscos associados à ela?

FIGURA 5.12 Sistema de virtualização

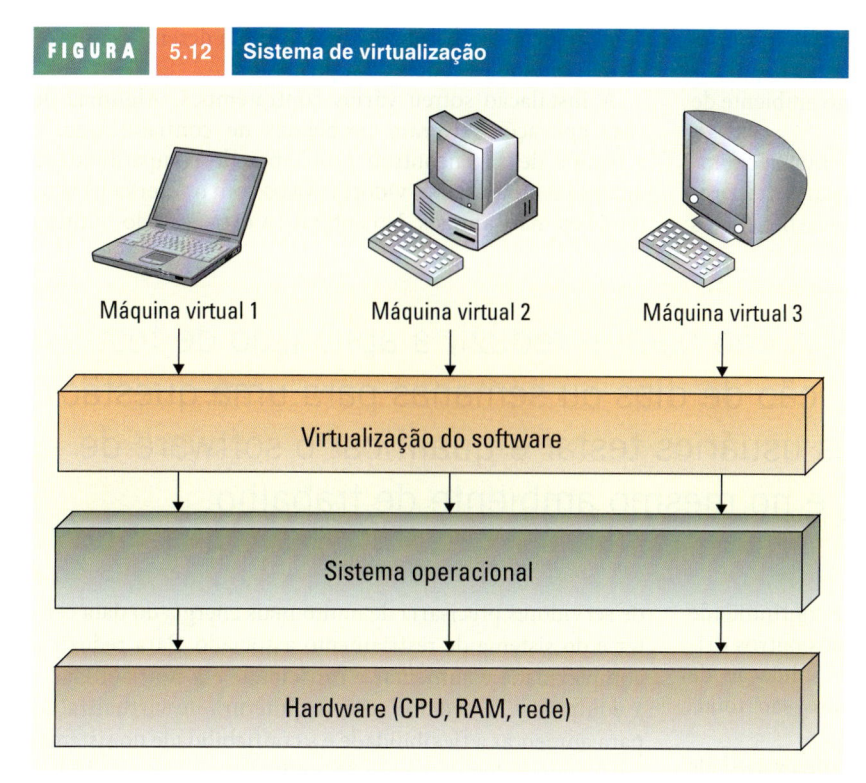

[Diagrama: Máquina virtual 1, Máquina virtual 2, Máquina virtual 3 → Virtualização do software → Sistema operacional → Hardware (CPU, RAM, rede)]

relevante para a maioria das empresas, porque elas não conseguem aproveitar o crescente poder de que dispõem.

A lei de Moore não só permite a virtualização, como também a torna obrigatória de maneira efetiva. Caso contrário, a cada ano, uma quantidade crescente de poder de computação irá para o lixo.

Uma segunda tendência da virtualização se relaciona com os data centers ficando sem espaço. O mundo dos negócios tem passado por uma enorme transformação nos últimos 20 anos. Em 1985, a grande maioria dos processos de negócio era baseada no papel. Os sistemas computadorizados foram confinados à chamada automatização de bastidores: folha de pagamento, contabilidade, e assim por diante. Tudo isso mudou, graças à constante marcha da lei de Moore. Inúmeros processos de negócios têm sido capturados em softwares e automatizados, passando do papel aos computadores.[24]

O crescimento da internet aumentou exponencialmente essa transformação. As empresas querem se comunicar com os clientes e parceiros em tempo real, usando a conectividade mundial da internet. Naturalmente, isso acelerou o movimento para processos de negócios informatizados.

O último avião da Boeing, o 787 Dreamliner, foi projetado e construído de uma forma radicalmente nova. A Boeing e cada um dos seus fornecedores utilizaram o desenho assistido por computador (CAD, *Computer-Aided Design de Software*) para projetar suas respectivas partes do avião. Toda a comunicação sobre o projeto utilizou os desenhos do CAD como base para discussão. O uso do software CAD permitiu que os testes fossem feitos em modelos de computador em vez de pelo método tradicional de construção de protótipos físicos, acelerando, assim, a conclusão do avião.

O projeto Dreamliner gerou enormes quantidades de dados. Uma parte do projeto apenas – um armazém de dados contendo os planos do projeto – atingiu 19 terabytes de dados.

O efeito final deste e de projetos similares em outras empresas é que um grande número de servidores tem sido colocado em uso nos últimos dez anos, o que está causando um problema: as empresas estão ficando sem espaço em seus data centers.[25]

A virtualização, ao oferecer a capacidade de hospedar vários sistemas em um único servidor físico, ajuda as empresas a recuperar espaço nos data centers, evitando, assim, a despesa de ampliar as instalações. Esse é um enorme benefício da virtualização, pois as construções dos centros de dados custam dezenas de milhões de dólares.

Os custos de energia em rápida ascensão estão igualmente promovendo a tendência em direção à virtualização. O custo da execução dos computadores, aliado ao fato de que muitas das máquinas que abastecem os data centers estão funcionando com baixas taxas de utilização, significa que a capacidade da virtualização de reduzir o número total de servidores físicos diminui significativamente o custo total da energia para as empresas. A energia fornecida aos data centers motiva as empresas de energia a colocar em prática os programas de virtualização.

Essas tendências revelam por que a virtualização é uma tecnologia cujo tempo chegou. O crescimento exponencial do fornecimento de energia aos computadores, a automação de processos manuais, o custo crescente da energia elétrica da multidão de computadores e os elevados custos de pessoal para gerir essa multiplicidade clamam por uma forma menos dispendiosa de rodar os data centers. Na verdade, um novo e mais eficiente método de gerenciamento de data centers é fundamental porque, dadas as tendências mencionadas, os métodos tradicionais de fornecimento de computação estão se tornando de custo excessivo.

A virtualização permite que gerentes de data centers façam um uso muito melhor dos recursos do computador do que em ambientes não virtualizados, e permite que uma empresa maximize o seu investimento em hardware. As plataformas de hardware subutilizadas e a proliferação de servidores – a regra atual – podem se tornar coisas do passado. Ao virtualizar uma grande implementação de sistemas mais antigos em alguns servidores de classe empresarial altamente escaláveis e confiáveis, as empresas podem reduzir substancialmente os custos relacionados às aquisições, à configuração e à manutenção de hardware.

Benefícios adicionais da virtualização

A virtualização oferece mais do que benefícios de consolidação de servidores, conforme descrito na seção anterior. A rápida implantação de aplicativos, o balanceamento dinâmico de carga e a recuperação simplificada de desastres são os primeiros da lista de benefícios adicionais. As tecnologias de virtualização podem reduzir a aplicação de teste e o tempo de implementação de dias ou semanas para uma questão de horas, permitindo aos usuários testar e qualificar o software de maneira isolada, e no mesmo ambiente de trabalho.

A virtualização, em todas as suas formas, é uma tecnologia altamente disruptiva e claramente benéfica. As empresas estão aplicando a virtualização a uma série de benefícios reais e significativos. O driver mais forte – de continuidade de negócios – é surpreendente, mas muitos dos outros drivers, como a flexibilidade e a agilidade, consolidação de servidores e custos administrativos reduzidos são totalmente esperados.

Outras vantagens da virtualização incluem uma variedade de benefícios de segurança (decorrentes de ambientes de computação centralizada); melhor gerencianento do nível de serviço; a possibilidade de executar mais facilmente os sistemas legados; maior flexibilidade na localização de funcionários; e redução de custos de hardwares e softwares.

Em suas instalações de 620 acres em Lafayette, Indiana, Estados Unidos, a Subaru of Indian produz carros e utilitários esportivos para sua empresa-mãe, a Fuji Heavy Industries, e veículos Camaro para Toyota. A capacidade de produção é de 21.800 veículos por mês, usando o método *just-in-time* de fabricação. Esse método requer uma linha de produção simplificada, com controles de inventário altamente precisos e confiáveis. A falta de qualquer componente pode parar a linha de montagem e desencadear problemas em toda a cadeia de suprimento.

A instalação sofreu vários contratempos. Algumas de suas aplicações tiveram problemas de confiabilidade, e a equipe de TI encontrou problemas de compatibilidade quando tentou usar servidores novos com o reserva para os modelos mais antigos. No entanto, a expansão do número de servidores precisaria de muito mais energia do data center e do sistema de resfriamento associado. Para reduzir a complexidade e aumentar a capacidade e a confiabilidade, a equipe de TI instalou uma arquitetura de virtualização para aumentar a flexibilidade e a confiabilidade do sistema, bem como reduzir o tempo de inatividade, a carga de trabalho de administração do sistema, o consumo de energia e o número total de servidores físicos em mais de dois terços.[26]

> "As tecnologias de virtualização podem reduzir a aplicação de teste e o tempo de implementação de dias ou semanas para uma questão de horas, permitindo aos usuários testar e qualificar o software de maneira isolada, e no mesmo ambiente de trabalho."

OA5.8
Explicar os benefícios da computação em grade.

COMPUTAÇÃO EM GRADE

Quando você acende a luz, a rede elétrica oferece exatamente o que você precisa, instantaneamente. Computadores e redes podem trabalhar dessa maneira usando a

---

Vivendo o SONHO

Recicle o seu telefone

Sei que você está todo animado para pegar o novo iPhone, com suas inúmeras aplicações e jogos divertidos, mas o que vai fazer com o seu celular velho? Você pode ajudar o meio ambiente e reciclar o seu celular, carregador, PDA e baterias. Mais de 14 milhões de norte-americanos reciclaram seus telefones celulares em 2007, ajudando a economizar energia e a manter os materiais reutilizáveis fora de aterros sanitários. Os telefones celulares são feitos de metais preciosos, cobre e plásticos, cada um dos quais exige energia para minerar e fabricar. A reciclagem os preserva para que possam ser transformados em novos produtos, poupando, assim, energia. Lembre-se destas três coisas antes de reciclar o seu telefone celular:

1. Finalize o seu serviço telefônico.
2. Limpe a memória dos contatos do telefone e outras informações armazenadas.
3. Remova o cartão SIM.

Se o seu celular antigo ainda está funcionando, você também pode doá-lo. Existem muitos programas de assistência social que aceitam trabalhar com telefones celulares que são doados para as pessoas necessitadas porque os celulares velhos ainda podem fazer chamadas de emergência, mesmo depois de o serviço estar desconectado. Nos Estados Unidos, para encontrar agências locais onde os telefones celulares podem ser doados, basta visitar o site <http://www.ncadv.org>.

Os telefones celulares são apenas uma pequena porcentagem do total de equipamentos que as organizações substituem a cada ano. O que acontece com todos aqueles velhos *laptops*, notebooks, BlackBerrys, servidores e monitores? Qual é o impacto ambiental de lançar um computador em um aterro sanitário? O que as empresas podem fazer para reciclar seus equipamentos de informática? O que o governo pode fazer para ajudar a motivar empresas e indivíduos a reciclar?

computação em grade. A **computação em grade** (*grid computing*) é uma agregação de computação geograficamente dispersa, armazenamento e recursos de rede, coordenada para oferecer melhor desempenho, maior qualidade de serviço, melhor utilização e um acesso mais fácil aos dados.

A computação em grade permite a virtualização da computação distribuída e dos recursos de dados como processamento, largura de banda e capacidade de armazenamento para criar uma única imagem do sistema, garantindo aos usuários e aos aplicativos o acesso contínuo às vastas capacidades da TI. A virtualização desses recursos resulta em uma comunhão escalável e flexível de processamento e armazenamento de dados que a empresa pode utilizar para melhorar a eficiência. Além disso, ajudará a criar uma vantagem competitiva sustentável, por meio da simplificação do desenvolvimento de produto e permitindo que o foco seja colocado no centro dos negócios. Ao longo do tempo, os ambientes de grade permitirão a criação de organizações virtuais e serviços de web avançados, à medida que as parcerias e as colaborações se tornem mais importantes no fortalecimento de cada elo da cadeia de valor (ver Figura 5.13).

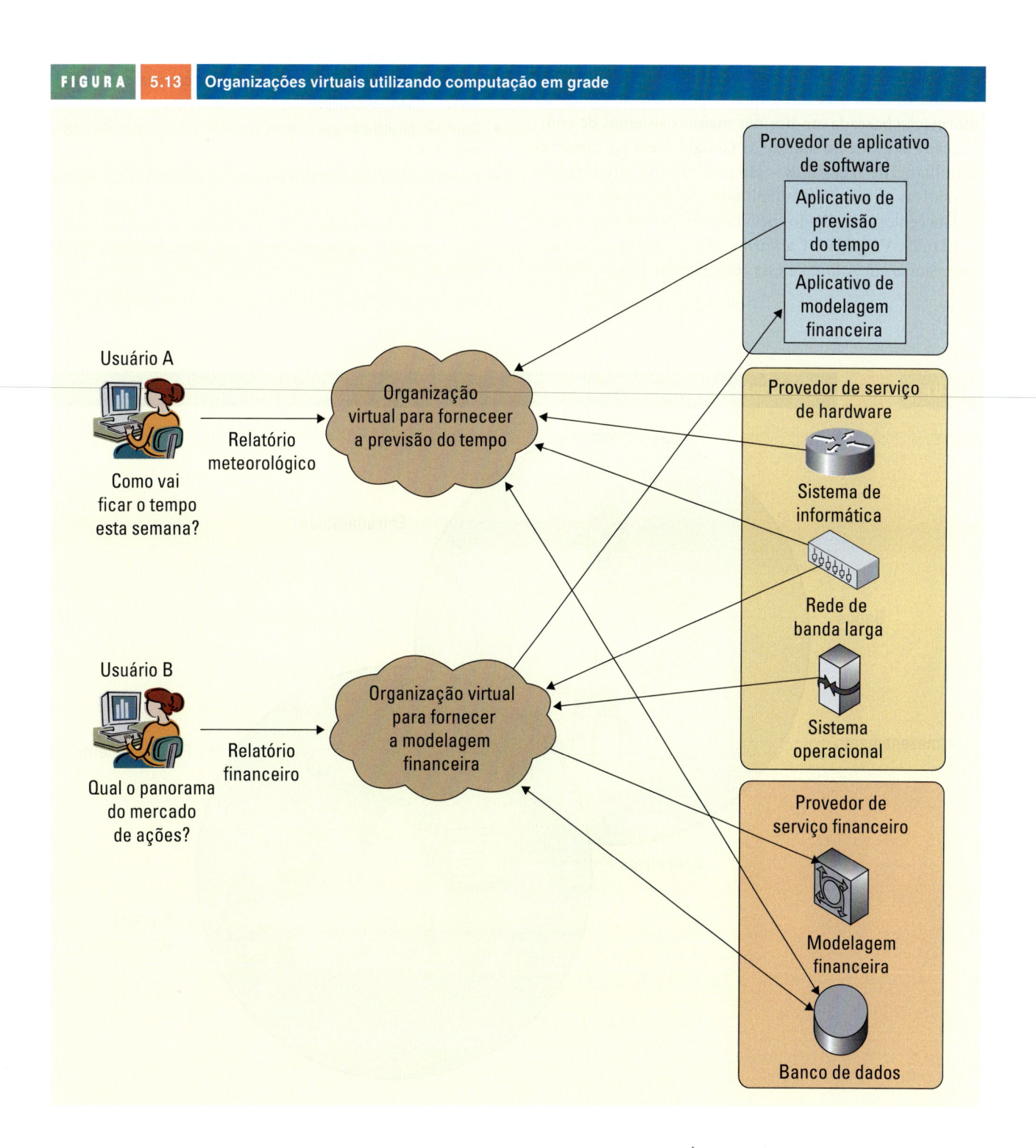

FIGURA 5.13 Organizações virtuais utilizando computação em grade

Benefícios de negócios da computação em grade

Na sua essência, a computação em grade é baseada em um conjunto aberto de normas e protocolos (por exemplo, Open Grid Services Architecture), que permite a comunicação entre ambientes heterogêneos e geograficamente dispersos, como mostrado na Figura 5.14. Com a computação em grade, as organizações podem otimizar os recursos de computação e de dados, uni-los para trabalhos de grande capacidade, compartilhá-los por meio de redes e permitir a colaboração.

O Google, a extraordinariamente bem-sucedida empresa mundial de mecanismos de busca de US$ 6,1 bilhões, é uma das marcas mais reconhecidas no mundo. Mesmo assim, costuma discutir sua inovadora arquitetura de gestão da informação baseada em um dos maiores sistemas de computação em grade no mundo. O Google opera em centenas de milhares de servidores – são mais de 450 mil, segundo estimativas – e reunidos em milhares de *clusters* em dezenas de data centers espalhados pelo mundo. Possui data centers na Irlanda, Virgínia e Califórnia. Recentemente abriu um novo centro em Atlanta e está construindo dois centros do tamanho de um campo de futebol em The Dalles, Oregon. Por ter seus servidores e data center geograficamente distribuídos, o Google oferece um desempenho mais rápido ao seu público do mundo todo.[27]

A computação em grade vai muito além do poder de computação puro. Hoje, os ambientes operacionais devem ser resistentes, flexíveis e integrados como nunca antes. Organizações do mundo inteiro estão experimentando os benefícios substanciais mediante implementação de grades em processos críticos de negócios para alcançar benefícios de negócios e de tecnologia. Esses benefícios incluem:

- Aumentar a produtividade e a colaboração de organizações virtuais e respectivos recursos de informática e de dados.
- Permitir que amplos departamentos dispersos e empresas criem organizações virtuais para compartilhar dados e recursos.
- Construir arquiteturas operacionais robustas, infinitamente flexíveis e resilientes.
- Proporcionar o acesso instantâneo à computação massiva e aos recursos de dados.
- Alavancar os investimentos de capital existentes, os quais, por sua vez, ajudam a garantir a utilização e custos mais adequados dos recursos de informática.[28]

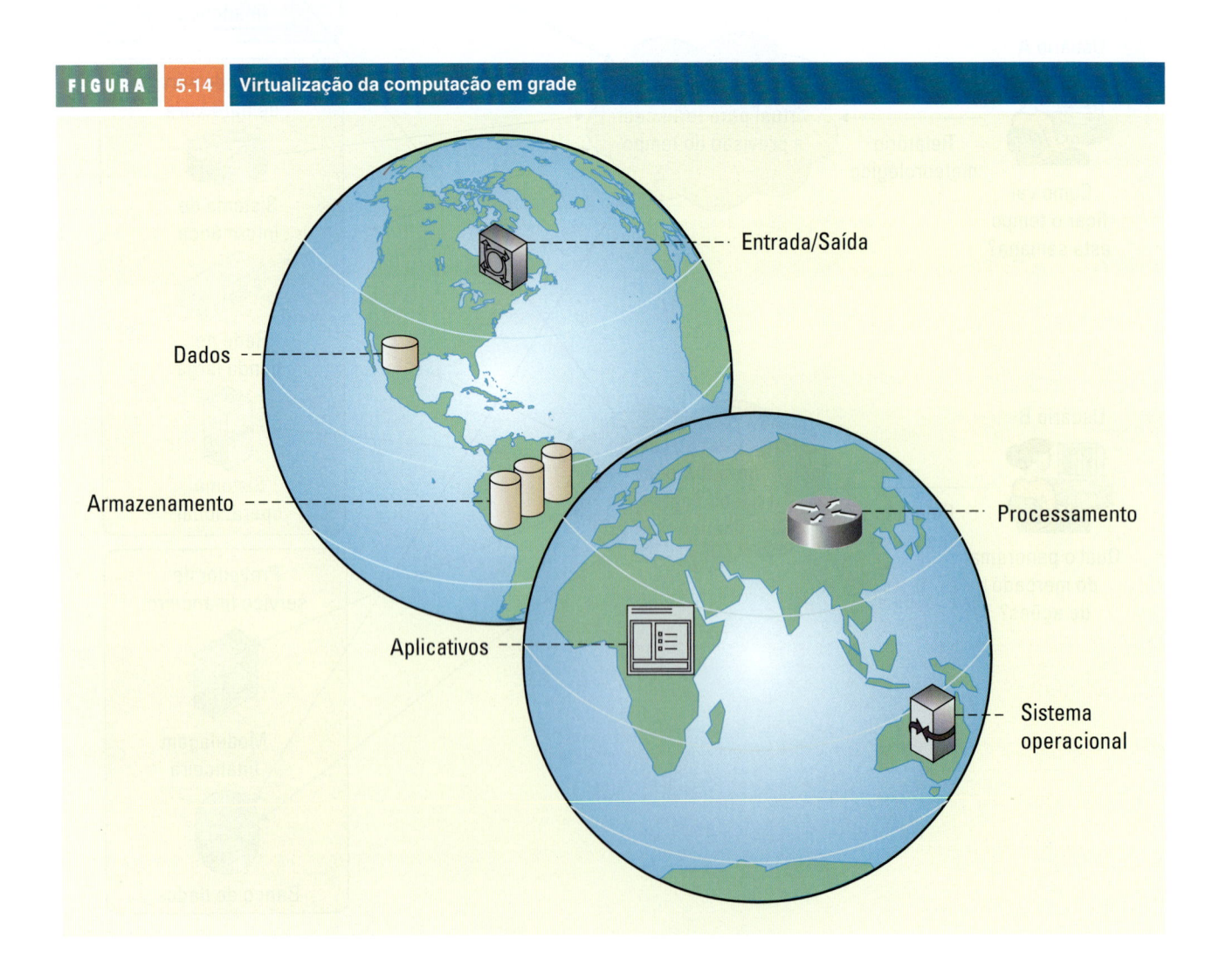

FIGURA 5.14 Virtualização da computação em grade

NO FLAGRA

Ataque de hacker

Alguns anos atrás, teria sido difícil ocorrer um ataque de hackers como o que derrubou o Twitter. Um hacker sofisticado precisaria ter experiência técnica para sequestrar milhares de computadores simultaneamente ou dezenas de milhares de dólares para pagar alguém para fazê-lo. Hoje, não. As ferramentas para derrubar sites como Twitter, Amazon ou Facebook estão ficando tão baratas e fáceis de usar que qualquer um poderia facilmente causar estragos em qualquer site.

No ataque ao Twitter, os hackers estavam tentando silenciar um único blogueiro que criticou o governo russo, Georgy Jakhaia, conhecido no meio online como Cyxymu. Os hackers lançaram um ataque de negação de serviço, em que milhares de computadores tentam se comunicar com o site de destino ao mesmo tempo, deixando os computadores do site sobrecarregados e sem conseguir lidar com as solicitações legítimas. No que parece ser danos colaterais, os hackers derrubaram todo o serviço do Twitter e prejudicaram os sites de blogs LiveJournal e Facebook, onde Jakhaia também postou.

Como isso funciona? Os grupos criminosos e hackers têm infectado dezenas de milhões de computadores pelo mundo todo com os vírus que permitem controlar as máquinas para lançar ataques ou enviar spams. Essas redes de computadores zumbis, chamadas "botnets", são, então, alugadas por meio de sites que fazem a execução de um ataque de negação serviço quase tão facilmente como se pode obter um livro da Amazon.com. Nenhuma senha ou quebra de codificação de software é necessária. E é muito barato. Há alguns anos, o custo do arrendamento de 10 mil máquinas teria sido entre US$ 2 mil e US$ 5 mil. Hoje, você pode alugar 10 mil máquinas – o suficiente para derrubar o Twitter – por meros US$ 200.

Com tudo o que você leu neste capítulo, destaque os passos que uma organização pode tomar para se proteger de ataques de hackers. Explique como um ataque de negação de serviço funciona e por que ele é ilegal. Utilizar uma arquitetura orientada a serviços protegeria uma empresa de um ataque de negação de serviço? Se você estivesse utilizando a virtualização, como poderia proteger seus computadores de um ataque de negação de serviço?

Muitas empresas já começaram a identificar as principais áreas de negócios para aplicativos de negócios de computação em grade. Alguns exemplos das principais áreas de negócio incluem:

- Ciências da vida, para a análise e decodificação de séries de informações biológicas e químicas.
- Serviços financeiros, para a execução de modelos financeiros longos e complexos e para chegar a decisões mais precisas.
- Ensino superior, para permitir a pesquisa avançada e intensiva de dados de pesquisa e de computação.
- Serviços de engenharia, incluindo o automotivo e aeroespacial, para a concepção e testes colaborativos de dados intensivos.
- Governo, para permitir a colaboração e a agilidade contínua nos departamentos civil e militar e outras agências.
- Jogos de colaboração para a substituição do único servidor existente de jogos online com um paralelo mais alto, e jogos *multiplayer* online.

Nesse contexto de necessidade generalizada de informações a qualquer hora e em qualquer lugar, os explosivos ambientes de computação em grade provaram ser tão importantes que, muitas vezes, são referidos como a única e mais poderosa solução de computadores do mundo. ∎

ACESSE <http://www.grupoa.com.br>

para materiais adicionais de estudo, incluindo apresentações em PowerPoint.

Banco de dados
+ armazém de dados

O que a TI tem para mim?

capítulo seis

Este capítulo introduz o conceito de informação e a sua importância em relação às empresas, fazendo a distinção entre informações armazenadas em bancos de dados transacionais e informações alojadas em sistemas corporativos de armazém de dados (*data warehouse*, em inglês). O capítulo também apresenta uma visão geral dos princípios dos bancos de dados e as etapas necessárias à integração de vários bits de informação armazenados em múltiplos depósitos operacionais a um repositório abrangente e centralizado de informações resumidas, as quais podem se tornar uma poderosa inteligência de negócios.

Você, como estudante de administração, deve entender a diferença entre informação transacional e informação resumida e os diferentes tipos de questões que você responderia usando ou um banco de dados transacional ou um armazém de dados corporativo. Você precisa estar ciente da complexidade em armazenar dados em bancos e do nível de esforço requerido para transformar dados operacionais em informações significativas resumidas. Precisa, também, perceber o poder da informação e a vantagem competitiva que um armazém de dados traz a uma empresa em termos de facilitação de inteligência de negócios. Compreender o poder da informação ajudará você a se preparar para competir em um mercado mundial. Armado com o poder da informação, você tomará decisões gerenciais inteligentes, atualizadas e baseadas em dados.

SEÇÃO 6.1 >>
Princípios de banco de dados

- Informação organizacional
- Armazenamento da informação organizacional
- Princípios de banco de dados relacional
- Vantagens do banco de dados relacional
- Sistemas de gerenciamento de bancos de dados
- Integração de informações entre múltiplos bancos de dados

SEÇÃO 6.2 >>
Princípios de armazém de dados

- Acesso a informações organizacionais
- Histórico de armazenamento de dados
- Princípios de armazém de dados
- Mineração de dados e inteligência de negócios

A informação é poder. Ela é útil para comunicar a uma empresa o desempenho das suas operações atuais, para estimar as futuras e fazer estratégias em relação ao seu funcionamento. Abrem-se novas perspectivas quando as pessoas têm a informação certa e sabem como usá-la. A habilidade para entender, digerir, analisar e filtrar informações é a chave do sucesso para qualquer profissional, em qualquer setor. Este capítulo demonstra o valor que uma empresa descobre ao aprender como gerenciar, acessar e analisar informações organizacionais.

É importante fazer a distinção entre dados e informações. **Dados** são fatos brutos que descrevem as características de um evento. As características de um evento de vendas poderiam incluir a data, o número do item, a descrição do item, a quantidade pedida, o nome do cliente e os detalhes da remessa. **Informações** são dados convertidos em contexto significativo e útil. Informações de eventos de vendas poderiam incluir o item mais vendido, o menos vendido, o melhor e o pior cliente.

●● SEÇÃO 6.1 Princípios de banco de dados

OBJETIVOS DE APRENDIZAGEM

OA6.1 Listar, descrever e dar um exemplo de cada uma das cinco características da informação de alta qualidade.

OA6.2 Definir a relação existente entre um banco de dados e um sistema de gerenciamento de bancos de dados.

OA6.3 Descrever as vantagens que uma empresa pode obter ao usar um banco de dados.

OA6.4 Definir os conceitos básicos do modelo de banco de dados relacional.

OA6.5 Descrever os dois principais métodos para integração de informações entre múltiplos bancos de dados.

OA6.6 Comparar as restrições de integridade relacional com aquelas de integridade crítica ao negócio.

OA6.7 Descrever os benefícios de um website baseado em dados.

●● OA6.1

Listar, descrever e dar um exemplo de cada uma das cinco características da informação de alta qualidade.

INFORMAÇÃO ORGANIZACIONAL

O Google, recentemente, relatou um aumento de 200% nas vendas da sua nova ferramenta, o Enterprise Search Appliance. As empresas usam a ferramenta dentro de um portal de informações empresariais (EIP, *Enterprise Information Portal*) para buscar informações corporativas que respondem as perguntas dos clientes e para executar vendas. Centenas de clientes do Google já estão usando a ferramenta – Xerox, Hitachi, Data Systems, Nextel Communications, Procter & Gamble, Discovery Communications, Cisco Systems e Boeing. A habilidade para buscar, analisar e reunir informações é vital para o sucesso de qualquer organização. O incrível crescimento de 200% nas vendas da ferramenta é um forte indicador de que as empresas estão cobiçando tecnologias que ajudam a organizar e proporcionar acesso à informação.[1]

A informação está em toda a parte dentro de uma empresa. Ao abordar uma questão importante de negócios, os funcionários devem conseguir obter e analisar todas as informações relevantes para que possam tomar a melhor decisão possível. A informação organizacional aparece em diferentes níveis, formatos e "granularidades". A *granularidade de informação* refere-se ao grau de detalhamento da informação (fina e detalhada ou grosseira e abstrata). Os

omg lol*

Não é a minha mãe que está no caixão!

Informação: você simplesmente não pode avaliar o quanto ganharia tendo a informação correta (ou o quanto perderia tendo a errada). Apenas veja o erro cometido no cemitério *Crib Point*, em Victoria, Austrália, no momento do velório da sra. Ryan, uma mulher de 85 anos, com quase 70 descendentes entre filhos, netos e bisnetos presentes em seu funeral. A família em luto ficou chocada ao levantar a tampa do caixão e descobrir outra mulher lá deitada com as roupas e joias da Sra. Ryan. Onde estava o corpo da Sra. Ryan? A Sra. Ryan havia sido enterrada mais cedo, naquele mesmo dia, com as roupas e joias da mulher que estava ali.

Que tipo de erro de informação poderia, de alguma forma, ocorrer para permitir que alguém fosse enterrado nas roupas, no caixão e na circunstância errada? O que o cemitério poderia fazer para garantir que os seus clientes fossem enterrados no lugar certo? Por que a qualidade de informação é importante em qualquer negócio? Quais problemas podem acontecer quando uma empresa usa informação de baixa qualidade para tomar decisões?

* N. de T.: Acrônimo, usado na internet, que corresponde às expressões "Oh! My God" (Oh! Meu Deus) e "laughing out loud" (rindo alto), usadas para caracterizar os absurdos que encontramos na rede.

funcionários devem ser capazes de correlacionar os diferentes níveis, formatos e granularidades de informação quando tomam decisões. Por exemplo, se estão usando um sistema de gestão da cadeia de suprimento para tomar decisões, eles podem achar que os fornecedores enviam informações em diferentes formatos e granularidades em diferentes níveis. Um fornecedor pode enviar informações detalhadas em uma planilha; outro, informações resumidas em um documento do Word; e um terceiro pode enviar informações reunidas de um banco de dados. Os funcionários precisarão comparar esses diferentes tipos de informação para saber o que elas revelam em comum e, assim, tomar decisões estratégicas. A Figura 6.1 mostra diferentes tipos de informação encontrados em empresas.

Coletar, compilar, classificar e, finalmente, analisar informações de diferentes níveis, em formatos variados, de uma forma bem-sucedida, e exibir diferentes granularidades podem proporcionar um grande conhecimento de como está o desempenho de uma organização. Ver informações organizacionais com seriedade pode render resultados emocionantes e inesperados, como a descoberta de novos mercados, de novas maneiras de encontrar clientes e, até mesmo, de novas formas de fazer negócios.

A Samsung Electronics olhou atentamente para mais de 10 mil relatórios dos seus revendedores para identificar "negociações perdidas" ou pedidos perdidos para a concorrência. A análise rendeu o resultado esclarecedor de que 80% das vendas perdidas ocorreram em um setor de negócio, o da saúde. Além disso, a Samsung pôde identificar que 40% das suas vendas perdidas no setor estavam indo para um concorrente em particular. Antes de realizar a análise, a Samsung estava cega no mercado. Munida dessa valiosa informação, está mudando a sua estratégia de vendas no setor de saúde com a implementação de uma nova estratégia para trabalhar mais perto dos fornecedores de hardware e ganhar de volta as vendas perdidas.[2]

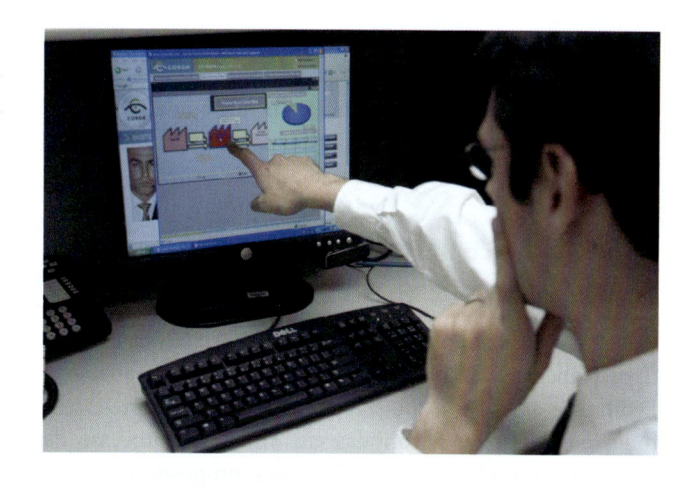

Nem todas as empresas são bem-sucedidas no gerenciamento de informação. A Staples, a grande rede de artigos de escritório, abriu a sua primeira loja em 1986, com uma tecnologia de ponta. A empresa teve um rápido crescimento e logo se viu sobrecarregada com os volumes de informação. A tecnologia de ponta rapidamente se tornou obsoleta e a empresa não conseguia ter conhecimento do massivo volume de informação. Uma simples consulta para identificar clientes que compravam um computador, mas não softwares ou periféricos, levava horas. Algumas consultas demoravam vários dias e, quando os gerentes recebiam os resultados, já era muito tarde para agir.[3]

FIGURA 6.1 Níveis, formatos e granularidades da informação organizacional

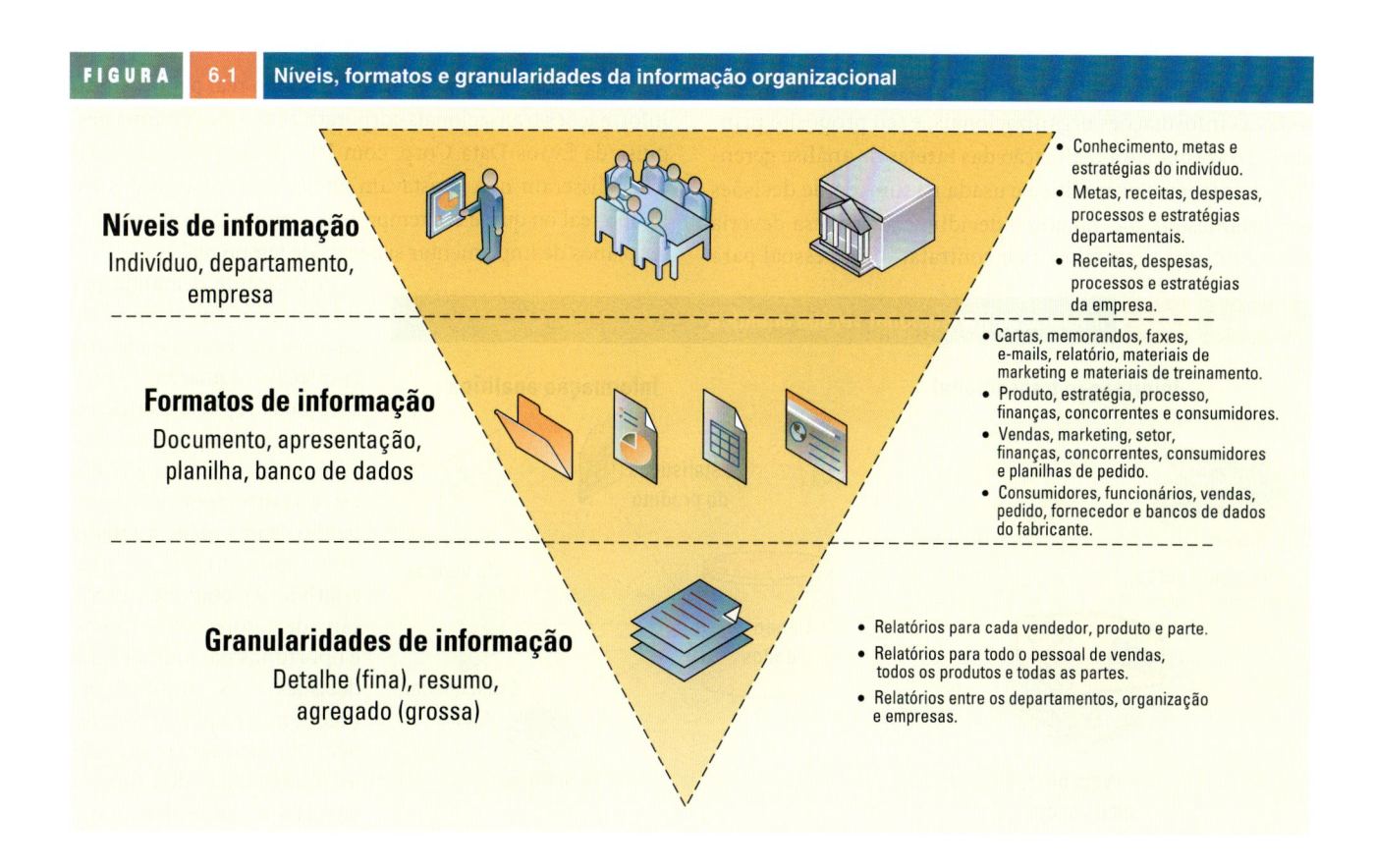

Níveis de informação
Indivíduo, departamento, empresa

- Conhecimento, metas e estratégias do indivíduo.
- Metas, receitas, despesas, processos e estratégias departamentais.
- Receitas, despesas, processos e estratégias da empresa.

Formatos de informação
Documento, apresentação, planilha, banco de dados

- Cartas, memorandos, faxes, e-mails, relatório, materiais de marketing e materiais de treinamento.
- Produto, estratégia, processo, finanças, concorrentes e consumidores.
- Vendas, marketing, setor, finanças, concorrentes, consumidores e planilhas de pedido.
- Consumidores, funcionários, vendas, pedido, fornecedor e bancos de dados do fabricante.

Granularidades de informação
Detalhe (fina), resumo, agregado (grossa)

- Relatórios para cada vendedor, produto e parte.
- Relatórios para todo o pessoal de vendas, todos os produtos e todas as partes.
- Relatórios entre os departamentos, organização e empresas.

Depois de entender os diferentes níveis, formatos e granularidades de informação, é importante prestar atenção em algumas características adicionais que ajudam a determinar seu valor. Essas características são: tipo (transacional e analítica), oportunidade e qualidade.

O valor da informação transacional e da analítica

Como já foi discutido anteriormente nesse texto, existem dois tipos principais de informação, a transacional e a analítica. Lembre-se que as ***informações transacionais*** compreendem todas as informações contidas em um único processo de negócios ou unidade de trabalho, e seu propósito principal é apoiar a realização das tarefas operacionais diárias. As empresas capturam e armazenam informações transacionais em bancos de dados e as usam quando estão executando tarefas operacionais e decisões repetitivas, como a análise diária de relatórios de venda e de planos de produção que determinam a quantidade de produtos mantidos em estoque.

as vendas. A Figura 6.2 mostra diferentes tipos de informação transacional e analítica.

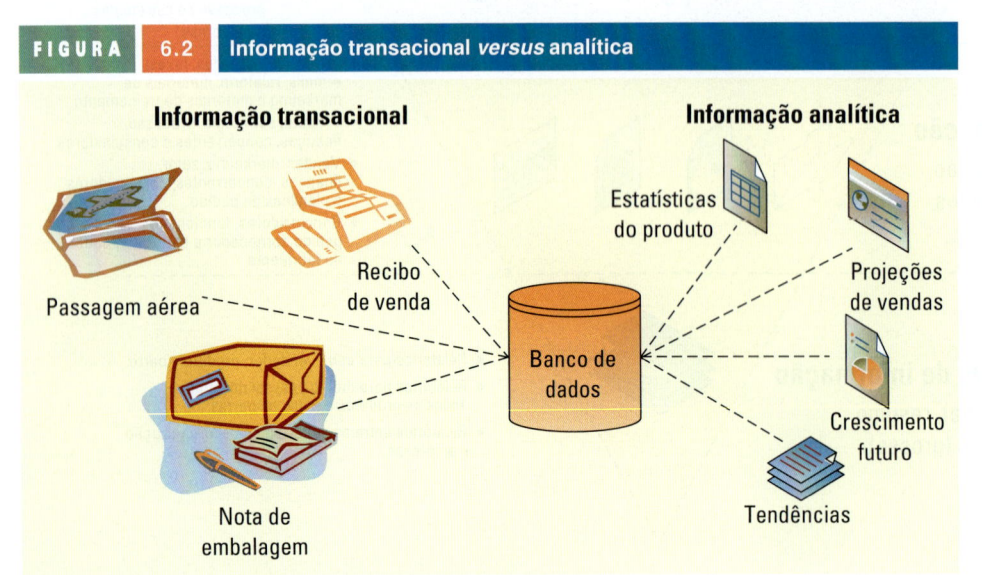

O valor da informação oportuna

A necessidade de informação oportuna pode mudar em cada decisão de negócios. Algumas decisões requerem informações semanais ou mensais, enquanto outras requerem informações diárias. Oportunidade é um aspecto da informação que depende da situação. Em alguns setores, uma informação de alguns dias ou semanas anteriores pode permanecer relevante; enquanto, em outros, uma informação de apenas alguns minutos antes pode já não valer nada. Algumas empresas, como centros de atendimentos de emergências, corretoras de ações e bancos, requerem informações atualizadas, 24 horas por dia, sete dias por semana. Outras empresas, como as de seguro e de construção, exigem apenas informações diárias e, até mesmo, semanais.

Informação em tempo real significa informação imediata e atualizada. Os ***sistemas de tempo real*** proveem informações em tempo real para responder solicitações de consulta.

> " A crescente demanda por informações em tempo real decorre da necessidade das empresas tomarem decisões mais rápidas e eficazes, manterem estoques menores, operarem com mais eficiência e controlarem o desempenho com mais cuidado. "

Lembre-se que as ***informações analíticas*** compreendem todas as informações organizacionais, e seu propósito principal é dar suporte à realização das tarefas de análise gerencial. A informação analítica é usada na tomada de decisões importantes *ad hoc*, tal como decidir se a empresa deveria construir uma nova fábrica ou contratar mais pessoal para

Muitas empresas usam sistemas de tempo real para explorar informações transacionais corporativas chaves. Em uma pesquisa da Evans Data Corp. com 700 executivos de TI, 48% deles disseram que já estavam analisando informações em tempo real ou quase em tempo real, e outros 25% afirmaram ter planos de implementar sistemas de tempo real.[4]

A crescente demanda por informações em tempo real decorre da necessidade das empresas tomarem decisões mais rápidas e eficazes, manterem estoques menores, operarem com mais eficiência e controlarem o desempenho com mais cuidado. Mas oportunidade é algo relativo. As empresas precisam de informações frescas e oportunas para tomar boas decisões. As informações precisam ser oportunas também no sentido de atender às necessidades dos funcionários – e não ir além disso.

FIGURA 6.2 Informação transacional *versus* analítica

FIGURA 6.3 Cinco características comuns de informações de alta qualidade

Precisão	Todos os valores estão corretos? Por exemplo, os nomes estão escritos corretamente? A quantia de dólar está registrada apropriadamente?
Integridade	Algum dos valores está faltando? Por exemplo, o endereço está completo, incluindo rua, cidade, estado e CEP?
Consistência	As informações agregadas ou resumidas estão de acordo com as informações detalhadas? Por exemplo, o total dos campos é igual ao total real dos campos individuais?
Singularidade	Cada transação, entidade e evento está representado somente uma vez na informação? Por exemplo, há algum cliente duplicado?
Oportunidade	A informação é precisa em relação aos requerimentoss do negócio? Por exemplo, a informação é atualizada semanalmente, diariamente ou de hora em hora?

muitos sistemas centrais, cada um com o seu próprio banco de dados. Os bancos de dados armazenam informações e facilitam o acesso aos usuários. Infelizmente, a empresa não conseguiu desenvolver padrões para obtenção de informações, o que levou à informações organizacionais inconsistentes. Por exemplo, um sistema tinha um campo para captar endereços de e-mail enquanto outro não tinha. Informações duplicadas de clientes entre os sistemas diferentes eram outro grande problema, e a empresa enviava continuamente mensagens conflitantes ou concorrentes para clientes de diferentes operações do banco. Um cliente também poderia ter contas múltiplas dentro da empresa, uma representando a apólice de seguro, e, outra, um cartão de crédito. O WFS não tinha como identificar que duas contas diferentes eram do mesmo cliente.

O WFS teve de resolver imediatamente os seus problemas de qualidade de informação para continuar competitiva. A empresa comprou o NADIS (*Name & Address Data Integrity Software*), um software que filtra as informações do cliente, destacando aquelas que estão em falta, as imprecisas e as redundantes. As avaliações dos serviços prestados aos clientes estão crescendo agora que o banco pode operar os negócios com uma visão única e abrangente de cada um dos clientes.[6]

As decisões de negócios são tão boas quanto a qualidade da informação utilizada para tomá-las. A Figura 6.3 revê as cinco características comuns às informações de qualidade: precisão, integridade, consistência, singularidade e oportunidade. A Figura 6.4 destaca os diversos problemas da informação de má qualidade, incluindo:

Se eles conseguem apenas absorver informações de hora em hora ou diariamente, não há por que coletar informação em tempo real em espaços menores de tempo. Por exemplo, a MBIA Insurance Corp. faz atualizações noturnas para alimentar seus sistemas de tempo real. Os funcionários usam essas informações para tomar decisões diárias de risco para hipotecas, apólices de seguro e outros serviços. A empresa descobriu que atualizações noturnas seriam suficientes, contanto que os usuários pudessem ter acesso imediato às informações durante o dia.[5]

A maioria das pessoas solicita informações em tempo real sem entender uma das maiores armadilhas desse tipo de informação: mudança contínua. Imagine o seguinte cenário: três gerentes se encontram no fim do dia para discutir um problema de negócios. Cada um reuniu informações em diferentes momentos do dia para criar um quadro da situação. O quadro apresentado por cada um pode ser diferente em virtude da discrepância de tempo. As suas visões do problema podem não ser iguais já que eles estão baseando as respectivas análises em informações que estão sempre mudando. Essa abordagem pode não acelerar a tomada de decisões e pode até deixá-la mais vagarosa.

A oportunidade da informação solicitada deve ser avaliada em cada decisão de negócios. As organizações não querem usar informações em tempo real para tomar decisões ruins mais rapidamente.

O valor da informação de qualidade

O Wespac Financial Services (WFS), um dos maiores bancos da Austrália, atende os milhões de clientes com os seus

1. O primeiro problema é a *falta de* uma informação. O primeiro nome do cliente está faltando. (Veja a terceira coluna na Figura 6.4)

2. O segundo problema é informação *incompleta*, uma vez que o endereço contém apenas número e não o nome da rua.

3. O terceiro problema é a provável *duplicação* de informação, uma vez que a única pequena diferença entre os dois clientes é a grafia do sobrenome. Endereços e números de telefone semelhantes tornam isso possível.

4. O quarto problema é a possível existência de informações *erradas*, porque o telefone do cliente e o seu número de fax são iguais. Alguns clientes podem ter o mesmo número de telefone e fax, mas o fato de o cliente ter esse número no campo de e-mail torna a situação muito suspeita.

5. O quinto problema é, com certeza, um exemplo de informação *imprecisa*, já que o número de telefone está localizado no campo de e-mail.

6. O sexto problema é o de informação *incompleta*, já que não há um código de área válido para o número de telefone e fax.

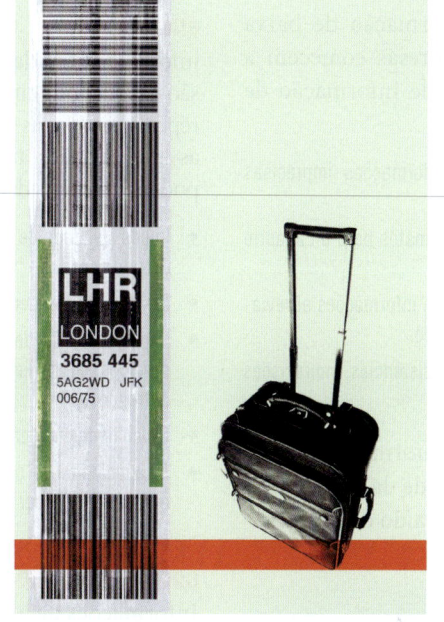

FIGURA 6.4 — Exemplo de informação de má qualidade

1. Infomação faltante (sem primeiro nome)
2. Informação incompleta (sem rua)
5. Informação imprecisa (e-mail inválido)

ID	Último nome	Primeiro nome	Rua	Cidade	Estado	CEP	Telefone	Fax	E-mail
113	Smith		Rua Main, 123	Denver	CO	80210	(303) 777-1258	(303) 777-5544	ssmith@aol.com
114	Jones	Jeff	12A	Denver	CO	80224	(303) 666-6868	(303) 666-6868	(303) 666-6868
115	Roberts	Jenny	Colfax, 1244	Denver	CO	85231	759-5654	853-6584	jr@msn.com
116	Robert	Jenny	Colfax, 1244	Denver	CO	85231	759-5654	853-6584	jr@msn.com

3. Provável informação duplicada (nomes parecidos, mesmo endereço e número de telefone)
4. Potencial informação errada (os números do telefone e fax são idênticos ou será errado?)
6. Informação incompleta (falta o código de área)

Reconhecer como problemas de informação de baixa qualidade ocorrem permite que as empresas comecem a corrigi-los. As quatro principais fontes de informação de baixa qualidade são:

1. Clientes online intencionalmente cadastram informações imprecisas para proteger a sua privacidade.
2. Sistemas diferentes têm diferentes padrões e formatos para o cadastro de informações.
3. Operadores de centrais de atendimento cadastram informações abreviadas ou errôneas por acidente ou para poupar tempo.
4. Informações externas e de terceiros contêm inconsistências, imprecisões e erros.[7]

Abordar as fontes de imprecisão de informação citadas irá melhorar significativamente a qualidade da informação organizacional e o valor que pode ser extraído dela.

entendendo os custos de informações ruins

Usar a informação errada pode levar à decisão errada. Tomar a decisão errada pode custar tempo, dinheiro e, até mesmo, algumas reputações. Todas as decisões de negócios são tão boas quanto as informações usadas para tomá-las. Informações ruins podem ter sérias decorrências para os negócios, como:

- Impossibilidade de localizar clientes, o que afeta diretamente iniciativas estratégicas.
- Dificuldade em identificar os clientes mais valiosos da empresa.
- Impossibilidade de identificar oportunidades de venda e rendimentos perdidos em marketing para clientes inexistentes e correspondência não entregue.
- Dificuldade em localizar receita por causa de faturas imprecisas.
- Incapacidade de construir relações sólidas com os clientes, as quais aumentam o poder de negociação dos compradores.

compreendendo os benefícios das boas informações

Informações de boa qualidade podem melhorar significativamente a tomada de boas decisões e aumentar o lucro final de uma empresa. A Lilian Vermon Corp., uma empresa de catálogos, usou análises da web para descobrir que homens prefeririam comprar no site da loja a fazê-lo pelo catálogo impresso. Baseada nessa informação, a empresa começou a colocar produtos masculinos com mais destaque no site e, pouco depois, percebeu um aumento de 15% nas vendas para homens.[8]

Outra empresa descobriu que a cidade de Phoenix, no Arizona, não é um bom lugar para vender tacos de golfe, mesmo com o alto número de cursos desse esporte. Uma análise revelou que os jogadores típicos de Phoenix são turistas ou participantes de convenções. Esses jogadores, geralmente, trazem consigo os próprios tacos enquanto estão de passagem pela cidade. Mais tarde, a análise revelou que dois dos melhores lugares para vender tacos de golfe nos Estados Unidos são Rochester, em Nova York; e Detroit, em Michigan.[9]

Há inúmeros exemplos de empresas que usaram informações de qualidade para tomar decisões de negócios estratégicas e sólidas. A informação de alta qualidade não garante automaticamente que cada decisão será boa, uma vez que são as pessoas que tomam decisões. Entretanto, esse tipo de informação assegura uma precisa base para as decisões. O sucesso de uma empresa depende de valorizar e alavancar o verdadeiro valor de uma informação oportuna e de qualidade.

ARMAZENAMENTO DA INFORMAÇÃO ORGANIZACIONAL

Informações organizacionais são armazenadas em um banco de dados. Aplicações e programas, como sistemas de gestão da cadeia de fornecimento e sistemas de gestão de relacionamento, acessam o banco de dados para responder questões. Os registros recuperados nas respostas se tornam informações que podem ser usadas na tomada de decisões. O programa de computador usado para gerenciar e consultar o banco de dados é conhecido como sistema de gerenciamento de bancos de dados (DBMS). As propriedades e o projeto de sistemas de bancos de dados são incluídos no estudo da ciência da informação.

O conceito central de um banco de dados é o mesmo de uma coleção de registros ou de informações. Normalmente, um determinado banco de dados tem uma descrição estrutural dos tipos de fatos armazenados nele. Essa descrição é conhecida como esquema. O esquema descreve os objetos que estão representados no banco de dados e as relações entre eles. Existem muitas maneiras diferentes de organizar um esquema, ou seja, de esboçar a estrutura de um banco de dados, conhecidas como modelos de bancos de dados (ou modelos de dados). O modelo usado com mais frequência atualmente é o relacional, que representa toda a informação na forma de múltiplas tabelas relacionadas, cada uma consistindo de linhas e colunas. Esse modelo representa as relações usando valores comuns a mais de uma tabela. Outros modelos, como o hierárquico e o de rede, usam representações mais explícitas das relações.

Muitos profissionais levam em consideração uma coleção de dados para constituir um banco de dados apenas se ela tiver certas propriedades, como, por exemplo, se os dados são gerenciados para garantir integridade e qualidade, se ela permite acesso compartilhado por uma comunidade de usuários, se tem um esquema ou se suporta uma linguagem de consulta. Contudo, não há definições unânimes quanto a essas propriedades.[10]

> "O conceito central de um banco de dados é o mesmo de uma coleção de registros ou de informações."

OA6.4
Definir os conceitos básicos do modelo de banco de dados relacional.

PRINCÍPIOS DE BANCO DE DADOS RELACIONAL

Existem muitos modelos diferentes para organizar informações em um banco de dados, incluindo banco hierárquico, de rede e o predominante: o modelo de banco de dados relacional. Em uma definição ampla, um **banco de dados** armazena informações sobre vários tipos de objetos (estoque), eventos (transações), pessoas (funcionários) e lugares (depósitos). Em um **modelo hierárquico de banco de dados**, a informação é organizada dentro de uma estrutura semelhante a uma árvore, a qual permite a repetição de informações usando relações de pai/filho, de tal forma que não existam relações demais. As estruturas hierárquicas eram amplamente usadas nas primeiras estruturas de sistemas de gerenciamento de bancos de dados. Entretanto, por causa de suas restrições, as estruturas hierárquicas frequentemente não podem ser relacionadas às estruturas que existem no mundo real. O **modelo de banco de dados de rede** é uma maneira flexível de representar os objetos e as suas relações. Enquanto o modelo hierárquico estrutura os dados como uma árvore de registros, com cada registro tendo um registro de pai e muitos filhos, o modelo de rede permite que cada registro tenha múltiplos registros de pai e filho, formando uma estrutura de grade. O **sistema de banco de dados relacional** é o tipo de banco que armazena informações na forma de tabelas dimensionais logicamente relacionadas. Este texto se foca nesse modelo.

Veja como a Coca-Cola Bottling Company do Egito (TCCBCE) implementou um banco de dados de registro de estoque para melhorar a precisão dos pedidos em 27%, diminuir o tempo de atendimento de pedidos em 66% e aumentar as vendas em 20%. Com mais de 7.400 funcionários, a TCCBCE é proprietária e opera 11 fábricas e 29 centros de venda e distribuição, sendo uma das maiores empresas do Egito.

Tradicionalmente, a TCCBCE enviava caminhões de distribuição às instalações de cada cliente para tomar pedidos e fazer entregas. Muitos problemas eram associados a esse processo, inclusive muitos erros de cadastro de informação, o que fazia o tempo de finalização do pedido ser de mais ou menos três dias. Para solucionar a questão, a Coca-Cola decidiu criar equipes de pré-venda equipadas com dispositivos portáteis para visitar os clientes e tomar os pedidos eletronicamente. Na volta ao escritório, as equipes sincronizavam pedidos com o banco de dados de registro de estoque para garantir um processamento imediato e despacho rápido de pedidos corretos aos clientes.[11]

Entidades e atributos

A Figura 6.5 ilustra os principais conceitos do modelo de banco de dados relacional – entidades, classes de entidade, atributos, chaves e relações. Uma *entidade* no modelo de banco de dados relacional é uma pessoa, lugar, coisa, transação ou evento sobre o qual informações são armazenadas. Uma tabela no modelo relacional é uma coleção de entidades similares. As tabelas de interesse na Figura 6.5 são CLIENTE, PEDIDO, ORDEM DO PEDIDO, PRODUTO e DISTRIBUIDOR. Perceba que cada classe de entidade (coleção de entidades similares) é armazenada em uma tabela dimensional diferente. Os *atributos*, também chamados de campos ou colunas, são características ou propriedades de uma classe de entidade. Na Figura 6.5, os atributos de CLIENTE incluem *Identificação do Cliente, Nome do Cliente, Nome para Contato* e *Telefone*. Os atributos de PRODUTO incluem *Identificação do Cliente, Descrição do Produto* e *Preço*. Cada entidade específica em uma classe de entidade (por exemplo, Dave's Sub Shop na tabela CLIENTE) ocupa uma linha na sua respectiva tabela. As colunas da tabela contêm os atributos.

Chaves e relações

Para gerenciar e organizar várias classes de entidades dentro de um modelo de banco de dados relacional, os desenvolvedores devem identificar as chaves principais e as externas e usá-las para criar relações lógicas. Uma *chave principal* é um campo (ou grupo de campos) que identifica unicamente uma determinada entidade em uma tabela. Em CLIENTE, a *Identificação do Cliente* identifica apenas cada entidade (cliente) em uma tabela e é a chave principal. As chaves principais são importantes porque fornecem uma forma de distinguir cada entidade em uma tabela.

Uma *chave externa* no banco de dados relacional é a chave principal de uma tabela que aparece como um atributo em outra tabela e fornece uma relação entre as duas. Veja Hawkins Shipping, um dos distribuidores da tabela DISTRIBUIDOR. Sua chave principal, *Identificação do Distribuidor*, é DEN8001. Perceba que a *Identificação do Distribuidor* também aparece como um atributo na tabela PEDIDO. Isso significa que o Hawkins Shipping (*Identificação do Distribuidor* DEN8001) foi responsável pela entrega dos pedidos 34561 e 34562 ao(s) cliente(s) apropriado(s). Portanto, *Identificação do Distribuidor* na tabela de PEDIDOS cria uma relação lógica (quem enviou qual pedido) entre PEDIDO e DISTRIBUIDOR.

●● **OA6.3**

Descrever as vantagens que uma empresa pode obter ao usar um banco de dados.

●● **OA6.6**

Comparar as restrições de integridade relacional com aquelas de integridade crítica ao negócio.

---

mostre-me o DINHEIRO

Determinando problemas de qualidade da informação

A *Real People* é uma revista voltada para indivíduos trabalhadores e que fornece artigos e conselhos sobre assuntos que vão desde a manutenção do carro até o planejamento familiar. A revista está tendo problemas com a sua lista de distribuição. Mais de 30% das revistas enviadas são devolvidas por causa de informações erradas de endereço, e cada mês ela recebe muitas ligações de clientes irritados que se queixam de ainda não terem recebido suas revistas. Aqui está uma amostra das informações dos clientes da revista *Real People*. Crie um relatório detalhando todos os problemas com informação, possíveis causas para esses problemas e soluções para que a empresa conserte a situação.

ID	Nome	Inicial do meio	Sobrenome	Rua	Cidade	Estado	CEP
433	M	J	Jones	13 Denver	Denver	CO	87654
434	Margaret	J	Jones	13 First Ave.	Denver	CO	87654
434	Brian	F	Hoover	Lake Ave.	Columbus	OH	87654
435	Nick	H	Schweitzer	65 Apple Lane	São Francisco	OH	65664
436	Richard	A		567 55th St.	Nova York	CA	98763
437	Alana	B	Smith	121 Tenny Dr.	Buffalo	NY	142234
438	Trevor	D	Darrian	90 Fresrdestil	Dallas	TX	74532

VANTAGENS DO BANCO DE DADOS RELACIONAL

Sob a perspectiva dos negócios, informações de bancos de dados oferecem muitas vantagens, incluindo:

- Maior flexibilidade
- Maior escalabilidade e desempenho
- Menos informações redundantes
- Maior integridade de informação (qualidade)
- Maior segurança de informação

Maior flexibilidade

Bancos de dados tendem a refletir estruturas de negócios, e um bom banco de dados consegue lidar com mudanças rápida e facilmente, da mesma forma como qualquer negócio deve ser capaz de lidar com mudanças. Com a mesma importância, bancos de dados proporcionam flexibilidade

FIGURA 6.5 Banco de dados relacional para a Coca-Cola do Egito (TCCBCE)

Número do pedido: 34562

Coca-Cola Bottling Company do Egito
Exemplo de ordem de vendas

Consumidor: Dave's Sub Shop	Data: 8/6/2008		
Quantidade	Produto	Preço	Quantia
100	Coca Baunilha	US$ 0,55	US$ 55

Taxa do distribuidor US$ 12,95
Total do pedido US$ 67,95

CONSUMIDOR

ID do consumidor	Nome do consumidor	Nome para contato	Telefone
23	Dave's Sub Shop	David Logan	(555)333-4545
43	Pizza Palace	Debbie Fernandez	(555)345-5432
765	T's Fun Zone	Tom Repicci	(555)565-6655

PEDIDO

ID do pedido	Data do pedido	ID do consumidor	ID do distribuidor	Taxa do distribuidor	Total devido
34561	4/7/2008	23	DEN8001	US$ 22,00	US$ 145,75
34562	6/8/2008	23	DEN8001	US$ 12,95	US$ 67,95
34563	5/6/2008	765	NY9001	US$ 29,50	US$ 249,50

LINHA DO PEDIDO

ID do pedido	Linha do item	ID do produto	Quantidade
34561	1	12345AA	75
34561	2	12346BB	50
34561	3	12347CC	100
34562	1	12349EE	300
34563	1	12345AA	100
34563	2	12346BB	100
34563	3	12347CC	50
34563	4	12348DD	50
34563	5	12349EE	100

DISTRIBUIDOR

ID do distribuidor	Nome do distribuidor
DEN8001	Hawkins Shipping
CHI3001	ABC Trucking
NY9001	Van Distributors

PRODUTO

ID do produto	Descrição do produto	Preço
12345AA	Coca-Cola	US$ 0,55
12346BB	Coca Diet	US$ 0,55
12347CC	Sprite	US$ 0,55
12348DD	Sprite Diet	US$ 0,55
12349EE	Coca de Baunilha	US$ 0,55

Minha Lista do que Não Fazer

Sim, eu que comecei a internet

Imagine a sua colega de trabalho preferida, Mary, uma funcionária dedicada que está se destacando no cargo e recebe, com frequência, ótimas avaliações. De repente, depois de dois anos de trabalho pesado, Mary é demitida e você quer saber o que aconteceu. O que você vai dizer quando descobrir que Mary mentiu em seu currículo sobre ter um mestrado? Você vai sentir que ela teve o que mereceu ou o seu incrível desempenho no trabalho deveria ter feito com que a gerência relevasse o fato? Afinal, ela é excelente no que faz.

Todo estudante deve saber que, se uma desonestidade for descoberta, ela pode ser motivo para uma rescisão e, possivelmente, para um processo legal. A *integridade da informação* é uma medida da informação de qualidade. De acordo com Steven D. Levitt, coautor do livro *Freakonomics* e renomado professor na Universidade de Chicago, mais de 50% das pessoas mentem em seus currículos. Dadas as repercussões, como no caso de Mary, você vai querer pensar duas vezes antes de mentir no seu. A integridade da informação do seu currículo é a representação direta da sua integridade pessoal. O que você faria com o caso de Mary, caso fosse o gerente dela?

---

ao permitirem que cada usuário acesse informações da maneira que lhe convier. A distinção entre as visões lógicas e físicas é importante para compreender as visões flexíveis do usuário de bancos de dados. A ***visão física*** da informação lida com o armazenamento físico da informação em um dispositivo como um disco rígido. A ***visão lógica*** da informação se foca em como os usuários logicamente acessam uma informação para satisfazerem as suas necessidades. A separação das visões lógica e física é o que permite que cada usuário acesse as informações dos bancos de dados de uma maneira diferente. Assim, enquanto um banco de dados tem apenas uma visão física, ele pode facilmente suportar múltiplas visões lógicas. Na ilustração de banco de dados anterior, por exemplo, os usuários podiam executar uma consulta para determinar quais distribuidores entregaram remessas para o Pizza Palace semana passada. Ao mesmo tempo, outra pessoa podia executar algum tipo de análise estatística para determinar a frequência com que Sprite e Coca-Cola Diet aparecem no mesmo pedido. Esses são exemplos de duas visões lógicas muito diferentes, mas ambas utilizam a mesma visão física.

Veja outro exemplo: um negócio de vendas a distância. Um usuário poderá querer um relatório em ordem alfabética, caso em que o sobrenome deve aparecer antes do nome. Outro usuário, trabalhando com um sistema de envio de catálogos, poderia preferir que os nomes aparecessem antes do sobrenome. Ambos são possíveis, mas são diferentes visões lógicas de uma mesma informação física.

Maior escalabilidade e desempenho

O site oficial do Centro Histórico de Imigração da Família Americana, <http://www.ellisisland.org>, gerou mais de 2,5 bilhões de acessos em seu primeiro ano de operação. O site oferece acesso fácil a informações sobre a imigração de pessoas que entraram nos Estados Unidos pelo Porto de Nova York e pela Ilha Ellis entre 1892 e 1924. O banco de dados contém mais de 25 milhões de nomes correlacionados aos 3,5 milhões de imagens dos manifestos dos navios.[12]

Apenas um banco de dados teria "escala" para lidar com volumes massivos de informação e com o grande número de usuários necessários para o lançamento bem-sucedido do site da Ilha de Ellis. A ***escalabilidade*** refere-se a quanto um sistema pode se adaptar em caso de grande demanda. O ***desempenho*** mede a rapidez com que um sistema executa um determinado processo ou transação. Algumas empresas devem ser capazes de suportar centenas ou milhares de usuários online, incluindo funcionários, sócios, clientes e fornecedores, que querem todos acessar e compartilhar informações. Os bancos de dados, hoje, atingem escalas em níveis excepcionais, permitindo que todos os tipos de usuários e programas realizem tarefas de processamento e busca de informação.

Menos informações redundantes

A ***redundância*** é a duplicação de uma informação ou o armazenamento da mesma informação em espaços diferentes. Informações redundantes ocorrem porque as empresas frequentemente capturam e armazenam a mesma informação em locais múltiplos. O principal problema da informação redundante é que ela é, geralmente, inconsistente, o que torna difícil de determinar quais são os valores mais atuais e precisos. Não ter as informações corretas é confuso e frustrante para os funcionários e perturbador para uma empresa. Um dos principais objetivos de um banco de dados é eliminar informações redundantes, salvando cada informação em apenas um lugar dentro do banco. Eliminar informações desse tipo poupa espaço, facilita a atualização das informações e melhora a sua qualidade.

Maior integridade de informação (qualidade)

A *integridade da informação* é uma medida de sua qualidade. Dentro do ambiente de um banco de dados, *restrições de integridade* são regras que ajudam a garantir a qualidade da informação. Essas restrições podem ser definidas e construídas no projeto do banco de dados. O banco (mais apropriadamente, o sistema de gerenciamento de banco de dados, que é discutido adiante) assegura que os usuários jamais possam violar essas restrições. Existem dois tipos de restrições de integridade: (1) restrições de integridade relacional e (2) restrições de integridade crítica aos negócios.

As *restrições de integridade relacional* são regras que reforçam restrições básicas e fundamentais baseadas em informações. Por exemplo, uma restrição de integridade operacional não permitiria que alguém criasse um pedido para um cliente não existente, fornecesse uma porcentagem de lucro negativa ou pedisse um valor inexistente de matéria-prima a um fornecedor. As *restrições de integridade crítica ao negócio* reforçam regras de negócios vitais para o sucesso de uma empresa e requerem, com frequência, mais *insight* e conhecimento que as restrições de integridade relacional. Considere um fornecedor de produtos frescos de uma grande rede de supermercado como a Kroger. Ele pode implementar uma integridade crítica ao negócio, estabelecendo que nenhuma devolução de produto seja aceita após 15 dias da entrega. Isso faz sentido, uma vez que há chances de deterioração dos produtos. Esses tipos de restrições de integridades tendem a refletir as regras pelas quais uma organização alcança o sucesso.

A especificação e o reforço das restrições de integridade produzem informação de melhor qualidade que apoiará as decisões de negócios. As empresas que estabelecem procedimentos específicos para o desenvolvimento de restrições de integridade percebem um declínio nas taxas de erros de informação e um aumento do uso de informação organizacional.

Maior segurança da informação

A informação é um ativo organizacional. Como qualquer recurso, uma empresa deve proteger as suas informações contra usuários não autorizados e uso incorreto. Como os sistemas estão se tornando cada vez mais complexos e disponíveis na internet, a segurança se torna um problema ainda maior. Os bancos de dados oferecem muitos recursos de segurança, como senhas, níveis e controles de acesso. As senhas fornecem uma autenticação do usuário que estará acessando o sistema. Os níveis de acesso determinam quem tem acesso a diferentes tipos de informação, e os controles de acesso determinam qual tipo de acesso os usuários têm à informação. Por exemplo, representantes do serviço ao cliente podem precisar de acesso de somente leitura dos dados do cliente para que possam responder perguntas; eles podem não ter ou precisar de autoridade para mudar ou deletar informações. Os gerentes podem requerer acesso aos arquivos dos funcionários, mas eles devem apenas ter acesso aos arquivos dos *seus* funcionários, não aos arquivos de funcionários de toda a empresa. Vários recursos de segurança dos bancos de dados podem garantir que indivíduos tenham apenas certos tipos de acesso a certos tipos de informação.

Os bancos de dados podem aumentar a segurança pessoal, assim como a segurança da informação. O Departamento de Polícia de Chicago (CPD, *Chicago Police Departament*) tem contado com um sistema de combate ao crime chamado Citizen and Law Enforcement Analysis and Reporting (CLEAR). O CLEAR direciona eletronicamente a forma como detetives cadastram e acessam informações críticas para ajudá-los a resolver crimes, analisar padrões de crimes e, em última instância, promover segurança de uma maneira proativa. O CPD cadastra 650 mil novos casos e 500 mil novas prisões feitas no CLEAR a cada ano.[13]

OA6.2
Definir a relação existente entre um banco de dados e um sistema de gerenciamento de bancos de dados.

OA6.7
Descrever os benefícios de um website baseado em dados.

SISTEMAS DE GERENCIAMENTO DE BANCOS DE DADOS

A fábrica europeia da Ford produz mais de 5 mil veículos por dia e os vende em mais de 100 países. Cada componente de cada modelo deve estar de acordo com complexos padrões europeus, que incluem a segurança do passageiro, a proteção ao pedestre e ao meio ambiente. Esses padrões

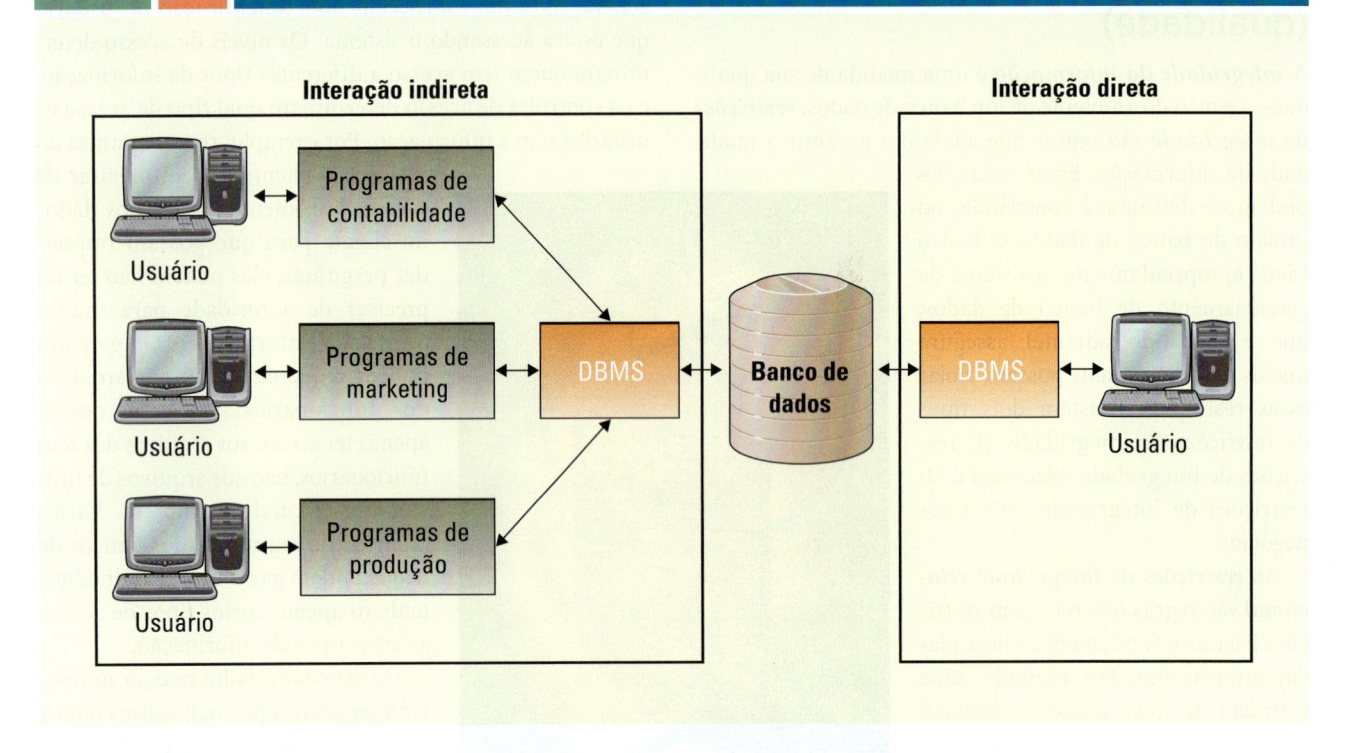

FIGURA 6.6 Interagindo direta e indiretamente com um banco de dados por meio de um DBMS

governam cada estágio do processo de fabricação da Ford, do projeto até a produção final. A empresa precisa obter milhares de aprovações diferentes todo ano para seguir os padrões. Ao negligenciar apenas um deles, a empresa não pode vender o veículo, o que leva a linha de montagem a uma paralisação e pode custar à Ford até um milhão de euros por dia. A empresa criou o Homologation Timing System (HTS), baseado em um banco de dados relacional, para ajudar a registrar e analisar padrões. A confiabilidade e o alto desempenho desse sistema têm ajudado a Ford a reduzir substancialmente o risco de negligência.[14]

Um sistema de gerenciamento de banco de dados é usado para acessar informação a partir de um banco de dados. Um *sistema de gerenciamento de bancos de dados* (DBMS, *Database Management System*) é um software pelo qual usuários e aplicativos interagem com um banco de dados. O usuário envia solicitações para o DBMS e este realiza a manipulação real dos dados na base. Há duas maneiras principais pelas quais os usuários podem interagir com um DBMS: (1) diretamente e (2) indiretamente, como mostra a Figura 6.6. Em qualquer um dos casos, os usuários podem acessar o DBMS e este acessa o banco de dados.

Websites baseados em dados

As páginas em um website devem mudar de acordo com o que o visitante está interessado em buscar. Considere, por exemplo, uma empresa que vende carros esportivos. Um banco de dados é criado com informações sobre cada um dos carros disponíveis no momento (marca, modelo, detalhes do motor, ano, fotografias etc.). Um visitante clica em Porsche, por exemplo, escreve a faixa de preço em que está interessado e clica em "ir". Aos visitantes são apresentadas informações sobre os carros disponíveis dentro da faixa de preço e um convite para compra ou para pedido de mais informações. Por meio de uma área de administração segura no site, a empresa pode modificar, adicionar ou remover carros do seu banco de dados.[15]

Um *website baseado em dados* é um site interativo constantemente atualizado e relevante para as necessidades dos seus clientes mediante o uso de um banco de dados. Esses websites são especialmente úteis quando o site oferece um grande número de informações, bens ou serviços. Os visitantes, com frequência, irritam-se quando são atolados de informações quando fazem buscas em um site. Um website baseado em dados convida os visitantes a selecionar e visualizar, por meio de uma busca, o que eles estão interessados. O website analisa a busca e, então, cria uma página personalizada em tempo real que satisfaz a consulta. A Figura 6.7 mostra um usuário da Wikipédia fazendo uma consulta sobre inteligência de negócios e o banco de dados o direcionando a uma página apropriada ao seu pedido.[16]

Vantagens de negócios de website baseado em dados

Na construção de um site, faça dois questionamentos fundamentais para determinar se o site precisa de um banco de dados:

1. Com que frequência o conteúdo irá mudar?
2. Quem estará fazendo as mudanças no conteúdo?

FIGURA 6.7 Wikipédia – Websites baseados em dados

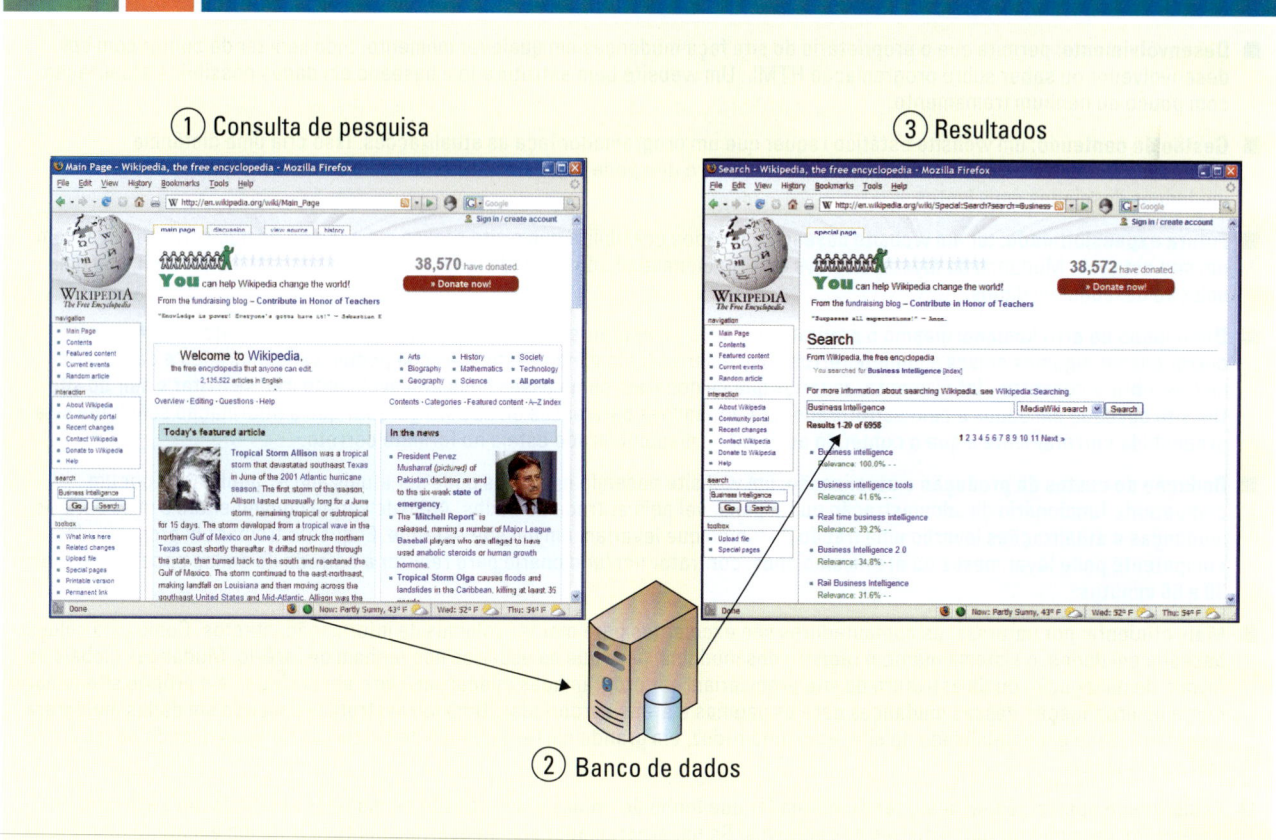

① Consulta de pesquisa
② Banco de dados
③ Resultados

Para um site informacional genérico, com informações estáticas, é melhor construir um website "estático", do tipo que o desenvolvedor pode atualizar quando necessário, talvez poucas vezes no ano. Um site estático é mais barato e, geralmente, é suficiente para as necessidades dos negócios.

Para um site com informações que mudam continuamente (comunicados de imprensa, informações sobre novos produtos, atualização de preços etc.), um site baseado em dados é melhor. A Figura 6.8 mostra as diversas vantagens associadas a esse modelo de site.[17]

Inteligência de negócios baseada em dados

As empresas podem aumentar a sua inteligência de negócios visualizando os dados acessados e analisados a partir dos seus sites. A Figura 6.9 mostra como fazer consultas ou usar ferramentas analíticas, como o Pivot Table, no banco de dados que está ligado ao site e pode gerar conhecimento sobre os negócios, como itens buscados, perguntas frequentes, itens comprados juntos etc.

●● **OA6.5**
Descrever os dois principais métodos para integração de informações entre múltiplos bancos de dados.

INTEGRAÇÃO DE INFORMAÇÕES ENTRE MÚLTIPLOS BANCOS DE DADOS

Até a década de 1990, cada departamento do Ministério de Defesa do Reino Unido (MOD, *Ministry of Defense*) e sede do Exército tinha seu próprio sistema, cada sistema tinha seu próprio banco de dados, e o compartilhamento de informações entre departamentos era difícil. Introduzir manualmente a mesma informação, múltiplas vezes, em diferentes sistemas, consumia tempo e era ineficiente. Em muitos casos, a gerência não conseguia nem compilar as informações necessárias para responder perguntas e tomar decisões.

O Exército resolveu o problema, integrando seus sistemas ou construindo conexões entre seus muitos bancos de dados. Essa integração permite que os sistemas do Exército se comuniquem automaticamente passando informações entre os bancos de dados, o que elimina a necessidade de entrada de informação manual nos sistemas múltiplos, porque, depois que a informação já está lá, as conexões a enviam imediatamente aos outros bancos de dados. Essas conexões não somente possibilitaram que diferentes departamentos compartilhassem informações,

FIGURA 6.8 Vantagens de negócios de website baseado em dados

- **Desenvolvimento:** permite que o proprietário do site faça mudanças em qualquer momento, tudo sem ter de contar com um desenvolvedor ou saber sobre programação HTML. Um website bem estruturado e baseado em dados possibilita atualização com pouco ou nenhum treinamento.

- **Gestão do conteúdo:** um website estático requer que um programador faça as atualizações. Isso cria uma distância desnecessária entre o negócio e seu conteúdo de rede, o que pode levar a mal-entendidos e deixar as iniciativas para as mudanças desejadas mais lentas.

- **Futura expansibilidade:** ter um website baseado em dados possibilita que o site cresça mais rápido do que seria possível com um site estático. Mudança de *layout*, *displays* e da funcionalidade do site (adicionar recursos e seções) é mais fácil com uma solução baseada em dados.

- **Diminuição de erro humano:** mesmo o programador mais competente, quando encarregado de manter muitas páginas, irá deixar passar algumas coisas e cometer erros. Isso levará a bugs e inconsistências que podem ser demorados e caros para se descobrir e consertar. Infelizmente, usuários que se deparam como esses bugs provavelmente irão se irritar e sair do site. Um site baseado em dados e bem estruturado terá armadilhas para esses erros para garantir que a informação solicitada seja preenchida corretamente e que o conteúdo acessado e disponibilizado esteja no formato correto.

- **Redução de custos de produção e atualização:** um website baseado em dados pode ser atualizado e "publicado" por um competente funcionário da administração ou responsável pela entrada de dados. Além de serem convenientes e mais baratas, mudanças e atualizações levarão uma fração do tempo que levariam em um site estático. Enquanto treinar um programador competente pode levar meses ou até mesmo anos, contratar um funcionário para realizar a entrada de dados pode ser feito em 30 a 60 minutos.

- **Mais eficiente:** por natureza, os computadores são excelentes para manter volumes de informação intactos. Como uma solução baseada em dados, o sistema mantém registro dos modelos, para que os usuários não tenham de fazê-lo. Mudanças globais de *layout*, de navegação ou da estrutura do site precisariam ser programadas apenas uma vez, em um lugar, e o próprio site tomaria conta da propagação dessas mudanças para as páginas e áreas apropriadas. Uma infraestrutura baseada em dados melhorará a confiabilidade e a estabilidade do site, enquanto reduz, em grande parte, a chance de ele ter um colapso quando novas áreas são adicionadas.

- **Estabilidade aperfeiçoada:** qualquer programador que tenha de atualizar um website de modelos estáticos deve ser bem organizado para não perder as fontes dos arquivos. Se um programador sair inadvertidamente, o trabalho existente talvez tenha de ser refeito, no caso de esses arquivos não serem encontrados. Além disso, se houver mudanças nos modelos, um novo programador deve ter o cuidado de usar apenas a versão mais recente. Com um website baseado em dados, há a tranquilidade de saber que o conteúdo nunca estará perdido – ainda que o programador esteja.

FIGURA 6.9 BI em um website baseado em dados

① Página da web
② Banco de dados
③ Tabela dinâmica

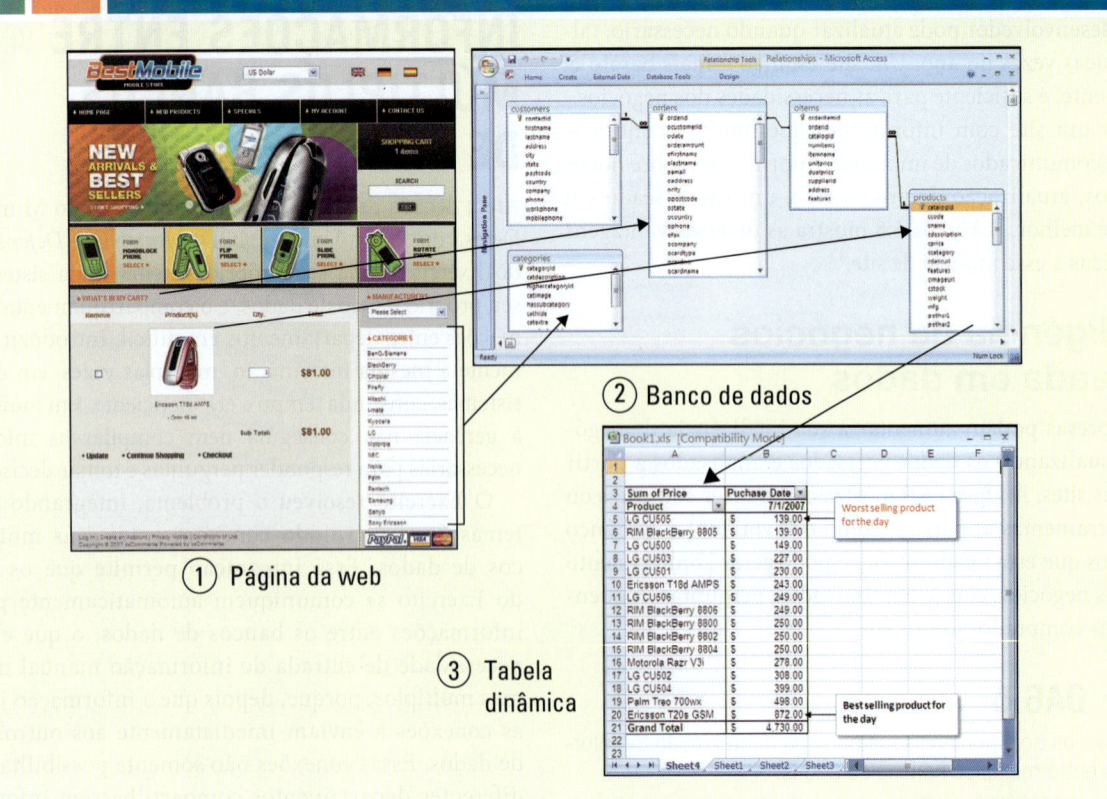

> **IDEALMENTE, UMA EMPRESA BUSCA CONSTRUIR INTEGRAÇÕES PARA TRÁS E PARA FRENTE, O QUE PROPORCIONA FLEXIBILIDADE PARA CRIAR, ATUALIZAR E DELETAR INFORMAÇÕES EM QUALQUER UM DOS SISTEMAS.**

mas também aumentaram drasticamente a qualidade da informação. O Exército agora pode gerar relatórios detalhando sua prontidão e outras questões vitais, tarefas quase impossíveis antes da criação da integração entre sistemas separados.[18]

Uma *integração* permite que sistemas separados se comuniquem diretamente um com o outro. Assim como o Exército do Reino Unido, uma empresa manterá múltiplos sistemas, cada um com seu próprio banco de dados. Sem integrações, uma empresa (1) gastará um tempo considerável cadastrando as mesmas informações em múltiplos sistemas e (2) sofrerá com a baixa qualidade e com a inconsistência típicas de informações redundantes. Mesmo que a maioria das integrações não elimine todas as informações redundantes, elas podem garantir a sua consistência em todos os sistemas.

Uma empresa pode escolher entre dois métodos de integração. O primeiro é criar integrações diretas e indiretas que conectam os processos (e os seus bancos de dados subjacentes) na cadeia de valor. Uma *integração para frente* capta as informações de um determinado sistema e as envia automaticamente para todos os sistemas e processos *downstream*. Uma *integração para trás* capta as informações de um determinado sistema e as envia automaticamente para todos os sistemas e processos *upstream*.

A Figura 6.10 demonstra como esse método funciona em sistemas ou processos de vendas, entrada de pedidos, conclusão de pedidos e cobrança. No sistema de entrada de pedidos, por exemplo, um funcionário pode atualizar as informações de um cliente. Essas informações, mediante as integrações, seriam enviadas ao sistema de vendas (*upstream*), aos sistemas de conclusão de pedido e de cobrança (*downstream*).

Idealmente, uma empresa busca construir integrações para trás e para frente, o que proporciona flexibilidade para criar, atualizar e deletar informações em qualquer um dos sistemas. Entretanto, integrações são caras e difíceis de serem construídas e conservadas, e a maioria das empresas constrói apenas integrações para frente (vendas por meio de cobrança, na Figura 6.10). Construir apenas integrações desse tipo implica que uma mudança no sistema inicial (vendas) resultará em mudanças em todos os outros sistemas. A integração de informações não é possível para quaisquer mudanças que ocorrem fora do sistema inicial, o que, mais uma vez, pode resultar em informação organizacional inconsistente. Para resolver essa questão, as empresas podem impor regras para que todos os sistemas, exceto o inicial, tenham somente acesso de leitura à informação integrada. Tal medida obrigará os usuários a alterarem informações apenas no sistema inicial, o que sempre acarretará integração e garantirá que a informação organizacional não saia de sincronia.

O segundo método de integração cria um repositório central para um tipo particular de informação. A Figura 6.11 apresenta um exemplo de informação integrada do cliente, utilizando esse método em quatro diferentes sistemas em uma organização. Os usuários podem criar, atualizar e deletar as informações dos clientes apenas no banco de dados central de clientes. Enquanto os usuários executam essas tarefas nesse banco de dados, as integrações enviarão automaticamente informações novas ou atualizadas para os outros sistemas. Estes limitam os usuários a terem acesso somente de leitura às informações armazenadas dos clientes. Mais uma vez, esse método não elimina redundâncias, mas, com certeza, garante a consistência das informações entre sistemas múltiplos.

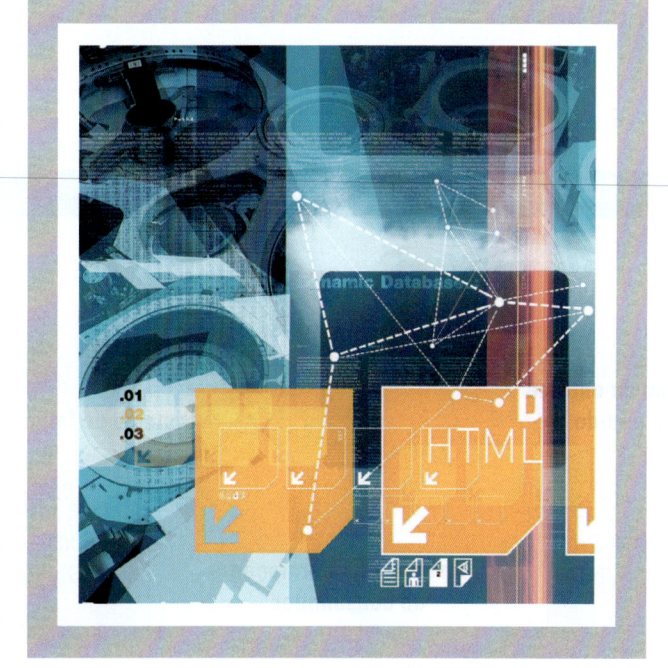

FIGURA 6.10 Um exemplo de integração para trás e para frente de informações de clientes

Sistemas de vendas → Sistema de entrada do pedido → Sistema de cumprimento do pedido → Sistema de faturamento

PB0092 Craig Schultz

Integração para frente da informação do consumidor →
← Integração para trás da informação do consumidor

FIGURA 6.11 Integrando informações de clientes entre bancos de dados

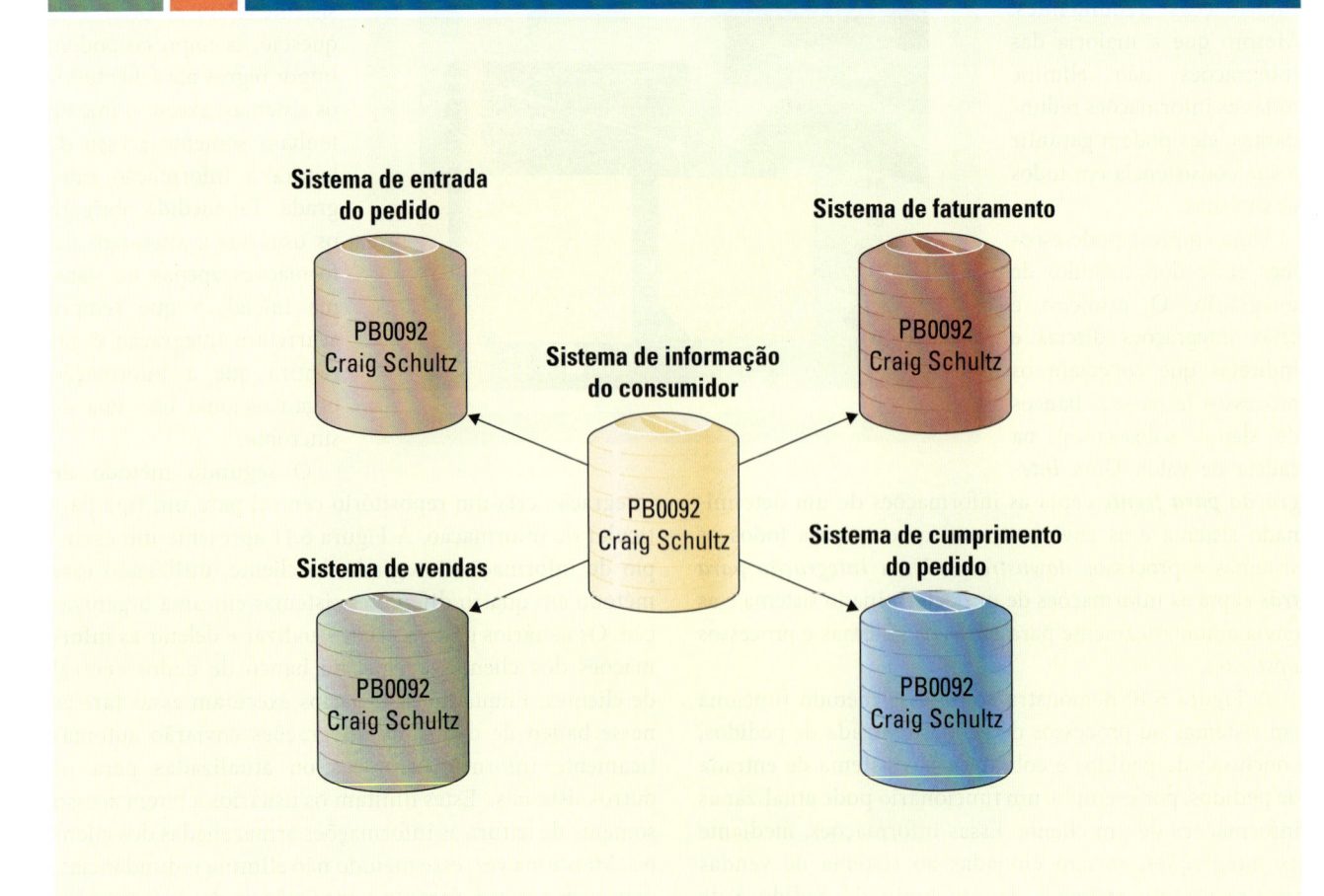

Sistema de entrada do pedido
Sistema de faturamento
Sistema de informação do consumidor
Sistema de vendas
Sistema de cumprimento do pedido

PB0092 Craig Schultz

●● SEÇÃO 6.2 Princípios de armazém de dados

OBJETIVOS DE APRENDIZAGEM

OA6.8 Descrever os papéis e as finalidades de um armazém de dados e de repositórios de dados em uma empresa.

OA6.9 Comparar a natureza multidimensional dos armazéns de dados (e repositórios de dados) com a natureza bidimensional dos bancos de dados.

OA6.10 Identificar a importância de garantir a transparência das informações dentro uma empresa.

OA6.11 Explicar a relação entre inteligência de negócios e um armazém de dados.

ACESSO A INFORMAÇÕES ORGANIZACIONAIS

A Applebee's Neighborhood Grill & Bar registra vendas anuais superiores a US$ 3,2 bilhões e está usando ativamente informações do seu armazém de dados para aumentar as vendas e cortar custos. A empresa coleta informações diárias para as vendas do dia anterior em seu armazém de dados de 1.500 restaurantes localizados em 49 estados e 7 países.

Compreender preferências regionais, como os cidadãos do Texas preferirem bifes mais que os da Nova Inglaterra, permite que a empresa encontre a sua estratégia corporativa de um restaurante que apela para gostos locais. A empresa achou o seu armazém de dados extremamente valioso, sendo capaz de tomar decisões de negócios quanto às necessidades dos clientes regionais. Ela também usa informações do armazém de dados para fazer o seguinte:

- Basear seus gastos em mão de obra em um número real de clientes servidos por hora.
- Desenvolver a análise de itens promocionais de venda para ajudar a evitar perdas provenientes de excesso de estoque.
- Determinar custos teóricos e concretos de alimentos e o uso de ingredientes.[19]

HISTÓRICO DE ARMAZENAMENTO DE DADOS

Nos anos 1990, como as empresas começaram a precisar de informações mais oportunas sobre os negócios, elas descobriram que sistemas tradicionais de informações operacionais eram muito pesados para fornecer informações relevantes de forma eficiente e rápida. Sistemas operacionais geralmente incluem contabilidade, cadastro de pedidos, atendimento ao cliente e vendas, e não são apropriados para a realização de análise dos negócios pelas seguintes razões:

fala sério!

Desculpe-me, eu não queria ter divulgado o número da sua carteira de trabalho na internet.

A Programming 101 ensina aos estudantes que a segurança é parte crucial de qualquer sistema. Os seus dados devem estar seguros! Parece que algumas pessoas que trabalham para o estado de Oklahoma esqueceram essa lição importante quando dezenas de milhares de moradores tiveram seus dados pessoais – inclusive números– divulgados na internet com acesso para o público. Você já deve ter ouvido esse tipo de história antes, mas você sabia que esse erro permaneceu despercebido por três anos? Um programador relatou o problema, explicando a facilidade com que ele podia roubar o banco de dados inteiro do estado de Oklahoma. Além disso, em função da programação, usuários mal-intencionados poderiam facilmente adulterar o banco de dados, alterando dados ou acrescentando outros fictícios. Se você ainda está pensando que o problema não é tão grande assim, ele piora. O website também divulgou o registro de criminosos sexuais. E sim, o banco de dados de funcionários do departamento de administração penitenciária também ficou disponível ao público.

Por que manter os dados em segurança é importante? O que pode acontecer se alguém acessar o seu banco de dados de clientes? O que poderia acontecer se alguém alterasse as informações do seu banco de dados de clientes e acrescentasse dados fictícios? Quem deveria ser responsabilizado pelo vazamento de dados do estado de Oklahoma? Quais são os riscos para os negócios associados à segurança de dados?

- Informações de outras aplicações operacionais não são incluídas.
- Sistemas operacionais não estão integrados ou disponíveis em um só lugar.
- Informações operacionais são recentes – não incluem o histórico necessário à tomada de boas decisões.
- Informações operacionais frequentemente têm problemas de qualidade (erros) – as informações precisam ser depuradas.
- Sem histórico de informações, é difícil dizer como e por que as coisas mudam ao longo do tempo.
- Sistemas operacionais não são projetados para a análise e para o suporte de decisões.

NO FLAGRA

Siga os dados

Há uma fala clássica no filme *Todos os Homens do Presidente*, o qual trata da investigação do caso Watergate, em que Garganta Profunda encontra-se com Bob Woodward e friamente o aconselha a "seguir o dinheiro". Woodward segue o dinheiro e a investigação termina com a renúncia do presidente Nixon.

Se você quiser descobrir o que está acontecendo nesse mundo repleto de dados de hoje, é provavelmente só trocar as palavras por "siga os dados". A Companhia Internacional de Dados (IDC, *International Data Corporation*) projeta que a quantidade de informações armazenadas no universo digital alcançará aproximadamente 1,8 zettabytes em 2011, o que representa um crescimento dez vezes maior em cinco anos. Uma das mais recentes formas de requerimentos legais oriundas da explosão de dados é a descoberta eletrônica (*ediscovery*), um requisito legal que obriga uma empresa a arquivar todas as formas de softwares de comunicação, incluindo e-mail, mensagens de texto e multimídia. Sim, a mensagem que você enviou quatro anos atrás pode voltar para lhe assombrar.

Atualmente, as organizações chegam a não saber o que fazer com a quantidade de dados que têm e acabam, com frequência, sobrecarregadas com gerenciamento de dados. Ter tantos dados e apresentá-los de uma maneira útil para uma análise coerente é uma tarefa enorme que assombra os gestores. O que você acha que está envolvido no gerenciamento de dados? O que há nos zettabytes de dados armazenados pelas empresas? Por que uma organização armazenaria dados? Por quanto tempo uma organização deve armazenar seus dados? Quais são os riscos associados ao mau armazenamento de dados organizacionais?

Durante a última metade do século XX, os números e tipos de dados aumentaram. Muitas grandes empresas se viram com informações espalhadas em diversas plataformas e em variadas tecnologias, usando informações retiradas de fontes múltiplas quase impossíveis. Completar pedidos de informação por meio de sistemas operacionais pode levar dias ou semanas usando ferramentas de relatório feitas mais para executar o negócio do que para administrá-lo. A partir daí, o armazém de dados surgiu como um lugar onde informações relevantes poderiam ser mantidas para que relatórios estratégicos pudessem ser utilizados para gerenciamento. A palavra-chave aqui é *estratégia*, uma vez que a maioria dos executivos estava menos preocupada com operações diárias do que com uma visão global das funções de modelo e de negócios.

Uma ideia-chave dentro do armazenamento de dados é a retirada de informações de múltiplas plataformas e tecnologias (como planilhas, bancos de dados e arquivos do Word) e a sua recolocação em um local comum que utiliza uma ferramenta de consulta. Dessa forma, bancos de dados operacionais poderiam ser mantidos no sistema que fosse mais eficiente para os negócios operacionais, enquanto as informações de relatórios (estratégicas) poderiam ser mantidas em um local comum, com o uso de uma linguagem comum. Armazéns de dados dão um passo maior ao propiciar mais uniformidade à informação, definindo o que cada termo significa e deixando-o como padrão. Um exemplo disso seria o gênero, ao qual se pode referir de muitas maneiras (Masculino, Feminino, M/F, 1/0), mas deve ser padronizado em um armazém de dados, como uma maneira de se referir a cada sexo.

Esse projeto torna o apoio à decisão prontamente acessível sem afetar as operações diárias. Um aspecto que deve ser destacado a respeito de um armazém de dados é que ele *não* é um local para *todas* as informações dos negócios, mas para informações que interessam ou que ajudam os responsáveis a tomarem decisões estratégicas em relação à missão global da empresa.

O armazenamento de dados consiste em estender a transformação de dados em informações. Armazéns de dados oferecem informações externas, integradas, históricas e de nível estratégico para que as empresas possam fazer projeções, identificar tendências e decidir questões importantes. O armazém de dados coleta e armazena conjuntos integrados de informações do histórico de múltiplos sistemas operacionais e os alimenta com um ou mais repositórios de dados. Ele também pode dar ao usuário final acesso às diferentes informações de toda a empresa.

●● OA6.8

Descrever os papéis e as finalidades de um armazém de dados e de repositórios de dados em uma empresa.

●● OA6.9

Comparar a natureza multidimensional dos armazéns de dados (e repositórios de dados) com a natureza bidimensional dos bancos de dados.

●● OA6.10

Identificar a importância de garantir a transparência das informações dentro uma empresa.

PRINCÍPIOS DE ARMAZÉM DE DADOS

Um *armazém de dados* é um acervo lógico de informações – reunidas a partir de diversos bancos de dados diferentes – que auxilia em atividades de análise de negócios e em tomadas de decisão. O principal objetivo de um armazém de dados é agregar informações de toda uma organização em um repositório único, de maneira que os funcionários possam tomar decisões e empreender atividades de análise de negócios. Portanto, enquanto os bancos de dados armazenam os detalhes de todas as transações (por exemplo, a venda de um produto) e eventos (a contratação de um novo funcionário), os armazéns de dados armazenam as mesmas informações de uma

FIGURA 6.12 Modelo de um armazém de dados típico

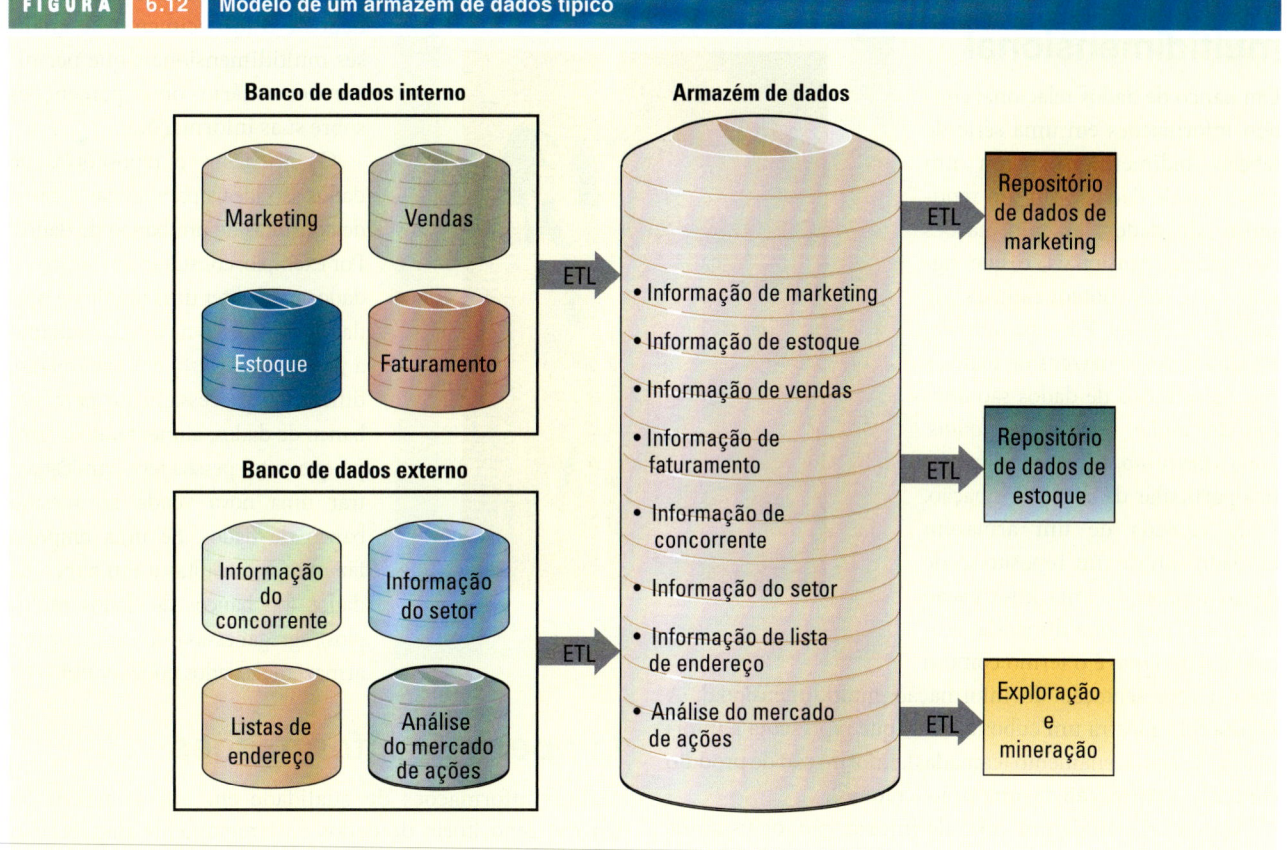

forma agregada, mas apropriada para dar apoio às tomadas de decisão. Agregar, nesse sentido, pode incluir totais, contas, médias e similares.

O armazém de dados representado na Figura 6.12 compila as informações de bancos de dados internos, ou transacionais e operacionais, e de bancos de dados externos, mediante um processo de *extração, transformação e carga* (ETL, *Extration, Transformation and Loading*), no qual a informação é extraída dos bancos interno e externo, transformada pelo uso de um conjunto comum de definições da empresa e carregada para dentro de um armazém de dados. Este, por sua vez, envia subconjuntos das informações para repositórios de dados. Um *repositório de dados* (data mart, em inglês) contém um subconjunto das informações de um armazém de dados. Para fazer a distinção entre armazéns de dados e repositórios de dados, pense que os primeiros têm um foco mais organizacional, e que os segundos direcionam subconjuntos de informações particularmente para as necessidades de uma determinada unidade de negócio, como finanças ou produção e operações.

A Land's End, uma grande loja de vestuário, criou um armazém de dados de toda a organização para que seus funcionários pudessem acessar as informações organizacionais. Ela logo descobriu que poderia haver exagero.

["O principal objetivo de um armazém de dados é agregar informações de toda uma empresa em um repositório único, de maneira que os funcionários possam tomar decisões e empreender atividades de análise de negócios."]

Muitos dos seus funcionários não usavam o armazém de dados porque ele era muito grande, muito complicado e tinha muitas informações irrelevantes. A Land's End sabia que havia informações valiosas em seu armazém de dados e que teria de achar uma forma para os funcionários as acessarem. Os repositórios de dados eram a solução perfeita para a sobrecarga de informações. Quando os funcionários começaram a usar os repositórios de dados, ficaram pasmos com a riqueza da informação. Os repositórios de dados foram um grande sucesso na Land's End.[20]

Análise multidimensional

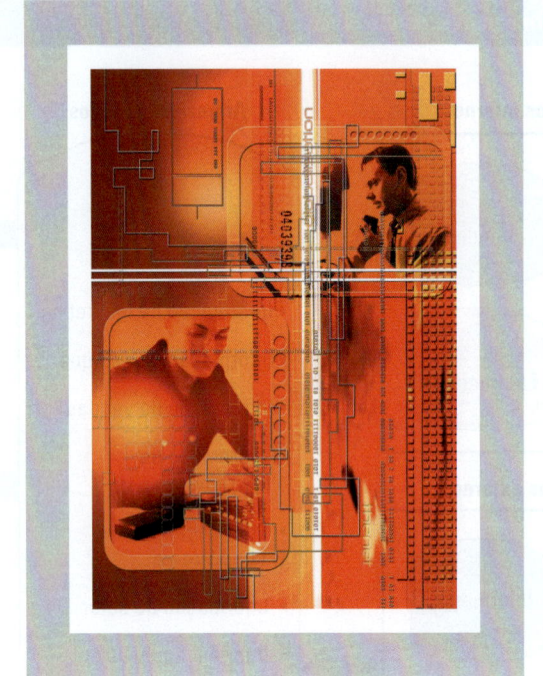

Um banco de dados relacional contém informações em uma série de tabelas bidimensionais. Em um armazém de dados e em um repositório de dados, as informações são multidimensionais, o que significa que eles contêm camadas de colunas e linhas. Por esse motivo, a maioria dos armazéns de dados e dos repositórios de dados são *bancos de dados multidimensionais*. Uma *dimensão* é uma característica particular de uma informação. Cada camada de um armazém de dados ou de um repositório de dados representa uma informação de acordo com uma dimensão adicional. Um **cubo** é o termo comum para a representação de informação multidimensional. A Figura 6.13 mostra um cubo (*cubo a*) que representa a informação de armazenamento (camadas), informação de produto (linhas) e informação de promoção (colunas).

Após a criação de um cubo de informação, os usuários podem começar a destrinchar o cubo para detalhar as informações. O segundo cubo (*cubo b*) na Figura 6.13 mostra um pedaço que representa as informações de promoção II de todos os produtos de todas as lojas. O terceiro cubo (*cubo c*) na Figura 6.13 mostra apenas informações da promoção III, produto B, na loja 2. Fazendo uso de uma análise multidimensional, os usuários podem analisar as informações de muitas maneiras e com qualquer número de dimensões. O verdadeiro valor de um armazém de dados é o fornecimento de análises multidimensionais que permitem aos usuários obter percepções sobre suas informações.

Os armazéns e repositórios de dados são ideais para aliviar a carga de consultas de um banco de dados. Por exemplo, consultar um banco de dados para obter uma média de vendas do produto B na loja 2, enquanto a promoção III está em andamento, dificulta o processamento para um banco de dados, aumentando o tempo que outra pessoa leva para cadastrar uma nova venda no mesmo banco de dados. Se uma empresa faz muitas consultas a um banco de dados (ou bancos de dados múltiplos), agregar essas informações a um armazém de dados pode ser útil.

Limpeza de informações

Manter informações de qualidade em um armazém ou em um repositório de dados é extremamente importante. O Data Warehousing Institute estima que informações de baixa qualidade custem aos negócios americanos US$ 600 bilhões anualmente. Esse número pode parecer alto, mas não é. Se uma empresa está usando um armazém de dados ou um repositório de dados para alocar dinheiro para estratégias de publicidade, informações de má qualidade terão certamente um impacto negativo na sua habilidade para tomar as decisões certas.

FIGURA 6.13 Um cubo de informação para realizar uma análise multidimensional em três lojas, para cinco produtos e quatro promoções

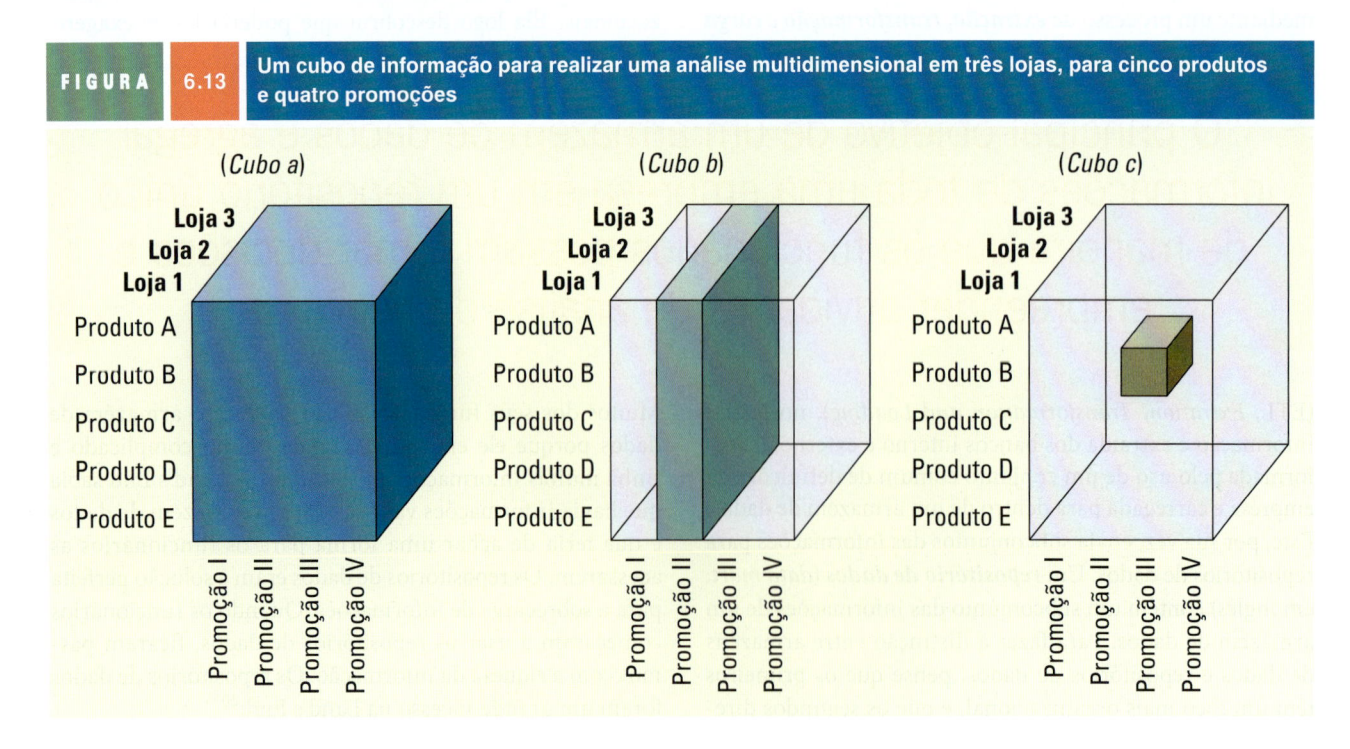

Para aumentar a qualidade da informação organizacional e, consequentemente, da eficácia das decisões, as empresas devem criar uma estratégia para manter a informação limpa. Esse é o conceito de *limpeza de informação*, um processo que seleciona e conserta ou descarta informações inconsistentes, incorretas ou incompletas.

Existem softwares especializados que usam algoritmos sofisticados para analisar, padronizar, corrigir, combinar e consolidar as informações de um armazém de dados. Isso é de vital importância, porque armazéns de dados, com frequência, contêm informações de muitos bancos de dados diferentes, alguns dos quais podem estar de fora da empresa. Em um armazém de dados, a limpeza de informação ocorre primeiramente durante o processo de ETL e, depois, quando a informação está no armazém. As empresas podem escolher o software de limpeza de diferentes vendedores, como Oracle, SAS, Ascential Software e Group 1 Software. Idealmente, informações limpas não têm erros e são consistentes.

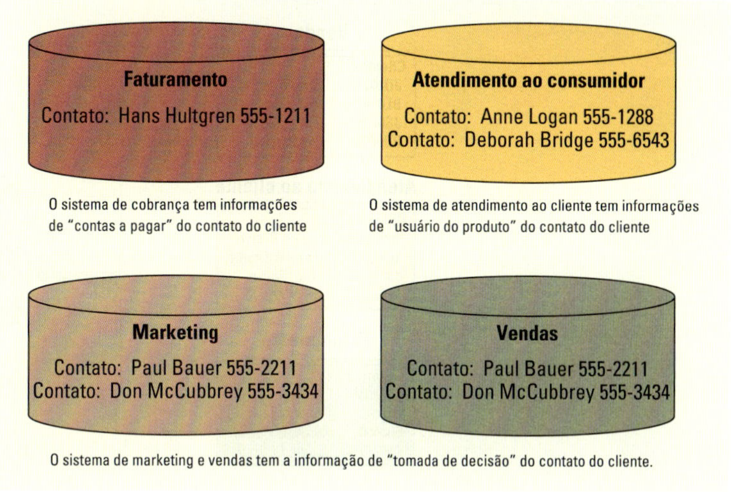

A Dr. Pepper/Seven Up, Inc., uma empresa de bebidas, conseguiu integrar seus inúmeros bancos de dados em um armazém de dados (e, subsequentemente, em repositórios de dados) em menos de dois meses, conseguindo acesso a informações limpas e consolidadas. Aproximadamente, 600 pessoas na empresa usam os repositórios de dados para analisar e localizar as vendas de bebidas por dimensões múltiplas, incluindo várias rotas de distribuição, como as de vendas de latinhas e garrafas, fontes de vendas de serviços alimentícios, vendas do distribuidor principal e contas nacionais e de cadeia. A empresa está agora realizando uma análise profunda de informações de venda que são atualizadas, limpas e sem erro.

Ao se olhar para as informações de clientes, entende-se por que a limpeza de informações é necessária. Informações de clientes existem em diversos sistemas operacionais. Em cada sistema, todos os detalhes dessas informações poderiam mudar da identificação do cliente para informações de contato (ver Figura 6.14). Determinar qual informação de contato é precisa e correta para cada cliente depende do processo que está sendo executado.

A Figura 6.15 mostra um nome de cliente cadastrado de formas diferentes em sistemas operacionais múltiplos. A limpeza de informações permite que uma empresa repare esses tipos de inconsistência, além de limpar as informações

FIGURA 6.14 Informações de contato em sistemas operacionais

Faturamento
Contato: Hans Hultgren 555-1211
O sistema de cobrança tem informações de "contas a pagar" do contato do cliente

Atendimento ao consumidor
Contato: Anne Logan 555-1288
Contato: Deborah Bridge 555-6543
O sistema de atendimento ao cliente tem informações de "usuário do produto" do contato do cliente

Marketing
Contato: Paul Bauer 555-2211
Contato: Don McCubbrey 555-3434

Vendas
Contato: Paul Bauer 555-2211
Contato: Don McCubbrey 555-3434

O sistema de marketing e vendas tem a informação de "tomada de decisão" do contato do cliente.

Saiba que: Quer livros de graça? Peça ao Google

O Google está digitalizando todos ou parte dos acervos de livros das Universidades de Michigan, de Harvard, de Stanford, Biblioteca Pública de Nova York e da Universidade de Oxford em uma etapa do seu Projeto Google Print Library. O objetivo é tornar esses livros disponíveis para pesquisa no Google.

A organização Authors Guild entrou com um processo legal contra o Google, alegando que essa digitalização de livros constitui uma grave infração contra os direitos autorais. "Essa é uma violação clara e descarada às leis de direitos autorais", disse Nick Taylor, presidente da Authors Guild de Nova York, em uma declaração sobre o processo, o qual está buscando *status* de ação de classe. "Não é papel do Google ou de mais ninguém além dos autores, os proprietários legítimos desses direitos autorais, decidir *se* ou *como* seus trabalhos serão copiados".

Um novo acordo no processo está permitindo ao Google seguir com o seu projeto <books.google.com>. De acordo com o Google, o novo acordo permitirá:

- **Acesso a livros:** proporciona acesso a livros que não são mais publicados e que estavam, até recentemente, disponíveis em poucas bibliotecas.
- **Acesso online:** os clientes poderão comprar acesso online irrestrito a milhões de livros e poderão lê-los a partir de qualquer equipamento ligado à internet.
- **Acesso em bibliotecas e universidades:** bibliotecas, universidades e outras organizações poderão comprar assinaturas institucionais, fornecendo aos seus usuários acesso aos textos completos de milhões de títulos e pagando autores e editores pelo serviço. As instituições podem também oferecer terminais nos quais os usuários podem ter acesso ao texto completo de milhões de livros fora de publicação de graça.
- **Compra e locação de livros:** os clientes podem encontrar fontes de livros impressos diretamente do site.

Você vê o projeto do Google como uma violação às leis de direitos autorais? Se você fosse um editor, como você se sentiria a partir do projeto do Google? Se você fosse um autor, como se sentiria tendo seu livro publicado gratuitamente no Google Books? Como você acha que será o futuro do setor editorial baseado com o novo e radical website do Google, o Google Book?

FIGURA 6.15 Padronizando nomes de clientes a partir de sistemas operacionais

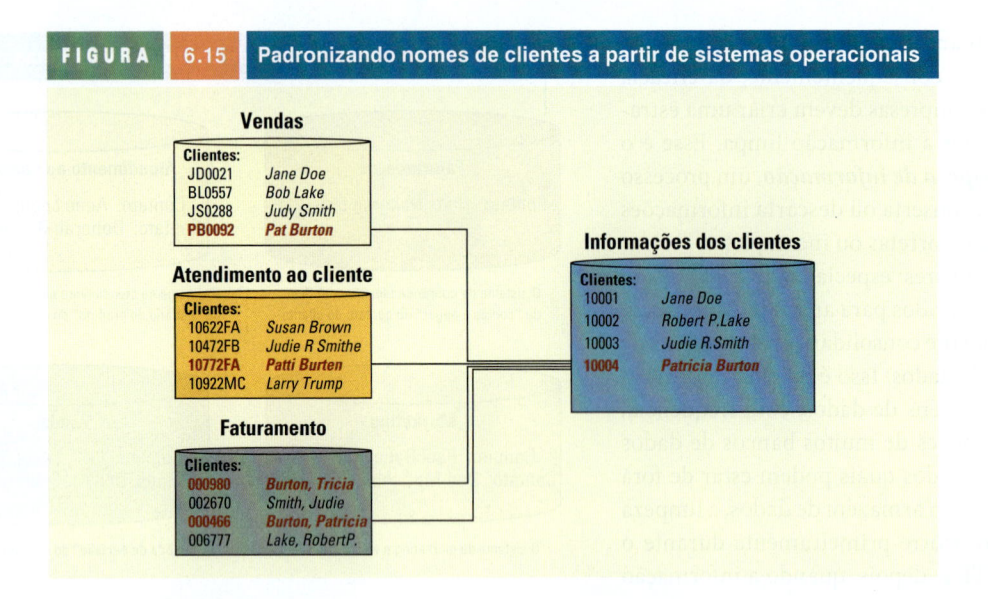

Vendas
Clientes:
JD0021 — Jane Doe
BL0557 — Bob Lake
JS0288 — Judy Smith
PB0092 — Pat Burton

Atendimento ao cliente
Clientes:
10622FA — Susan Brown
10472FB — Judie R Smithe
10772FA — Patti Burten
10922MC — Larry Trump

Faturamento
Clientes:
000980 — Burton, Tricia
002670 — Smith, Judie
000466 — Burton, Patricia
006777 — Lake, RobertP.

Informações dos clientes
Clientes:
10001 — Jane Doe
10002 — Robert P. Lake
10003 — Judie R. Smith
10004 — Patricia Burton

---

nos armazéns de dados. A Figura 6.16 mostra passos típicos de uma limpeza de informação.

Alcançar a perfeição nas informações é quase impossível. Quanto mais completas e precisas uma empresa quer que as suas informações sejam, mais caras elas ficam. O conflito para se ter informações perfeitas está na precisão em oposição à integridade. Informações precisas são informações corretas, enquanto informações íntegras são aquelas sem lacunas. Uma data de nascimento de 31/02/10 é um exemplo de informação completa, mas imprecisa (o dia 31 de fevereiro não existe). Um endereço contendo Denver, Colorado, sem um código de área é um exemplo de informação incompleta que é precisa. Para suas informações, a maioria das empresas determina uma porcentagem alta o suficiente para que as decisões sejam tomadas sob um custo razoável, como 85% precisas e 65% completas.

●● **OA6.11**
Explicar a relação entre inteligência de negócios e um armazém de dados.

MINERAÇÃO DE DADOS E INTELIGÊNCIA DE NEGÓCIOS

A **mineração de dados** (*data mining*) é o processo de analisar dados para extrair informações que não são fornecidas apenas pelos dados brutos. A mineração de dados também pode começar em um nível de informação sumária (granularidade grossa) e progredir mediante níveis crescentes de detalhes (*drilling down*), ou o contrário (*drilling up*).

Para realizar a mineração de dados, os usuários precisam de ferramentas. As **ferramentas de mineração de dados** usam uma variedade de técnicas para encontrar padrões e relações em grandes volumes de informação e, a partir deles, inferir regras que preveem um futuro comportamento e guiam próximas decisões. Ferramentas de mineração de dados para armazéns de dados ajudam os usuários a descobrir a inteligência de negócios nos seus dados. A mineração de dados e a inteligência de negócios são tratadas detalhadamente no Capítulo 9. ∎

FIGURA 6.16 Atividades de limpeza de informações

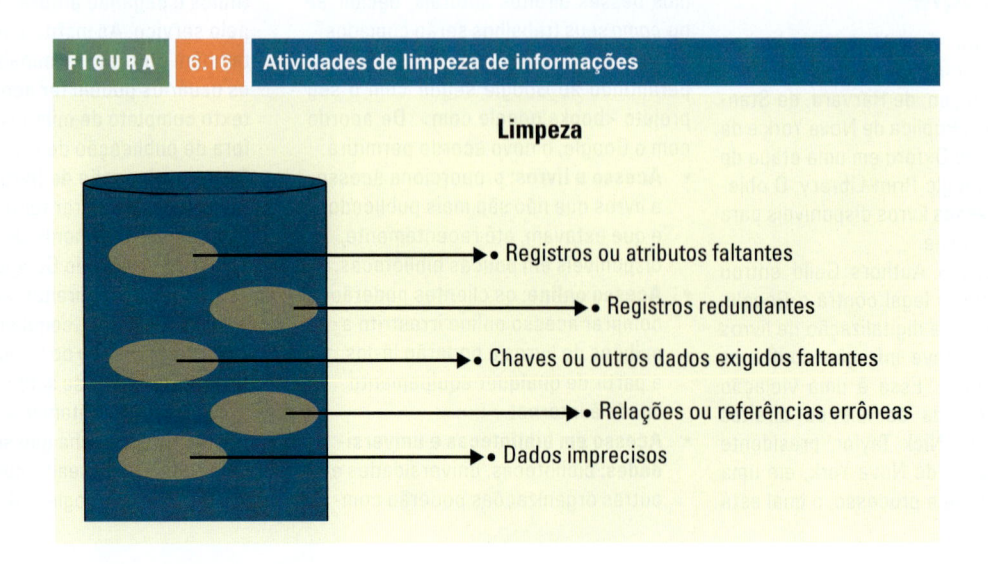

Limpeza
- Registros ou atributos faltantes
- Registros redundantes
- Chaves ou outros dados exigidos faltantes
- Relações ou referências errôneas
- Dados imprecisos

Vivendo o SONHO

O sorvete social* assume um significado totalmente novo

Quando todos nós queremos sorvete, a Ben & Jerry's quer inteligência de negócios e a possibilidade de rastrear os ingredientes e a vida de cada pote. Quando um cliente liga com uma reclamação, a equipe da empresa faz a correspondência do pote específico com os seus fornecedores de leite, ovos, cerejas ou de qualquer outro ingrediente para determinar onde o problema de qualidade ocorreu. As ferramentas de inteligência de negócios (BI, *Business Intelligence*) permitem que os funcionários acessem, analisem e lidem com informações de clientes coletadas pelos departamentos de vendas, de finanças, de compras e de garantia de qualidade. A tecnologia permitiu também que a Ben & Jerry's monitorasse mais de 12.500 contatos de clientes, e informações que variam de comentários sobre os ingredientes até consultas sobre causas sociais que têm o apoio da empresa.

Uma das causas sociais mais interessantes da Ben & Jerry's é o PartnerShop Program, um tipo de empreendimento social no qual empresas sem fins lucrativos alavancam negócios em benefício da comunidade. De acordo com o site da empresa, as PartnerShops são lojas de colheres que têm proprietários independentes e são operadas por empresas sem fins lucrativos. A Ben & Jerry's renuncia à taxa de franquia e oferece apoio adicional para ajudar essas empresas a operar negócios sólidos. O programa oferece capacitação profissional e empreendedora para jovens e adultos em dificuldades para encontrar um emprego. Como operadores da PartnerShop, as empresas sem fins lucrativos usam suas receitas para apoiar os programas sociais.

Por que é importante para uma empresa participar de programas sociais? Como Ben & Jerry's poderiam usar seus sistemas de BI para ajudar o novos proprietários da PartnerShops a obter sucesso? Que tipos de BI a Ben & Jerry's iria querer controlar para ajudar a gerenciar a PartnerShops? Quais são as questões éticas envolvendo o desemprego e como a Ben & Jerry's está ajudando a superar esse problema?

* N. de R.T.: O "sorvete social" é uma tradição norte-americana em que são organizadas reuniões sociais, nas quais é servido sorvete aos convidados. Em geral, são reuniões de frequentadores de igreja, vizinhos de bairro ou pequenas festas de boas-vindas.

ACESSE <http://www.grupoa.com.br>

para materiais adicionais de estudo,

incluindo apresentações em PowerPoint.

capítulo sete

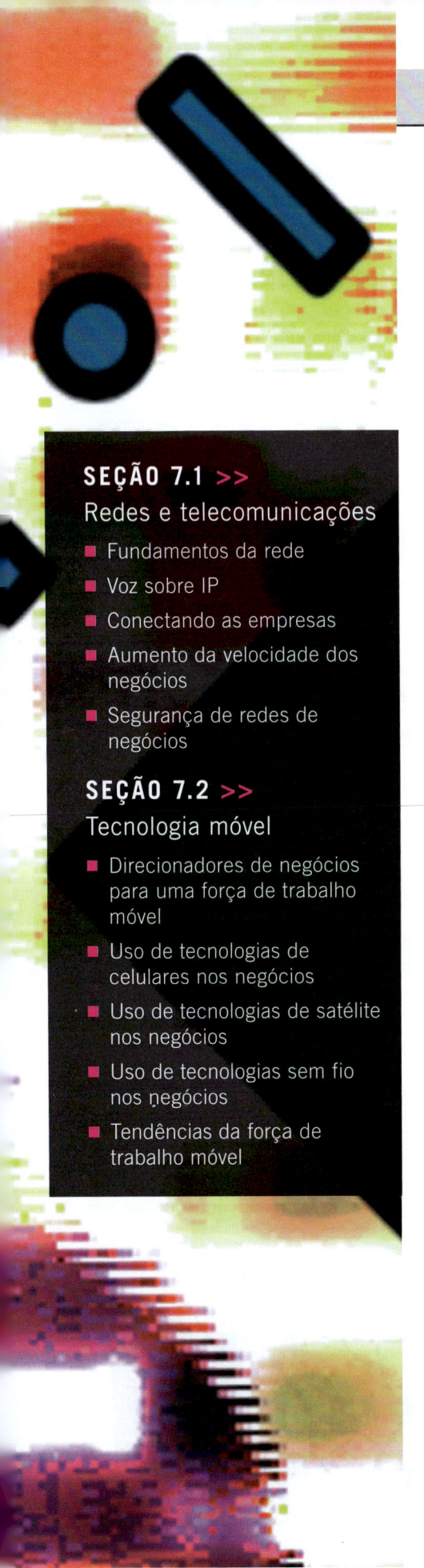

redes, telecomunicações, + tecnologia móvel

SEÇÃO 7.1 >>
Redes e telecomunicações
- Fundamentos da rede
- Voz sobre IP
- Conectando as empresas
- Aumento da velocidade dos negócios
- Segurança de redes de negócios

SEÇÃO 7.2 >>
Tecnologia móvel
- Direcionadores de negócios para uma força de trabalho móvel
- Uso de tecnologias de celulares nos negócios
- Uso de tecnologias de satélite nos negócios
- Uso de tecnologias sem fio nos negócios
- Tendências da força de trabalho móvel

O que a TI tem para mim?

O ritmo da mudança tecnológica não para de surpreender. O que há poucos anos teria sido considerado tecnologia *Star Trek* está se tornando normal. O que costumava levar horas para ser baixado por uma conexão de modem *dial-up* pode, agora, ser transferido em questão de segundos por uma conexão invisível de rede sem fio, a partir de um computador a milhares de quilômetros de distância. Estamos vivendo em um presente cada vez mais sem fio e movendo-nos, cada vez mais rápido, rumo a um futuro sem fio. O ponto de virada da computação móvel, onipresente, sem fio e portátil, não está muito longe.

Como estudante de administração, você deve compreender os conceitos de arquitetura de rede e de tecnologia móvel para poder entender como a tecnologia da informação pode ser usada para apoiar decisões de negócios. Essa é uma habilidade fundamental para executivos, não importando se são apenas iniciantes ou experientes funcionários de uma empresa da *Fortune 500*. Ao aprender sobre os vários conceitos discutidos neste capítulo, você irá desenvolver uma melhor compreensão de como as empresas podem aproveitar as tecnologias para competir no mundo móvel de hoje.

Além disso, depois de ler este capítulo, você deverá ter adquirido muitas das habilidades necessárias para envolver-se diretamente na análise das arquiteturas de rede atuais, recomendando as mudanças necessárias nos processos de negócio móvel e na avaliação de opções alternativas de rede.

A mudança está em toda parte no domínio das tecnologias da informação, mas em nenhum outro lugar a mudança é mais evidente e mais drástica do que na área das telecomunicações e das redes de comunicação. A maioria dos sistemas de informação atuais conta com redes digitais de comunicação sob a forma de dados, gráficos, vídeo e voz. Grandes e pequenas empresas do mundo inteiro utilizam os sistemas de rede e a internet para localizar fornecedores e compradores, para negociar contratos e para prestar serviços maiores, melhores e mais rápidos do que nunca.

Os *sistemas de telecomunicação* permitem a transmissão de dados por redes públicas ou privadas. Uma *rede* é um sistema de comunicações, de troca de dados e de partilha de recursos criada pela ligação de dois ou mais computadores e com o estabelecimento de normas ou protocolos, de modo que eles possam trabalhar juntos. Os sistemas de telecomunicações e de redes de comunicação são tradi-

SEÇÃO 7.1 Redes e telecomunicações

OBJETIVOS DE APRENDIZAGEM

OA7.1 Comparar LANs, WANs e MANs.

OA7.2 Descrever os benefícios de negócios associados ao VoIP.

OA7.3 Explicar a diferença entre uma VPN e uma VAN.

OA7.4 Identificar as vantagens e desvantagens da tecnologia de banda larga.

OA7.5 Listar e descrever vários dos problemas de segurança da rede.

OA7.1
Comparar LANs, WANs e MANs.

> "A mudança está em toda parte no domínio das tecnologias da informação, mas em nenhum outro lugar a mudança é mais evidente e mais drástica do que na área das telecomunicações e das redes de comunicação."

cionalmente complicados e historicamente ineficazes. No entanto, as empresas podem se beneficiar das infraestruturas modernas das redes de hoje, as quais proporcionam um alcance global confiável para funcionários e clientes. Empresas de todo o mundo estão mudando para as soluções da infraestrutura de rede, que permitem uma escolha melhor de como ir ao mercado – soluções com alcance global. Essas alternativas incluem a tecnologia sem fio, a voz sobre IP (VoIP, *Voice Over Internet Protocol*) e identificação por radiofrequência (RFID). Este capítulo oferece uma visão detalhada das principais tecnologias de telecomunicações, rede e tecnologias sem fio sendo integradas a empresas de todo o mundo.

FUNDAMENTOS DA REDE

As redes vão desde uma pequena de dois computadores até a maior de todas, a internet. Uma rede fornece dois benefícios principais: a possibilidade de se comunicar e a de compartilhar. A música é a principal linha de produtos da rede de café Starbucks. Nas lojas da Starbucks, os clientes podem adquirir música por um processo sem fio, gratuitamente, pelo iTunes, graças à rede própria e cada vez mais sofisticada da empresa no interior da loja.

As redes digitais corporativas de hoje incluem uma combinação de redes locais e internet. Uma *rede de área local* (LAN, *Local Area Network*) é projetada para conectar um grupo de computadores próximos, como em um prédio comercial, uma escola ou uma casa. Ela é útil para compartilhar recursos, como arquivos, impressoras, jogos ou outros aplicativos. A LAN, muitas vezes, conecta-se a outras LANs e à internet ou redes de longa distância. Uma **rede de longa distância** (WAN, *Wide Area Network*) abrange uma grande área geográfica, como uma região, um estado ou um país. As WANs geralmente conectam-se a várias redes menores, tais como redes locais ou redes de área metropolitana (MANs). Uma **rede de área metropolitana** (MAN, *Metropolitan Area Network*) é uma grande rede de computadores, normalmente abrangendo uma cidade.

Os links de comunicação direta de dados entre a empresa e seus fornecedores ou clientes, ou ambos, têm sido usados com sucesso para conferir às empresas uma vantagem estratégica. O sistema de reservas da companhia aérea Sabre é um exemplo clássico de um sistema estratégico de informação que depende da comunicação fornecida por uma rede. A Sabre Airline Solutions foi pioneira em avanços tecnológicos para o setor em áreas como a gestão de receitas, preços, programação de voo, carga, operações de voo e programação da tripulação. Além disso, a Sabre não apenas ajudou a inventar o e-Commerce (agora conhecido como e-Business) para o setor de viagens, como também reivindica soluções progressivas que definiram, e continuam a revolucionar, o mercado de viagens e transporte.[1]

O restante deste capítulo requer um conhecimento básico dos fundamentos de redes e telecomunicações.

Uso de redes e telecomunicações para vantagens de negócios

Depois de obter uma compreensão dos fundamentos de rede e telecomunicações, é fácil aplicar essas vantagens competitivas em qualquer negócio, incluindo:

- Voz sobre IP.
- Conectando as empresas.
- Aumento da velocidade dos negócios.
- Segurança de redes de negócios.

● ● **OA7.2**

Descrever os benefícios de negócios associados ao VoIP.

VOZ SOBRE IP

Originalmente, as chamadas telefônicas feitas pela internet tinham uma reputação de oferecer baixa qualidade de chamadas, interfaces de usuário defeituosas e baixas taxas de conclusão de chamada. Com a tecnologia e a infraestrutura de TI novas e melhoradas, as chamadas telefônicas pela internet oferecem, hoje, qualidade semelhante às chamadas tradicionais da rede fixa e de telefone celular. Hoje, muitos consumidores estão fazendo chamadas telefônicas pela internet usando a voz sobre o protocolo de internet (VoIP). O VoIP, ou *voz sobre IP*, usa a tecnologia TCP/IP para transmitir chamadas de voz pelas linhas telefônicas de longa distância. O VoIP transmite mais de 10% de todas as chamadas telefônicas dos Estados Unidos, e esse número está crescendo exponencialmente.

O setor de telecomunicações está experimentando grandes benefícios da combinação do VoIP com padrões que estão surgindo e que permitem o desenvolvimento, a interoperabilidade entre sistemas e a integração de aplicativos mais facilmente. Essa é uma grande mudança para um setor que tinha confiado em sistemas proprietários para manter os consumidores pagando por atualizações e novas funcionalidades. O VoIP e a combinação de padrões abertos produziram mais opções, preços mais baixos e novas aplicações.

Muitas empresas de VoIP, incluindo a Vonage, 8 x 8 e AT&T (CallVantage), geralmente oferecem chamadas dentro dos Estados Unidos por uma taxa fixa e uma baixa cobrança por minuto para chamadas internacionais. É necessário acesso à internet de banda larga (a banda larga é descrita em detalhes mais adiante neste capítulo). Os telefones comuns das casas são ligados a um adaptador de telefone analógico fornecido pela empresa ou comprado de terceiros (como DLink ou Linksys), como mostrado na Figura 7.1.

Uma vez que o VoIP utiliza a rede e a infraestrutura da internet existentes para direcionar chamadas telefônicas de forma mais eficiente e barata que o serviço de telefone tradicional, ele oferece às empresas economias significativas de custo, ganhos de produtividade e melhorias de serviços.

Infelizmente, o VoIP direciona as chamadas por meio dos mesmos caminhos utilizados pelo tráfego da rede e da internet – tem, portanto, as mesmas vulnerabilidades e está sujeito às mesmas ameaças. De modo muito parecido com o dos dados, o tráfego da VoIP pode ser interceptado, capturado ou modificado. Qualquer ameaça que retarda ou degrada o serviço, mesmo levemente, irá interromper os negócios. Desse modo, é preciso proteger o tráfego do VoIP.

FIGURA 7.1 Diagrama da conexão de VoIP

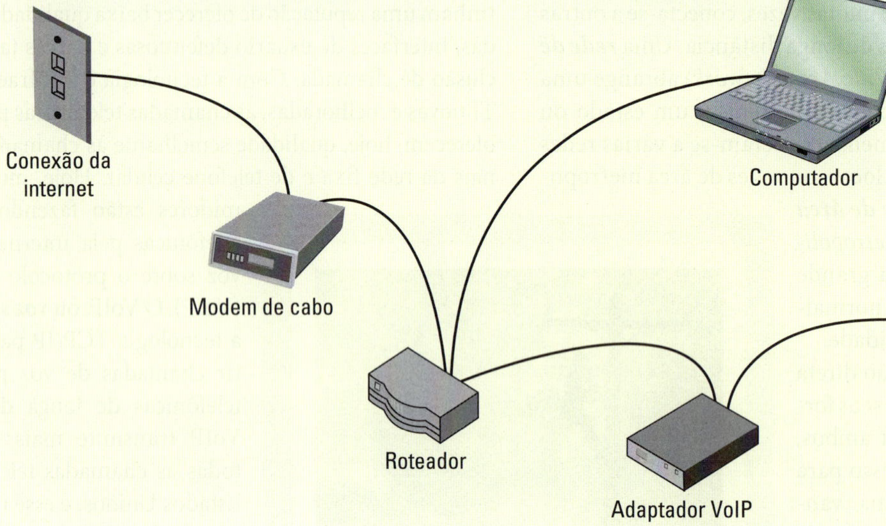

[Diagrama mostrando: Conexão da internet → Modem de cabo → Roteador, com ramificações para Computador, Adaptador VoIP e Telefone]

O Skype tem sido uma das opções mais populares de VoIP para os consumidores, principalmente por causa do seu baixo custo (gratuito para chamadas entre usuários do Skype e custando apenas alguns dólares por mês para ligar para telefones fixos). Agora o software está obtendo popularidade também no mundo dos negócios.

A empresa lhe adicionou funcionalidades que o tornam mais propício aos negócios. Dois exemplos são: o pacote Windows Installer/MSI, que facilita a implantação do aplicativo em múltiplas máquinas; e o Skype for Business Control Panel, que permite aos administradores gerenciar todas as contas do Skype de uma empresa a partir de uma interface centralizada. O mercado de pequenas empresas é especialmente receptivo ao serviço de orçamento propício e rico em recursos do Skype.

A Rip Curl é uma das maiores marcas de roupas para surfe e neve no mundo. Com mais de 1.200 funcionários e com presença em lojas de varejo de mais de 60 países, a empresa enfrenta desafios de comunicação para acompanhar as tendências globais do setor, partilhar os planos globais de marketing, coordenar eventos e colaborar em iniciativas de projeto entre várias regiões.

As divisões de finanças e de marketing da Rip Curl vêm usando mensagens instantâneas gratuitas e chamadas de vídeos do Skype há mais de dois anos para controlar a comunicação com parceiros internacionais. Recentemente, o chefe de TI da Rip Curl orientou toda a sua equipe a usar o Skype como método preferido de comunicação.[2]

O Skype já inclui muitas características que o tornam atraente para os usuários de negócios, incluindo o encaminhamento de chamada e a capacidade de filtrar e bloquear chamadas indesejadas. Além disso, o recurso de chamadas em conferência do Skype permite aos usuários conversar com várias pessoas (até 10 participantes), misturando participantes que usam o Skype com outros que estejam usando telefones fixos regulares e telefones móveis.

NO FLAGRA

Nunca corra com o seu iPod

Jennifer Goebel, de 27 anos, perdeu o primeiro lugar da Maratona de Lakefront, em Milwaukee, após ser flagrada usando um iPod pelos organizadores da corrida. Os organizadores anularam o tempo de primeiro lugar de Goebel de 03h02min50s por causa de uma regra controversa de 2007 do U.S. Track and Field (USTAF), o órgão regulador do governo para realização de eventos, que proíbe fones de ouvido ou dispositivos de música portáteis. Os oficiais da corrida só decidiram agir depois de ver fotos online de Goebel usando seu iPod durante a última parte da corrida. A parte interessante dessa história: a própria Goebel postou as fotos em seu site. O USTAF afirma que a proibição é necessária porque a música poderia dar alguns atletas uma vantagem competitiva. Existe também uma preocupação com a segurança do atleta, que pode não ouvir anúncios importantes durante a corrida.

Você concorda com a decisão do USTAF para desqualificar Jennifer Goebel? Como um iPod poderia dar uma vantagem competitiva a um corredor? Com tantos dispositivos sem fio que entram no mercado, é quase impossível acompanhar essas leis. Você acha que Goebel estava ciente da proibição dos fones? Em seu estado, quais são as regras para a utilização de dispositivos sem fio ao dirigir? Você concorda com essas regras? Como é que uma empresa acompanha as numerosas regras em constante mudança quanto a dispositivos sem fio? O que pode acontecer a uma sociedade que não consegue entender as leis acerca de dispositivos sem fio?

FIGURA 7.2 Programas complementares do Skype

Suplemento	Função
Skype Toolbar Office	Faz chamadas para nomes ou números de telefone em um documento de Word, planilha de Excel ou apresentação de PowerPoint. Depois de instalar o complemento, os usuários podem utilizá-lo para transformar em links os números de telefone no documento, nos quais é possível clicar para fazer uma chamada de voz ou enviar uma mensagem SMS. Os usuários podem enviar o arquivo em que estão trabalhando na aplicação do Office para um contato do Skype.
Skylook	É uma extensão para o Outlook que grava chamadas e correio de voz em arquivos MP3 e os acessa a partir do Outlook. Os usuários podem ligar para contatos do Outlook com o Skype e ter os e-mails lidos por telefone.
HotRecorder para VoIP	Registra chamadas de Skype automaticamente usando um programa de terceiros, como o HotRecorder para VoIP (HR4VoIP). Ele funciona com o Skype 3.0, bem como outros aplicativos de VoIP, como o Net2Phone, Google Talk e Yahoo Messenger.
Universal Chat Translator	O mundo empresarial de hoje está cada vez mais internacional. Se um usuário precisar se comunicar com pessoas que falam outra língua, instale o Universal Translator Chat para traduzir as conversas do Skype e lê-las. O tradutor complemento suporta árabe, chinês (simplificado e tradicional), holandês, francês, alemão, grego, italiano, japonês, coreano, português, russo e espanhol. Ele traduz as mensagens enviadas para o outro idioma e traduz, para o inglês, as mensagens recebidas. A tradução ocorre em tempo real para bate-papos ativos ou as conversas podem ser armazenadas em um histórico.
uSeeToo	Compartilha fotos, desenhos, mapas e outros objetos gráficos. Os usuários podem adicionar legendas de texto e outros conteúdos. Ele inclui uma prancheta de desenho e permite aos usuários criar, exibir e salvar várias pranchetas.
PresenterNet	Realiza reuniões interativas na web, apresentações de vendas, "webinars" (seminários virtuais) e mais, usando o PowerPoint e a teleconferência do Skype. Ele funciona com Windows, Windows Mobile, Linux e Macintosh, e com os navegadores internet Explorer, Firefox e Safari.
Unyte	Suplemento compartilha aplicações da área de trabalho com contatos do Skype e outros, além de poder compartilhar com múltiplos usuários.
TalkAndWrite Extra para Skype 3.0	É um programa de colaboração de documentos que permite que dois usuários trabalhem remotamente no mesmo documento e façam anotações, adicionem texto, entre outros recursos. As alterações feitas individualmente pelas partes são imediatamente disponibilizadas para ambos.
RemoteCall	Conecta-se a áreas de trabalho remotas durante uma chamada do Skype por meio do clique em um ícone adicionado aos contatos do Skype e às ferramentas dos menus.

O Skype permite aos usuários fazer mais do que apenas chamadas de voz. Por exemplo, usuários com computadores equipados com webcams podem fazer chamadas de vídeo para poder tratar "cara a cara" com os colegas ou clientes, sem o incômodo ou a despesa de viajar. Além das funcionalidades incorporadas ao software Skype, muitos programas complementares úteis estão disponíveis para download e adicionam funcionalidades e melhoram a produtividade (ver Figura 7.2).[3]

O Skype também usa um recurso de transferência de arquivos que facilita a colaboração com os colegas por telefone: os usuários podem enviar cópias de relatórios, imagens ou outros arquivos que precisem compartilhar sem limite de tamanho do arquivo. Esse recurso pode ser desativado se um administrador não quiser que os usuários transfiram arquivos, em virtude de problemas de segurança ou de privacidade.

Alguns recursos disponíveis que utilizam soluções de VoIP incluem:

- Integração de aplicativos de negócios (por exemplo, ligar a telefonia IP a um banco de dados do cliente).
- Integração do calendário.
- Chamada em espera.
- Identificador de chamadas.
- Simplicidade de um clique no mouse – os funcionários fazem ou transferem chamadas diretamente de seu computador.
- Recursos de chamada de conferência com compartilhamento de documentos em tela.
- Informações mais amplas sobre cada autor de chamada.
- Integração de aplicativo de área de trabalho (ou seja, o Microsoft Outlook).
- Recurso de discagem por nome.
- Fácil navegação.
- Quatro ou cinco dígitos de discagem para qualquer pessoa, independentemente da localização.
- Mobilidade: os usuários podem trabalhar de qualquer lugar.
- Chamada a três.[4]

OA7.3
Explicar a diferença entre uma VPN e uma VAN.

CONECTANDO AS EMPRESAS

A varejista REI relata que um terço de todos os clientes que fazem compras online e retiram na loja acabam fazendo outra compra no local, gastando uma média de US$ 90. Do ponto de vista da tecnologia, a retirada na loja precisa dispor de certo nível de integração de estoque, a fim de funcionar de modo eficaz. A integração de dados é fundamental para mostrar ao consumidor a disponibilidade de produtos na loja física mais próxima geograficamente.[5]

| FIGURA | 7.3 | Características dos negócios em rede |

- Preparo para a troca transparente de informação com os fornecedores, parceiros comerciais e clientes.
- Troca interna e externa de informações confiáveis e segura pela internet ou outras redes.
- Permitir a integração de ponta a ponta e proporcionar a entrega de mensagens por vários sistemas, particularmente bancos de dados, clientes e servidores.
- Atender as altas demandas com poder de processamento escalonável e capacidade de rede.
- Servir como sistema integrador e de transação tanto para as empresas digitais quanto para empresas físicas tradicionais que querem utilizar a internet para qualquer tipo de negócio.

Apenas há uma década, configurar um e-Business teria exigido uma organização separada para assumir o encargo de desenvolver a infraestrutura da rede inteira. Atualmente, as empresas líderes de mercado têm desenvolvido bens e serviços baseados na internet para lidar com muitos aspectos da interação com o consumidor e o fornecedor. "No mercado varejista de hoje, você não pode ser um revendedor nacional confiável sem ter um website robusto", afirma Dennis Bowman, vice-presidente sênior e CIO da Circuit City, acrescentando que os consumidores esperam agora um varejo perfeito entre a loja online e a loja física, da mesma forma que esperam que as lojas estejam limpas e bem abastecidas. Por essa razão, os varejistas estão trabalhando arduamente para integrar os seus sites de e-Business aos seus sistemas de estoque e pontos de venda (PDV) para que possam aceitar, na loja, devoluções de mercadoria comprada online e permitir aos clientes comprar na web e retirar na loja.

Algumas empresas, como a Best Buy, a Office Depot e a Sears, já têm suas lojas físicas e online integradas. Elas desenvolveram essa função porque já possuíam uma área em suas lojas para a retirada de mercadorias (geralmente para itens grandes e volumosos, como televisores e utensílios) e porque, muito antes da web, possuíam sistemas e processos em uso que facilitavam a transferência de uma venda de uma loja para outra. Para assumir o desafio da integração de negócios, uma empresa precisa de uma rede segura e confiável para sistemas de missão crítica (ver Figura 7.3).

Uma **rede privada virtual** (VPN, *Virtual Private Network*) é uma maneira de usar a infraestrutura pública de telecomunicação (por exemplo, a internet) para fornecer acesso seguro para a rede de uma organização (ver Figura 7.4). Uma **rede de valor agregado** (VAN, *Valued-Added Network*) é uma rede privada, fornecida por terceiros, para transferência de informações por uma conexão de alta capacidade.

As empresas que se engajam nos e-Business confiaram amplamente em VPNs, VANs e outros links dedicados que lidam com as transações de intercâmbio de dados eletrônicos. Essas soluções tradicionais ainda são utilizadas no mercado e provavelmente continuarão a desempenhar um papel estratégico para os próximos anos. No entanto, essas tecnologias convencionais apresentam desafios significativos:

- Ao lidar apenas com tipos limitados de informações de negócios, elas pouco contribuem para uma estrutura de relatórios destinada a proporcionar uma visão abrangente das operações comerciais.
- Elas oferecem pouco suporte à integração em tempo real dos processos de negócios que serão essenciais no mercado digital.
- Relativamente caras e de implementação complexa, as tecnologias convencionais dificultam a expansão ou alteração das redes como reação às mudanças do mercado.

● ● **OA7.4**

Identificar as vantagens e desvantagens da tecnologia de banda larga.

AUMENTO DA VELOCIDADE DOS NEGÓCIOS

A transmissão pode ocorrer em diferentes velocidades. Por velocidade não queremos dizer se o sinal viaja a tantos quilômetros por hora, mas o volume de dados que pode ser transmitido por unidade de tempo. Termos como largura de banda, hertz (Hz) e *baud* são usados para descrever as velocidades de transmissão, enquanto uma medida como bits transmitidos por segundo (bits por segundo, ou bps) seria mais compreensível. **Largura de banda** é a diferença entre a maior e a menor frequência que pode ser transmitida em um único meio, e é uma medida da capacidade média. *Hertz* é ciclos por segundo, e *baud* é o número de sinais enviados por segundo. Se cada ciclo enviar um sinal que transmita exatamente um *bit* de

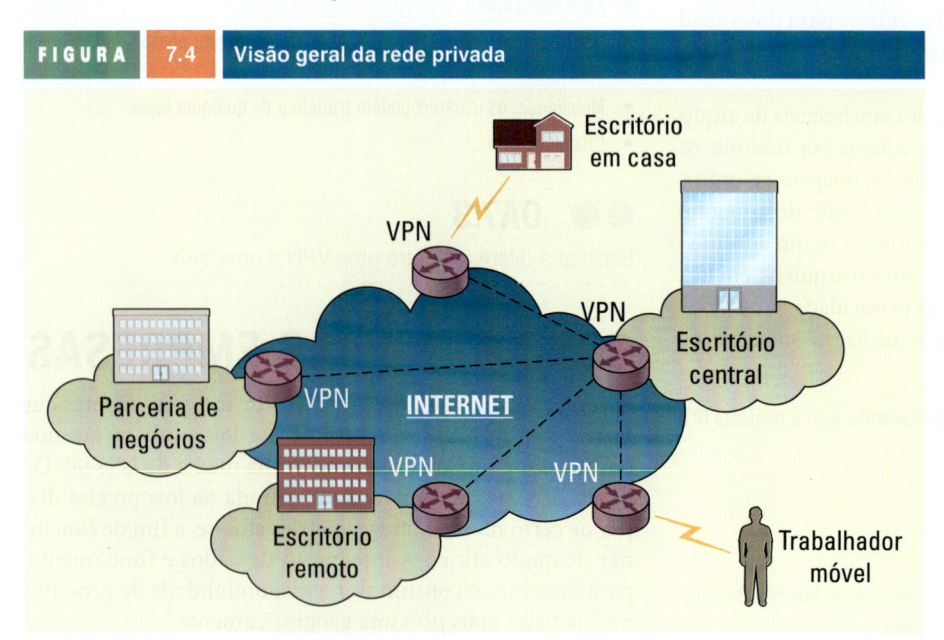

| FIGURA | 7.4 | Visão geral da rede privada |

dados, o que geralmente é o caso, então todos esses termos serão idênticos.

Nas publicações de tecnologia da informação, o *baud* foi usado anteriormente para velocidades relativamente baixas, como 2,4 mil *bauds* (2,4 mil bits por segundo) ou 14,4 mil *bauds* (14,4 mil bps), enquanto hertz (com um prefixo adequado) foi usado para velocidades mais altas, como 500 megahertz (500 milhões de bps) ou 2 gigahertz (2 bilhões de bps). Mais recentemente, o termo *baud* caiu em desuso, mas hertz ainda é amplamente utilizado. Para maior clareza, vamos usar bps neste capítulo.

A noção de largura de banda, ou capacidade, é importante para as telecomunicações. Por exemplo, cerca de 50 mil bits (0s e 1s) são necessários para representar uma página de dados. Para transmitir essa página por uma linha de assinante digital (DSL, *Digital Subscriber Line*) de 128 mil bps (128 Kbps), levaria apenas quatro décimos de segundo. Gráficos requerem cerca de 1 milhão de bits para uma página, o que exigiria cerca de 8 segundos para uma DSL de 128 Kbps. A transmissão de um vídeo requer a enorme largura de banda de 12 milhões de bps, e, portanto, técnicas de compressão de dados devem ser empregadas para possibilitar o envio de um vídeo pela rede telefônica existente. A largura de banda determina quais tipos de comunicação (voz, dados, gráficos, vídeo) podem razoavelmente ser transmitidos por um meio específico. A Figura 7.5 apresenta as velocidades de transmissão típicas encontradas nos negócios de hoje (algumas das tecnologias mencionadas na Figura 7.5 serão discutidas em detalhes na próxima seção). A Figura 7.6 fornece uma visão geral do tempo médio necessário para fazer o download de funções específicas da internet.[6]

A internet de alta velocidade, que já foi um serviço exótico e caro usado somente por grandes empresas, agora é uma oferta usual de baixo custo. O termo **banda larga** geralmente se refere a conexões de alta velocidade da internet que transmitem dados a velocidades superiores a 200 kilobytes por segundo (Kbps), em comparação com a velocidade máxima de 56 Kbps, oferecida pelas tradicionais conexões *dial-up*. Enquanto o acesso tradicional *dial-up* (usando a tecnologia normal da linha telefônica de voz) é suficiente para alguns consumidores, muitos precisam ou querem as conexões muito mais rápidas que os avanços tecnológicos permitem agora. A opção certa para o acesso à internet vai depender das necessidades da empresa e de quais serviços estão disponíveis. A Figura 7.7 lista algumas das vantagens e das desvantagens da tecnologia de banda larga convencional atualmente disponível.[7]

FIGURA 7.5 Velocidades de transmissão das telecomunicações

Transmissão média	Velocidades típicas
Cabo de par trançado – telefone de voz	14,4 Kbps-56 Kbps
Cabo de par trançado – telefone digital	128 Kbps-1,544 Mbps
Cabo de par trançado – LAN	10 Mbps-100 Mbps
Cabo coaxial – LAN	10 Mbps-1 Gbps
Sem fio – LAN	6 Mbps-54 Mbps
Micro-ondas – WAN	50 Kbps-100 Mbps
Satélite – WAN	50 Kbps-100 Mbps
Cabo de fibra ótica – WAN	100 Mbps-100 Gbps

Legenda: bps = bits por segundo
Kbps = mil bits por segundo
Mbps = milhões de bits por segundo
Gbps = bilhões de bits por segundo

OA7.5
Listar e descrever vários dos problemas de segurança da rede.

omg lol*

Ligue 911, McNugget em falta

As tecnologias de celular mudaram a forma como fazemos negócios, e é difícil imaginar a vida sem elas. Basta pensar no e-mail. Como alguém sobrevivia sem e-mail? E não vamos nem falar sobre a vida antes dos telefones celulares. Há inúmeras vantagens maravilhosas no uso de tecnologias sem fio nas empresas, mas também há algumas sérias desvantagens, como a possibilidade de tomar uma decisão ruim mais rapidamente.

Uma mulher na Flórida ligou para o 911 três vezes depois que uma funcionária do McDonald's disse-lhe que o Chicken McNuggets estava em falta. Um relatório policial afirma que Latreasa Goodman, de 27 anos, contou às autoridades que pagara por uma refeição com 10 peças de McNugget e que mais tarde fora informada que o restaurante esgotara o estoque daquele tipo de comida. Goodman disse que o reembolso lhe foi recusado e que todas as vendas foram finalizadas pela caixa. A caixa disse à polícia que oferecera a Goodman uma porção maior de outros alimentos pelo mesmo preço, mas Goodman ficou furiosa e ligou para o 911. "Se eu soubesse que eles não tinham McNuggets, não teria pagado, e agora ela quer me dar um McDuplo, mas eu não quero", Goodman disse à polícia e continuou a afirmar: "Isso é uma emergência". Goodman foi multada por uso impróprio do 911. Um porta-voz do McDonald's disse que Goodman deveria ter sido reembolsada e que está sendo emitido um cartão de presente para ela com direito a uma refeição gratuita.

É tão fácil pegar o telefone, em qualquer lugar, a qualquer momento, e fazer uma ligação inoportuna. Quantas vezes você vê as pessoas fazendo ligações em seus celulares a partir de locais inadequados? Se essa mulher tivesse de esperar na fila para usar um telefone público, você acha que ela teria se acalmado e repensado a sua decisão? Com a tecnologia e capacidade de se comunicar ao nosso alcance, você concorda que hoje é mais fácil do que nunca tomar uma decisão ruim? O que você pode fazer para garantir que reflita antes de se comunicar?

---

* N. de T.: Acrônimo, usado na internet, que corresponde às expressões "Oh! My God" (Oh! Meu Deus) e "laughing out loud" (rindo alto), usadas para caracterizar os absurdos que encontramos na rede.

FIGURA 7.6 Tempo médio de download de uma função da internet

Função da internet	Dial-up (56K)	Satélite (512K)	DSL (1M)	Cabo (1M)	Sem fio (5M)
Um e-mail	1 seg.		<1 seg.		
Uma página da web simples (25K)	10 seg.		<1 seg.		
Uma música de cinco minutos (5M)	15 min.	2 min.	1 min.		40 seg.
Um filme de duas horas (500M)	20 h	4 h	2 h		70 min.

SEGURANÇA DE REDES DE NEGÓCIOS

As redes são um alvo tentador para danos e fraude. Uma empresa tem de se preocupar com a devida identificação de usuários e autorização de acesso à rede, com o controle de acesso e com a proteção da integridade dos dados. Uma empresa deve identificar os usuários antes que eles tenham acesso a uma rede corporativa, e esse acesso deve ser apropriado para cada usuário. Por exemplo, uma organização pode permitir o acesso de fornecedores externos à sua rede interna para informar-se sobre os planos de produção, mas a empresa deve impedi-los de acessar outras informações, como registros financeiros. Além disso, a organização deve preservar a integridade dos seus dados. Os usuários devem ter permissão para alterar e atualizar apenas dados devidamente especificados. Esses problemas são exacerbados na internet, em que as pessoas estão muito preocupadas com fraude, compras inválidas e apropriação indevida de informações de cartão de crédito.

Proporcionar a segurança da rede é um grande desafio. Quase todas as redes requerem algum tipo de *log-on*, incluindo nome de usuário e senha. Muitas pessoas são negligentes com suas senhas, tornando-as fáceis de adivinhar. Uma boa senha tem letras e números, juntamente com alguns sinais de pontuação para maior segurança. Grande parte da segurança corporativa vai muito além de senhas, no entanto. Uma abordagem comum é um *firewall*, um computador que fica entre uma rede interna e a internet. Ele permite o acesso de sites específicos de entrada aos dados internos, mas tenta detectar tentativas de acesso não autorizado e impedir que ocorram.

Para comunicações de alta segurança, um remetente pode criptografar os dados, isto é, codificar os dados para que alguém sem a "chave" para decodificá-los não possa ler a mensagem. Há uma série de abordagens de criptografia, e existem controvérsias sobre quão forte a criptografia deve ser. As abordagens mais seguras utilizam chaves mais longas, tornando muito mais difícil para um intruso computar

FIGURA 7.7 Vantagens e desvantagens da tecnologia de banda larga

Tecnologia	Velocidade típica de download (Mbps)	Velocidade típica de uplink (Mbps)	Vantagens	Desvantagens
Linha de assinante digital (DSL)	0,5–3	1,0	– Boas taxas de upload – Usa linhas telefônicas existentes	– A velocidade varia dependendo da distância do escritório central da companhia telefônica – Download mais lento em comparação a alternativas mais baratas
Cabo	0,5–4	0,5–1	– Usa a infraestrutura de cabo existente – Equipamento de baixo custo	– Conexões compartilhadas podem sobrecarregar o sistema, retardando o tempo de upload
Linha dedicada TI/T3	1,5–3	1,5–3	– Utiliza a fiação de telefone existente	– O desempenho cai significativamente com o período – Suscetível à linha cruzada
Fibra para o lar	4,5	10,2	– Velocidades rápidas de dados – Infraestrutura com expectativa de vida longa – Baixa manutenção – Baixos custos de energia	– Não é amplamente disponível – Custo de implantação significativo (por companhia)
Sem fio fixa	0,5–12	0,5	– Normalmente barata para instalar, sem escavação subterrânea	– Condições climáticas, topografia, construções e eletrônicos podem causar interferência
Satélite	0,5–2	0,05	– Cobertura quase universal – Disponível em áreas inacessíveis	– Equipamento/serviço caro – Atrasos no upload/download

Saiba que: Música nas nuvens

Anos atrás, se quisesse salvar músicas no seu computador, você era obrigado a ter um enorme disco rígido, que era bastante caro. Hoje, você pode ouvir música nas nuvens. É claro que não queremos dizer nuvens de verdade, mas nuvem, agora, é um termo usado como metáfora para a internet. A maioria das canções existe em algum lugar na "nuvem", e sites como o YouTube, Imeem, Pandora, ou HypeMachine oferecem serviços que lhe permitem ouvir músicas em *stream*, sem gravar uma única faixa para o seu próprio dispositivo. Qualquer que seja o local em que essas canções elusivas realmente estejam (em algum lugar na nuvem), você pode ouvi-las, coletá-las e compartilhá-las sem ter de baixar nada.

A seguir, cinco dos sites que você pode usar para acessar músicas na nuvem:

- **Fizy:** um site turco que compila áudio de toda a rede em um banco de dados a partir do qual você pode criar suas próprias *playlists*.
- **Muziic:** desenvolvido pelo estudante de ensino médio, David Nelson, com a ajuda do pai. Esse dispositivo acessa as músicas no YouTube por uma interface do iTunes.
- **Songza:** envolve a música do Imeem e do YouTube em uma agradável e simples interface da web.
- **Spotify:** uma arquitetura P2P contínua que permite que usuários em países com suporte criem coleções a partir de um massivo arquivo de música em casa.
- **Twones:** permite que você baixe o software para reprodução e acompanha a atividade do usuário em vários serviços online e *players* offline por meio de uma única interface da web.

O mundo da música online é um sonho que se torna realidade para a maioria dos amantes da música porque é possível ouvir qualquer canção que o seu coração desejar com uma rápida pesquisa no Google. Qual papel desempenham as leis de direitos autorais no mundo da música online? Se você fosse começar um negócio de música online, quais tipos de tecnologias usaria? Para onde o futuro da música online está direcionado? Quais são os riscos associados aos negócios da música online? Se você estivesse começando uma banda, onde postaria suas músicas para ganhar mais exposição? Quais seriam os riscos de postar a música de sua banda online?

---

a chave. O governo dos Estados Unidos está preocupado com os terroristas e criminosos que possam ter acesso à criptografia forte que está além da capacidade de decodificação das autoridades legais. Existem restrições à exportação de programas de criptografia.

Para o comércio na internet, vários esquemas foram propostos para o envio de forma segura de pagamentos de cartão de crédito ou outros tipos por meio da rede. Alguns envolvem criptografia; outros, várias formas de certificados ou dinheiro digitais. No entanto, muitas empresas ainda temem que os clientes não vão querer realizar transações na internet por causa do medo de que seu número de cartão de crédito possa ser roubado.

Compartilhamento de dados

Ainda mais importante do que o compartilhamento de recursos de tecnologia é o compartilhamento de dados. Tanto uma LAN quanto uma WAN permitem que os usuários da rede obtenham dados (se estiverem autorizados a fazê-lo) a partir de outros pontos da rede. Para os gerentes, por exemplo, é muito importante poder recuperar previsões globais de vendas corporativas em bancos de dados corporativos para uso em planilhas de desenvolvimento (ou qualquer outro programa utilizado para análise de negócios) para projetar a atividade futura. Para satisfazer os clientes, os revendedores de automóveis precisam ser capazes de localizar os modelos e cores particulares de veículo com equipamento específico instalado. Gerentes em vários pontos da cadeia de suprimento precisam ter dados precisos e atualizados sobre os níveis de estoques e as localizações. Os contadores na sede corporativa precisam ser capazes de recuperar resumos de dados sobre as vendas e despesas de cada uma das divisões dos centros de informática da empresa. O presidente-executivo, utilizando um sistema de informação executiva, precisa ser capaz de acessar dados atualizados sobre as tendências de negócios a partir da rede corporativa.

SEÇÃO 7.2 Tecnologia móvel

OBJETIVOS DE APRENDIZAGEM

- **OA7.6** Explicar os benefícios aos negócios do uso da tecnologia sem fio.
- **OA7.7** Identificar as vantagens e desvantagens da implantação da tecnologia celular.
- **OA7.8** Descrever como funciona a tecnologia de satélite.
- **OA7.9** Explicar como LBS, GPS e GIS ajudam a criar valor de negócio.
- **OA7.10** Descrever a RFID e como ela pode ser usada para ajudar a criar uma cadeia de suprimento mais eficaz.
- **OA7.11** Listar e discutir as tendências sem fio que podem beneficiar consumidores e empresas.

> **UM CRESCIMENTO RÁPIDO E GENERALIZADO DA TECNOLOGIA MÓVEL NO SÉCULO XXI FORMOU UM DOS MAIORES MERCADOS DE TECNOLOGIA APÓS A REVOLUÇÃO DO PC NA DÉCADA DE 1980 E DE 1990.**

OA7.6
Explicar os benefícios aos negócios do uso da tecnologia sem fio.

DIRECIONADORES DE NEGÓCIOS PARA UMA FORÇA DE TRABALHO MÓVEL

A Dr. Pepper/Seven Up Inc., de Plano, Texas, monitora o funcionamento das suas máquinas de venda automática por meio de tecnologia sem fio. A empresa instalou hardwares e softwares especializados, juntamente com a tecnologia sem fios nas suas máquinas. O software coleta os dados de estoque, vendas e "saúde-da-máquina" de cada máquina de venda automática e, depois, o centro de operações de rede da Dr. Pepper/Seven Up Inc. pesquisa diariamente cada máquina. Uma antena sobre a máquina permite a transmissão e recepção por uma rede sem fio. Os dados são agregados e armazenados em um local separado. Com o software do cliente instalado em seus PCs, os gerentes e o pessoal de vendas da Dr. Pepper/Seven Up Inc. podem acessar os dados por um website seguro. A administração da empresa está animada com o valor comercial dos dados sendo coletados, tanto para operações diárias como para a possibilidade de mineração de dados (ver Capítulo 6). Uma informação como essa é útil quando consideradas as novas localizações das máquinas de venda automática ou os locais onde as máquinas de vários fornecedores poderiam ser justificadas, como na frente de uma loja Target ou em um supermercado de grande movimento. A Dr. Pepper/Seven Up Inc. pode usar os dados para planejar o carregamento e as rotas dos caminhões.[8]

Um crescimento rápido e generalizado da tecnologia móvel no século XXI formou um dos maiores mercados de tecnologia após a revolução do PC na década de 1980 e de 1990. A conectividade livre, a qualquer hora e em qualquer lugar, tem alimentado uma importante ruptura de mercado e tecnologia, o que permeou quase todos os mercados consumidores no mundo inteiro. O efeito dominó do sucesso da tecnologia móvel resultou em oportunidades de inovação e criatividade em tecnologia, marketing e estratégia de negócios.

As empresas em todo o mundo estão se tornando móveis para aumentar a produtividade, a entrega rápida ao mercado e para reduzir custos operacionais. Os negócios de varejo, de distribuição e de fabricação não são exceções. As transmissões sem fio dependem de ondas de rádio (por exemplo, a tecnologia celular), micro-ondas e satélites para enviar dados por meio de faixas de alta frequência de rádio que mais tarde se conectam à mídia com fio.

A United Parcel Service e a FedEx vêm utilizando as tecnologias móveis durante anos, tornando possível que as informações sobre remessa e entrega viajem entre os emissários e as estações centrais. O famoso sistema de rastreamento da FedEx, que pode localizar um pacote a partir do seu número de controle, usa um sistema de gerenciamento de envio sem fio.

Os termos *móvel* e *sem fio* são frequentemente usados como sinônimos, mas, na verdade, denotam duas tecnologias diferentes. *Móvel* quer dizer que a tecnologia pode viajar com o usuário, mas não é necessariamente em tempo real: os usuários podem baixar softwares, e-mails e páginas da web em seu assistente pessoal digital (PDA), *laptop* ou outro dispositivo móvel para leitura ou referência. As informações coletadas durante as viagens podem ser sincronizadas com um PC ou servidor corporativo.

Sem fio, por outro lado, refere-se a qualquer tipo de operação elétrica ou eletrônica que seja realizada sem o uso de uma conexão de fios concreta. A International Data Corporation esperava que cerca de dois terços dos dispositivos portáteis incluíssem redes sem fio integradas até 2010*. A Figura 7.8 exibe os fatores de inspiração do crescimento das tecnologias sem fio.

Órgãos governamentais do Estado, como os departamentos de transporte, utilizam dispositivos sem fio para coletar informações de campo (monitorando o estoque, relatando horários, acompanhando a logística e preenchendo formulários), tudo isso a partir de um ambiente móvel. O setor de transporte está utilizando dispositivos móveis para ajudar a determinar as localizações atuais e as rotas alternativas para o transporte.

As tecnologias móveis estão transformando a maneira como vivemos, trabalhamos e jogamos. Os dispositivos portáteis continuam a oferecer uma funcionalidade adicional, e as redes de telefonia celular estão aumentando rapidamente sua velocidade e capacidade de transferência (as redes de telefonia celular serão descritas em detalhe na próxima seção). Essas tecnologias alimentam a criação de novas e inovadoras formas de realizar negócios. As grandes mudanças que irão recriar os locais de trabalho, as indústrias e as organizações são provenientes de tecnologias móveis e sem fio. A Figura 7.9 mostra alguns exemplos comuns de tecnologias móveis que estão mudando o nosso mundo.

O setor varejista do mercado é intensamente competitivo. Com o advento da *World Wide Web*, empresas não tradicionais, como a Amazon.com, surgiram e fizeram com que empresas de loja física, como a Barnes & Noble, repensassem sua estratégia. A competição está também direcionando as margens de lucro para baixo. O sucesso de uma loja depende de um gerenciamento de estoque, um controle de custos e um atendimento proativo ao consumidor. Para obter a vantagem competitiva, mais e mais varejistas estão se voltando para aplicações móveis para melhorar a produtividade do trabalhador, a eficiência operacional e o atendimento ao consumidor a qualquer hora e em qualquer lugar. Na área de vendas e no depósito, as soluções móveis podem ajudar a monitorar os materiais e as cargas do fornecedor e dos distribuidores aos clientes, a gerenciar o estoque e a apoiar as atividades de pontos de vendas. Uma vez que grandes quantidades de dados podem ser coletadas de forma automatizada, a análise pode ser feita muito mais rapidamente e os resultados podem ser usados continuamente para melhorar as operações e o atendimento ao consumidor. A Figura 7.10 descreve brevemente vários passos importantes que as empresas devem tomar para formular uma estratégia móvel eficaz.[9]

Um número relativamente pequeno de empresas (menos de 25%) possui uma estratégia móvel específica em andamento. A maioria luta com projetos móveis individuais ou tenta vincular a mobilidade a uma estratégia mais ampla de TI. As empresas devem focar na criação de uma estratégia móvel que atenda às peculiaridades inerentes à computação móvel. A estratégia deve alavancar uma série de usos em uma variedade de linhas de negócios dentro da empresa para maximizar o ROI (retorno do investimento), padronizar arquiteturas e plataformas e fornecer a infraestrutura mais segura disponível para eliminar (tanto quanto possível) perdas de dados e quebras de segurança extremamente onerosas inerentes aos negócios móveis. Compreender os diferentes tipos de tecnologias móveis disponíveis ajudará os executivos a determinar como melhor equipar sua força de trabalho. Essas tecnologias móveis são discutidas no restante desta seção e incluem:

FIGURA 7.8 — Drivers sem fio

Drivers de crescimento da tecnologia sem fio

Acesso universal à informação e aplicativos	As pessoas são móveis e têm mais acesso à informação do que nunca, mas ainda precisam chegar ao ponto em que possam acessar todas as informações a qualquer hora e em qualquer lugar.
A automação dos processos de negócio	As tecnologias sem fios têm a capacidade de centralizar informações principais e eliminar os processos redundantes.
A comodidade do usuário, pontualidade e capacidade de realizar negócios 24x7x365	As pessoas atrasadas nos aeroportos já não têm de se sentir isoladas do mundo ou do seu escritório. Por meio de ferramentas e soluções sem fio, como um dispositivo BlackBerry RIM (*Research in Motion*), elas podem acessar suas informações a qualquer hora e em qualquer lugar.

---

* N. de R.T.: Pesquisa realizada pela Mowa (grupo especializado em soluções móveis) mostra que, embora ainda pequena, a utilização de mobilidade entre as 500 maiores empresas do país cresceu 50% em 2011, em relação a 2010, e com previsão de aceleração mos próximos anos.

FIGURA 7.9 — Dispositivos móveis que estão mudando os negócios

- **Rede local sem fio (wLAN,** *wireless Local Area Network***):** utiliza ondas de rádios em vez de fio para transmitir informações por uma rede local.
- **Telefones celulares e pagers:** fornece conectividade para aplicativos portáteis e móveis, tanto pessoais quanto de negócios.
- **Dispositivos periféricos sem fio:** conectam-se a um computador sem o uso de fios, como um mouse, um teclado e ou uma impressora sem fio.
- **Televisão por satélite:** permite que os espectadores escolham entre centenas de canais praticamente de qualquer lugar.
- **Banda larga sem fio WiMAX:** permite que as redes sem fio estendam-se por até 48 quilômetros e transfere informações, voz e vídeo a velocidades superiores às por cabo. É perfeito para provedores de acesso à internet (ISPs) que querem expandir-se para zonas escassamente povoadas, onde o custo para trazer a fiação de cabo ou DSL é muito alto.
- **Sensor de segurança:** alerta os clientes sobre invasões e pop ups errantes. Seus dois sensores registram perturbações vibrantes e acústicas (uma janela quebrada) para ajudar a evitar falsos alarmes.

FIGURA 7.10 Passos para a implantação de estratégias móveis

Passos	Descrição
Definição de riscos	Antes que uma avaliação realista de qualquer estratégia móvel possa ser colocada em prática, as empresas devem definir critérios de avaliação. Muitas empresas olham para a tecnologia e para os aplicativos isoladamente, sem definir quaisquer riscos potenciais à organização: riscos para a realização ou não do projeto.
Conhecer os limites da tecnologia	É fundamental que as empresas não apenas analisem as capacidades de todas as tecnologias para suprir a funcionalidade necessária, mas também que explorem todos os limites da tecnologia escolhida. Estabelecer expectativas realistas para qualquer tecnologia móvel, tanto para os recursos de TI de implantação da solução e para os usuários finais, é um componente necessário de qualquer estratégia móvel bem-sucedida.
Proteger os dados contra perdas	As empresas devem tomar medidas concretas e imediatas para assegurar a proteção dos ativos móveis de informações corporativas. A segurança deve ser uma abordagem multifacetada e deve compreender uma variedade de técnicas que abranjam todas as áreas de exposição.
Aquiescência na empresa móvel	A passagem para a mobilidade irá causar um aumento importante na ocorrência de violações de dados, alguns dos quais não poderão sequer ser descobertos, ou ao menos por um período de tempo significativo. As empresas devem elaborar uma estratégia de segurança móvel antes que o problema se torne incontrolável.
Manter-se flexível e abraçar a mudança	As empresas não devem pressupor que, uma vez criada, uma estratégia móvel é um produto fixo e/ou acabado. Com a alta taxa de mudança no mercado (por exemplo, dispositivos, tipos de conexão, aplicativos), cabe a organização controlar e modificar a política regularmente.

- Uso de tecnologias celulares nos negócios.
- Uso de tecnologias de satélite nos negócios.
- Uso de tecnologias sem fio nos negócios.
- Tendências de negócios móveis.

OA7.7
Identificar as vantagens e desvantagens da implantação da tecnologia celular.

USO DE TECNOLOGIAS DE CELULARES NOS NEGÓCIOS

Os passageiros da Continental Airlines em Houston serão capazes de embarcar em voos usando apenas um telefone celular ou um assistente pessoal digital em vez de um cartão de embarque normal no Aeroporto Intercontinental Bush. O programa poderá se expandir para as companhias aéreas e aeroportos de todo o país. Em vez de um passe de papel, a Continental Airlines e a Transportation Security Administration irão permitir que os passageiros mostrem um código enviado pela companhia para o telefone celular ou PDA. O código de barras bidimensionais, um amontoado de quadrados e retângulos, armazena o nome do passageiro e as informações de voo. Um funcionário da TSA irá confirmar a autenticidade do código de barras com um escaner portátil. Os passageiros ainda precisam mostrar identificação com foto. O cartão de embarque eletrônico também funciona nos portões do aeroporto. Se o telefone celular do passageiro ou o dispositivo móvel ficar sem energia, o passageiro poderá obter um cartão de embarque de papel de um quiosque ou agente da Continental. A Continental, com sede em Houston, e que é a companhia aérea número quatro no país, vem trabalhando no novo recurso por anos para aumentar a eficiência, eliminar a burocracia e facilitar a viagem.[10]

Em menos de 20 anos, a telefonia móvel deixou de ser um equipamento raro e caro da elite empresarial e tornou-se um item difundido, pessoal e de baixo custo. Vários países, incluindo o Reino Unido, possuem agora mais telefones móveis do que habitantes. Existem mais de 500 milhões de contas ativas de telefone móvel na China. Luxemburgo tem a maior taxa de penetração do telefone móvel no mundo (164%). O número total de assinantes de telefonia móvel no mundo foi estimado em 3,3 bilhões no final de 2007, alcançando o equivalente a mais de metade da população do planeta. Atualmente, a África tem a maior taxa de crescimento de assinantes de celular no mundo, expandindo seus mercados quase duas vezes mais rápido que os mercados asiáticos. A disponibilidade de pré-pagos ou pagamento por utilização de serviços, em que o assinante não está comprometido com um contrato em longo prazo, tem ajudado a estimular esse crescimento na África, bem como em outros continentes.[11]

Os telefones celulares funcionam utilizando ondas de rádio para se comunicar com antenas de rádio (ou torres) colocadas dentro de áreas geográficas adjacentes chamadas células. Uma mensagem de telefone é transmitida para a célula local pelo telefone celular e, em seguida, é passada de antena em antena, ou célula em célula, até atingir a célula de seu destino, onde é transmitida para o telefone receptor. Como o sinal de celular viaja de uma célula para outra, um computador que monitora os sinais das células muda a conversa para um canal de rádio atribuído à próxima célula. Em um sistema de telefone celular analógico típico nos Estados Unidos, a operadora de telefonia celular recebe cerca de 800 frequências para usar na cidade. O provedor divide a cidade em células, sendo que cada célula tem, geralmente, 16 quilômetros quadrados. As células normalmente são imaginadas como hexágonos em uma grande grade hexagonal, como ilustra a Figura 7.11. Cada célula tem uma estação base que consiste em uma torre e uma pequena construção que contém o equipamento de rádio.[12]

Os antigos sistemas celulares são analógicos, e os novos são digitais. Os serviços de comunicação pessoal (PCS) são um tipo popular de serviços de telefonia celular digital. Os PCS são totalmente digitais. Eles podem transmitir tanto voz como dados e operar em uma faixa de frequência (1.900 MHz) maior do que a dos telefones celulares analógicos (o serviço celular analógico opera em 800 e 900 MHz.). Esses sistemas celulares digitais são capazes de enviar e receber mensagens curtas de texto.

Os PCS são da segunda geração (2G) de tecnologia de comunicações móveis, e os sistemas celulares analógicos são da primeira geração (1G). A segunda geração de redes celulares são redes de comutação de circuitos digitais que podem transmitir dados a cerca de 10 kilobits por segundo (Kbps), o que é extremamente lento. As redes de terceira geração (3G) usam uma nova tecnologia de comutação de pacotes que é muito mais eficiente (e, portanto, mais rápida) que as redes de comutação de circuitos dedicadas. As redes de terceira geração têm velocidades que variam de 120 a 144 Kbps para usuários móveis (um carro, por exemplo) e até 2 gigabits por segundo (Gbps) para usuários estáticos. Essas redes 3G são projetadas para a transmissão de alta velocidade de dados de multimídia e de voz. As grandes operadoras estão oferecendo serviços 3G, e alguns grupos e empresas já começaram a trabalhar na quarta geração (4G) do sistema de telefonia móvel. A tecnologia 4G levará a comunicação móvel um passo adiante para integrar as transmissões de rádio e televisão, bem como consolidar os padrões mundiais de telefone em uma tecnologia de alta velocidade. A Figura 7.12 apresenta várias das tecnologias celulares, juntamente com suas vantagens e desvantagens.

O governo finlandês decidiu que a maneira mais rápida de avisar os cidadãos de catástrofes era a rede de telefonia móvel. No Japão, as empresas de telefonia móvel oferecem gratuitamente notificação imediata de terremotos e outros desastres naturais aos seus clientes. Em caso de emergência, equipes de resposta a desastres podem localizar pessoas soterradas ou feridas usando os sinais de seus telefones móveis. Um menu interativo, acessível por meio do navegador de internet do telefone, notifica a empresa se o usuário estiver seguro ou em apuros. Na Finlândia, os serviços de emergência sugerem que as pessoas passeando a pé levem consigo o telefone móvel para o caso de uma emergência, mesmo quando estiverem no meio da floresta, além da cobertura celular, já que o sinal de rádio de um celular tentando se conectar a uma estação de base pode ser detectado por aviões de resgate sobrevoando com equipamentos especiais de detecção. Além disso, os usuários nos Estados Unidos podem se inscrever, por meio de seu provedor,

---

mostre-me
o DINHEIRO

Redes sem fio e postes de luz

Pesquisadores da Universidade de Harvard e da BBN Technologies projetaram a CitySense, uma rede sem fio capaz de registrar dados de sensores em tempo real em toda a cidade de Cambridge, Massachusetts. A CitySense é única porque soluciona uma restrição anterior das redes sem fio: a vida da bateria. A rede monta cada nó em um poste de luz municipal, em que se alimenta da energia elétrica da cidade. Os pesquisadores planejam instalar 100 sensores em postes de iluminação em toda Cambridge até 2011, usando um financiamento da Fundação Nacional da Ciência. Cada nó incluirá um computador embutido rodando o sistema operacional Linux, uma interface de 802,11 wi-fi e sensores meteorológicos.

Um dos desafios do projeto foi o modo como a rede permitiria a comunicação dos nós remotos com o servidor central em Harvard e na BBN. A Citysense vai fazer isso deixando que cada nó forme uma malha com os seus vizinhos, fazendo o intercâmbio de dados pelas ligações de múltiplos saltos. Essa estratégia permite que um nó faça o download de um software ou o upload de dados de sensores de um servidor hub distante, usando um pequeno rádio com apenas um quilômetro de alcance.

Você é responsável por implantar uma rede Citysense em torno de sua cidade. Quais metas você traçaria para o sistema, além da monitoração do tempo e da poluição urbana? Quais outros benefícios uma rede Citysense pode proporcionar? Como as empresas locais e os cidadãos poderiam se beneficiar com a rede? Quais questões legais e éticas você deve saber antes de implantar a rede? O que você pode fazer para proteger sua rede e sua cidade desses problemas?

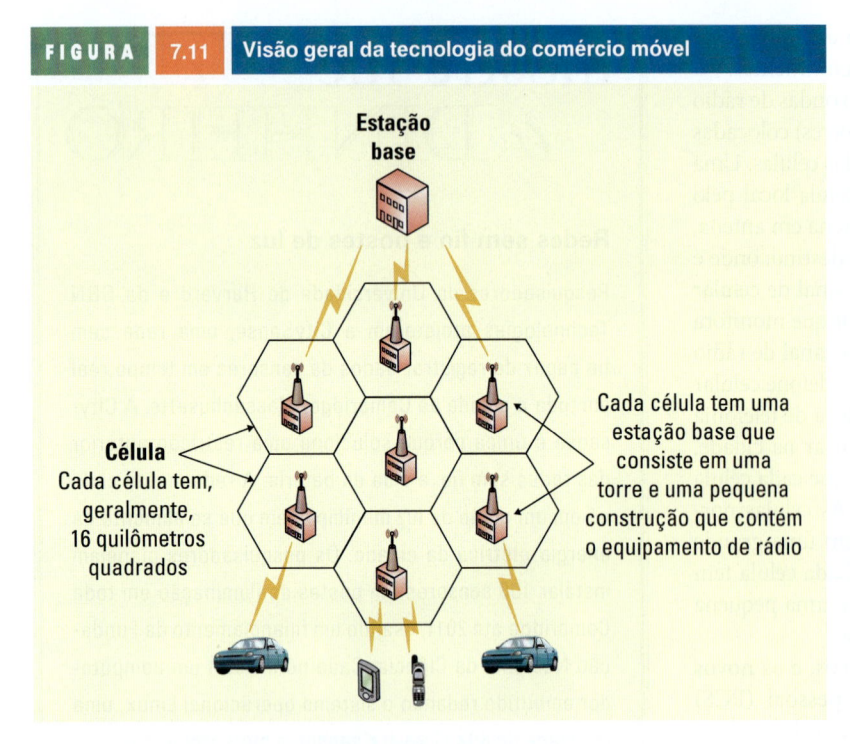

FIGURA 7.11 Visão geral da tecnologia do comércio móvel

Estação base

Célula
Cada célula tem, geralmente, 16 quilômetros quadrados

Cada célula tem uma estação base que consiste em uma torre e uma pequena construção que contém o equipamento de rádio

para receber mensagens de texto gratuitamente quando surgir um Alerta Amarelo de uma pessoa desaparecida na sua área.[13]

As últimas tendências em telefones celulares refletem uma convergência de voz, vídeo e comunicações de dados. Combinando informação com entretenimento, os celulares tornam-se o centro da tendência evolutiva do infoentretenimento móvel. Como exemplo, o iPhone da Apple é um telefone celular revolucionário que permite aos usuários fazer chamadas, navegar na internet (Google e Yahoo! incluídos) por meio de uma conexão *wi-fi*, enviar fotos por e-mail, usar um iPod *widescreen* com controles sensíveis ao toque para vários conteúdos, incluindo música, audiolivros, vídeos, programas de TV e filmes. Tecnicamente falando, o iPhone é um *smartphone*, discutido na próxima seção.

Assistentes digitais pessoais

Os assistentes digitais pessoais (PDAs) são computadores pequenos e portáteis capazes de transmissão de comunicações digitais. Eles têm recursos de telecomunicações sem fio embutidos, bem como softwares de organização de trabalho. Os PDAs podem exibir, compor, enviar e receber e-mails, e alguns modelos podem oferecer acesso sem fio à internet. Ao contrário de telefones celulares, os PDAs não necessitam de serviços de rede baseados em assinatura. Eles são minicomputadores autônomos, quase como PCs antes da internet.

A primeira geração de PDAs bem-sucedidos foi a dos Palm Pilots. Eles funcionavam basicamente como agenda eletrônica, com suporte para catálogo de endereços, calendários, e-mail, notas, e assim por diante. O PDA precisa apenas ocasionalmente conectar-se a um PC para sincronização. Por exemplo, um PDA pode ser sincronizado com um catálogo de endereços do PC, um calendário e uma caixa de e-mail por meio de um cabo USB. Os modelos mais recentes de PDA também podem se conectar a computadores sem fio via Bluetooth (descrito na próxima seção), ou se conectar à internet por meio da tecnologia sem fio.

Um *smartphone* combina as funções de um telefone celular e um PDA em um único dispositivo. Ele difere de um celular normal na medida em que tem um sistema operacional e armazenamento local, assim, os usuários podem adicionar e armazenar informações, enviar e receber e-mail e instalar programas para o telefone, do mesmo modo que um PDA. Um smartphone oferece aos usuários o melhor dos dois mundos: ele tem as mesmas capacidades de um PDA e a capacidade de comunicação de um telefone celular.

Como diz o velho ditado, "o momento é tudo". Em nenhum lugar isso é mais verdadeiro do que no ramo imobiliário no Havaí. Os agentes imobiliários continuam a procurar ferramentas que lhes darão uma vantagem. O acesso em tempo real com o serviço de listagem múltipla (MLS) da área coberta pelos agentes fornece uma maneira de os agentes tirarem proveito do momento. O MLS oferece um banco de dados de propriedades locais à venda, com a possibilidade

FIGURA 7.12 Vantagens e desvantagens da tecnologia celular

Geração	Tecnologia	Vantagens e desvantagens
1G	AMPS (*Advanced Mobile Phone Service*)	– Apenas serviço analógico de voz
2G	CDMA (Acesso Múltiplo por Divisão de Código) TDMA (Acesso Múltiplo por Divisão de Tempo) GSM (Sistema Global para Comunicações Móveis) PDC (*Personal Digital Cellular*)	– Serviço de voz digital – Serviço de dados de 9,6 Kbps a 14,4 Kbps – Recursos aprimorados de chamada (como a identificação de chamada) – Não há conexão permanente de dados
3G	W-CDMA (Acesso Múltiplo por Divisão do Código de Banda Larga)	– Qualidade superior de voz – Conexão permanente de dados de até 2 Mbps – Serviços de dados em banda larga (como de áudio e vídeo contínuos)
4G	W-CDMA (Acesso Múltiplo por Divisão do Código de Banda Larga) MC-CDMA (Multi Carrier CDMA)	– Redes de acesso *wi-fi* – Conexão permanente de dados de 20 a 100 Mbps – Dados convergentes e voz sobre IP

de ordená-los por uma variedade de critérios. Um agente que acessa anúncio de uma casa assim que ele entra no MLS obtém uma vantagem fundamental contra a concorrência porque pode solicitar uma visualização imediatamente ou, no mínimo, dirigir-se até o local com um cliente.

Os agentes imobiliários raramente estão em seus escritórios, por isso precisam de uma tecnologia que não somente forneça o acesso em tempo real aos seus MLS locais, mas que também lhes permita gerenciar as informações de contato, manter os seus calendários atuais, enviar e receber e-mails, visualizar documentos, calcular os números básicos da hipoteca etc. Quanto mais leve a solução, melhor, de modo que eles possam deixar o *laptop* para trás, quando

colos. A tecnologia Bluetooth elimina a necessidade de fios que emaranham o cotidiano. O ***Bluetooth*** é uma especificação da indústria de telecomunicações que descreve como os telefones móveis, os computadores e os assistentes digitais pessoais (PDAs) podem ser facilmente interligados por meio de uma conexão sem fio de curta distância. Os fones de ouvido do Bluetooth permitem aos usuários eliminar o fio e fazer chamadas mesmo quando seus celulares estão guardados em uma maleta. A impressão sem fio do Bluetooth permite que os usuários de um PDA ou *laptop* com esse recurso conectem-se a uma impressora por meio de um adaptador Bluetooth conectado à porta da impressora de comunicação.

[**"As últimas tendências em telefones celulares refletem uma convergência de voz, vídeo e comunicações de dados."**]

necessário. Além disso, se eles conseguirem combinar isso com a funcionalidade do telefone celular, só precisarão de um dispositivo para realizar os negócios.

Muitos agentes imobiliários do Havaí estão usando smartphones como solução para suas necessidades. Confiável e fácil de transportar, os smartphones fornecem acesso em tempo real aos MLS locais dos agentes, permitindo que eles saibam sobre as propriedades tão logo elas sejam listadas para venda.

Bluetooth

Dispositivos eletrônicos podem se conectar uns aos outros de muitas maneiras diferentes. As diversas peças e partes dos computadores, sistemas de entretenimento e telefones formam uma comunidade de dispositivos eletrônicos. Esses dispositivos comunicam-se entre si usando uma variedade de fios, cabos, sinais de rádio, feixes de luz infravermelha e uma variedade ainda maior de conectores, plugues e proto-

FIGURA 7.13 | **Teclado virtual com Bluetooth**

Feixes de luz que detectam os movimentos do usuário compõem esse teclado virtual.

Desde o desenvolvimento do Bluetooth, em 1994, pela empresa de telecomunicações sueca Ericsson, mais de 1.800 empresas no mundo todo passaram a criar produtos com a especificação sem fio e promover a nova tecnologia no mercado. Os engenheiros da Ericsson deram o codinome de Bluetooth à nova tecnologia sem fio para homenagear um rei *viking* do século X, Harald Bluetooth, a quem é creditada a unificação da Dinamarca e o estabelecimento da ordem no país.

O recurso Bluetooth é ativado em um dispositivo por meio de um *chip* Bluetooth integrado e um software de apoio. Apesar de o Bluetooth ser mais lento do que as concorrentes tecnologias LAN sem fio, ele permite que uma rede dessa tecnologia seja criada em uma ampla gama de dispositivos – mesmo em pequenos dispositivos, como telefones celulares e PDAs. O alcance máximo do Bluetooth é de 30 metros, limitando-se à comunicação dispositivo-dispositivo.

Um desafio para dispositivos sem fio é o seu tamanho. Todo mundo quer que seus dispositivos móveis sejam pequenos, mas muitas pessoas também amaldiçoam os pequenos e enigmáticos teclados que os fabricantes espremem em PDAs e smartphones. As leis da física têm-se revelado uma barreira significativa para a resolução desse problema, mas a VKB Inc.'s Bluetooth Virtual Keyboard oferece uma solução possível (ver Figura 7.13). A tecnologia VKB usa um laser vermelho para iluminar um teclado virtual desenhado em qualquer superfície. Apesar do seu aspecto futurista, o laser é realmente apenas um guia visual que os usuários tocam com os dedos. Uma iluminação e um módulo de sensor separados controlam de modo invisível quando e onde cada dedo toca a superfície, traduzindo isso na digitação ou outros comandos.

●● **OA7.8**
Descrever como funciona a tecnologia de satélite.

●● **OA7.9**
Explicar como LBS, GPS e GIS ajudam a criar valor de negócio.

USO DE TECNOLOGIAS DE SATÉLITE NOS NEGÓCIOS

Uma variação especial de transmissão sem fio utiliza a comunicação via satélite para transmitir sinais a distâncias muito longas. Um *satélite* de comunicação é um grande repetidor de micro-ondas no céu, que contém um ou mais transponders que ouvem uma porção específica do espectro eletromagnético, amplificando os sinais de entrada e os retransmitindo de volta à Terra. Um *transmissor de micro-ondas* usa a atmosfera (ou espaço exterior) como meio de transmissão para enviar o sinal para um receptor de micro-ondas. Este retransmite, então, o sinal para outro transmissor de micro-ondas ou o converte em alguma outra forma, como impulsos digitais. Os sinais de micro-ondas seguem uma linha reta e não dobram com a curvatura da Terra, portanto, os sistemas de transmissão terrestre de longa distância exigem que as estações de transmissão de micro-ondas sejam posicionadas a cerca de 60 quilômetros de distância, tornando cara essa forma de transmissão.

Esse problema pode ser resolvido fazendo os sinais de micro-ondas refletirem os satélites de comunicação, permitindo-lhes servir como estações de retransmissão de sinais de micro-ondas transmitidos a partir de estações terrestres (como ilustrado na Figura 7.14). Os satélites de comunicação são rentáveis para transmissão de grandes quantidades de dados a distâncias muito longas. Os satélites são normalmente utilizados para comunicação em grandes organizações geograficamente dispersas, difíceis de unir por cabeamento ou micro-ondas terrestres. Originalmente, essa tecnologia de micro-ondas foi usada quase exclusivamente para a comunicação de satélite e de longo alcance. Recentemente, no entanto, a evolução da tecnologia celular permite o completo acesso sem fio para redes, intranets e para a internet por transmissão via micro-ondas.

> "Uma variação especial de transmissão sem fio utiliza a comunicação via satélite para transmitir sinais a distâncias muito longas."

Os satélites de comunicação convencionais se movem em órbitas fixas de aproximadamente 35 mil quilômetros acima da Terra. Um meio mais recente de satélite, o satélite de órbita baixa, viaja muito mais próximo e consegue captar sinais de transmissores fracos. Os satélites de baixa órbita também consomem menos energia e apresentam menor custo de lançamento em comparação aos satélites convencionais. Com tais redes sem fio, os empresários em praticamente qualquer lugar do mundo terão acesso a recursos de comunicação completos, incluindo comunicações de voz por meio de telefones via satélite, videoconferência e acesso à internet rica em multimídia.

A General Motors fala sério quando o assunto é rádio via satélite. Anteriormente, a GM fez do rádio por satélite XM o padrão em todos os Cadillacs, e agora o serviço de rádio por assinatura também estará disponível para todos os novos modelos Buick, Hummer e Saab. O movimento amplia a base de clientes do XM, enquanto também dá aos motoristas a oportunidade de testar a tecnologia por três meses gratuitamente.

Os dispositivos utilizados para a comunicação via satélite vão desde unidades portáteis até estações de base móvel ou receptores fixos de antena parabólica. O pico de velocidade de transmissão de dados varia de 2,4 Kbps a 2 Mbps, dependendo da solução procurada. Para o profissional móvel do dia a dia, as comunicações por satélite não fornecem um benefício atraente, mas para pessoas que necessitam de acesso a voz e a dados em locais remotos ou cobertura garantida em locais não remotos, a tecnologia de satélite pode valer a pena. Além disso, alguns prestadores de serviços de satélite oferecem *roaming* entre os atuais sistemas celulares e os sistemas de satélite.[14]

A localização baseada em satélite moldará o futuro, criando novos aplicativos. Além da localização de chamadas de emergência e da navegação em carros e em telefones

FIGURA 7.14 Link de micro-onda de satélite

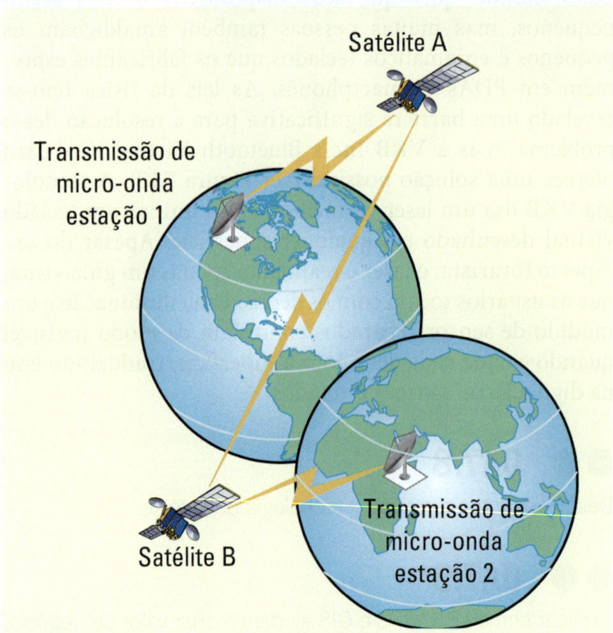

Minha Lista do que Não Fazer

Ding-a-Ling me tomou US$ 400!

Será que a televisão e o rádio por satélite, com suas infinitas opções de escolhas de entretenimento, podem ficar ainda melhores? Para alguns clientes, essas opções infinitas acabam dando dor de cabeça e frustrações sem fim. Uma cliente, Mary Cox, considerou que a sua recepção de televisão por satélite estava terrível e decidiu que cancelaria seu serviço e encontraria uma alternativa. Essa decisão virou um pesadelo. Logo depois de cancelar o seu serviço, Mary notou uma retirada direta em sua conta bancária de uma taxa de US$ 430 por rescisão antecipada de seu provedor de satélite. Essa despesa não planejada logo custou a Mary centenas de dólares em taxas de cheque especial das suas outras contas porque ela nunca tinha previsto essa despesa. Para resumir, Mary recebeu um telefonema de um representante do atendimento ao consumidor do provedor de satélite perguntando se ela estava satisfeita com a empresa e se ela iria considerar a possibilidade de religar seu serviço, e a pessoa disse que seu nome era Ding-a-Ling.

A regra número um que todos devem se lembrar é que você nunca deve fornecer a qualquer empresa o seu número de conta corrente ou o acesso direto à sua conta bancária. Se você quiser estabelecer uma boa relação com a empresa, é melhor dar-lhes o seu número de cartão de crédito. Quando uma relação com um fornecedor se torna amarga, a última coisa que você quer é que eles tenham acesso direto à sua conta corrente.

Você acha ético o que o provedor de satélite fez? O que Mary poderia fazer quando cancelou o seu serviço para evitar esse tipo de problema? As empresas de cartão de crédito podem entrar na sua conta bancária e tirar a quantia que você deve, no momento em que quiserem? Por que é importante nunca dar a um fornecedor o acesso direto à sua conta corrente?

---

móveis, uma gama de novos serviços surgirá: assistência pessoal e médica, serviços de presença localizada, encontro de amigos, jogos, blogs localizados, entre outros. Para permitir o grande sucesso comercial de cada serviço, vários desafios tecnológicos precisam ser satisfeitos: precisão; presença do serviço em todos os lugares, inclusive em áreas urbanas densas e no interior de edifícios; e entrega de informações instantaneamente.

Os **serviços baseados em localização** (LBS, *Location-Based Services*) são de conteúdo móvel sem fio, que fornecem informações específicas de localização para usuários móveis. O mercado de serviços baseados em localização é enorme, com uma variedade de serviços disponíveis e futuros em uma série de segmentos de mercado: telefonia móvel, empresas, mercados verticais, dispositivos automotivos. A Figura 7.15 destaca muitos dos segmentos de mercados dos serviços baseados em localização que atualmente estão impulsionando essa tecnologia.

Alguma vez você já precisou de um caixa eletrônico e não soube onde encontrar um? Para os turistas e empresários que viajam para longe de casa, essa é uma situação bem conhecida. A cada ano, 2 milhões de titulares de cartões MasterCard contatam a empresa pelo telefone ou site à procura da localização de caixas eletrônicos nas proximidades, e cerca de 70% dos pedidos de viajantes que estão em outros países que não o de origem.

A MasterCard agora oferece aos titulares de cartão uma pesquisa e serviço de diretório móveis baseados na localização de forma que possam pedir que a localização do caixa eletrônico mais próximo seja enviada para o seu celular via SMS (*Short Message Service*, ou mensagem de texto). O serviço, que funciona com todas as principais operadoras móveis nos Estados Unidos, é fornecido gratuitamente pela MasterCard aos titulares de cartão (embora as taxas de operador de mensagem de texto possam ser cobradas).

Um usuário que utiliza os serviços baseados em localização regularmente enfrenta um potencial problema de privacidade. Muitos usuários consideram que as informações de localização sejam muito confidencias e preocupam-se com uma série de questões de privacidade, incluindo:

- Mercado-alvo: as localizações dos usuários móveis podem ser usadas na classificação dos clientes para os esforços focados de marketing.
- Constrangimento: o conhecimento de um cliente da localização de outro pode levar a situações embaraçosas.
- Assédio: as informações de localização podem ser usadas para importunar ou atacar um usuário.
- Negação de serviço: uma empresa de seguros de saúde pode negar um pedido caso saiba que o usuário visitou uma área de alto risco.
- Restrições legais: alguns países regulam a utilização dos dados pessoais.

Ao contrário de outras informações no ciberespaço, as informações de localização têm o potencial de permitir que um adversário localize fisicamente uma pessoa e, portanto, a maioria dos assinantes sem fio têm preocupações legítimas sobre sua segurança pessoal quanto à possibilidade de essas informações caírem em mãos erradas. Diversas leis e normas de diferentes objetividades, oferecendo diferentes graus de proteção, têm sido ou estão sendo promulgadas nos Estados Unidos, na União Europeia e no Japão. No Brasil, essa discussão já começou, embora ainda incipiente.

FIGURA 7.15	Segmentos de mercado dos serviços baseados em localização
Mercado de massa	
Serviços de emergência	■ Localizar a chamada de emergência ■ Assistência na estrada
Serviços de navegação	■ Navegação para ponto de interesse (endereços, mapas) ■ Turismo eletrônico ■ Evitar engarrafamentos
Serviços de rastreamento	■ Encontrar um amigo ■ Acompanhar crianças ■ Idosos
Localização de publicidade	■ Impulso de vídeo localizado
Jogos	■ N-Gage (permite múltiplos jogadores para jogar uns contra os outros por meio de Bluetooth ou conexões de rede sem fio do telefone)
Mercado profissional	
Organização da força de trabalho	■ Campo de gerenciamento da força ■ Otimização de rotas ■ Logística ■ Sistema integrado de gestão empresarial
Segurança	■ Acompanhamento de campo ■ Proteção dos trabalhadores

Sistema de Posicionamento Global (GPS)

O serviço mais popular de localização usado atualmente é o sistema de posicionamento global (GPS), uma constelação de 24 satélites bem espaçados que orbitam a Terra e possibilitam às pessoas com receptores no solo obter sua localização geográfica. A precisão da localização é de 10 a 100 metros para a maioria dos equipamentos, mas pode chegar a um metro com equipamento especial aprovado militarmente. A Figura 7.16 ilustra a arquitetura de GPS.

O GPS é propriedade e operado pelo Departamento de Defesa dos Estados Unidos, mas está disponível para uso geral em todo o mundo. Em 1993, o Departamento de Defesa tornou essa tecnologia de posicionamento global disponível para uso comercial por qualquer pessoa que tenha um dispositivo GPS. Estes têm microprocessadores especiais que analisam os sinais de satélite. A Sirf Technology é especializada na construção de microprocessadores GPS para celulares, eletrônicos e sistemas de navegação de automóvel. Desde sua divulgação, em 2004, a Sirf Technology viu sua receita subir 60% para US$ 117 milhões, com lucro líquido de US$ 30,7 milhões. Com a nova regulamentação federal obrigando os operadores sem fio a incluir o GPS nos telefones e equipamentos de rede, a demanda de *chips* está explodindo. Recentemente, a Sirf Technology desenvolveu um GPS que ajuda os jogadores de golfe a calcular a distância entre o ponto inicial e o pino, ou para saber exatamente onde estão em relação a quesitos como abrigos escondidos, riscos de água ou *greens*. A Associação de Golfe dos Estados Unidos agora permite o uso de dispositivos de medição de distância em torneios, a critério dos organizadores.[15]

O mercado de serviços GPS cresceu, passando de US$ 5 bilhões, e há expectativas de que a demanda dobre nos próximos anos. O rastreamento, a navegação e o hardware prometem ser mercados de bilhões de dólares até 2010. A UPS equipou 75 mil motoristas com GPS portáteis para ajudá-los a chegar a seus destinos de maneira mais eficiente. Os portáteis também irão disparar alertas de e-mail se o veículo da empresa aumentar a velocidade ou se aventurar-se em áreas não autorizadas. Steve Wozniak, cofundador da Apple, abriu uma empresa em 2002

> "O sistema de posicionamento global (GPS) é uma constelação de 24 satélites bem espaçados que orbitam a Terra e possibilitam às pessoas, com receptores no solo, obter sua localização geográfica."

chamada Wheels of Zeus, que combina dados de GPS com a rede local sem fio. A tecnologia ajuda os pais a vigiar os filhos ou pode alertar os gerentes de TI quando os computadores da empresa são retirados de suas dependências. A Zingo, do Reino Unido, usa carros com GPS e mensagens de texto para ajudar os assinantes a chamar os táxis.

Um *sistema de informação geográfica* (GIS, *Global Positioning System*) é projetado para trabalhar com informações que podem ser mostradas em um mapa. As empresas que lidam com transportes usam os GISs, combinados aos bancos de dados e tecnologia GPS. As companhias aéreas e as de transporte podem traçar rotas com informações atualizadas sobre a localização de todos os seus veículos. Os hospitais podem rastrear as equipes usando um GIS e sensores que captam a transmissão de crachás usados por seus funcionários.

Os automóveis têm GPSs ligados a mapas que exibem, em uma tela no painel, as direções e localização exata do veículo. A GM oferece o sistema OnStar, que envia um fluxo contínuo de informações para o centro do sistema sobre a localização exata do carro. A OnStar Vehicle Diagnostics realiza automaticamente centenas de verificações de diagnóstico em quatro sistemas operacionais-chave – o motor/transmissão, os freios ABS, os *air bags* e os sistemas OnStar – nos veículos da GM. O veículo é programado para enviar mensalmente os resultados por e-mail para o proprietário. O relatório único de e-mail também fornece lembretes de manutenção com base na quilometragem atual, óleo restante para vida útil do motor e outras informações pertinentes à manutenção.[16]

Algumas operadoras de telefonia celular equipam seus celulares com *chips* GPS que permitem que os usuários sejam encontrados dentro de uma área geográfica do tamanho de uma quadra de tênis. Isso permite que serviços de emergência como 911 encontrem usuários de telefone celular. Os comerciantes estão monitorando o desenvolvimento do celular com GPS, na esperança de haver a possibilidade de ligar para os potenciais clientes quando estes estiverem perto da loja, para que fiquem sabendo de ofertas especiais.

Os agricultores americanos de vanguarda usam o GPS de navegação por satélite para mapear e analisar as plantações, identificando onde aplicar a quantidade apropriada de sementes, fertilizantes e herbicidas. No passado, os agricultores gerenciavam os negócios com base na totalidade da propriedade, agora eles podem microgerenciar. Um fazendeiro de Illinois descobriu, depois de monitorar o solo, que partes de suas terras não precisavam de fertilizante algum. Menos adubo diminui os custos e reduz a poluição do escoamento de água pela plantação. Uma das aplicações do sistema de posicionamento global é usar as posições geográficas do GPS e um contador informatizado para registrar a quantidade de grãos que está sendo colhida a cada segundo e a cada metro de área plantada. Em seguida, o agricultor baixa essas informações em um computador pessoal, que produz um mapa de contorno mostrando as variações de, por exemplo, mais de 60 alqueires por acre. O cruzamento dessas informações com outras variáveis, como as características do solo, permite ao agricultor analisar por que algumas terras são menos produtivas. O agricultor combina esses dados com as posições de navegação do GPS para determinar a aplicação de herbicidas ou fertilizantes apenas quando for realmente necessário.[17]

Um GIS é útil para aplicações móveis, mas oferece benefícios que vão muito além do que é exigido em um ambiente móvel. Por exemplo, utilizando um GIS, os usuários podem decidir qual informação é relevante para eles e formular as suas pesquisas com base em seus critérios pessoais. Ao contrário de um mapa em papel, um GIS permite a análise em profundidade e a resolução de problemas que podem tornar o marketing, as vendas e o planejamento muito mais bem-sucedidos. A seguir estão alguns usos comuns do GIS:

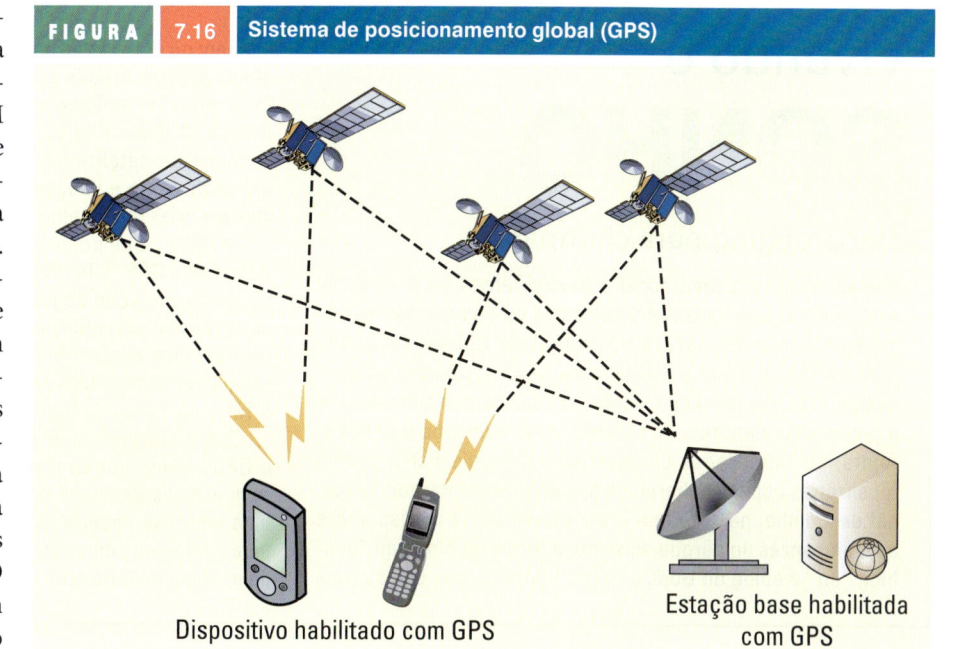

- **Encontrar o que está nas proximidades.** Esse é o uso mais comum para usuários móveis. Com base em um local específico, o GIS encontra fontes dentro de um raio definido. Isso pode incluir locais de entretenimento, centros médicos, restaurantes ou postos de gasolina. Os usuários também podem usar o GIS para localizar os estabelecimentos que vendam um item específico que eles querem. Isso promove o M-Commerce por meio do alinhamento entre compradores e vendedores. Os resultados podem ser fornecidos por um mapa da área circundante ou dos endereços de destino.

- **Informações de roteamento.** Esse é o uso mais comum para usuários móveis. Uma vez que os usuários tenham ideia de onde querem ir, um GIS pode orientar como chegar lá. Mais uma vez, isso pode ser fornecido graficamente utilizando um mapa ou instruções passo a passo. Para aplicações móveis, muitas vezes é útil fornecer informações de roteamento em conjunto com serviços de busca.

FIGURA 7.16 Sistema de posicionamento global (GPS)

Dispositivo habilitado com GPS

Estação base habilitada com GPS

Vivendo o SONHO

Geoblogging para chimpanzés

Quando criança, Jane Goodall amava o Tarzan e o Dr. Dolittle e sonhava em pesquisar e viver entre os chimpanzés selvagens na África. Em 1977, o Instituto Jane Goodall foi criado para continuar a pesquisa pioneira da Dra. Goodall sobre o comportamento dos chimpanzés – pesquisa que transformou a percepção científica da relação entre humanos e animais. Agora, os 100 milhões de usuários do Google Earth podem focalizar as copas exuberantes das árvores no Parque Nacional de Gombe, na Tanzânia, e ler atualizações diárias sobre os chimpanzés do parque. Essa nova forma de blog (um "geoblog" ou "weblog do Google Earth") permite que os usuários cliquem na entrada de um blog, fazendo com que a imagem do globo gire em direção à África Oriental, e depois, lentamente, foca nos 35 quilômetros quadrados do Parque Nacional Gombe. O usuário pode, então, ler o blog enquanto visualiza imagens de satélite de alta resolução, criando um *mashup* online de texto e imagens. O Instituto Jane Goodall foi o primeiro a criar tal geoblog do Google.

Imagine o que poderia ser feito com o geoblog se você adicionasse o GPS. O Instituto Jane Goodall vai dar esse próximo passo na evolução do próprio blog adicionando marcadores e entradas diárias, utilizando as coordenadas reais do GPS fornecidas pela equipe de campo. Quando um pesquisador postar que os chimpanzés estão descansando no Pico do Parque, a Terra pictórica do Google irá girar diretamente para lá.

Quais outros tipos de pesquisas poderiam ser feitos usando o GPS? Como outras organizações sem fins lucrativos poderiam usar os geoblogs para ajudar a respectiva causa? Como uma empresa poderia usar o Google Earth e o GPS para criar uma vantagem competitiva? Qual o uso antiético que esse tipo de geoblog poderia ter?

- **Alertas de informação.** Os usuários podem desejar ser notificados quando uma informação relevante para eles, com base em sua localização, estiver disponível. Por exemplo, um viajante pode querer saber se ele está entrando em um trecho da estrada onde há um congestionamento, ou um cliente pode querer ser notificado se a sua loja favorita está vendendo determinado item.

- **Mapeamento de densidades.** Para a análise de negócios, conhecer a densidade populacional pode ser extremamente útil. Isso permite aos usuários descobrir onde pode haver altas concentrações de uma determinada população. As densidades são geralmente mapeadas com base em uma unidade de área padrão, como hectares ou quilômetros quadrados, facilitando ver as distribuições. Exemplos de mapeamento de densidade podem incluir a localização de incidentes de crime para a polícia, para determinar onde o patrulhamento adicional é necessário, ou a localização de clientes para ajudar a determinar as rotas de entrega ideais na área.

- **Mapeamento de quantidades.** As pessoas mapeiam quantidades para descobrir onde pode haver maior ou menor quantidade de um recurso. Essa informação pode, por exemplo, ser usada para determinar onde abrir um negócio ou serviço. Por exemplo, se alguém está interessado em abrir uma lavanderia, seria prudente determinar quantas outras lavanderias existem na região e qual é a base populacional. Esse tipo de mapeamento pode ser útil para o planejamento urbano e estudos ambientais, como, por exemplo, para os planejadores da cidade que estão tentando determinar onde construir mais parques.[18]

Um GIS pode fornecer informações e percepções para os usuários móveis e para as pessoas em locais fixos. Essas informações utilizam as coordenadas de localização fornecidas por uma das tecnologias de posicionamento para dar detalhes que são relevantes para o usuário naquele momento específico. Muitos dos serviços baseados em localização discutidos anteriormente nesta seção se beneficiariam da informação fornecida por um GIS.

●● OA7.10

Descrever a RFID e como ela pode ser usada para ajudar a criar uma cadeia de suprimento mais eficaz.

USO DE TECNOLOGIAS SEM FIO NOS NEGÓCIOS

O Aeroporto Internacional de Denver (DIA, *Denver International Airport*) está apostando que os viajantes gostariam de ganhar algo, e até agora, parece uma boa aposta. O aeroporto, um dos mais movimentados dos Estados Unidos, franqueou o seu *wi-fi* para o público, cujo uso agora é patrocinado por publicidade paga. Em uma semana, e sem anúncio público da mudança, o uso do *wi-fi* cresceu dez vezes. Cerca de 50 milhões de passageiros transitam pelo DIA todos os anos, com até 165 mil por dia durante o período de maior movimento do ano. Agora que o *wi-fi* é gratuito, há de 7 mil a 8 mil conexões à rede por dia. Para conectar todos os usuários com a internet grátis, o Aeroporto teve que aumentar a sua largura de banda e de infraestrutura de rede para permitir conexões a 10 Mbps apenas para os usuários do *wi-fi*.

O **wireless fidelity (wi-fi)** é um meio de ligação entre computadores por sinais infravermelhos ou de rádio. O *wi-fi*, ou o que é por vezes referido como LANs sem fio, representa apenas uma pequena proporção de LANs em operação hoje, mas que cresce rapidamente. A tecnologia *wi-fi* tem vantagens óbvias para as pessoas em movimento que necessitam de acesso à internet em aeroportos, restaurantes e hotéis. Ele também está obtendo aceitação como uma rede doméstica ou de vizinhança, permitindo que uma variedade de computadores *laptop* e de mesa compartilhe um único ponto de acesso de banda larga à internet. As LANs sem fio também estão se movendo para o mundo corporativo e comercial, especialmente em prédios antigos e espaços confinados, em que seria difícil ou impossível estabelecer uma rede a cabo ou em que a mobilidade é primordial. Mesmo nos prédios mais novos, as LANs sem fio são, muitas vezes, utilizadas como redes de cobertura. Em tais casos, o *wi-fi* é instalado juntamente com as LANs com fio para que os funcionários possam facilmente mudar seus *laptops* de um escritório para outro e possam se conectar à rede em locais como refeitórios e pátios.

Após anos de discussão e de atraso, as companhias aéreas dos Estados Unidos vão começar a oferecer conexões à internet nos voos, mensagens instantâneas e e-mail sem fio, transformando, assim, a cabine do avião em pontos de acesso *wi-fi*. A AirCell está ajudando a levar muitas das companhias aéreas à nova era e, em junho de 2006, ganhou exclusividade dos direitos do *wi-fi* ar-terra ao desembolsar US$ 31,3 milhões para 3 MHz de espectro digital terrestre sem fio, em um leilão da Comissão Federal de Comunicações. A companhia já firmou acordos com a American Airlines e a Virgin America para instalar seus equipamentos do sistema ar-terra, o qual o fundador da empresa, Jimmy Ray, esteve ajustando na última década e meia. O sistema irá ao ar tão logo a American Airlines aperfeiçoe alguns de seus 767-200 transcontinentais. A Virgin America vai fazer o mesmo para sua frota de 10 aviões, além de 31 aviões encomendados à Airbus. A Figura 7.17 ilustra como esse "*wi-fi* no céu" vai funcionar.[19]

Recentemente, o McDonald's se comprometeu a equipar 14 mil de suas lojas com bares e cafés de luxo acompanhados por um serviço *wi-fi* expandido, enquanto a cadeia de *fast-food* avança devagar, próxima a oferecer a tecnologia sem fio gratuita. Atualmente, o McDonald's oferece serviço de *wi-fi* a 15 mil dos seus 30 mil locais no mundo todo. O serviço está disponível, na maioria das vezes, por meio de compras com cartão de crédito ou pelo Wayport, um provedor de serviços da internet.[20]

Enquanto o *wi-fi* está em alta, a segurança não está. Com um *laptop* no banco do passageiro de seu SUV e uma antena especial no telhado, Mike Outmesguine aventurou-se a buscar redes sem fio entre Los Angeles e São Francisco. No caminho, encontrou uma grande ameaça.

FIGURA 7.17 Wi-fi no Céu

Embora seu percurso de 1.287 quilômetros tenha confirmado que o número de redes sem fio está crescendo explosivamente, ele também constatou que apenas um terço usava criptografia básica, uma medida-chave de segurança. Em quase 40% das redes, não foi realizada uma única mudança nas configurações totalmente abertas do mecanismo padrão.

"As pesssoas tiram o equipamento da caixa, carregam a bateria e usam. Deixam como receberam, sem alterar a configuraçaso original (que é aberta)", disse Outmesguine, dono de uma empresa de serviços técnicos, que frequentemente sai a passeio buscando redes inseguras. Embora ele afirme não tentar invadir os sistemas, outros não são tão afáveis. Se os criminosos tivessem como alvo roteadores inseguros sem fio, eles poderiam criar um ataque capaz de pegar carona em milhares de redes *wi-fi* nas áreas urbanas, como Chicago ou Nova York. O ataque ao *wi-fi* poderia assumir o controle de mais de 20 mil roteadores nesta cidade em um período de duas semanas, com a maioria das infecções ocorrendo no primeiro dia.[21]

WiMAX

Entre os principais problemas do acesso à banda larga estão o preço e a não cobertura de todas as áreas. O principal problema do acesso *wi-fi* é que os pontos de acesso são muito pequenos, então, a cobertura é esparsa. Uma tecnologia em evolução que pode resolver todos esses problemas é chamada de WiMAX. A **WiMAX** (*Worldwide Interoperability for Microwave Access*) ou Interoperabilidade Mundial para Acesso de Micro-ondas, uma tecnologia de telecomunicações para fornecer dados sem fio em longas distâncias em uma variedade de formas, desde links ponto a ponto até o tipo de acesso completo de telefones celulares. A WiMAX pode cobrir uma extensão de até 3 mil metros quadrados, dependendo do número de usuários. Em Nova York, por exemplo, muitas estações base serão necessárias em torno da cidade para atender à forte demanda, enquanto uma região pouco povoada precisará de menos.

A Sprint Nextel, juntamente com o Google, está desenvolvendo um novo portal de internet móvel usando a tecnologia sem fio WiMAX para oferecer buscas na web e redes sociais. A WiMAX da Sprint para redes sem fio de alta velocidade e os seus serviços para detecção de local serão combinados com ferramentas do Google, incluindo e-mail, bate-papo, e outros aplicativos. A Sprint pretende usar a tecnologia emergente da WiMAX para melhor competir com rivais sem fio e redes de banda larga com fio. A Sprint planejou testar o serviço de WiMAX em Chicago, Baltimore e Washington até o final de 2008 com o objetivo de atingir a cobertura de 100 milhões de pessoas.[22]

A WiMAX oferece velocidades de acesso à web cinco vezes mais rápidas que as redes sem fio típicas, embora ainda sejam mais lentas do que banda larga com fio. Uma grande quantidade de notebooks teve a tecnologia WiMAX embutida a partir do final de 2008, apesar de os cartões da WiMAX que se conectam em um *slot* no computador também estarem disponíveis. Empresas como a Nokia, a Motorola e a Samsung Electronics também estão criando dispositivos e infraestruturas móveis com tecnologia WiMAX.

A WiMAX poderia acabar com os apagões das zonas suburbanas e rurais que hoje não têm acesso à internet banda larga porque as empresas de telefonia e a cabo ainda não levaram os fios necessários até esses locais remotos.

Um sistema WiMAX consiste em duas partes:

- Uma torre WiMAX. Uma única torre WiMAX pode fornecer cobertura para uma área bastante grande – até 3 mil metros quadrados.
- Um receptor WiMAX. O receptor e a antena poderiam ser construídos em um *laptop* da maneira que o acesso *wi-fi* é feito hoje.[23]

Uma estação de torre WiMAX pode se conectar diretamente à internet usando uma banda larga com conexão com fio (por exemplo, uma linha T3). Ela também pode se conectar a outra torre WiMAX usando um link de micro-ondas de visada direta. Essa conexão com uma

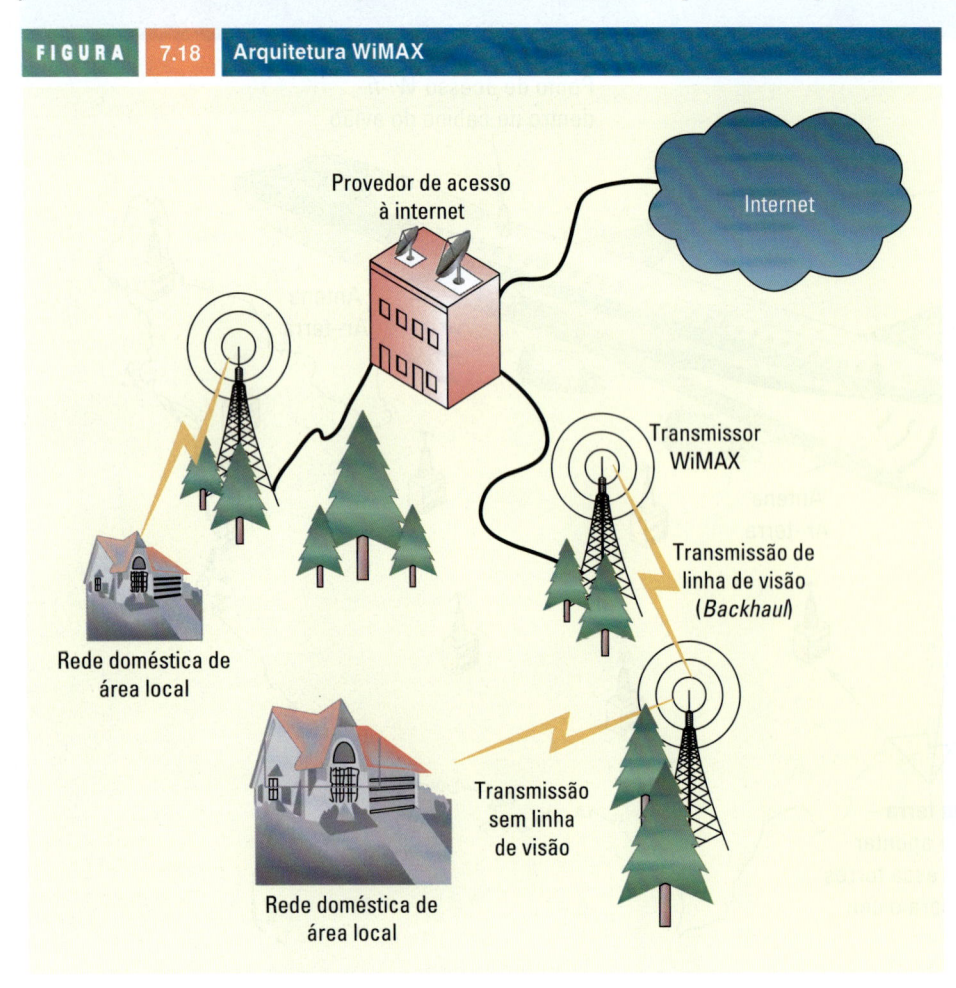

FIGURA 7.18 Arquitetura WiMAX

FIGURA 7.19 — Benefícios WiMAX

Benefício	Descrição
Longa distância	O benefício mais significativo do WiMAX comparado com as tecnologias atuais sem fio é o alcance. O WiMAX tem um alcance de comunicação de até 48 quilômetros, o suficiente para cobrir uma cidade inteira.
Baixo custo	As estações base vão custar menos de US$ 20 mil, mas ainda vão fornecer aos clientes as conexões classe-T1.
Sem fio	Por meio de um sistema WiMAX, as companhias/moradores não precisam mais rasgar os edifícios ou ruas ou fixar cabos caros.
Alta banda larga	A WiMAX pode oferecer taxas de dados compartilhadas de até 70 Mbps. Essa é a largura de banda suficiente para suportar mais de 60 empresas de uma só vez com a conectividade do tipo T1. Também pode suportar mais de mil casas a 1 Mbps de nível de conectividade DSL.
Serviço	A WiMAX pode fornecer aos usuários duas formas de serviço sem fio: 1. O serviço sem visada direta opera de 2 a 11 GHz, que, em um nível mais baixo de frequência, tem a capacidade de contornar obstáculos com mais facilidade. Uma pequena antena em um computador se conecta à torre e é compatível com as atuais tecnologias *wi-fi*. 2. O serviço de visada direta pode chegar a 66 GHz, uma vez que o sinal é mais forte e estável, o que leva a uma maior largura de banda. Uma antena parabólica fixa aponta diretamente para a torre ou para comunicação de torre a torre.

segunda torre (muitas vezes referida como um *backhaul*) é o que permite à WiMAX fornecer cobertura a áreas rurais remotas. A Figura 7.18 ilustra a arquitetura WiMAX.

O estilo de acesso *wi-fi* será limitado a uma distância de 7 a 10 quilômetros de raio (40 quilômetros quadrados de cobertura, que é semelhante, em escala, a uma zona de telefone celular). Por meio de fortes antenas de visada direta, a estação transmissora de WiMAX enviaria dados a computadores habilitados com WiMAX ou a roteadores configurados dentro do raio de 48 quilômetros do transmissor. É isso que permite ao WiMAX atingir o seu alcance máximo. A Figura 7.19 exibe muitos dos benefícios da tecnologia WiMAX.[24]

Identificação por radiofrequência (RFID)

As tecnologias de identificação por radiofrequências (RFID, *Radio Frequency Identification*) utilizam etiquetas ativas ou passivas na forma de *chips* ou etiquetas inteligentes que podem armazenar identificadores únicos e transmitir essa informação para leitores eletrônicos. As etiquetas RFID, muitas vezes menores que um grão de areia, combinam minúsculos *chips* com uma antena. Quando uma etiqueta é colocada em um item, ele automaticamente fornece sua localização por meio de rádio aos leitores RFID nas prateleiras da loja, balcões de check-out, portas de compartimento de carga e carrinhos de compras. Com as etiquetas RFID, o estoque é acompanhado automática e continuamente. As etiquetas RFID podem reduzir os custos, exigindo poucos trabalhadores para mapear os itens, e também pode fornecer informações mais atuais e precisas para a cadeia de suprimento. O Walmart economiza em média US$ 8,4 bilhões por ano com a instalação de RFID em muitas de suas operações. A Figura 7.20 ilustra um exemplo de uma arquitetura de RFID.

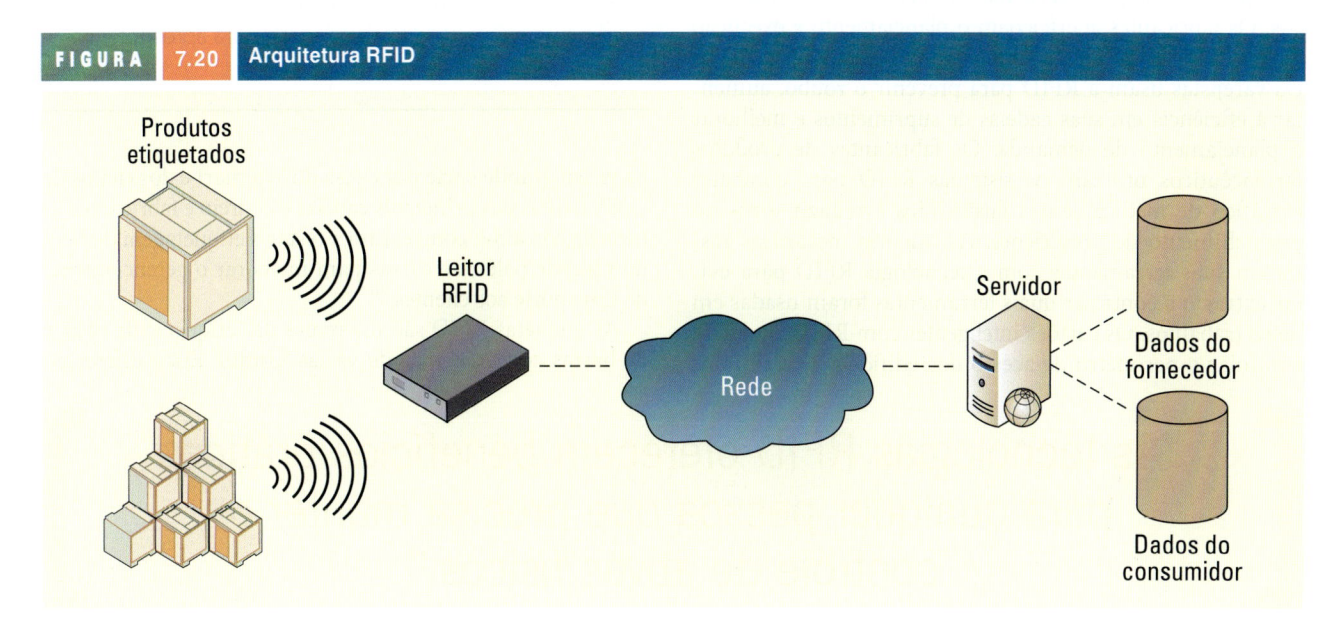

FIGURA 7.20 — Arquitetura RFID

O advento do RFID tem permitido a todos, desde as empresas de navegação até os hospitais, reduzir os custos e despesas gerais por dar visibilidade aos processos de negócios ineficientes. A pesquisa de Aberdeen mostra que 38% das empresas que utilizam RFID o estão fazendo para melhorar o custo, a segurança e a confiabilidade do gerenciamento dos processos de negócios. As organizações estão alavancando RFID para melhorar a produtividade da sua força de trabalho, enquanto simplificam a implementação e os custos contínuos de gerenciamento das suas redes.[25]

Quando o Walmart anunciou a sua estratégia de RFID, em 2003, era apenas um dos muitos varejistas que tinham se apaixonado pela tecnologia. Ao colocar etiquetas de RFID em caixas e paletas enviadas pelos fabricantes para os centros de distribuição do Walmart, as empresas seriam capazes de fazer um controle próximo de suas remessas. Por sua vez, isso permitiria que o Walmart e seus fornecedores agilizassem suas cadeias de suprimentos e, finalmente, garantissem que as prateleiras estivessem sempre completamente abastecidas.

As etiquetas RFID representaram o próximo grande passo dos códigos de barras, as listras nas laterais de pacotes que mostram as informações básicas dos produtos e dos preços. As etiquetas mais simples, as RFID passivas, não necessitam de fonte de alimentação interna. Os sinais de entrada de radiofrequência de leitores de RFID podem transmitir uma corrente elétrica mínima, o suficiente para carregar o circuito integrado na etiqueta e transmitir uma resposta. O benefício principal é que o código de barras em uma caixa ou paleta não precisa mais ser lido para identificar o conteúdo, a etiqueta só precisa estar dentro do alcance de um leitor – em qualquer lugar até 182 metros. Além disso, as etiquetas RFID podem transmitir muito mais informações sobre um produto, incluindo preço, número de série e até quando e onde ele foi feito.

Grande parte do recente interesse em torno do RFID surgiu de mandatos e recomendações dos órgãos governamentais, como o Departamento de Defesa dos Estados Unidos (DoD) e a *Food and Drug Administration* (FDA), e de uma poucas megacorporações do setor privado.

As tecnologias RFID oferecem benefícios práticos para qualquer pessoa que precisa manter o controle de ativos físicos. Os fabricantes aperfeiçoam o planejamento e execução da cadeia de suprimento incorporando tecnologias RFID. Os varejistas usam a RFID para prevenir o roubo, aumentar a eficiência em suas cadeias de suprimentos e melhorar o planejamento de demanda. Os fabricantes de produtos farmacêuticos utilizam os sistemas RFID para combater o tráfico de medicamentos falsificados e reduzir erros no preenchimento de prescrições. As oficinas mecânicas rastreiam suas ferramentas com a tecnologia RFID para evitar extravio e controlar quais ferramentas foram usadas em quais trabalhos. Os cartões inteligentes com RFID ajudam a controlar o perímetro de acesso dos edifícios. Nos últimos anos, em grande parte por causa do Walmart e dos efeitos do DoD, muitas das principais cadeias de varejo e fabricantes de bens de consumo começaram a testar a etiquetagem de bens no nível de paletas e caixas para melhorar o gerenciamento de transporte aos clientes.[26]

As etiquetas RFID são diferentes das etiquetas de código de barras convencionais de várias formas. Essas diferenças

fala sério!

WeatherBots

Warren Jackson, um estudante de engenharia da Universidade da Pensilvânia, não estava interessado no tempo até que começou a investigar a forma como o Serviço Nacional de Meteorologia coletava os dados meteorológicos. O serviço meteorológico coleta a maior parte de suas informações usando balões meteorológicos que carregam um dispositivo para medir itens como pressão, vento e umidade. Quando o balão atinge cerca de 100 mil pés e a pressão faz com que ele estoure, o aparelho cai e aterriza a uma distância considerável do seu ponto de lançamento. O Serviço Meteorológico Nacional e pesquisadores procuram, algumas vezes, pelo aparelho de US$ 200, mas dos 80 mil lançados anualmente, muitos são tidos como perdidos.

Convencido de que deveria haver uma maneira melhor, Jackson começou a projetar um robô equipado com GPS que abre um paraquedas depois que o balão estoura e traz o dispositivo de volta à Terra, fazendo-o pousar em um local predeterminado pelos pesquisadores. A ideia é tão inovadora que a universidade Weiss Tech House, uma organização que incentiva os alunos a inovar e trazer suas ideias para o mercado, deu o primeiro prêmio da sua terceira edição anual do Torneio PennVention a Jackson e alguns colegas de graduação de engenharia. Jackson ganhou US$ 5 mil e acesso à consultoria especializada em prototipagem, assuntos jurídicos e construção de marca.

As tecnologias GPS e GIS podem ser usadas em todos os tipos de dispositivos, em muitos setores diferentes, e para várias finalidades. Você quer competir e ganhar o primeiro prêmio na PennVention no próximo ano? Crie um produto usando um GPS ou um GIS que não esteja no mercado atualmente, para apresentar no próximo torneio anual PennVention.

["As tecnologias RFID oferecem benefícios práticos para qualquer pessoa que precisa manter o controle de ativos físicos."]

> **AS TECNOLOGIAS GPS E GIS PODEM SER USADAS EM TODOS OS TIPOS DE DISPOSITIVOS, EM MUITOS SETORES DIFERENTES, E PARA VÁRIAS FINALIDADES.**

ensejam o benefício da adoção da tecnologia e maior preocupação com as questões de privacidade envolvidas. Por exemplo, com a tecnologia de código de barras, um pacote de chicletes da Wrigley vendido em Houston possui o mesmo código de barras que um pacote vendido em Nova York. Com o RFID, no entanto, cada pacote terá um código de identificação único que poderia estar ligado ao comprador daquele chiclete quando ele utiliza um "sistema de registro de item", como um cartão de cliente frequente ou um cartão de crédito.

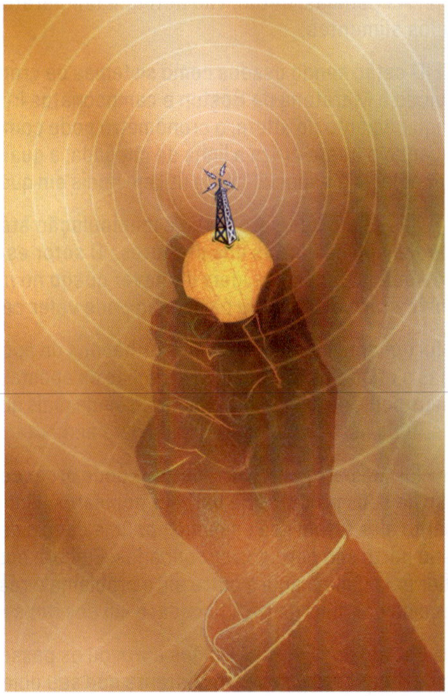

O comprador poderia, então, ser rastreado caso entre naquela mesma loja outra vez ou, talvez mais assustador, caso entre em qualquer outra loja com capacidade de leitura RFID. Ao contrário de um código de barras, as etiquetas RFID podem ser lidas em distâncias muito maiores e a leitura de tais dispositivos não é direcional. Isso significa que se alguém entra em uma loja com um pacote de chicletes no bolso ou na bolsa, o leitor RFID pode identificar o pacote de chicletes, a hora e a data em que foi comprado, onde foi comprado e com que frequência o cliente entra na loja. Se um cartão de crédito ou um cartão de cliente frequente foi usado para comprar o chiclete, o fabricante e a loja também podem juntar a informação ao nome, endereço e e-mail do consumidor e, então, direcionar anúncios de empresas de chiclete enquanto o cliente caminha pelos corredores, ou enviar correspondências por e-mail ou correio tradicional sobre outros produtos.

Uma vez que a tecnologia por trás da RFID avança, o potencial de violação de privacidade também o faz. A RFID já tem a capacidade de determinar a distância de uma etiqueta a partir da localização do leitor. Com essa tecnologia já disponível, não é difícil imaginar uma situação em que os varejistas possam determinar a localização dos indivíduos no interior da loja e, assim, direcionar os anúncios específicos para esse cliente com base em compras anteriores (como no exemplo do chiclete). Com efeito, essa loja estaria criando um registro pessoal de compras passadas, padrões de compra e, em última análise, padrões de comportamento. Enquanto recolher essas informações seria considerado muito intrusivo para os padrões de muitos consumidores, o perigo de essas informações serem vendidas a outros varejistas (semelhante à maneira como esses perfis são vendidos atualmente em relação ao comércio na internet) pode criar vulnerabilidades de informações potencialmente devastadoras. Embora alguns críticos da RFID tenham apontado que a tecnologia pode levar a um tipo de sociedade "Big Brother", há uma preocupação mais generalizada de que a permissão de desenvolvimento da RFID sem restrições legais irá eliminar a possibilidade de os consumidores se recusarem a fornecer essas informações aos varejistas.[27]

Algumas medidas estão sendo tomadas para suavizar esses problemas de privacidade. Por exemplo, uma recente proposta exigiria que todos os produtos etiquetados com RFID fossem claramente identificados. Isso daria ao consumidor a opção de escolher produtos sem RFID, ou, no mínimo, reconhecer que os itens que ele escolheu estão sendo rastreados. Para aqueles insatisfeitos com a divulgação, um número crescente de produtos é projetado para limitar a exposição a produtos etiquetados com RFID. Um desses produtos é o "Morte aos Códigos", um comando que apaga todas as etiquetas RFID imediatamente assim que o consumidor entra em contato com eles, eliminando a eficácia da tecnologia. Outra medida preventiva contra a invasão de privacidade do RFID é o "Bloqueador de Etiquetas RSA", o qual tenta atender às preocupações de privacidade enquanto mantém a integridade do produto. Sob essa tecnologia, o item pode ser controlado somente por lojas com leitores autorizados, ou seja, os clientes não podem ser rastreados fora da loja em que compraram o item.[28]

Com a RFID se tornando inteligente e menor, as possibilidades de sua utilização são infinitas (ver Figura 7.21). Enquanto a RFID levanta certos dilemas éticos para operações governamentais e comerciais, ela também simplifica a vida da pessoa comum. Como benefícios médicos são mais explorados, as etiquetas RFID não serão usadas apenas para conveniência e lucro, mas também para salvar vidas.[29]

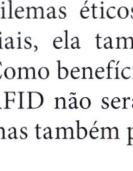

● ● **OA7.11**

Listar e discutir as tendências sem fio que podem beneficiar consumidores e empresas.

TENDÊNCIAS DA FORÇA DE TRABALHO MÓVEL

Assentos de avião. Painéis de carro. Câmeras digitais. Quiosques em shoppings, campus de faculdades e hotéis. Arquibancadas de estádios. Calculadoras portáteis. Aparelhos de cozinha. Esses são apenas alguns dos dispositivos móveis e

FIGURA 7.21 Usuários incomuns de RFID

Uso de RFID	Descrição
Prevenção de transbordamento de banheiros	Você pode comprar um vaso sanitário "inteligente" que se desliga quando está perto de transbordar. De acordo com a AquaOne, os sanitários da marca habilitados com RFID não são apenas convenientes, mas também previnem riscos à saúde em locais públicos como hospitais e asilos.
Identificação de restos humanos	O furacão Katrina deixou para trás muitas vítimas não encontradas, apesar da incansável busca por inúmeras pessoas. Graças ao VeriChip, as etiquetas RFID foram utilizadas para localizar corpos em um esforço para reunir as pessoas queridas. Isso ajudou a identificar cadáveres durante o transporte, e os legistas puderam recolher partes de corpos para permitir o enterro.
Entrar em casas noturnas	O Baja Beach Club de Barcelona agora está implantando etiquetas RFID nos braços de clientes que queiram ter acesso imediato à área exclusiva. A etiqueta também funciona como um cartão de débito.
Cozinhar com robôs	As panelas e frigideiras robóticas com *chips* RFID nas alças quase impossibilitam estragar uma refeição. Com esses *chips* RFID, as panelas podem ser coordenadas com um cartão de receita que tem um *chip* semelhante. As panelas, então, vão definir a temperatura e a duração para as especificações exatas exigidas pelos alimentos.
Cronometragem de eventos esportivos	Os transponders RFID estão sendo usados como sistemas de cronometragem em eventos esportivos em todo o mundo, incluindo a Maratona de Boston e campeonatos Ironman. Com um *chip* ligado ao calçado, bicicleta ou outro equipamento do atleta, o cronômetro pode começar e terminar com maior precisão: o cronômetro para quando o atleta cruza a linha de chegada, a qual contém uma antena que será sinalizada pelo *chip* RFID. A tecnologia é especialmente útil em finais em que os concorrentes chegam muito próximos.
Rastreamento de queijos	Para acompanhar o queijo em cada processo e manipulação até que seja vendido, as etiquetas RFID estão sendo colocadas sob as bordas dos produtos. O setor está tendo problemas com roubo, perda e até falsificação de queijo. Embora a ideia de haver queijo no mercado negro possa parecer ridícula, pense nisto: uma única forma de queijo parmesão pode valer centenas de dólares.
Monitoramento de cassinos	Os cassinos já são fortemente monitorados, mas os hábitos de aposta únicos de cada jogador agora podem ser registrado graças a etiquetas RFID dentro de fichas de apostas. Os *chips* acompanham os grandes apostadores e os seus padrões de gasto e dificultam ainda mais que os ladrões falsifiquem *chips* ou os roube de outros jogadores. Toda essa tecnologia é usada para aumentar as chances em favor da casa.
Acompanhamento de lâminas de barbear	Graças a etiquetas RFID de baixo custo, a Gillette já pode arcar com a colocação de pequenos transponders em cada embalagem de seus produtos de barbear populares. Isso é feito como uma tentativa de resgatar mais lâminas enquanto elas fazem seu caminho por uma cadeia de suprimento muito complicada. Muitos produtos de pequeno porte são perdidos ou roubados. Embora possa parecer trivial para a empresa se preocupar em perder uma lâmina aqui e outra ali, o problema é realmente muito pior que isso. A lâmina Gillette Mach 3, vendida por mais de US$ 10 cada, é um dos itens mais furtados em lojas.
Emissão de passaportes	O Departamento de Estado dos Estados Unidos aprovou os passaportes com *chips* internos, e a tecnologia já está sendo testada. Enquanto o governo sustenta que seu objetivo é melhorar a comunicação entre as agências de aplicação da lei, outras pessoas sentem que haverá repercussões mais preocupantes.

locais abrangidos pela conexão sem fio. As imagens visionárias de ontem estão dando lugar a uma realidade em que a conectividade é quase onipresente. Informações em tempo real são agora a moeda do negócio e a facilitadora das inovações revolucionárias em educação, entretenimento e mídia. As previsões ajudam a identificar as tendências móveis emergentes e a indicar as formas como os consumidores e as empresas serão beneficiados. Essas tendências incluem a utilização generalizada de redes sociais móveis, a maior variedade de dispositivos multifuncionais e mais opções de entretenimento sem fio em casa.

- **As redes sociais se mobilizaram.** A mobilidade é adicionada aos modelos, serviços e comportamentos de negócios existentes na internet, direcionando o tráfego para as operadoras sem fio. Aqueles em sua adolescência e juventude acostumados à conectividade constante e sites que se tornavam habituais, como MySpace e Facebook, lideram uma onda de filiação em redes sociais móveis. A localização de redes sociais, incluindo serviços de busca de amigos e eventos, está ganhando popularidade até nos segmentos profissionais e acima da faixa etária dos 50. Google, Yahoo! e Skype são mais atraentes para os usuários do que as marcas sem fio, que são pressionadas para competir. Os aplicativos de redes sociais são inicialmente pré-carregados em muitos dispositivos móveis vendidos e mais tarde tornam-se passíveis de download.

- **TV móvel.** Em curto prazo, é pouco provável que os usuários sem fio paguem de US$ 5,99 a US$ 9,99 por mês para o serviço de TV móvel. Em vez disso, procure pela compra por minutagem ou tipo *pay-per-view* para "furtividade", uma tendência do consumidor de assistir aos minutos principais de um evento esportivo ou de um programa enquanto realiza outra atividade. A furtividade leva a uma visão mais regular e, dentro de três a cinco anos, a TV móvel vai se tornar um serviço indispensável. A TV aberta é a principal fonte de receitas e da adoção do consumidor, mas o vídeo ponto-a-ponto também está ganhando interesse. Os operadores estão em posição de defesa em relação aos provedores de conteúdo por meio do controle da relação de assinantes e experiência do usuário.

- **Os dispositivos multifunções tornam-se mais baratos e mais versáteis.** A concorrência intensa e a pressão por margem continuarão no mercado de celulares, forçando a queda dos preços dos aparelhos da terceira geração (3G) para abaixo de US$ 90 e tornando-os acessíveis a um grande número de usuários. Buscando repetir o sucesso dos celulares com câmera, os fabricantes de dispositivos vão produzir mais unidades multifuncionais com reprodução de música, localização, vídeo e outros recursos. Entre todos os celulares vendidos na América do Norte, 20% são aplicativos específicos: construídos para uma proposta de uso, como música ou vídeo ou de produtividade empresarial.

- **Serviços baseados em localização.** O GPS é a escolha de tecnologia de localização da indústria sem fio. Fabricantes de celulares continuarão a impulsionar os aparelhos habilitados com GPS, conforme a tecnologia evolui, de sistemas de navegação por satélite populares em carros, como o TomTom, para um recurso amplamente aceito em telefones sem fio. Com o Nokia tendo lançado o seu primeiro aparelho habilitado com GPS no início de 2007 e também banda larga disponível para suportar novos serviços multimídias, os provedores de serviços baseados em localização estão criando uma massa crítica. Como há de 10 a 20 vezes mais telefones celulares vendidos do que qualquer outro aparelho eletrônico, a tecnologia sem fio é um grande direcionador para a adoção de GPS.

- **A publicidade móvel.** As grandes marcas estão mudando do marketing básico de SMS para uma publicidade multimídia mais sofisticada. A RBC Capital Markets espera que a receita de marketing móvel cresça de US$ 45 milhões em 2005 para US$ 1,5 bilhões até 2010. Com a capacidade tecnológica para direcionar e medir a eficácia da publicidade móvel, as marcas estão mais estratégicas na sua abordagem. Os serviços 3G de conteúdo e vídeo e os avanços precisos nos serviços de localização baseados em GPS da Rich valorizam mais as marcas que procuram clientes existentes e potenciais de maneiras inovadoras.

- **Os provedores sem fio mudam para o entretenimento em casa.** A tecnologia móvel avança contra as operadoras de banda larga fixa, as quais dominaram a internet e a prestação de serviço de voz mais baratas em casa. O wi-fi continuará a ser a principal tecnologia de acesso sem fio. As operadoras de telefonia fixa podem ser reforçadas pelos recursos wi-fi em dispositivos eletrônicos de consumo (set-top boxes, consoles de jogos e tocadores de MP3), que permitem o download de conteúdo com custo-benefício.

- **As medidas de segurança sem fio se movem para o primeiro plano.** Há uma grande necessidade de colocar fortes medidas de segurança em atividade. Esse poderia ser o ano em que os hackers realmente comecem a prestar atenção nos milhões de dispositivos sem fio, no crescimento do uso de dados móveis e nos pontos vulneráveis entre redes móveis e fixas. Os CIOs sempre mencionam a segurança como a sua maior preocupação para estender o acesso à rede de dispositivos sem fio. Ataques, vírus e segurança de dados ultrapassam hoje a perda ou roubo do dispositivo como preocupações. Os serviços emergentes, como VoIP e pagamentos móveis, fornecem novos desafios. As vulnerabilidades afetam diretamente o lucro final, a imagem corporativa, a adequação regulatória e a vantagem competitiva.

- **A mobilidade da empresa.** As empresas não podem resistir aos pacotes de soluções móveis convenientes, confiáveis e com preço atraente que entram no mercado. As corporações trocam os celulares por computadores móveis para transações, coleta de dados e mensagens para uma grande variedade de funcionários. Muitos processos de comunicações de voz, como a localização de pedidos, as notificações de entrega, as operações de despacho e o monitoramento remoto de ativos continuam a ser trocados por dados sem fio para aumentar o acesso à informação e o volume de transações de campo entre as organizações. Muitas corporações substituirão completamente seus telefones celulares por dispositivos que combinem voz/dados ou dispositivos apenas de dados.[30] ∎

ACESSE <http://www.grupoa.com.br>

para materiais adicionais de estudo,
incluindo apresentações em PowerPoint.

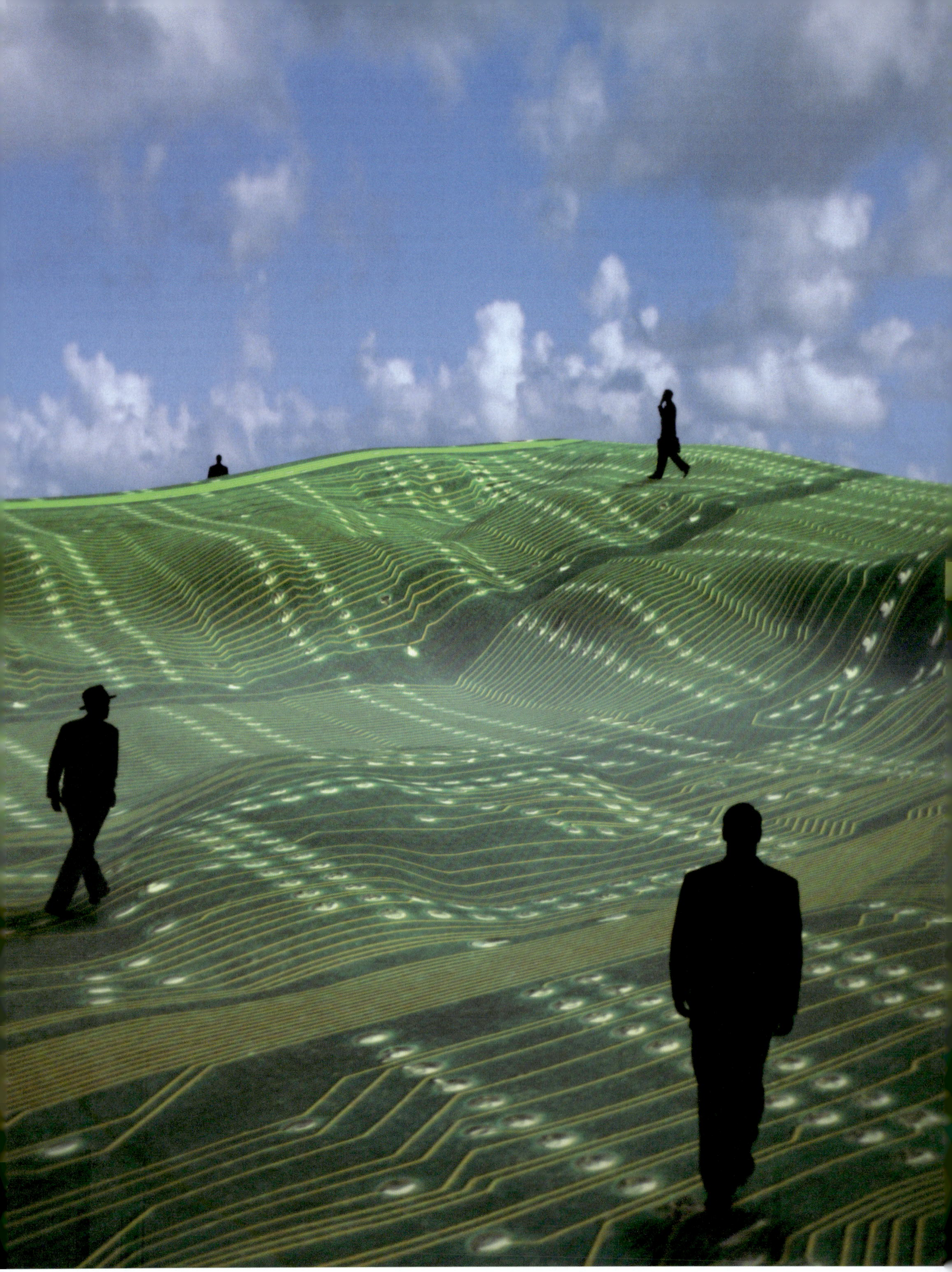

módulo três

em breve

As empresas utilizam diversos tipos de sistemas de informação para ajudar a executar suas operações diárias. São os principais sistemas transacionais que atuam no gerenciamento e no fluxo de dados relacionados a processos básicos de negócios, como a compra e a entrega de encomendas. Os dados são, muitas vezes, acumulados e resumidos em sistemas de suporte à decisão de alto nível para ajudar as empresas a entender o que está acontecendo em suas operações e como reagir. Para alcançar a perfeita manipulação dos dados, as organizações devem garantir que seus sistemas de informações empresariais estejam totalmente integrados. Isso permite que elas gerenciem e executem os processos básicos de negócios da forma mais eficiente e eficaz possível e que tomem decisões mais bem fundamentadas.

Este módulo destaca os vários tipos de sistemas de informação empresariais e ferramentas auxiliares que os funcionários podem utilizar para facilitar a comunicação e o compartilhamento de conhecimento. Os capítulos falam sobre vários tipos de sistemas de informação empresariais e do seu papel na ajuda às empresas para alcançar suas metas estratégicas. Embora cada capítulo seja dedicado a tipos específicos de sistemas da empresa, esses sistemas devem trabalhar em conjunto, oferecendo uma ampla visão de toda a empresa ou visões de 360° do negócio. As empresas que podem correlacionar e resumir todas as suas informações estão preparadas para alcançar suas metas estratégicas de negócios e superar seus concorrentes.

SISTEMAS DE INFORMAÇÃO EMPRESARIAIS

módulo um
SISTEMAS DE INFORMAÇÃO DIRECIONADOS AOS NEGÓCIOS

módulo dois
PRINCÍPIOS BÁSICOS DOS SISTEMAS DE INFORMAÇÃO

módulo três
SISTEMAS DE INFORMAÇÃO EMPRESARIAIS

cap. 8 Gerenciamento de operações e gestão da cadeia de suprimento

cap. 9 Gestão de relacionamento com o cliente e inteligência de negócios

cap. 10 Planejamento de recursos empresarias e sistemas de colaboração

módulo quatro
DESENVOLVIMENTO DOS SISTEMAS DE INFORMAÇÃO

gerenciamento de operações + gestão da cadeia de suprimento

capítulo oito

o que a TI tem para mim?

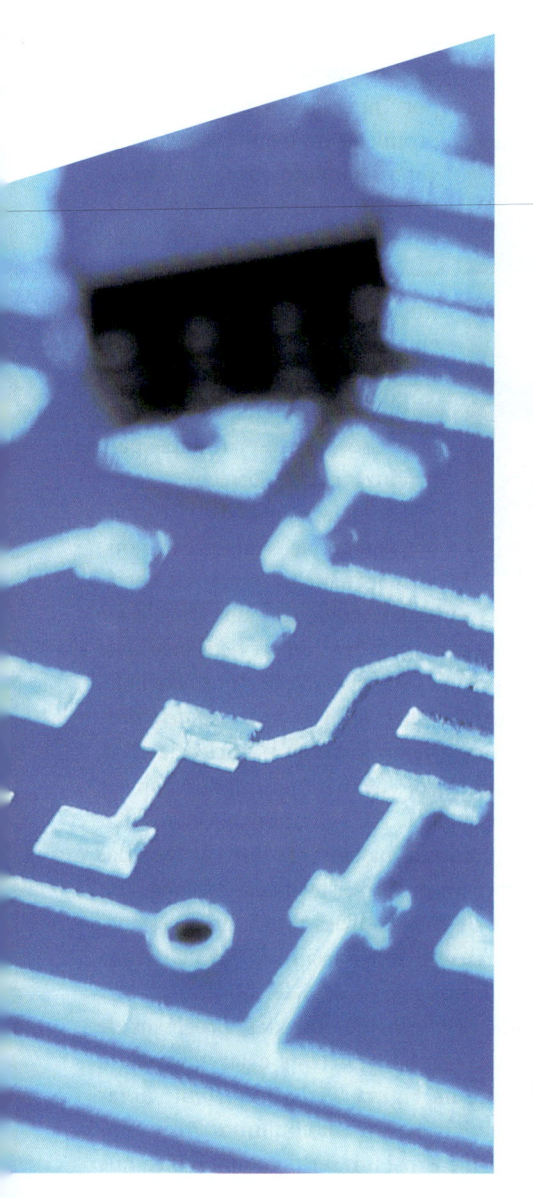

A tecnologia da informação pode ser usada para revolucionar e transformar as operações e os processos de gestão da cadeia de suprimento. Os sistemas de informação permitem que as empresas possam gerenciar melhor o fluxo de informações, materiais e de pagamentos financeiros que ocorre entre as etapas da cadeia de suprimento para maximizar sua eficácia e rentabilidade total.

Você, como estudante de administração, precisa saber a importância de uma cadeia de suprimento para o sucesso organizacional e o papel fundamental que a tecnologia da informação exerce para garantir o seu bom funcionamento. Uma cadeia de suprimento consiste em todas as partes envolvidas, direta ou indiretamente, na aquisição de um produto ou matéria-prima. Essas partes podem ser grupos internos ou departamentos dentro de uma organização ou empresas externas parceiras e consumidores finais.

Este capítulo enfatiza o importante papel que a tecnologia da informação exerce para fornecer uma infraestrutura básica e os mecanismos de coordenação necessários para que as operações de gerenciamento e as cadeias de suprimentos funcionem da forma mais eficaz e eficiente possível. Sabendo disso, você vai perceber e compreender as capacidades e limitações do gerenciamento de operações, os benefícios e desafios da gestão da cadeia de suprimento, bem como as tendências futuras em que os sistemas de informação desempenharão um papel importante.

SEÇÃO 8.1 >>
Gerenciamento de operações

- Fundamentos do gerenciamento de operações
- GO nos negócios
- Papel da TI no GO
- Estratégia competitiva do GO
- GO e a cadeia de suprimento

SEÇÃO 8.2 >>
Gestão da cadeia de suprimento

- Fundamentos da cadeia de suprimento
- Papel da TI na cadeia de suprimento
- Fatores de sucesso da gestão da cadeia de suprimento
- Histórias de sucesso da gestão da cadeia de suprimento
- Tendências futuras da cadeia de suprimento

A *produção* é a criação de bens e serviços utilizando os fatores de produção: terra, trabalho, capital, empreendedorismo e conhecimento. A produção tem sido historicamente associada à fabricação, mas a natureza dos negócios mudou significativamente nos últimos 20 anos. O setor de serviços, especialmente os serviços de internet, cresceu drasticamente. Os Estados Unidos têm agora o que se chama de uma economia de serviços, isto é, o domínio do setor dos serviços.

As organizações que se destacam no gerenciamento de operações, especificamente a gestão da cadeia de suprimento, têm um melhor desempenho em quase todas as medidas financeiras de sucesso, de acordo com um relatório do Boston AMR Research Inc. Quando a excelência da cadeia de suprimento melhora as operações, as empresas percebem uma margem de lucro 5% maior, 15% menos de estoque, 17% a mais nos índices de "pedido perfeito" e 35% a menos de tempo de ciclo do que seus concorrentes. "A base de competição para as empresas vencedoras na economia de hoje é a superioridade da cadeia de suprimento", afirma Evin O'Marah, vice-presidente de pesquisa da AMR Research. "Essas empresas entendem que o desempenho da cadeia de valor resulta em produtividade e liderança na participação de mercado. Também entendem que a liderança da cadeia de suprimento significa mais do que apenas custos baixos e eficiência: ela exige uma capacidade superior de adequação e resposta às mudanças na demanda com bens e serviços inovadores".[1]

Coletar, analisar e distribuir informações transacionais para todas as partes relevantes e os sistemas de gestão da cadeia de suprimento (SCM, *Supply Chain Management*) ajudam todas as diferentes entidades dessa cadeia a trabalhar em conjunto e de maneira mais eficaz. Os sistemas SCM fornecem visões holísticas dinâmicas das empresas. Os usuários podem fazer análises detalhadas (*drill down*) das atividades da cadeia de suprimento para encontrar informações valiosas sobre as operações organizacionais. Este capítulo explora os detalhes do gerenciamento de operações e da gestão da cadeia de suprimento.

●● SEÇÃO 8.1 Gerenciamento de operações

OBJETIVOS DE APRENDIZAGEM

OA8.1 Definir a expressão gerenciamento de operações.

OA8.2 Explicar o papel do gerenciamento de operações nos negócios.

OA8.3 Descrever a correlação entre o gerenciamento de operações e a tecnologia da informação.

OA8.4 Descrever as cinco características de prioridades competitivas.

OA8.5 Explicar a gestão da cadeia de suprimento e o seu papel em um negócio.

●● OA8.1

Definir a expressão gerenciamento de operações.

FUNDAMENTOS DO GERENCIAMENTO DE OPERAÇÕES

Livros, DVDs, MP3s baixados e procedimentos odontológicos e médicos são exemplos de bens e serviços. O *gerenciamento da produção* descreve todas as tarefas que os gerentes realizam para ajudar as empresas a criar bens. Para refletir a mudança na importância da produção de serviços, o termo "produção" tem sido frequentemente substituído por "operações" para refletir a produção de bens e serviços. O *gerenciamento de operações* (GO) é o gerenciamento de sistemas ou processos que converte ou transforma os recursos (incluindo os recursos humanos) em bens e serviços. O gerenciamento de operações é responsável pelo gerenciamento dos processos centrais usados para produzir bens e serviços.

Essencialmente, a criação de bens ou serviços envolve a transformação ou conversão de entradas em saídas. Várias entradas, como capital, trabalho e informação, são usadas para criar bens ou serviços mediante um ou mais processos de transformação (por exemplo, armazenamento, transporte e corte). Um *processo de transformação* é, muitas vezes, referido como o núcleo técnico, especialmente em organizações de manufatura, e é a conversão real de entradas em saídas. Para garantir que os resultados desejados sejam obtidos, uma empresa toma as medidas de vários pontos no processo de transformação (*feedback*) e, em seguida, compara-os com padrões previamente estabelecidos para determinar se é necessária uma ação corretiva (controle). A Figura 8.1 mostra o sistema de conversão.[2]

A Figura 8.2 exibe exemplos de entradas, processos de transformação e saídas. Embora os bens e serviços sejam listados separadamente na Figura 8.1, é importante notar que eles frequentemente ocorrem em conjunto. Por exemplo, trocar o óleo de um carro é um serviço, mas o óleo que

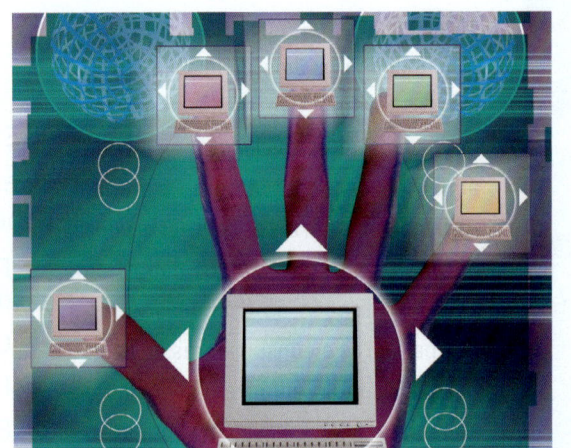

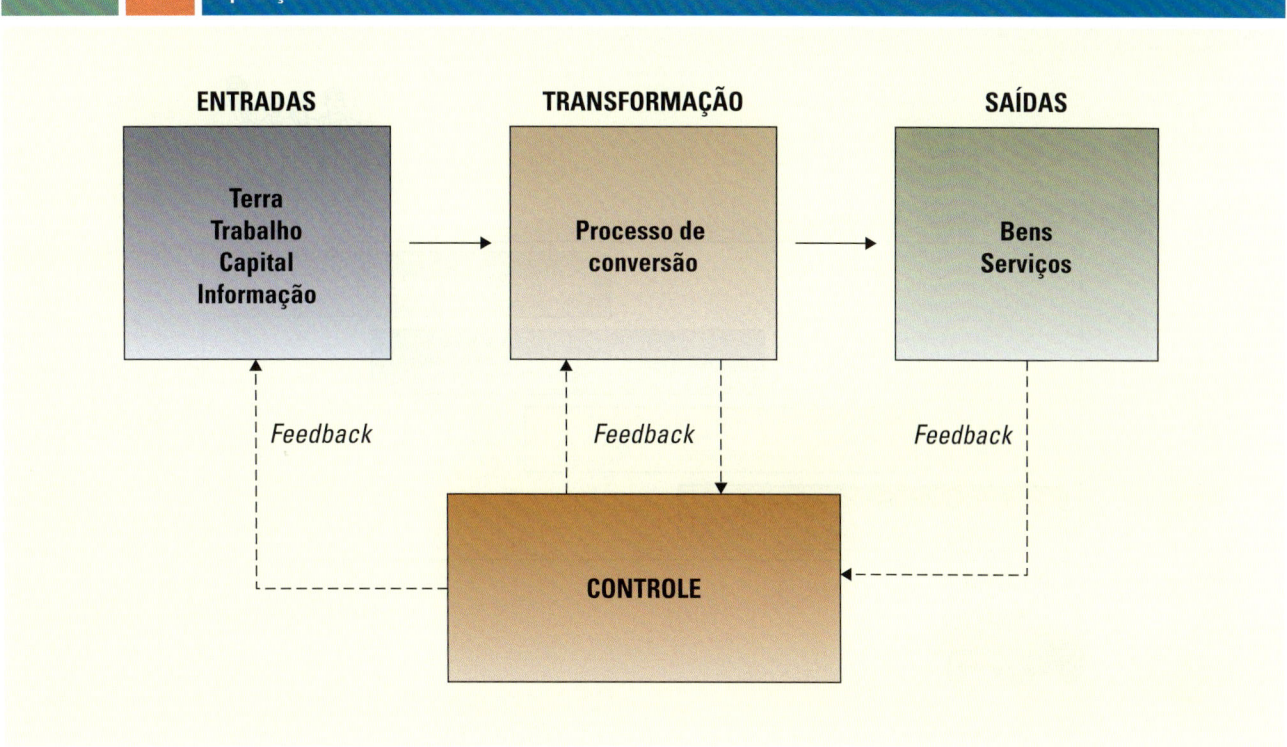

FIGURA 8.1 Operações envolvem a conversão de entradas em saídas

ENTRADAS
Terra
Trabalho
Capital
Informação

TRANSFORMAÇÃO
Processo de conversão

SAÍDAS
Bens
Serviços

Feedback — *Feedback* — *Feedback*

CONTROLE

FIGURA 8.2 Exemplos de entradas, transformação e saídas

Entradas	Transformação	Saídas
Entradas de restaurante incluem os clientes famintos, o alimento e a equipe de garçons	Alimentos bem preparados e bem servidos: ambiente agradável	Clientes satisfeitos
Entradas de hospitais incluem pacientes, suprimentos médicos, médicos, enfermeiros	Assistência médica	Indivíduos saudáveis
Entradas de automóveis incluem chapas de aço, peças de motor, pneus	Fabricação e montagem de automóveis	Automóveis de alta qualidade
Entradas de universidades incluem estudantes formados no ensino médio, livros, professores, salas de aula	Transmissão de conhecimentos e habilidades	Indivíduos educados
Entradas de centro de distribuição incluem unidades de manutenção de estoque, caixas de armazenamento, trabalhadores	Armazenamento e redistribuição	Entrega rápida de produtos disponíveis

é oferecido é um bem. Da mesma forma, pintar a casa é um serviço, mas a tinta é um bem. A combinação de bens e serviços é um conjunto contínuo que varia de produtos primários, com pouco serviço, até serviços primários, com poucos bens (ver Figura 8.3). Há relativamente poucos bens ou serviços puros, portanto, as empresas geralmente vendem pacotes de produtos, que são uma combinação de bens e serviços. Isso torna o gerenciamento de operações mais interessante e também mais desafiador.[3]

Valor agregado é uma expressão usada para descrever a diferença entre o custo das entradas e o valor de preço das saídas. O GO é fundamental para uma empresa porque possibilita o aumento do valor agregado durante o processo de transformação. Nas empresas sem fins lucrativos, o valor das saídas (construção de rodovias, polícias e proteção contra incêndios) é o seu valor para a sociedade e, quanto maior o valor agregado, maior será a eficácia das operações. Nas organizações com fins lucrativos, o valor das saídas é medido pelos preços que os consumidores estão dispostos a pagar pelos bens ou serviços. As empresas usam o dinheiro gerado pelo valor agregado para pesquisa e desenvolvimento, investimento em novas instalações e equipamentos, salários dos trabalhadores e lucros. Consequentemente, quanto maior o valor agregado, maior a

FIGURA 8.3 O conjunto contínuo de bens e serviços: a maioria dos produtos é um pacote de bens e serviços

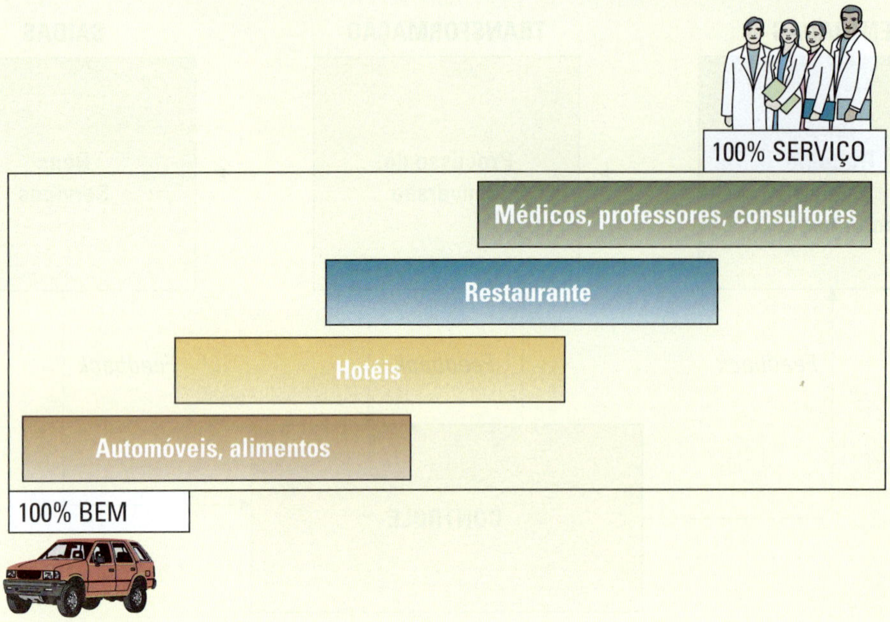

- 100% SERVIÇO
- Médicos, professores, consultores
- Restaurante
- Hotéis
- Automóveis, alimentos
- 100% BEM

quantidade de recursos disponíveis para essas atividades importantes.

OA8.2
Explicar o papel do gerenciamento de operações nos negócios.

GO NOS NEGÓCIOS

O escopo do GO abrange a empresa toda e inclui muitas atividades inter-relacionadas, como prognóstico, planejamento de capacidade, programação, gerenciamento de estoques, garantia de qualidade, motivação dos funcionários, decisão de onde alocar suas instalações, entre outras.

Rever as atividades realizadas em uma companhia aérea facilita entender como a equipe de serviço de GO de uma empresa agrega valor. A companhia é composta por aviões, instalações de aeroportos e de manutenção, e as atividades típicas de GO incluem:

- **Prognóstico:** a estimativa da demanda de assentos para os voos, das condições climáticas e de pouso, e as estimativas de crescimento ou redução de viagens aéreas estão incluídos no prognóstico.
- **Planejamento de capacidade:** essa é a métrica-chave essencial para a companhia aérea manter o fluxo de caixa e aumentar as receitas. Subestimar ou superestimar voos irá afetar os lucros.
- **Programação:** a companhia aérea opera em horários apertados que devem ser atualizados, incluindo voos, pilotos, comissários de bordo, equipe de terra, bagageiros e manutenção de rotina.
- **Gerenciamento de estoque:** é essencial para a companhia o estoque de itens como alimentos, bebidas, equipamentos de primeiros socorros, revistas de bordo, travesseiros, cobertores e coletes salva-vidas.

- **Garantia de qualidade:** a qualidade é indispensável em uma companhia aérea em que a segurança é a maior prioridade. Os passageiros esperam que o atendimento ao consumidor seja de alta qualidade durante a emissão de bilhetes, o check-in, o serviço de bordo, e em relação aos problemas inesperados, em que a ênfase está na eficiência e cortesia.
- **Motivação e formação dos funcionários:** os funcionários das companhias aéreas devem ser altamente treinados e constantemente motivados, especialmente para lidar com passageiros frustrados.
- **Alocação de instalações:** as questões-chave enfrentadas pelas companhias aéreas incluem em quais cidades oferecer os serviços, onde alocar as instalações de manutenção e onde alocar os maiores e os menores centros de atividades.[4]

Em oposição a uma companhia aérea está uma fábrica de bicicletas, que normalmente faz operação de montagem: comprar componentes como quadros, pneus, rodas, engrenagens e outros itens de fornecedores e, em seguida, montar as bicicletas. Uma fábrica de bicicletas também realiza algumas etapas da fabricação propriamente dita, construindo chassis e fazendo as engrenagens e as correntes. Obviamente, uma companhia aérea e uma fábrica de bicicletas são tipos completamente diferentes de operações. Uma é basicamente uma operação de serviço; e a outra, um produtor de bens. No entanto, essas duas operações têm muito em comum. Assim como a companhia aérea, a fábrica de bicicletas deve programar a produção, lidar com componentes, fazer o pedido de peças e materiais, determinar a programação e treinar os funcionários, garantir que padrões de qualidade sejam cumpridos e, sobretudo, satisfazer os consumidores. Em ambas as empresas, o sucesso do negócio depende do planejamento em longo e curto prazo e da capacidade dos seus executivos e gerentes de tomar boas decisões.[5]

OA8.3

Descrever a correlação entre o gerenciamento de operações e a tecnologia da informação.

PAPEL DA TI NO GO

Os gerentes podem utilizar a TI para influenciar fortemente as decisões do GO, incluindo produtividade, custos, flexibilidade, qualidade e satisfação do cliente. Um dos maiores benefícios da TI sobre a GO está na tomada de decisões operacionais, porque o gerenciamento de operações exerce uma influência considerável sobre o grau em que as metas e objetivos da organização são alcançados. A maioria das decisões do GO envolve muitas alternativas possíveis que podem ter diferentes impactos sobre as receitas e as despesas. O sistemas de informação GO são fundamentais para que os gerentes possam tomar decisões bem informados.

Os *sistemas de suporte à decisão* e os *sistemas de informação executiva* podem ajudar uma empresa a realizar a análise *"what-if"*, a análise de sensibilidade, a análise detalhada (*drill-down*) e a consolidação. Inúmeras decisões-chave gerenciais e estratégicas são baseadas em sistemas de informação GO que afetam a empresa toda, incluindo:

- **O que:** quais recursos serão necessários e em que quantidade?
- **Quando:** quando cada recurso será necessário? Quando o trabalho deve ser programado? Quando os materiais e outros suprimentos devem ser pedidos? Quando ações corretivas são necessárias?
- **Onde:** onde o trabalho será realizado?
- **Como:** como o produto ou o serviço será projetado? Como o trabalho será feito (organização, métodos, equipamento)? Como os recursos serão alocados?
- **Quem:** quem vai realizar o trabalho?

Sistemas estratégicos de negócios do GO

A UPS utiliza sistemas de informação de fluxo de pacotes em cada um dos seus locais. Os sistemas customizados combinam estratégia de operações e tecnologia de mapeamento para otimizar a forma como as caixas são carregadas e entregues. A meta é usar o software de fluxo de pacote para reduzir a distância que os caminhões de entrega percorrem em mais de 160 milhões de quilômetros a cada ano. O projeto também vai ajudar a UPS a agilizar a rentabilidade de cada um dos seus locais de instalação.[6]

A estratégia de operações está preocupada com o desenvolvimento de um plano a longo prazo para determinar a melhor forma de utilizar os principais recursos da empresa

> "Um dos maiores benefícios da TI sobre a GO está na tomada de decisões operacionais, porque o gerenciamento de operações exerce uma influência considerável sobre o grau em que as metas e objetivos da empresa são alcançados."

omg lol*

Precisa de dinheiro para o casamento? Leiloe suas damas de honra, ora!

Todos nós notamos que a internet está transformando a maneira como fazemos negócios, como frequentamos a universidade e até mesmo como nos comunicamos com nossos entes queridos. Mas e quando toda essa transformação da internet for longe demais? Penso que isso já aconteceu. Aposto que você pensou que o casamento fosse um daqueles eventos especiais que deve ser compartilhado com amigos e familiares. Bom, não mais. Agora você pode leiloar a vaga para dama de honra se quiser levantar um pouco de dinheiro extra para seu casamento. Kelly Gray decidiu que isso seria uma ótima ideia e abriu a vaga para dama de honra em um leilão do eBay – sim, é verdade! É natural que você realmente se pergunte por que alguém pagaria para ser dama de honra em um casamento, visto que normalmente isso sai caro, pois espera-se que ela compre o próprio vestido e sapatos e pague por seus custos de viagens – sem falar da festa de despedida de solteira que, supõe-se, ela organize. A boa notícia é que Gray conseguiu ganhar incrivelmente US$ 5.700, e sua bela dama de honra foi ninguém menos que o Dr. Pepper Snapple Group, uma gigante do ramo de refrigerantes e sucos. Sim, o Dr. Pepper Snapple Group viu isso como um grande golpe publicitário e até mesmo elevou sua oferta, doando US$ 10 mil e todos os Snapples que os convidados pudessem beber. A minha única questão é: como ficaram as fotos do casamento?

O "gerenciamento da produção" descreve todas as atividades feitas pelos gerentes para ajudar as empresas a criar bens e serviços. O "gerenciamento de operações" é o gerenciamento de sistemas ou processos que converte e transforma os recursos em bens e serviços. Como mencionado anteriormente, a internet está mudando a maneira como as pessoas vivem suas vidas, e os processos tradicionais, como a escolha de damas de honra, estão sendo transformados. Identifique outros bens e serviços que estão sendo transformadas pela da utilização de tecnologia.

* N. de T.: Acrônimo, usado na internet, que corresponde às expressões "Oh! My God" (Oh! Meu Deus) e "laughing out loud" (rindo alto), usadas para caracterizar os absurdos que encontramos na rede.

de forma que haja um alto grau de compatibilidade entre eles e a estratégia corporativa a longo prazo da empresa. A estratégia de operações trata de questões muito mais amplas sobre como esses recursos principais devem ser configurados para atingir os objetivos corporativos pretendidos. Algumas das principais questões a longo prazo abordadas na estratégia de operações incluem:

- De que tamanho serão as instalações construídas?
- Onde alocar as instalações?
- Quando construir instalações adicionais?
- Que tipo(s) de processo(s) deve(m) ser instalado(s) para fazer os produtos?

Cada uma dessas questões pode ser resolvida pelos sistemas de apoio à decisão do GO. Ao desenvolver uma estratégia de operações, a administração precisa considerar vários fatores, que incluem (a) o nível de tecnologia que está ou estará disponível, (b) os níveis de qualificação exigidos dos trabalhadores e (c) o grau de integração vertical, em termos da medida em que os fornecedores externos são usados.

Hoje, muitas organizações, especialmente grandes conglomerados, operam em termos de **unidades estratégicas de negócios** (SBU, *Strategic Business Units*), que consistem em várias empresas autônomas. Quando as empresas se tornam realmente grandes, é melhor que sejam consideradas como compostas por um número de empresas (ou SBUs). Conforme mostrado na Figura 8.4, a estratégia de operações sustenta a estratégia de longo alcance desenvolvida ao nível da SBU.[7]

As decisões ao nível da SBU objetivam ser efetivas, ou seja, "fazer as coisas certas". Essas decisões são algumas vezes referidas como **planejamento estratégico**, com foco no planejamento de longo alcance, como o tamanho da fábrica, a localização e o tipo de processo a ser utilizado. O principal sistema utilizado para o planejamento estratégico é um sistema de planejamento das necessidades de materiais. Os **sistemas de planejamento das necessidades de materiais** (MRP, *Materials Requirement Planning*) utilizam sistemas de prognósticos de vendas para se certificarem de que as peças e materiais necessários estão disponíveis na hora e no local certos em uma empresa específica. A última versão do MRP é o planejamento de recursos empresariais, que é discutido em detalhes no Capítulo 10.[8]

As decisões estratégicas têm impacto nas decisões de alcance intermediário, muitas vezes referidas como planejamento tático, o qual se concentra em ser eficiente, ou seja, "fazer as coisas direito". O **planejamento tático** foca na produção de bens e serviços da maneira mais eficiente possível dentro do plano estratégico. Aqui, a ênfase é na produção de produtos de qualidade, incluindo quando o material deve ser entregue, quando os produtos devem ser feitos para melhor atender a demanda e que tamanho deve ter a força de trabalho. Um dos principais sistemas utilizados no planejamento tático contempla o gerenciamento de estoque global. Os **sistemas de gerenciamento de estoque global** fornecem a capacidade de localizar, rastrear e prever os movimentos de cada componente ou material em qualquer lugar, para trás *vs.* para frente, no processo de produção. Isso permite que uma organização localize e analise seu estoque em qualquer lugar no seu processo de produção.[9]

Finalmente, o **planejamento e controle operacional** (OP&C, *Operational Planning and Control*) lida com os procedimentos diários para executar o trabalho, incluindo a programação, o estoque e o gerenciamento de processos. Os **sistemas de gerenciamento e controle do estoque** fornecem o controle e a visibilidade para a situação de itens

FIGURA 8.4 — Hierarquia do planejamento operacional

Tipo de planejamento	Estrutura do tempo	Questões	Decisões	Sistemas
Planejamento estratégico	Longo prazo	Tamanho da fábrica, localização, tipo de processos	Como vamos fazer os produtos? Onde vamos alocar as instalações? Qual a capacidade de que precisamos? Quando devemos adicionar mais capacidade?	Sistemas de planejamento das necessidades de materiais (MRP)
Planejamento tático	Médio prazo	Tamanho da força de trabalho, necessidades de material	De quantos trabalhadores precisamos? Quando? Devemos trabalhar com horas extras ou implantar em uma troca de turno? Quando devemos ter o material entregue? Devemos ter um estoque de bens acabados?	Sistemas globais de gerenciamento de estoque
Planejamento e controle operacional (OP&C)	Curto prazo	Programação diária de trabalhadores, empregos e equipamentos, gerenciamento de processos, gerenciamento de estoque	Quais tipos de trabalhos realizamos hoje ou esta semana? A quem atribuímos quais tarefas? Quais trabalhos têm prioridade?	Sistemas de controle e gerenciamento de estoque, sistemas de planejamento de transporte, sistemas de gerenciamento da distribuição

individuais mantidos em estoque. O software mantém a precisão dos registros de estoque, gera a necessidade de material para todos os itens comprados e analisa o desempenho de estoque. O software de gerenciamento e controle de estoque fornece às organizações as informações de uma variedade de fontes, incluindo:

- Estoque atual e situação de pedidos
- Contabilidade de custos
- Prognósticos de vendas e pedidos de clientes
- Capacidade de produção
- Introduções de novos produtos[10]

Dois sistemas de OP&C adicionais incluem o planejamento de transportes e o gerenciamento de distribuição. Os **sistemas de planejamento de transporte** rastreiam e analisam o movimento de materiais e produtos para assegurar a entrega dos materiais e dos bens acabados na hora certa, no lugar certo e com o menor custo. Eles coordenam o processo de transporte de materiais de um fabricante aos centros de distribuição e daí aos consumidores finais. As rotas de transporte afetam diretamente a velocidade e o custo da entrega. Uma empresa utilizará esses sistemas para ajudar a decidir se quer usar uma rota de eficácia e enviar seus produtos diretamente para seus clientes ou usar uma rota de eficiência e enviar seus produtos para um distribuidor que os enviará aos clientes.

OA8.4
Descrever as cinco características de prioridades competitivas.

ESTRATÉGIA COMPETITIVA DO GO

A chave para o desenvolvimento de uma estratégia competitiva do GO está na compreensão de como criar bens e serviços de valor agregado para os consumidores. Especificamente, o valor é agregado por meio das prioridades competitivas que são selecionadas para apoiar uma determinada estratégia. Cinco prioridades competitivas chaves traduzem diretamente em características que são usadas para descrever vários processos pelos quais uma empresa pode agregar valor a suas decisões de GO, incluindo:

1. Custo
2. Qualidade
3. Entrega
4. Flexibilidade
5. Serviço[11]

Custo

Cada setor tem provedores de baixo custo. No entanto, ser o produtor de baixo custo nem sempre garante lucratividade e sucesso. Bens vendidos estritamente com base no custo são normalmente commodities, produtos como farinha, petróleo e açúcar. Em outras palavras, os clientes não conseguem distinguir os produtos fabricados por uma empresa dos de outra. Como resultado, os clientes utilizam o custo como o determinante principal na decisão de compra.

Os segmentos de baixo custo do mercado são frequentemente muito grandes, e muitas empresas são atraídas pelo potencial de lucros significativos, que são associados a grandes volumes de produto. Como consequência, a concorrência nesses segmentos é extremamente feroz, assim como a taxa de falha. No final das contas, só pode haver apenas um produtor de mais baixo custo, e a empresa geralmente estabelece o preço de venda no mercado.

Qualidade

A qualidade pode ser dividida em duas categorias: qualidade de produto e qualidade do processo. Os níveis de qualidade do produto variam conforme o mercado específico que pretende servir. Por exemplo, uma bicicleta genérica é de qualidade significativamente diferente de uma bicicleta de um ciclista de nível internacional. Os produtos de maior qualidade comandam os maiores preços no mercado. As empresas devem estabelecer o "nível adequado" de qualidade do produto, focando nas necessidades exatas de seus clientes. Os produtos superdimensionados com muita qualidade serão vistos como proibitivamente caros. Os produtos subdimensionados, por outro lado, vão perder clientes para os produtos que custam um pouco mais, mas são percebidos de maior valor pelos clientes.

podem se candidatar a esse prêmio em cada uma das seguintes áreas: produção, serviços, pequenos negócios, educação e assistência médica. Para se qualificar, uma empresa tem de mostrar qualidade em sete áreas-chave: liderança, planejamento estratégico, foco no cliente e no mercado, informação e análise, foco nos recursos humanos, gerenciamento de processo e resultados de negócios.[13]

- **ISO 9000**: é o nome comum dado ao gerenciamento da qualidade e aos padrões de garantia e vem de **Organização Internacional para Padronização** (ISO, *International Organization for Standardization*), uma organização não governamental, fundada em 1947, para promover o desenvolvimento de padrões mundiais para facilitar o intercâmbio internacional de bens e serviços. A ISO é uma federação mundial de organizações de mais de 140 países. Os padrões ISO 9000 exigem que uma empresa determine as necessidades do cliente, incluindo requisitos regulamentares e legais. Ela deve também ter canais para lidar com questões como reclamações. Outros padrões envolvem controle de processos, testes, armazenamento e entrega de produtos.
- **ISO 14000**: essa coleção das melhores práticas de gerenciamento do impacto de uma organização sobre o meio ambiente não prescrevem determinados níveis de desempenho, mas estabelece sistemas de gestão ambiental. Os requisitos para a certificação incluem ter uma política ambiental, o estabelecimento de metas específicas de melhoria, a realização de auditorias de programas ambientais e manutenção da alta revisão da gestão dos processos. A certificação na norma ISO 14000 mostra que uma empresa possui um sistema de gerenciamento em nível internacional tanto em qualidade quanto em normas ambientais.[14]
- **CMMI**: *Capability Maturity Model Integration* é um modelo de melhores práticas. A versão atual, CMMI-DEV, descreve as melhores práticas de gerenciamento, medição e monitoramento do processo de desenvolvimento de software. O CMMI não descreve os processos em si, mas as características dos bons processos, proporcionando orientações para as empresas desenvolverem ou aperfeiçoarem seus próprios conjuntos de processos.[15]

> "A capacidade de uma empresa possibilitar a entrega rápida e constante permite-lhe cobrar um preço *premium* por seus produtos."

A qualidade do processo é fundamental em todos os segmentos de mercado. Independentemente de saber se o produto é uma bicicleta genérica ou uma bicicleta para um ciclista internacional, os clientes querem produtos sem defeitos. Assim, o objetivo principal da qualidade do processo é produzir produtos sem erros. O investimento na melhoria da qualidade compensa em termos de relacionamentos mais fortes com os clientes e receitas mais elevadas. Muitas organizações utilizam modernos padrões de controle de qualidade, incluindo:

- **Qualidade Seis Sigma**: a meta é detectar problemas em potencial para prevenir sua ocorrência e alcançar não mais do que 3,4 defeitos por milhão de eventos. Isso é importante para empresas como a Bank of America, que produz 4 milhões de transações por dia.[12]
- **Prêmio Nacional de Qualidade Malcolm Baldrige***: em 1987, nos Estados Unidos, um padrão foi estabelecido para a qualidade global da empresa com a introdução do Prêmio Nacional de Qualidade Malcolm Baldrige (*Malcolm Baldrige National Quality Awards*), nomeado em honra do último secretário de comércio dos Estados Unidos. As empresas

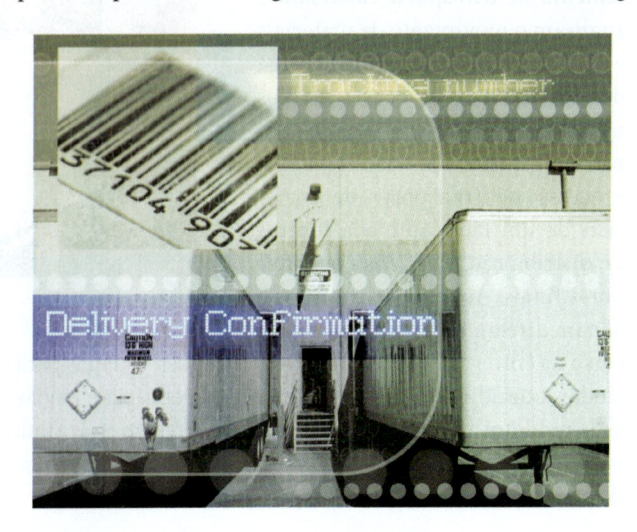

* N. de R.T.: No Brasil, o Prêmio Nacional de Qualidade (PNQ) reconhece, anualmente, as empresas de nível Classe Mundial a partir de uma grade de critérios sobre Excelência em Gestão. De 1992 a 2010, 35 organizações foram reconhecidas com o PNQ.

Entrega

Outro fator chave na decisão de compra é a velocidade da entrega. A capacidade de uma empresa possibilitar a entrega rápida e constante a permite-lhe cobrar um preço *premium* por seus produtos. George Stalk Jr., do Boston Consulting

> **A GESTÃO DA CADEIA DE SUPRIMENTO (SCM) ENVOLVE O GERENCIAMENTO DOS FLUXOS DE INFORMAÇÃO DENTRO E ENTRE AS ETAPAS DA CADEIA DE SUPRIMENTO PARA MAXIMIZAR SUAS EFICÁCIA E RENTABILIDADE TOTAIS.**

Group, demonstrou que tanto os lucros quanto a participação de mercado estão diretamente relacionados à velocidade com que uma empresa pode oferecer seus produtos em comparação à sua concorrência. Além da entrega rápida, a confiabilidade também é importante. Em outras palavras, os produtos deverão ser entregues aos clientes com variância mínima nos prazos de entrega.[16]

Flexibilidade

A flexibilidade, a partir de uma perspectiva estratégica, refere-se à capacidade de uma empresa oferecer uma grande variedade de produtos aos seus clientes. É também uma medida de quão rápido ela pode converter os seus processos de produção de uma antiga linha de produtos para uma nova linha. A diversidade de produtos é, muitas vezes, percebida pelos clientes como uma dimensão de qualidade.

A flexibilidade do processo de fabricação da John Deere's Harvester Works em Moline, Illinois, permite à empresa responder à imprevisibilidade das necessidades da indústria de equipamentos agrícolas. Ao produzir tais produtos de pequeno volume como plantadores de sementes em "módulos", ou fábricas dentro de uma fábrica, a Deere pôde oferecer aos agricultores uma possibilidade de 84 modelos diferentes de plantadores com uma variedade tão ampla de opções que eles podem ter plantadores praticamente customizados para atender às suas necessidades individuais. Seu processo de fabricação permite, assim, que Deere concorra em velocidade e flexibilidade.[17]

Atualmente, parece haver uma tendência de oferta de produtos ecologicamente corretos por processos feitos de mesma característica. À medida que os consumidores se tornam mais conscientes da fragilidade do meio ambiente, eles estão cada vez mais se voltando para os produtos seguros para o meio ambiente. Vários fabricantes flexíveis agora anunciam produtos ecologicamente corretos, com economia de energia e reciclados.

Serviço

Com os ciclos de vida mais curto dos produtos, estes tendem a migrar para um padrão comum. Como consequência, eles, muitas vezes, são vistos como commodities em que o preço é o principal diferenciador. Por exemplo, as diferenças dos *laptops* oferecidos entre os fabricantes de PCs são relativamente insignificantes, por isso o preço é o principal critério de seleção. Por esse motivo, muitas empresas tentam dar ênfase ao atendimento de alta qualidade ao cliente como um diferencial fundamental. O atendimento ao cliente pode agregar um grande valor para qualquer produto.

As empresas estão sempre olhando para o futuro para encontrar a próxima vantagem competitiva que irá distinguir os seus produtos no mercado. Para obter uma vantagem em um ambiente tão competitivo, as empresas devem fornecer bens e serviços de "valor agregado", e a principal área em que eles podem capitalizar todas as cinco prioridades competitivas na cadeia de suprimento.

●● **OA8.5**

Explicar a gestão da cadeia de suprimento e o seu papel em um negócio.

GO E A CADEIA DE SUPRIMENTO

Para entender uma cadeia de suprimento, considere um consumidor que compra uma bicicleta Trek de um negociante. A cadeia de suprimento começa quando um consumidor realiza o pedido de uma bicicleta Trek com o negociante. O consumidor compra a bicicleta do fabricante, a Trek. A Trek compra as matérias-primas necessárias para fazer a bicicleta, como metal, embalagens e acessórios de diferentes fornecedores. A cadeia de suprimento para a Trek compreende todas as atividades e partes envolvidas no processo de cumprimento do pedido do cliente para a nova bicicleta.

Uma *cadeia de suprimento* consiste em todas as partes envolvidas, direta ou indiretamente, na aquisição de um produto ou matéria-prima. A *gestão da cadeia de suprimento* (SCM, *Supply Chain Management*) envolve o gerenciamento dos fluxos de informação dentro e entre as etapas da cadeia de suprimento para maximizar suas eficácia e rentabilidade totais. Os quatro componentes básicos da gestão da cadeia de suprimento são:

1. **Estratégia de cadeia de suprimento:** a estratégia para gerenciar todos os recursos necessários para atender a demanda do cliente para todos os bens e serviços.
2. **Parceiros da cadeia de suprimento:** os parceiros escolhidos para fornecer os produtos acabados, as matérias-primas e os serviços, incluindo preços, entrega e processos de pagamento, juntamente com as métricas de monitoramento da relação com o parceiro.
3. **Operação da cadeia de suprimento:** o cronograma de atividades de produção, incluindo testes, embalagem e preparação para a entrega. As medidas para esse componente incluem produtividade e qualidade.
4. **Logística da cadeia de suprimento:** os processos e elementos de entrega do produto incluindo pedidos, armazéns, transportadores, devoluções de produtos defeituosos e faturamento.[18]

FIGURA 8.5 Típica cadeia de suprimento de produção

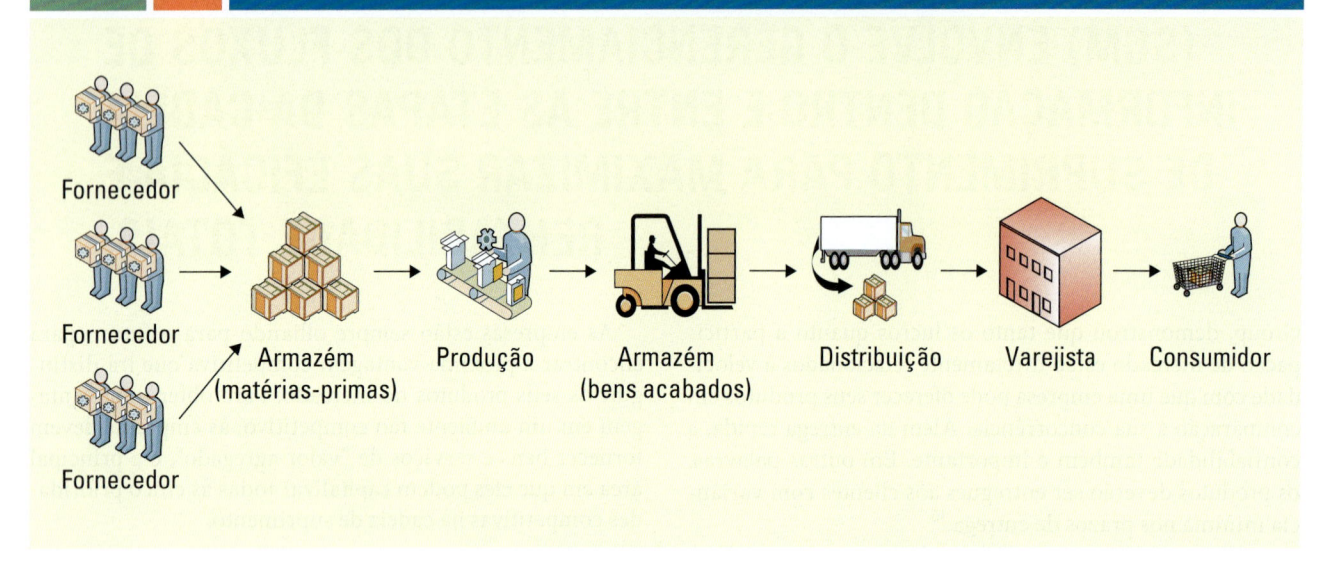

Fornecedor
Fornecedor
Fornecedor
Armazém (matérias-primas)
Produção
Armazém (bens acabados)
Distribuição
Varejista
Consumidor

FIGURA 8.6 Típica cadeia de suprimento de serviço

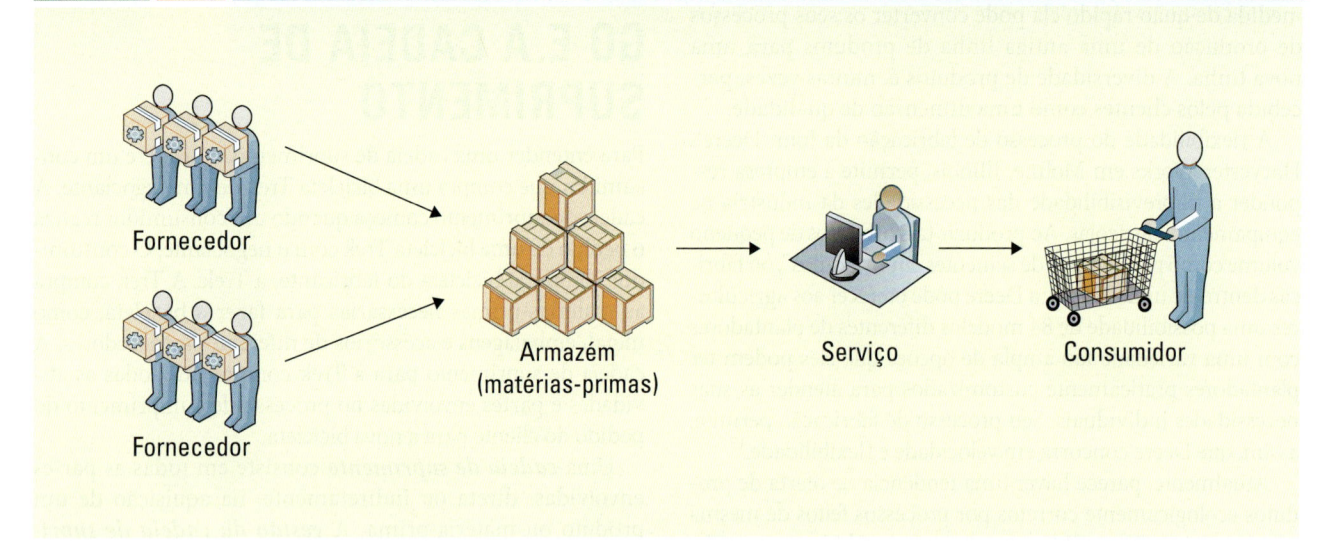

Fornecedor
Fornecedor
Armazém (matérias-primas)
Serviço
Consumidor

Saiba que: Consertando os Correios

Existe algo mais frustrante do que a espera na fila nos Correios? Essas filas não somente são frustrantes, como também estão se tornando inúteis. O United States Postal Service registrou uma perda de aproximadamente US$ 7 bilhões em 2009, uma das maiores catástrofes da sua história.

O que está matando os Correios? Talvez seja a Stamps.com, um site que permite que você personalize e imprima seus próprios selos, 24 horas por dia. Vai se casar? Você pode colocar uma foto do casal feliz diretamente no selo para os convites. Começando um negócio? Você pode colocar o logotipo do seu negócio em seus selos. A Stamps.com ainda mantém o controle de todos os gastos postais dos consumidores utilizando códigos de cliente, e isso pode indicar os métodos ideais de entrega. Além disso, a Stamps.com dá descontos em tarifas que você não consegue nos Correios.

Quais novos produtos estão roubando os negócios dos Correios? Como os Correios poderiam criar novos bens e serviços para ajudar a fazer o seu negócio crescer? Como poderiam usar o custo, a qualidade, a entrega, a flexibilidade e o serviço para renovar os seus processos de gerenciamento de operações?

São necessárias dezenas de etapas para alcançar e realizar cada um dos componentes acima. O software SCM permite a uma empresa gerar eficiências dentro desses passos, por meio da automatização e melhoria dos fluxos de informação nos diferentes componentes da cadeia de suprimento. As Figuras 8.5 e 8.6 mostram as cadeias de suprimento típicas para bens e serviços.

O Walmart e a Procter & Gamble (P&G) implementaram um sistema de SCM de sucesso, que interligou os centros de distribuição do Walmart diretamente aos centros de fabricação da P&G. Cada vez que um cliente do Walmart compra um produto da P&G, o sistema envia uma mensagem diretamente para a fábrica, alertando a P&G para repor o produto. O sistema também envia um alerta automático para a P&G sempre que um produto está acabando em um dos centros de distribuição Walmart. Essa informação em tempo real permite à P&G produzir e entregar novos produtos ao Walmart sem precisar manter grandes estoques em seus armazéns. O sistema de SCM economiza tempo, reduz estoques e diminui custos de processamento de pedidos para que a P&G, o que esta passa ao Walmart na forma de descontos nos preços.[19]

A Figura 8.7 descreve, por meio de um diagrama, as etapas do sistema de SCM para um consumidor que compra um produto do Walmart. O diagrama mostra como a cadeia de suprimento é dinâmica e envolve o fluxo constante de informações entre as diferentes partes. Por exemplo, um consumidor compra um produto do Walmart e gera informações de pedido. O Walmart fornece as informações para seu depósito ou distribuidor. O armazém ou o distribuidor transfere as informações do pedido para o fabricante, o qual fornece as informações sobre preços e disponibilidade para a loja e repõe o produto. Os parceiros transferem todos os pagamentos eletronicamente. Os sistemas de gestão da cadeia de suprimento eficazes e eficientes podem permitir a uma empresa:

- Reduzir o poder de seus compradores.
- Aumentar o seu próprio poder de fornecedor.
- Aumentar os custos de troca para reduzir a ameaça de bens ou serviços substitutos.
- Criar barreiras de entrada, reduzindo, assim, a ameaça de novos entrantes.
- Aumentar a eficiência enquanto procura uma vantagem competitiva por meio da liderança de custos (ver Figura 8.8).[20]

SEÇÃO 8.2 Gestão da cadeia de suprimento

OBJETIVOS DE APRENDIZAGEM

OA8.6 Listar e descrever os cinco componentes de uma típica cadeia de suprimento.

OA8.7 Definir a relação entre tecnologia da informação e cadeia de suprimento.

OA8.8 Identificar os fatores que direcionam a gestão da cadeia de suprimento.

OA8.9 Resumir as melhores práticas de implementação de um sistema de gestão da cadeia de suprimento bem-sucedida.

OA8.6

Listar e descrever os cinco componentes de uma típica cadeia de suprimento.

mostre-me o DINHEIRO

Netflix seu negócio

A Netflix reinventou o negócio de aluguel de vídeo utilizando a tecnologia da cadeia de suprimento. A Netflix, criada em 1998, é o maior serviço online de locação de DVD, oferecendo taxa fixa de aluguel com entrega para clientes nos Estados Unidos. Com sede em Los Gatos, na Califórnia, a empresa reuniu uma coleção de 80 mil títulos e mais de 6,8 milhões de assinantes. A Netflix tem mais de 42 milhões de DVDs e entrega 1,6 milhões deles por dia, custando, em média, 300 milhões em taxas de postagem por ano. Em 25 de fevereiro de 2007, a Netflix anunciou a entrega do seu bilionésimo DVD.

A empresa oferece um serviço de taxa fixa mensal para o aluguel de filmes em DVD. Um assinante cria uma lista ordenada (fila de aluguel) de DVDs para alugar. Os DVDs são entregues individualmente por meio da United States Postal Service a partir de um conjunto de armazéns regionais (44 em 29 estados). Um assinante mantém o DVD alugado o tempo que desejar, mas tem um limite no número de DVDs (determinado pelo padrão da assinatura) que pode ser verificado a qualquer momento. Para alugar um novo DVD, o assinante devolve o anterior por via postal para a Netflix, em um envelope pré-pago dos Correios. Depois de receber o disco, a Netflix envia o outro da fila de aluguel do assinante.

O negócio de Netflix é a locação de vídeo, mas ela usou a tecnologia para modernizar a cadeia de suprimento e romper completamente com toda a indústria de aluguel de vídeo. Reinventar a TI é tema de uma competição estadual, na qual os estudantes universitários propõem um novo negócio a ser reinventado ao reestruturar a cadeia de suprimento (como a Netflix tem feito). Você, é claro, quer entrar e ganhar o concurso. Reinvente um negócio tradicional, como o negócio de aluguel de vídeo, utilizando tecnologias da cadeia de suprimento.

FIGURA 8.7 Cadeia de suprimento para um produto comprado no Walmart

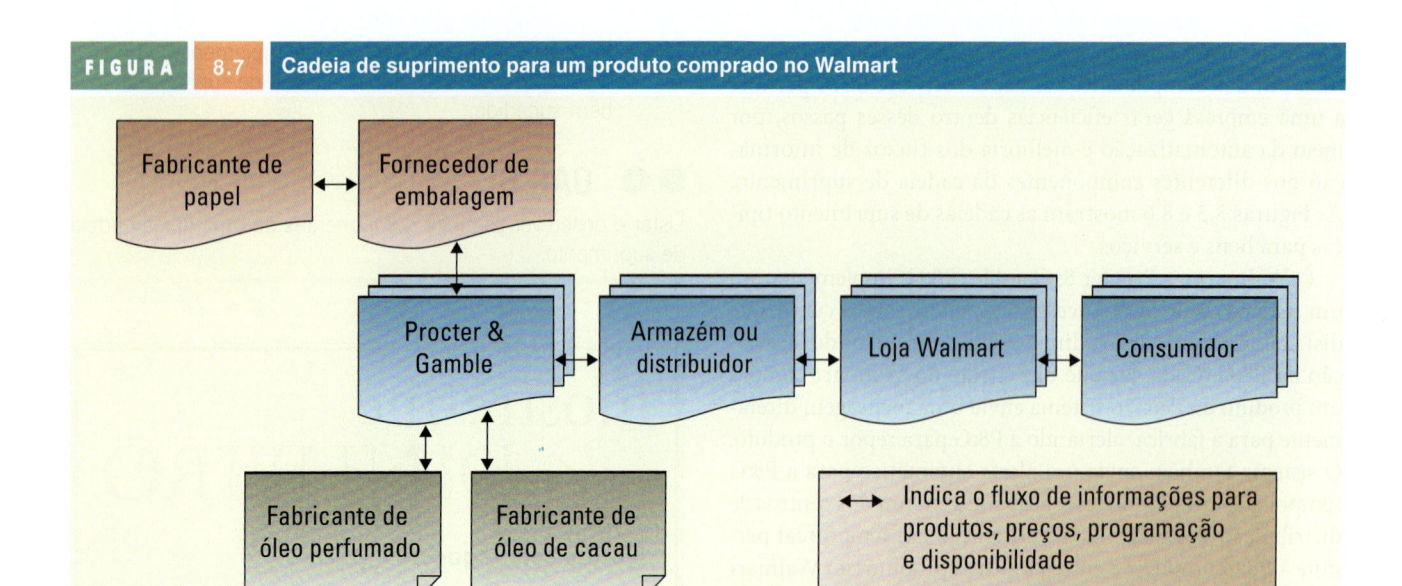

- Fabricante de papel
- Fornecedor de embalagem
- Procter & Gamble
- Armazém ou distribuidor
- Loja Walmart
- Consumidor
- Fabricante de óleo perfumado
- Fabricante de óleo de cacau

↔ Indica o fluxo de informações para produtos, preços, programação e disponibilidade

FIGURA 8.8 Efeito da gestão da cadeia de suprimento eficaz e eficiente nas Cinco Forças de Porter

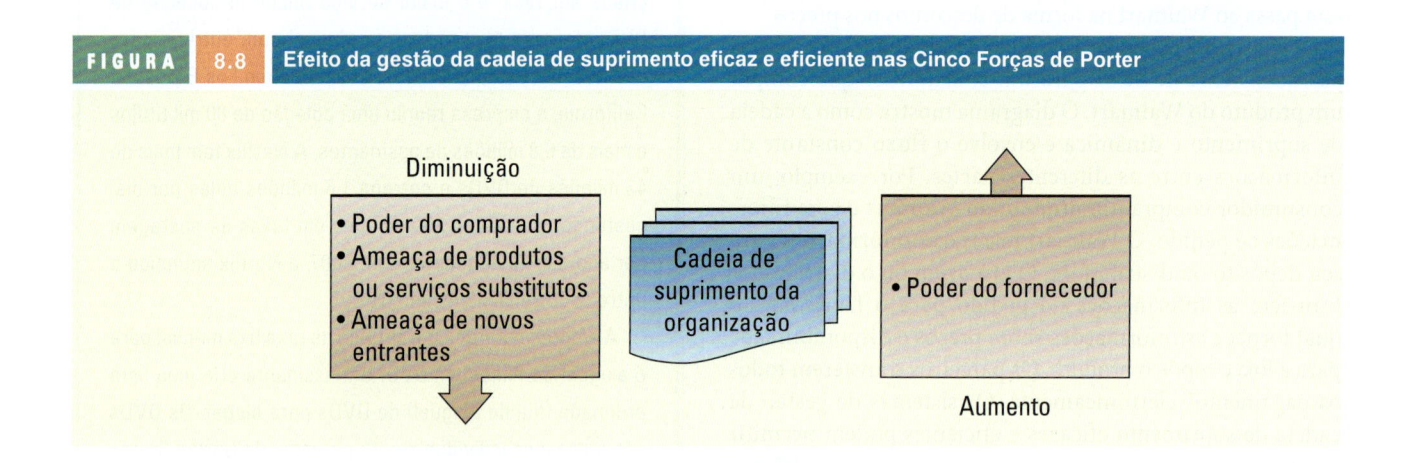

Diminuição
- Poder do comprador
- Ameaça de produtos ou serviços substitutos
- Ameaça de novos entrantes

Cadeia de suprimento da organização

Aumento
- Poder do fornecedor

FUNDAMENTOS DA CADEIA DE SUPRIMENTO

A empresa gasta nas necessidades de produção quase a metade de cada dólar ganho – bens e serviços para os quais necessita de fornecedores externos para continuar produzindo. No passado, as empresas focavam principalmente nas melhorias da produção e da qualidade dentro de suas quatro paredes. Hoje, os seus esforços vão além daquelas paredes para influenciar toda a cadeia, incluindo os clientes, os clientes dos clientes, os fornecedores e os fornecedores dos fornecedores. A cadeia de suprimento atual é uma complexa teia de fornecedores, montadores, empresas de logística, canais de vendas/marketing e outros parceiros de negócios ligados principalmente por meio de redes de informação e relações contratuais. Os sistemas de SCM fortalecem e gerenciam as relações. A cadeia de suprimento tem três links principais (ver Figura 8.9):

1. Fluxo de materiais dos fornecedores e seus fornecedores para trás em todos os níveis.
2. Transformação de materiais em produtos semiacabados e acabados: os processos de produção própria da organização.
3. Distribuição de produtos para os clientes e seus clientes para frente em todos os níveis.

As organizações devem adotar as tecnologias que podem, de modo eficaz, controlar e supervisionar as suas cadeias de suprimentos. O SCM está se tornando cada vez mais importante na criação de eficiência e vantagens competitivas organizacionais. A Best Buy verifica os níveis de estoque em cada uma das suas 750 lojas na América do Norte a cada meia hora com o seu sistema de SCM, excluindo grande parte do trabalho de antecipação da reposição de estoques. A gestão da cadeia de suprimento melhora os caminhos para as empresas encontrarem as matérias-primas de que necessitam para fazer um produto ou serviço, fabricar esse produto ou serviço e entregá-lo aos consumidores. A Figura 8.10 destaca os cinco componentes básicos da gestão de cadeia de suprimento.[21]

FIGURA 8.9 Típica cadeia de suprimento

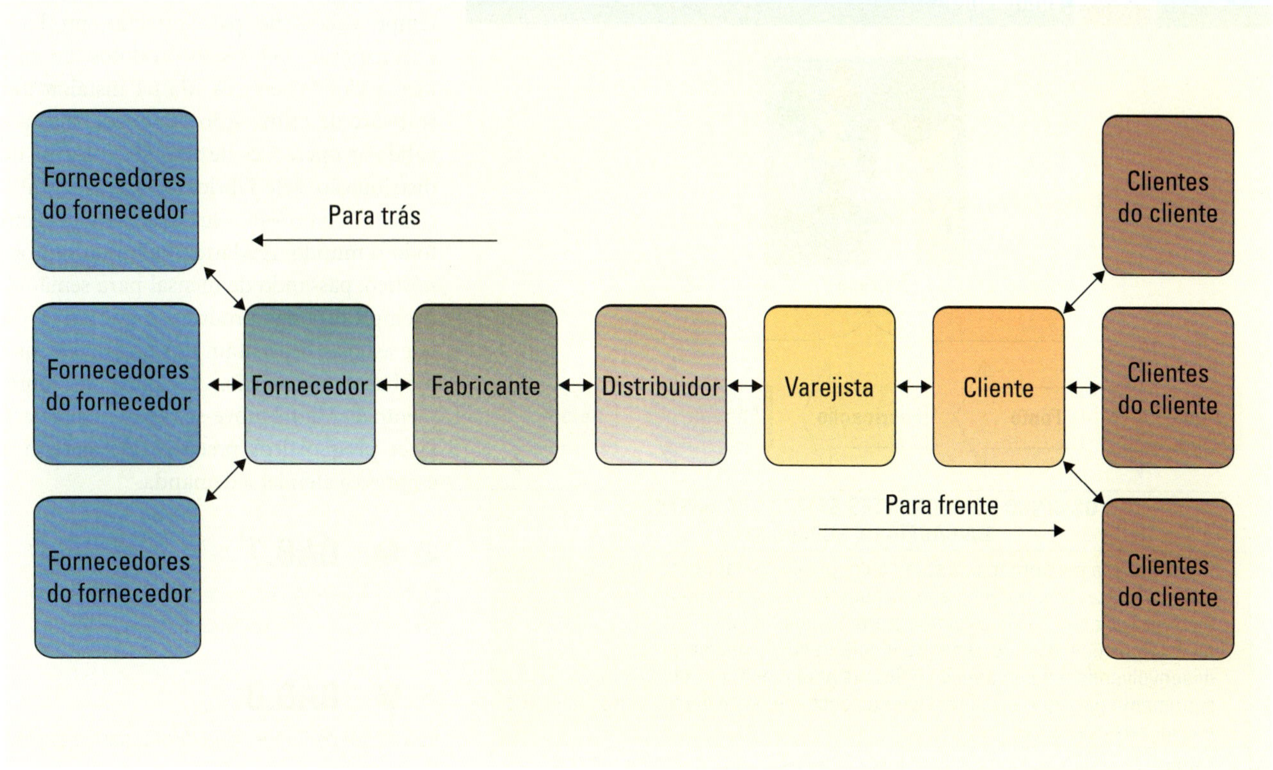
Fornecedores do fornecedor
Fornecedores do fornecedor
Fornecedores do fornecedor
Para trás
Fornecedor
Fabricante
Distribuidor
Varejista
Cliente
Clientes do cliente
Clientes do cliente
Clientes do cliente
Para frente

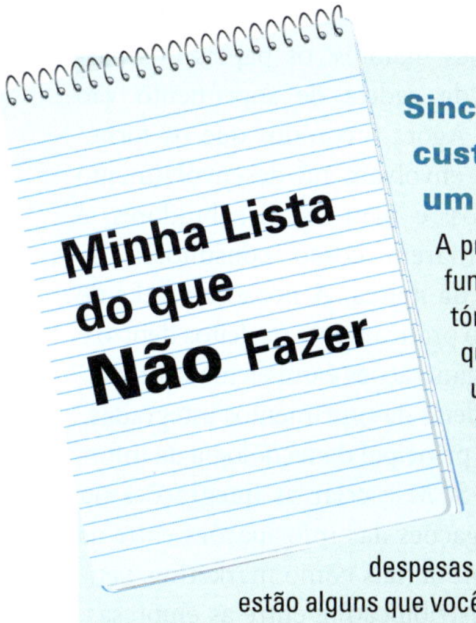
Minha Lista do que Não Fazer

Sinceramente, custa US$ 7.500 um bife no jantar

A próxima vez em que um de seus funcionários apresentar um relatório de despesas, você pode querer pensar duas vezes: há uma série de sites que oferecem todos os tipos de documentação falsa que as pessoas podem usar para ajudar a burlar o fisco, relatórios de despesas ou até mesmo cônjuges. Aqui estão alguns que você deve estar ciente:

- **Customreceipts.com:** imprime recibos falsos de caixas eletrônicos para aqueles que querem casualmente deixar as outras pessoas verem seu volumoso saldo bancário.
- **Alibi Network:** cria desculpas sob medida, como uma ligação dizendo ser uma "emergência", de forma que o funcionário possa deixar aquela reunião chata ou o incômodo piquenique da empresa. O site vai ainda escrever e enviar convites falsos para eventos empresariais ou telefonar no lugar de um companheiro infiel "confirmando" que seu amado vai ficar preso em uma reunião.
- **CorruptedFiles.com:** vende arquivos corrompidos que não poderão ser abertos em um Mac ou PC, "permitindo" que os funcionários descumpram um prazo.
- **Restaurante Maloney & Porcelli's:** esse restaurante inovador, ainda que talvez antiético, iniciou a ferramenta "despesa de um bife" que funciona inserindo a conta para o jantar e automaticamente criando um falso recibo de trabalho que vai desde viagens de táxi até lojas de materiais para escritório. Por exemplo, você insere o custo de uma refeição a US$ 149,37 e o programa gera um recibo de US$ 135,73 da "Casa de Material para Escritório" e um recibo de US$ 13,64 do "Experiência Panini".

A existência de serviços como esses afetam o modo como você vai executar o seu negócio? O que você faria com um funcionário que usasse um desses serviços? O que aconteceria com o orçamento de uma empresa se ela considerasse que as despesas fraudulentas devessem ser pagas pelo negócio? Como a eficiência e a eficácia entram nesse cenário? Como uma empresa pode lutar contra esses tipos de atividades fraudulentas sem desperdiçar enormes quantidades de tempo e energia?

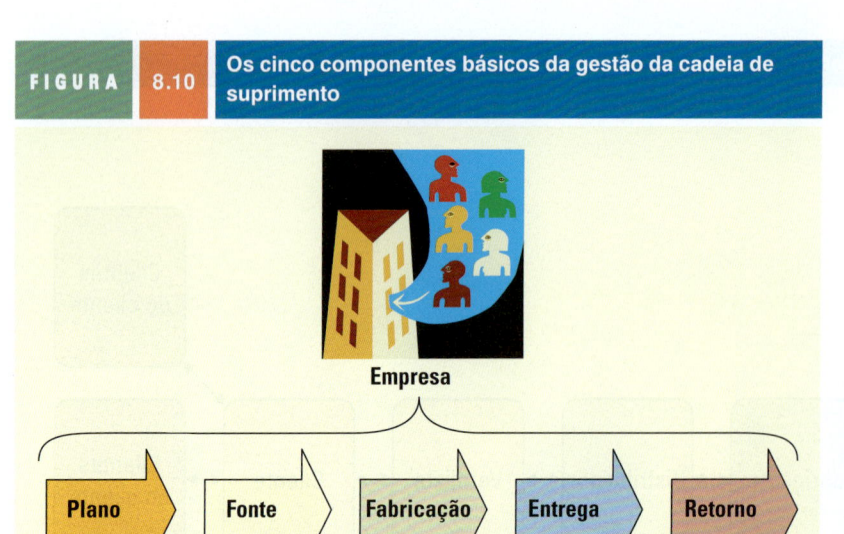

FIGURA 8.10 Os cinco componentes básicos da gestão da cadeia de suprimento

Empresa

Plano → Fonte → Fabricação → Entrega → Retorno

OS CINCO COMPONENTES BÁSICOS DA GESTÃO DA CADEIA DE SUPRIMENTO

1. **Plano** – Essa é a porção estratégica da gestão da cadeia de suprimento. Uma empresa deve ter um plano de gerenciamento e todos os recursos que vão em direção ao atendimento da demanda de produtos ou serviços dos clientes. Uma grande parte do planejamento está desenvolvendo um conjunto de métricas para monitorar a cadeia de suprimento para que ela seja eficiente, custe menos e ofereça alta qualidade e valor aos clientes.

2. **Fonte** – As empresas devem escolher cuidadosamente os fornecedores confiáveis que fornecerão os bens e serviços necessários para a fabricação de bens. Elas também devem desenvolver um conjunto de preços, distribuição e processos de pagamento com os fornecedores e, criar métricas para monitorar e melhorar as relações.

3. **Fabricação** – Essa é a etapa em que as empresas fabricam seus produtos ou serviços. Pode incluir a programação das atividades necessárias para a produção, testes, embalagens e preparação para a entrega. Essa é, de longe, a parte mais métrica-intensiva da cadeia de suprimento, medindo os níveis de qualidade, produção de saídas e produtividade do trabalhador.

4. **Entrega** – Essa etapa é normalmente referida como logística. A logística é o conjunto de processos que planeja e controla o transporte e o armazenamento eficientes e eficazes dos suprimentos dos fornecedores aos clientes. Durante essa etapa, as empresas devem ser capazes de receber pedidos de clientes, cumprir os pedidos mediante uma rede de armazéns, escolher empresas de transporte para entregar os produtos e implementar um sistema de cobrança e faturamento para facilitar os pagamentos.

5. **Retorno** – Essa geralmente é a etapa mais problemática da cadeia de suprimento. As empresas devem criar uma rede para receber produtos com defeito ou em excesso para auxiliar os clientes que têm problemas com os produtos entregues.

Os avanços tecnológicos nos cinco componentes do SCM têm melhorado significativamente o prognóstico e as operações de negócio das empresas. As empresas hoje têm acesso a ferramentas de modelagem e simulação, algoritmos e aplicativos que podem combinar informações de várias fontes para criar prognósticos com dias, semanas e meses de antecedência. Melhores prognósticos do amanhã resultam em uma melhor preparação hoje.

A Mattel Inc. passou os últimos anos investindo pesado em softwares e processos que simplificam a sua cadeia de suprimento, cortam custos e encurtam os tempos de ciclo. Utilizando as estratégias de gestão da cadeia de suprimento, a empresa cortou semanas do tempo necessário para projetar, produzir e transportar todos seus produtos, de Barbies a Hot Wheels. A Mattel instalou um software de otimização que mede, ajusta e valida as operações de seus sete centros de distribuição, sete fábricas e outras instalações que compõem a sua extensa cadeia em todo o mundo. A Mattel melhorou o prognóstico, passando de mensal para semanal. A empresa já não produz estoque maior do que as lojas necessitam e entrega o estoque mediante solicitação. A cadeia de suprimento da Mattel move-se rapidamente para fazer prognósticos precisos que ajudam a empresa a atender a demanda.[22]

OA8.7
Definir a relação entre tecnologia da informação e cadeia de suprimento.

OA8.8
Identificar os fatores que direcionam a gestão da cadeia de suprimento.

PAPEL DA TI NA CADEIA DE SUPRIMENTO

À medida que as empresas evoluem para organizações maiores, os papéis dos participantes da cadeia de suprimento vão mudando. Agora é comum que os fornecedores se envolvam no desenvolvimento de produtos; e para os distribuidores, é comum atuarem como consultores no marketing da marca. A noção de links de informação praticamente perfeitos dentro e entre as organizações é um elemento essencial das cadeias de suprimentos integradas.

O papel principal da tecnologia da informação no SCM é criar as integrações ou o processo adequado e as ligações das informações entre as funções dentro de uma empresa (tais como marketing, vendas, finanças, produção e distribuição) e entre as empresas, que permitem o fluxo suave e sincronizado de informações e produtos entre os consumidores, fornecedores e transportadores em toda a cadeia de suprimento. A tecnologia da informação integra o planejamento, os processos de tomada de decisão, os processos operacionais de negócios e o compartilhamento de informação para o gerenciamento de desempenho de negócios (ver Figura 8.11). Muitas evidências mostram que esse tipo de integração da cadeia de suprimento resulta em uma cadeia com capacidades e lucros superiores.[23]

A Adaptec, Inc., da Califórnia, fabrica e comercializa semicondutores para os líderes mundiais de PC, servidor e mercados do usuário final por meio de mais de 115 distribuidores e milhares de revendedores de valor agregado no mundo inteiro. A Adaptec projeta e fabrica produtos em várias instalações terceirizadas ao redor do mundo. A empresa utiliza o software de integração da cadeia de suprimento por meio da internet para sincronizar planejamento. O pessoal geograficamente disperso entre as diferentes instalações da empresa comunica-se em tempo real e trocam projetos, resultados dos testes e informações sobre produção e transferência. O software de colaboração da cadeia de suprimento baseado na internet ajudou a empresa a reduzir os níveis e prazos do estoques.[24]

Embora as pessoas venham falando sobre a cadeia de suprimento integrada há um bom tempo, apenas recentemente os avanços na tecnologia da informação tornaram possível dar vida à ideia e realmente integrar a cadeia de suprimento. A visibilidade, o comportamento do consumidor, a concorrência e a velocidade são algumas das mudanças resultantes dos avanços na tecnologia da informação que estão conduzindo as cadeias de suprimento (ver Figura 8.12).

Visibilidade

A *visibilidade da cadeia de suprimento* é a capacidade de visualizar todas as áreas acima e abaixo da cadeia de suprimento. Fazer a mudança para cadeias de suprimentos exige uma estratégia abrangente apoiada pela tecnologia da informação. As organizações podem usar as ferramentas tecnológicas que as ajudem a integrar para trás e para frente, tanto com os consumidores quanto com os fornecedores.

Para fazer uma cadeia de suprimento funcionar de modo mais eficaz, as organizações devem criar visibilidade em tempo real. As organizações devem saber sobre os eventos do consumidor desencadeados para frente e, da mesma forma, devem conhecer os seus fornecedores e os fornecedores de seus fornecedores. Sem essa informação, os parceiros da cadeia de suprimento podem vivenciar um efeito chicote, em que as rupturas intensificam-se ao longo da cadeia. O *efeito chicote* ocorre quando informações distorcidas da demanda do produto passam de uma entidade à outra ao longo da cadeia de suprimento. A desinformação a respeito de um ligeiro aumento na demanda de um produto pode levar os diversos membros da cadeia de suprimento a estocar mais produtos. Essas mudanças espalham-se ao longo da cadeia de suprimento, aumentando o problema e causando excesso de estoque e custos.[25]

Hoje, a tecnologia da informação permite a visibilidade adicional na cadeia de suprimento. Os fluxos de informação eletrônica permitem que os gerentes as vejam dos seus fornecedores e consumidores. Algumas organizações têm mudado completamente a dinâmica dos respectivos segmentos por causa da vantagem competitiva adquirida pela

fala sério!

Os robôs tomaram meu emprego

Os pequenos robôs laranja da Kiva estão se tornando a última moda e uma inovação realmente fascinante no gerenciamento de armazéns. Eles estão substituindo condutores e esteiras nas composições de pedidos de varejistas como o Zappos, o Staples e o Diapers.com.

Segundo o site da Kiva, o Kiva Mobile Fulfillment System (Kiva MFS) usa uma abordagem inovadora de processamento paralelo para a composição de pedidos com um exclusivo sistema de manuseio de materiais que, simultaneamente, melhora a produtividade, a velocidade, a precisão e a flexibilidade. Cada centro de distribuição (CD) se esforça para atingir o cumprimento flexível e eficiente de pedidos, mas luta contra as limitações das ferramentas atuais. Os sistemas tradicionais de automação e triagem como condutores, classificadores de bandeja inclinada, classificadores deslizantes, carrosséis horizontais e verticais, e outros sistemas automatizados de movimentação de material, como o conceito de linha de montagem em série de Henry Ford... A Kiva Systems criou um sistema inovador de cumprimento de pedido que elimina as restrições de automação existentes no armazém e coloca o fornecedor de volta no controle.

Nos centros de distribuição, depósitos e fábricas equipados com o MFS Kiva, os operadores ficam parados enquanto os produtos vêm até eles. As paletas, caixas e encomendas são armazenadas em centros de trabalho de estoque escolhidos e movidos por uma frota de unidades robóticas móveis. Como resultado, qualquer produto pode chegar até qualquer operador e em qualquer momento para cumprir qualquer ordem.

Um dos maiores clientes da Kiva, o Zappos, foi recentemente adquirido pela Amazon.com. Por que essa informação seria importante para a Kiva? Qual impacto a Amazon.com pode ter nos negócios da Kiva? Qual impacto a Kiva poderá ter nos negócios da Amazon.com? Quais outros tipos de empresas poderiam usar a Kiva para melhorar a produtividade de distribuição? Como os funcionários do depósito reagiriam se você anunciasse que está considerando implementar os robôs Kiva na sua empresa?

---

grande visibilidade na cadeia de suprimento. A Dell é o exemplo óbvio. A capacidade da empresa em levar o produto ao cliente e o impacto da economia mudaram claramente a natureza da concorrência e levaram outros a imitarem esse modelo.

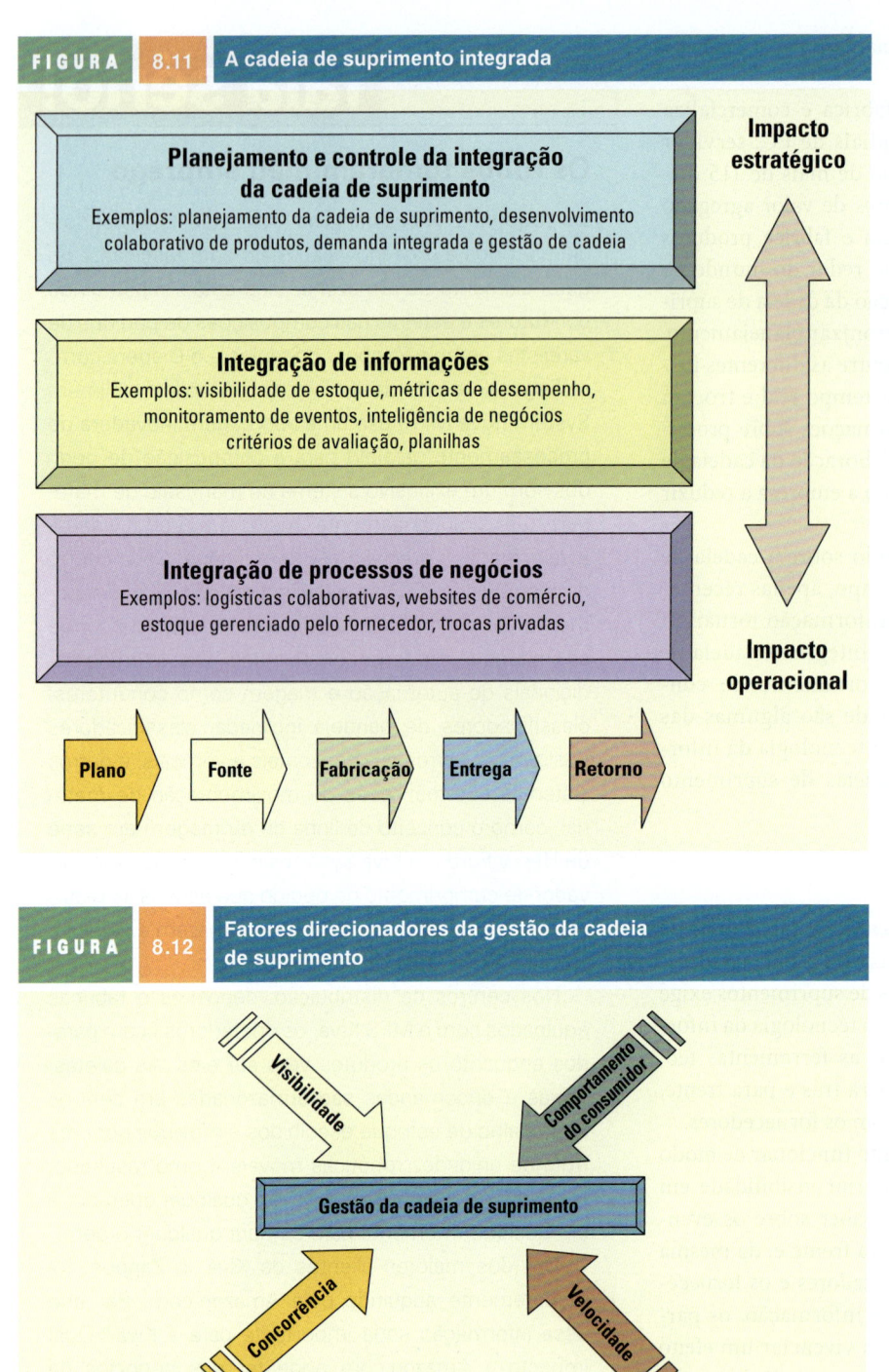

FIGURA 8.11 A cadeia de suprimento integrada

Planejamento e controle da integração da cadeia de suprimento
Exemplos: planejamento da cadeia de suprimento, desenvolvimento colaborativo de produtos, demanda integrada e gestão de cadeia

Integração de informações
Exemplos: visibilidade de estoque, métricas de desempenho, monitoramento de eventos, inteligência de negócios critérios de avaliação, planilhas

Integração de processos de negócios
Exemplos: logísticas colaborativas, websites de comércio, estoque gerenciado pelo fornecedor, trocas privadas

Impacto estratégico ↕ Impacto operacional

Plano → Fonte → Fabricação → Entrega → Retorno

FIGURA 8.12 Fatores direcionadores da gestão da cadeia de suprimento

Visibilidade, Comportamento do consumidor, Concorrência, Velocidade → Gestão da cadeia de suprimento

Comportamento do consumidor

O comportamento dos consumidores tem mudado a forma como as empresas competem. Os consumidores irão embora se uma empresa não atender continuamente as suas expectativas. Eles estão mais exigentes porque têm informações prontamente disponíveis – sabem exatamente o que, quando e como querem.

Os **sistemas de planejamento de demanda** geram prognósticos de demanda utilizando ferramentas estatísticas e técnicas de prognóstico. As empresas podem responder mais rapidamente e de maneira mais eficaz às demandas dos consumidores por meio de melhorias da cadeia de suprimento, como um software de planejamento de demanda. Uma vez que uma empresa compreenda a demanda do consumidor e o seu efeito sobre a cadeia de suprimento, ela pode começar a estimar o impacto que a cadeia terá sobre os seus consumidores e, finalmente, sobre o desempenho da própria empresa. A recompensa para uma estratégia de planejamento de demanda bem-sucedida pode ser enorme.

Um estudo realizado por Peter J. Metz, presidente-executivo do Centro de e-Business do MIT, descobriu que as empresas têm alcançado resultados impressionantes a partir do gerenciamento da demanda em suas cadeias de suprimentos, com uma média de redução de 50% no estoque e um aumento de 40% em entregas pontuais.[26]

Concorrência

O software da gestão da cadeia de suprimento pode ser dividido em (1) software de planejamento da cadeia de suprimento e (2) software de execução de cadeia de suprimento. Ambos aumentam a capacidade de competição da empresa. Os **sistemas de planejamento da cadeia de suprimento** (SCP, *Supply Chain Planning*) utilizam algoritmos matemáticos avançados para melhorar o fluxo e a eficiência da cadeia de suprimento, reduzindo estoques. O SCP depende inteiramente de informações para ser preciso. Uma organização não pode esperar que a saída do SCP seja exata, a menos que informações corretas e atualizadas sobre os pedidos dos clientes, informações de vendas, capacidade de produção e capacidade de entrega sejam introduzidas no sistema.

A cadeia de suprimento de uma organização engloba as instalações em que as matérias-primas, os bens intermediários e acabados são adquiridos, transformados, armazenados e vendidos. Essas instalações são ligadas por links de transporte, em que os materiais e os produtos fluem. Idealmente, a cadeia de suprimento é constituída por várias organizações que funcionam da mesma maneira eficiente e eficaz que uma única organização, com visibilidade completa da informação. Os **sistemas de execução da cadeia de suprimento** (SCE, *Supply Chain Execution*) automatizam os diferentes passos e fases

FIGURA 8.13 Relação com a cadeia de suprimento dos software de planejamento e de execução da cadeia de suprimento

Planejamento da cadeia de suprimento

Fluxos de informação

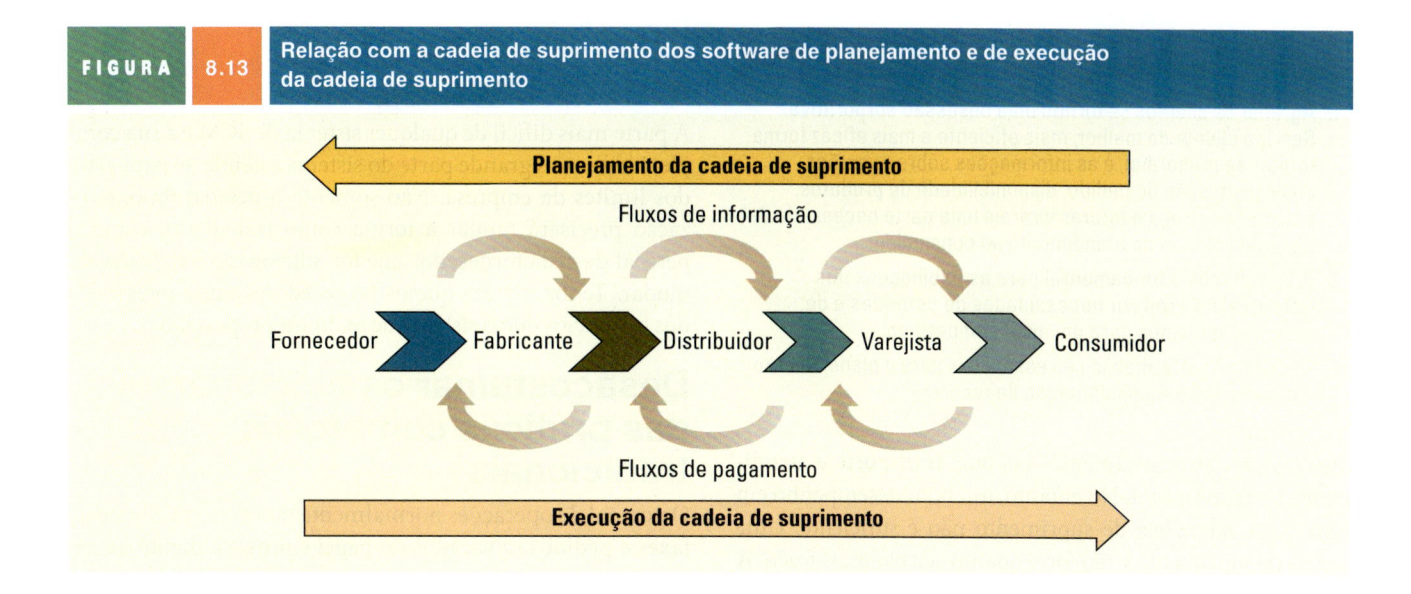

Fornecedor → Fabricante → Distribuidor → Varejista → Consumidor

Fluxos de pagamento

Execução da cadeia de suprimento

da cadeia de suprimento. Isso poderia ser tão simples quanto o encaminhamento eletrônico de pedidos de um fabricante para um fornecedor. A Figura 8.13 detalha como os softwares SCP e SCE se correlacionam à cadeia de suprimento.

A General Motors, a Ford e a Daimler Chrysler entraram para a história quando essas três gigantes automotivas começaram a trabalhar juntas para criar um sistema unificado de planejamento/execução da cadeia de suprimento que elas e seus fornecedores pudessem alavancar. Gary Lapidus, analista sênior do Goldman Sachs Group, estimou que a Newco, nome do empreendimento conjunto, teria uma potencial capitalização de mercado entre US$ 30 bilhões e US$ 40 bilhões, com receitas anuais de cerca de US$ 3 bilhões.

O poder de compra combinado das gigantes automotivas é enorme, com a GM gastando US$ 85 bilhões por ano; a Ford, 80; e a Daimler Chrysler, 73. O objetivo final da Newco foi processar a produção automotiva, desde a encomenda de materiais e do prognóstico de demanda para fabricar carros diretamente às especificações do consumidor por meio da web. As gigantes automotivas entendem o impacto que o planejamento e execução estratégicos da cadeia de suprimento pode ter sobre a concorrência.[27]

Velocidade

Durante a última década, a concorrência tem se concentrado na velocidade. Novas formas de servidores, telecomunicações, aplicativos sem fio e softwares estão permitindo às empresas realizar atividades que antes nunca se imaginou serem possíveis. Esses sistemas aumentam a precisão, a frequência e a velocidade da comunicação entre fornecedores e consumidores, bem como entre usuários internos. Outro aspecto da velocidade é a capacidade da empresa para satisfazer, de forma eficiente, precisa e rápida, as necessidades em constante mudança do consumidor. A informação em tempo e precisa é mais importante para as empresas do que nunca. A Figura 8.14 mostra os três fatores que promovem essa mudança.

OA8.9

Resumir as melhores práticas de implementação de um sistema de gestão da cadeia de suprimento bem-sucedida.

FATORES DE SUCESSO DA GESTÃO DA CADEIA DE SUPRIMENTO

Para ter sucesso nos mercados competitivos de hoje, as empresas devem alinhar suas cadeias de suprimentos com as exigências dos mercados em que atuam. O desempenho da cadeia de suprimento é uma vantagem competitiva para as empresas proficientes na área do SCM atualmente. A Perdue Farms destaca-se na tomada de decisão baseada em seu sistema de gestão da cadeia de suprimento. A empresa leva, anualmente, cerca de 1 milhão de perus, cada qual com um período de processamento de 24 horas, para as mesas da população de todo o país. A tarefa não é tão complicada como era antes de a Perdue Farms investir US$ 20 milhões em tecnologia de SCM. O SCM torna a Perdue mais adepta à entrega da quantidade certa de perus para os clientes certos e na hora certa.[28]

> Para ter sucesso nos mercados competitivos de hoje, as empresas devem alinhar suas cadeias de suprimento com as exigências dos mercados em que atuam.

Métricas de sucesso do SCM

As métricas de gestão da cadeia de suprimento podem ajudar uma empresa a entender como é operar durante um determinado período de tempo. As medidas da cadeia de suprimento podem cobrir muitas áreas, incluindo aquisição, produção,

FIGURA 8.14 — Fatores de fomento da velocidade

1. Agradar os clientes se tornou uma obsessão corporativa. Servir o cliente da melhor, mais eficiente e mais eficaz forma tornou-se primordial, e as informações sobre questões como a situação do pedido, disponibilidade de produtos, prazos de entrega e faturas viraram uma parte necessária da experiência total do atendimento ao consumidor.
2. A informação é fundamental para as habilidades dos gerentes para reduzir necessidades de estoques e de recursos humanos para um nível competitivo.
3. Os fluxos de informação são essenciais para o planejamento estratégico e para implantação de recursos.

---

distribuição, armazenamento, estoque, transporte e atendimento ao consumidor. No entanto, um bom desempenho em uma parte da cadeia de suprimento não é suficiente. Uma cadeia de suprimento é tão forte quanto seu elo mais fraco. A solução é medir todas as áreas-chave da cadeia. A Figura 8.15 exibe métricas comuns da gestão da cadeia de suprimento.[29]

Para alcançar sucessos como redução de custos operacionais, melhoria da produtividade de ativos e redução do tempo de ciclo de pedido, uma empresa deve seguir os sete princípios da gestão da cadeia de suprimento descritos na Figura 8.16.

Esses sete princípios vão contra os pensamentos anteriores de criação interna funcional de como as empresas organizam, operam e atendem aos clientes. Velhos conceitos das cadeias de suprimentos são caracterizados pela produção discreta, estrutura linear, e um foco em operações de compra e venda ("Compro do meu fornecedor, vendo para meus clientes"). Como a cadeia tradicional espalha-se de forma linear, alguns fornecedores são removidos do cliente final. A colaboração adiciona o valor de visibilidade para essas empresas. Elas se beneficiam sabendo imediatamente o que está sendo realizado no cliente final da cadeia de suprimento (as atividades do cliente final são visíveis para elas). Em vez de esperar dias ou semanas (ou meses) para que a informação flua para trás pela cadeia de suprimento, com todas as armadilhas potenciais de informações erradas ou faltantes, os fornecedores podem reagir em tempo quase real às flutuações da demanda do cliente final.

A Dell oferece um dos melhores exemplos de um sistema de SCM extremamente bem-sucedido. A empresa é altamente eficiente quanto ao modelo de negócios de produção sob demanda que lhe permite oferecer sistemas de computadores personalizados com rapidez. Como parte do esforço contínuo da empresa para melhorar seus processos da cadeia de suprimento, a Dell implanta ferramentas da cadeia para fornecer visões globais da demanda do produto previsto e os materiais necessários, bem como a programação melhorada da fábrica e o gerenciamento de estoque.[30]

As organizações devem estudar as melhores práticas da indústria para melhorar suas chances de sucesso na implementação de sistemas de SCM. As práticas seguintes são chaves para o sucesso do SCM.[31]

Efetuar a venda com os fornecedores

A parte mais difícil de qualquer sistema de SCM é a sua complexidade, pois grande parte do sistema estende-se para além dos limites da empresa. Não somente o pessoal da organização precisará mudar a forma como trabalham, como o pessoal de cada fornecedor que for adicionado à rede deverá mudar. Tenha certeza que os fornecedores estão integrados nos benefícios que o sistema de SCM irá proporcionar.

Desacostumar os funcionários das práticas comerciais tradicionais

O pessoal de operações normalmente lida com telefonemas, faxes e pedidos rabiscados no papel e provavelmente deseja manter esse processo da mesma maneira. Infelizmente, uma empresa não pode desligar os telefones e aparelhos de fax só porque está implementando um sistema de gestão da cadeia de suprimento. Se a empresa não pode convencer seus funcionários de que o uso do softwares vai valorizar o tempo deles, eles vão simplesmente encontrar maneiras de contorná-lo, o que diminuirá rapidamente as chances de sucesso para o sistema de SCM.

Assegurar que o sistema de SCM apoie os objetivos organizacionais

É importante selecionar o software de SCM que dá às empresas uma vantagem nas áreas mais importantes para seu sucesso comercial. Se os objetivos organizacionais apoiam as estratégias altamente eficientes, certifique-se de que o projeto da cadeia de suprimento tenha os mesmos objetivos.

Implantar em fases incrementais, medir e comunicar o sucesso

Projete a implantação do sistema de SCM em fases incrementais. Por exemplo, em vez de instalar um sistema completo

---

FIGURA 8.15 — Métricas da gestão da cadeia de suprimento

- **Pedido em atraso:** um pedido do cliente que não foi atendido. Um pedido em atraso é a demanda (imediata ou vencida) contra um item cujo nível atual de estoque é insuficiente para satisfazer a demanda.
- **Tempo de ciclo de pedido prometido ao cliente:** o tempo de ciclo antecipado ou acordado de um pedido de compra. É uma lacuna entre a data de criação de compra do pedido e a data de entrega solicitada.
- **Tempo de ciclo real do pedido do cliente:** o tempo médio que leva para realmente cumprir o pedido de compra de um cliente. Essa medida pode ser vista em um pedido ou em um nível de linha de pedido.
- **Tempo do ciclo de reposição do estoque:** medida do tempo de ciclo de produção mais o tempo incluído para distribuir o produto ao centro de distribuição apropriado.
- **Giro de estoque (rotação de estoque):** o número de vezes em que o estoque de uma empresa gira por ano. É uma das métricas mais utilizadas da cadeia de suprimento.

de gestão da cadeia de suprimento em toda a empresa e todos os fornecedores de uma só vez, comece por fazê-lo funcionar com um reduzido número de fornecedores-chave e, depois, passe para os outros fornecedores. Ao longo do caminho, certifique-se que cada passo está agregando valor mediante a melhoria do desempenho da cadeia de suprimento. Enquanto uma perspectiva mais ampla é fundamental para o sucesso do SCM, a abordagem incremental mostra que o sistema de SCM deverá ser implementado em mordidas digeríveis, e também medido para obter o sucesso de um passo de cada vez.

FIGURA 8.16 Sete princípios da gestão da cadeia de suprimento

1. Segmentar os clientes por necessidades de serviço, independentemente do setor e, então, personalizar os serviços a esses segmentos particulares.
2. Personalize a rede logística e concentre-se intensamente nas necessidades do serviço e na rentabilidade dos segmentos pré-identificados dos clientes.
3. Perceba os sinais de demanda do mercado e planeje em conformidade. O planejamento deve ocupar toda a cadeia para detectar sinais de evolução da demanda.
4. Diferencie os produtos mais próximos do cliente, uma vez que as empresas já não podem se dar ao luxo de manter estoques para compensar o prognóstico de demanda fraca.
5. Estrategicamente, gerencie as fontes de abastecimento, trabalhando com os principais fornecedores para reduzir os custos gerais de possuir materiais e serviços.
6. Desenvolva uma estratégia de tecnologia da informação da cadeia de suprimento que suporte diferentes níveis de tomada de decisão e forneça uma visão clara (visibilidade) do fluxo de produtos, serviços e informações.
7. Adote medidas de avaliação de desempenho que se apliquem a cada link da cadeia de suprimento e que meça a verdadeira rentabilidade em cada etapa.

Ser orientado para o futuro

O projeto da cadeia de suprimento deve prever o estado futuro dos negócios. Uma vez que o sistema de SCM provavelmente irá durar muito mais anos do que a previsão inicial, os gerentes precisam explorar o quão flexíveis os sistemas serão quando (e não se) as mudanças forem necessárias no futuro. A chave é ter certeza de que o software irá atender às necessidades futuras, não só as atuais.[32]

HISTÓRIAS DE SUCESSO DA GESTÃO DA CADEIA DE SUPRIMENTO

A Figura 8.17 mostra as principais razões por que mais e mais executivos estão se voltando para o SCM para gerenciar suas empresas estendidas. A Figura 8.18 lista várias empresas que usam a gestão de cadeia de suprimento para direcionar operações.

A Apple Computer distribuiu inicialmente suas operações comerciais em 16 aplicativos legados. A Apple percebeu rapidamente que precisava de um novo modelo de negócios centrado em uma cadeia de suprimento integrada para direcionar a eficiência de desempenho. A empresa desenvolveu uma estratégia de implementação que incidiu sobre as funções específicas do SCM: finanças, vendas, distribuição e fabricação, e que iria ajudar mais significativamente o seu negócio. A empresa decidiu implantar a funcionalidade de ponta com um novo modelo de negócios que oferecia:

- Capacidade de produção e configuração sob demanda.
- Entrada de pedidos com base na web e com configuração sob demanda e situação dos pedidos de clientes que compram diretamente da Apple na Apple.com.
- Autorização do cartão de crédito em tempo real.
- Distribuições disponíveis para cumprimento e baseadas em regras.
- Integração com sistemas avançados de planejamento.

Desde que o seu sistema de SCM foi posto em prática, a Apple Computer tem experimentado benefícios substanciais em muitas áreas, incluindo melhorias mensuráveis em seus processos de produção, diminuição em 60% nos tempos de ciclo da sua produção e configuração sob demanda e a capacidade de processar mais de 6 mil pedidos por dia.[33]

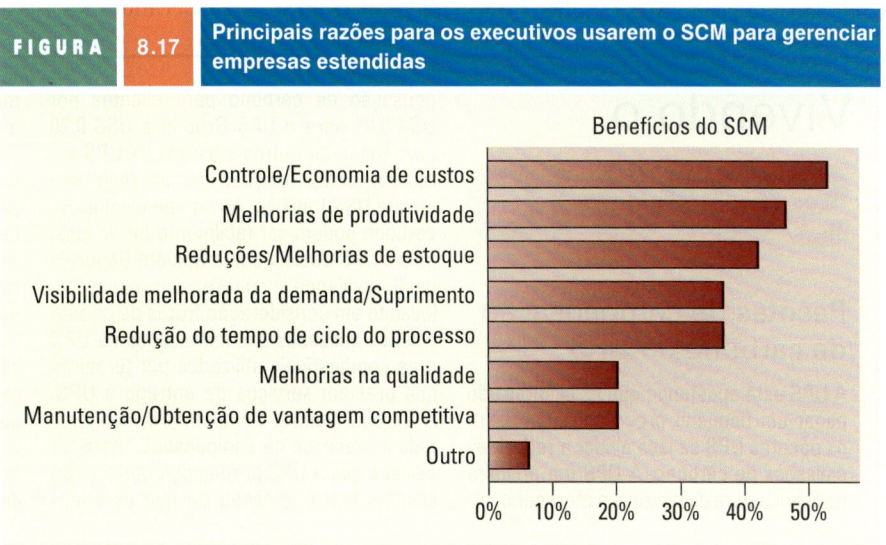

FIGURA 8.17 Principais razões para os executivos usarem o SCM para gerenciar empresas estendidas

Benefícios do SCM
- Controle/Economia de custos
- Melhorias de produtividade
- Reduções/Melhorias de estoque
- Visibilidade melhorada da demanda/Suprimento
- Redução do tempo de ciclo do processo
- Melhorias na qualidade
- Manutenção/Obtenção de vantagem competitiva
- Outro

FIGURA 8.18 Empresas que utilizam tecnologias de gestão da cadeia de suprimento para conduzir operações

Dell	Os negócios crescem 17% por ano, com uma base de receita de US$ 40 bilhões.
Nokia	Melhores práticas de cadeia de suprimento estão transformando ideias em negócios rentáveis.
Procter & Gamble	A cadeia de suprimento direcionada ao consumidor é a arquitetura precisa para as grandes empresas consumidoras. As melhores práticas em inovação de produto e a eficácia da cadeia de suprimento são o que há de melhor.
IBM	A inspeção dos processos de desenvolvimento de produtos da cadeia de suprimento de hardware atingiram até 70% de aumento em qualidade, rapidez e diminuição de custos.
Estabelecimentos Walmart	Preços sempre baixos definem a demanda do cliente que direciona a cadeia de suprimento integrada dos parceiros do Walmart.
Toyota Motor	O *lean* (ou produção enxuta) é uma das três melhores práticas associadas à excelência de *benchmarking* da cadeia de suprimento.
The Home Depot	A vanguarda da gestão da cadeia de suprimento melhorou a logística e serviços inovadores.
Best Buy	O SCM diminuiu radicalmente os estoques e ofereceu posições de negócios invejáveis.
Marks & Spencer	Uma das pioneiras no uso da identificação por radiofrequência (RFID) nas lojas, a Marks & Spencer tendem a crescer e permanecer *lean*.

TENDÊNCIAS FUTURAS DA CADEIA DE SUPRIMENTO

Um comercial de televisão mostra um homem em um uniforme se movendo silenciosamente em uma casa familiar. O homem substitui a caixa de cereal vazia por uma cheia pouco antes de uma criança com fome abrir o armário. Depois, abre um novo saco de comida de cachorro enquanto o faminto bulldog olha para ele com cautela e, finalmente, entrega uma garrafa de xampu cheia para o homem no chuveiro que tinha acabado de ficar sem xampu. A próxima onda na gestão da cadeia de suprimento será o abastecimento domiciliar.

A Walgreens está se diferenciando das outras cadeias nacionais se posicionando como fornecedor da família na hora certa. Os consumidores de hoje estão aderindo à ideia de entrar na internet para comprar produtos quando quiserem, como desejarem e pelo preço que acharem melhor. A Walgreens está desenvolvendo sites personalizados para cada lar que permita às famílias fazer pedidos eletronicamente e depois ir até a loja quando lhe convier para retirar seus bens no balcão especial de autoatendimento ou no drive-thru. A Walgreens está fazendo uma promessa que vai além de preços baixos e atendimento ao cliente e estende-se diretamente à casa.[34]

A funcionalidade dos sistemas de gestão da cadeia de suprimento está cada vez mais sofisticada à medida que amadurece. Agora e no futuro, as próximas etapas da SCM irão incorporar mais funções, como marketing, atendimento ao consumidor e desenvolvimento de produtos. Isso será alcançado por meio de mais redes de comunicações avançadas, da adoção de mais sistemas amigáveis de apoio à decisão e da disponibilidade das informações compartilhadas por todos os participantes da cadeia de suprimento. O SCM é um desenvolvimento em curso à medida que a tecnologia possibilita a obtenção de informações cada vez mais precisas e frequentes de todo o mundo, e que introduz novas ferramentas para auxiliar nos processos analíticos que lidam com a crescente complexidade da cadeia de suprimento.

Segundo a Forrester Research Inc., as empresas dos Estados Unidos vão gastar US$ 35 bilhões ao longo de cinco

Vivendo o SONHO

Pacotes de compensação de carbono da UPS

A UPS está apostando que os clientes irão pagar um pequeno preço adicional sobre os pacotes UPS se isso ajudar a reduzir as emissões de carbono. A UPS é a primeira transportadora de pacotes a oferecer compensação de carbono para clientes por US$ 0,05 para o UPS Ground e US$ 0,20 para todos os outros serviços. A UPS vai realizar compensações no próximo ano em até US$ 1 milhão. As compensações de carbono podem ser facilmente fabricadas, mas a UPS decidiu que a Société Générale de Surveillance monitore suas emissões, levando em consideração frotas de ar e de solo, as emissões das instalações da UPS e os combustíveis utilizados por terceiros que prestam serviços de entrega à UPS. A Carbon Neutral Company irá monitorar todo o processo de compensação para ter certeza que a UPS permaneça correta. Os clientes têm a garantia de que as encomendas serão ecologicamente corretas, enquanto UPS obtém créditos verdes.

Por que é importante levar em conta os impactos ambientais da cadeia de suprimento de uma empresa? Os métodos de remessa ecologicamente corretos afetariam sua escolha de fornecedor de remessa? Quais outras empresas têm cadeias de suprimentos que estão transportando pesado e poderiam usar um modelo semelhante ao da UPS? Quais outras empresas têm cadeias de suprimentos sem qualquer componente de remessa? Quais outras áreas da cadeia de suprimento poderiam potencialmente afetar as emissões de carbono?

FIGURA 8.19 Componentes de crescimento rápido do SCM

Gerenciamento de evento da cadeia de suprimento (SCEM)	Permite a uma empresa reagir mais rapidamente para resolver os problemas da cadeia de suprimento. O software SCEM aumenta o compartilhamento de informações em tempo real entre os parceiros da cadeia de suprimento e diminui o tempo de resposta a eventos não planejados. A demanda de SCEM vai disparar à medida que mais e mais empresas começarem a descobrir os benefícios do monitoramento em tempo real da cadeia de suprimento.
Gestão da cadeia de venda	Aplica a tecnologia às atividades do ciclo de vida do pedido desde a consulta comercial até a venda.
Engenharia colaborativa	Permite a uma empresa reduzir o custo e o tempo necessários durante o processo de concepção de um produto.
Planejamento de demanda colaborativa	Ajuda as empresas a reduzir investimentos em estoque, melhorando a satisfação do cliente mediante a disponibilidade do produto.

anos para melhorar os processos de negócios que monitoram, gerenciam e otimizam suas cadeias de suprimentos estendidas. A Figura 8.19 mostra os componentes do SCM de crescimento mais rápido que podem ter o maior impacto potencial no lucro final de uma organização.[35]

As novas tecnologias também vão melhorar a cadeia de suprimento. As tecnologias de identificação por radiofrequências (RFID) utilizam etiquetas ativas ou passivas na forma de *chips* ou etiquetas inteligentes que podem armazenar identificadores únicos e transmitir essa informação para leitores eletrônicos. A RFID vai se tornar um instrumento eficaz para rastrear e monitorar o movimento do estoque em um ambiente de SCM em tempo real. A informação em tempo real irá proporcionar aos gerentes uma visão instantânea e precisa de estoques dentro da cadeia de suprimento.

Utilizando sistemas atuais do SCM, a RFID irá verificar a situação do estoque e, então, iniciar o processo de reabastecimento. As empresas que utilizam RFID poderão identificar, rápida e precisamente, os níveis de estoque atual (em tempo real) em qualquer ponto da cadeia de suprimento. A redução dos níveis de estoque para os seus pontos de reabastecimento permite a regeneração eletrônica de pedidos de reposição. Com informações rápidas e precisas sobre os estoques, o uso de níveis de estoque de segurança protegendo contra imprevistos também pode ser reduzido. Assim, os benefícios potenciais de RFID incluem a redução da intervenção humana (ou trabalho necessário) e manter estoques menores, que gera uma redução nos custos operacionais.

Os aplicativos de SCM sempre foram caros, custando entre US$ 1 milhão e US$ 10 milhões. À medida que o segmento amadurece e a concorrência aumenta, os fornecedores vão continuar a adaptar os seus modelos de preços para atrair pequenas e médias empresas.[36] ■

NO FLAGRA
Cadeias políticas de suprimentos

O governo dos Estados Unidos fez um acordo com os Emirados Árabes Unidos (EAU) de que iria deixar uma empresa com base no país, a Dubai Ports World (DPW), administrando seis grandes portos dos Estados Unidos: Nova York, Nova Jersey, Baltimore, Nova Orleans, Miami e Filadélfia. Atualmente, com sede em Londres, a Peninsular e Oriental Steam Navigation Co. (P&O), a quarta maior operadora de portos do mundo, administra os seis portos. Mas a venda de US$ 6,8 bilhões da P&O para DPW levaria de modo eficaz as operações norte-americanas para a empresa estatal em Dubai.

Alguns cidadãos estão preocupados com a possibilidade de o governo federal estar terceirizando as operações portuárias dos Estados Unidos a uma empresa propensa à infiltração terrorista ao permitir que uma empresa do Emirados Árabes Unidos administre operações portuárias dentro dos Estados Unidos. Você foi chamado a uma investigação para determinar os efeitos potenciais sobre as cadeias de suprimentos dos negócios dos Estados Unidos caso esses portos fossem fechados em virtude de atividades terroristas. Os Emirados Árabes Unidos tiveram cidadãos envolvidos no terrorismo. Na verdade, algumas de suas instituições financeiras lavaram o dinheiro para os terroristas do 11 de setembro. Crie um argumento a favor ou contra a terceirização desses portos aos Emirados Árabes Unidos. Certifique-se de detalhar o efeito sobre as cadeias de suprimentos dos negócios dos Estados Unidos caso esses portos estejam sujeitos a atos terroristas.

ACESSE <http://www.grupoa.com.br>

para materiais adicionais de estudo, incluindo apresentações em PowerPoint.

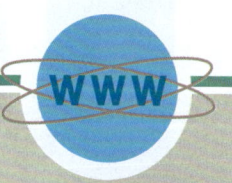

SEÇÃO 9.1 >>
Gestão de relacionamento com o cliente (CRM)

- Princípios da gestão de relacionamento com o cliente
- Uso da TI para direcionar o CRM operacional
- Uso da TI para direcionar o CRM analítico
- Tendências do CRM: SRM, PRM, ERM
- O lado feio do CRM: por que o CRM hoje é mais importante do que nunca

SEÇÃO 9.2 >>
Inteligência de negócios (BI)

- Inteligência de negócios
- BI operacional, tático e estratégico
- Mineração de dados
- Benefícios de negócios do BI

capítulo nove

gestão de relacionamento com o cliente + inteligência de negócios

O que a TI tem para mim?

Este capítulo discute como a tecnologia da informação pode ser usada para apoiar as empresas nas interações com os clientes. No nível mais simples, as organizações implementam o CRM para obter um melhor entendimento das necessidades e comportamentos do cliente, e a tecnologia da informação proporciona às empresas um novo canal de comunicação com os clientes além dos tradicionalmente utilizados pelas organizações, tais como cara a cara ou métodos baseados em papel.

As empresas reconhecem a importância de manter e promover relações saudáveis com os clientes. Fazer isso tem um efeito direto e positivo na fidelidade e retenção dos clientes. Isso ajuda muito na rentabilidade de uma empresa e dá uma vantagem sobre os concorrentes que não conseguem promover o relacionamento com o cliente.

Você, como estudante de administração, deve compreender a relação crítica que a sua empresa terá com os clientes. Também deve entender como analisar seus dados organizacionais para garantir que você não está apenas atendendo, mas superando as expectativas do seu cliente. A inteligência de negócios (BI) (em inglês, *Business Intelligence*) é a melhor maneira de entender as necessidades atuais e, o mais importante, futuras do seu cliente. Como nunca antes, as empresas estão tecnologicamente fortalecidas para atingir seus objetivos de integrar, analisar e tomar decisões de negócios inteligentes baseadas em seus dados.

A **gestão de relacionamento com o cliente** (CRM, *Customer Relationship Management*) envolve a gestão de todos os aspectos do relacionamento do cliente com uma organização para aumentar a fidelidade e retenção dos clientes, assim como a lucratividade de uma organização. À medida que as organizações começam a migrar do tradicional foco no produto para organizações direcionadas ao cliente, elas estão reconhecendo seus clientes como especialistas, não apenas como geradores de receita. As organizações estão percebendo rapidamente que, sem clientes, elas simplesmente não existem, e que é fundamental que façam de tudo para garantir a satisfação deles. Em uma época em que é difícil diferenciar o produto, o CRM é um dos ativos mais valiosos que uma empresa pode adquirir. Quanto mais cedo uma empresa abraça o CRM, melhor será a situação e mais difícil será para os concorrentes roubar clientes fiéis e devotados.

PRINCÍPIOS DA GESTÃO DE RELACIONAMENTO COM O CLIENTE

Ao lidar com clientes doentes, a flexibilidade é fundamental. É por isso que a Walgreens tem feito investimentos saudáveis no atendimento ao cliente ao longo dos últimos 30 anos, originando a farmácia com drive-thru e sendo pioneira em uma rede de reposição de prescrições em qualquer local. A Walgreens atribui muito do seu crescimento a um investimento maior no atendimento ao cliente. A empresa desenvolveu novos softwares que podem imprimir etiquetas de prescrições em 14 idiomas e em letras grandes para clientes mais velhos. Além de investir em tecnologias de facilitação ao cliente, a cadeia de 103 anos de idade não está esquecendo o toque humano. A Walgreens gasta mais com

> "As organizações estão percebendo rapidamente que, sem clientes, elas simplesmente não existem, e que é fundamental que façam de tudo para garantir a satisfação deles."

●● SEÇÃO 9.1 Gestão de relacionamento com o cliente (CRM)

OBJETIVOS DE APRENDIZAGEM

OA9.1 Comparar o gerenciamento operacional e analítico do relacionamento com o cliente.

OA9.2 Explicar a fórmula que uma organização pode utilizar para encontrar seus clientes mais valiosos.

OA9.3 Descrever e diferenciar as tecnologias de CRM utilizadas pelos departamentos de vendas e de atendimento ao cliente.

OA9.4 Descrever e diferenciar as tecnologias de CRM utilizadas pelos departamentos de marketing e de vendas.

OA9.5 Comparar gestão de relacionamento com clientes, com fornecedores, com parceiros e com funcionários.

●● OA9.1

Comparar o gerenciamento operacional e analítico do relacionamento com o cliente.

●● OA9.2

Explicar a fórmula que uma organização pode utilizar para encontrar seus clientes mais valiosos.

folha de pagamento em lojas onde o desempenho está abaixo da média, aumentando a relação funcionário-cliente, tendo lançado recentemente um programa de treinamento online para todos os funcionários. Com 19 trimestres consecutivos de crescimento de ganhos de dois dígitos, a receita parece estar funcionando.

Hoje, a maioria dos concorrentes está apenas a um clique de distância. A intensa competição do mercado atual força as empresas a mudar de estratégias com foco em vendas para estratégias focadas no cliente. Charles Schwab teve retorno sobre um multimilionário sistema de gestão de relacionamento com o cliente em menos de dois anos. O sistema, desenvolvido pela Siebel, permite que a corretora rastreie cada interação com um cliente ou potencial cliente e, então, forneça serviços (planejamento de aposentadoria, por exemplo) às necessidades e interesses de cada cliente. O sistema dá a Schwab uma visão completa de seus clientes, usada para diferenciar os investidores sérios dos não sérios. Por exemplo, os depósitos automatizados de contracheques são um sinal de um investidor sério, enquanto os saldos estagnados sinalizam um investidor não sério. Uma vez que Schwab consegue fazer essa determinação, a empresa aloca seus recursos em conformidade, economizando dinheiro ao não investir tempo ou recursos para subsidiar investidores não sérios.[1]

A **gestão de relacionamento com o cliente** (CRM) envolve a gestão de todos os aspectos do relacionamento do cliente com uma organização para aumentar a fidelidade e retenção dos clientes, assim como a lucratividade de uma empresa. O CRM permite que uma empresa obtenha

NO FLAGRA

Estou preso em Londres e fui assaltado. Ajude-me!

Há tantas pessoas usando o Facebook que elas podem rapidamente ficar inundadas com pedidos de amizade. Sem saber quem são seus amigos, é fácil ser vítima de um golpe. Impostores da internet estão aperfeiçoando a técnica de personificação de amigos em sites de redes sociais como o Facebook, com resultados lucrativos e sugando milhares de dólares das pessoas. Pedidos emocionados por e-mail enviado por impostores, tais como "Estou preso em Londres e fui assaltado, ajude-me!", tornaram-se tão eficazes que o FBI emitiu advertências aos consumidores sobre os sites de redes sociais. "Os fraudadores continuam a roubar contas em sites de redes sociais e a espalhar software maliciosos utilizando diversas técnicas", afirmou o FBI após registrar 3,2 mil reclamações sobre incidentes desse tipo em uma semana.

Quando Barry Schwartz se logou ao Twitter, havia 20 mensagens esperando por ele, todas com a desagradável notícia: alguém estava representando sua empresa no Twitter. Schwartz administra a RustyBrick, uma empresa de desenvolvimento de websites com 15 funcionários e avaliada em US$ 2 milhões... O impostor tinha criado um perfil usando uma pequena variação do nome da empresa e começou a seguir os 4 mil contatos de clientes de Schwartz com uma mensagem semelhante a um spam: "Ei, pessoal, vocês tem de ver esse novo Guia de Sucesso do Twitter. É impagável". Um Schwartz devastado declarou: "A última coisa que quero é ter pessoas pensando que as estou seguindo e estou vendendo um Guia de Sucesso do Twitter".

Os impostores de internet se passam tanto por empresas como por pessoas. O que poderia acontecer a uma empresa cujos clientes são contatados por um impostor pedindo dinheiro ou vendendo um produto? O que acontece quando o relacionamento com um cliente fica desagradável? Que tipo de poder faz um cliente ou funcionário insatisfeito ficar contra uma empresa? Por que é mais importante do que nunca construir relacionamentos fortes com seus clientes, funcionários, parceiros e fornecedores?

---

percepções de compra e comportamentos de compra dos clientes. A Kaiser Permanente empreendeu uma estratégia de CRM para melhorar e prolongar a vida dos diabéticos. Depois de compilar as informações do CRM de 84 mil pacientes diabéticos, a Kaiser descobriu que apenas 20% estavam fazendo exame de vista rotineiramente. (Diabetes é a principal causa de cegueira). Como resultado, agora a Kaiser está reforçando os programas de exame oftalmológico para diabéticos, juntamente com a criação de grupos de apoio para a obesidade e o estresse (mais dois fatores que agravaram a diabetes). Essa abordagem da "medicina preventiva" baseada no CRM está economizando dinheiro da Kaiser e, mais importante, está melhorando a saúde dos pacientes diabéticos.[2]

A Figura 9.1 fornece uma visão geral de um típico sistema de CRM. Os clientes contatam uma empresa por vários meios, incluindo centrais de atendimento, acesso via web, e-mails, fax e vendas diretas. Um único cliente pode acessar uma empresa diversas vezes e por vários canais diferentes. O sistema de CRM controla todas as comunicações entre o cliente e a organização e fornece acesso a informações em diferentes sistemas, da contabilidade até o cumprimento do pedido. Entender todas as demandas dos clientes permite que a empresa se comunique de maneira eficaz com cada um deles. Isso dá a ela uma compreensão detalhada dos bens e serviços de cada cliente, independentemente de seu canal de comunicação preferencial. Um atendente do SAC pode facilmente visualizar as informações e histórico detalhados da conta por um sistema CRM ao fornecer informações a um cliente, como datas de entrega prevista, informações complementares do produto e informações de pagamento e faturamento do cliente. Compreender os princípios do CRM inclui o seguinte:

- CRM como uma estratégia de negócios.
- Benefícios de negócios de CRM.
- Evolução do CRM.
- CRM operacional e analítico.

CRM como uma estratégia de negócios

Eddie Bauer envia 110 milhões de catálogos por ano, mantém dois sites, e tem mais de 600 lojas de varejo. A empresa recolhe informações por meio de transações de clientes e as analisa para determinar a melhor maneira de negociar com cada cliente. Eddie Bauer descobriu que os clientes que compravam em todos os seus três canais de distribuição (catálogos, websites e lojas) gastavam até cinco vezes mais do que aqueles que compram por meio de um canal apenas.

Michael Boyd, diretor de CRM de Eddie Bauer, afirmou: "Nossa experiência nos diz que o CRM, de maneira alguma, forma uma aplicação de software. Fundamentalmente, é

FIGURA 9.1 Gestão de relacionamento com o cliente (CRM)

Sistema de contabilidade | Sistema de composição de pedido | Sistema de estoque | Sistema de atendimento ao cliente

Sistema de gestão de relacionamento com o cliente

↔ Fluxos de informações do cliente são representados por setas.

No momento em que os clientes inserem seu cartão de fidelidade em uma máquina caça-níqueis, o sistema de CRM da gigante das apostas de mais de US$ 30 milhões revela cada movimento feito em qualquer uma das suas 28 unidades. "Se você tem um dia muito azarado, você começa a pensar: 'Cara, realmente esse lugar só dá azar'", disse Gary Loveman, presidente e CEO da Harrah's. "Se vemos que isso vai acontecer, nós podemos intervir", com vantagens para aliviar a dor das perdas no jogo. Enquanto muitas empresas lutam para implantar o CRM, reunindo grandes quantidades de dados sem usá-lo para beneficiar os clientes, a Harrah's está se destacando. No futuro, suas máquinas caça-níqueis irão jorrar créditos monetários em tempo real e cupons de jantar usando softwares e hardwares de reconhecimento de novos clientes, deixando até mesmo os perdedores se sentindo com um pouco mais sorte.[4]

Benefícios de negócios do CRM

A empresa 1-800-Flowers.com alcançou a excelência operacional criando intimidade com o cliente para continuar a melhorar os lucros e o crescimento dos negócios. A empresa transformou a lealdade à marca em relacionamento com a marca, utilizando a vasta quantidade de informação recolhida para entender as necessidades e expectativas dos clientes. A empresa adotou o SAS Enterprise Miner para analisar as informações em seus sistemas de CRM. A Enterprise Miner filtra informações para revelar tendências, explicar e prever resultados de modo que as empresas possam aumentar as taxas de resposta e identificar rapidamente os seus clientes rentáveis. Com a ajuda do Enterprise Miner, a 1-800-Flowers.com continua a prosperar, com uma média anual de aumento de receita de 17%.[5]

O CRM é uma filosofia de negócios baseada na premissa de que as organizações que entendem as necessidades dos clientes individuais estão mais bem posicionadas para alcançar uma vantagem competitiva sustentável no futuro. Muitos aspectos do CRM não são novos para as organizações e o CRM está simplesmente executando de melhor maneira os negócios atuais. Colocar os clientes na frente de todas as tomadas de decisão exige significativas mudanças operacionais e de tecnologia.

Uma estratégia do cliente começa com a compreensão de quem são os clientes e como a empresa pode atender às metas estratégicas. O *New York Times* entende isso e passou a última década pesquisando seus principais clientes para encontrar semelhanças entre os grupos de leitores em cidades fora da área metropolitana de Nova York. Sua meta é entender como sensibilizar esses grupos, e fazer

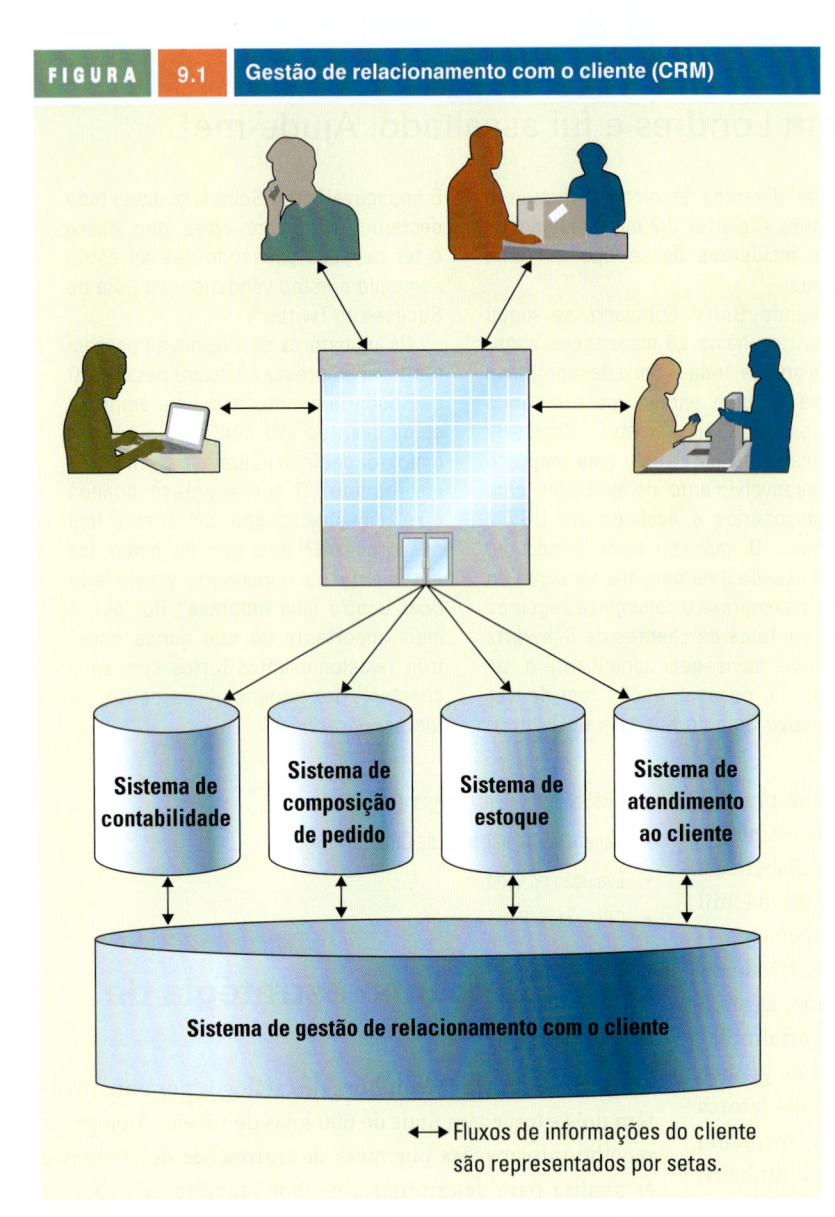

uma estratégia de negócio para tentar otimizar a rentabilidade, a receita e a satisfação do cliente em um nível individual. Tudo em uma organização, cada processo, cada aplicativo é uma ferramenta a ser usada para a meta de CRM".[3]

É importante perceber que o CRM não é apenas uma tecnologia, mas também uma estratégia que uma organização deve abraçar a um nível empresarial. Embora haja muitos componentes técnicos do CRM, na verdade, é um processo e uma meta de negócios reforçada pela tecnologia. Implementar um sistema de CRM pode ajudar uma organização a identificar os clientes e criar campanhas de marketing específicas adequadas a cada cliente, aumentando, assim, as receitas. Um sistema de CRM também permite que uma organização trate os clientes como indivíduos, conseguindo importantes percepções sobre suas preferências e comportamentos de compra, levando ao aumento das vendas, à maior lucratividade e a altas taxas de lealdade da parte deles.

Quando um "embaixador da sorte" cumprimenta um convidado da Harrah's em uma máquina de vídeo-pôquer pelo nome, deseja-lhe um feliz aniversário e oferece bilhetes grátis para um show, a sorte não tem nada a ver com isso.

do *New York Times* um jornal nacional, ampliando a sua circulação e o alcance que oferece aos anunciantes. O *New York Times* está crescendo em um mercado editorial relativamente estável e alcançou uma taxa de retenção de clientes de 94% em um segmento que tem médias de cerca de 60%.[6]

Enquanto o mundo empresarial aprofunda cada vez mais as mudanças de foco no produto para foco no cliente, a maioria das organizações reconhece que tratar bem os clientes existentes é a melhor fonte de crescimento de receita lucrativa e sustentável. Na era do e-Business, no entanto, uma empresa é mais desafiada do que nunca a satisfazer seus clientes. A Figura 9.2 mostra os benefícios obtidos por uma empresa com o uso de uma estratégia de CRM.

Os New York Knicks da National Basketball Association (NBA) estão se tornando melhores do que nunca na comunicação com seus fãs. Graças a uma solução de CRM, a administração do New York Knicks já sabe quais os jogadores preferidos dos donos de bilhetes da temporada, que tipo de mercadoria eles compram e onde compram. Finalmente, a administração consegue enviar campanhas de e-mail totalmente integradas que não se sobrepõem a outros esforços de marketing.[7]

Uma organização pode encontrar os seus clientes mais valiosos, usando uma fórmula que especialistas do setor chamam RFM (recentidade, frequência e valor monetário). Em outras palavras, uma organização deve controlar:

- Quão recentemente um cliente comprou itens (recentidade).
- Com que frequência um cliente compra itens (frequência).
- Quanto um cliente gasta em cada compra (valor monetário).

Uma vez que a empresa reuniu essas informações iniciais de CRM, ela pode compilá-las para identificar padrões e criar campanhas de marketing, promoções de vendas e serviços para aumentar o negócio. Por exemplo, se a Sra. Smith só compra no auge da temporada, então, a empresa deve enviar sua oferta especial durante a época baixa. Se o Sr. Jones sempre compra softwares, mas nunca computadores, então a empresa deveria oferecer o software grátis na compra de um computador novo.

As tecnologias de CRM discutidas neste capítulo podem ajudar as empresas a encontrar respostas à RFM e a outras questões difíceis, tais como quem são seus melhores clientes e quais dos seus produtos são os mais rentáveis.

Evolução do CRM

Conhecer o cliente, especialmente a rentabilidade individual, é muito lucrativo no segmento dos serviços financeiros. Sua natureza altamente transacional tem lhe proporcionado mais acesso a informações sobre o cliente do que outros setores, mas o segmento adotou tecnologias de CRM apenas recentemente.

O Barclays Bank é uma empresa líder em serviços financeiros que opera em mais de 70 países. No Reino Unido, o Barclays tem mais de 10 milhões de clientes pessoais e cerca de 9,3 milhões de cartões de crédito em circulação, e atende a 500 mil clientes de pequenas empresas. A empresa decidiu investir em tecnologias de CRM para conseguir percepções valiosas sobre seus negócios e clientes.

FIGURA 9.2 Benefícios do CRM

1. Proporcionar melhor atendimento ao cliente.
2. Melhorar a eficiência da central de atendimento.
3. Venda-cruzada de produtos de forma mais eficaz.
4. Ajuda ao pessoal de vendas a fechar negócios mais rapidamente.
5. Simplificar processos de marketing e vendas.
6. Descoberta de novos clientes.
7. Aumento das receitas de clientes.

Com o novo sistema de CRM, os gerentes da Barclays são mais capazes de prever o comportamento financeiro dos clientes individuais e avaliar se um cliente provavelmente irá pagar um empréstimo na íntegra e dentro do período de tempo acordado. Isso ajuda o Barclays a administrar sua rentabilidade com maior precisão, pois pode cobrar dos seus clientes uma taxa de juros mais adequada com base nos resultados da sua avaliação de risco. Ele também usa um sofisticado sistema de segmentação de clientes para identificar grupos de clientes rentáveis, tanto no nível corporativo quanto no nível pessoal, o que pode, então, mirar em novos produtos financeiros. Uma das mais valiosas informações que Barclays descobriu foi que cerca de 50% de seus clientes são não lucrativos e que menos de 30% dos seus clientes são responsáveis por 90% dos seus lucros.[8]

Há três fases na evolução do CRM: (1) informação, (2) análise e (3) prognóstico. As **tecnologias de informação do CRM** ajudam as empresas a identificar seus clientes em outras aplicativos. As **tecnologias de análise do CRM** ajudam as empresas a segmentarem seus clientes em categorias como piores e melhores clientes. As **tecnologias de prognóstico do CRM** ajudam as organizações a fazer prognósticos sobre o comportamento do cliente, tais como quais clientes a empresa corre o risco de perder (ver Figura 9.3).

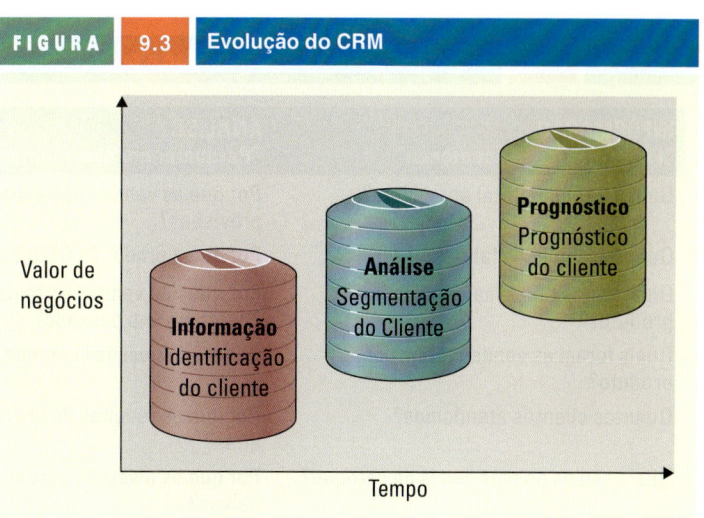

FIGURA 9.3 Evolução do CRM

omg lol[*]

Poder do cliente para o resgate

Hoje, quando um de seus clientes está infeliz, você não precisa se preocupar se eles vão contar para alguns amigos e família, você tem de se preocupar com a possibilidade de eles contarem a todos no planeta. Funcionários e clientes insatisfeitos têm muitos canais para usar contra um produto defeituoso ou uma empresa antiética. Sites grátis ou de baixo custo dão poder aos consumidores para contar não só aos amigos, mas também ao mundo sobre a forma como foram tratados. Aqui estão alguns exemplos:

- **Experiência ruim com a Blue Marble Biking:** turista em passeio de bicicleta é mordido por um cão e é preciso dar pontos. A empresa é barrada no hotel por causa do incidente e, por sua vez, barra o turista de todas as excursões futuras.
- **Verificação de recibo da Best Buy:** o comprador recusa-se a mostrar o recibo de compra ao guarda da portaria na Best Buy de Lakewood, o que é voluntário. Os funcionários tentam apreender o carrinho, ficando parados no caminho do comprador, e estacionam um caminhão atrás do carro do comprador para evitar sua saída.
- **A Enterprise Rent-A-Car é uma empresa fracassada:** a empresa não honrava reservas, não tinha carros prontos, alugava carros com tanques quase vazios e cobrava preços mais altos para os titulares de contas corporativas.

A internet está aumentando as expectativas de atendimento ao cliente. Com a capacidade de criar um site dedicado a um assunto específico, um cliente insatisfeito pode chegar a ter quase o mesmo alcance que um fabricante. A internet está evitando que as empresas ignorem as queixas de seus clientes. Busque na web as histórias mais escandalosas de um cliente insatisfeito. Alguns lugares para começar são:

- **Complain Complain <complaincomplain.net>:** fornece cartas de reclamação personalizadas escritas profissionalmente.
- **The Complaint Department <http://www.thecomplaintdepartment.ca>:** um serviço pago de resolução de reclamação e redação de cartas do cliente.
- **The Complaint Station <http://www.thecomplaintstation.com>:** fornece um local central para reclamar sobre questões relacionadas a produtos, serviços, empregos e golpes de enriquecimento rápido.
- **Complaints.com Consumer Complaints <http://www.complaints.com>:** banco de dados de reclamações de clientes e defesa do consumidor.
- **Baddealings.com <http://www.baddealings.com>:** fórum e banco de dados sobre as reclamações dos consumidores e golpes sobre bens e serviços.

---

[*] N. de T.: Acrônimo, usado na internet, que corresponde às expressões "Oh! My God" (Oh! Meu Deus) e "laughing out loud" (rindo alto), usadas para caracterizar os absurdos que encontramos na rede.

Ambas as tecnologias operacional e analítica de CRM podem auxiliar na informação do cliente (identificação), na análise do cliente (segmentação) e no prognóstico do cliente. A Figura 9.4 destaca algumas das questões importantes que uma empresa pode responder usando tecnologias de CRM.

CRM operacional e analítico

Joe Guyaux sabe que a melhor maneira de conquistar clientes é melhorando o serviço. Sob a sua liderança e com a ajuda do Siebel CRM, o grupo de banco de varejo PNC aumentou o número de contas correntes em 19% em um ano. O PNC reteve 21% a mais de suas contas familiares, bem como melhorou a satisfação do cliente em 9%.[9]

Os dois principais componentes de uma estratégia de CRM são o CRM operacional e o analítico. O **CRM operacional** suporta o processamento transacional tradicional para as operações ou sistemas de linha de frente diários que lidam diretamente com os clientes. O **CRM analítico** suporta as operações de retaguarda e a análise estratégica e inclui todos

FIGURA 9.4 Exemplos de informação, análise e prognóstico

INFORMAÇÃO "Perguntar o que aconteceu"	ANÁLISE "Perguntar por que aconteceu"	PROGNÓSTICO "Perguntar o que vai acontecer"
Qual é a receita total por cliente?	Por que as vendas não satisfazem as previsões?	Quais clientes corremos o risco de perder?
Quantas unidades fabricamos?	Por que a produção é tão baixa?	Quais produtos o cliente vai comprar?
Onde vendemos a maior parte dos produtos?	Por que não vendemos tantas unidades quanto no ano passado?	Quem são os melhores candidatos para envio de correspondência?
Quais foram as vendas totais por produto?	Quem são nossos clientes?	Qual é a melhor maneira de chegar ao cliente?
Quantos clientes atendemos?	Por que as receitas de clientes eram tão altas?	Qual é a lucratividade em todo o ciclo de vida de um cliente?
Quais são os nossos níveis de estoque?	Por que os níveis de estoque estão tão baixos?	Quais transações podem ser fraudulentas?

os sistemas que não lidam diretamente com os clientes. A principal diferença entre o CRM operacional e o analítico é a interação direta entre a organização e seus clientes. A Figura 9.5 fornece uma visão geral do CRM operacional e do analítico.

OA9.3

Descrever e diferenciar as tecnologias de CRM utilizadas pelos departamentos de vendas e de atendimento ao cliente.

OA9.4

Descrever e diferenciar as tecnologias de CRM utilizadas pelos departamentos de marketing e de vendas.

FIGURA 9.5 — CRM operacional e analítico

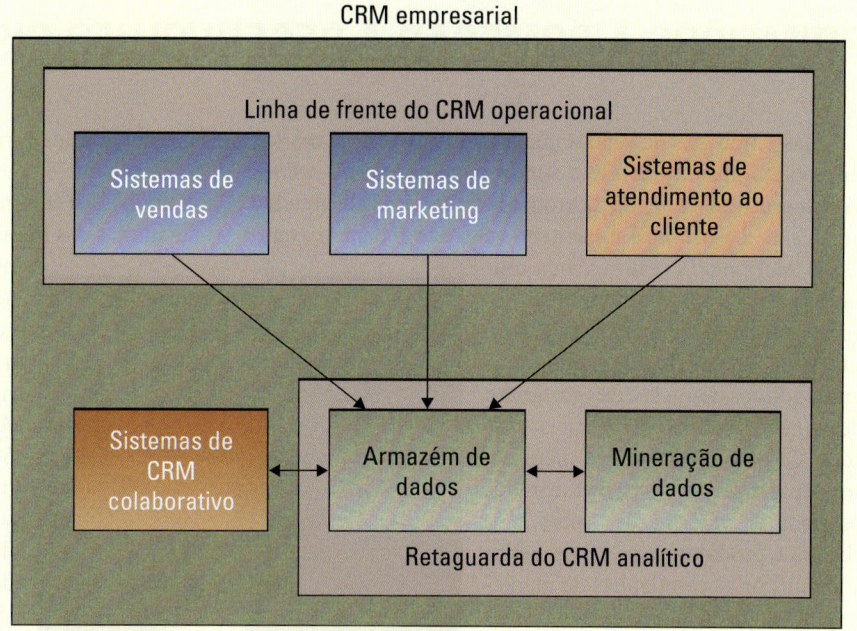

USO DA TI PARA DIRECIONAR O CRM OPERACIONAL

A Figura 9.6 exibe as diferentes tecnologias que os departamentos de marketing, vendas e atendimento ao cliente podem usar para executar o CRM operacional.

Marketing e CRM operacional

As empresas não estão mais tentando vender um produto para o máximo de clientes, em vez disso, elas estão tentando vender o número possível de produtos a um cliente. Os departamentos de marketing são capazes de se adaptar a essa nova forma de fazer negócios, usando tecnologias de CRM que lhes permitem reunir e analisar informações de clientes para implementar campanhas de marketing bem-sucedidas. Na verdade, o sucesso de uma campanha de marketing é diretamente proporcional à capacidade da empresa para reunir e analisar as informações corretas. As três principais tecnologias de CRM operacional que um departamento de marketing pode implementar para aumentar a satisfação do cliente são:

1. Gerador de lista
2. Gerenciamento de campanha
3. Venda cruzada e *up-selling*

geradores de lista Compilam informações de clientes a partir de uma variedade de fontes e segmentam a informação para diferentes campanhas de marketing. As fontes de informação incluem visitas ao site, questionários de site, pesquisas online e offline, panfletos, números de discagem gratuita, listas de clientes atuais, e assim por diante. Após a compilação da lista de clientes, uma organização pode usar critérios para filtrar e classificar a lista de potenciais clientes. Filtros e critérios de classificação podem incluir itens como renda familiar, escolaridade e idade. Geradores de lista fornecem ao departamento de marketing um sólido conhecimento sobre o tipo de cliente que é necessário visar para as campanhas de marketing.

os sistemas de gerenciamento de campanhas Orientam os usuários por meio de campanhas de marketing que executam funções como a definição, o planejamento, a programação, a segmentação e a análise de sucesso da campanha. Eles podem até calcular os resultados quantificáveis para o retorno do investimento (ROI) de cada campanha e acompanhar os resultados, a fim de analisar e compreender como a empresa pode ajustar futuras campanhas.

FIGURA 9.6 — Tecnologias de CRM operacional para departamentos de vendas, marketing e atendimento ao cliente

Marketing	Vendas	Atendimento ao cliente
1. Gerador de lista	1. Gerenciamento de vendas	1. *Contact center*
2. Gerenciamento de campanha	2. Gerenciamento de contatos	2. Autoatendimento baseado na web
3. Venda cruzada e *up-selling*	3. Gerenciamento de oportunidade	3. Script de chamada

> **OS DEPARTAMENTOS DE VENDAS FORAM OS PRIMEIROS A COMEÇAR A DESENVOLVER SISTEMAS DE CRM.**

Duas estratégias de vendas que uma campanha de marketing pode implementar são a **venda cruzada** e o *up-selling*. **Venda cruzada** é a venda de produtos ou serviços adicionais a um cliente. *Up-selling* é aumentar o valor da venda. Por exemplo, o McDonald's realiza venda cruzada perguntando aos clientes se eles gostariam de uma torta de maçã com sua refeição e realiza *up-selling* perguntando aos clientes se eles gostariam de aumentar o tamanho das suas refeições. Os sistemas de CRM oferecem aos departamentos de marketing todos os tipos de informações sobre seus clientes e produtos, o que pode ajudar a identificar as campanhas de marketing de venda cruzada e de *up-selling*.

A California State Automobile Association (CSAA) teve de tirar proveito da sua capacidade de promover e realizar a venda cruzada de serviços automotivos, de seguros e de viagens para vencer seus concorrentes. A realização dessa tarefa foi fácil, uma vez que a empresa implementou o sistema de CRM E.piphany's. Ele integrou as informações de todos os bancos de dados separados da CSAA, tornando-as imediatamente disponíveis para todos os funcionários por meio de um navegador web. Os funcionários podem rapidamente ver o perfil de um cliente e determinar quais serviços ele tinha no momento e quais os serviços que poderia querer adquirir com base nas suas necessidades projetadas pelo software.[10]

Vendas e CRM operacional

A Siebel, um dos maiores fornecedores de softwares de CRM, tinha 33 mil assinantes em janeiro de 2005. A Salesforce.com, fornecedora sob demanda com base na web de softwares de gestão de relacionamento com clientes, teve um aumento de 40 mil assinantes durante os três primeiros meses de 2005, mais do que todos os assinantes da Siebel. O número total de assinantes Salesforce.com ultrapassa 500 mil. Merrill Lynch, um dos maiores clientes do mercado de força de vendas, entrou com 5 mil assinaturas para a sua divisão de clientes globais privados, tornando-se o maior cliente da empresa de corretagem Salesforce.com. O produto novo da Salesforce.com, o Customforce, inclui ferramentas para adicionar capacidades de análise de dados, fórmulas matemáticas tipo planilha, processos de negócios e modelos de previsão.[11]

Os departamentos de vendas foram os primeiros a começar a desenvolver sistemas de CRM. Eles tiveram dois motivos principais para controlar informações de vendas ao cliente eletronicamente. Primeiro, os representantes de vendas estavam lutando com a enorme quantidade de informações da conta do cliente que eles eram obrigados a manter e controlar. Em segundo lugar, as empresas estavam lutando com a questão de que muitas das informações vitais de seu cliente e das vendas permaneceram nas cabeças dos seus representantes de vendas. Um dos primeiros componentes de CRM criados para ajudar a resolver essas questões foram os componentes de automação da força de vendas. A **automação da força de vendas** (SFA, *Sales Force Automation*) é um sistema que monitora automaticamente todos os passos do processo de vendas. Os produtos da SFA focam no aumento da satisfação dos clientes, criando relacionamentos com clientes e melhorando as vendas do produto mediante o monitoramento de todas as informações de vendas.

Atendendo a vários milhões de visitantes a cada ano, a Vail Resorts Inc. mantém dezenas de sistemas em todas as suas sete propriedades. Esses sistemas executam várias tarefas, incluindo registro do bilhete do bondinho, hospedagem, restaurante, conferências, varejo e venda e aluguel de esqui. Uma vez que uma percentagem significativa da receita da empresa resulta da repetição de hóspedes, construir relações mais fortes e rentáveis com seus clientes é a primeira prioridade da Vail Resorts.

Para melhorar seu atendimento ao cliente e o sucesso da campanha de marketing, a Vail implantou o sistema de Ascential, o qual integra as informações do cliente a partir dos seus diversos sistemas. O sistema de CRM está fornecendo a Vail Resorts um nível mais detalhado da visão do cliente, o que ajuda a empresa a personalizar suas ofertas e promoções aos hóspedes. Ao utilizar um sistema de CRM que integra informações a partir de todos os seus resorts e linhas de negócio, a empresa pode determinar, em qualquer uma das suas propriedades, o que, onde e como seus hóspedes se comportam. Por exemplo, agora a empresa pode oferecer descontos em bilhetes de bondinhos e aluguéis de esqui para os clientes que ficam em seus resorts. As três principais tecnologias do CRM operacional que um departamento de vendas pode implementar para aumentar a satisfação do cliente são:

1. Sistemas de gerenciamento de vendas
2. Sistemas gerenciamento de contatos
3. Sistemas de gerenciamento de oportunidades[12]

sistemas de gerenciamento de vendas A Figura 9.7 mostra o típico processo de vendas, que começa com uma oportunidade e termina com a entrega da conta ao cliente

FIGURA 9.7 Visão geral do processo de vendas

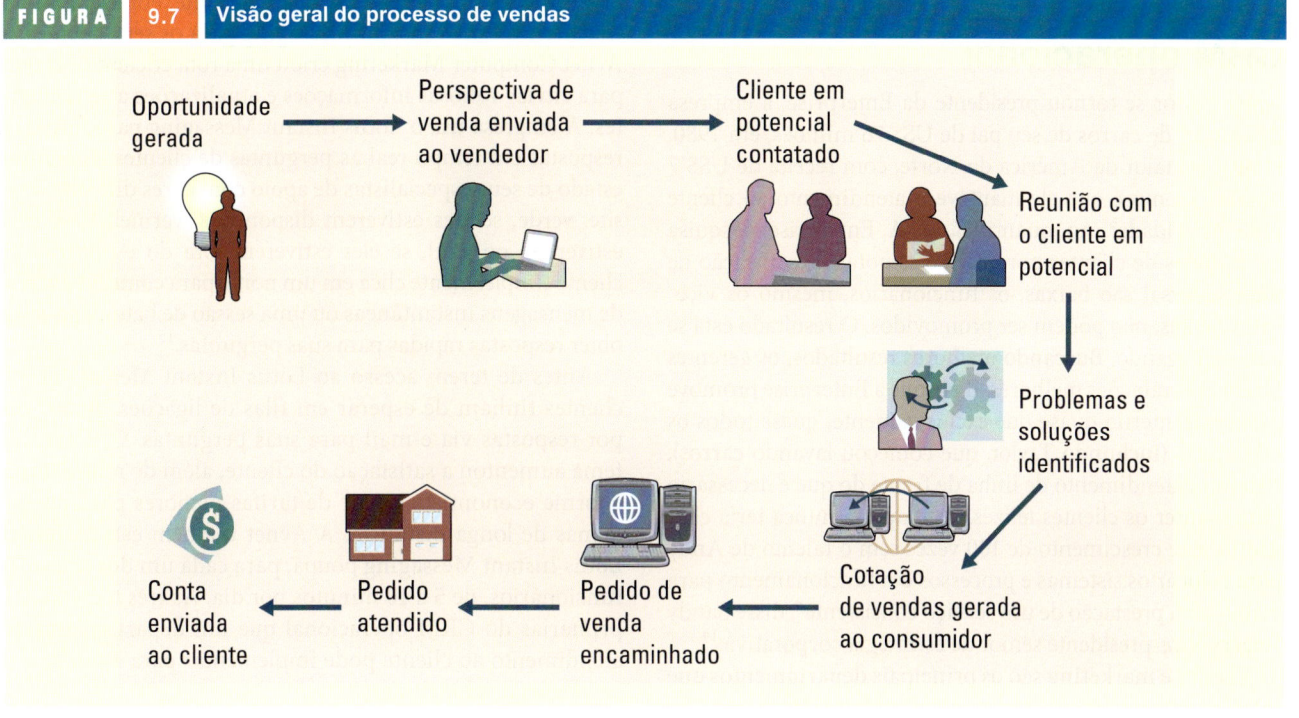

Oportunidade gerada → Perspectiva de venda enviada ao vendedor → Cliente em potencial contatado → Reunião com o cliente em potencial → Problemas e soluções identificados → Cotação de vendas gerada ao consumidor → Pedido de venda encaminhado → Pedido atendido → Conta enviada ao cliente

pela venda. Perspectivas de vendas e clientes em potencial são a alma de todas as organizações de vendas, sejam os produtos que elas estão vendendo computadores, roupas ou carros. A maneira como as perspectivas de vendas são tratadas pode fazer a diferença entre o crescimento ou o declínio da receita. Os *sistemas de gerenciamento de vendas* automatizam cada fase do processo de vendas, ajudando representantes de vendas individuais a coordenar e organizar todas as suas contas. As características incluem calendários para ajudar a planejar reuniões de clientes, alarmes como lembretes de tarefas importantes, apresentações multimídia personalizáveis e geração de documentos. Esses sistemas podem ainda oferecer uma análise do ciclo de vendas e calcular o desempenho individual de cada representante de vendas durante o processo de vendas.

sistema de gerenciamento de contatos Um *sistema de gerenciamento de contatos* mantém as informações de contatos dos clientes e identifica clientes em potencial para futuras vendas. Os sistemas de gerenciamento de contatos incluem características como a manutenção de gráficos organizacionais, notas detalhadas sobre os clientes e informações de vendas complementares. Por exemplo, um sistema de gerenciamento de contatos pode ter uma entrada de número de telefone e exibir o nome da pessoa juntamente com anotações detalhando conversas anteriores. Isso permite que o representante de vendas atenda ao telefone e diga: "Oi, Sue, como está o seu novo computador portátil? Como foram suas férias na Flórida?", sem antes receber do cliente esses lembretes de detalhes a respeito dela. A cliente se sente valorizada uma vez que o vendedor sabe o nome dela e ainda se lembra de detalhes de sua última conversa!

Uma empresa de tecnologia de US$ 16 bilhões, a 3M, é líder nos mercados de assistência médica, segurança, eletrônicos, telecomunicações, escritórios e de consumo. A empresa começou a focar na simplificação e uniformização de seus processos de vendas com as metas principais de melhor segmentação de clientes e geração e qualificação de perspectivas de vendas mais confiáveis. Para atingir essas metas, ela implementou um sistema de CRM e logo obteve os seguintes benefícios:

- Reduzir em 33% o tempo necessário para familiarizar os profissionais de vendas com novos territórios.
- Aumentar a visibilidade de gerenciamento do processo de vendas.
- Diminuir em 40% o tempo para qualificar as perspectivas de venda e atribuir as oportunidades de vendas.

Uma das campanhas mais bem-sucedidas direcionadas pelo sistema de CRM permitiu a 3M direcionar malas diretas às agências governamentais e aos serviços de emergência visados, em resposta aos ataques com antraz em 2002. Todos os questionários da campanha postal foram automaticamente designados a um representante de vendas, acompanhados de uma citação. Em pouco mais de uma semana, a empresa recebeu encomendas de 35 mil máscaras respiratórias.[13]

sistemas de gerenciamento de oportunidade Os *sistemas de gerenciamento de oportunidade* têm como alvo as oportunidades de vendas em encontrar novos clientes ou empresas para vendas futuras. Os sistemas de gerenciamento de oportunidade determinam clientes e concorrentes em potencial e definem esforços de vendas, incluindo orçamentos e cronogramas. Os sistemas avançados de gerenciamento de oportunidade podem até mesmo calcular a probabilidade de uma venda, o que pode economizar aos representantes de vendas muito tempo e dinheiro na tentativa de encontrar novos clientes. A principal diferença entre o gerenciamento de contatos e o gerenciamento de oportunidades é que o primeiro trata de clientes existentes; o segundo, de clientes novos. A Figura 9.8 exibe seis indicadores de CRM que um representante de vendas pode utilizar para aumentar os clientes prospectivos.

Atendimento ao cliente e CRM operacional

Andy Taylor se tornou presidente da Enterprise, a empresa de aluguel de carros de seu pai de US$ 76 milhões, em 1980. Hoje, é a maior da América do Norte, com receita de US$ 7 bilhões. Como é que ele manteve o atendimento ao cliente uma prioridade? Ao quantificá-lo. A Enterprise pesquisa 1,7 milhões de clientes por ano. Se as notas de satisfação de uma sucursal são baixas, os funcionários, mesmo os vice-presidentes, não podem ser promovidos. O resultado está se autopropagando. Buscando melhores resultados, os gerentes fazem contratações melhores. E porque a Enterprise promove o pessoal interno quase que exclusivamente, quase todos os executivos (incluindo Taylor, que começou lavando carros), têm um entendimento de linha de frente do que é necessário para manter os clientes felizes. "A empresa nunca teria chegado a esse crescimento de 100 vezes sem o talento de Andy para colocar os sistemas e processos em funcionamento para viabilizar a prestação de um serviço consistente", disse Sandy Rogers, vice-presidente sênior de estratégia corporativa.[14]

Vendas e marketing são os principais departamentos que interagem diretamente com os clientes antes de uma venda. A maioria das empresas reconhece a importância de criar relacionamentos fortes durante os esforços de marketing e vendas, no entanto, muitas não conseguem perceber a importância de continuar a construir essas relações depois que a venda está concluída. É realmente mais importante criar relacionamentos pós-venda se a empresa quer garantir a fidelidade e a satisfação do cliente. A melhor maneira de implementar estratégias de CRM pós-venda é por meio do departamento de atendimento ao cliente.

Um dos principais motivos de uma empresa perder clientes são experiências ruins de atendimento ao cliente. Proporcionar excelente atendimento ao cliente é uma tarefa difícil, e muitas tecnologias de CRM estão disponíveis para ajudar as organizações com essa atividade importante. Por exemplo, ao transferir o Lotus Instant Messaging para os seus clientes, a Avnet Computer Marketing criou uma rota eficiente e direta para enviar valiosas informações e atualizações a seus clientes. A empresa usa o Lotus Instant Messaging para fornecer respostas em tempo real às perguntas de clientes listando o estado de seus especialistas de apoio com cores diferentes no site: verde, se eles estiverem disponíveis; vermelho, se não estiverem; ou azul, se eles estiverem fora do escritório. O cliente simplesmente clica em um nome para começar a troca de mensagens instantâneas ou uma sessão de bate-papo para obter respostas rápidas para suas perguntas.[15]

Antes de terem acesso ao Lotus Instant Messaging, os clientes tinham de esperar em filas de ligações "0800" ou por respostas via e-mail para suas perguntas. O novo sistema aumentou a satisfação do cliente, além de render uma enorme economia a partir de tarifas menores para telefonemas de longa distância. A Avnet também estima que o Lotus Instant Messaging poupa, para cada um dos seus 650 funcionários, de 5 a 10 minutos por dia. As três tecnologias primárias do CRM operacional que um departamento de atendimento ao cliente pode implementar para aumentar a satisfação do cliente são:

1. *Contact center*
2. Autoatendimento baseado na web
3. *Script* de chamada[16]

Contact center

O software de gerenciamento de conhecimento, que auxilia as centrais de atendimento a colocar respostas consistentes ao alcance do representante de atendimento, muitas vezes é longo com promessas e curto com entregas. O problema? Os representantes têm de gastar tempo para atender chamadas e inserir no computador as coisas que aprenderam – colocando o "conhecimento" na gestão do conhecimento.

FIGURA 9.8 Indicadores de CRM para ganhar clientes prospectivos

1. Obtenha a atenção dos clientes	Se você tem um bom cliente em potencial, as chances são de que ele receba dezenas de ofertas de empresas similares. Tenha certeza que seu primeiro contato é profissional e obtenha a atenção do seu cliente.
2. Valorize o tempo dos clientes	Quando você pede uma reunião, você está pedindo a coisa mais valiosa que uma pessoa ocupada tem: o tempo. Muitas empresas têm tido grande sucesso ao oferecer presentes de alto valor em troca de uma reunião com um representante. Apenas tenha cuidado porque algumas empresas não veem presentes caros com bons olhos. Em vez disso, ofereça a esses clientes em potencial um relatório que possa ajudá-los a desempenhar as próprias funções de maneira mais eficaz.
3. Entregue mais	Se a sua carta oferecia um DVD gratuito em troca de uma reunião, traga uma caixa de pipoca de micro-ondas juntamente com o filme. Os pequenos gestos como esses mostram que você não só mantém a sua palavra, como também pode ir além.
4. Entre em contato com frequência	Encontre maneiras novas e criativas para entrar em contato frequentemente com seus potenciais clientes. Começar uma newsletter e enviar uma série de atualizações da indústria são excelentes maneiras de manter-se em contato e fornecer valor.
5. Gere uma lista de endereços confiáveis	Se você está comprando uma lista de endereços de um terceiro, tenha certeza de que os contatos são perspectivas de venda genuínas, especialmente se você está oferecendo um presente caro. Certifique-se de que as pessoas com quem você está se reunindo têm o poder de autorizar uma venda.
6. Acompanhamento	Uma das mais poderosas ferramentas de prospecção é uma simples nota de agradecimento. Deixar as pessoas saberem que seu tempo foi apreciado pode até levar a outras referências.

FIGURA 9.9	Características comuns incluídas em centros de contatos
Distribuição automática de chamada	Um telefone troca as rotas de entradas de chamadas para agentes disponíveis.
Resposta interativa de voz (IVR)	Direciona os clientes a usarem os telefones multifrequencial ou palavras-chave para navegar ou fornecer informações.
Discagem preditiva	Disca automaticamente as chamadas de saída e, quando alguém atende, a chamada é encaminhada para um agente disponível.

Brad Cleveland, que lidera o Incoming Calls Management Institute, disse: "O software é apenas uma ferramenta. Não adianta nada, a menos que as pessoas na empresa toda estejam usando todo o potencial dele". A Sharp Electronics está fazendo isso acontecer. Representantes da linha de frente da empresa criaram o sistema do zero. E, como a Sharp lançou sua rede ao longo dos últimos quatro anos, a compensação e promoções dos representantes foram diretamente asso-

organização orientada para o cliente pode ter, porque a manutenção de um alto nível de suporte aos clientes é fundamental para a obtenção e retenção desses clientes. Numerosos sistemas estão disponíveis para ajudar uma empresa a automatizar os seus centros de contato. A Figura 9.9 destaca alguns dos recursos disponíveis nos sistemas de contact center.

Os centros de contato também monitoram o histórico de chamadas dos clientes, juntamente com resoluções de problemas – informações fundamentais para proporcionar uma visão abrangente do cliente ao CSR. Os CSRs que podem rapidamente compreender e entender todos os produtos e perguntas de um cliente oferecem um enorme valor para o cliente e para a empresa. Nada faz clientes frustrados mais felizes do que não ter que explicar seus problemas novamente a outro CSR.

> "Os CSRs que podem rapidamente compreender e entender todos os produtos e perguntas de um cliente oferecem um enorme valor para o cliente e para a empresa."

ciadas ao uso do sistema. Como resultado, a experiência de atendimento de clientes na Sharp melhorou muito: a proporção de problemas resolvidos por uma única chamada subiu de 76% para 94%.[17]

Um *contact center* (ou *central de atendimento*) é onde os representantes do atendimento ao cliente (CSRs, *Customer Service Representatives*) respondem aos pedidos dos clientes e aos problemas por meio de uma série de diferentes pontos de contato. Um *contact center* é um dos melhores ativos que uma

O novo software de detecção de emoção, chamado Perform, criado pela Nice Systems, foi projetado para ajudar as empresas a melhorar o atendimento ao cliente, identificando os clientes que estão chateados. Quando um senhor idoso, aflito com os preços altos dos planos médicos *premium*, desligou o telefone depois de ligar para a central de atendimento do Wisconsin Physician Services Insurance Corporation, um sistema detectou a exasperação dele e automaticamente enviou uma mensagem de e-mail a um supervisor. Este ouviu

---

Vivendo o SONHO

Change.org

A Change.org, um site ativista social, é um recurso para pesquisa e organização de grupos em torno de causas sociais e políticas, chamado de "Changes". O Changes permite que os membros com crenças semelhantes postem imagens, vídeos, blogs e até doações para a sua causa sem fins lucrativos. Os políticos precisam encontrar doadores para ajudá-los a levantar fundos de campanha para que possam concorrer em eleições. Na verdade, os políticos, na última eleição, levantaram mais de US$ 3 bilhões, com 50 bilhões gastos para encontrar doadores. A Change.org quer reduzir os custos de angariação de fundos, neutralizar o dinheiro de "interesse especial" de grandes doadores e fornecer um lugar onde o americano médio, que não pode pagar um jantar de angariação de fundos de US$ 2.500, possa ser ouvido. A estratégia da Change.org é criar um banco de dados de perfis de políticos que se alinhem com cada grupo Change. Os grupos de mudança estão agora habilitados para reunir um bom dinheiro para doar a instituições de caridade ou candidatos políticos relevantes, bem como o poder de realizar lobby com representantes.

Descreva as diferenças entre o CRM operacional e o analítico. De quais tipos de CRM operacional a Change.org precisaria para funcionar? De quais tipos de CRM analítico a Change.org precisaria para funcionar? Como a Change.org poderia usar o marketing, as vendas e os serviços de tecnologias de CRM para ajudar a aumentar a conscientização e as doações para causas sem fins lucrativos? Por que criar um site ativista social é uma decisão arriscada? Você gostaria de ter suas informações pessoais armazenadas no site?

uma gravação digital da conversa, ligou para o cliente, e sugeriu maneiras de diminuir o plano *premium*. O sistema usa algoritmos para determinar um valor inicial de emoção durante os primeiros 5 a 10 segundos de uma chamada, qualquer desvio da linha de base dispara um alerta.[18]

sistemas de autoatendimento baseados na web

Os **sistemas de autoatendimento baseados na web** permitem que os clientes usem a web para encontrar respostas às suas perguntas ou soluções para seus problemas. A FedEx utiliza sistemas de autoatendimento baseados na web para permitir que os clientes monitorem seus próprios pacotes sem ter que falar com um CSR. Os clientes FedEx podem simplesmente fazer logon no site da FedEx e digitar seu número de rastreamento. O site exibe rapidamente a localização exata do pacote e o tempo estimado de entrega.

Outra grande característica do autoatendimento baseado na web são os botões *click-to-talk*. Eles permitem que os clientes, ao clicarem em um dos botões, falem com um CSR via internet. Características poderosas como essas, direcionadas ao cliente, acrescentam um enorme valor a qualquer empresa, fornecendo aos clientes informações em tempo real, sem ter que contatar representantes da empresa.[19]

sistemas de chamada de *script*

Ser um CSR não é uma tarefa fácil, especialmente quando se está lidando com informações detalhadas sobre produtos técnicos ou serviços. Os **sistemas de script de chamada** acessam bancos de dados organizacionais que rastreiam os mesmos problemas ou questões e geram automaticamente os detalhes para o CSR, que pode, então, retransmiti-los para o cliente. O sistema também pode fornecer uma lista de perguntas que o CSR pode fazer ao cliente para determinar o problema e a resolução potenciais. Esse recurso ajuda os CSRs a responder a perguntas rapidamente, e também apresentar uma imagem padronizada, de forma que dois clientes diferentes não recebam duas respostas diferentes.

A Documedics é uma empresa de consultoria de assistência médica que fornece informações sobre reembolso de produtos farmacêuticos para pacientes e os profissionais de saúde. Ela atualmente faz o suporte de investigações de 12 empresas farmacêuticas e recebe mais de 30 mil chamadas de clientes por mês. Originalmente, a empresa tinha um arquivo de dados para cada paciente e para cada empresa farmacêutica. Esse processo ineficiente resultou que um único paciente tenha até 12 arquivos de informações diferentes, caso o paciente fosse cliente de todas as 12 empresas farmacêuticas. Para responder as questões dos clientes, um CSR tinha que fazer o download do arquivo de cada cliente, causando enormes ineficiências e confusões. A empresa implementou um sistema de CRM com a função de *script* de chamada para aliviar o problema e oferecer aos seus CSRs uma visão abrangente de cada cliente, independentemente da empresa farmacêutica. A empresa antecipou 20% do crescimento anual principalmente em virtude de implementação bem-sucedida do seu novo sistema.[20]

Métricas da gestão de relacionamento com o cliente (CRM)

A Brother International Corporation experimentou um grande crescimento em suas vendas de centros multifuncionais, máquinas de fax, impressoras e sistemas de etiquetagem no final da década de 1990. Junto com o vertiginoso crescimento das vendas, veio um grande aumento nas chamadas de clientes. Quando a Brother não conseguiu mais atender ao telefone a tempo, as devoluções de produtos começaram a aumentar. A empresa respondeu aumentando a capacidade da central de atendimento, e a taxa de devolução começou a cair. No entanto, Dennis Upton, CIO da Brother International, observou que o que toda a empresa estava fazendo era atender ao telefone. Ele logo percebeu que a empresa estava perdendo valiosa inteligência de mercado (inteligência de negócios) sobre os clientes existentes por causa de todas as chamadas telefônicas. A empresa decidiu implantar a solução de CRM da SAP. As 1,8 milhões de chamadas com as quais a Brother lidava caíram

> "Os sistemas de *script* de chamada acessam bancos de dados organizacionais que rastreiam os mesmos problemas ou questões e geram automaticamente os detalhes para o CSR, que pode, então, retransmiti-los para o cliente."

para 1,57 milhões, o que reduziu o pessoal da central de atendimento de 180 para 160 agentes. Uma vez que as informações demográficas do cliente agora estão armazenadas e exibidas na tela do agente com base no número de telefone

FIGURA 9.10 — Métricas de CRM

Métricas de vendas	Métricas de atendimento	Métricas de marketing
■ Número de clientes em potencial	■ Casos fechados no mesmo dia	■ Número de campanhas de marketing
■ Número de novos clientes	■ Número de casos tratados pelo agente	■ Novas taxas de retenção de clientes
■ Número de clientes retidos	■ Número de chamadas de atendimento	■ Número de respostas por campanha de marketing
■ Número de perspectivas de vendas abertas	■ Número médio de solicitações de atendimento por tipo	■ Número de compras por campanha de marketing
■ Número de chamadas de vendas	■ Tempo médio de resolução	■ Receita gerada pela campanha de marketing
■ Número de chamadas de vendas por perspectiva de venda	■ Número médio de atendimentos por dia	■ Custo por interação por campanha de marketing
■ Quantidade de novas receitas	■ Percentagem de conformidade com o acordo de nível de atendimento	■ Número de novos clientes adquiridos pela campanha de marketing
■ Quantidade de receitas recorrentes	■ Percentagem de renovações de serviço	■ Taxa de retenção de clientes
■ Número de propostas apresentadas	■ Nível de satisfação do cliente	■ Número de novas perspectivas de vendas por produto

de entrada, a empresa reduziu a duração da chamada para uma média de um minuto, economizando US$ 600 mil por ano. A empresas deve monitorar constantemente os seus esforços para garantir o sucesso.[21]

> "Sem entender o impacto do CRM, uma empresa não será capaz de perceber se as suas práticas de CRM estão contribuindo para o sucesso."

Sem entender o impacto do CRM, uma empresa não será capaz de perceber se as suas práticas de CRM estão contribuindo para o sucesso. Utilizar métricas de CRM para acompanhar e monitorar o desempenho é uma prática de muitas empresas. Uma regra para os gerentes é medir e monitorar mais de sete (mais ou menos duas) chaves métricas de CRM das centenas de métricas de CRM disponíveis. A Figura 9.10 mostra algumas das métricas de CRM mais comuns.[22]

USO DA TI PARA DIRECIONAR O CRM ANALÍTICO

O amadurecimento do CRM analítico e as tecnologias de modelagem comportamentais estão ajudando numerosas empresas a se movimentar para além dos benefícios herdados, como de melhor atendimento e retenção de clientes para sistemas que possam realmente melhorar a rentabilidade do negócio. Ao contrário do CRM operacional, que automatiza as centrais de atendimento e as forças de vendas com o objetivo de reforçar as operações de clientes, as soluções do CRM analítico foram projetadas para escavar fundo os históricos de informações do cliente de uma empresa e expor os padrões de comportamento a serem usados. O CRM analítico é usado principalmente para melhorar e apoiar a tomada de decisões e funciona mediante identificação de padrões nas informações de clientes, coletadas dos vários sistemas de CRM operacional.

Para muitas empresas, o poder da análise de soluções de CRM proporciona tremendas oportunidades de administração. Dependendo da solução específica, as ferramentas do CRM analítico podem destrinchar as informações dos clientes para criar visualizações do valor, do gasto, das afinidades de produtos, do percentil de perfis e das segmentações do cliente. As ferramentas de modelagem podem identificar oportunidades de venda cruzada, de *up-selling* e expandir os relacionamentos com os clientes.

A ***personalização*** ocorre quando um website pode saber o suficiente sobre o que uma pessoa gosta ou não para moldar ofertas que são mais propensas a agradar essa pessoa.

> **USAR O CRM ALIADO À INTELIGÊNCIA DE NEGÓCIOS PERMITE ÀS EMPRESAS TOMAR DECISÕES MELHORES E MAIS INFORMADAS, COLHENDO RECOMPENSAS INCRÍVEIS E IMPREVISTAS.**

Muitas empresas estão agora utilizando o CRM para criar regras de clientes e modelos que os comerciantes podem usar para personalizar mensagens.

As informações produzidas por soluções analíticas de CRM podem ajudar as empresas a tomar decisões sobre como lidar com clientes com base no seu valor. O CRM analítico pode ajudar a revelar informações sobre em quais clientes vale a pena investir, quais devem ser atendidos em um nível médio e em quais não devem investir.

Os dados obtidos a partir dos clientes também podem revelar informações sobre os funcionários. A Wachovia Bank pede aos clientes (25 mil por mês) informações sobre a experiência deles de atendimento. Ela pergunta sobre os funcionários individualmente e utiliza as respostas em treinamento de pessoal. Uma sessão de treinamento de 20 minutos deixa claro como esse *feedback* (cada cliente pesquisado avalia o comportamento de 33 funcionários) pode melhorar o serviço. O gerente da agência pediu a um funcionário para focar na sinceridade, em vez de na mera simpatia, para "afiar sua antena" para que pudesse ouvir os clientes mais intuitivamente e diminuir a velocidade de atendimento em vez de se apressar. Esse foco no atendimento cuidadoso, sincero e intuitivo valeu a pena: a Wachovia assumiu a pontuação máxima entre os bancos da American Customer Satisfaction Index desde 2001.[23]

O CRM analítico depende fortemente de tecnologias de armazenamento de dados e inteligência de negócios para recolher informações sobre o comportamento do cliente (isso é tratado em detalhes na Seção 9.2). Esses sistemas rapidamente agregam, analisam e disseminam informações sobre o cliente em toda a empresa. A Figura 9.11 apresenta alguns exemplos do tipo de percepções de informações que o CRM analítico pode ajudar uma empresa a obter.[24]

O ambiente de dados intensivos da UPS é sustentado pelo maior banco de dados DB2 da IBM no mundo, composto de 236 terabytes de dados relacionados com a sua ferramenta de CRM analítico. A meta da empresas é a criação de relacionamento particular com o cliente, e ela está usando ferramentas Quantum View que lhe permitem personalizar as visualizações de dados sobre os clientes como o histórico do transporte e recebimento de avisos quando um pacote chega ou está atrasado. A UPS já estabeleceu mais de 500 aplicações de gestão de relacionamento com o cliente que funcionam fora do seu armazém de dados.[25]

Os armazéns de dados estão dando às empresas informações sobre os seus clientes e produtos que antes eram impossíveis de localizar, e o retorno pode ser enorme. As organizações estão agora contando com a inteligência de negócios para fornecer-lhes fatos concretos que podem determinar tudo, desde qual o tipo de marketing e campanha de vendas a ser lançado, até em quais clientes mirar e em que momento. Usar o CRM, aliado à inteligência de negócios permite às empresas tomar decisões melhores e mais informadas, colhendo recompensas incríveis e imprevistas.

A Sears, Roebuck and Company é a terceira maior varejista dos Estados Unidos. Mesmo que não saiba exatamente "quem" são os seus clientes (pelo nome e endereço), uma vez

FIGURA 9.11 Exemplos de informações do CRM analítico

1. Dê aos clientes mais do que eles querem	O CRM analítico pode ajudar uma empresa a ir além da típica saudação: "Prezado Sr. Smith". Uma empresa pode usar as informações analíticas de CRM para tornar as suas comunicações mais apresentáveis. Por exemplo, se a empresa sabe a marca preferida de sapatos de um cliente e que ele calça 44, ela pode avisá-lo que há um par de sapatos com tais características separado para o cliente experimentar na próxima vez em que visitar a loja.
2. Encontre novos clientes semelhantes aos melhores clientes	O CRM analítico pode determinar que uma empresa faça vários negócios com mulheres de 35 a 45 anos que dirigem utilitários esportivos e moram a 48 quilômetros de um determinado local. A empresa pode, então, encontrar uma lista de endereços que destaca esse tipo de cliente para potenciais novas vendas.
3. Saiba o que a organização faz de melhor	O CRM analítico pode determinar o que uma empresa faz melhor do que seus concorrentes. Por exemplo, se um restaurante serve mais café da manhã para empresas de médio porte do que a sua concorrência, ele pode comprar uma lista de endereços especializada em empresas de médio porte na área e enviar-lhes uma correspondência que caracteriza as especialidades do serviço de bufê de café da manhã.
4. Faça antes dos seus concorrentes	O CRM analítico pode determinar tendências de vendas permitindo a uma empresa oferecer as melhores ofertas aos clientes antes que a concorrente tenha uma chance. Por exemplo, uma loja de roupas pode determinar seus melhores clientes para artigos de uso externo e enviar-lhes uma oferta para atender a uma venda privada antes de a concorrente lançar a venda desses artigos.
5. Reative clientes inativos	O CRM analítico pode destacar os clientes que não tenham feito qualquer negócio com a empresa em um período. Ela pode, então, enviar-lhes uma carta personalizada, juntamente com um cupom de desconto. Isso vai fazê-los lembrar-se da empresa e pode ajudar a desencadear uma relação renovada.
6. Deixe seus clientes saberem que eles são importantes	O CRM analítico pode determinar o que os clientes querem e precisam, de forma que uma organização pode contatá-los com essa informação. Qualquer coisa desde uma venda privada até um lembrete de que o carro deve fazer a revisão é um excelente serviço ao cliente.

que muitos deles usam dinheiro ou cartões de crédito que não são da Sears, ela ainda pode se beneficiar de tecnologias de CRM analítico. A Sears usa essas tecnologias para determinar o que seus clientes genéricos preferem comprar e quando eles o compram, o que permite à empresa prever o que eles vão comprar. Ao usar o CRM analítico, a Sears pode ver as vendas de cada dia por região, bairro, loja, linha de produtos e item individual. Agora a Sears pode monitorar com precisão o impacto da publicidade, do clima e de outros fatores sobre as vendas de itens específicos. Pela primeira vez, a Sears pode até agrupar ou "analisar" tipos de itens amplamente divergentes. Por exemplo, os comerciantes podem monitorar as vendas de uma loja de exposição sinalizada com "Presentes por menos de US$ 25", que pode incluir moletons, chaves de fenda e outros itens relacionados. O departamento de publicidade pode, então, seguir as vendas de "Presentes por menos de US$ 25" para determinar quais produtos colocar nos seus anúncios no jornal.[26]

OA9.5

Comparar gestão de relacionamento com clientes, com fornecedores, com parceiros e com funcionários.

TENDÊNCIAS DO CRM: SRM, PRM, ERM

As organizações estão descobrindo uma onda de outras áreas de negócio onde é benéfico tirar vantagem da criação de relações fortes. Essas áreas emergentes incluem o gestão de relacionamento com o fornecedor (SRM), o gerenciamento do relacionamento com o parceiro (PRM), e o gestão de relacionamento com o empregado (ERM).

Gestão de relacionamento com o fornecedor

A *gestão de relacionamento com o fornecedor* (SRM, *Supply Relationship Management*) se concentra em manter os fornecedores satisfeitos mediante avaliação e categorização dos fornecedores de diferentes projetos, o que otimiza sua seleção. Os aplicativos SRM ajudam as empresas a analisar os fornecedores com base em uma série de variáveis-chave, incluindo estratégia, objetivos de negócios, preços e mercados. A empresa pode, então, determinar o melhor fornecedor e pode trabalhar no desenvolvimento de relacionamentos fortes com ele. Os parceiros podem, assim, trabalhar em conjunto para agilizar os processos, terceirizar os serviços e fornecer produtos que não poderiam fornecer individualmente.

Com a fusão do Bank of Halifax e do Bank of Scotland, a nova empresa, a HBOS, implementou um sistema de SRM para dar aos seus fornecedores informações consistentes. O sistema integra informações sobre contratos dos sistemas operacionais separados do Bank of Halifax e do Bank of Scotland, gerando um único repositório de gerenciamento de informações com relatórios e análises coerentes. Outros benefícios da HBOS que derivaram da solução SRM incluem:

- Uma visão única e consolidada de todos os fornecedores.
- Gerenciamento detalhado e consistente de informações que permite múltiplas visões de cada executivo.
- Eliminação de fornecedores duplicados.[27]

Gestão de relacionamento com o parceiro

As empresas começaram a perceber a importância da construção de relacionamentos com parceiros, distribuidores e revendedores. A *gestão de relacionamento com o parceiro* (PRM, *Partner Relationship Management*) foca em manter os vendedores satisfeitos mediante o gerenciamento do relacionamento entre os parceiros e os revendedores que oferecem o canal de vendas ideal aos clientes. A estratégia de negócios da PRM é selecionar e gerenciar parceiros para otimizar o valor em longo prazo. Na verdade, isso significa escolher os parceiros certos, trabalhando com eles para ajudá-los a ser ter êxito ao lidar com clientes em comum, e assegurar que os parceiros e os clientes finais estejam satisfeitos e sejam bem-sucedidos. Muitas das funcionalidades de uma aplicação PRM incluem informações sobre a disponibilidade do produto em tempo real, materiais de marketing, contratos, detalhes do pedido e informações de preços, estoque e remessa.

O PRM é um dos menores segmentos de CRM que tem um potencial excelente. O PRM cresceu de um negócio de

Saiba que: Contate os clientes pelo YouTube: é ótimo para os negócios

A JetBlue teve uma abordagem de CRM diferente e interessante usando o YouTube para pedir desculpas aos seus clientes. O fundador e CEO da JetBlue, David Neeleman, pediu desculpas aos clientes via YouTube após uma semana muito, muito ruim para a companhia aérea: 1.100 voos cancelados por causa de tempestades de neve e milhares de passageiros irritados. A maneira rude e sincera como o pedido de desculpas foi feito por Neeleman fez valer a pena aceitá-lo. Mas, de qualquer modo, não fomos nós que ficamos presos em uma pista de decolagem por oito horas. Com todos os novos avanços na tecnologia e as muitas formas de alcançar os clientes, você acha que usar o YouTube foi uma abordagem inteligente? O que mais a JetBlue poderia tem feito para ajudar a recuperar a confiança dos clientes?

Imagine que você é o fundador e CEO da GoodDog, uma grande fábrica de alimentos para animais de estimação. Recentemente, pelo menos 16 mortes desses animais foram ligadas à ração, felizmente, não fabricada pela empresa. O *recall* de alimentos potencialmente mortais para animais fez donos de cães e gatos observarem seus animais para encontrar o menor sinal de doenças e sobrecarregou veterinários pelo país inteiro com telefonemas sobre sintomas reais e imaginários. Crie uma estratégia de utilização do YouTube como um veículo para se comunicar com seus clientes enquanto eles temem pela vida dos respectivos animais de estimação. Certifique-se de destacar os prós e contras de usar o YouTube como um veículo de comunicação com o cliente. Existem outras novas tecnologias que você pode usar como um veículo de comunicação com o cliente mais eficaz do que o YouTube?

US$ 500 milhões para um de US$ 1 bilhão em menos de quatro anos. Esse é um reflexo direto da crescente interdependência das empresas na nova economia. Os principais benefícios do PRM incluem:

- Cobertura expandida de mercado.
- Ofertas de produtos e serviços especializados.
- Amplo leque de ofertas e uma solução mais completa.

Gestão de relacionamento com o funcionário

Jim Sinegal administra a Costco, uma das maiores redes de atacado, mas há duas coisas de que ele não abre mão: benefícios aos funcionários e atendimento ao cliente. O salário médio por hora bate os dos rivais Sam's Club, e 86% dos funcionários têm seguro saúde (contra 47% na Sam's). E Sinegal não está apenas sendo gentil. Funcionários felizes, ele acredita, deixam os clientes mais felizes. Os preços baixos (ele lucra 14% por item) e uma generosa política de retorno certamente ajudam. Embora Wall Street tenha defendido por muito tempo benefícios menores, uma política de retorno mesquinha e maiores lucros, Sinegal apoia clientes e funcionários. "Estamos tentando administrar a Costco de uma forma que não vai apenas satisfazer os nossos acionistas este ano ou este mês", disse ele, "mas no próximo ano e no futuro".[28]

A *gestão de relacionamento com o funcionário* (ERM, *Employee Relationship Management*) oferece aos funcionários um subconjunto de aplicativos de CRM disponíveis via navegador web. Muitos dos aplicativos ERM ajudam o funcionário a lidar com clientes, fornecendo informações detalhadas sobre os produtos da empresa, serviços e pedidos de clientes.

Na Rackspace, uma empresa de hospedagem com base na web em San Antonio, o foco no cliente beira a obsessão. Joey Parsons, 24 anos, ganhou o Prêmio Straightjacket, o destaque de funcionário mais cobiçado na Rackspace. O prêmio reconhece o funcionário que mais faz jus ao lema da Rackspace de fornecer "apoio fanático", uma dedicação aos clientes que é tão intensa que beira o insano. A Rackspace motiva seu pessoal tratando cada equipe como uma empresa separada, responsável por seus próprios lucros e perdas e tem um site próprio de ERM. A cada mês, os funcionários podem ganhar bônus de até 20% do seu salário mensal, dependendo do desempenho de suas unidades pelas medidas financeiras e centradas no cliente, tais como o volume de negócios, ampliação e referências dos clientes. Os relatórios diários estão disponíveis no site do ERM.[29]

O LADO FEIO DO CRM: POR QUE O CRM HOJE É MAIS IMPORTANTE DO QUE NUNCA

A *Business 2.0* classificou "Você – o cliente" como o número 1 no top 50 de pessoas mais importantes no mundo dos negócios e declarou o seguinte: "Tem sido dito que o cliente tem sempre razão, mas por um longo tempo as empresas nunca pensaram assim de verdade. Agora, elas não têm escolha, uma vez que o poder do cliente cresce exponencialmente à medida que a internet cresce. Você – ou melhor, a inteligência colaborativa de dezenas de milhões de pessoas, você conectado – cria e filtra continuamente novas formas de conteúdo, unindo o útil, o relevante e o divertido e rejeitando o resto. Você faz isso em sites como Amazon, Flickr e YouTube, via *podcasts* e SMS, e em milhões de blogs autopublicados.

"Em todos os casos, você se tornou uma parte integrante da ação como um membro do público agregado, interativo, autoorganizado e de autoentretenimento. Mas a 'Revolução Você' vai muito além do conteúdo gerado pelo usuário. Empresas tão diversas como a Delta Air Lines e a T-Mobile estão se voltando para você para criar os respectivos slogans. A Procter & Gamble e a Lego estão incorporando suas ideias em novos produtos. Você construiu um software de código aberto e é seu cliente e seu tutor. Nada disso deveria ser uma surpresa, uma vez que foi você – suas incríveis paixões, hobbies e obsessões – que criou a web originalmente. E, em algum lugar por aí, você está criando a web 3.0. Ainda não sabemos o que é isso, mas uma coisa é certa: ela vai ser importante".[30]

Você tem mais poder do que nunca. Uma década atrás, se você tivesse uma reclamação contra uma empresa, poderia dar um telefonema ou escrever uma carta. Agora você pode, literalmente, manter contato com centenas ou milhares de pessoas para registrar sua queixa. A Figura 9.12 mostra exemplos de você, o cliente, levando o seu poder para as pessoas.

●● SEÇÃO 9.2 Inteligência de negócios (BI)

OBJETIVOS DE APRENDIZAGEM

OA9.6 Explicar o problema associado à inteligência de negócios e descrever a solução para esse problema.

OA9.7 Descrever as três formas mais comuns de análise de mineração de dados.

OA9.8 Comparar o BI tático, operacional e estratégico.

OA9.9 Explicar os benefícios do BI para toda a empresa.

OA9.10 Descrever as quatro categorias de benefícios de negócios do BI.

●● OA9.6

Explicar o problema associado à inteligência de negócios e descrever a solução para esse problema.

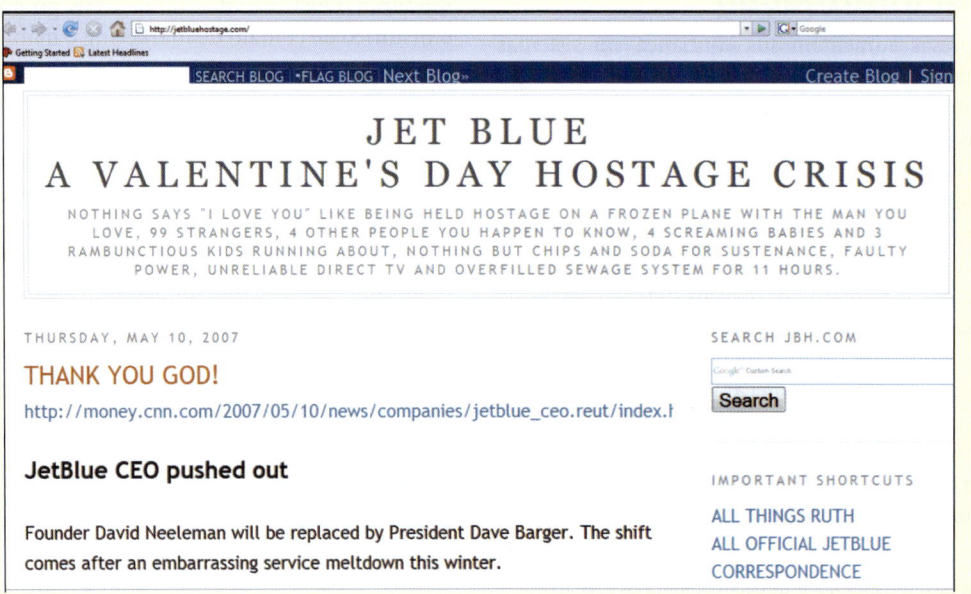

FIGURA 9.12 Poder do cliente

CAPÍTULO 9 | Gestão de Relacionamento com o Cliente e Inteligência de Negócios

INTELIGÊNCIA DE NEGÓCIOS

A *inteligência de negócios* (BI, *Business Inteligence*) refere-se às aplicações e tecnologias que são utilizadas para coletar, acessar e analisar dados e informações de apoio à tomada de decisão. Uma das primeiras referências à inteligência de negócios ocorre no livro de Sun Tzu, *A Arte da Guerra*. Sun Tzu afirma que, para o sucesso na guerra, deve-se ter pleno conhecimento de suas próprias forças e fraquezas e pleno conhecimento dos pontos fortes e fraquezas do inimigo. A falta de um ou outro pode resultar na derrota. Certa escola de pensamento traça um paralelo entre os desafios nos negócios e na guerra, especificamente:

- Coleta de informações.
- Discernimento de padrões e significados nas informações.
- Resposta à informação resultante.[31]

Muitas empresas acham hoje ser quase impossível compreender suas próprias forças e fraquezas, e muito menos as de seus inimigos, porque o enorme volume de dados organizacionais é inacessível para todos, exceto ao departamento de TI. Dados da organização incluem muito mais do que campos simples em um banco de dados. Também inclui correio de voz, ligações telefônicas de clientes, mensagens de texto, clipes de vídeo, juntamente com as inúmeras novas formas de dados.

O problema: rico em dados, pobre em informação

Como as empresas aumentam sua confiança em sistemas corporativos, tais como o CRM, eles estão acumulando rapidamente vastas quantidades de dados. Cada interação entre departamentos ou com o mundo exterior, informações históricas sobre transações passadas, bem como informações sobre o mercado externo, são inseridos em sistemas de informação para uso futuro. Uma pesquisa da IDC estima que as empresas enfrentem uma explosão de dados ao longo dos próximos anos, uma vez que o número de imagens digitais, caixas de e-mails e conexões de banda larga dobraram em 2010*. A quantidade de dados a ser gerada está dobrando a cada ano, e alguns acham que, em breve, começará a dobrar a cada mês. Os dados são um ativo estratégico para um negócio, e se o ativo não for usado, o negócio está desperdiçando recursos.[32]

Um cenário de negócios ideal seria o seguinte: uma gerente de conta, a caminho de uma visita ao cliente, procura por propostas anteriores, bem como pedidos, pagamento, entrega, suporte e histórico de marketing do cliente. Com uma olhada, ela pode dizer que o volume de pedido do cliente caiu recentemente. Algumas pesquisas depois, ela entende que o cliente tem um problema de suporte com um determinado produto. Ela liga para o departamento de suporte e descobre que a peça defeituosa será substituída no prazo de 24 horas. Além disso, os registros de marketing mostram que o cliente participou recentemente de uma conferência de usuários e manifestou interesse na nova linha de produtos.

Com essas informações, a gerente de conta está totalmente preparada para uma chamada de vendas construtiva. Ela compreende todos os aspectos do relacionamento do cliente com a empresa, bem como seus problemas, e pode tratar, com confiança, novas oportunidades de vendas.

Na maioria das empresas, a gerente de conta do exemplo acima levaria horas ou dias para obter respostas sobre o cliente. Com todos os dados disponíveis, é surpreendente como é difícil para os gerentes obter uma imagem clara de informações de negócios fundamentais, como níveis de estoque, pedidos em andamento ou histórico do cliente. Muitas organizações contêm diferentes ilhas de informação. Os pedidos de clientes e registros de pagamento são mantidos no sistema de contabilidade, a instalação e o suporte de informação são armazenados no banco de dados de atendimento ao cliente, o software de gerenciamento de contatos monitora o histórico de chamadas de propostas e vendas, e o histórico de contato de marketing é mantido pelo marketing. Raramente esses sistemas falam a mesma língua, e não há nenhuma maneira simples para um usuário não técnico obter respostas rapidamente.

Como resultado, as informações devem ser solicitadas a diferentes departamentos ou à TI, que devem dedicar pessoal para reunir os diversos relatórios. As respostas podem demorar semanas, tempo em que a informação poderá estar desatualizada. Tem sido dito que as empresas são ricas em dados e pobres em informação. O desafio é transformar dados em informações úteis. Com elas, os funcionários ganham conhecimento que pode ser aproveitado para aumentar a lucratividade da empresa.

A solução: a inteligência de negócios

Em toda empresa, os funcionários tomam centenas de decisões a cada dia. Elas podem variar de dar ou não um desconto ao cliente, começar a produzir ou não uma peça, lançar ou

---

* N. de R.T.: Segundo o IDC, o volume de dados produzidos e replicados no mundo digital dobra a cada 2 anos, atingindo 1,8 zetabytes (1 seguido de 21 zeros), em 2011.

não mais uma campanha de mala direta, pedir ou não materiais adicionais, e assim por diante. Essas decisões são algumas vezes baseadas em fatos, mas a maioria baseia-se em experiências, conhecimento acumulado e princípio básico.

Isso representa um problema, porque a experiência, o conhecimento e o princípio básico podem levar anos para se desenvolver e alguns funcionários nunca vão adquiri-los: aqueles que ainda podem cair em armadilhas de decisão ou vieses de julgamento. Melhorar a qualidade das decisões de negócio tem um impacto direto sobre custos e receitas. Por

- **Aplicação da lei:** acompanhamento de padrões e locais de crimes e do comportamento do criminoso; identificação dos atributos para ajudar na resolução de crimes.
- **Governo e defesa:** previsão do custo de manobras militares; testes de estratégias para possíveis compromissos militares; previsão de consumo de recursos.
- **Companhias aéreas:** capturar dados de onde os clientes estão partindo e o destino final dos passageiros que mudam de operadora nas cidades polo; assim, as companhias aéreas podem identificar os locais movimentados que não fazem o serviço e pode verificar a viabilidade de adicionar rotas para captar negócios perdidos.

> "Para melhorar a qualidade das decisões de negócio, gerentes de TI podem fornecer aos demais funcionários os sistemas de BI e as ferramentas capazes de auxiliá-los na tomada de decisões melhores e mais informadas. O resultado cria uma empresa ágil e inteligente."

exemplo, dar um desconto ao cliente pode ou não ajudar o lucro final, dependendo da lucratividade do cliente ao longo da duração do relacionamento. Para melhorar a qualidade das decisões de negócio, gerentes de TI podem fornecer aos demais funcionários os sistemas de BI e as ferramentas capazes de auxiliá-los na tomada de decisões melhores e mais informadas. O resultado cria uma empresa ágil e inteligente. Alguns exemplos do uso do BI para tomar decisões mais inteligentes incluem:

- **Varejo e vendas:** prognóstico de vendas; determinação dos níveis de estoque corretos e horários de distribuição entre lojas e prevenção de perdas.
- **Bancos:** previsão de níveis de empréstimos ruins e utilização fraudulenta do cartão de crédito; gastos com cartão de crédito de novos clientes e quais tipos de clientes irão responder melhor (e se qualificar) à oferta de um novo empréstimo.
- **Gerenciamento de operações** previsão de falhas de máquinas; encontrar os fatores-chave que controlam a otimização da capacidade de produção.
- **Serviços de corretagem e negociação de títulos:** previsão de quando os preços dos títulos irão mudar; prognóstico do intervalo de flutuação de ações e do mercado global; e determinação de quando comprar ou vender ações.
- **Seguro:** previsão do montante de dívidas e dos custos de cobertura médica; classificação dos elementos mais importantes que afetam a cobertura médica; prognóstico de quais clientes comprarão novas apólices de seguro.
- **Hardware e software:** previsão da falha da unidade de disco; prognóstico de quanto tempo levará para criar novos *chips*; previsão de potenciais violações de segurança.

- **Assistência médica:** correlação dos dados demográficos de pacientes com doenças críticas; o desenvolvimento de uma melhor percepção sobre os sintomas e suas causas e como fornecer tratamento adequado.
- **Difusão:** prever o que é melhor para ir ao ar em horário nobre e como maximizar os retornos interpondo propagandas.
- **Marketing:** classificação de dados demográficos do cliente que podem ser usados para prever quais os clientes respondem a uma correspondência ou compram um determinado produto.

A solução de implementação de sistemas e ferramentas de inteligência de negócios permite que os usuários de negócios recebam os dados para análise (ver Figura 9.13).

A solução de BI da Shell Services International deu à empresa o acesso a informações sobre receitas entre negócios de combustível e outros negócios. Vendo que 20% dos produtos concentravam 80% das vendas, a Shell melhorou

FIGURA 9.13 Análise de dados do BI

Confiável	Os dados foram certificados ou aprovados pela empresa. Os usuários do negócio estão confiantes que os dados são os melhores possíveis e atendem às finalidades de tomada de decisão.
Consistente	Os processos que entregam os dados à comunidade de negócios estão bem documentados; não há surpresas, como a falta ou imprecisão de dados, a análise que não roda, ou tempos de resposta imprevisíveis.
Compreensível	Os dados foram definidos em termos de negócio; cálculos e algoritmos são facilmente acessados para compreensão. São documentados em um dicionário de dados ou repositório de metadados, de fácil acesso e compreensão.
Facilmente manipulados	Não é mais necessário ter doutorado em estatística para manter análises sofisticadas ao alcance dos usuários. E é tão fácil mudar a questão ou definir parâmetros diferentes para transformar os dados de maneiras inimagináveis como há apenas alguns anos.[33]

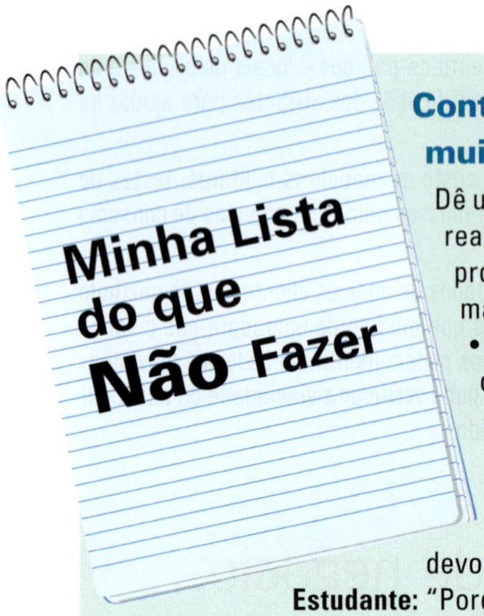

Minha Lista do que Não Fazer

Contrate-me – Eu sou muito legal

Dê uma olhada nos erros do mundo real na entrevista a seguir. Você provavelmente não vai acreditar, mas eles são verdadeiros.

- **Entrevistador:** "Você estaria disposto a fazer um teste de drogas?"
  Estudante: "Claro. Que tipo de drogas tenho que testar?"
- **Entrevistador:** "Por que devo contratar você?"
  Estudante: "Porque dizem que você deve sempre contratar pessoas melhores que você."
- **Entrevistador:** "Qual é a sua maior força?"
  Estudante: "Sou um aprendiz rápido se estou com vontade de prestar atenção."
- **Entrevistador:** "O que você acha interessante sobre este trabalho?"
  Estudante: "O dinheiro. Realmente não me importo com o que sua empresa faz."
- **Entrevistador:** "É importante para você obter os benefícios de imediato?"
  Estudante: "Não acredito em assistência médica. Se quebrasse minha perna, iria simplesmente me acostumar com isso."
- **Entrevistador:** "O que seu chefe diria sobre você?"
  Estudante: "Que sou insubordinado."
- **Entrevistador:** "O que você pode me dizer sobre a sua capacidade criativa?"
  Estudante: "Minha resposta à maioria de suas perguntas é um indicador muito bom."
- **Entrevistador:** "Você está atrasado por que se perdeu?"
  Estudante: "Não. O dia estava tão bonito que não me importei em dirigir devagar."
- **Entrevistador:** "Como você definiria uma 'pessoa problema'?"
  Estudante: "Qualquer uma que discorde de mim."
- **Entrevistador:** "Liste cinco ou seis adjetivos que melhor descrevem você?"
  Estudante: "Muito, muito, muito, muito, muito legal!"

A inteligência de negócios não é um oxímoro. Pessoas que querem ter sucesso nos negócios utilizam cada pedaço de inteligência de negócios que puderem para tomar decisões. É evidente que esses indivíduos não usavam nenhuma inteligência de negócios ao se preparar para suas entrevistas. Liste todas as fontes de inteligência de negócios que você poderia encontrar para ajudá-lo a se preparar para uma entrevista, incluindo técnicas de entrevista, informações corporativas e sobre o segmento. Por que é importante descobrir tanta inteligência sobre como entrevistar, bem como sobre a empresa que o está entrevistando antes de entrar no escritório?

---

significativamente a margem de lucro e o volume de negócios. Ela também executou melhores negócios com fornecedores e melhorou o gerenciamento de produtos de arquivos mestre, o que ajudou a reduzir o capital de giro.[34]

A Figura 9.14 mostra como as empresas que utilizam o BI podem encontrar as causas-raiz dos problemas e oferecer soluções simplesmente perguntando "Por quê?". O processo é iniciado pela análise de um relatório global, dito de vendas por trimestre. Cada resposta é seguida por uma nova pergunta, e os usuários podem ir fundo em um relatório para chegar às causas fundamentais. Uma vez que eles tenham uma compreensão clara das causas-raiz, podem tomar medidas altamente eficazes.

Encontre as respostas para perguntas difíceis de negócios utilizando dados que sejam confiáveis, consistentes, compreensíveis e facilmente manipuláveis que permitem a uma empresa obter informações valiosas sobre coisas como:

- **Onde os negócios têm estado.** A perspectiva histórica é sempre importante na determinação de tendências e padrões de comportamento.
- **Onde estão agora.** As situações atuais são fundamentais para modificar, caso não aceitável, ou para incentivar, se a tendência é a direção certa.
- **E para onde eles irão no futuro próximo.** Conseguir prever com segurança a direção da empresa é fundamental para um planejamento sólido e para criar estratégias de negócios sólidos.[35]

OA9.7

Descrever as três formas mais comuns de análise de mineração de dados.

OA9.8

Comparar o BI tático, operacional e estratégico.

FIGURA 9.14 Como o BI pode responder a perguntas difíceis

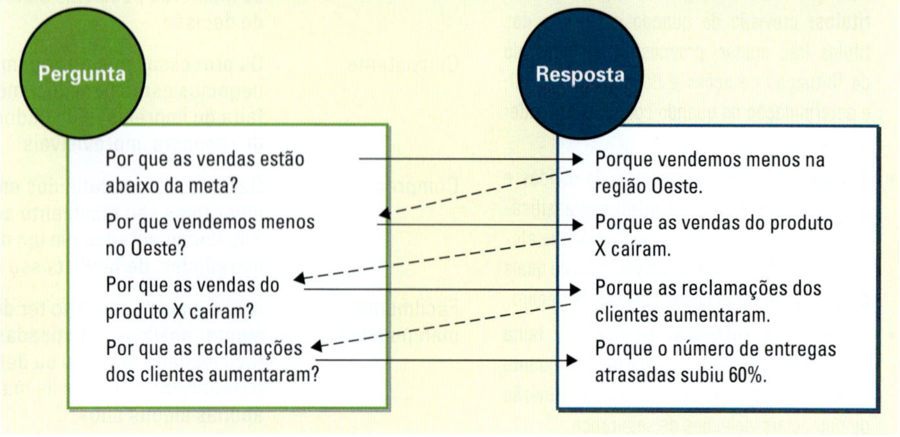

Pergunta → **Resposta**

- Por que as vendas estão abaixo da meta? → Porque vendemos menos na região Oeste.
- Por que vendemos menos no Oeste? → Porque as vendas do produto X caíram.
- Por que as vendas do produto X caíram? → Porque as reclamações dos clientes aumentaram.
- Por que as reclamações dos clientes aumentaram? → Porque o número de entregas atrasadas subiu 60%.

FIGURA 9.15 BI operacional, tático e estratégico

	BI operacional	BI tático	BI estratégico
Foco de negócios	Gerenciar as operações diárias, integrar o BI com sistemas operacionais	Conduzir uma análise em curto prazo para atingir as metas estratégicas	Alcançar metas organizacionais em longo prazo
Principais usuários	Gerentes, analistas, usuários operacionais	Executivos, gerentes	Executivos, gerentes
Tempo	No próprio dia	De dia(s) a semanas a meses	Meses ou anos
Dados	Métricas em tempo real	Métricas históricas	Métricas históricas

BI OPERACIONAL, TÁTICO E ESTRATÉGICO

Claudia Imhoff, presidente da Intelligent Solutions, acredita que é útil dividir o espectro de análise de mineração de dados e inteligência de negócios em três categorias: operacional, tática e estratégica. Duas tendências são exibidas durante a visualização do espectro operacional por meio da tática para a estratégica. Primeiro, a análise torna-se cada vez mais complexa e *ad hoc*. Ou seja, é menos repetitiva, menos previsível e exige diferentes quantidades e tipos de dados. Em segundo lugar, os riscos e as recompensas da análise aumentam. Ou seja, as muitas vezes demoradas consultas mais estratégicas produzem valor com menos frequência, mas, quando o fazem, o valor pode ser extraordinário. A Figura 9.15 ilustra as diferenças entre BI tático, estratégico e operacional.[36]

Essas três formas não são executadas isoladamente uma da outra. É importante entender que elas têm de trabalhar umas com as outras, alimentando os resultados da estratégica para a tática para promover uma melhor tomada de decisões operacionais. A Figura 9.16 demonstra essa sinergia. Nesse exemplo, o BI estratégico é utilizado na fase de planejamento de uma campanha de marketing. Os resultados dessas analíticas formam a base para o início de uma nova campanha, tendo como alvo clientes específicos ou dados demográficos, por exemplo. As análises diárias da campanha são usadas pela forma mais tática do BI para mudar o curso da campanha, se seus resultados não estão atingindo o esperado.

Por exemplo, talvez uma mensagem de marketing diferente seja necessária, ou os níveis de estoques não sejam suficientes para manter o atual ritmo de vendas de modo que o escopo do marketing possa ser alterado. Esses resultados são alimentados no BI operacional por ações imediatas, oferecendo um produto diferente, otimizando o preço de venda do produto, ou mudando a mensagem enviada por dia para os segmentos de clientes selecionados.

Para essa sinergia para o trabalho, as três formas de BI devem ser fortemente integradas com as outras. O tempo deve ser mínimo para transportar os resultados de um ambiente tecnológico para o outro. A uniformidade em termos de dados e fluxo de processo é uma obrigação. A TruServ, a empresa-mãe da True Value Hardware usou o software de BI para melhorar a eficiência de suas operações de distribuição e colher uma redução de US$ 50 milhões em custos de estoque. O departamento de marketing usa o BI para acompanhar os resultados de promoção de vendas, como quais promoções eram as mais populares por loja ou por região. Agora que a TruServ está criando históricos de promoções em suas bases de dados, ela pode assegurar que todas as lojas estejam totalmente equipadas com estoque adequado. A TruServ obteve um retorno positivo do investimento em cerca de cinco a seis meses.[37]

Valor operacional do BI

Uma empresa líder em seguros de risco permite aos clientes acessar as informações da conta via internet. Anteriormente, a empresa enviava relatórios em papel e disquetes a todos os seus clientes. Quaisquer erros nos relatórios levariam de um a dois meses para serem corrigidos, porque os clientes primeiro teriam que receber o relatório, encontrar o erro e, então, notificar a empresa. Agora os clientes identificam os erros em tempo real e notificam a empresa de seguros diretamente via extranet, geralmente dentro de dois dias.[38]

Richard Hackathorn, da Bolder Technologies, desenvolveu um gráfico interessante para demonstrar o valor da BI operacional. A Figura 9.17 mostra as três latências que impactam a velocidade do processo decisório. São dados, análises e latências de decisão.

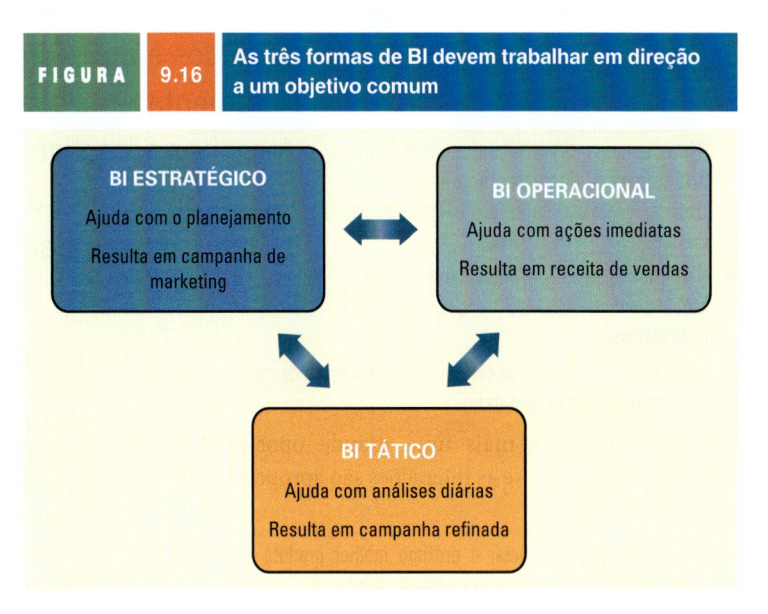

FIGURA 9.16 As três formas de BI devem trabalhar em direção a um objetivo comum

BI ESTRATÉGICO
Ajuda com o planejamento
Resulta em campanha de marketing

BI OPERACIONAL
Ajuda com ações imediatas
Resulta em receita de vendas

BI TÁTICO
Ajuda com análises diárias
Resulta em campanha refinada

- **Latência de dados** é o tempo de duração para deixar os dados prontos para análise (ou seja, o tempo de extração, transformação e limpeza dos dados), e carregar os dados no banco de dados. Tudo isso pode levar algum tempo, dependendo do estado dos dados operacionais iniciais.

- **Latência de análise** é o tempo entre o momento em que dados são disponibilizados até o momento em que a análise esteja completa. Sua duração depende do tempo que uma empresa leva para fazer a análise. Geralmente, pensamos nisso como o tempo que um ser humano leva para fazer a análise, mas pode ser diminuído pelo uso de análises automatizadas com limites. Quando os limites são ultrapassados, alertas ou alarmes podem ser emitidos para o pessoal adequado, ou eles podem criar processos de exceção, que são iniciados sem precisar de intervenção humana.

- **Latência de decisão** é o tempo que um ser humano leva para compreender o resultado analítico e determinar uma ação apropriada. Essa forma de latência é muito difícil de reduzir. A capacidade de remover o processo de tomada de decisão do homem e automatizá-lo reduzirá muito a latência global da decisão. Muitas empresas com visão de futuro estão fazendo exatamente isso. Por exemplo, em vez de enviar a um cliente de alto valor uma carta informando-o de um cheque sem fundos (que leva dias para chegar ao cliente), um sistema automatizado pode simplesmente enviar imediatamente uma mensagem de e-mail ou de voz, informando o cliente sobre o problema.

FIGURA 9.17 A latência entre um evento de negócios e uma ação tomada

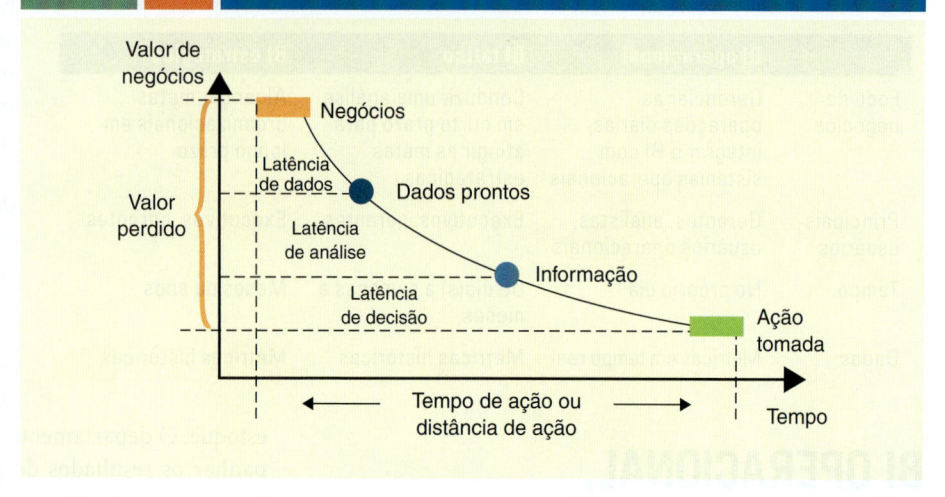

A chave é diminuir essas latências de modo que o prazo de influências oportunistas sobre os clientes, os fornecedores e outros seja mais rápido, mais interativo e mais bem posicionado. Como mencionado, o melhor momento para influenciar os clientes não é depois de terem deixado a loja ou o site, mas enquanto eles ainda estão na loja ou ainda vagando pelo site.

Por exemplo, um cliente que está procurando um site para viagens é muito mais fácil de ser influenciado por ações adequadas de mensagens aqui e ali. Medidas tomadas imediatamente, enquanto os clientes ainda estão no site, podem incluir:

- Oferecer aos clientes um cupom apropriado para a viagem pela qual eles mostraram interesse enquanto procuram por passagens aéreas baratas.
- Dar informações aos clientes sobre a compra atual, como a sugestão de que vistos são necessários.
- Felicitá-los na obtenção de certo nível de frequência de compras e dar-lhes 10% de desconto em um item.

Um site representa mais uma grande oportunidade de influenciar o cliente, se as interações são apropriadas e oportunas. Por exemplo:

- Um banner pode anunciar o próximo melhor produto a oferecer logo depois que o cliente coloca um item em sua cesta.
- O cliente poderia receber uma oferta de um produto que acabou de remover de sua cesta de compras.
- Instruções adequadas para o uso de um produto podem aparecer na tela do cliente, talvez um aviso aos pais de que o produto não deve ser usado por crianças menores de três anos.[39]

MINERAÇÃO DE DADOS

No centro de qualquer esforço do BI estratégico, tático ou operacional está a mineração de dados. A Ruf Strategic Solutions ajuda as empresas a utilizar métodos estatísticos dentro de um grande armazém de dados para identificar segmentos de clientes que exibem traços comuns. Os profissionais de marketing podem atingir esses segmentos com produtos e promoções especialmente projetados. A **mineração de dados** é o processo de análise de dados para extrair informações que não são fornecidas apenas pelos dados brutos. A mineração de dados também pode começar em um nível de informação sumária (granularidade grossa) e progredir por meio de níveis crescentes de detalhes (*drilling down*) ou o contrário (*drilling up*). A mineração de dados é a principal ferramenta utilizada para revelar a inteligência de negócios em grandes quantidades de dados.[40]

> "A mineração de dados é a principal ferramenta utilizada para descobrir a inteligência de negócios em grandes quantidades de dados."

Para executar a mineração de dados, os usuários precisam das ferramentas adequadas. As **ferramentas de mineração de dados** usam uma variedade de técnicas para encontrar padrões e relações em grandes volumes de informação e, a partir deles, inferem regras que preveem um comportamento futuro e guiam a tomada de decisão. A mineração de dados utiliza tecnologias e funcionalidades especializadas, tais como ferramentas de consulta, de comunicação, de análise multidimensional, estatísticas e agentes inteligentes. Também aborda a tomada de decisão basicamente com algumas atividades diferentes em mente, incluindo:

- **Classificação** – Atribuir registros a um conjunto predefinido de classes.
- **Estimativa** – Determinar valores de um comportamento variável contínuo desconhecido ou de um valor futuro estimado.
- **Agrupamento de afinidade** – Determinar quais coisas andam juntas.
- **Agrupamento** – Segmentar uma população heterogênea de registros em um número de subgrupos mais homogêneos.[41]

A Sega of America, uma das maiores editoras de videogames, usa a mineração de dados e as ferramentas estatísticas para distribuir seu orçamento de publicidade de mais de US$ 50 milhões por ano. Usando a mineração de dados, especialistas de linha de produto e estrategistas de marketing "detalham" as tendências de cada cadeia de lojas de varejo. O objetivo é encontrar tendências de compras que ajudem a determinar quais estratégias de publicidade estão funcionando melhor e como realocar recursos de publicidade na imprensa, na região e no período.[42]

As ferramentas de mineração de dados aplicam algoritmos em conjuntos de informações para descobrir as tendências e padrões inerentes à informação, o que os analistas utilizam para desenvolver novas estratégias de negócio. Eles utilizam as saídas das ferramentas de mineração de dados para criar modelos que, quando expostos aos conjuntos de novas informações, realizam uma variedade de funções de análise de dados. Os analistas fornecem soluções de negócios ao reunirem as técnicas analíticas e os problemas de negócios à disposição, o que geralmente revela novas e importantes correlações, padrões e tendências da informação. As formas mais comuns de recursos de análise de mineração de dados incluem:

- Análise de agrupamento.
- Detecção de associação.
- Análise estatística.

Análise de agrupamento

A *análise de agrupamento (cluster analysis)* é uma técnica usada para dividir um conjunto de informações em grupos mutuamente exclusivos, de forma que os membros de cada grupo fiquem o mais próximos possível entre si, e os grupos diferentes, ao contrário, fiquem o mais distantes possível. A análise de agrupamento é usada frequentemente para segmentar a informação de clientes para os sistemas de CRM para ajudar as organizações a identificar os clientes com as mesmas características comportamentais, tais como grupos de melhores clientes ou clientes de uma única compra. A análise de agrupamento tem também a capacidade de revelar padrões na informação (ver Figura 9.18).

As ferramentas de mineração de dados que "entendem" a linguagem humana estão encontrando aplicações inesperados na medicina. A IBM e a Mayo Clinic revelaram padrões escondidos em registros médicos, descobrindo que a leucemia infantil tem três grupos distintos, em que cada um, provavelmente, beneficia-se de tratamentos específicos. Caroline R. Kovac, gerente geral da IBM Life Sciences, espera que a mineração do prontuário dos pacientes de câncer para padrões de agrupamento colabore para "grandes avanços na cura do câncer".[43]

fala sério!

Massagem de US$ 400 mil

O governo federal financiou um resgate de bilhões de dólares para a gigante de seguro AIG, e todos sabemos que os dólares vêm do contribuinte. Pouco depois do resgate, uma semana para ser mais exato, os executivos da AIG se concederam um retiro de US$ 450 mil por uma semana no luxuoso St. Regis Resort, em Monarch Beach, Califórnia. Os executivos da AIG, que tinham levado a empresa à falência, gastaram US$ 200 mil em quartos, US$ 150 mil em refeições e US$ 23 mil no spa. "Menos de uma semana depois de os contribuintes resgatarem a AIG, os executivos da empresa poderiam ser encontrados comendo e bebendo em um dos melhores resorts do país", disse o deputado Henry Waxman, democrata da Califórnia, na abertura de uma audiência do comitê da Câmara sobre a quase falência da gigante de seguros. A comissão da Câmara irá questionar os executivos da empresa sobre seus pacotes multimilionários de remuneração (alguns dos quais continuam a ser pagos), bem como quem está assumindo a responsabilidade do portfólio da empresa de investimento de alto risco, que a levou à beira do colapso. "Eles estavam fazendo manicures, pedicuros, massagens e tratamentos faciais, enquanto o povo americano estava pagando as contas deles. Onde está a responsabilidade social?", inquiriu o muito irritado deputado Elijah E. Cummings, um democrata de Maryland.

Explique as diferenças entre as três formas mais comuns de inteligência de negócios: estratégica, operacional e tática. Identifique alguns exemplos dos tipos de decisões que a AIG faria em relação ao BI operacional, ao BI tático e ao BI estratégico. Qual forma de BI os executivos da AIG estavam usando quando decidiram ir ao retiro corporativo? Como você se sente como contribuinte sabendo que seus dólares de impostos estão sendo concedidos aos executivos que levaram à falência as empresas que comandavam?

Um grande exemplo de análise de agrupamento ocorre quando se tenta segmentar os clientes com base em CEPs. Compreender as características demográficas, o estilo de vida e os padrões de compra dos segmentos mais rentáveis da população ao nível do CEP é a chave para uma estratégia bem-sucedida de marketing direcionado. Direcionando somente àqueles que têm uma alta propensão a comprar bens e serviços, vai ajudar um negócio de alto nível a cortar bastante os seus custos de vendas e marketing. Entender cada segmento de clientes por CEP permite a uma empresa determinar a importância de cada segmento.[44]

FIGURA 9.18 Exemplo de análise de agrupamento

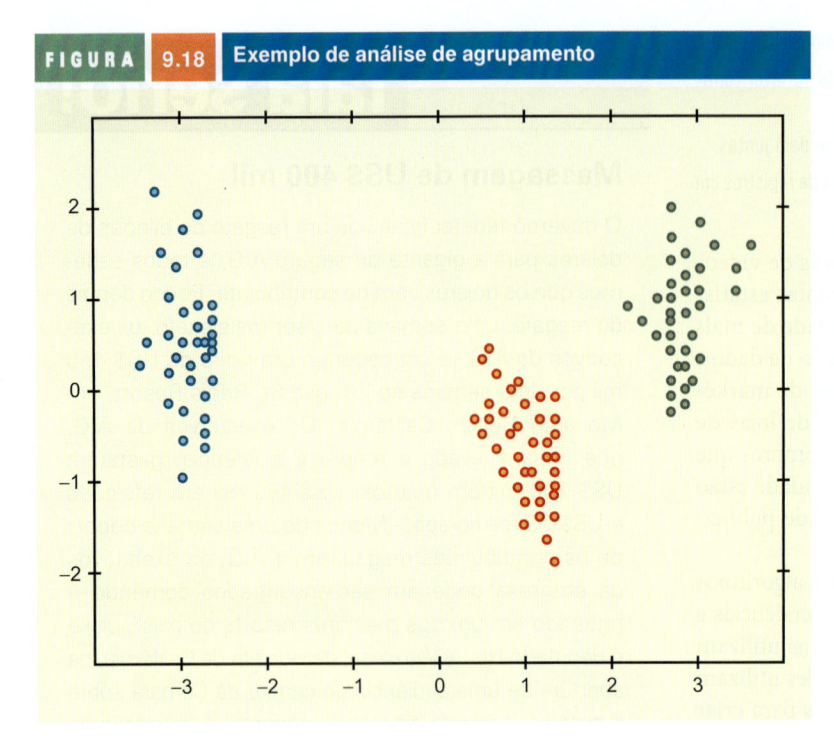

Associação de detecção

A Whirlpool Corporation, uma fabricante de aparelhos para casas e comércio de US$ 4,3 bilhões, emprega centenas de engenheiros P&D, analistas de dados, especialistas em controle de qualidade e pessoal de atendimento ao cliente que trabalham para garantir que cada geração de aparelhos seja melhor do que a geração anterior. A Whirlpool é um exemplo de empresa que está obtendo inteligência de negócios com a detecção de associação de ferramentas de mineração de dados.[45]

A *detecção de associação* revela o grau em que as variáveis estão relacionadas e a natureza e frequência dessas relações na informação. A ferramenta de análise de garantia da Whirlpool, por exemplo, utiliza a análise estatística para detectar automaticamente possíveis problemas, fornecer acesso rápido e fácil a relatórios e realizar uma análise multidimensional de todas as informações de garantia. Essa detecção de associação da ferramenta de mineração de dados permite que os gerentes da Whirlpool tomem medidas proativas para controlar os defeitos do produto antes mesmo de a maioria de seus clientes estarem cientes deles. A ferramenta também permite que o pessoal da Whirlpool dedique mais tempo em tarefas de valor agregado, tais como a garantia de alta qualidade em todos os produtos, em vez de aguardar ou analisar manualmente os relatórios mensais.[46]

Muitas pessoas se referem a algoritmos de detecção de associação como *geradores de regras de associação*, porque eles criam regras para determinar a probabilidade de os eventos ocorrerem juntos em um determinado momento ou seguir um ao outro em uma progressão lógica. Os percentuais geralmente refletem os padrões desses eventos. Por exemplo, "em 55% do tempo, os eventos A e B ocorreram juntos", ou "em 80% do tempo em que os itens A e B ocorreram juntos, eles foram seguidos pelo item C dentro de três dias".

Uma das formas mais comuns de análise de detecção de associação é a análise de cesta de produtos. A *análise de cesta de produtos* contempla informações de vendas para detectar o comportamento dos clientes e prever o comportamento futuro por meio da identificação de afinidades entre os bens e serviços adquiridos pelos clientes (ver Figura 9.19). A análise de cesta de produtos é frequentemente usada para desenvolver campanhas de marketing para a venda cruzada de bens e serviços (especialmente nos setores bancário, de seguros e de finanças) e para controle de estoque, colocação de produtos na prateleira e outros aplicativos de varejo e de marketing.

Análise estatística

A *análise estatística* desempenha funções como correlações, distribuições, cálculos e análise de variância de informações. As ferramentas de mineração de dados oferecem aos funcionários o conhecimento de uma vasta gama de poderosas capacidades estatísticas para que eles possam criar rapidamente uma variedade de modelos estatísticos, analisar as hipóteses e a validade dos modelos, além de comparar e contrastar os diferentes modelos para determinar qual o melhor para um problema de negócio específico.

A Kraft é o produtor das marcas Oreo, Ritz, DiGiorno e Kool-Aid. A empresa implementou dois aplicativos de mineração de dados para garantir sabor, cor, aroma, textura e aparência consistentes para todas as linhas de alimentos. Uma aplicação analisou a consistência do produto e a outra analisou a redução da variação de outros processos (PVR).

A ferramenta de consistência do produto, SENECA (Sensory and Experimental Collection Application), recolhe e analisa informações, atribuindo definições precisas e escalas

FIGURA 9.19 Análise de cesta de produtos

numéricas para qualidades como mastigável, doce, crocante e cremoso. A SENECA constrói, então, modelos, histórias, previsões e tendências com base em testes de consumo, e avalia as melhorias potenciais do produto e alterações.

A ferramenta PVR garante sabor, cor, aroma, textura e aparência consistentes para cada produto Kraft, pois mesmo pequenas mudanças no processo de cozimento podem resultar em enormes disparidades no gosto. Avaliando cada processo de fabricação, a partir de instruções de receita de formas e tamanhos da massa de biscoito, a ferramenta PVR tem o potencial de gerar economias significativas de custos para cada produto. Usar esses tipos de técnicas de mineração de dados para controle de qualidade e análise de agrupamento garante que os bilhões de produtos da Kraft que chegam aos consumidores anualmente continuarão a ter gosto ótimo a cada mordida.[47]

A previsão é uma forma comum de análise estatística. Formalmente definida, as **previsões** são predições feitas com base nas informações de séries temporais. As **informações de séries temporais** são informações com tempo gravado coletadas em uma frequência particular. Exemplos de informações de séries temporais incluem visitas à web por hora, vendas por mês e ligações por dia. Ferramentas de previsão de mineração de dados permitem aos usuários manipular as séries temporais para as atividades de previsão.

Ao descobrir as tendências e variações sazonais em informações transacionais, use uma previsão de séries temporais para alterar as informações transacionais em unidades de tempo, como transformar informações semanais em informações mensais ou sazonais, ou a informação horária em diária. É dessa maneira que as empresas baseiam as decisões de produção, de investimento e de pessoal em uma série de indicadores econômicos e de mercado. Os modelos de previsão permitem que as empresas considerem todos os tipos de variáveis ao tomar decisões.

A Nestlé Italiana faz parte da gigante multinacional Nestlé Group e, atualmente, domina a indústria de alimentos da Itália. A empresa melhorou a previsão de vendas em 25% com sua solução de previsão de mineração de dados, que permite que os gerentes tomem decisões objetivas baseadas em fatos, em vez de decisões subjetivas baseadas na intuição. Determinar as previsões de vendas para produtos sazonais de confeitaria é uma tarefa importante e desafiadora. Durante a Páscoa, a Nestlé Italiana tem apenas quatro semanas para negociar, distribuir e vender seus produtos sazonais. O período de Natal é um pouco maior, com duração de seis a oito semanas, enquanto outros feriados, como Dia dos Namorados e Dia das Mães têm prazos mais curtos, de cerca de uma semana.

A solução de mineração de dados da empresa reúne, organiza e analisa grandes volumes de informações para produzir modelos poderosos que identifiquem tendências e prevejam as vendas de confeitaria. A inteligência de negócios criada é baseada em cinco anos de históricos de informações e identifica o que é e o que não é importante. A ferramenta sofisticada de mineração de dados da Nestlé Italiana realizou previsões de vendas do Dia das Mães 90% precisas. A empresa tem se beneficiado de uma redução de 40% em estoques e uma redução de 50% em valor de troca, tudo em virtude de sua ferramenta de previsão. Determinar as previsões de vendas para produtos sazonais de confeitaria é atualmente uma área em que a Nestlé Italiana se destaca.[48]

Hoje, vendedoras como a Business Objects, a Cognos e a SAS oferecem completas soluções de mineração de dados para a tomada de decisão. Seguindo em frente, essas empresas planejam adicionar mais capacidade analítica preditiva para seus produtos. Sua meta é dar às empresas mais capacidades de cenários "*what-if*" baseados em informações internas e externas.

OA9.9
Explicar os benefícios do BI para toda a empresa.

OA9.10
Descrever as quatro categorias de benefícios de negócios do BI.

BENEFÍCIOS DE NEGÓCIOS DO BI

As rápidas inovações em sistemas e ferramentas de mineração de dados estão colocando o BI operacional, tático e estratégico ao alcance de executivos, gerentes e até mesmo de clientes. Com o sucesso da implementação de sistemas de BI, uma empresa pode esperar receber o seguinte:

ponto único de acesso a informação para todos os usuários Com uma solução de BI, as organizações podem desbloquear informações contidas nos seus bancos de dados, dando aos usuários autorizados um ponto único de acesso aos dados. Onde quer que os dados residam, estejam armazenados em sistemas operacionais, armazém de dados, repositórios de dados e/ou aplicativos corporativos, os usuários podem preparar relatórios e analisar profundamente as informações para compreender o que direciona os seus negócios, sem o conhecimento técnico das estruturas de dados subjacentes. Os aplicativos de BI mais bem-sucedidos permitem que os usuários façam isso com uma interface gráfica fácil de entender e não técnica.

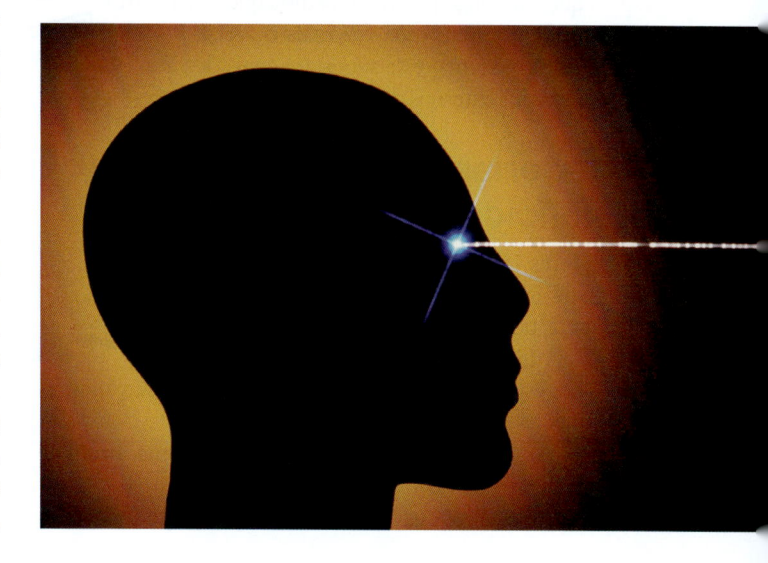

O BI através dos departamentos de organização Existem muitos usos diferentes para o BI, e um dos seus maiores benefícios é que ele pode ser aplicado em cada etapa da cadeia de valor. Todos os departamentos de uma empresa, das vendas até as operações de atendimento ao cliente, podem se beneficiar do valor do BI.

A Volkswagen AG usa o BI para monitorar, entender e gerenciar dados em todos os departamentos (desde finanças, produção e desenvolvimento, até pesquisa, marketing, vendas e compras). Os usuários, em todos os níveis de acesso da empresa, acessam os relatórios do fornecedor e do cliente relativos aos pedidos online e às negociações, aos lançamentos de veículos e ao gerenciamento e monitoramento da capacidade de veículos.[49]

Informações minuto a minuto para todos A chave para desbloquear a informação é fornecer aos usuários as ferramentas necessárias para encontrar rápida e facilmente as respostas imediatas às suas perguntas. Alguns usuários vão ficar satisfeitos com os relatórios padrão que são atualizados regularmente, tais como relatórios de estoque atual, vendas por canal ou relatórios de situação do cliente. No entanto, as respostas que esses relatórios produzem podem levar a novas perguntas. Alguns usuários querem acesso dinâmico às informações. As informações que um usuário encontra em um relatório irão desencadear mais perguntas, e estas não serão respondidas em um relatório já preparado.

Enquanto os usuários podem gastar 80% do seu tempo acessando relatórios padrão ou personalizados, para 20% das suas tarefas, eles precisam obter informações adicionais não disponíveis no relatório original. Para atender essa necessidade e para evitar a frustração (e atraso do relatório relacionado à equipe de TI), um sistema de BI deve permitir que os usuários, de forma autônoma, façam pedidos *ad hoc* de informações.

Para os comerciantes da MasterCard International, o acesso ao BI oferece a oportunidade de acompanhar os negócios mais de perto no dia a dia. As agências de publicidade poderão usar as informações da extranet quando estiverem desenvolvendo campanhas para os clientes. Relativamente à autorização, uma central de atendimento pode brecar a autorização de transações do titular do cartão para reduzir a fraude. A MasterCard espera que, em longo prazo e à medida que os parceiros de negócios exigirem cada vez mais o acesso aos dados do sistema, este suportará mais de 20 mil usuários externos.[50]

Categorias de benefícios do BI

Os gestores já não querem bancar grandes somas de dinheiro em projetos de TI simplesmente porque são a mais moderna tecnologia. A tecnologia da informação veio há tempos, e espera-se que ela traga uma contribuição significativa para o lucro final.

Ao olhar como o BI afeta o lucro final, uma empresa deve analisar não só os benefícios do negócio como um todo, mas também os vários benefícios que ela pode esperar receber com uma implantação de BI. Uma maneira prática de detalhar esses inúmeros benefícios é separá-los em quatro categorias principais:

---

mostre-me o DINHEIRO

Garota virtual, vivendo em um mundo virtual

O mundo virtual do SecondLife pode se tornar o primeiro ponto de contato entre empresas e clientes e pode transformar toda a experiência do cliente. Desde que começou a hospedar as preferências de Adidas, Dell, Reuters e Toyota, o SecondLife tornou-se a tecnologia equivalente à Índia ou à China (todos precisam de um escritório e uma estratégia envolvendo-o para manter seus acionistas felizes). Mas além de abrir um prédio novinho em folha no mundo virtual, o que essas empresas fazem com suas propriedades virtuais? Como muitas outras grandes marcas, a PA Consulting tem seus próprios escritórios no SecondLife e aprendeu que simplesmente ter um escritório para responder às dúvidas dos clientes não é suficiente. Seres humanos reais, ainda que por meio de avatares, devem ser o pessoal dos escritórios (da mesma forma que ter um site não é suficiente se não houver uma central de atendimento para apoiá-lo quando um possível cliente quer falar com alguém de carne e osso). Os consultores acreditam que as centrais de atendimento poderiam um dia pedir aos clientes para que acompanhem uma ligação com eles, levando a consulta para um mundo virtual.

Você é o presidente-executivo de um hospital e está supervisionando o primeiro site virtual em construção no SecondLife. Crie uma estratégia de CRM para fazer negócios em um mundo virtual. Aqui estão algumas perguntas para você começar:

- Como o relacionamento com o cliente será diferente em um mundo virtual?
- Qual é a sua estratégia de gestão de relacionamento com o cliente nesse novo ambiente virtual?
- Como o suporte aos clientes do SecondLife irá diferir do suporte aos clientes tradicionais?
- Como o suporte aos clientes do SecondLife irá diferir do suporte aos clientes do website?
- Quais questões de segurança do cliente você poderá encontrar no SecondLife?
- Quais as questões éticas do cliente você poderá encontrar no SecondLife?

1. Benefícios quantificáveis
2. Benefícios indiretamente quantificáveis
3. Benefícios imprevisíveis
4. Benefícios intangíveis

benefícios quantificáveis
Incluem o tempo de trabalho economizado na produção de relatórios, na venda de informação aos fornecedores, e assim por diante. Alguns exemplos abrangem:

- Moët et Chandon, o famoso produtor de champanhe, reduziu os custos de TI de 30 centavos por garrafa para 15 centavos.
- Uma empresa de seguros de risco fornece aos clientes autoatendimento com o acesso às suas informações na base de dados e já não envia relatórios em papel. Somente esse benefício já economiza para a empresa US$ 400 mil por ano em impressão e custos de remessa. O total do retorno do investimento de três anos para essa implantação de BI foi de 249%.
- A Ingram Micro, fornecedora de atacado de produtos alimentícios e de soluções de alta tecnologia, está trabalhando para criar uma extranet de BI para fornecer informações avançadas aos fornecedores e aos parceiros de negócios da empresa. O CIO (*Chief Information Officer*) da Ingram Micro, Guy Abramo, diz: "Hoje compete a nós oferecer aos nossos parceiros a venda direta de informações para que eles possam ver o que aconteceu quando os seus PCs chegaram à distribuição. Isso é fundamental para que eles façam o planejamento de estoque e de produção, ajudando-os a compreender quais produtos estão vendendo e para quais segmentos do mercado".[51]

benefícios indiretamente quantificáveis
Podem ser avaliados pelas evidências indiretas (melhoria do atendimento significa novos negócios com o mesmo cliente, e o atendimento diferenciado traz novos clientes). Alguns exemplos incluem:

- Um cliente da Owens & Minor citou o acesso extranet ao armazém de dados como a principal razão para dar ao distribuidor de material médico um valor adicional de US$ 44 milhões em negócios.
- "Quando os vendedores saíam para visitar os clientes da TaylorMade em lojas profissionais de golfe e cadeias de varejo de artigos esportivos, eles não tinham relatórios de estoque atualizados. Os representantes de vendas tiravam pedidos para clubes, acessórios e roupas sem saber se os bens estavam disponíveis para entrega, conforme prometido", disse Tom Collard, diretor de sistemas de informação da TaylorMade. "A tecnologia tem ajudado a TaylorMade não só a reduzir custos ao eliminar o acúmulo de informação... também diminuiu significativamente o desperdício de esforços resultantes da reserva de pedidos que não podiam cumprir".[52]

benefícios imprevisíveis
Os benefícios imprevisíveis são o resultado das descobertas feitas por usuários criativos. Alguns exemplos incluem:

- O sistema de financiamento de BI da Volkswagen permitiu uma descoberta interessante que mais tarde produziu receitas significativas. Os clientes de um determinado modelo da linha de produtos da Audi tiveram um comportamento completamente diferente ao dos clientes de outros carros. Com base em seus perfis socioeconômicos, pensou-se que eles iriam querer longos prazos do arrendamento e pagamentos bastante antecipados. Em vez disso, as informações revelaram o que os clientes da Audi realmente queriam eram prazos de arrendamento mais curtos e financiar uma grande parte da compra por meio do arrendamento. Com base nessa visão, a empresa imediatamente lançou um novo programa que combina o menor tempo de arrendamento, pagamentos antecipados e taxas de arrendamento agressivas, especialmente para aquele modelo de automóvel. O interesse no novo programa foi imediato, resultando em mais de 2 milhões em novas receitas.
- Peter Blundell, ex-gerente de estratégia de conhecimento da British Airways, e vários executivos da companhia suspeitavam que a transportadora estava sofrendo de um elevado grau de falsificação de bilhetes. Para resolver esse problema, Blundell e sua equipe implementaram o BI. "Quando analisamos os dados, descobrimos que essa fraude de bilhetes não era um problema de verdade. O que tínhamos suposto que era fraude foi, na verdade, ou questões de qualidade de dados, ou problemas no processo", disse Blundell. "O que ele fez foi nos dar muitas oportunidades inesperadas em termos de compreensão do nosso negócio." Blundell estima que a implantação do BI resultou em cerca de 100 milhões de economia de custos e novas receitas para a companhia aérea.[53]

benefícios intangíveis
Os benefícios intangíveis incluem a melhoria da comunicação em toda a empresa, o aumento da satisfação no trabalho de usuários e mais conhecimentos compartilhados. Alguns exemplos incluem:

- O departamento de recursos humanos corporativo da ABN AMRO Bank usa o BI para obter percepções sobre sua força de trabalho por meio da análise de informações relativas a temas como sexo, idade, título de posse e compensação. Graças a esse compartilhamento de capital intelectual, o departamento de RH está em uma posição melhor para demonstrar o seu desempenho e contribuição para o sucesso de negócios da empresa como um todo.
- A Ben&Jerry's usa o BI para monitorar, entender e gerenciar informações sobre as milhares de respostas de consumidores que recebe sobre os seus produtos e atividades promocionais. Pela análise diária do *feedback* dos clientes, a empresa consegue identificar tendências e modificar suas campanhas de marketing e seus produtos para atender as exigências dos clientes. ■

ACESSE <http://www.grupoa.com.br> para materiais adicionais de estudo, incluindo apresentações em PowerPoint.

capítulo dez

planejamento de recursos empresariais + sistemas de colaboração

SEÇÃO 10.1 >>
Planejamento de recursos empresariais

- Planejamento de recursos empresariais
- Componentes centrais do ERP
- Componentes estendidos do ERP
- Integração de SCM, CRM e ERP
- Medição do sucesso do ERP
- Escolha do software do ERP

SEÇÃO 10.2 >>
Sistemas de colaboração

- Equipes, parcerias e alianças
- Sistemas de colaboração
- Sistemas de gestão do conhecimento
- Sistemas de gestão de conteúdo
- Sistemas de controle de workflow
- Sistemas de groupware

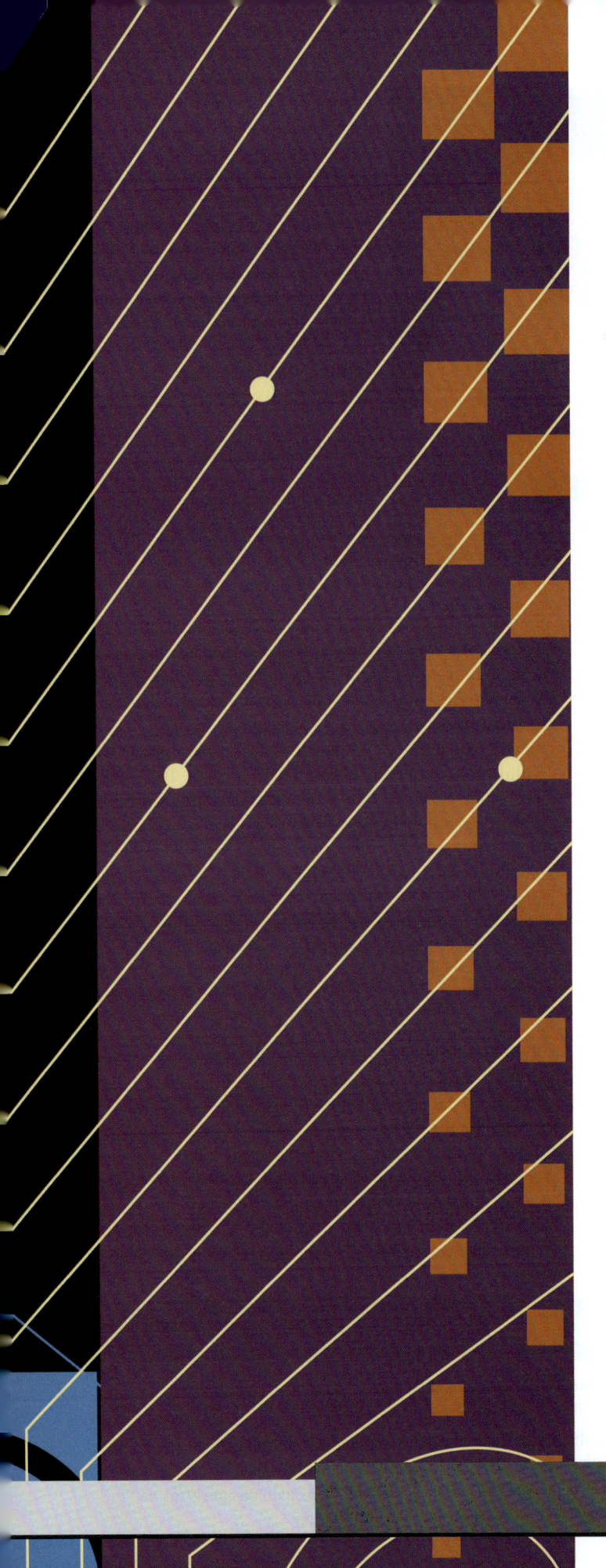

O que a TI tem para mim?

A informação é um ativo poderoso. Trata-se de um elemento organizacional-chave que permite às empresas realizar iniciativas de negócios e planos estratégicos. As empresas que gerenciam informações estão preparadas para a vantagem competitiva e para o sucesso. A tecnologia da informação é a ferramenta-chave que permite o acesso e o fluxo de informações entre empresas.

Como estudante de administração, você deve entender como disponibilizar o acesso de informações aos funcionários, clientes e parceiros de negócios. Isso inclui obter vantagem de novas tecnologias, como a gestão do conhecimento, os portais de empresas e as ferramentas de colaboração. Fazer isso facilita a realização de tarefas sem deixar de incentivar o compartilhamento e a geração de novas ideias que levam ao desenvolvimento de inovações, à melhoria dos hábitos de trabalho e a melhores práticas.

Este capítulo mostra como a tecnologia da informação pode ajudar a capitalizar o poder da informação, fornecendo mecanismos para melhores acessos, compartilhamentos e aplicativos de informação. Isso inclui o acesso e a utilização de informações estruturadas encontradas na base de dados transacionais e em armazéns de dados, bem como de informações não estruturadas encontradas em documentos de texto, e-mails e nas informações que os funcionários da empresa possuem.

O **planejamento de recursos empresariais** (ERP, *Enterprise Resource Planning*) integra todos os departamentos e funções da organização em um único sistema de TI (ou em um conjunto integrado de sistemas de TI) para que os funcionários possam tomar decisões visualizando as informações em todas as operações de negócios. A Figura 10.1 destaca algumas razões que provam que as soluções do ERP são uma força bastante poderosa.

O ERP como um conceito de negócio ressoa como um nirvana de um poderoso gerenciamento interno da informação: todos os envolvidos na aquisição, na produção e na entrega do produto da empresa trabalham com a mesma informação, o que elimina redundâncias, reduz o tempo perdido e acaba com a desinformação.

Muitas empresas não conseguem manter a consistência entre as operações de negócios. Se um único departamento, como o de vendas, decide implementar um novo sistema sem levar em consideração os outros departamentos, inconsistências podem ocorrer em toda a empresa. Nem todos os sistemas são construídos para se comunicar uns com os outros, compartilhar dados, e se as vendas de repente implementam um novo sistema que o marketing e a contabilidade não podem usar, ou que é inconsistente na forma como lida com informações, as operações da empresa tornam-se ilhas. A Figura 10.2 exibe uma amostra de um banco de dados de vendas, e a Figura 10.3 apresenta um exemplo de um sistema de contabilidade. Observe as diferenças nos formatos, nos números e nos identificadores de dados. Correlacionar esses dados seria difícil, e as inconsistências causariam inúmeros erros sob uma perspectiva empresarial.

Los Angeles é uma cidade de 3,5 milhões, com 44 mil funcionários municipais e um orçamento de US$ 4 bilhões de dólares. No entanto, alguns anos atrás, cada departamento conduzia seus próprios processos de compra. Isso significa que 2 mil pessoas, em 600 edifícios da cidade e 60 armazéns, estavam fazendo pedidos de material. Cerca de 120 mil pedidos de compra (POs, *Purchase Order*) e 50 mil cheques por ano iam para mais de 7 mil fornecedores. A ineficiência era extrema.

"Havia uma falta de responsabilidade financeira no sistema antigo, e as pessoas podiam aumentar as despesas não autorizadas", disse Bob Jensen, gerente de projeto do ERP da cidade. Cada departamento mantinha seus próprios estoques em diferentes sistemas. A divergência entre os gastos com itens aumentou. Um departamento comprava de uma maneira; outros preferiam uma abordagem diferente. Os sistemas no *mainframe* estavam isolados. A cidade escolheu um sistema do ERP como parte de um projeto de US$ 22 milhões para integrar os relatórios financeiros e de compras em toda a cidade. O projeto resultou na redução pela metade do pessoal de processamento de cheques, o processamento de pedidos ficou mais rápido, houve redução do número de funcionários de armazenagem para 40 posições,

●●● SEÇÃO 10.1 Planejamento de recursos empresariais

OBJETIVOS DE APRENDIZAGEM

OA10.1 Comparar os componentes centrais e estendidos do planejamento de recursos empresariais.

OA10.2 Descrever os três principais componentes encontrados nos sistemas centrais de planejamento de recursos empresariais.

OA10.3 Descrever os quatro principais componentes encontrados nos sistemas estendidos de planejamento de recursos empresariais.

OA10.4 Explicar o valor de negócio da integração da gestão da cadeia de suprimento, do gestão de relacionamento com o cliente e dos sistemas de planejamento de recursos empresariais.

RA10.5 Explicar como uma organização pode utilizar um *balanced scorecard* para medir o sucesso do ERP.

PLANEJAMENTO DE RECURSOS EMPRESARIAIS

Os líderes de negócios de hoje precisam que um número significativo de informações seja facilmente acessível, com a visualização em tempo real de forma que as decisões possam ser tomadas quando necessário, sem o tempo adicional de rastreamento de dados e geração de relatórios. O **planejamento de recursos empresariais** (ERP) integra todos os departamentos e funções da empresa em um único sistema de TI (ou em um conjunto integrado de sistemas de TI) para que os funcionários possam tomar decisões visualizando as informações em todas as operações de negócios.

FIGURA 10.1 Razões pelas quais os sistemas de ERP são poderosas ferramentas organizacionais

- O ERP é uma solução lógica para a bagunça de aplicações incompatíveis que havia surgido na maioria das empresas.
- O ERP aborda a necessidade de compartilhamento e divulgação globais de informação.
- O ERP é usado para evitar o desgaste e o custo de consertos de sistemas legados.

diminuindo os estoques de US$ 50 milhões para US$ 15 milhões e proporcionando um ponto único de contato para cada fornecedor. Além disso, foram economizados US$ 5 milhões por ano em consolidações de contrato.[1]

A Figura 10.4 mostra como um sistema do ERP obtém dados de toda a empresa, consolida e correlaciona esses dados e gera relatórios organizacionais que abrangem toda a organização. As implementações originais do ERP prometiam capturar todas as informações para um único e verdadeiro sistema "empresarial", com a capacidade de atingir todos os processos do negócio dentro da organização. Infelizmente, as soluções do ERP têm ficado aquém das promessas, e as implementações comuns atingem apenas 15% a 20% da empresa. O problema que o ERP se propõe a resolver é que o conhecimento dentro da maioria das empresas atualmente reside em ilhas que são mantidas por um grupo seleto, sem a capacidade de serem compartilhadas pela empresa toda, trazendo inconsistência nas operações de negócios.[2]

A Turner Industries teve um crescimento de US$ 300 milhões para US$ 800 milhões em vendas em menos de 10 anos graças à implementação de um sistema do ERP. Classificada como número 369 na lista da Forbes das 500 empresas de capital fechado, a Turner Industries é uma empresa líder em serviços industriais. A empresa desenvolve e implanta softwares avançados, projetados para maximizar a produtividade de seus 25 mil funcionários e equipamentos de construção no valor de mais de US$ 100 milhões.

A empresa considera a conclusão dos projetos no prazo, dentro do orçamento e satisfazendo as expectativas dos clientes, o maior desafio no setor de serviços industriais. Para superá-lo, a empresa investiu em um sistema do ERP e batizou o projeto de Interplan. O Interplan ganhou o prêmio Constructech's Vision para inovação de software na indústria da construção pesada. O sistema

FIGURA 10.2 Vendas de informações de exemplo

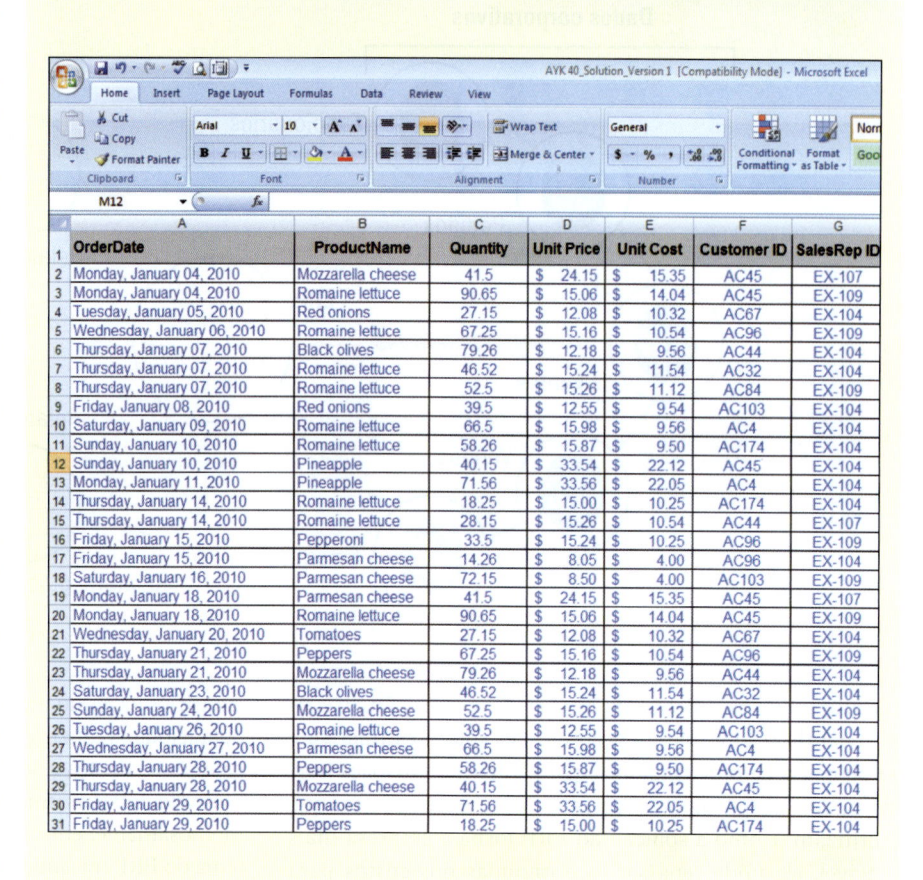

FIGURA 10.3 Exemplo de informações de contabilidade

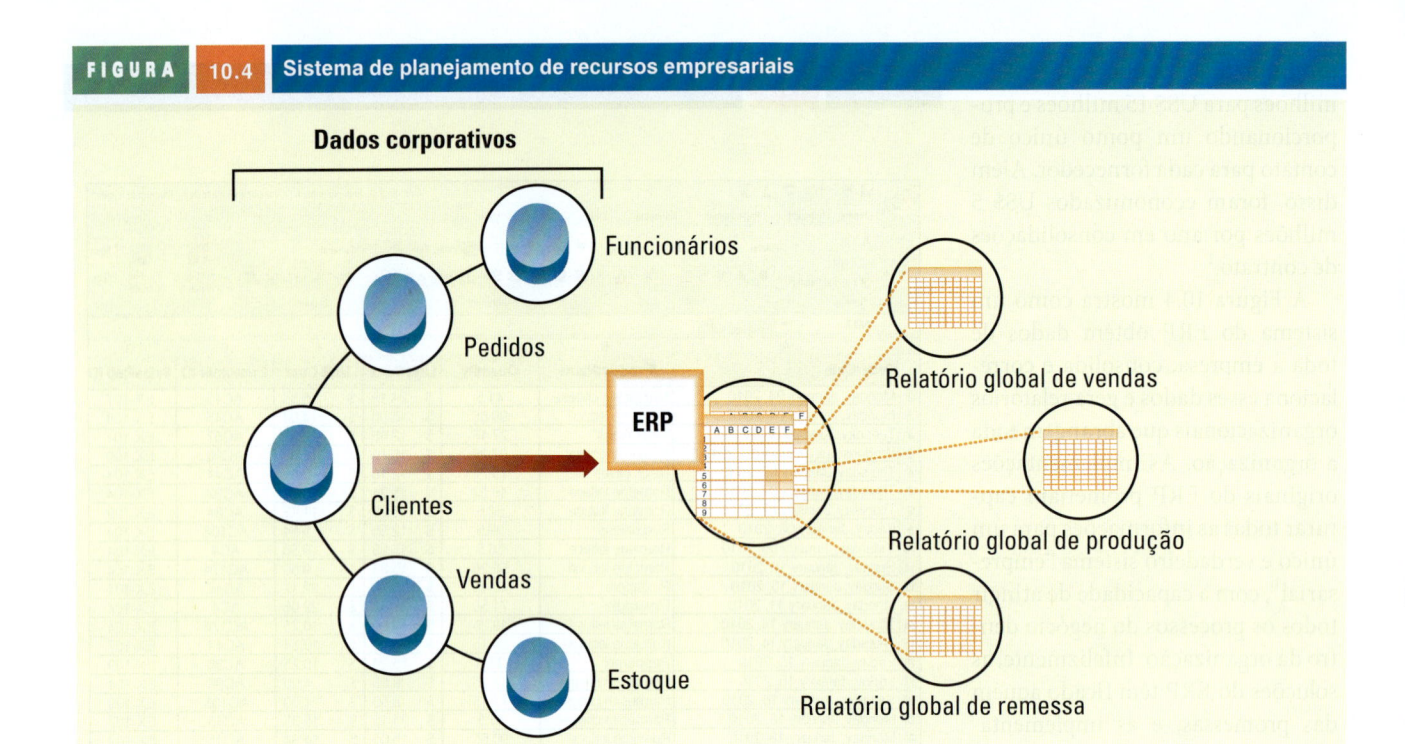

FIGURA 10.4 Sistema de planejamento de recursos empresariais

executa todos os projetos da Turner de construção, execução, paralisação e manutenção e é tão apto à estimativa e ao planejamento de trabalhos que a Turner Industries normalmente atinge maiores margens de lucro em projetos que o utilizam. Como a solução do ERP torna a empresa mais rentável, ela pode repassar as economias nos custos para seus clientes, obtendo uma vantagem competitiva incrível.[3]

Os sistemas de planejamento de recursos empresariais conferem consistência às empresas. Um sistema do ERP oferece um método eficaz para o planejamento e controle de todos os recursos necessários para obter, produzir, enviar e calcular os pedidos dos clientes em uma empresa de produção, de distribuição ou de serviços. A palavra-chave no planejamento de recursos empresariais é *empresariais*, e há dois componentes-chave para o ERP, incluindo:

- O coração do ERP
- A evolução do ERP

O coração do ERP

Os sistemas de planejamento de recursos empresariais servem como espinha dorsal da organização no apoio à tomada de decisões fundamentais. No passado, os departamentos tomaram decisões independentes uns dos outros. Os sistemas do ERP fornecem uma base para a colaboração entre os departamentos, permitindo que pessoas em diferentes áreas de negócio se comuniquem. Esses sistemas têm sido amplamente adotados em empresas de grande porte para armazenar o conhecimento crítico usado para tomar as decisões que direcionam o desempenho.

Para serem competitivas, as empresas devem sempre buscar a excelência em todos os processos de negócio empresariais, o que se torna um grande desafio se elas tiverem operações em vários locais no mundo inteiro. Para obter maior eficiência operacional, reduzir custos, melhorar as relações com fornecedores e clientes e aumentar as receitas e a participação de mercado, todas as unidades da empresa devem trabalhar harmoniosamente, em conjunto, na direção das metas. Um sistema do ERP irá ajudar uma empresa a alcançá-las.

Uma empresa que abriu caminho com o ERP é a United Parcel Service of America, Inc. (UPS), com sede em Atlanta. A UPS tem desenvolvido uma série de aplicações baseadas na web que rastreiam as informações, como assinaturas do destinatário, endereços, tempo em trânsito e outras informações de remessa. Esses serviços são executados em uma base do ERP na qual os clientes da empresa podem se conectar usando as informações do ERP em tempo real obtidas no site. Atualmente, 6,2 milhões de pedidos de rastreamento passam, por dia, pelo site da empresa. Ao automatizar o processo de entrega de informação, a UPS reduziu drasticamente a demanda de seus representantes de atendimento. Tão importante quanto isso, a UPS melhorou o relacionamento com seus parceiros de negócios – integrando, na verdade, os seus negócios com os deles –, tornando mais fácil para os consumidores encontrar informações de entrega sem sair do site do vendedor.[4]

O coração de um sistema do ERP é um banco de dados central que coleta informações em todos os componentes de aplicação individuais do sistema do ERP (chamados de módulos) e os alimenta também com informações, sustentando funções de negócios diversas como contabilidade, produção, marketing e recursos humanos. Quando um usuário inclui ou atualiza informações em um módulo, este é imediata e automaticamente atualizado em todo o sistema, como ilustrado na Figura 10.5.

O ERP automatiza os processos de negócio, como o cumprimento de pedidos (tirar o pedido de um cliente, enviar a compra e, então, enviar a conta). Com um sistema ERP, quando um representante do atendimento tira o pedido de um cliente, ele tem todas as informações necessárias para completá-lo (a avaliação de crédito e o histórico de pedidos, os níveis de estoque da empresa e o cronograma de entrega). Qualquer outro funcionário na empresa vê as mesmas informações e tem acesso ao banco de dados que contém o novo pedido. Quando um departamento finaliza o pedido, ele é automaticamente encaminhado pelo sistema do ERP para o departamento seguinte. Em qualquer ponto da execução do pedido, para descobrir onde ele está, o usuário precisa apenas fazer login no sistema do ERP e rastreá-lo, conforme ilustrado na Figura 10.6. O processo se move como um raio por meio da organização, e os clientes obtêm seus pedidos mais rapidamente e com menos erros. O ERP pode aplicar essa mesma mágica aos outros processos principais de negócios, como benefícios de funcionários ou relatórios financeiros.[5]

O ERP permite que os funcionários da empresa toda compartilhem informações em um único banco de dados centralizado. Com capacidades estendidas do portal, uma empresa pode também envolver os seus fornecedores e clientes no processo de workflow, permitindo que o ERP penetre na cadeia de valor e ajude a empresa a alcançar maior eficiência operacional (ver Figuras 10.7 e 10.8).[6]

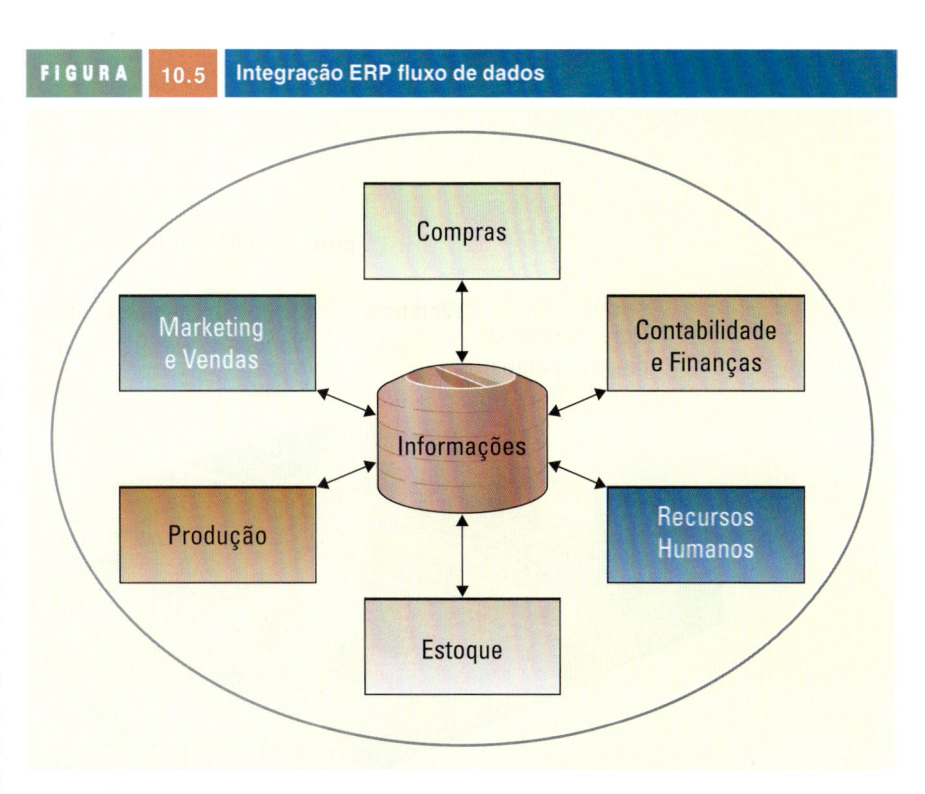

FIGURA 10.5 Integração ERP fluxo de dados

A evolução do ERP

Originalmente, as soluções do ERP foram desenvolvidas para proporcionar a automação de múltiplas unidades de uma empresa, ajudar a facilitar o processo de fabricação e abordar questões como matérias-primas, estoque, entrada de pedidos e distribuição. No entanto, o ERP não pôde se estender a outras áreas funcionais da empresa, como vendas, marketing e remessa. Ele não pôde ligar-se a nenhum recurso de CRM que permitisse às empresas a captura de informações específicas do cliente, e também não funcionou

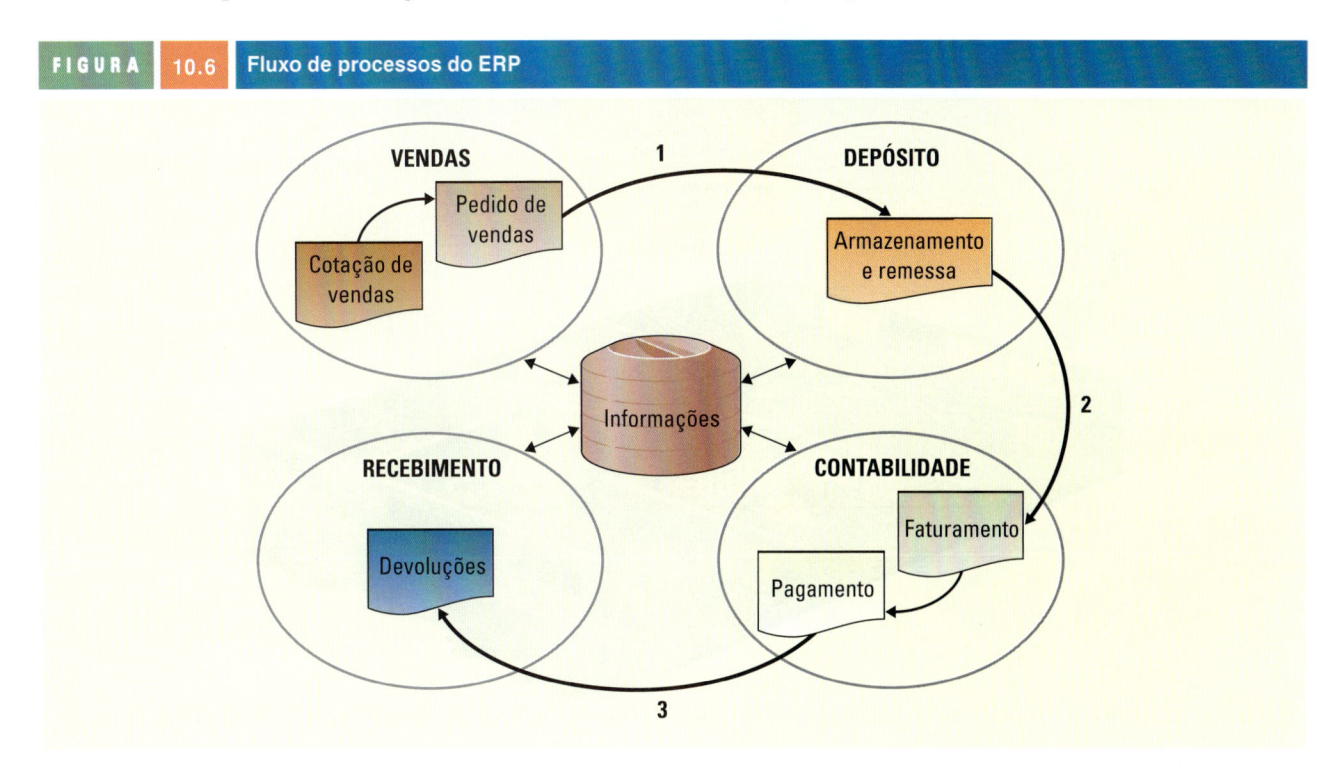

FIGURA 10.6 Fluxo de processos do ERP

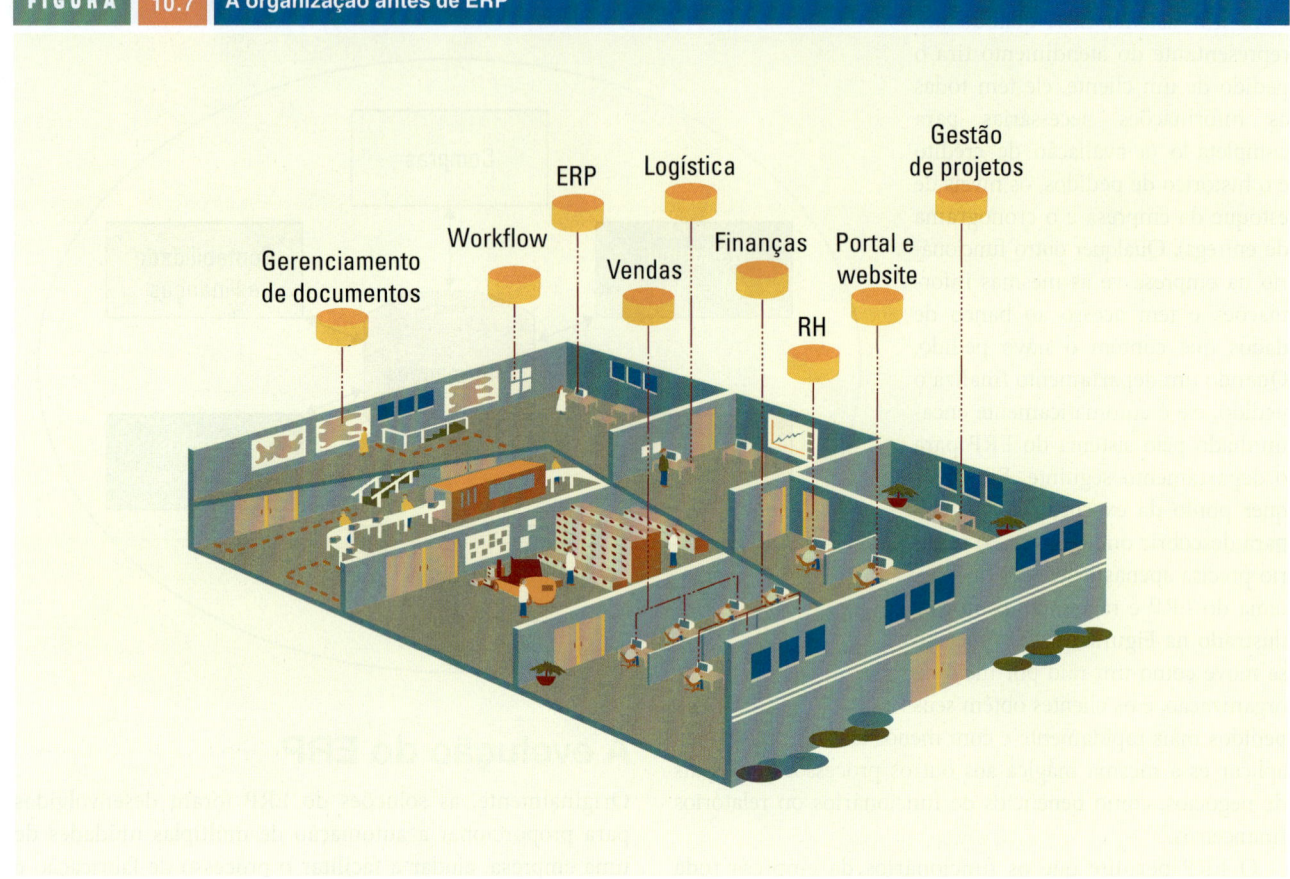

FIGURA 10.7 — A organização antes de ERP

- Gerenciamento de documentos
- Workflow
- ERP
- Vendas
- Logística
- Finanças
- RH
- Portal e website
- Gestão de projetos

FIGURA 10.8 — ERP – Unindo a organização

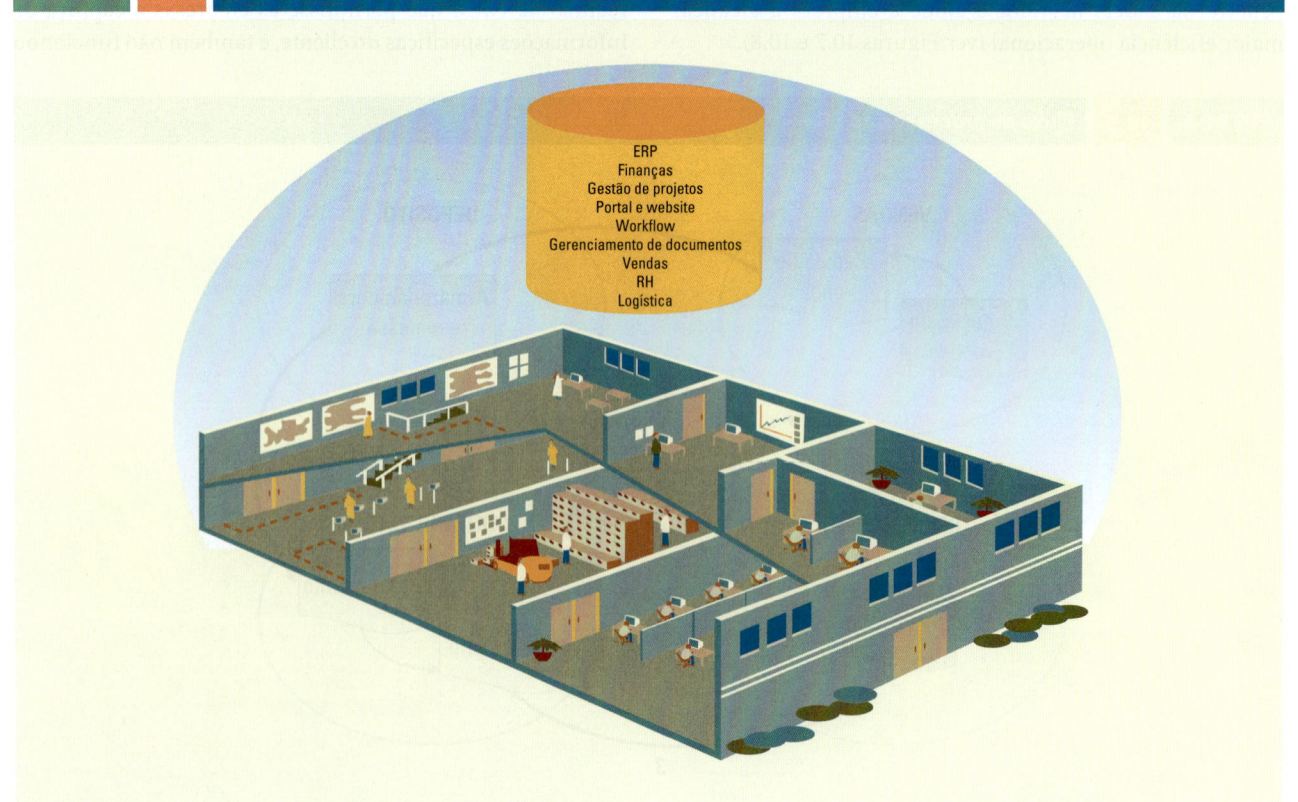

ERP
Finanças
Gestão de projetos
Portal e website
Workflow
Gerenciamento de documentos
Vendas
RH
Logística

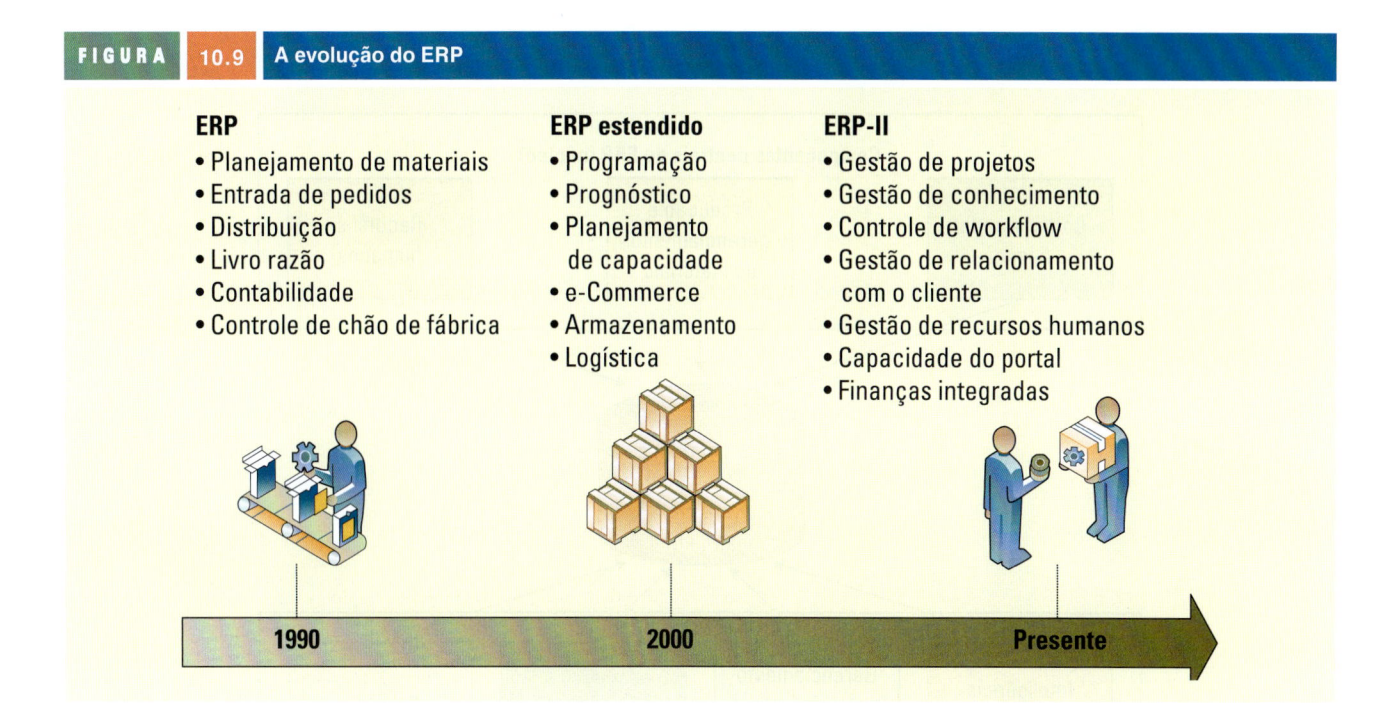

FIGURA 10.9 A evolução do ERP

ERP
- Planejamento de materiais
- Entrada de pedidos
- Distribuição
- Livro razão
- Contabilidade
- Controle de chão de fábrica

ERP estendido
- Programação
- Prognóstico
- Planejamento de capacidade
- e-Commerce
- Armazenamento
- Logística

ERP-II
- Gestão de projetos
- Gestão de conhecimento
- Controle de workflow
- Gestão de relacionamento com o cliente
- Gestão de recursos humanos
- Capacidade do portal
- Finanças integradas

1990 — 2000 — Presente

---

com websites e portais utilizados para o atendimento ao cliente ou o cumprimento da ordem. A central de atendimento ou a equipe de controle de qualidade não puderam conectar-se à solução do ERP, nem o ERP pôde lidar com o gerenciamento de documentos, como a catalogação de contratos e os pedidos de compra.[7]

O ERP cresceu ao longo dos anos para se tornar parte da empresa estendida. A partir de seu início, como uma ferramenta para o planejamento de materiais, estendeu-se à armazenagem, à distribuição e à entrada de pedidos. Continuando sua evolução, o ERP se expande para a linha de frente, incluindo o CRM. Agora, a administração, as vendas, o marketing e a equipe de recursos humanos podem compartilhar uma ferramenta que é verdadeiramente difundida em toda a empresa. Para competir em nível funcional hoje, as empresas devem adotar uma abordagem em toda a empresa para o ERP que utiliza a internet e conecta-se a todos os aspectos da cadeia de valor. A Figura 10.9 mostra como o ERP tem crescido desde a década de 1990 para acomodar as necessidades de toda a empresa.[8]

ERP II: núcleo e extensão A Figura 10.10 mostra um exemplo de um sistema ERP com seu núcleo e componentes estendidos. Os *componentes centrais do ERP* são aqueles tradicionais incluídos na maioria dos sistemas ERP e focam nas operações internas. Os *componentes estendidos do ERP* são os aqueles extras que atendem as necessidades organizacionais não satisfeitas pelos componentes centrais e focam em operações externas.

●● OA10.1
Comparar os componentes centrais e estendidos do planejamento de recursos empresariais.

●● OA10.2
Descrever os três principais componentes encontrados nos sistemas centrais do planejamento de recursos empresariais.

COMPONENTES CENTRAIS DO ERP

Os três componentes centrais mais comuns do ERP que focam nas operações internas são:

1. Contabilidade e finanças
2. Produção e gerenciamento de materiais
3. Recursos humanos

Componentes de contabilidade e finanças do ERP

A Deeley Harley-Davidson Canada, o distribuidor canadense exclusivo de motocicletas Harley-Davidson, tem aperfeiçoado o estoque, o tempo de resposta, as margens e a satisfação do cliente, tudo com a implementação de um sistema do ERP financeiro. O sistema abriu o poder da informação para a empresa e está ajudando a tomar decisões estratégicas quando ainda há tempo para mudar as coisas. O ERP proporciona à empresa as formas de gerenciar o estoque e o tempo de resposta e de utilizar o espaço do armazém de forma mais eficaz.[9]

Os *componentes de contabilidade e finanças do ERP* gerenciam os dados de contabilidade e os processos financeiros dentro da empresa com funções como livro razão, contas a pagar, contas a receber, orçamento e gestão de ativos. Uma das características mais úteis incluída em um componente de contabilidade/finanças do ERP é sua fun-

FIGURA 10.10 Componentes centrais (núcleo) e componentes estendidos do ERP

Componentes centrais do ERP (núcleo)
- Contabilidade e finanças
- Produção e gerenciamento de materiais
- Recursos humanos

Software de planejamento de recursos empresariais

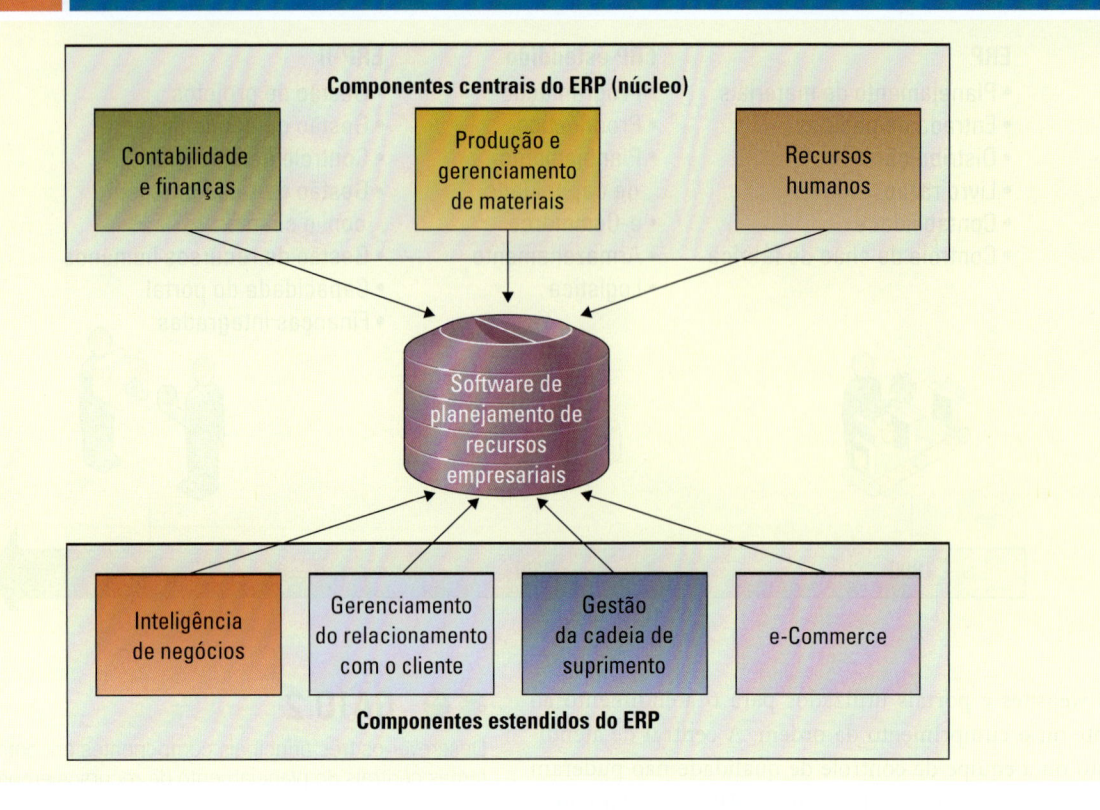

Componentes estendidos do ERP
- Inteligência de negócios
- Gerenciamento do relacionamento com o cliente
- Gestão da cadeia de suprimento
- e-Commerce

ção de gerenciamento de crédito. A maioria das organizações gerencia seus relacionamentos com os clientes, definindo limites de crédito, ou um limite de quanto o cliente pode dever em um único momento. A empresa, então, monitora o limite de crédito sempre que o cliente realiza um novo pedido ou envia um pagamento. Os módulos financeiros do ERP ajudam a correlacionar os pedidos dos clientes com seus saldos da conta que determinam a disponibilidade de crédito. Outra grande característica é a capacidade de realizar a análise da rentabilidade do produto. Os componentes financeiros do ERP são a espinha dorsal da análise de rentabilidade do produto e permitem às empresas realizar todos os tipos de técnicas avançadas de modelagem da rentabilidade.

Componentes do ERP de gerenciamento de produção e de materiais

Uma das principais funções de um sistema ERP é racionalizar o processo de planejamento da produção. Os *componentes do ERP de gerenciamento de produção e materiais* lidam com os diversos aspectos do planejamento da produção e execução, como a previsão de demanda, a programação de produção, a contabilidade dos custos de trabalho e o controle de qualidade. As empresas costumam produzir vários produtos, cada qual com muitas partes diferentes. As linhas de produção, compostas por máquinas e funcionários, criam os diferentes tipos de produtos. A empresa deve, então, definir a previsão de vendas de cada produto para determinar as programações da produção e a compra de materiais. A Figura 10.11 mostra o processo regular de planejamento de produção do ERP. O processo começa com a previsão de vendas, a fim de planejar operações. Uma programação de produção detalhada é desenvolvida se o produto for produzido, e um plano das necessidades de materiais é concluído se o produto for comprado.

O Grupo Farmanova Intermed, localizado na Costa Rica, é uma empresa de marketing e distribuição farmacêutica que comercializa cerca de 2,5 mil produtos para cerca de 500 clientes na América Central e do Sul. A empresa identificou a necessidade de um software que pudesse unificar a gestão logística de produtos em um único país. Ela decidiu implantar componentes PeopleSoft de finanças e de distribuição do ERP, permitindo à empresa melhorar o gerenciamento de dados dos clientes, aumentar a confiança entre os usuários internos e externos e coordenar a logística de estoque. Com o novo software, ela aumentou seus recursos de manejo, distribuição e comercialização dos seus produtos farmacêuticos.[10]

Componentes do ERP de recursos humanos

Os *componentes do ERP de recursos humanos* acompanham as informações do funcionário, incluindo salários, benefícios, remuneração e avaliação de desempenho, e garantem o cumprimento dos requerimentos legais de várias jurisdições e autoridades fiscais. Os componentes de recursos humanos ainda oferecem recursos que permitem à empresa realizar uma análise detalhada de seus funcionários para determinar aspectos como a propensão a deixar, a empresa a menos que tenham uma compensação adicional ou que lhes sejam fornecidos benefícios. Esses componentes

FIGURA 10.11 O processo de planejamento da produção

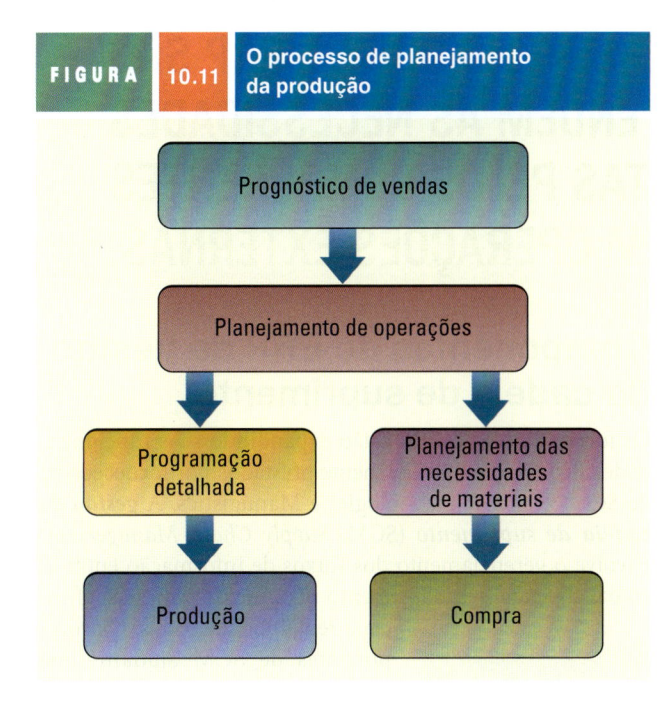

```
Prognóstico de vendas
        ↓
Planejamento de operações
   ↓              ↓
Programação    Planejamento das
detalhada      necessidades
               de materiais
   ↓              ↓
Produção        Compra
```

também podem identificar quais funcionários estão usando determinados recursos, como treinamento online e serviços de telefonia de longa distância. Eles também podem ajudar a determinar se as pessoas mais talentosas estão trabalhando para as unidades de negócio com maior prioridade – ou onde elas teriam o maior impacto sobre o lucro.

●● OA10.1
Comparar os componentes centrais e estendidos do planejamento de recursos empresariais.

●● OA10.3
Descrever os quatro principais componentes encontrados nos sistemas estendidos de planejamento de recursos empresariais.

COMPONENTES ESTENDIDOS DO ERP

Os **componentes estendidos do ERP** são os aqueles extras que atendem às necessidades organizacionais não satisfeitas pelos componentes centrais e focam em operações externas. Muitos dos numerosos componentes estendidos do ERP estão habilitados para a internet e necessitam da interação com clientes, fornecedores e parceiros de negócios fora da organização. Os quatro componentes estendidos do ERP mais comuns são:

1. A inteligência de negócios
2. A gestão do relacionamento com o cliente
3. A gestão da cadeia de suprimento
4. O e-Business

---

mostre-me o DINHEIRO

Classic Cars

A Classic Cars Inc. opera as concessionárias de automóveis que oferecem carros e serviço de luxo. A empresa se orgulha de seu extenso estoque, da mecânica *top* de linha, e especialmente de seu serviço excepcional, que inclui até um *cappuccino bar* em cada concessionária. Atualmente, a empresa tem 40 representantes de vendas em quatro locais. Cada um mantém seus próprios sistemas de computadores, e todos os representantes de vendas têm seus próprios sistemas de gerenciamento de contatos. Essa abordagem fragmentada das operações causa vários problemas, incluindo questões de comunicação com o cliente, de estratégia de preço e de controle de estoque. Alguns exemplos:

- Um cliente que compra em uma concessionária pode ir à outra e receber uma cotação de preços diferente para o mesmo carro.
- Os representantes de vendas estão frequentemente roubando clientes e comissões uns dos outros.
- Os representantes de vendas frequentemente enviam seus clientes a outras concessionárias para ver carros específicos e quando o cliente chega lá, o carro não está disponível.
- As campanhas de marketing não são projetadas para atingir clientes específicos. Normalmente, elas são genéricas, como ter 10% de desconto em um carro novo.
- Se um representante de vendas abandona o emprego, todas as informações dos clientes dele são perdidas.

Você está trabalhando para a Customer One, uma pequena empresa de consultoria especializada em estratégias que abrangem toda a empresa. O proprietário da Classic Cars Inc., Tom Repicci, o contratou para ajudá-lo a formular uma estratégia para pôr a empresa de volta nos trilhos. Elabore uma proposta para Tom, detalhando como um sistema ERP pode aliviar os problemas da empresa e criar oportunidades.

> **OS COMPONENTES ESTENDIDOS DO ERP SÃO AQUELES EXTRAS QUE ATENDEM ÀS NECESSIDADES ORGANIZACIONAIS NÃO SATISFEITAS PELOS COMPONENTES CENTRAIS E FOCAM EM OPERAÇÕES EXTERNAS.**

Componentes do ERP de inteligência de negócios

Os sistemas do ERP oferecem ferramentas poderosas que medem e controlam as operações organizacionais. Muitas empresas descobriram que essas ferramentas podem ser aprimoradas para oferecer um valor ainda maior por meio da adição de sistemas poderosos de inteligência de negócios. Os componentes de inteligência de negócios de sistemas do ERP normalmente coletam informações utilizadas na empresa toda (incluindo os dados usados em muitos outros componentes ERP), organizam-nas e aplicam ferramentas analíticas para auxiliar os gestores nas decisões. Os armazéns de dados são uma das extensões mais populares para os sistemas do ERP, com mais de dois terços dos fabricantes dos Estados Unidos adotando ou fazendo o planejamento desses sistemas.[11]

Componentes do ERP da gestão de relacionamento com o cliente

Os fornecedores do ERP estão expandindo suas funcionalidades de serviços anteriormente prestados por fornecedores de CRM, como Oracle e Siebel. A *gestão de relacionamento com o cliente* envolve o gerenciamento de todos os aspectos do relacionamento do cliente com uma empresa para aumentar a fidelidade, a retenção de clientes e a lucratividade de uma organização. Os componentes de CRM fornecem uma visão integrada de dados de clientes e de interações, permitindo que as empresas trabalhem de forma mais eficaz com os clientes e reajam mais às suas necessidades. Os componentes de CRM normalmente incluem centros de contato, automação da força de vendas e funções de marketing. Essas alterações melhoram a experiência do cliente, identificando os clientes mais (e menos) valiosos de uma empresa para melhor alocação de recursos.

Componentes do ERP da gestão da cadeia de suprimento

Os fornecedores do ERP estão expandindo suas funcionalidades de serviços anteriormente prestados por fornecedores de SCM, como i2 Technologies e Manugistics. A *gestão da cadeia de suprimento* (SCM, *Supply Chain Management*) envolve o gerenciamento dos fluxos de informação entre as etapas da cadeia de suprimento para maximizar suas eficácia e rentabilidade totais. Os componentes de SCM ajudam uma empresa a planejar, programar, controlar e otimizar a cadeia de suprimento desde a aquisição de matérias-primas até o recebimento de bens acabados por parte dos clientes.

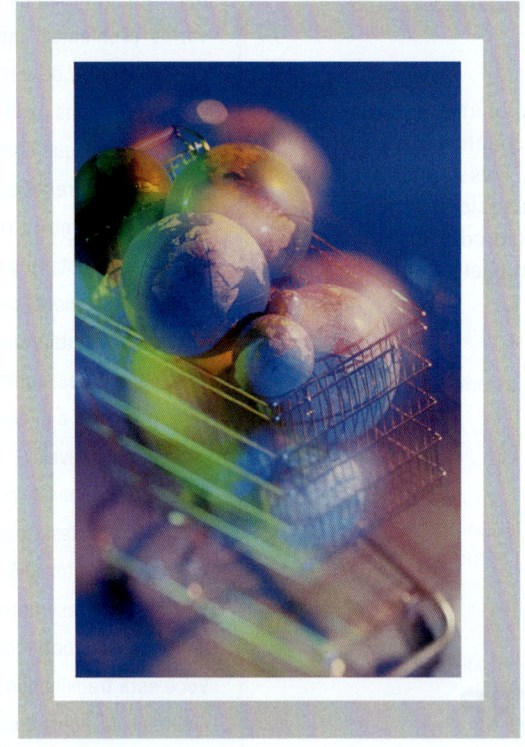

Componentes do ERP de e-Business

O foco original dos sistemas do ERP era a organização interna. Em outras palavras, os sistemas ERP não estão totalmente prontos para o mundo externo do e-Business. Os componentes estendidos do ERP mais recentes e empolgantes são os componentes do e-Business, que significa conduzir negócios na internet, não apenas comprando e vendendo, mas também servindo os clientes e colaborando com os parceiros de negócios. Duas das principais características dos seus componentes são a logística e o *e-procurement*. A *logística eletrônica* (*e-logistics*) gerencia o transporte e o armazenamento de bens, e o *e-procurement* é a compra e venda empresa–empresa (B2B) de suprimentos e serviços via internet.

O e-Business e o ERP se complementam ao permitir que as empresas estabeleçam uma presença na web e cumpram ordens prontamente. Um erro comum cometido por muitas empresas é entrar na web antes da integração de sistemas de retaguarda ou de um sistema ERP. Por exemplo, um grande fabricante de brinquedos anunciou menos de uma semana antes do Natal que não conseguiria cumprir nenhum dos pedidos feitos na web. A empresa tinha todos os brinquedos no armazém, mas não conseguiu organizar a função básica de processamento de pedidos para entregar os brinquedos a tempo para o consumidor.

Os clientes e fornecedores agora estão exigindo o acesso às informações do ERP, que incluem a situação do pedido, os níveis de estoque e de reconciliação da fatura. Além disso, os clientes e parceiros querem todas essas informações em um formato simplificado disponível por meio de um website. Essa é uma tarefa difícil de realizar porque a maioria dos sistemas do ERP está cheia de jargões técnicos, razão pela qual o treinamento de funcionários é um dos custos ocultos associados às implementações do ERP. Excluir os jargões para ajudar os clientes e os parceiros inexperientes é uma das tarefas mais difíceis ao disponibilizar um sistema ERP na web. Para acomodar as necessidades crescentes do mundo de e-Business, os fornecedores do ERP precisam construir dois novos canais de acesso à informação do sistema do ERP: um para os clientes (B2C) e outro para as empresas, fornecedores e parceiros (B2B).[12]

●● OA10.4

Explicar o valor de negócio da integração da gestão da cadeia de suprimento, da gestão de relacionamento com o cliente e dos sistemas de planejamento de recursos empresariais.

INTEGRAÇÃO DE SCM, CRM E ERP

Aplicativos como o SCM, o CRM e o ERP são a espinha dorsal do e-Business. A integração desses aplicativos é a chave para o sucesso de muitas empresas, pois permite o desbloqueio de informações para torná-las disponíveis para qualquer usuário, em qualquer lugar e a qualquer hora. Originalmente, havia três principais fornecedores do ERP: PeopleSoft, Oracle e SAP. Em dezembro de 2004, a Oracle comprou a PeopleSoft por US$ 10 bilhões, restando duas principais concorrentes no mercado do ERP: Oracle e SAP.

Hoje, a maioria das empresas não tem escolha a não ser unir os seus aplicativos de SCM, CRM, ERP, visto que nenhum fornecedor pode responder a cada necessidade organizacional, daí por que os consumidores compram aplicativos de vários fornecedores. A Oracle e a SAP oferecem componentes de CRM e SCM. No entanto, esses módulos não são tão flexíveis e funcionais quanto os módulos oferecidos pelos líderes da indústria de SCM e CRM, como a Siebel e a i2 Technologies, como mostrado nas Figuras 10.12 e 10.13. Como resultado, as empresas encaram o desafio de integrar seus sistemas. Por exemplo, uma mesma organização pode selecionar seus componentes de CRM da Siebel, de SCM da i2 e financeiros e de gestão de RH da Oracle. A Figura 10.14 mostra o público geral e a razão de cada um desses aplicativos que têm de ser integrados.

Desde as suas raízes na era da Corrida de Ouro da Califórnia, a Del Monte Foods, com base em San Francisco, cresceu e se tornou a maior produtora e distribuidora de frutas, legumes e tomates processados. Com vendas anuais de mais de US$ 3 bilhões, a Del Monte também é uma das maiores produtoras distribuidoras e comerciantes, nos Estados Unidos, de itens e alimentos para animais de estimação, com um poderoso portfólio de marcas, incluindo Del Monte, StarKist, Nature's Goodness, 9Lives e Kibbles 'n Bits.

A aquisição da StarKist, Nature's Goodness, 9Lives e Kibbles 'n Bits da HJ Heinz Company pela Del Monte precisou de uma integração entre os processos de negócios da Del Monte e da HJ Heinz. A Del Monte precisou adaptar a sua infraestrutura de TI, migrando por meio de múltiplas plataformas, incluindo os sistemas UNIX e de computadores centrais e aplicativos de consolidação centralizados em um único sistema. O trabalho exigiu a integração de processos de negócio nas áreas de produção, financeira, de cadeia de suprimento, de apoio à decisão e de informações transacionais.

A reformulação da arquitetura da Del Monte partiu de uma decisão estratégica. A Del Monte decidiu implementar um sistema ERP para suportar suas operações em todos os Estados Unidos, com sedes em São Francisco, operações em Pittsburgh

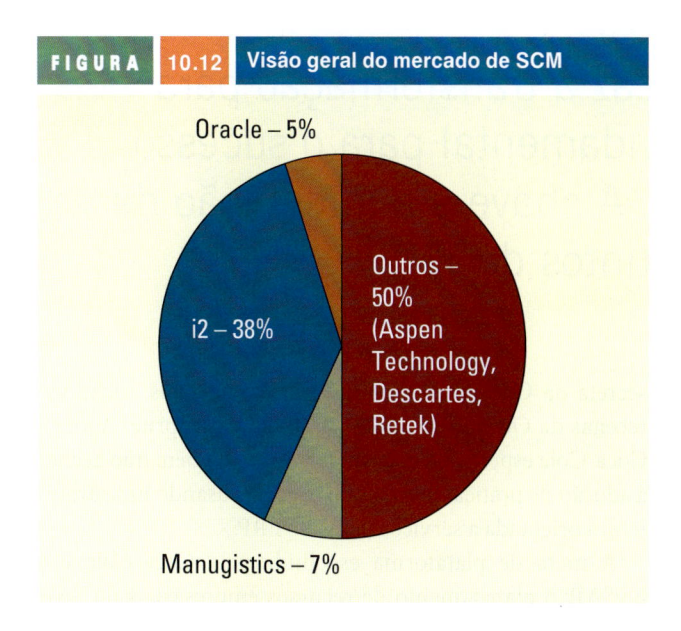

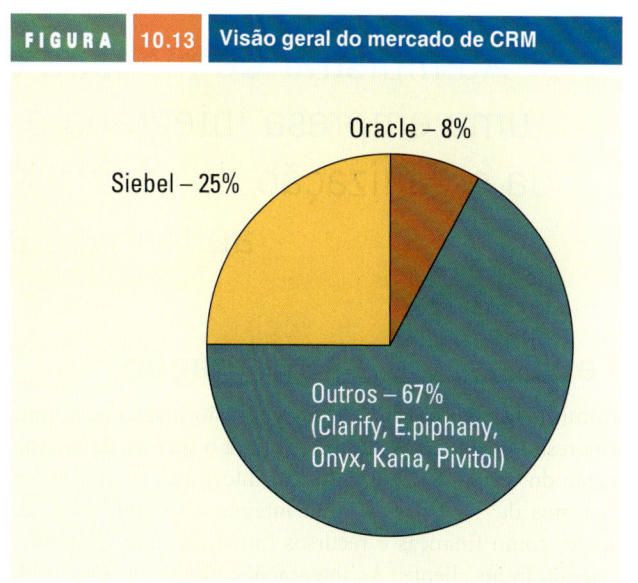

FIGURA 10.12 Visão geral do mercado de SCM

- Oracle – 5%
- i2 – 38%
- Manugistics – 7%
- Outros – 50% (Aspen Technology, Descartes, Retek)

FIGURA 10.13 Visão geral do mercado de CRM

- Oracle – 8%
- Siebel – 25%
- Outros – 67% (Clarify, E.piphany, Onyx, Kana, Pivitol)

FIGURA 10.14 Usuários primários e benefícios para o negócio de iniciativas estratégicas

Aplicativo empresarial	Usuários principais	Principais benefícios de negócios
CRM	Vendas, marketing, atendimento ao cliente	Vendas, prognósticos, estratégias de vendas, campanhas de marketing
SCM	Clientes, revendedores, parceiros, fornecedores, distribuidores	Demanda de mercado, Limitações de recurso e capacidade, programação em tempo real
ERP	Contabilidade, finanças, logística, produção	Prognóstico, planejamento, compra, gerenciamento de material, armazenamento, estoque, distribuição

e centros de distribuição e instalações de produção em todo o país. A empresa concluiu que a única maneira que poderia usar para unir suas operações globais e abrir o sistema para seus clientes, formados principalmente por grandes varejistas, era mediante a utilização de um sistema ERP. Entre outros fatores-chave, houve a necessidade de adotar uma estratégia de e-Business. O desafio para a Del Monte foi selecionar um sistema do ERP para consolidar os vários sistemas de forma rápida e econômica. Para que as metas financeiras e de atendimento aos clientes fossem alcançadas, a Del Monte precisaria integrar as novas empresas, o que mais do que dobraria o seu tamanho. Desde a implementação do sistema do ERP, é oferecido aos clientes e aos parceiros comerciais uma visão única, consistente e integrada da empresa.[13]

zando o *middleware* – vários tipos diferentes de softwares que fornecem a conectividade entre dois ou mais aplicativos de software. O *middleware* traduz as informações entre os diferentes sistemas. O ***middleware de integração de aplicativos empresariais*** (EAI, *Enterprise Application Integration*) representa uma nova abordagem ao juntar funcionalidades comuns utilizadas, tais como o fornecimento de links pré-construídos para aplicativos corporativos populares, o que reduz o tempo necessário para desenvolver soluções que integram aplicações de vários fornecedores. Os poucos fornecedores líderes de *middleware* de EAI incluem: Active Software, Vitria Technology e Extricity. A Figura 10.15 mostra os pontos em que esses aplicativos se integram e ilustra a premissa fundamental do projeto de infraestrutura de arquitetura.

As empresas executam aplicativos interdependentes, como SCM, CRM e ERP. Se um aplicativo é mal executado, todo o sistema de entrega de valor ao cliente é afetado. Por exemplo, não importa o quão grande é o CRM de uma empresa, se o seu sistema de SCM não funciona e o cliente nunca recebe o produto acabado, a empresa vai perder esse cliente. As empresas futuras de classe mundial devem ser construídas sobre o fundamento dos aplicativos de classe mundial implementados hoje.

O modelo de negócios da Coca-Cola é comum entre franqueadores de renome. A Coca-Cola obtém a maioria de seus US$ 18 bilhões em receitas anuais das taxas de franquia que ganha dos engarrafadores em todo o mundo. Os engarrafadores, juntamente com a franquia, têm a licença da receita

> "Administrar de maneira eficaz a transformação para uma empresa integrada é fundamental para o sucesso da organização do século XXI. A chave é a integração de aplicativos distintos de TI."

Ferramentas de integração

Administrar de maneira eficaz a transformação para uma empresa integrada é fundamental para o sucesso da organização do século XXI. A chave é a integração de aplicativos distintos de TI. Uma empresa integrada infunde áreas de apoio, como finanças e recursos humanos, com uma forte orientação ao cliente. As integrações são alcançadas utili-

secreta da Coca-Cola e muitos outros produtos, incluindo receitas da Odwalla, Nestea, Minute Maid e Sprite. Agora a Coca-Cola espera que os engarrafadores também irão aceitar a adoção de práticas comuns de negócios usando uma arquitetura orientada a serviços (SoA) do ERP.

A meta de plataforma escolhida pela Coca-Cola é a mySAP, o planejamento de recursos empresariais da SAP.

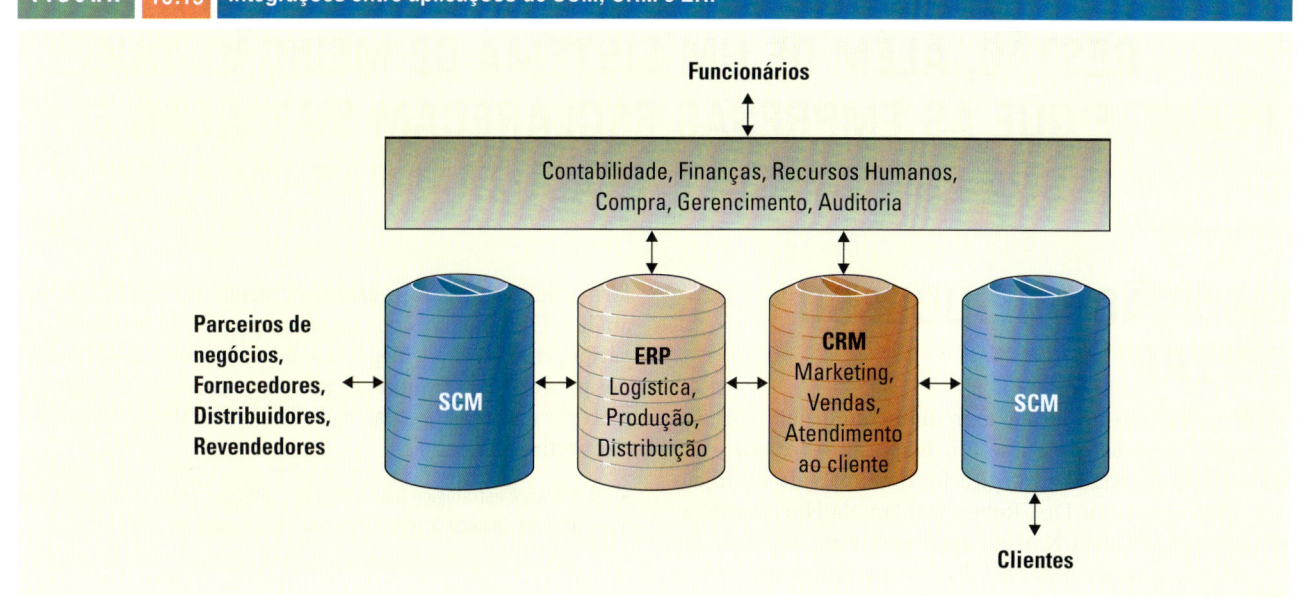

FIGURA 10.15 Integrações entre aplicações de SCM, CRM e ERP

Se der certo, a Coca-Cola e seus engarrafadores vão ganhar e economizar muito dinheiro, e a SAP poderá se afirmar como um dos operadores dominantes no ERP baseado em SoA. A Coca-Cola e muitos dos seus engarrafadores já usam versões do SAP para as finanças, a produção e muitas funções administrativas. Mas a empresa quer que todos se desloquem para um ambiente de arquitetura de "serviços".

A Coca-Cola espera que essa padronização dos serviços torne a sua cadeia de suprimentos mais eficiente e reduza custos. Ao explicar por que uma abordagem de serviços é tão vitalmente importante, Jean-Michel Ares, CIO da Coca-Cola, afirmou: "Isso vai permitir que os engarrafadores deem um passo de cada vez, encontrem uma área de processo de cada vez, um módulo de cada vez, em um momento que é o certo para o engarrafamento. Nós podemos caminhar pelo mundo do engarrafamento passo a passo."[14]

OA10.5

Explicar como uma organização pode utilizar um *balanced scorecard* para medir o sucesso do ERP.

Vivendo o SONHO

Casas flutuantes e Brad Pitt

É difícil imaginar, mas é totalmente possível que um furacão como o Katrina ocorra novamente, esperamos que, dessa vez, estejamos preparados e sejamos capazes de lidar com as enchentes. Se Brad Pitt não tem nada a dizer sobre isso, nós temos. Sim, estou me referindo a Brad Pitt, o ator. A Fundação Make It Right está construindo uma Casa Flutuante, que pode se separar do seu local de ancoragem em caso de inundações e ficar até 3,5 metros acima dos marcos de sinalização. A casa, projetada pela Morphosis Architects, é coberta com concreto e construída com uma base de espuma de poliestireno. A Casa Flutuante interrompe o fornecimento elétrico da rede pública e vem equipada com uma bateria que pode durar até três dias. O preço da Casa Flutuante ainda não foi revelado, mas uma casa que pode salvar a si mesma durante uma enchente é como um seguro residencial para seus moradores.

As pessoas e as casas não foram as únicas vítimas do furacão Katrina: empresas também foram destruídas. Um sistema de ERP hospeda todos os dados associados ao negócio. Quais tipos de dados seriam perdidos se o seu sistema de ERP fosse destruído em um desastre natural? Sua empresa poderia continuar a operar se você perdesse seus dados de ERP? O que uma organização pode fazer para garantir que os dados de toda a empresa estejam seguros contra desastres naturais?

> **O *BALANCED SCORECARD* É UM SISTEMA DE GESTÃO, ALÉM DE UM SISTEMA DE MEDIÇÃO, QUE PERMITE QUE AS EMPRESAS ESCLAREÇAM SUA VISÃO E SUA ESTRATÉGIA E TRADUZAM-NAS EM AÇÃO.**

MEDIÇÃO DO SUCESSO DO ERP

Medir o sucesso do ERP é extremamente difícil. Um dos melhores métodos para isso é o *balanced scorecard*. Essa abordagem à gestão estratégica foi desenvolvida no início dos anos 1990 pelos Drs. Robert Kaplan, da Harvard Business School, e David Norton. Tendo em vista algumas das deficiências e imprecisões técnicas de medição anteriores, a abordagem do *balanced scorecard* fornece uma clara prescrição quanto ao que as empresas deveriam medir para equilibrar a perspectiva financeira.[15]

O *balanced scorecard* é um sistema de gestão, além de um sistema de medição, que permite que as organizações esclareçam sua visão e sua estratégia e traduzam-nas em ação. Ele fornece um *feedback* em torno dos processos internos de negócios e dos resultados externos, a fim de melhorar continuamente o desempenho estratégico e os resultados. Quando totalmente implantado, o *balanced scorecard* transforma o planejamento estratégico de um exercício acadêmico no centro nervoso de uma empresa. Kaplan e Norton descrevem a inovação do *balanced scorecard* da seguinte maneira: "O *balanced scorecard* mantém as medidas financeiras tradicionais. Mas as medidas financeiras contam a história de eventos passados, uma história adequada para as empresas da era industrial, para as quais os investimentos em recursos de longo prazo e o relacionamento com os clientes não eram fundamentais para o sucesso. Essas medidas financeiras são inadequadas, porém, servem para orientar e avaliar o caminho que as empresas da era da informação devem fazer para criar valor futuro por meio de investimentos em clientes, fornecedores, funcionários, processos, tecnologia e inovação".[16]

O *balanced scorecard* vê a empresa a partir de quatro perspectivas, e os usuários devem desenvolver métricas, coletar dados e analisar o seu negócio em relação a cada uma delas:

- A perspectiva de aprendizado e crescimento.
- A perspectiva dos processos internos do negócio.
- A perspectiva do cliente.
- As perspectivas financeiras (ver Figura 10.16).[17]

As empresas não podem controlar o que não podem medir. Portanto, as métricas devem ser desenvolvidas com base nas prioridades do plano estratégico, que fornece os direcionadores e critérios-chave do negócio-chave para as métricas que a maioria dos gerentes deseja observar. Os processos são, então, projetados para coletar informações relevantes para essas métricas e reduzi-las à forma numérica para o armazenamento, a visualização e a análise. Os tomadores de decisão examinam os resultados de vários processos e estratégias medidos e controlam os resultados para orientar a empresa e fornecer o *feedback*. O valor das métricas está em sua capacidade de fornecer uma base factual para definir:

- O *feedback* estratégico para mostrar a situação atual da empresa aos tomadores de decisão a partir de muitas perspectivas.
- O *feedback* de diagnóstico em vários processos para guiar melhorias em uma base contínua.
- As tendências no desempenho ao longo do tempo enquanto as métricas são acompanhadas.
- O *feedback* em torno dos próprios métodos de medição e nos quais as métricas devem ser rastreadas.
- Entradas quantitativas para o prognóstico de métodos e modelos para sistemas de apoio à decisão.[18]

Um alerta em relação às métricas: não enlouqueça. O truque é encontrar algumas métricas-chave para controlar e que forneçam um discernimento significativo. Lembre-se de amarrar as métricas a outros objetivos financeiros e de negócios na empresa. A chave é ter uma boa ideia, sem tornar-se escravo das métricas. A regra de ouro é desenvolver sete métricas-chave, duas a mais ou a menos.[19]

ESCOLHA DO SOFTWARE DO ERP

Os diversos fornecedores do ERP no mercado de hoje oferecem diferentes soluções do ERP. As funções centrais do ERP para cada fornecedor são as mesmas e focam nas finanças, na contabilidade, nas vendas, no marketing, nos recursos humanos, nas operações e na logística. Os fornecedores do ERP se diferenciam por oferecer funcionalidades únicas, como os sistemas de CRM e de SCM.

Muitos clientes acham que a sua solução do ERP escolhida não atende às suas expectativas. Apesar de muitas melhorias no software, a indústria está bem ciente de que falhas de implementações do ERP ainda são muito comuns. De acordo com a Gartner Research, a taxa média de insucesso de um projeto do ERP é de 66%. Não é surpresa que alguns fabricantes vejam o ERP como um mal estratégico necessário. A palavra-chave, aqui, de qualquer forma, é *necessário*.[20]

Muitas empresas se esforçam para tomar boas decisões financeiras fazendo investimentos inteligentes. A melhor

FIGURA 10.16 As quatro perspectivas primárias do *balanced scorecard*

Financeira
"Para sermos bem-sucedidos financeiramente, como devemos ser vistos pelos nossos acionistas?"
Objetivos | Medidas | Alvos | Iniciativas

Cliente
"Para alcançar nossa visão, como devemos ser vistos pelos nossos clientes?"
Objetivos | Medidas | Alvos | Iniciativas

Visão e estratégia

Processos de negócios internos
"Para satisfazer nossos acionistas e cliente, em quais processos de negócios devemos nos sobressair?"
Objetivos | Medidas | Alvos | Iniciativas

Aprendizagem e crescimento
"Para alcançar nossa visão, como vamos sustentar nossa capacidade de mudar e melhorar?"
Objetivos | Medidas | Alvos | Iniciativas

---

maneira de garantir um bom investimento em ERP é entender por que a falha ocorre e como evitá-la. O primeiro desafio é que o ERP é um produto para todos os gostos. Seu principal objetivo é fornecer o apoio e a automação de um processo de negócios. O mundo dos negócios tem muitos modelos de negócios diferentes e, para servi-los, existem não menos produtos do ERP.

Encontrando a solução certa do ERP

Um bom sistema ERP será altamente reflexivo do processo de negócio em vigor na empresa. Isso significa que o software deve executar várias tarefas diferentes, o que o torna complexo. A maioria das empresas não possui um alto grau de especialização de software do ERP em sua equipe e não entende o ERP tanto quanto deveria, e isso facilita escolher o pacote errado. A chave para fazer uma compra eficaz é ter processos sólidos de negócios. Projetos bem-sucedidos do ERP compartilham três atributos básicos:

1. Adequação geral
2. Análise adequada de negócios
3. Planos sólidos de implementação[21]

adequação geral
Refere-se ao grau de lacunas existentes entre o sistema e o processo de negócios. Um ERP bem ajustado não tem grandes lacunas no processo e tem muito poucas lacunas pequenas. Pense em um novo sistema do ERP como um terno. Normalmente, um cliente compra um terno de três maneiras:

1. Pronto para usar
2. Pronto com ajustes para usar
3. Feito sob medida

A forma como a solução se enquadra no processo de negócio normalmente determinará o nível de satisfação do cliente. Comprar um ERP pronto para usar é o equivalente a comprar um pacote de software enlatado: encaixa-se bem para alguns, mas nem um pouco para outros. É por isso que um cliente pode levar o terno em um alfaiate para que vista melhor. As modificações podem ser feitas no software de forma que se adaptem melhor aos processos da empresa. Essa é uma boa estratégia, desde que o pacote escolhido dê suporte. A desvantagem é que pode ficar muito caro. Finalmente, o sistema personalizado pode ser adequado, mas a empresa deve entender realmente o que está fazendo e conseguir suportar o pesado encargo financeiro associado ao que é feito sob medida.

análise adequada de negócios
A melhor maneira de determinar qual estratégia de adequação é a correta é conduzindo uma análise de negócios completa. As empresas bem-sucedidas normalmente gastam até 10% do orçamento do projeto em análise de negócios. A análise adequada deve resultar em uma lista documentada dos processos de negócio dentro da empresa, o que irá fornecer uma ferramenta básica que pode medir a capacidade do fornecedor.

planos sólidos de implementação
Como a instalação de qualquer processo bem-sucedido ou mesmo uma peça de um maquinário, um plano precisa monitorar os objetivos e prazos de qualidade. Ele também empregará processos como análise do workflow e combinação de trabalho para obter economias.

A aplicação rigorosa vai transferir conhecimento para os usuários do sistema. Quando o projeto estiver concluído, os usuários do novo sistema devem poder usar as ferramentas que ele oferece. Os usuários também devem saber o que fazer nos casos em que o processo varia. A maioria dos sistemas falhos é o resultado da implementação de má qualidade. É importante lembrar que o ERP é apenas uma ferramenta, e ferramentas que as pessoas não sabem como usar podem ser tão inúteis quanto não ter ferramenta alguma.[22]

●● SEÇÃO 10.2 Sistemas de colaboração

OBJETIVOS DE APRENDIZAGEM

OA10.6 Identificar as diferentes formas que as empresas utilizam para colaborar com a tecnologia.

OA10.7 Comparar as diferentes categorias de tecnologias de colaboração.

OA10.8 Definir os conceitos fundamentais de um sistema de gestão do conhecimento.

OA10.9 Dar um exemplo de um sistema de gestão de conteúdo juntamente com a sua finalidade de negócios.

OA10.10 Avaliar as vantagens da utilização de um sistema de gerenciamento de workflow.

OA10.11 Explicar como o groupware pode beneficiar um negócio.

EQUIPES, PARCERIAS E ALIANÇAS

Para ser bem-sucedida (e evitar ser eliminada pela concorrência), uma empresa deve empreender constantemente novas iniciativas, lidar com problemas maiores e menores e beneficiar-se das oportunidades significativas. Para apoiar tais atividades, uma empresa, muitas vezes, irá criar e utilizar

---

Saiba que:

Integração de grãos

Na Flavors, uma loja de café *premium*, os clientes recebem mais do que apenas uma xícara grande de café: eles recebem um pouco de música, arte, literatura e eventos da cidade. O calendário de programas da Flavors dá aos clientes uma rápida amostra deste canto do mundo, que apresenta desde exposições de arte e música ao vivo até o voluntariado ou uma degustação de café. A Flavors oferece o seguinte:

- Centro de música: a informação está disponível para todos os eventos de música ao vivo que ocorrem na área. A loja também abre seu microfone em duas noites por semana para os músicos locais.
- Galeria de arte: um espaço da loja é repleto de grandes obras de artistas locais.
- Clubes do livro: os clientes podem se reunir para discutir literatura atual e clássica.
- Amostras de café: os clientes podem provar cafés de todo o mundo com especialistas da área.
- Eventos da comunidade: são realizadas reuniões semanalmente, em que os clientes podem encontrar maneiras de envolver-se mais em sua comunidade.
- Cursos de preparação: os detalhes mais sutis da preparação, da moagem e dos equipamentos de mistura à venda nas lojas Flavors são ensinados, incluindo desde a cafeteira tradicional até uma máquina de café expresso digital. Há também um guia de resolução de problemas desenvolvido por especialistas de preparação.

As vendas da Flavors são grandes, e os lucros estão crescendo, porém, as operações atuais precisam de uma reestruturação. Os proprietários da Flavors, J. P. Field e Marla Lily, construíram o negócio peça por peça ao longo dos últimos 12 anos. A seguir, é apresentada uma visão rápida sobre as operações atuais:

- A Flavors não recebe nenhuma informação sobre a quantidade de clientes participantes dos eventos de música ao vivo. Geralmente, os músicos mantêm uma lista de e-mail de fãs e registros de vendas de CD para o evento, no entanto, essas informações nem sempre são fornecidas à loja.
- Os eventos do clube do livro são marcados e realizados na livraria local, Pages Up. A Pages Up realiza uma arrecadação durante o clube do livro e fornece à Flavors um cheque no final de cada mês para todos os eventos do clube do livro. A Flavors não tem acesso às informações dos clientes ou de vendas do clube do livro.
- A galeria de arte é realizada por vários artistas locais, que pagam uma pequena comissão à Flavors para cada venda. A Flavors não tem informações sobre os clientes que compram as obras.
- Os eventos de amostra de café são realizados nas operações principais da Flavors.
- As informações sobre os eventos da comunidade estão abertas a todos os membros da comunidade. Cada evento é realizado por uma organização independente, que fornece um *feedback* mensal do evento à Flavors com uma variedade de formatos que vão desde arquivos de Word até Access.
- Cursos de preparação e de recursos de máquinas de café são realizados pelo fabricante do equipamento, e todas as informações de clientes e de vendas são fornecidas à Flavors em um documento de Word no final de cada ano.

Você foi contratado pela Flavors como especialista em integração. Os proprietários querem renovar a forma como a empresa opera para que possam aproveitar as oportunidades de marketing e de vendas em todas as suas diferentes linhas de negócios, como oferecer descontos aos clientes que frequentam os eventos do clube do livro para os cursos de arte e de preparação de café e de recursos de máquinas. Eles também querem obter um melhor entendimento de como os diferentes eventos afetam as vendas. Por exemplo, estes deveriam ter mais noites de microfone aberto ou mais clubes do livro? Atualmente, os proprietários não têm nenhuma maneira de saber quais os eventos resultam em maior número de vendas. Crie uma estratégia de integração para que a Flavors possa tirar proveito do CRM, SCM e ERP em toda a empresa.

equipes, parcerias e alianças, pois o conhecimento necessário vai além do escopo de um único indivíduo ou empresa. Essas equipes, parcerias e alianças podem ser formadas internamente, entre os colaboradores de uma empresa, ou externamente, com outras organizações (ver Figura 10.17).

Empresas de todos os tamanhos e em todos os mercados têm testemunhado os benefícios de alavancar seus ativos de TI para criar vantagem competitiva. Considerando que os esforços de tecnologia da informação no passado foram destinados a aumentar a eficiência operacional, o advento e a proliferação da computação baseada em rede (com a internet sendo o exemplo mais visível, mas não o único) permitiram que as empresas criassem sistemas com os quais todos os tipos de comunidades podem interagir. O resultado final vai permitir que as organizações façam negócios com clientes, parceiros de negócios, fornecedores, governos e agências reguladoras, e qualquer outra comunidade relevante para a sua operação ou atividade particular.

Da mesma forma que as empresas utilizam equipes internas, elas estão cada vez mais formando alianças e parcerias com outras empresas. A **principal competência** de uma empresa é a sua força-chave, uma função de negócios que ela faz melhor do que qualquer um dos seus concorrentes. A Apple Computer é muito respeitada por sua força em design de produto, enquanto a competência principal da Accenture é o projeto e instalação de sistemas de informação. Uma **estratégia de competência principal** é aquela na qual uma empresa escolhe se concentrar especificamente no que faz melhor (sua competência principal) e forma parcerias e alianças com outras empresas especialistas para lidar com os processos de negócios não estratégicos. As alianças estratégicas permitem às empresas obter vantagens competitivas por meio do acesso aos recursos de um parceiro, incluindo os mercados, as tecnologias e as pessoas. A parceria com outra empresa agrega recursos e capacidades complementares, permitindo aos participantes crescer e expandir-se de forma mais rápida e eficiente, especialmente empresas de rápido crescimento que dependem fortemente de muitas áreas de terceirização de suas atividades para ampliar seus recursos técnicos e operacionais. No processo de terceirização, elas poupam tempo e aumentam a produtividade por não ter que desenvolver seus próprios sistemas a partir do zero. Em seguida, estão livres para se concentrar na inovação e nos seus negócios principais.

A tecnologia da informação facilita estabelecer e administrar essas parcerias e alianças. Uma **parceria de informação** ocorre quando duas ou mais empresas cooperam, integrando seus sistemas de TI, proporcionando aos clientes, assim, o melhor de cada uma. O advento da internet aumentou significativamente a possibilidade de parcerias e alianças de negócios habilitados com TI. A Amazon.com desenvolveu um segmento de negócio rentável ao prestar serviços de terceirização de e-Business a outros varejistas que utilizam o software de seu site. Alguns varejistas bem conhecidos em parceria com a Amazon.com incluem: o Office Depot e o Target.[23]

> "Para ser bem-sucedida (e evitar ser eliminada pela concorrência), uma empresa deve empreender constantemente novas iniciativas, lidar com problemas maiores e menores e beneficiar-se das oportunidades significativas."

OA10.6
Identificar as diferentes formas que as empresas utilizam para colaborar com a tecnologia.

OA10.7
Comparar as diferentes categorias de tecnologias de colaboração.

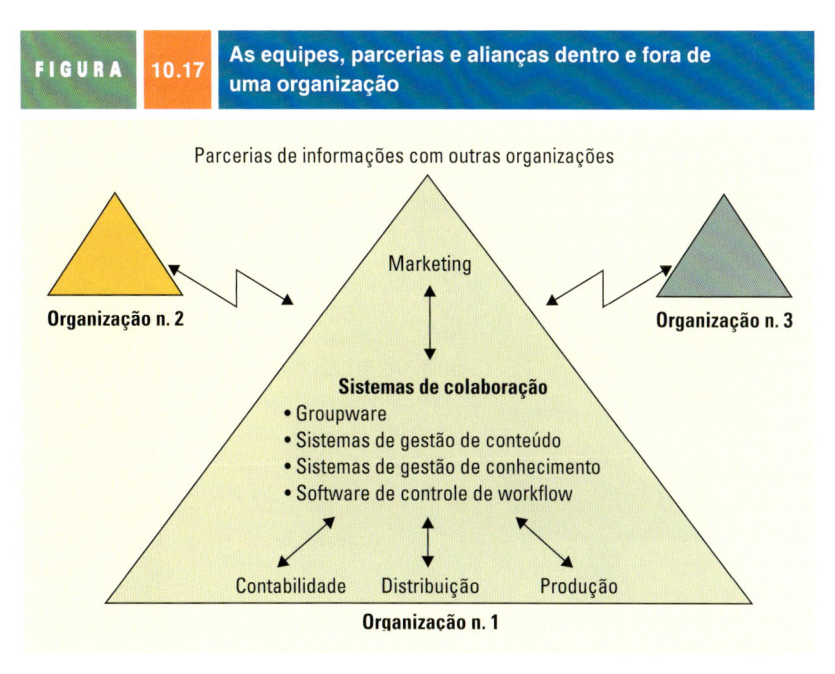

FIGURA 10.17 As equipes, parcerias e alianças dentro e fora de uma organização

> **OS SISTEMAS DE COLABORAÇÃO PERMITEM QUE AS PESSOAS, AS EQUIPES E AS ORGANIZAÇÕES CRESÇAM E CONSTRUAM COM BASE NAS IDEIAS E NOS TALENTOS DOS FUNCIONÁRIOS, FORNECEDORES, CLIENTES E PARCEIROS DE NEGÓCIOS.**

SISTEMAS DE COLABORAÇÃO

A Heineken dos Estados Unidos reduziu seu tempo de ciclo de estoque para a produção e distribuição de cerveja de três meses para quatro semanas. Ao utilizar seu sistema de colaboração para prever a demanda e expedir a remessa, a empresa reduziu drasticamente os níveis de estoque e os custos de remessa, ao mesmo tempo em que as vendas aumentaram.

Nos últimos anos, a maioria dos processos de negócios teve mudanças em várias dimensões (por exemplo, a flexibilidade, a interconectividade, o estilo de coordenação e a autonomia) por causa das condições de mercado e dos modelos organizacionais. Frequentemente, a informação é localizada dentro de sistemas fisicamente separados à medida que mais e mais empresas aumentam o seu alcance global. Isso cria a necessidade de uma infraestrutura de software que permita os sistemas de colaboração.

Um *sistema de colaboração* é um conjunto de ferramentas baseado na TI que suporta o trabalho das equipes facilitando o compartilhamento e o fluxo das informações. A colaboração resolve tarefas específicas de negócios, como o trabalho a distância, as reuniões online, a implantação de aplicativos e os projetos remotos e o gerenciamento de vendas (ver Figura 10.18).

Os sistemas de colaboração permitem que as pessoas, as equipes e as organizações cresçam e construam com base nas ideias e nos talentos dos funcionários, fornecedores, clientes e parceiros de negócios. Trata-se de um conjunto único de desafios de negócio que:

- Inclui interações complexas entre as pessoas que podem estar em locais diferentes e desejam trabalhar em áreas de função e disciplina.
- Exige a flexibilidade no processo de trabalho e a capacidade de envolver outros rápida e fácilmente.
- Invoca a criação e o compartilhamento de informações rapidamente e sem esforço dentro de uma equipe.

A maioria das empresas colabora com outras empresas de alguma forma. Considere a relação fornecedor-cliente, a qual pode ser pensada em termos de um ciclo de vida contínuo de engajamento, transação, cumprimento e atividades de serviço. Raramente as empresas se destacam em todas as quatro áreas do ciclo de vida, seja a partir de um processo de negócio ou de um diferencial tecnológico. As empresas bem-sucedidas identificam e investem nas suas principais competências e terceirizam ou colaboram com as competências que não são fundamentais para elas. Os sistemas de colaboração caem em uma das duas categorias:

1. A *colaboração não estruturada* (por vezes referida como *colaboração de informações*) inclui a troca de documentos, quadros compartilhados, fóruns de discussão e e-mail. Essas funções podem melhorar a produtividade pessoal, reduzindo o tempo gasto na busca de informações ou respostas.

FIGURA 10.18 Áreas de negócio colaborativas

- Trabalho a distância
- Reuniões online
- Projetos remotos
- Implantação de aplicativos

2. A *colaboração estruturada* (ou *colaboração de processo*) envolve o compartilhamento da participação nos processos de negócio, como o workflow, no qual o conhecimento é inserido como regras. Isso é benéfico em termos de melhoria da automação e do encaminhamento de informações.

Independentemente da localização ou do formato – seja estruturado ou não –, relevantes informações precisas devem estar disponíveis de maneira fácil e consistente para aqueles que delas necessitam, em qualquer lugar e em qualquer dispositivo. A integração dos sistemas de TI permite a uma empresa possibilitar que funcionários, parceiros, clientes e fornecedores a acessem, localizem, analisem, gerenciem e colaborem com conteúdo. A colaboração pode ser feita por meio de uma ampla variedade de formatos, linguagens e plataformas.

A capacidade da Lockheed Martin Aeronautics Company de compartilhar informações de projetos complexos em toda a cadeia de suprimento em tempo real foi a chave da sua oferta bem-sucedida de um contrato com o Departamento de Defesa (DoD) de US$ 19 milhões para construir 21 caças supersônicos invisíveis a radares. As novas regras de contrato do governo exigem fornecedores militares para que haja uma comunicação eficaz para garantir que os prazos sejam cumpridos, que os custos sejam controlados e que os projetos sejam gerenciados em todo o ciclo de vida do contrato.[24]

Em antecipação ao contrato, a unidade da Lockheed Martin de Fort Worth, Texas, desenvolveu um sistema de colaboração em tempo real que pode unir os seus parceiros, fornecedores e clientes do DoD via internet. A plataforma permite que os participantes trabalhem em conjunto na concepção do produto e nas tarefas de engenharia, bem como nas questões da cadeia de suprimento e da gestão do ciclo de vida. A Lockheed vai hospedar todas as transações e assumir as informações do projeto. A plataforma permitirá que os gerentes de projeto do DoD e da Lockheed acompanhem o andamento diário do projeto em tempo real. Esse é o primeiro grande projeto do DoD com tamanha exigência. O contrato, concedido à unidade Lockheed e aos parceiros Northrop Grumman Corp e BAE Systems, é a primeira parte em que poderia se atingir um programa de US$ 200 bilhões para 3 mil caças a jato em mais de 40 anos. Os pontos fortes do processo de colaboração estão na integração de vários sistemas chamados:

- Sistemas de gestão de conhecimento.
- Sistemas de gestão de conteúdo.
- Sistemas de controle de workflow.
- Sistemas de groupware.

OA10.8

Definir os conceitos fundamentais de um sistema de gestão do conhecimento.

Minha Lista do que Não Fazer

Trabalho não social

Existem várias histórias de novos funcionários que passam tanto tempo em sites de redes sociais que não têm tempo para realizar seus trabalhos, resultando em demissão. Aqui estão algumas dicas sobre o que você *não* deve fazer com seus sites de rede social.

- Não trabalhe em seus sites de redes sociais pessoais durante o trabalho.
- Tenha cuidado para não responder acidentalmente a vários destinatários em mensagens.
- Certifique-se de postar uma foto profissional no seu perfil. Não use fotos de seus filhos ou seus animais de estimação ou com seus amigos.
- Tenha o cuidado de configurar todos os recursos de segurança e de privacidade em seu perfil.
- Nunca encaminhe assuntos envolvendo política ou religião.
- Nunca poste continuamente algo a cada 5 minutos ou envie mensagens spams aos amigos. Toda vez que você faz algo no Facebook, as outras pessoas sabem, e você não quer se tornar irritante.

Facebook, LinkedIn, Twitter e MySpace parecem estar em toda parte, e não são só os novos funcionários que estão achando difícil usar os sites no ambiente de trabalho. O que as empresas estão se perguntando é como aproveitar a tendência das redes sociais como uma oportunidade de negócio, em vez de simplesmente uma forma de contato. A rede cara a cara permite que os funcionários compartilhem ideias, informações e recursos, mas as redes sociais conseguiriam atingir as mesmas metas? Sites como LinkedIn são úteis para se conectar com pessoas que você quer conhecer para fins profissionais, e o Twitter e o Facebook podem ser úteis ao tentar avisar a um grupo de pessoas sobre a promoção de um produto ou de um evento, mas como uma empresa pode integrar as redes sociais em seus principais processos e agregar valor real ao lucro final?

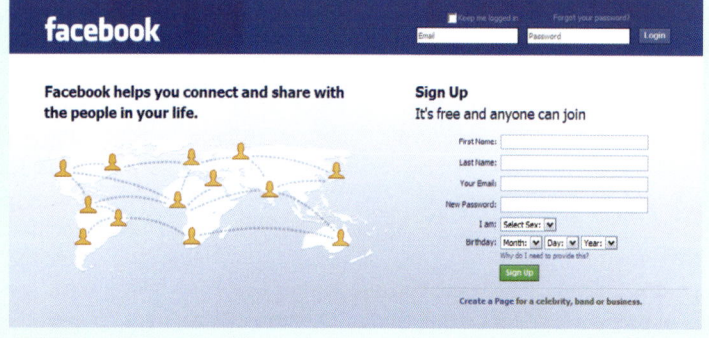

SISTEMAS DE GESTÃO DO CONHECIMENTO

A **gestão do conhecimento** (KM, *Knowledge Management*) envolve a captura, a classificação, a avaliação, a recuperação e o compartilhamento dos ativos de informação de modo que forneça o contexto para as decisões e ações eficazes. É melhor pensar no KM no contexto mais amplo. Falando sucintamente, o KM é o processo por meio do qual as organizações geram valor a partir de sua propriedade intelectual e dos ativos baseados no conhecimento. Na maioria das vezes, gerar valor de tais ativos envolve codificar o que os funcionários, os parceiros e os clientes sabem, bem como o compartilhamento de informações entre funcionários, departamentos e até mesmo com outras empresas para desenvolver as melhores práticas. É importante notar que a definição não diz nada sobre a tecnologia. Embora o KM seja muitas vezes facilitado pela TI, a tecnologia por si só não é KM.

Pense em um *caddie* de golfe como um exemplo simplificado de um trabalhador do conhecimento. Bons *caddies* fazem mais do que levar os tacos e procurar bolas perdidas. Quando perguntado, um bom *caddie* dará conselhos aos golfistas, tais como, "O vento faz a tacada do nono buraco 15 metros mais longa". Conselhos precisos podem levar a uma gorjeta maior no final do dia. O golfista, tendo obtido um benefício do conselho do *caddie*, pode ficar mais propenso a jogar naquele campo novamente. Se um bom *caddie* está disposto a compartilhar o que sabe com os outros *caddies*, todos eles podem, eventualmente, ganhar gorjetas maiores. Como o KM funcionaria para fazer isso acontecer? O chefe do *caddie* pode decidir recompensar os que compartilharem os seus conhecimentos, oferecendo-lhes créditos em compras. Uma vez que o melhor conselho é coletado, o gerente do campo publicaria a informação em notebooks (ou tornaria disponível em PDAs) e distribuiria a todos os *caddies*. O resultado final de um programa de KM bem projetado é que todos ganhem. Nesse caso, os *caddies* obtêm gorjetas maiores, os golfistas jogam melhor porque se beneficiam da experiência coletiva dos *caddies*, e os proprietários do campo ganham porque pontuações melhores levam a novas partidas.

KM nos negócios

O KM assumiu maior força em empresas americanas ao longo dos últimos anos, uma vez que milhões de *baby boomers* se prepararam para se aposentar. Quando eles baterem o ponto de saída pela última vez, os conhecimentos reunidos sobre seus empregos, suas empresas e seus setores durante suas carreiras irão embora com eles, a menos que as empresas tomem medidas para reter seus conhecimentos. Além disso, os CIOs que realizaram contratos de terceirização devem abordar a espinhosa questão de transferir, aos funcionários da terceirizada, o conhecimento dos funcionários de tempo integral da contratante – os quais estão perdendo seus empregos por causa de um acordo de terceirização.

O conhecimento pode ser uma verdadeira vantagem competitiva para uma empresa. A tecnologia da informação pode distribuir uma base de conhecimento por meio da interligação das pessoas e do recolhimento das suas especialidades digitalmente. O objetivo principal da gestão do conhecimento é ter a certeza de que o conhecimento de uma empresa sobre os fatos, as fontes de informação e as soluções estão disponíveis para todos os funcionários sempre que for necessário.

Essa gestão do conhecimento exige que as organizações vão bem além do fornecimento de informações contidas em planilhas, bancos de dados e documentos. Ele deve incluir informações de especialistas que normalmente estão na cabeça das pessoas. Um **sistema de gestão do conhecimento** (KMS, *Knowledge Management System*) apoia a captura, a organização e a disseminação de conhecimento (ou seja, o *know-how*) em toda a empresa. Cabe a ela determinar qual informação pode ser considerada conhecimento.

Conhecimento explícito e tácito

Nem todas as informações são valiosas. Cada empresa deve determinar qual informação pode ser considerada como ativos intelectuais e baseados em conhecimento. Em geral, os ativos intelectuais e baseados no conhecimento caem em uma das duas categorias seguintes: explícito ou tácito. Como regra, o **conhecimento explícito** consiste em tudo o que pode ser documentado, arquivado, codificado, muitas vezes com a ajuda da TI. Exemplos de conhecimento explícito são ativos como patentes, marcas, planos de negócios, pesquisa de marketing e listas de clientes.

O **conhecimento tácito** é o conhecimento contido na cabeça das pessoas. O desafio inerente ao conhecimento tácito é descobrir como reconhecer, gerar, compartilhar e gerenciar o conhecimento que reside na cabeça das pessoas. Embora a tecnologia da informação na forma de e-mail, mensagens instantâneas e tecnologias relacionadas possa facilitar a disseminação do conhecimento tácito, identificá-lo já é um grande obstáculo. A aprendizagem por observação e a solução conjunta de problema são duas das melhores práticas para a transferência ou recriação do conhecimento tácito dentro da organização.

> "A gestão do conhecimento (KM) envolve a captura, a classificação, a avaliação, a recuperação e o compartilhamento dos ativos de informação de modo que forneça o contexto para as decisões e ações eficazes."

shadowing Com a aprendizagem por observação (*shadowing*), a equipe menos experiente observa a mais experiente para aprender como abordar o seu trabalho. Dorothy Leonard e Walter Swap, dois especialistas em gestão do conhecimento, enfatizam a importância de ter o pupilo discutindo suas observações com o especialista para aprofundar o diálogo e esclarecer a transferência de conhecimento.

solução conjunta de problema Outra abordagem sólida é a *solução conjunta de problema* pelos especialistas e pelos novatos. Porque as pessoas muitas vezes desconhecem a forma como abordam os problemas ou fazem o próprio trabalho e, portanto, não podem gerar automaticamente instruções passo a passo para fazer o que quer que elas façam, um novato e um especialista trabalhando juntos em um projeto trará à tona a abordagem do especialista. A diferença entre a aprendizagem por observação e a solução conjunta de problemas é que a primeira é mais passiva. Com a solução conjunta de problema, o especialista e o novato trabalham lado a lado em uma tarefa.[25]

A informação é de pouca utilidade, a não ser que seja analisada e disponibilizada para as pessoas certas, no lugar e na hora certos. Para obter o valor máximo do capital intelectual, o conhecimento deve ser compartilhado. Um sistema KMS eficaz deve ajudar a realizar um ou mais dos seguintes procedimentos:

- Fomentar a inovação, incentivando a livre circulação das ideias.
- Melhorar o atendimento ao cliente, agilizando o tempo de resposta.
- Aumentar a receita, levando bens e serviços ao mercado mais rapidamente.
- Aumentar as taxas de retenção dos funcionários, reconhecendo o valor do conhecimento dos trabalhadores.
- Simplificar as operações e reduzir custos, eliminando os processos redundantes ou desnecessários.

Uma abordagem criativa para a gestão do conhecimento pode resultar em uma eficiência melhor, maior produtividade e aumento da receita em praticamente toda a função de negócios. A Figura 10.19 indica as razões pelas quais as organizações executam o KMS.

O software está ajudando a ChevronTexaco Corporation a melhorar a forma como administra os ativos em campos de petróleo, permitindo que funcionários de várias disciplinas acessem facilmente e compartilhem as informações que precisam para tomar decisões. As equipes da ChevronTexaco de 10 a 30 pessoas são responsáveis pela gestão do patrimônio, tais como o equipamento de perfuração, os oleodutos e as instalações para um campo de petróleo em particular. Dentro de cada equipe, os cientistas da terra e vários engenheiros com experiência em produção, reservatórios e instalações trabalham juntos para manter o campo de petróleo em funcionamento. Cada membro da equipe de ativos precisa se comunicar com outros membros para tomar decisões com base na coleta e na análise de grandes quantidades de informação dos vários departamentos. Os membros individuais da equipe podem observar a informação a partir da perspectiva de seu próprio departamento.

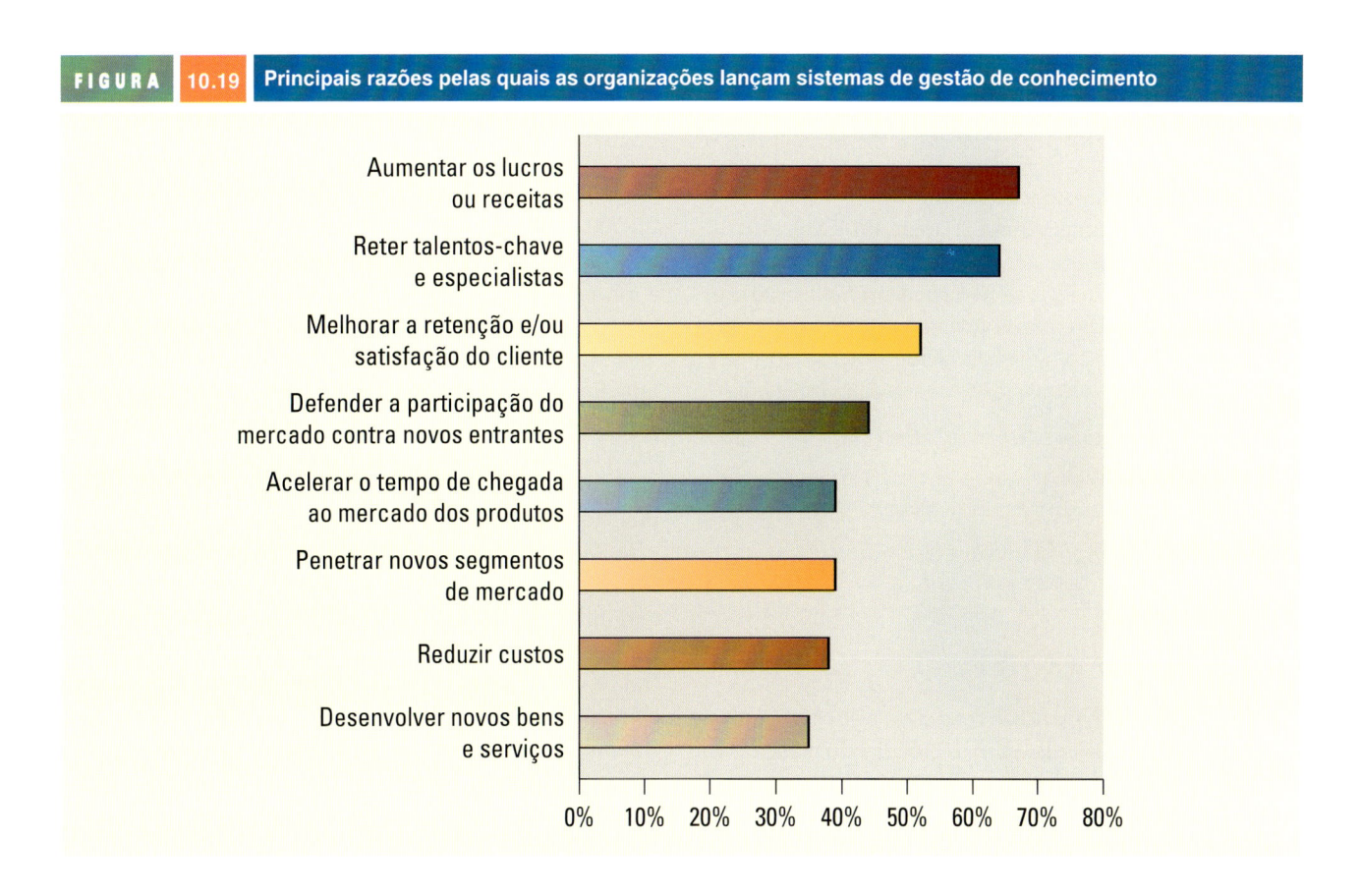

FIGURA 10.19 Principais razões pelas quais as organizações lançam sistemas de gestão de conhecimento

Isso ajudou a ChevronTexaco a alcançar um ganho de produtividade de 30%, uma melhoria de 50% no desempenho de segurança e mais de US$ 2 bilhões em reduções de custos operacionais. Por meio do KMS, a ChevronTexaco reestruturou seus negócios de varejo da gasolina e agora perfura poços de óleo e de gás mais rapidamente e de forma mais barata.[26]

Nem todas as empresas têm o mesmo sucesso que a ChevronTexaco com o KM. Vários projetos de KM falharam ao longo dos últimos anos, gerando relutância em empreender, ou mesmo abordar questões de KM entre várias organizações. No entanto, o KM é uma ferramenta eficaz se estiver vinculada diretamente às necessidades e oportunidades de negócios. Começando com projetos específicos que agregam valor rapidamente, as empresas podem alcançar o sucesso que se revelou evasivo com muitas abordagens estilo big-bang. Os projetos de KM bem-sucedidos geralmente concentram-se na criação de valor em uma área específica de processo, ou mesmo para apenas um determinado tipo de transação. As empresas devem começar com um passo por vez – de preferência com conhecimento orientado – e construir um KM em uma atividade de maneira que realmente ajude os funcionários a cumprir as respectivas tarefas melhor e mais rápido e, então, expandir-se para a próxima tarefa com conhecimento mais intensivo, e assim por diante. Celebrar mesmo os pequenos sucessos com o KM vai ajudar a construir uma base de credibilidade e apoio para futuros projetos de KM.

Tecnologias de KM

O KM não é um conceito puramente baseado na tecnologia. As empresas estão desperdiçando seu tempo e dinheiro quando implementam um sistema de banco de dados centralizado, um quadro de mensagem eletrônica, um portal web, ou qualquer outra ferramenta de colaboração na esperança de que tenham estabelecido um KMS.

Apesar de as ferramentas não criarem um KMS, esse sistema precisa de ferramentas, desde os pacotes de e-mail padrão produzidos em série até as ferramentas sofisticadas de colaboração projetadas especificamente para apoiar a construção e a identidade da comunidade. Geralmente, as ferramentas de KMS caem em uma ou mais das seguintes categorias:

- Repositórios de conhecimento (bancos de dados).
- Ferramentas especialistas.
- Aplicações de aprendizagem eletrônica (e-learning).
- Tecnologias de discussão e bate-papo.
- Ferramentas de busca e mineração de dados.

KM e redes sociais

As empresas que tenham ficado frustradas pelos esforços tradicionais de KM estão cada vez mais procurando maneiras de descobrir como o conhecimento flui por meio da sua organização, e a análise das redes sociais pode mostrar-lhes isso. A **análise de redes sociais** (SNA, *Social Networking Analysis*)

fala sério!

Obama diz um nome muito feio a Kanye West

A ABC News desculpou-se depois que um âncora de um programa de notícias de alto nível, Terry Moran, relatou em seu Twitter que o presidente dos Estados Unidos, Barack Obama, chamou o rapper Kanye West de "babac*" em uma conversa extraoficial. A manifestação de Obama, provocada pelo comportamento de West no MTV Video Music Awards, quando ele interrompeu um discurso de agradecimento da estrela adolescente Taylor Swift, ocorreu durante um intervalo entre uma série de entrevistas feitas por Obama na Casa Branca. O comentário foi tuitado para 1 milhão de seguidores no site de microblog pelo âncora do *Nightline*, Terry Moran.

Na era das redes sociais e dos dispositivos sem fio, qualquer coisa que você disser pode e será tuitada um minuto após tê-la dito. Você acha que foi ético o fato de Terry Moran tuitar o comentário do presidente? Como uma organização pode utilizar sites de redes sociais como Twitter e Facebook para obter vantagem competitiva? Quais os tipos de riscos estão associados a sites de redes sociais? O que uma empresa pode fazer para se proteger contra os riscos associados às redes sociais?

é um processo de mapeamento de um grupo de contatos (pessoal ou profissional) para identificar quem conhece quem e quem trabalha com quem. Nas empresas, ela oferece uma imagem clara de como os funcionários e divisões dispersos trabalham em conjunto e podem ajudar a identificar os especialistas–chave na organização que possuem o conhecimento necessário para, digamos, resolver um problema de programação complicada ou lançar um novo produto.

A M&M maker Mars utilizou a SNA para identificar como o conhecimento flui pelas suas organizações, quem tem influência, quem dá os melhores conselhos e como os funcionários compartilham informações. A unidade central de TI do governo canadense utilizou a SNA para estabelecer quais habilidades ele necessitava reter e desenvolver, e para determinar quem, entre os 40% da força de trabalho que iria se aposentar dentro de cinco anos, tinha o conhecimento e experiência mais importantes para começar a transferir para os outros.[27]

FIGURA 10.20 — Tipos comuns de sistemas de gestão de conteúdo

Sistema de gerenciamento de documentos (DMS, *Document Management System*)	DMS – Apoia a captura, o armazenamento, a distribuição, o arquivamento e acesso eletrônicos dos documentos. O DMS otimiza o uso de documentos dentro de uma organização independentemente de qualquer outro meio de publicação (por exemplo, a web). O DMS fornece um repositório de documentos com informações sobre outras informações. O sistema rastreia o histórico editorial de cada documento e suas relações com outros documentos. Uma variedade de métodos de pesquisa e de navegação está disponível para tornar fácil a recuperação de documentos. Um DMS gerencia o conteúdo altamente estruturado e regulamentado, como a documentação farmacêutica.
Sistema de gestão de ativos digitais (DAM, *Digital Asset Management System*)	DAM – Embora semelhante ao gerenciamento de documentos, o DAM geralmente trabalha com arquivos binários em vez de arquivos de texto, tais como arquivos multimídia. O DAM permite a manipulação e conversão de arquivos (por exemplo, converter arquivos GIF para JPEG).
Sistema de gestão de conteúdo da web (WCM, *Web Content Management System*)	WCM – Acrescenta uma camada adicional ao gerenciamento de documentos e de ativos digitais que permite a publicação de conteúdo, tanto para intranets quanto para sites públicos. Além de manter o conteúdo em si, os sistemas de WCM frequentemente integram o conteúdo com processos online, como sistemas de e-Business.

A SNA não é uma substituta para as ferramentas tradicionais do KM, como bancos de dados ou portais de conhecimento, mas pode fornecer às empresas um ponto de partida da melhor forma de progredir com as iniciativas de KM. Como parte de uma estratégia de KM maior, a SNA pode ajudar as empresas a identificar os líderes-chave e, então, criar um mecanismo, como comunidades de prática, de forma que os líderes possam repassar os seus conhecimentos aos colegas. Para identificar os especialistas nas empresas, estas podem usar softwares que rastreiam e-mails e outros tipos de comunicação eletrônica.[28]

OA10.9
Dar um exemplo de um sistema de gestão de conteúdo juntamente com a sua finalidade de negócios.

SISTEMAS DE GESTÃO DE CONTEÚDO

Um *sistema de gestão de conteúdo* fornece ferramentas para gerenciar a criação, o armazenamento, a edição e a publicação de informações em um ambiente colaborativo. À medida que um site cresce em tamanho e complexidade, a empresa deve estabelecer procedimentos para assegurar que tudo corra bem. Em certo ponto, faz sentido automatizar esse processo e usar um sistema de gestão de conteúdo para administrar o trabalho de forma eficaz. O mercado do sistema de gestão de conteúdo é complexo, incorporando o gerenciamento de documentos, de ativos digitais e de conteúdo da web. A Figura 10.20 destaca os três principais tipos de sistemas de gestão de conteúdo. A Figura 10.21 lista os principais fornecedores de sistema de gestão de conteúdo.

O software de gestão de conteúdo está ajudando o BMW Group Switzerland a acelerar, em tempo real, as informações personalizadas sobre produtos, serviços, preços e eventos às suas concessionárias em todo o país. A BMW usa um processo que permite às concessionárias especificar quais informações são vistas por qual funcionário, bem como a entregar materiais de marketing exclusivamente para os membros do departamento de vendas, e as especificações técnicas e documentos de suporte apenas aos mecânicos. Essa personalização reforçada elimina a chance de que as informações sejam enviadas para a concessionária ou pessoa errada, o que fornece um atendimento de maior qualidade ao cliente. O software de gestão de conteúdo também permite que os funcionários não técnicos criem páginas com modelos de layout predefinidos, simplificando o processo

> "O mercado do sistema de gestão de conteúdo é complexo, incorporando o gerenciamento de documentos, de ativos digitais e de conteúdo da web."

de publicação na web. Mais de 500 pessoas utilizam diariamente a solução, e todos os funcionários podem publicar informações sem recorrer a especialistas em TI, mantendo o *look and feel* da marca BMW.[29]

FIGURA 10.21 Principais fornecedores de sistemas de gestão de conteúdo

Fornecedores	Pontos fortes	Pontos fracos	Custos
Documentum <http://www.emc.com>	Gerenciamento de documentos e gestão de ativos digitais	Recursos de personalização não tão fortes quanto os dos concorrentes	Os principais componentes partem de menos de US$ 100 mil
FatWire <http://www.fatwire.com>	Gestão de conteúdo da web	Não tem escala para suportar milhares de usuários	SPARK, US$ 25 mil; Engine Update, US$ 70 mil ou mais
InterWoven <http://www.interwoven.com>	Colaboração, gestão de conteúdo empresarial	Requer significativa customização	Interwoven 5 Platform, US$ 50 mil; custo médio de um cliente novo, US$ 250 mil
Percussion <http://www.percussion.com>	Gestão de conteúdo da web	Não tem escala para suportar milhares de usuários	Rhythmyx Content Manager, cerca de US$ 150 mil
Stellent <http://www.stellent.com>	Conversão de documento para formatos prontos para a web	Planejamento para implementações muito grande, com milhares de usuários	Servidores de conteúdo e de colaboração, de US$ 50 mil a US$ 250 mil cada
Vignette <http://www.vignette.com>	Personalização	Gerenciamento de documentos e serviços de biblioteca não são tão robustos quanto os outros	V6 Content Manager Multisite, US$ 200 mil ou mais; V6 Suite Content, US$ 450 mil ou mais

Wikis de trabalho

Os *wikis* são ferramentas baseadas na web que permitem adicionar, remover e alterar o conteúdo online. Os *wikis empresariais* são páginas colaborativas da web que permitem editar documentos, compartilhar ideias ou monitorar a situação de um projeto. A maioria das pessoas está familiarizada com a Wikipédia, um dos maiores sites de colaboração online. Os funcionários também usam os wikis para colaborar, como Intel, a Motorola, a IBM e a Sony, que utilizam os wikis para uma série de tarefas que vão desde a definição da agenda de reuniões internas até a postagem de documentos relacionados a novos produtos. Muitas empresas dependem de wikis para envolver os clientes nas discussões em andamento sobre os produtos. Os wikis para celulares Motorola e T-Mobile servem como guias de usuário atualizados continuamente. Redes de televisão, incluindo a ABC e a CBS estão criando arquivos de redes de wikis que permitem que os telespectadores interajam uns com os outros enquanto desvendam mistérios de programas como *Lost* e *CSI: Crime Scene Investigation*.[30]

Alguns funcionários com experiência em tecnologia de duas empresas europeias bem diferentes começaram a interessar-se pelo uso de wikis e testemunharam uma rápida disseminação de wikis em ambas as empresas – a finlandesa fabricante de aparelhos Nokia, e o banco de investimentos Dresdner Kleinwort de Londres e Frankfurt. A Nokia estima que pelo menos 20% dos seus 68 mil funcionários usam páginas wiki para atualizar a programação e a situação do projeto, para trocar ideias, editar arquivos, e assim por diante. "É uma inversão da forma normal como as coisas são feitas", disse Stephen Johnston, gerente sênior de estratégia corporativa da Nokia, que ajudou a lançar a tecnologia. A Nokia, que comprava softwares de fora para ajudar a promover a colaboração, agora vê que "algumas das coisas mais interessantes estão surgindo de dentro da própria empresa", diz Johnston.

É uma história semelhante ao Dresdner Kleinwort. Alguns pioneiros do departamento de TI, em seu escritório em Londres, enviaram um programa chamado Socialtext a vários grupos para ver como ele poderia ser usado para facilitar diferentes tarefas de TI. O programa de wiki espalhou-se tão rapidamente que o Dresdner Kleinwort decidiu lançar a sua própria wiki empresarial. Em outubro de 2006, o banco de 5 mil funcionários já tinha criado mais de 6 mil páginas individuais e registrado cerca de 100 mil visitas no wiki oficial da empresa.

A experiência da Nokia e da Dresdner Kleinwort oferece a percepção sobre como estimular o uso de uma tecnologia radicalmente nova para mudar a forma de trabalho das empresas. É claro que nem todos reconhecem o valor dos wikis imediatamente. Os esforços iniciais na Dresdner, por exemplo, confundiram os funcionários e tiveram de ser melhorados para tornar a tecnologia mais fácil de usar. Mais importante do que a tentativa de ajuste da tecnologia, foi um simples comunicado de um dos proponentes: "Não envie e-mails, use o wiki". Gradualmente, os funcionários adotaram o wiki, vendo como ele aumentou a colaboração e reduziu o tempo que o tráfego de e-mail consumia.[31]

●● **OA10.10**

Avaliar as vantagens da utilização de um sistema de controle de workflow.

UM WORKFLOW DEFINE TODAS AS ETAPAS OU REGRAS DE NEGÓCIO, DO INÍCIO AO FIM, NECESSÁRIAS PARA UM PROCESSO DE NEGÓCIO. PORTANTO, OS SISTEMAS DE CONTROLE DE WORKFLOW FACILITAM A AUTOMAÇÃO E O GERENCIAMENTO DE PROCESSOS DE NEGÓCIO E CONTROLAM A CIRCULAÇÃO DO TRABALHO POR MEIO DO PROCESSO DE NEGÓCIO.

SISTEMAS DE CONTROLE DE WORKFLOW

Um workflow define todas as etapas ou regras de negócio, do início ao fim, necessárias para um processo de negócio. Portanto, os sistemas de controle de workflow facilitam a automação e o gerenciamento de processos de negócio e controlam a circulação do trabalho por meio do processo de negócio. As atividades de trabalho podem ser realizadas em série ou em paralelo e envolvem as pessoas e os sistemas informáticos automatizados. Além disso, muitos sistemas de controle de workflow permitem medir e analisar a execução do processo, pois possibilitam que o trabalho flua entre os indivíduos e/ou departamentos a serem definidos e acompanhados. O software de workflow ajuda a automatizar uma série de tarefas de negócios e encaminha eletronicamente as informações corretas às pessoas certas e no momento certo. Os usuários são notificados sobre trabalhos pendentes, e os gerentes podem observar, pelo sistema, as aprovações de situação e de rota rapidamente.

Existem dois tipos principais de sistemas de workflows: baseado em mensagem e baseado em banco de dados. Os *sistemas de workflows baseados em mensagens* enviam atribuições de trabalho por meio de um sistema de e-mail. O sistema de workflow segue automaticamente a ordem de trabalho a ser atribuída e, cada vez que uma etapa é concluída, o sistema envia automaticamente o trabalho para a pessoa seguinte na linha. Por exemplo, cada vez que um membro da equipe completa uma parte do projeto, o sistema envia automaticamente o documento para o próximo membro da equipe.

Os *sistemas de workflows baseados em banco de dados* armazenam documentos em um local central e automaticamente pedem aos membros da equipe que acessem o documento quando for a sua vez de editá-lo. A documentação do projeto é armazenada em um local central e membros da equipe são notificados pelo sistema quando for sua vez de entrar e trabalhar na sua parte do projeto.

omg lol*

Twitter 101: guia para ser demitido

Você pode perder horas no Facebook tentando ser demitido, mas essa não é a maneira mais eficaz ou eficiente nestes dias, porque você pode facilmente ser humilhado e perder o emprego por 140 caracteres ou menos no Twitter. Um exemplo conhecido foi uma postagem de "theconnor", a quem foi oferecido um emprego pela Cisco e achou que era uma ótima ideia tuitar o seguinte:

"A Cisco acaba de me oferecer um emprego! Agora eu tenho de pesar a vantagem de um salário gordo contra a viagem diária para San Jose** e odiar o trabalho."

Quase imediatamente, Tim Levad, "um advogado associado" da Cisco Alert, compartilhou essa resposta em aberto:

"Quem é o gerente de contratação? Tenho certeza que eles adorariam saber que você vai odiar o trabalho. Nós, aqui na Cisco, somos peritos na web."

O "theconnor" instantaneamente configurou sua conta no Twitter para privada e excluiu todas as informações da home page, mas já era tarde demais, e a verdadeira identidade de "theconnor" foi revelada no ciscofatty.com até o final do dia. O "theconnor" foi satirizado em um *meme* popular do YouTube e, graças ao Google Cache, o conteúdo excluído da home page do "theconnor" ressurgiu na ciscofatty.com, um site construído para comemorar essa fábula.

O que todos os estudantes precisam saber: nunca poste alguma coisa que você não diria para a sua mãe, chefe, ou outras pessoas importantes em qualquer lugar na internet. E a parte que você precisa prestar atenção especial: o Twitter nunca esquece. Nunca! Você pode tentar apagá-lo, mas fica indexado pelo Google, retuitado por outros, e vive para sempre.

* N. de T.: Acrônimo, usado na internet, que corresponde às expressões "Oh! My God" (Oh! Meu Deus) e "laughing out loud" (rindo alto), usadas para caracterizar os absurdos que encontramos na rede.
** N. de E.: San Jose é uma cidade do estado da Califórnia e, provavelmente, o candidato à vaga morava em alguma localidade distante.

Cada tipo de sistema de workflow ajuda a apresentar informações em um formato unificado, a melhorar o trabalho em equipe, fornecendo suporte automatizado de processo, e permite que os membros da equipe se comuniquem e colaborem dentro de um ambiente unificado.

Nova York estava passando por um número recorde de reclamações, que iam desde lesões resultantes de escorregões nas calçadas até negligência médica em hospitais da cidade. A cidade processa mais de 30 mil reclamações e incorre em US$ 250 milhões em custos de reclamações por ano. As reclamações geralmente são arquivadas com o Escritório de Controladoria, que investiga as reclamações e se oferece para resolver as meritórias. O escritório de controladoria de Nova York, com o apoio dos seus consultores da Xerox e Universal Systems Inc., utilizou um sistema de controle de workflow para aumentar as receitas e diminuir os custos operacionais. Com a implementação do Omnibus Automated Image Storage Information System (OAISIS) para o processamento de contratos e pedidos, Nova York vai economizar mais de US$ 20 milhões.

Numerosas empresas da cidade estavam envolvidas no sistema de gerenciamento de fluxo de trabalho, inclusive o Escritório de Direito e Ajuste, o Escritório de Contratos/Administração, os Sistemas de Gerenciamento e Contabilidade e o Escritório de Sistemas de Informação.

com pouca ou nenhuma alocação de recursos envolvidos na resolução de reclamações ou no encaminhamento destas a locais de trabalho específicos. As cartas de situação são geradas automaticamente pelo sistema para determinados tipos de reclamações, permitindo, assim, que o Escritório de Controladoria proteja os requerentes informados em dois meses, cinco meses ou um ano a contar da data de sua apresentação. Tudo isso é feito automaticamente pelo sistema de controle de workflow.

Esses sistemas permitem a administração programar revisões sistemáticas das reclamações das pessoas sem prejudicar a investigação. A administração também pode ver todo o processo de reclamação graficamente e determinar gargalos. A implantação de recursos adicionais para as áreas necessitadas ocorre sem uma análise do gerenciamento de um problema particular do processo.

●● OA10.11

Explicar como o groupware pode beneficiar um negócio.

SISTEMAS DE GROUPWARE

O *groupware* é um software que suporta a interação e a dinâmica da equipe, incluindo agendamento, programação e videoconferência. As organizações podem usar essa

> "O conceito de groupware integra vários sistemas e funcionalidades em um conjunto comum de serviços ou um aplicativo (cliente) único."

Em apoio a todas essas empresas de Nova York, o sistema executa muitas funções que anteriormente eram de trabalho intensivo e difamavam a qualidade e a eficiência das investigações. O sistema de controle de workflow classifica as reivindicações para determinar a conformidade com os requisitos legais. Cartas de confirmação são geradas automaticamente,

tecnologia para se comunicar, cooperar, coordenar, resolver problemas, competir ou negociar. Embora as tecnologias tradicionais, como o telefone, qualifiquem-se como groupware, o termo se refere a uma classe específica de tecnologias baseadas em redes modernas de computador, como e-mail, grupos de notícias, videofones e salas de bate-papo. O sistemas de groupware incluem-se ao longo de duas categorias principais (ver Figura 10.22):

1. Os usuários do groupware estão trabalhando juntos e ao mesmo tempo (tempo real ou groupware síncrono) ou em horários diferentes (groupware assíncrono).

2. Os usuários estão trabalhando juntos e no mesmo lugar (colocalizados ou lado a lado) ou em locais diferentes (não colocalizados ou distantes).

O conceito de groupware integra vários sistemas e funcionalidades em um conjunto comum de serviços ou um aplicativo (cliente) único. Além disso, o groupware pode representar uma grande variedade de sistemas e métodos de integração. A Figura 10.23 mostra as vantagens que os sistemas de groupware oferecem sobre sistemas de único usuário.

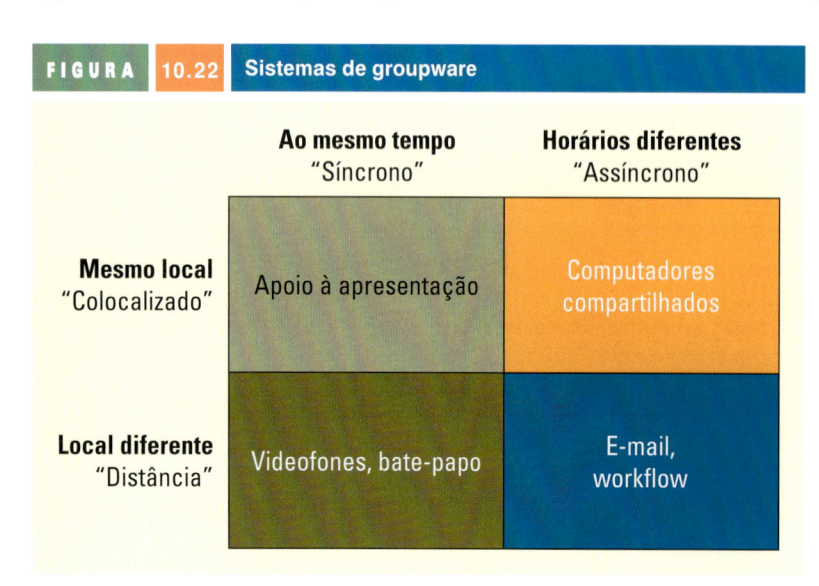

FIGURA 10.22 Sistemas de groupware

	Ao mesmo tempo "Síncrono"	Horários diferentes "Assíncrono"
Mesmo local "Colocalizado"	Apoio à apresentação	Computadores compartilhados
Local diferente "Distância"	Videofones, bate-papo	E-mail, workflow

FIGURA 10.23 Vantagens do groupware

- Facilitar a comunicação (mais rápida, mais fácil, mais clara, mais convincente).
- Permitir o teletrabalho.
- Reduzir os custos de viagem.
- Compartilhar conhecimentos.
- Formar grupos com interesses comuns em que não seria possível reunir um número suficiente de pessoas fisicamente.
- Economizar tempo e custo na coordenação do trabalho de grupo.
- Facilitar a resolução de problemas em grupo.

A Lotus Notes é uma das líderes mundiais em soluções de software de colaboração que combinam transferência de mensagens, groupware e internet. A estrutura da Notes permite que ela controle, encaminhe e gerencie documentos. Os sistemas que servem a Notes envolvem acompanhamento, encaminhamento, aprovação, gerenciamento de documentos e organização.

A Toyota desenvolveu um sistema de intranet para promover o compartilhamento de informação dentro da empresa e para aumentar a produtividade. Infelizmente, o sistema convencional de e-mail da empresa ficou sobrecarregado, gerando problemas. Os usuários não recebiam e também não conseguiam enviar mensagens. Os departamentos individuais tinham introduzido os seus próprios sistemas de e-mail, os quais nem sempre eram compatíveis. As mensagens para outros sistemas de correio, inclusive fora da empresa, atrasaram. Para lidar com essas dificuldades, o departamento de sistemas de informação da Toyota revisou o sistema de e-mail e o reestruturou de modo que e-mail, hoje reconhecido como uma importante ferramenta de comunicação, é utilizado de forma mais eficaz nas transações de negócios.[32]

Videoconferência

Uma *videoconferência* é um conjunto de tecnologias de telecomunicações interativas que permitem que dois ou mais locais interajam por meio de duas vias de transmissões de vídeo e de áudio simultaneamente. Também tem sido chamado de colaboração visual e é um tipo de groupware. A videoconferência utiliza telecomunicações de áudio e vídeo para reunir pessoas de locais diferentes para uma reunião. Isso pode ser tão simples como uma conversa entre duas pessoas em consultórios particulares (ponto a ponto) ou envolver vários sites (multiponto), com mais de uma pessoa em grandes salas em locais diferentes. Além da transmissão de áudio e visual das pessoas, a videoconferência pode ser usada para compartilhar documentos, informações apresentadas em computadores e quadros brancos.[33]

Videoconferências analógicas simples poderiam ser estabelecidas na mesma época da invenção da televisão. Esses sistemas de videoconferência consistem de dois sistemas de circuito fechado de televisão conectados via cabo. Durante os primeiros voos espaciais tripulados, a NASA utilizou duas ligações de frequências de rádio (UHF ou VHF), uma em cada direção. Os canais de televisão usam rotineiramente esse tipo de videoconferência em reportagens em lugares distantes. Então, as ligações móveis de satélites usando caminhões especiais tornaram-se bastante comuns (ver Figura 10.24 para um exemplo de videoconferência).

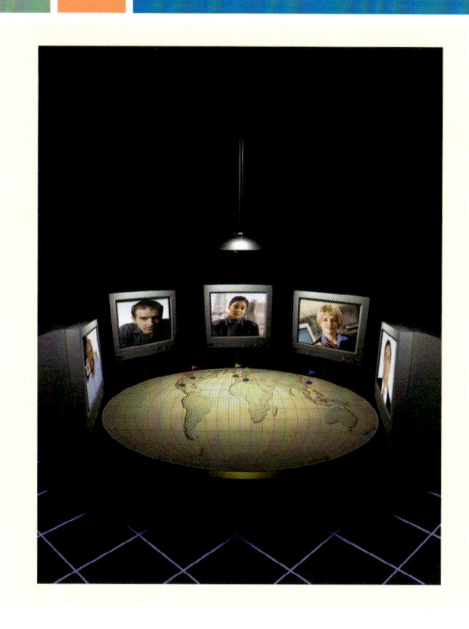

FIGURA 10.24 Videoconferência

A videoconferência está sendo introduzida agora em websites de redes online para ajudar as empresas a criar relações rentáveis com rapidez e eficiência sem deixar seu local de trabalho. Vários fatores sustentam a utilização da videoconferência pelas empresas, incluindo:[34]

- Mais de 60% da comunicação cara a cara não é verbal. Portanto, uma ferramenta de comunicação aprimorada como a videoconferência pode promover a identidade, o contexto e a situação emocional de um indivíduo de uma equipe.
- Entre os profissionais de negócios, 56% gastam cerca de 30 minutos por dia utilizando métodos de comunicação ineficientes, custando às empresas um valor estimado de US$ 297 milhões por ano.
- A mais recente tecnologia está disponível, com uma conferência confiável e fácil de usar, promovendo a colaboração nas reuniões.
- As empresas que não conseguirem usar as tecnologias modernas de comunicação correm risco de ficar atrás da concorrência.[35]

Webconferência

A *webconferência* mistura áudio, vídeo e tecnologias de compartilhamento de documento para criar salas virtuais onde as pessoas se "encontram" em um site protegido por senha. Lá, elas podem conversar por ligações de conferência ou podem utilizar mensagens de texto em tempo real. Elas podem marcar um documento compartilhado como se fosse um quadro negro e, até mesmo, assistir a demonstrações de softwares ou a clipes de vídeo ao vivo.

Talvez a maior surpresa sobre a webconferência seja a sua simplicidade. Os usuários só precisam criar uma conta e baixar alguns pequenos arquivos de softwares. A melhor parte de uma webconferência é que os participantes não precisam ter o mesmo hardware ou software. Cada participante pode ver o que está na tela de qualquer outro participante, independentemente do aplicativo que está sendo utilizado (ver Figura 10.25 para um exemplo de webconferência).[36]

Mesmo com seus recursos de vídeo, a webconferência não é exatamente como estar lá – ou como estar em uma instalação mais sofisticada (e cara) de videoconferência. Ainda assim, os profissionais podem realizar mais sentados em suas mesas do que em um aeroporto esperando para fazer contatos nas viagens. Um número crescente de empresas está oferecendo a webconferência. Os líderes do segmento incluem WebEx, SameTime 2 e Elluminate Live.

Mensagem instantânea

O e-mail é de longe o aplicativo de colaboração dominante, mas as ferramentas de colaboração em tempo real, como as mensagens instantâneas, estão criando uma nova dinâmica de comunicação dentro das empresas. As **mensagens instantâneas** (chamadas às vezes como *IM* ou *IMing*) é um tipo de serviço de comunicações que permite que alguém crie uma espécie de sala de bate-papo particular com outro indivíduo, a fim de comunicar-se em tempo real via internet. Em 1992, a AOL implantou a IM ao mercado consumidor, permitindo que os usuários se comunicassem com outros usuários de IM por meio de uma lista de amigos. A maioria dos programas populares de mensagens instantâneas fornece uma variedade de funções, tais como:

- Links da web: compartilha links a sites favoritos.
- Imagens: vê uma imagem armazenada no computador de outra pessoa.

FIGURA 10.25 Webconferência

- Sons: tem sons.
- Arquivos: compartilha arquivos, enviando-os diretamente para outro usuário de IM.
- Conversa: usa a internet em vez de um telefone para conversar.
- Conteúdo de transmissão contínua (*streaming*): recebe cotações e notícias de ações em tempo real ou quase em tempo real.
- Mensagens instantâneas: recebe mensagens de texto imediatamente.

Os fornecedores comerciais como a AOL e a Microsoft oferecem ferramentas de mensagens instantâneas gratuitamente. A colaboração em tempo real, como as mensagens instantâneas, a conferência ao vivo via web, e o compartilhamento de telas ou de documentos criam um ambiente para a

NO FLAGRA
E Steve Jobs ressuscitou*

É uma prática bem comum, se não um pouco mórbida, que as empresas de notícias preparem obituários com bastante antecedência à morte de verdade de uma celebridade para ganhar tempo quando o evento ocorrer realmente. É particularmente o caso do obituário de 17 páginas de Steve Jobs (quase se aproximando do tamanho de uma biografia), que acidentalmente foi publicado no site financeiro da Bloomberg. O erro ocorreu apesar de os marcadores de rolamento das notícias dizerem: "Espere pela liberação" e "Não use".

Além de publicar o obituário, a Bloomberg também acidentalmente publicou a lista de pessoas com as quais seus repórteres deveriam entrar em contato quando Steve Jobs morresse. Essa lista inclui o fundador da Microsoft, Bill Gates, o ex-vice-presidente, Al Gore (um membro do conselho de diretores da Apple) e o CEO do Google, Eric Schmidt. A Bloomberg encontrou o erro e retirou o obituário em poucos minutos, mas na cultura de hoje da informação imediata, o dano já estava feito. Agora, o obituário de Jobs está em toda a web e, se ele assim o desejar, tem a oportunidade única de ler seu próprio obituário.

Enquanto Jobs está bem vivo, alguns acionistas podem ter sofrido uma parada cardíaca depois de ler o obituário. Que tipo de impacto financeiro uma história como essa poderia exercer sobre a Apple? Com tantas formas diferentes de colaboração, como é que uma empresa possivelmente monitora e acompanha cada uma delas para garantir que o conteúdo esteja livre de erros? Uma vez que o conteúdo errado é publicado na internet ou escrito em uma mensagem de texto, o que uma empresa pode fazer para retificar a situação?

* N. de E.: Steve Jobs faleceu em 05/10/2011. Este texto foi publicado originalmente em 2010.

FIGURA 10.26 Aplicativo de mensagem instantânea

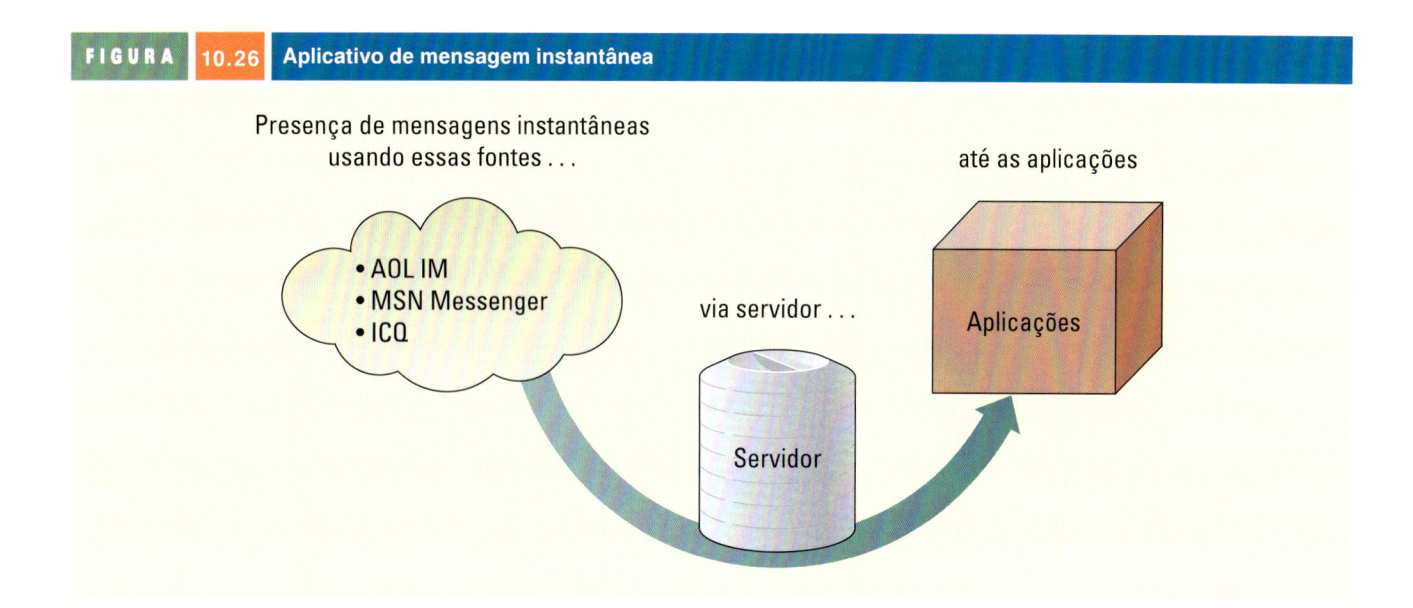

Presença de mensagens instantâneas usando essas fontes...
- AOL IM
- MSN Messenger
- ICQ

via servidor... Servidor

até as aplicações: Aplicações

---

tomada de decisão. A AOL, o MSN da Microsoft e o Yahoo começaram a vender versões empresariais dos seus serviços de mensagens instantâneas que combinam os recursos dos produtos orientados a negócios como o Lotus Sametime da IBM. A Figura 10.26 demonstra a presença de aplicativos de mensagens instantâneas dentro de sistemas de TI.

O software da IBM Lotus lançou novas versões de sua plataforma de colaboração em tempo real: o IBM Lotus Instant Messaging e o IBM Lotus Web Conferencing, além de seu equivalente móvel: IBM Lotus Instant Messaging Everyplace. Esses produtos para negócios permitem que uma empresa ofereça reconhecimento de presença, mensagens instantâneas seguras e webconferência. Os produtos oferecem aos funcionários o acesso imediato às informações dos colegas de trabalho e da empresa, independentemente do tempo, lugar ou dispositivo.

O maior problema da colaboração para as organizações é cultural. A colaboração reúne um time de pessoas de diferentes regiões, departamentos e até mesmo empresas – pessoas que trazem diferentes habilidades, percepções e capacidades. Uma estratégia de colaboração formal ajuda a criar o ambiente e os sistemas certos para os membros da equipe. ■

ACESSE <http://www.grupoa.com.br>

para materiais adicionais de estudo, incluindo apresentações em PowerPoint.

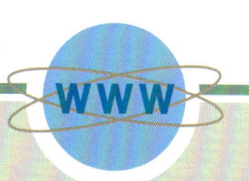

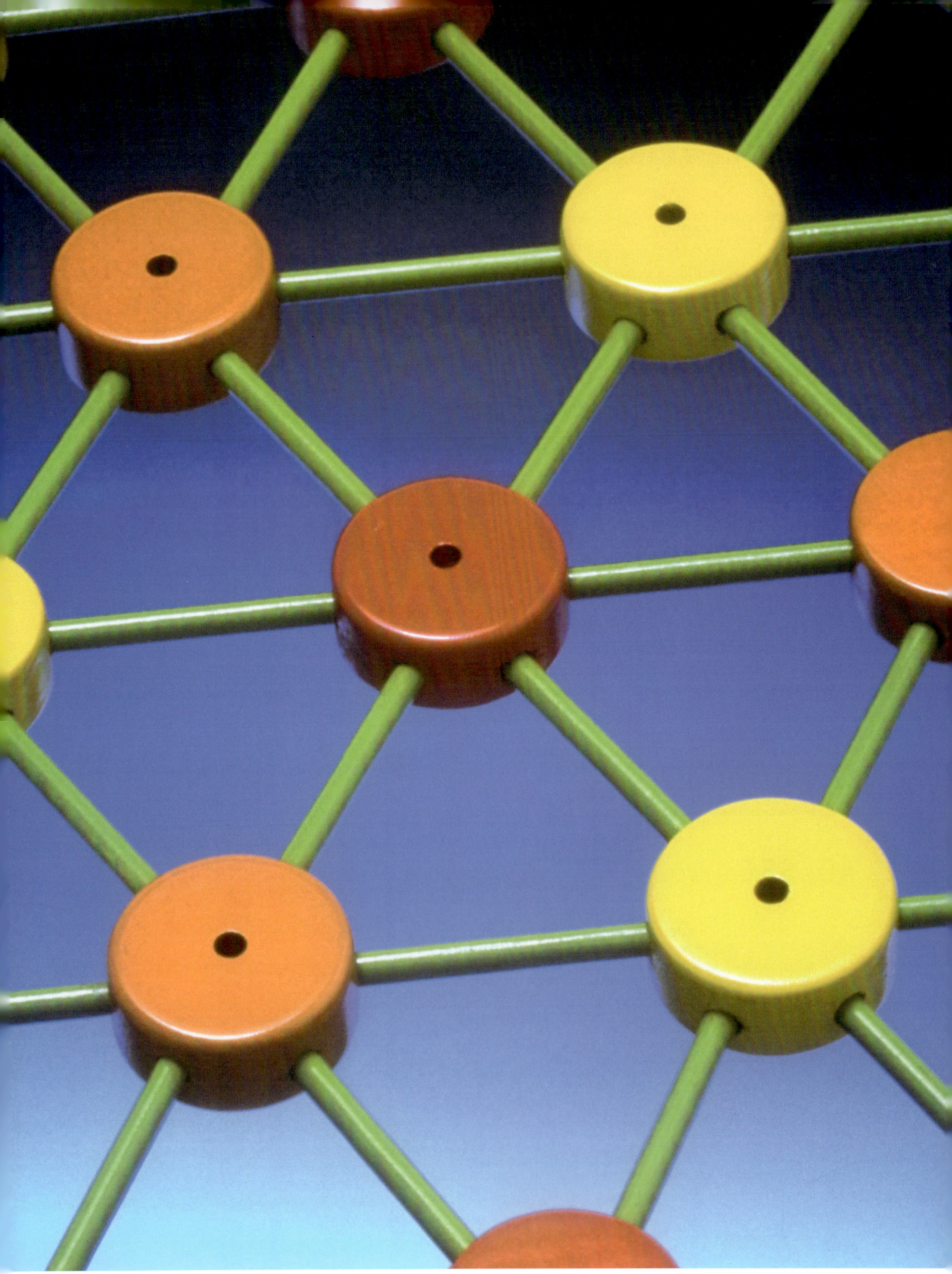

módulo quatro

em breve

Este módulo descreve as várias formas como os sistemas de informação podem ser criados para sustentar as empresas globais do século XXI, os desafios que vêm junto com o processo, e a beleza da forma como as coisas andam se os sistemas são criados de acordo com os bons princípios de projeto, práticas sólidas de gerenciamento e flexibilidade para atender as necessidades empresariais em constante mudança. Essa tarefa exige não só um extenso planejamento, mas também habilidades incríveis das pessoas para fazer tudo acontecer. E é muito mais fácil dizer do que fazer! Várias vezes, os projetos de desenvolvimento de sistemas de informação são criticados por passarem por cima do orçamento, atrasando ou não tendo a funcionalidade desejada.

Se a ideia de uma carreira nos negócios globais passou pela sua cabeça, explorar os negócios globais e os impactos de competir em um mundo global é fundamental. Os Estados Unidos são um mercado de cerca de 290 milhões de pessoas, mas há mais de 6 bilhões de clientes em potencial nos 193 países que compõem o mercado global. Talvez o mais interessante seja que aproximadamente 75% da população mundial vive em áreas em desenvolvimento onde a tecnologia, a educação e a renda per capita ainda estão muito atrás dos países desenvolvidos (ou industrializados) como os Estados Unidos.

Você, estudante de administração, deve estar familiarizado com o potencial do negócio global, incluindo seus vários benefícios e desafios. É quase certo que a demanda de estudantes com formação em negócios globais crescerá à medida que o número de empresas concorrentes no mercado global também.

Este módulo é composto por dois capítulos. O Capítulo 11 fornece uma visão geral de como as aplicações empresariais são desenvolvidas utilizando sistemas tradicionais do ciclo de vida do desenvolvimento. O Capítulo 12 mergulha na inovação, no empreendedorismo e no modo de competir no século XXI, em que a globalização é a chave.

DESENVOLVIMENTO DOS SISTEMAS DE INFORMAÇÃO

módulo um
SISTEMAS DE INFORMAÇÃO DIRECIONADOS AOS NEGÓCIOS

módulo dois
PRINCÍPIOS BÁSICOS DOS SISTEMAS DE INFORMAÇÃO

módulo três
SISTEMAS DE INFORMAÇÃO EMPRESARIAIS

módulo quatro
DESENVOLVIMENTO DOS SISTEMAS DE INFORMAÇÃO

cap. 11 Desenvolvimento de sistemas e gestão de projetos
cap. 12 Globalização, inovação e tendências organizacionais do século XXI

SEÇÃO 11.1 >>
Desenvolvimento de aplicativos empresariais
- Desenvolvimento de software
- O ciclo de vida do desenvolvimento de sistemas (SDLC)
- Metodologia tradicional do desenvolvimento de software: cascata
- Metodologia de desenvolvimento ágil de software
- Desenvolvimento de software de sucesso

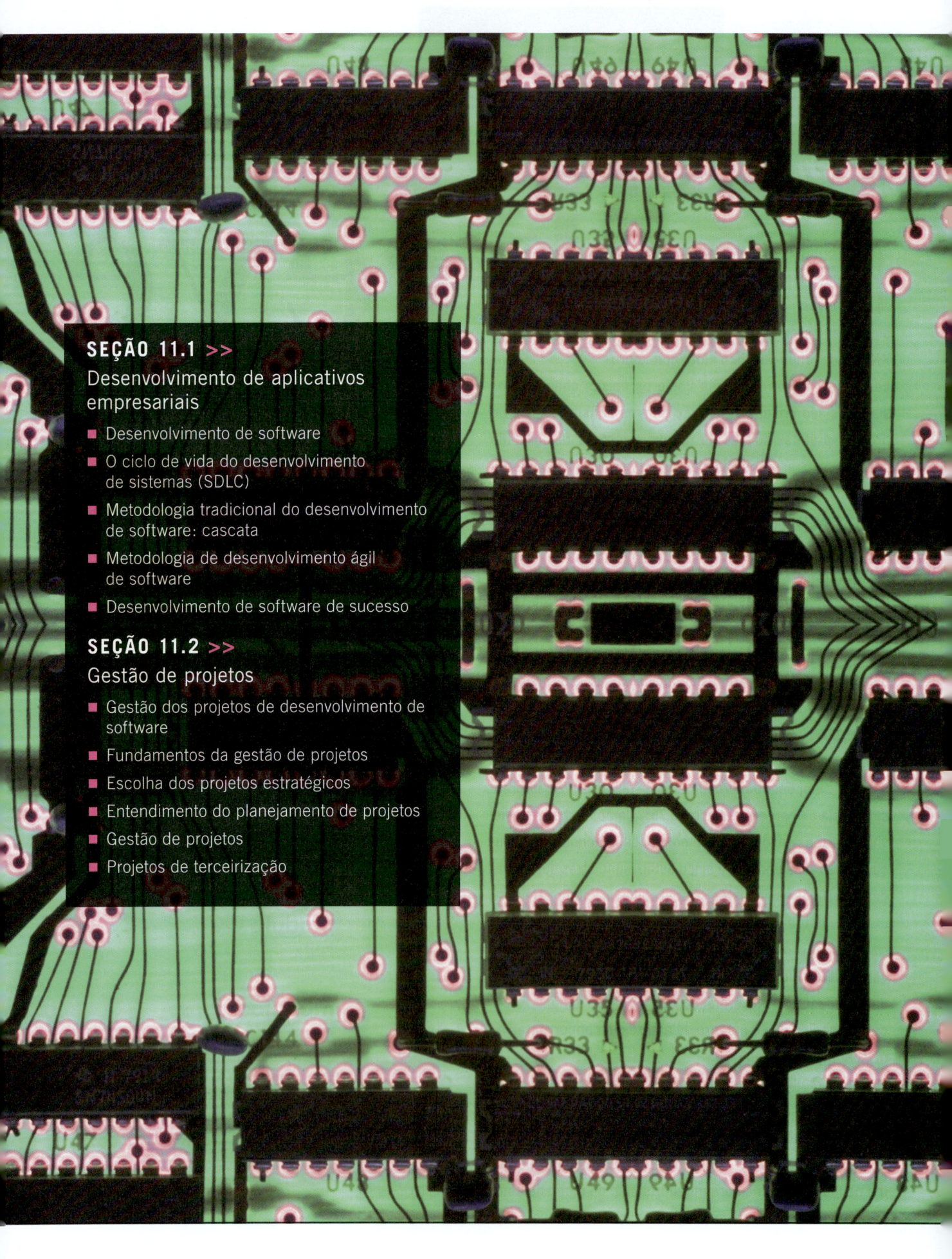

SEÇÃO 11.2 >>
Gestão de projetos
- Gestão dos projetos de desenvolvimento de software
- Fundamentos da gestão de projetos
- Escolha dos projetos estratégicos
- Entendimento do planejamento de projetos
- Gestão de projetos
- Projetos de terceirização

desenvolvimento de sistemas + gestão de projetos

capítulo onze

o que a TI tem para mim?

Este capítulo fornece uma visão geral de como as organizações criam sistemas de informação. Você, como estudante de administração, precisa saber isso porque os sistemas de informação são a base de como as empresas operam. Um entendimento básico dos princípios da construção de sistemas de informação fará de você um funcionário mais valioso. Você será capaz de identificar pontos problemáticos e fazer sugestões durante o processo de projeto que irá resultar em um melhor projeto de sistemas de informação entregue – um que satisfaça você e seu negócio.

Criar um sistema de informação é como construir uma casa. Você poderia sentar e deixar que os construtores fizessem todo o trabalho de concepção, construção e testes com esperança de que a casa satisfaça suas necessidades. No entanto, participar no processo de construção ajuda a garantir que suas necessidades não apenas estão sendo ouvidas, mas também atendidas. É uma boa prática de negócios a entrada direta do usuário guiando o desenvolvimento do produto acabado.

O mesmo acontece com a criação de sistemas de informação. Seu conhecimento do processo de desenvolvimento dos sistemas lhe permitirá participar e garantir que você está construindo arquiteturas de uma empresa flexível que não só atende as necessidades de negócios atuais, mas também as de negócios futuros.

Cada tipo de organização nos negócios hoje, da agricultura aos farmacêuticos ou à franquia, é afetado pela tecnologia e pelo software desenvolvido para operar, melhorar ou inová-la. As empresas são pressionadas pelas soluções de software que lhes permitem melhorar a sua estrutura de custos, gerenciar melhor as pessoas e desenvolver e entregar novos produtos ao mercado. Essas melhorias organizacionais ajudam as empresas a sustentar vantagem competitiva e o posicionamento no mercado. Elas podem resolver problemas complexos, desacomodar concorrentes ou criar oportunidades estimulantes. As empresas devem aprender e amadurecer na sua capacidade para identificar, construir e implementar sistemas para manterem-se competitivas.

Essencialmente, o software que for criado corretamente pode sustentar empresas ágeis e pode se transformar à medida que a empresa e seus negócios se transformam. O software que efetivamente atenda às necessidades dos trabalhadores vai ajudar uma empresa a se tornar mais produtiva e a melhorar a tomada de decisão. Já o software que não atende às necessidades do funcionário pode ter um efeito prejudicial na produtividade e pode até levar um negócio ao fracasso. O envolvimento dos funcionários, juntamente com a utilização da metodologia de implementação correta quando desenvolvendo o software é fundamental para o sucesso de uma organização.

SEÇÃO 11.1 Desenvolvimento de aplicativos empresariais

OBJETIVOS DE APRENDIZAGEM

OA11.1 Identificar os benefícios de negócios associados ao desenvolvimento de software bem-sucedido.

OA11.2 Descrever as sete fases do ciclo de vida do desenvolvimento de sistemas.

OA11.3 Resumir as diferentes metodologias de desenvolvimento de software.

OA11.4 Definir a relação entre o ciclo de vida do desenvolvimento de sistemas e do desenvolvimento de software.

OA11.5 Comparar a metodologia em cascata com a metodologia ágil.

OA11.1
Identificar os benefícios de negócios associados ao desenvolvimento de software bem-sucedido.

DESENVOLVIMENTO DE SOFTWARE

A falha do sistema de SCM da Nike, que saiu do controle na ordem de US$ 400 milhões, é lendária. A Nike culpou o seu fornecedor de SCM, a i2 Technologies, pelo fracasso do sistema e afirma que o módulo de planejamento de demanda e suprimento da i2 Technologies criou graves problemas de estoque. A implantação da i2, parte de uma atualização de milhões de dólares de negócios eletrônico, levou o CEO da Nike, Philip Knight, a pronunciar a famosa frase: "Isto é o que recebemos pelos nossos US$ 400 milhões?" O fornecedor de SCM viu suas ações despencarem com o desastre da Nike, juntamente com sua reputação. Katrina Roche, diretora de marketing da i2, afirmou que a Nike não soube usar a metodologia e os templates da sua implementação, o que contribuiu para o problema.[1]

Os problemas de desenvolvimento de software muitas vezes levam a desastres de alto nível. A falha da Hershey quanto à sua aplicação de ERP foi capa do The Wall Street Journal e custou milhões à empresa. A Hershey disse que os problemas com seu sistema de software SAP criou um acúmulo de pedidos, fazendo com que entregas ficassem mais lentas, resultando em ganhos menores. As estatísticas divulgadas em 2006 pelo National Research Council mostram que as empresas dos Estados Unidos gastaram US$ 250 bilhões em 2005 para reparar danos causados por defeitos de software.[2]

Se o software não funciona, a empresa não vai funcionar. Os modelos de risco tradicionais das empresas normalmente ignoravam o desenvolvimento de software, principalmente porque a maioria das empresas considerava que o impacto do software nos negócios era pequeno. Na era digital, no entanto, o sucesso ou o fracasso do software pode levar diretamente ao sucesso ou ao fracasso do negócio. Quase todas as grandes empresas em todo o mundo dependem de softwares, tanto para conduzir suas operações de negócios quanto para fazer os seus produtos funcionarem. Como a dependência das empresas do uso de softwares cresce, o mesmo acontece com as consequências relacionadas aos negócios quanto ao sucesso ou falha de softwares, como mostrado na Figura 11.1.[3]

As vantagens das implementações de software bem-sucedidas oferecem incentivos significativos para gerenciar os riscos de desenvolvimento de software. No entanto, segundo o relatório da CHAOS, do Standish Group, uma consultoria com sede em Massachusetts, mais da metade dos projetos de desenvolvimento de software realizados nos Estados Unidos são concluídos com atraso ou acima do orçamento, e a maioria dos projetos bem-sucedidos contém menos recursos e funções do que o inicialmente especificado. As empresas também cancelam cerca de 33% desses projetos durante o desenvolvimento. Compreender os conceitos básicos de desenvolvimento de software ou os sistemas de ciclo de vida do desenvolvimento vai ajudar as empresas a evitar potenciais armadilhas e garantir que os esforços sejam bem-sucedidos.[4]

FIGURA 11.1 Consequências relacionadas aos negócios por conta do sucesso ou falha de software

Aumento ou diminuição das receitas – As empresas têm a capacidade de aumentar os lucros diretamente por meio da implementação de sistemas de TI bem-sucedidos. Elas também podem perder milhões quando o software falha ou informações-chave são roubadas ou comprometidas.

O software de gestão da cadeia de suprimento mal concebido da Nike atrasou pedidos, aumentou excesso de estoques e resultou em lucros 24% abaixo das expectativas.

Reparação ou dano à reputação da marca – Tecnologias como o CRM podem melhorar diretamente a reputação da marca de uma empresa. O software também pode danificar seriamente a reputação da empresa se não funcionar como anunciado ou se tiver vulnerabilidades de segurança que afetam a confiança dos seus consumidores.

Os clientes da H&R Block ficaram furiosos quando a empresa acidentalmente pôs as senhas e os números de Segurança Social dos clientes em seu site.

Evitar ou incorrer em responsabilidades – As tecnologias como tomografia computadorizada, ressonância magnética e mamografia podem salvar vidas. A tecnologia falha usada em aviões, automóveis, marca-passos, ou reatores nucleares, e pode causar grandes danos, lesões ou morte.

A empresa controladora da falida distribuidora farmacêutica FoxMeyer processou a SAP em US$ 500 milhões por causa da falha do software de ERP que, alegadamente, prejudicou suas operações.

Aumento ou diminuição da produtividade – Os softwares CRM e SCM podem aumentar diretamente a produtividade de uma empresa. As maiores perdas na produtividade também podem se originar do mau funcionamento ou quebra do software.

O Standish Group estima que códigos defeituosos de softwares sejam responsáveis por 45% do tempo de inatividade do sistema informático e custaram às empresas dos Estados Unidos US$ 100 bilhões em perda de produtividade só em 2003.

OA11.2
Descrever as sete fases do ciclo de vida do desenvolvimento de sistemas.

OA11.4
Definir a relação entre o ciclo de vida do desenvolvimento de sistemas e do desenvolvimento de software.

O CICLO DE VIDA DO DESENVOLVIMENTO DE SISTEMAS (SDLC)

O *ciclo de vida de desenvolvimento de sistemas* (SDLC, *Systems Development Life Cycle*) é o processo geral de desenvolvimento de sistemas de informação do planejamento e análise até a implementação e a manutenção. O SDLC é a base para todas as metodologias de desenvolvimento de sistemas, e literalmente centenas de diferentes atividades estão associadas a cada fase do SDLC. As atividades comuns incluem definição de orçamentos, levantamento de requisitos do sistema e redação da documentação detalhada do usuário. As atividades realizadas durante cada projeto de desenvolvimento de sistemas podem variar.

O SDLC começa com uma necessidade de negócios, seguido por uma avaliação das funções que o sistema deve ter para satisfazer a necessidade, e termina quando os benefícios do sistema já não compensam os custos de sua manutenção. É por isso que é referido como um ciclo de vida. O SDLC é formado por sete fases diferentes: planejamento, análise, projeto, desenvolvimento, teste, implementação e manutenção (ver Figura 11.2).

1. **Planejamento:** envolve o estabelecimento de um plano de alto nível do projeto pretendido e a determinação das metas do projeto. O planejamento é a primeira e mais importante fase de qualquer atividade de desenvolvimento de sistemas a que uma organização se compromete, independentemente de onde se dá atividade de desenvolvimento de um sistema que permita aos clientes comprar produtos pela internet, determinar a melhor estrutura de logística de armazéns ao redor do mundo, ou desenvolver uma aliança estratégica de informação com outra organização. As organizações devem planejar cuidadosamente as atividades (e determinar por que elas são necessárias) para serem bem-sucedidas.

2. **Análise:** envolve a análise de requisitos de negócios do usuário final e o refinamento das metas do projeto de refino em funções e operações definidas do sistema pretendido. Os *requisitos de negócios* são o conjunto detalhado de pedidos de negócio que o sistema deve cumprir para ser bem-sucedido. A fase de análise é obviamente importante. Um bom começo é essencial, e a empresa deve empregar tanto tempo, energia e recursos quanto forem necessários para realizar uma análise detalhada e precisa.

3. **Projeto:** envolve a descrição das características e operações do sistema desejadas, incluindo layouts de tela, regras de negócio, diagramas de processo, pseudocódigo e outras documentações.

4. **Desenvolvimento:** envolve transformar todos os documentos de projeto detalhados da fase de concepção no sistema real. Nessa fase, há a transição do projeto preliminar para a implementação física real.

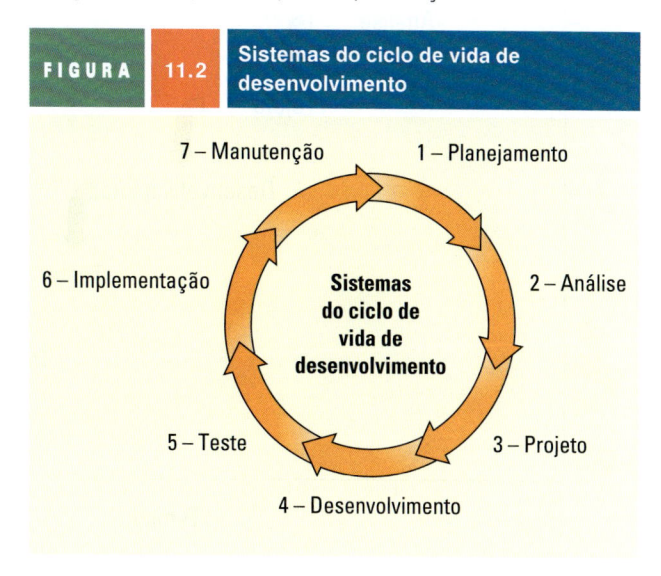

FIGURA 11.2 Sistemas do ciclo de vida de desenvolvimento

Sistemas do ciclo de vida de desenvolvimento:
- 1 – Planejamento
- 2 – Análise
- 3 – Projeto
- 4 – Desenvolvimento
- 5 – Teste
- 6 – Implementação
- 7 – Manutenção

● ● **OA11.3**
Resumir as diferentes metodologias de desenvolvimento de software.

● ● **OA11.5**
Comparar a metodologia em cascata com a metodologia ágil.

METODOLOGIA TRADICIONAL DO DESENVOLVIMENTO DE SOFTWARE: CASCATA

Hoje, os sistemas são tão grandes e complexos que as equipes de arquitetos, analistas, desenvolvedores, testadores e usuários devem trabalhar juntas para criar as milhões de linhas de código que guiam as empresas. Por essa razão, os desenvolvedores criaram uma série de diferentes metodologias. Uma *metodologia* é um conjunto de políticas, procedimentos, normas, processos, práticas, ferramentas, técnicas e tarefas que as pessoas aplicam aos desafios técnicos e de gerenciamento. É usada para gerenciar a implantação da tecnologia com os planos de trabalho, documentos necessários e os planos de teste. Também é usada para implementar a tecnologia. Uma metodologia formal inclui padrões de codificação, bibliotecas de código, práticas de desenvolvimento e muito mais.

Metodologia em cascata

A mais antiga e conhecida é a metodologia em cascata: uma sequência de fases em que o produto de cada fase torna-se a entrada para a seguinte (ver Figura 11.3). A metodologia em cascata tradicional é um processo baseado em atividades no qual cada fase do SDLC é realizada sequencialmente desde o planejamento até a implementação e a manutenção. O método cascata tradicional já não é utilizado pela maior parte das atividades atuais de desenvolvimento. A taxa de sucesso para projetos de desenvolvimento de software que seguem essa abordagem é de cerca de 1 em 10. Paul Magin, um executivo sênior da Part Miner, um dos líderes de fornecimento de componentes técnicos, afirma: "A cascata é uma tecnologia de punição. Ela força as pessoas a serem precisas quando elas simplesmente não conseguem. Ela é perigosa e pouco desejável no atual ambiente de desenvolvimento. Ela não acomoda mudanças no meio do per-

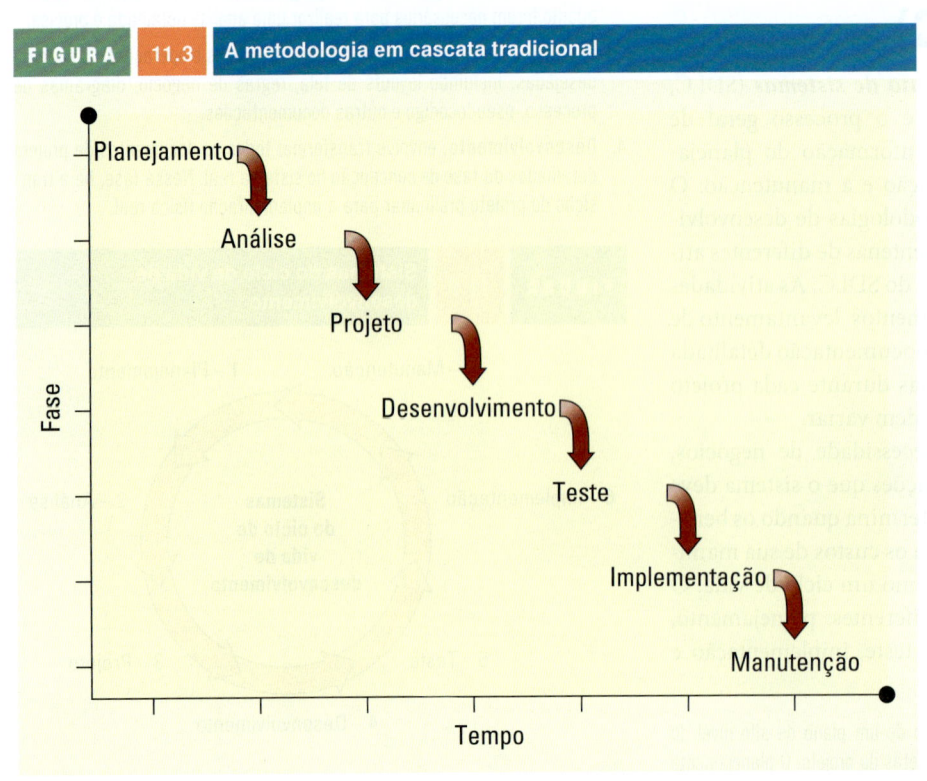

5. **Teste:** envolve a junção de todas as peças do projeto em um ambiente de teste especial para detectar erros, bugs e interoperabilidade, e verificar se o sistema atende todos os requisitos de negócio definidos na fase de análise.

6. **Implementação:** envolve a colocação do sistema em produção para que usuários possam começar a realizar as operações de negócios reais com o sistema.

7. **Manutenção:** fase sequencial final de qualquer atividade de desenvolvimento de sistemas. A *fase de manutenção* envolve a realização de alterações, correções, adições e atualizações para garantir que o sistema continue a atender as metas de negócio. Essa fase continua durante a vida útil do sistema porque ele deve mudar à medida que os negócios evoluem e suas necessidades mudam, exigindo um acompanhamento constante, com frequentes mudanças menores (por exemplo, novos relatórios ou informações de captura) e revisando o sistema para ter certeza de que ele está alinhado aos objetivos estratégicos da empresa.

FIGURA 11.3 A metodologia em cascata tradicional

Saiba que: Redução da ambiguidade em requisitos de negócios

A razão número 1 pela qual os projetos fracassam são os requisitos ruins de negócios. Os requisitos de negócios são considerados "ruins" por causa da ambiguidade ou envolvimento insuficiente dos usuários finais durante a análise e o projeto. Um requisito não será ambíguo se tiver a mesma interpretação por todas as partes. Diferentes interpretações por diferentes participantes normalmente resultam em expectativas frustradas. Aqui está um exemplo de um requisito ambíguo e de um não ambíguo:

- **Requisito ambíguo:** o relatório financeiro deve apresentar os lucros em moedas locais e dos Estados Unidos.
- **Requisito não ambíguo:** o relatório financeiro deve apresentar lucros em moedas locais e dos Estados Unidos pela taxa de câmbio impressa no The Wall Street Journal para o último dia útil do período do relatório.

É impossível evitar a ambiguidade completamente porque ela é introduzida nos requisitos de forma natural. Por exemplo:

- Os requisitos podem conter implicações técnicas que são óbvias para os desenvolvedores de TI, mas não para os clientes.
- Os requisitos podem conter implicações comerciais que são óbvias para o cliente, mas não para os desenvolvedores de TI.
- Os requisitos podem conter palavras usuais, cujos significados são "óbvios" para todos, ainda que diferentes para todos.
- Os requisitos são reflexos de explicações detalhadas que podem ter incluídos vários eventos, múltiplas perspectivas, reformulação verbal, emoção, refinamento iterativo, ênfase seletiva e linguagem corporal, nenhum deles capturado nas declarações escritas.

Você foi contratado para construir um sistema de folha de pagamento dos funcionários de uma cafeteria nova. Examine os requisitos de negócios a seguir e destaque quaisquer potenciais problemas.

- Todos os funcionários devem ter um ID exclusivo.
- O sistema deve controlar as horas trabalhadas dos funcionários com base no sobrenome.
- Os funcionários devem ser escalados para trabalhar um mínimo de oito horas por dia.
- A folha de pagamento dos funcionários é calculada multiplicando as horas trabalhadas por US$ 7,25.
- Os gerentes devem ser escalados para trabalhar nos turnos da manhã.
- Os funcionários não podem ser escalados para trabalhar mais de oito horas por dia.
- Os servidores não podem ser escalados para trabalhar nos turnos da manhã, da tarde ou da noite.
- O sistema deve permitir que os gerentes alterem e excluam funcionários.

---

curso e exige que você saiba exatamente o que quer fazer a cada etapa até que o trabalho seja concluído, e também exige garantias de que os requerimentos não vão mudar. Nós todos sabemos que é quase impossível ter todos os requisitos de antemão. Quando você usa um método em cascata, acaba com os problemas progressivos que são desastrosos se não forem identificados e corrigidos no início do processo".[5]

A cascata é inflexível, cara e requer a adesão rígida aos passos sequencialmente baseados no processo. A Figura 11.4 explica algumas questões relacionadas à metodologia em cascata.

O atual ambiente de negócios é acirrado. O desejo e a necessidade de ser mais esperto e jogar melhor que os concorrentes continuam intensos. Dado esse guia para o sucesso, os líderes empurram as equipes de desenvolvimento interno e os fornecedores externos para fornecer os sistemas escolhidos mais rapidamente e mais baratos, objetivando que eles percebam os benefícios o mais cedo possível; mas, mesmo assim, os sistemas ainda são grandes e complexos. A metodologia em cascata tradicional já não serve como uma metodologia adequada de desenvolvimento de sistemas na maioria dos casos. Por esse ambiente de desenvolvimento ser a regra e não mais a exceção, as equipes de desenvolvimento utilizam uma nova geração de métodos alternativos de desenvolvimento para atingir os seus objetivos de negócio.

OA11.3
Resumir as diferentes metodologias de desenvolvimento de software.

OA11.5
Comparar a metodologia em cascata com a metodologia ágil.

FIGURA 11.4 Problemas relacionados à metodologia em cascata

O problema de negócio	Qualquer falha na definição precisa do problema de negócio, em termos daquilo que os usuários realmente necessitam, é transmitida para a próxima fase.
O plano	Administrar custos, recursos e limitações de tempo é difícil na sequência da cascata. O que acontece com a programação se um programador se demite? Como um atraso no cronograma em uma fase específica afeta o custo total do projeto? Contingências inesperadas podem sabotar o plano.
A solução	A metodologia em cascata é problemática na medida em que presume que os usuários podem especificar todos os requisitos de negócio com antecedência. Definir a infraestrutura adequada que seja flexível, escalável e confiável é um desafio. A solução final de infraestrutura de TI deve responder não só às necessidades atuais, mas também às futuras, em termos de tempo, custo, viabilidade e flexibilidade. A visão é inevitavelmente limitada no início da cascata.

> **UMA METODOLOGIA ÁGIL VISA A SATISFAÇÃO DO CLIENTE MEDIANTE A ENTREGA INICIAL E CONTÍNUA DE COMPONENTES ÚTEIS DE SOFTWARE, DESENVOLVIDOS POR UM PROCESSO ITERATIVO QUE UTILIZA O MÍNIMO DE REQUISITOS.**

METODOLOGIA DE DESENVOLVIMENTO ÁGIL DE SOFTWARE

A pesquisa CHAOS do Standish Group mostra claramente que quanto menor o projeto, maior a taxa de sucesso. O estilo de *desenvolvimento iterativo* é o mais moderno em projetos pequenos e, basicamente, consiste em uma série de projetos pequenos. A iteratividade tornou-se a base de vários tipos de metodologias ágeis. A Figura 11.5 mostra uma abordagem iterativa.[6]

Uma *metodologia ágil* visa a satisfação do cliente mediante a entrega inicial e contínua de componentes úteis de software, desenvolvidos por um processo iterativo que utiliza o mínimo de requisitos. E por ágil, entende-se: rápido e eficiente, pequeno e ligeiro, de baixo custo, menos recursos e projetos menores. Utilizar métodos ágeis ajuda a refinar a viabilidade e apoia o processo para obter um *feedback* rápido assim que a funcionalidade é introduzida. Os desenvolvedores podem ajustá-la à medida que se movimentam e melhor esclarecem os requisitos incertos.

Magin também afirma que a chave para oferecer um bom produto ou sistema é oferecer valor aos usuários o mais rapidamente possível – antes, dê algo que eles querem e gostam para provocar a adesão, gerar entusiasmo e, em última instância, reduzir o escopo. Utilizar metodologias ágeis ajuda a manter a contabilidade e a estabelecer um barômetro para a satisfação dos usuários finais. Não adianta realizar algo dentro do tempo e do orçamento se isso não satisfizer o usuário final. As principais formas de metodologias ágeis são:

- A prototipagem ou aplicação rápida da metodologia de desenvolvimento.
- A metodologia de programação extrema.
- A metodologia do Processo Unificado Racional (RUP, *Rational Unifierd Process*).
- Metodologia scrum.[7]

É importante não ficar preso aos nomes das metodologias, pois alguns são marcas próprias e outros são geralmente nomes aceitos. É mais importante saber como essas metodologias alternativas são utilizadas no ambiente empresarial de hoje e os benefícios que podem proporcionar.

FIGURA 11.5 A abordagem iterativa

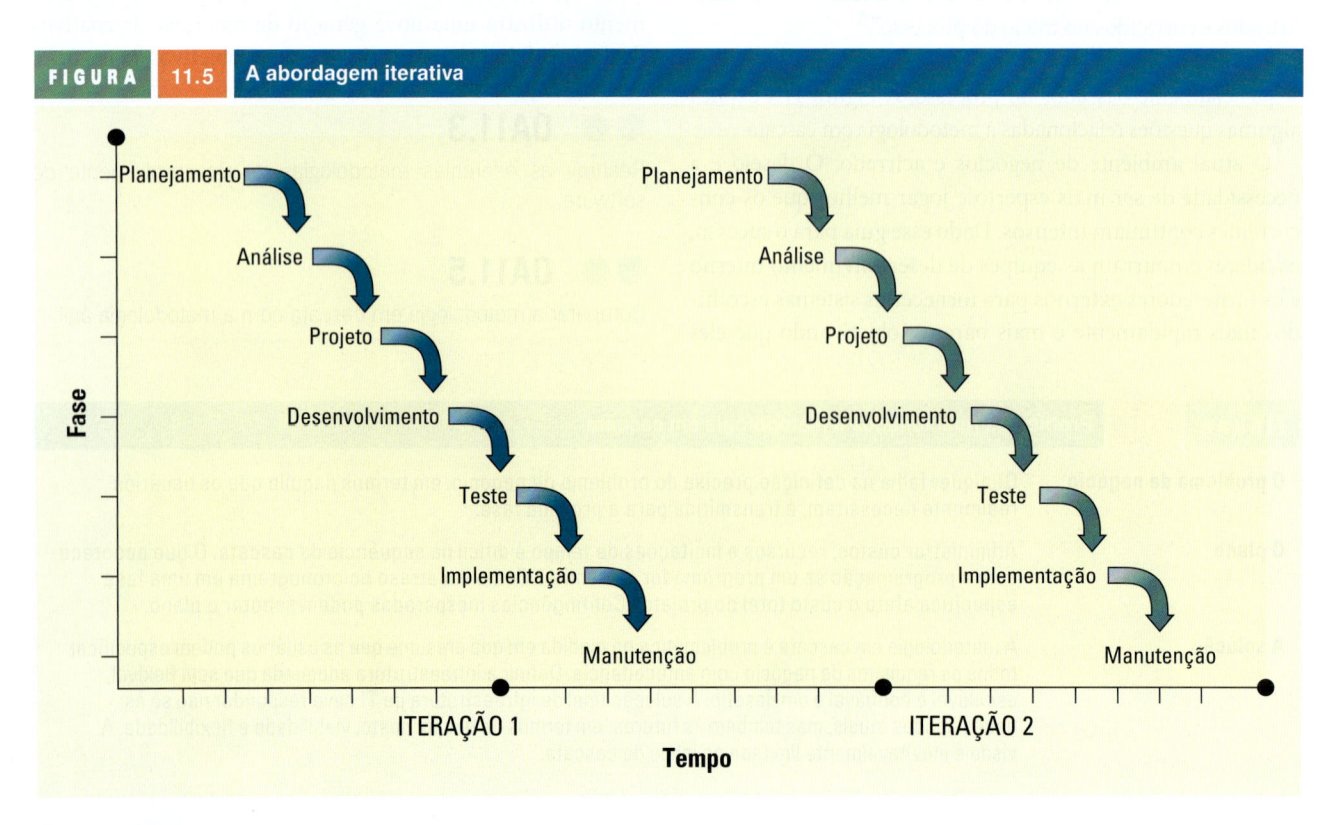

Metodologia de desenvolvimento rápido de aplicação (RAD)

Em resposta à aceleração do ritmo dos negócios, o desenvolvimento rápido de aplicativos se tornou uma alternativa popular para acelerar o desenvolvimento de sistemas. A *metodologia de desenvolvimento rápido de aplicação* (RAD, *Rapid Application Development*) (também chamada de **prototipagem rápida**) enfatiza a participação extensiva do usuário na rápida e evolutiva construção de protótipos de um sistema para acelerar o processo de desenvolvimento de sistemas. A Figura 11.6 mostra os princípios do RAD.[8]

Um **protótipo** é uma representação ou modelo de trabalho em menor escala das requisições dos usuários ou um projeto proposto para um sistema de informação. O protótipo é uma parte essencial da fase de análise, quando se utiliza a metodologia RAD.

A PHH Vehicle Management Services, uma empresa de gerenciamento de frotas de Baltimore, com mais de 750 mil veículos, queria construir uma aplicação empresarial que abrisse inteiramente o banco de dados de informação de veículos para os clientes via internet. Para criar o aplicativo de forma rápida, a empresa abandonou a abordagem de cascata tradicional. Em vez disso, uma equipe de 30 desenvolvedores começou a prototipar os aplicativos de internet, e os clientes da empresa avaliavam cada protótipo com *feedback* imediato. A equipe de desenvolvimento lançou novos protótipos que incorporavam o *feedback* dos clientes a cada seis semanas. O aplicativo da PHH Interactive Vehicle entrou em produção sete meses após o início do trabalho inicial. Mais de 20 mil clientes, usando qualquer browser comum, já podem acessar o site PHH Interactive a qualquer momento e em qualquer lugar do mundo para examinar as suas contas, analisar as informações de faturamento e pedir veículos.[9]

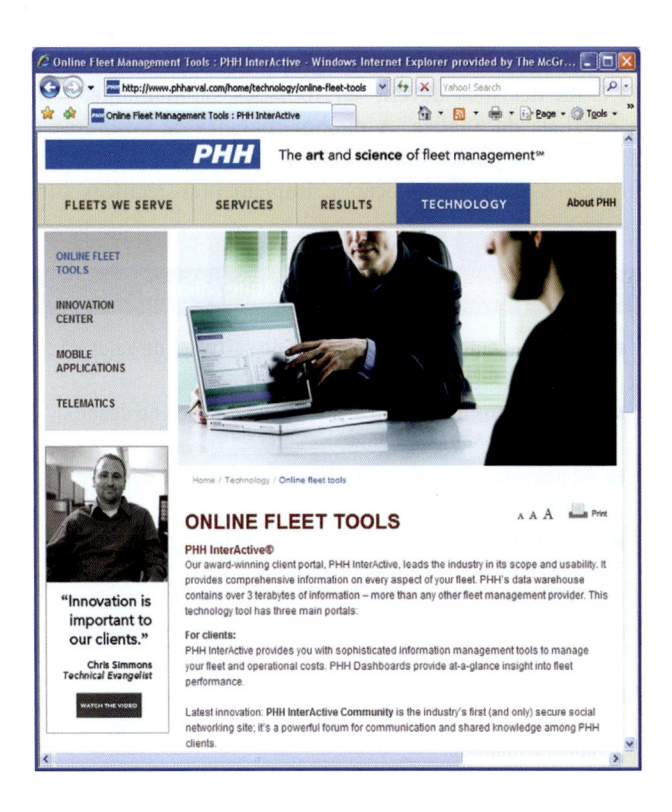

FIGURA 11.6 Fundamentos do RAD

- Focar inicialmente na criação de um protótipo que pareça e funcione como o sistema desejado.
- Envolver ativamente os usuários do sistema nas fases de análise, projeto e de desenvolvimento.
- Acelerar a coleta dos requisitos de negócio mediante uma abordagem de construção interativa e iterativa.

Metodologia de programação extrema

A *metodologia de programação extrema* (XP, *extreme programming*), como outros métodos ágeis, divide um projeto em pequenas fases, e os desenvolvedores não podem passar para a fase seguinte até que a anterior esteja concluída. O XP enfatiza o fato de que quanto mais rápida for a comunicação ou o *feedback*, melhores serão os resultados. Existem quatro partes, basicamente: planejamento, projeto, codificação e teste. Diferentemente de outras metodologias, essas não são fases, pois elas trabalham em conjunto. O planejamento inclui relatos do usuário, reuniões em pé e implantações curtas. O segmento de projeto também salienta para não adicionar funcionalidades até que seja necessário. Na parte de codificação, o usuário está sempre disponível para *feedback*, os desenvolvedores trabalham em pares, e o código é escrito com base em um padrão estabelecido. Os testes são escritos antes do código. Os usuários de XP são incorporados no processo de desenvolvimento. Essa técnica é poderosa por causa da lacuna mínima de comunicação entre desenvolvedores e usuários, havendo uma ligação direta, o que economiza um tempo valioso e ajuda a esclarecer requisitos necessários (e desnecessários).

Uma das razões para o sucesso do XP é sua ênfase na satisfação do cliente. O XP capacita os desenvolvedores a responder aos requerimentos em transformação dos clientes e dos negócios, mesmo no final do ciclo de vida de desenvolvimento de sistemas, e o XP enfatiza o trabalho em equipe. Os gerentes, os clientes e os desenvolvedores são todos parte de uma equipe dedicada ao fornecimento de software de qualidade. O XP implementa um modo simples, mas eficaz para permitir o desenvolvimento via estilo groupware. Kent Beck, o pai do XP, propõe a conversa como o paradigma e sugere o uso de fichas catalográficas como um meio para criar diálogo entre tecnologia e negócios. O XP é muito parecido com um quebra-cabeça, há muitos pedaços pequenos e, individualmente, as peças não fazem sentido; mas, quando combinadas, a empresa obtém visibilidade de todo o novo sistema.[10]

Metodologia de processo unificado racional (RUP)

A **metodologia de processo unificado racional** (RUP, *Rational Unified Process*), de propriedade da IBM, fornece um quadro para dividir o desenvolvimento de software em quatro estações. Cada estação é composta de iterações executáveis do software em desenvolvimento. Um projeto fica em uma estação até que as partes envolvidas estejam satisfeitas e, então, ou o projeto se move para a próxima estação ou é cancelado. As estações incluem:

- **Estação um – Iniciação.** Essa fase compreende o início do processo de negócios e garante que todos os interessados tenham um entendimento compartilhado do sistema.
- **Estação dois – Elaboração.** Essa fase fornece uma ordem de grandeza aproximada. As questões básicas respondidas nessa fase lidam com os detalhes acordados do sistema, incluindo a capacidade de fornecer uma arquitetura para apoiar e criar o sistema.
- **Estação três – Construção.** Essa fase inclui a criação e o desenvolvimento do produto.
- **Estação quatro – Transição.** As questões básicas respondidas nessa fase abordam a propriedade do sistema e o treinamento de pessoal-chave.[11]

Como o RUP é uma metodologia iterativa, o usuário pode rejeitar o produto e forçar os desenvolvedores a voltar à estação um. Cerca de 500 mil desenvolvedores usaram o RUP em projetos de software de diversos tamanhos nos 20 anos em que está disponível, de acordo com a IBM. O RUP ajuda os desenvolvedores a não ter de reinventar a roda e focaliza a inclusão ou remoção rápida de pedaços reutilizáveis de processos que endereçam problemas comuns.

Metodologia scrum

Outra metodologia ágil, a **metodologia scrum,** utiliza pequenas equipes para a produção de pequenas partes de software a serem entregues, utilizando *sprints* ou intervalos de 30 dias para alcançar uma meta determinada. No rugby, o *scrum* é uma parte da equipe em que todos trabalham em conjunto para movimentar a bola pelo campo. Segundo essa metodologia, cada dia termina ou começa com uma reunião em pé diária para monitorar e controlar a atividade de desenvolvimento.

A Primavera Systems, Inc., uma empresa de soluções de software, estava achando cada vez mais difícil usar a metodologia em cascata tradicional para o desenvolvimento, de modo que se voltou para uma metodologia ágil. A insistência do Scrum em oferecer incrementos completos de valor de negócio em ciclos de aprendizagem de 30 dias ajudou as equipes a aprender rapidamente. Isso as forçou a testar e integrar as experiências e a liberá-las em produção. A mudança feita pela Primavera resultou em clientes altamente satisfeitos e motivados ambientes de desenvolvimento energético. Dick Faris, CTO da Primavera, disse: "A programação ágil é uma novidade muito diferente. É diferente da forma como a programação acontece. Em vez de produzir códigos irracionalmente, o processo é feito via diálogos na equipe, com negociação em torno das prioridades, do tempo e de talentos. Toda a empresa se compromete com um *sprint* de 30 dias e entrega de produtos acabados e testados de software. Talvez seja apenas uma parte específica da funcionalidade, mas é a coisa real, incluindo a entrega e revisão do cliente em relação às necessidades e requerimentos; e, a propósito, essas necessidades e requerimentos mudam. Essa é a força que vimos no processo scrum".[12]

Implementação das metodologias ágeis

Amos Auringer, assessor executivo do prestigiado Gartner Group, disse: "Conceitos como agilidade, RAD e XP são todos diferentes abordagens para o mesmo modelo: ideia, produção, entrega. Esses modelos representam passos consolidados, passos eliminados em favor do tamanho do projeto e passos comprimidos para atingir o mesmo resultado: um produto entregue. Os novos modelos de engenharia de processo tendem a concentrar-se na eliminação ou redução de passos. As fases do SDLC não mudam, nós apenas aprendemos a fazer o nosso trabalho de modo melhor e mais eficiente".[13]

Se as empresas optam por adotar metodologias ágeis, é importante educar as pessoas envolvidas. Para que um processo ágil funcione, ele deve ser simples e rápido. A Agile Alliance é um grupo de desenvolvedores de software, cuja missão é melhorar os processos de desenvolvimento de software – o manifesto do grupo é mostrado na Figura 11.7. As decisões devem ser tomadas rapidamente, sem a paralisia da análise. A melhor maneira de fazer isso é envolver as partes interessadas, desenvolver excelentes processos de comunicação e implementar técnicas for-

FIGURA 11.7 O manifesto da Agile Alliance

- A entrega antecipada e contínua do software de valor irá satisfazer o cliente.
- Os requisitos de mudança, mesmo que tardios no desenvolvimento, são bem-vindos.
- As pessoas de negócios e os desenvolvedores devem trabalhar juntos durante todo o projeto.
- Os projetos devem ser construídos em torno de indivíduos motivados. Dê-lhes o ambiente e o apoio de que precisam, e confie neles para fazer o trabalho.
- As melhores arquiteturas, requisitos e projetos surgem de equipes auto-organizáveis.
- A intervalos regulares, a equipe deve refletir sobre como ser mais eficaz e, então, afinar e ajustar o seu comportamento.

NO FLAGRA
Fingindo sua própria morte

Ao enfrentar dificuldades insuperáveis, algumas pessoas acabam simulando sua própria morte para escapar de questões jurídicas. Aqui estão alguns exemplos:

- Marcus Schrenker, um investidor de Wall Street, cuja empresa estava sob investigação por fraude, desapareceu enquanto voava com seu avião sobre o Alabama. O avião de Schrenker foi encontrado em um pântano, e a última vez que alguém ouviu falar dele foi uma chamada de rádio angustiada, até ele ser descoberto em uma área de camping, algumas semanas depois.
- Um homem do Colorado, ao retornar de uma caminhada, relatou que seu amigo Lance Hering tinha sido ferido na caminhada, e equipes de resgate foram enviadas para encontrar o caminhante. Tudo o que as equipes de resgate encontraram foi sangue, uma garrafa de água e os sapatos de Hering. Dois anos mais tarde, Hering foi preso com seu pai em um aeroporto no estado de Washington. Ele era um fuzileiro naval e forjou a própria morte para evitar o retorno ao Iraque, onde temia que os outros soldados fossem matá-lo por causa de algo incriminador que tinha presenciado.
- Uma mulher da Flórida, Alison Matera, informou a seus amigos, a familiares e ao coro da igreja que estava sendo internada em um hospital porque estava morrendo de câncer. O plano de Matera foi desvendado quando ela apareceu em seu próprio funeral, alegando ser sua irmã gêmea idêntica perdida há muito tempo. A polícia foi chamada e Matera admitiu ter fingido o câncer e forjado a própria morte.

Situações inesperadas acontecem o tempo todo e, quanto mais você se planeja, mais bem preparado você vai estar quando desenvolver o software. Felizmente, seus funcionários não estão fingindo a própria morte, mas eles vão sofrer acidentes, ter filhos, contrair vírus e doenças. Todas essas situações levam ao absenteísmo não planejado, que pode fazer seu plano de projeto entrar em parafuso. O que pode acontecer a um projeto quando um funcionário-chave pede demissão de repente ou é forçado a produzir abaixo do que pode em curto prazo? Ao revisar todas as diferentes metodologias de SDLC, quais oferecem a maior flexibilidade de tempo de inatividade não planejado do funcionário? Se você pudesse escolher quando seu funcionário se ausentasse, seria mais seguro que isso acontecesse durante qual fase do SDLC se o projeto tivesse que continuar e atingir o sucesso? O que você pode fazer para garantir que está se preparando para o absentismo não planejado em seu plano de projeto?

---

tes de gerenciamento do projeto. A compreensão de que a comunicação é o aspecto mais importante de um projeto é a parte principal do desenvolvimento colaborativo. O Standish Group relata que os projetos nos quais os usuários ou grupos de usuários têm uma boa compreensão das suas verdadeiras necessidades têm uma melhor taxa de retorno e baixo risco. O gerenciamento forte de projetos é fundamental para a construção de aplicativos empresariais de sucesso, e é abordado em detalhes na próxima seção.

DESENVOLVIMENTO DE SOFTWARE DE SUCESSO

A Gartner Research estima que 65% dos projetos ágeis são bem-sucedidos. Essa taxa de sucesso é extraordinária em comparação com a taxa de sucesso de 10% dos projetos em cascata. A seguir estão os princípios básicos que uma organização deve seguir para um desenvolvimento ágil de software bem-sucedido.[14]

Reduza o orçamento

Pequenos orçamentos forçam os desenvolvedores e os usuários a focarem nos princípios básicos. Pequenos orçamentos também tornam mais fácil matar um projeto falho. Por exemplo, imagine que um projeto que já custou US$ 20 milhões está indo para o brejo, com tanto investimento, é tentador investir mais US$ 5 milhões para resgatá-lo em vez de aceitar uma perda enorme. Com demasiada frequência, o sistema falha e a empresa acaba com uma perda ainda maior.

Jim Johnson, presidente da Standish Group, diz que forçou o CIO de uma empresa da *Fortune 500* a definir um teto de US$ 100 mil em todos os projetos de desenvolvimento de software. Não houve exceções a essa regra de negócio sem a aprovação do CIO e CEO. Johnson afirma que a taxa de sucesso do projeto da empresa foi de 0 para 50%.[15]

Se não funciona, mate-o

No início de um projeto, reúna todas as principais partes interessadas e, à medida que ele evolui, reúna-as novamente para avaliar o software. Ele está fazendo o que a empresa quer e, o mais importante, o que a empresa exige? Elimine qualquer software que não esteja atendendo às expectativas da empresa. Isso é chamado de triagem, e é "o lugar perfeito para matar um projeto de software", disse Pat Morgan, gerente sênior da Enterprise Compaq Storage Group. Ele realiza sessões mensais de triagem e diz que elas podem ser brutais. "Em uma [reunião], a engenharia falou sobre um processo bacana em que estavam trabalhando para transferir informações entre GUIs (*Graphic User Interfaces*). Ninguém na sala precisava daquilo. Nós o matamos na hora. Em nosso meio, você pode queimar alguns milhões de dólares em um mês apenas para perceber que o que você está fazendo não é útil".[16]

> "O gerenciamento forte de projetos é fundamental para a construção de aplicativos empresariais de sucesso."

Mantenha os requisitos no mínimo

Comece cada projeto com o que o software deve fazer no mínimo, e não com uma lista de tudo o que ele deve fazer. Todo o projeto de software começa tradicionalmente com um documento de requerimentos que muitas vezes terá centenas ou milhares de requisitos. O Standish Group estima que apenas 7% dos requisitos do negócio são necessários. Manter os requisitos em um mínimo também significa que o *scope creep* e o *feature creep* devem ser acompanhados de perto. O *scope creep* ocorre quando o alcance do projeto aumenta. O *feature creep* ocorre quando os desenvolvedores adicionam funções extras que não faziam parte dos requisitos iniciais. Tanto o *scope creep* quanto o *feature creep* são as principais razões pelas quais o desenvolvimento de software fracassa.[17]

Teste e entregue o tempo todo

Uma vez por semana, e não menos que uma vez por mês, complete uma parte do projeto ou um pedaço do software. A parte deve estar funcionando e deve estar livre de bugs. Em seguida, obtenha o teste dos consumidores e aprove-o. Essa é a diferença mais radical da metodologia ágil em relação ao desenvolvimento tradicional. Em alguns projetos de softwares tradicionais, os clientes passavam anos a fio sem ver nenhum pedaço do sistema funcionando.

Atribuir diretores não relacionados à TI para projetos de software

Os diretores não relacionados à TI devem coordenar juntamente com o gerente de projeto técnico, testar as iterações para ter certeza de que estão atendendo as necessidades do usuário e agir como o contato entre os diretores e a TI. Estando envolvida toda a parte de negócios em tempo integral, a propriedade do projeto e o desejo de sucesso alcançarão todas as partes envolvidas. SpreeRide, uma empresa de pesquisa de mercado de Salt Lake City, utilizou a metodologia ágil para criar o seu website. O projeto exigiu que vários diretores trabalhassem em tempo integral. A empresa acredita que essa é uma das principais razões de o projeto ter sido implantado com sucesso em menos de três meses.[18]

●● SEÇÃO 11.2 Gestão de projetos

OBJETIVOS DE APRENDIZAGEM

OA11.6 Explicar a restrição tripla e sua importância na gestão do projeto.

OA11.7 Descrever as partes interessadas no projeto e os papéis dos patrocinadores executivos na escolha de projetos estratégicos.

OA11.8 Destacar os componentes do termo de abertura do projeto.

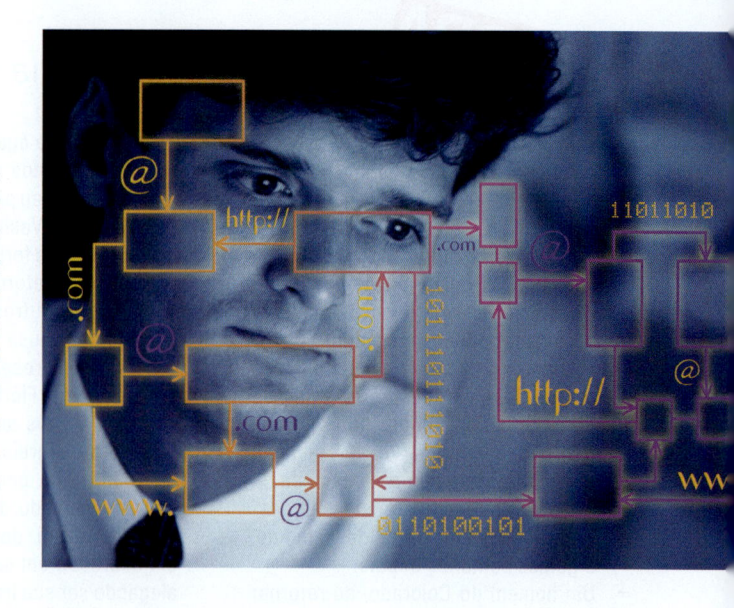

OA11.9 Descrever os dois principais diagramas mais utilizados no planejamento de projetos.

OA11.10 Identificar as três principais áreas em que um gerente de projeto deve se concentrar no respectivo gerenciamento para garantir o sucesso.

OA11.11 Explicar os três diferentes tipos de terceirização.

Ninguém pensaria em construir um complexo de escritórios liberando 100 equipes diferentes de construção para construir 100 salas diferentes sem nenhum modelo único ou sem uma visão acordada da estrutura concluída. No entanto, essa é precisamente a situação em que muitas empresas de grande porte se encontram quando estão gerenciando projetos de tecnologia da informação. As empresas rotineiramente programam seus recursos em excesso (humanos e outros), desenvolvem projetos redundantes e prejudicam a lucratividade ao investir em atividades estratégicas que não contribuem para o lucro final da organização. A gestão de projetos oferece um quadro estratégico para a coordenação das várias atividades associadas aos projetos organizacionais. Os líderes de negócios enfrentam um mercado global que se move rápida e implacavelmente e que irá forçá-los a usar todas as ferramentas possíveis para sustentar a competitividade: a gestão de projetos é uma dessas ferramentas.

●● OA11.6

Explicar a restrição tripla e sua importância na gestão do projeto.

GESTÃO DOS PROJETOS DE DESENVOLVIMENTO DE SOFTWARE

Segundo a Gartner, empresa especializada em TI, aportes em software e serviços de TI já ultrapassaram US$ 1 trilhão em 2011, devendo manter crescimento médio anual em

Vivendo o SONHO

CharityFocus.org

Não pergunte sobre o que o mundo precisa. Pergunte o que faz você despertar para a vida, e vá fazê-lo. Porque o que o mundo precisa é de pessoas que despertaram para a vida. – Howard Thurman

Essa é a citação encontrada na parte inferior do website da CharityFocus.org. A empresa, criada em 1999, trabalha com voluntários para pequenas organizações sem fins lucrativos para criar soluções de web personalizadas. A CharityFocus é totalmente dirigida por voluntários, e seus serviços são absolutamente gratuitos. A empresa sem fins lucrativos acredita que é impossível criar um mundo melhor sem mudança interna resultante do serviço altruísta. Com esse espírito, os voluntários criaram o seguinte no site para inspirar e cultivar a mudança:

- **DailyGood:** serviço de e-mail que oferece um pouco de boas notícias para milhares de pessoas em todo o mundo.
- **KarmaTube:** site que usa o poder do vídeo para documentar múltiplos atos de compaixão, generosidade e altruísmo.
- **Conversations:** site <Conversations.org> que hospeda entrevistas contundentes dos heróis de todos os dias e um amplo espectro de artistas.
- **HelpOthers:** um portal de bondade com base no sorriso, um símbolo universalmente reconhecido. As pessoas sorriem porque estão felizes e porque querem ser felizes. O objetivo do HelpOthers.org é trazer mais daqueles sorrisos no mundo por meio de pequenos atos de bondade.

Por que é importante dar retorno às comunidades ao redor do mundo e compartilhar o desenvolvimento de sistemas e as habilidades de gestão de projetos? Você seria voluntário da Charity-Focus? Quais são os riscos de ser voluntário da empresa?

---

torno de 7,5% até 2015*. Essa é uma quantia impressionante, e ainda mais surpreendente é que quase 70% vão simplesmente ser jogados pelo ralo, como resultado de projetos fracassados! Além da perda de rendimentos, as empresas, desde a Nestlé até a Nike, experimentaram as consequências adicionais de projetos que fracassaram: uma marca prejudicada, a colaboração perdida, a dissolução das parcerias, a perda de oportunidades de investimento e os efeitos do moral baixo.[19]

Segundo o Standish Group, apenas 29% dos projetos de TI foram concluídos a tempo, dentro do orçamento, e com características e funções originalmente especificadas pelo cliente para oferecer valor de negócio. A dura realidade dos projetos fracassados é encarada por muitas empresas atualmente.[20]

Com tantos profissionais qualificados e conhecedores à frente dos projetos de TI, como pode isso acontecer? Todos os dias, as empresas adotam projetos que não se alinham com as iniciativas de missão crítica. Elas alocam capital financeiro e humano excessivamente, pois aprovam os projetos de baixo valor que consomem recursos escassos e valiosos, e concordam em apoiar projetos que estão mal definidos quanto aos requisitos do planejamento.

Os projetos de TI geralmente fracassam porque, na maioria dos casos, eles são complexos, e ainda são realizados com mau planejamento e expectativas irreais, uma vez que são feitos às pressas em virtude da pressão de demanda cada vez maior do mercado, fazendo com que o seu escopo seja incontrolável. Por essa ser a realidade de hoje, é importante aplicar as técnicas e ferramentas sólidas de gerenciamento do projeto para aumentar a taxa de sucesso de projetos de TI.

A restrição tripla

A visão de um projeto precisa ser clara, concisa e compreensível, mas também tem de ser a mesma para todas as partes interessadas. É preciso que todos estejam no mesmo ponto. De uma perspectiva de negócios, todos têm de estar alinhados com a direção dos negócios globais e com os objetivos gerais do projeto. É fundamental para os membros de uma organização que desejam fazer contribuições significativas entender o investimento da empresa e a estratégia de seleção dos projetos e como ela determina e prioriza seu canal de processamento. Os projetos consomem grandes quantidades de recursos. É preciso entender como a empresa aloca seus recursos escassos e valiosos a fim de obter a visão geral.

A Figura 11.8 mostra as relações entre as três variáveis principais em qualquer projeto: tempo, custo e escopo. Essas três variáveis são interdependentes, e todos os projetos são limitados de alguma forma por elas. O Project Management

FIGURA 11.8 Variáveis interdependentes da gestão do projeto

[Triângulo com vértices rotulados: Tempo (esquerda), Custo (direita), Escopo (base); centro: Qualidade]

---

* N. de E.: Pesquisa realizada pelo Prof. Miguel Sauan, revisor técnico desta obra.

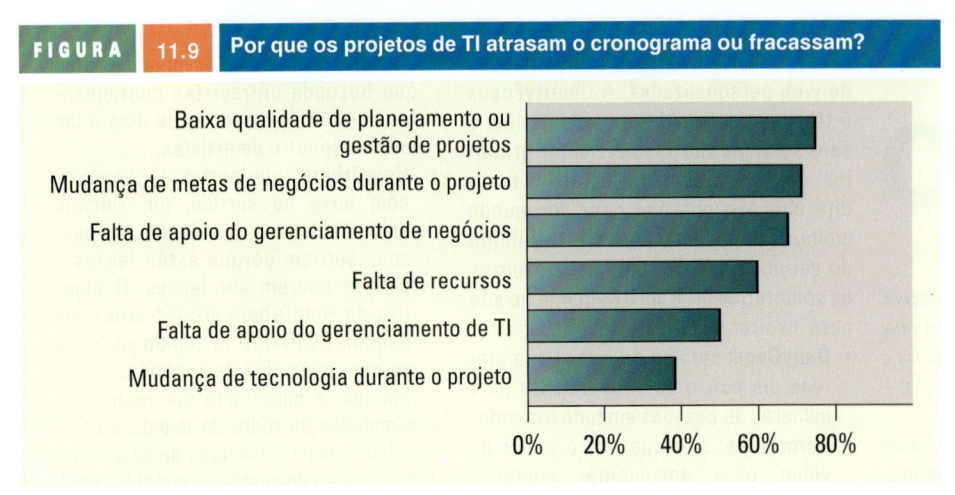

FIGURA 11.9 — Por que os projetos de TI atrasam o cronograma ou fracassam?

- Baixa qualidade de planejamento ou gestão de projetos
- Mudança de metas de negócios durante o projeto
- Falta de apoio do gerenciamento de negócios
- Falta de recursos
- Falta de apoio do gerenciamento de TI
- Mudança de tecnologia durante o projeto

(eixo: 0% – 80%)

Institute chama o quadro para a avaliação dessas demandas concorrentes de restrição tripla.

A relação entre as variáveis citadas é tal que se qualquer um dos três fatores mudar, pelo menos um outro fator provavelmente será afetado. Por exemplo, alterar a data de término do projeto poderá resultar em um aumento de custos para contratar mais pessoal ou diminuir o escopo para eliminar características ou funções. Aumentar o escopo de um projeto para incluir novas solicitações do cliente poderá traduzir-se em prolongamento do tempo do projeto para a sua conclusão ou o aumento do seu custo, ou ambos, a fim de acomodar as novas alterações do escopo. A qualidade do projeto é afetada pela capacidade do gerente de projeto para equilibrar essas demandas conflitantes. Projetos de alta qualidade fornecem o acordado, em relação ao produto ou ao serviço, dentro do tempo e do orçamento.

O gerenciamento de projeto é a ciência de resolver dilemas inteligentemente entre tempo, custo e escopo. Todos os três fatores combinados determinam a qualidade de um projeto. O conselho atemporal de Benjamin Franklin, "falhar em preparar-se é preparar-se para falhar", aplica-se a muitos dos projetos atuais de desenvolvimento de software. Um estudo recente concluiu que a taxa de fracasso de projetos de TI é muito maior em empresas que não exercem a função de gerenciamento disciplinado do projeto. A Figura 11.9 exibe os seis motivos pelos quais os projetos de TI fracassam, segundo a pesquisa da *Information Week's* com 150 gerentes de TI. Um projeto bem-sucedido é realizado normalmente dentro do tempo e do orçamento, atende aos requisitos do negócio e satisfaz as necessidades do cliente. O Hackett Group, uma consultoria com sede em Atlanta, analisou o banco de dados do cliente, o qual conta com 2 mil empresas, incluindo 81 empresas da *Fortune 100*, e descobriu que:

- Três em cada 10 grandes projetos de TI fracassam.
- Entre as empresas, 21% delas declaram que não conseguem adaptar-se rapidamente às mudanças do mercado.
- Uma empresa em cada quatro valida um processo de negócios de projetos de TI após a conclusão.[21]

FUNDAMENTOS DA GESTÃO DE PROJETOS

O Project Management Institute (PMI) define um **projeto** como um esforço temporário empreendido para criar um único produto, serviço ou resultado. A **gestão de projetos** é a aplicação de conhecimentos, habilidades, ferramentas e técnicas às atividades do projeto para atender os requisitos do projeto. Os projetos são atividades em curto prazo, como a remoção de antigos servidores, o desenvolvimento de um site personalizado de e-Commerce ou a fusão de bancos de dados. A Figura 11.10 fornece uma visão geral do PMI e seus principais termos de gerenciamento de projeto que todos os gerentes deveriam conhecer e entender.[22]

Antes de sua fusão com a Hewlett-Packard, a Compaq decidiu analisar e priorizar seus

FIGURA 11.10 — Project Management Institute (PMI)

- O **Project Management Institute** (PMI) desenvolve procedimentos e conceitos necessários para apoiar a profissão de gestão de projetos <http://www.pmi.org>. O PMI tem três áreas de concentração:
  1. As características distintivas de uma prática profissional (ética).
  2. O conteúdo e a estrutura do corpo de conhecimento da profissão (padrões).
  3. O reconhecimento da realização profissional (reconhecimento).
- Os **resultados do projeto** são quaisquer produtos, resultados ou itens mensuráveis, tangíveis e verificáveis produzidos para completar um projeto ou parte de um. Exemplos de resultados do projeto incluem documentos de projeto, roteiros de teste e documentos de requisitos.
- Os **marcos do projeto** representam datas-chave quando um determinado grupo de atividades deve ser realizado. Por exemplo, completar a fase de planejamento pode ser um marco do projeto. Se um marco de projeto é perdido, então há chances de o projeto estar com problemas.
- O **gerente de projetos** é um indivíduo que é um especialista em planejamento e gerenciamento, que define, desenvolve e monitora o plano do projeto para garantir que ele seja concluído dentro do prazo e do orçamento. O gerente de projeto é a pessoa responsável pela execução de todo o plano do projeto.
- O **escritório de gestão de projetos** (PMO) é um departamento interno que supervisiona todos os projetos organizacionais. Esse grupo deve formalizar e profissionalizar a experiência de gestão de projetos e a liderança. Uma das iniciativas básicas do PMO é educar a organização sobre as técnicas e os procedimentos necessários para executar projetos de sucesso.

projetos de desenvolvimento de sistema. Sabendo que o CIO queria poder visualizar todos os projetos, os líderes de gestão de projetos rapidamente identificaram e removeram os projetos não estratégicos. Ao final do processo de revisão, a empresa cancelou 39 projetos, economizando US$ 15 milhões. A maioria das empresas da *Fortune 100* está recebendo os benefícios de lucro final semelhante à da Compaq a partir da implementação de uma solução de gestão de projetos.[23]

A maioria dos gerentes de negócios não é gerente de projeto, no entanto, é inevitável que todos eles façam parte de uma equipe de projeto. Portanto, é importante entender como uma empresa gerencia seus projetos e como a cultura apoia a atividade. A arte e a ciência do gerenciamento de projeto devem coordenar inúmeras atividades, como mostrado na Figura 11.11. Os gerentes de projeto executam inúmeras atividades. O restante desta seção foca em quatro dessas atividades principais:

1. A escolha de projetos estratégicos.
2. O entendimento do planejamento do projeto.
3. A gestão de projetos.
4. A terceirização de projetos.

FIGURA 11.11 Papéis da gestão de projetos

●● OA11.7

Descrever as partes interessadas no projeto e os papéis dos patrocinadores executivos na escolha de projetos estratégicos.

ESCOLHA DE PROJETOS ESTRATÉGICOS

Uma das decisões mais difíceis para as empresas é determinar os projetos nos quais investir tempo, energia e recursos.

tados esperados do projeto. O "como" trata de questões como a abordagem, o cronograma e a análise de riscos do projeto. Determinar em quais projetos a empresa deve concentrar os esforços é tão necessário para os projetos como é cada projeto em si para a empresa.

As empresas também precisam escolher e priorizar os projetos de tal maneira que possam tomar decisões responsáveis a respeito de que projetos devem eliminar. Jim Johnson, presidente do Standish Group, identificou a gestão de projetos como o processo que pode fazer a diferença no sucesso do projeto e, de acordo com ele: "As empresas precisam de um processo que dê uma olhada regular em seus projetos e que decida, quantas vezes for necessário, se o investimento vai valer a pena. Da maneira como está agora, para a maioria das empresas, os projetos podem ter uma vida própria". A Figura 11.12 mostra as três técnicas mais comuns que uma empresa pode utilizar para selecionar projetos.[24]

[*"Determinar em quais projetos a empresa deve concentrar os esforços é tão necessário para os projetos como é cada projeto em si para a empresa."*]

Uma organização deve identificar o que quer fazer e como vai fazê-lo. O "que" da questão foca em questões como a justificativa para o projeto, a definição do projeto e os resultados esperados do projeto.

As **partes interessadas do projeto** são indivíduos e empresas ativamente envolvidos no projeto ou cujos interesses possam ser afetados como resultado da execução ou da

FIGURA 11.12 — Técnicas para a escolha de projetos estratégicos

1. Foque em metas organizacionais – Os gerentes estão descobrindo um enorme valor na escolha de projetos que se alinhem com as metas da empresa. Os projetos que atendem as metas da empresa tendem a ter uma maior taxa de sucesso, já que eles são importantes para a empresa toda.

2. Categorize os projetos – Existem várias categorias que uma empresa pode usar para agrupar os projetos para determinar sua prioridade. Um tipo de categorização inclui o problema, a oportunidade e as diretrizes. Os problemas são situações indesejáveis que impedem uma empresa de alcançar suas metas. As oportunidades são chances de melhorar a empresa. As diretrizes são os novos requerimentos impostos pela administração, pelo governo ou por alguma outra influência externa. Muitas vezes, é mais fácil obter a aprovação dos projetos do que lidar com problemas ou diretrizes, porque a empresa deve responder a essas categorias a fim de evitar perdas financeiras.

3. Faça uma análise financeira – Uma série de diferentes técnicas de análise financeira pode ser realizada para ajudar a determinar a prioridade de um projeto. Algumas incluem o valor presente líquido, o retorno sobre o investimento e a análise de retorno. Essas técnicas de análise financeira ajudam a determinar as expectativas financeiras da empresa para o projeto.

---

conclusão do projeto. As partes interessadas não estão necessariamente envolvidas na realização das entregas do projeto. Por exemplo, um vice-presidente financeiro (CFO) provavelmente não vai ajudar a testar um novo sistema de faturamento, mas com certeza estará esperando a conclusão do projeto.

As partes interessadas, tais como o CFO, também podem exercer influência sobre os objetivos e os resultados do projeto. É importante para todos os interessados entender o objetivo de negócio do projeto – mais uma vez, é sobre como obter a perspectiva geral. As partes medem os projetos com base em fatores tais como a satisfação do cliente, o aumento de receita ou a diminuição de custos.

A equipe de gerência do projeto deve identificar as partes interessadas, determinar suas necessidades e expectativas e, na medida do possível, gerenciar sua influência em relação aos requisitos para garantir um projeto bem-sucedido. Embora todas as partes interessadas sejam importantes, uma se destaca tendo o maior impacto sobre o sucesso ou fracasso de um projeto. É o patrocinador executivo. O PMI define *patrocinador executivo* como a pessoa ou grupo que fornece os recursos financeiros para o projeto. No entanto, a pesquisa mostra que a força da liderança do patrocinador executivo tem mais a ver com o sucesso ou o fracasso de um projeto do que qualquer outro fator. Na verdade, o patrocinador executivo deve prestar contas à equipe de projeto sobre muito mais do que o apoio financeiro. Ele fala em nome do projeto, apoia o gerente ao defender o projeto e compartilhar visão e benefícios, além de demonstrar compromisso e responsabilidade necessários para que o projeto sobreviva! Se na equipe há um patrocinador não participativo que se limita a verificar as faturas e questiona sobre o estado de um projeto, esse projeto certamente já começou mal.[25]

Outra parte da equação é a influência. Se o patrocinador executivo tem influência, ele pode usá-la para ganhar e dirigir os recursos essenciais necessários para realizar o projeto. Um patrocinador altamente conectado pode ser a diferença entre o sucesso e o fracasso. Ele deve ter o compromisso de usar essa influência para garantir a saúde do projeto. O apoio executivo ao gerenciamento influencia o processo e o progresso de um projeto. Não importa qual seja o caso, a falta de apoio e contribuição dos executivos pode colocar um projeto em grande desvantagem.

OA11.8
Destacar os componentes do termo de abertura do projeto.

OA11.9
Descrever os dois principais diagramas mais utilizados no planejamento de projetos.

ENTENDIMENTO DO PLANEJAMENTO DE PROJETOS

Uma vez que uma organização selecionou os projetos estratégicos e identificou o seu gerente, é hora de construir o componente principal: o planejamento do projeto. Criá-lo envolve dois componentes fundamentais:

- O termo de abertura do projeto.
- O plano de projeto.

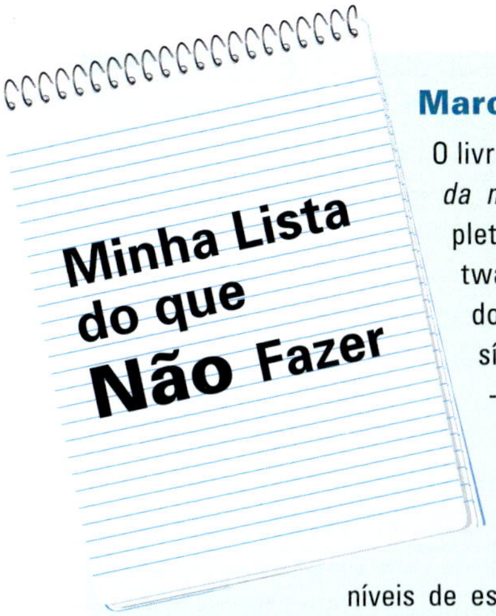

Marcha da morte

O livro de Edward Yourdon, *Marcha da morte*, descreve o guia completo do desenvolvedor de software para sobreviver a projetos do tipo "missão impossível". Hoje, espera-se que os projetos alcancem o impossível, superem inúmeras limitações e lidem com elevados níveis de estresse e imperfeitas condições de trabalho. No *Marcha da morte*, o lendário desenvolvedor de software Edward Yourdon chega para o salvamento. Yourdan desenvolveu o quadrante de estilos de projeto chamado Marcha da morte, como mostrado na figura. Se você tem uma meta, esta deve ser evitar todos os projetos suicidas!

Analise seus projetos de escola e de trabalho e encontre um projeto que se encaixa em cada quadrado. O que você poderia ter feito de maneira diferente em seu projeto suicida para garantir seu sucesso? O que você pode fazer para evitar ser colocado em um projeto suicida? Dada a escolha, em que tipo de projeto você escolheria para trabalhar e por quê?

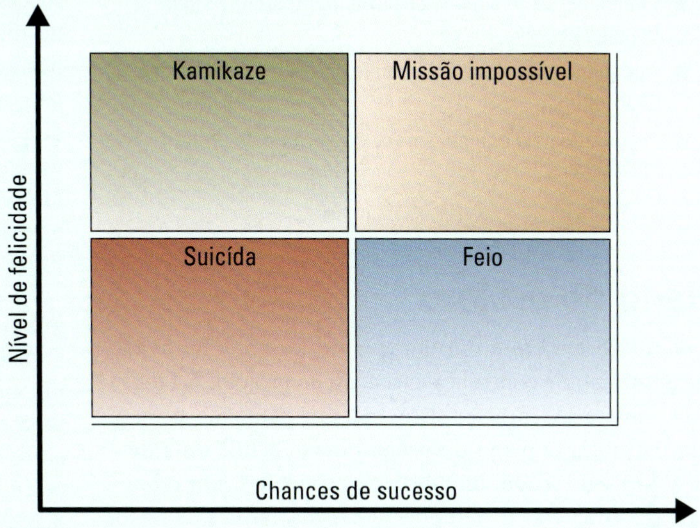

(Quadrante: Eixo Y – Nível de felicidade; Eixo X – Chances de sucesso. Quadrantes: Kamikaze, Missão impossível, Suicída, Feio.)

Termo de abertura do projeto

Muitos profissionais de projeto acreditam que um projeto sólido é iniciado com um termo de abertura, uma declaração de escopo e um plano de gerenciamento do projeto. Um ***termo de abertura de projeto*** é um documento emitido pelo responsável ou patrocinador do projeto que autoriza formalmente sua existência e dá ao gerente a autoridade para aplicar os recursos organizacionais nas atividades do projeto. Resumindo, isso significa que existe alguém para pagar e apoiar o projeto. Um termo de abertura do projeto normalmente inclui vários elementos.

- O ***escopo do projeto*** define o que deve ser concluído para entregar um produto com as características e funções especificadas. Uma declaração do escopo do projeto descreve a necessidade de negócio, a justificativa, os requisitos e os limites atuais para o projeto. A necessidade de negócio pode ser caracterizada pelo problema que o projeto vai resolver. Isso é importante para vincular o projeto às metas gerais de negócios da empresa. A declaração do escopo do projeto inclui limitações, pressupostos e requisitos – todos os componentes necessários para o desenvolvimento de estimativas de custos exatas.
- Os ***objetivos do projeto*** são critérios quantificáveis que devem ser atendidos para que o projeto seja considerado um sucesso.
- As ***restrições do projeto*** são fatores específicos que podem limitar as opções. Elas incluem: orçamento, prazos de entrega, disponibilidade de recursos qualificados e políticas organizacionais.
- As ***hipóteses do projeto*** são fatores que são considerados verdadeiros, reais ou certos sem prova ou demonstração. Exemplos incluem as horas em uma semana de trabalho ou época do ano em que o trabalho será realizado.

Os objetivos do projeto constituem uma das áreas mais importantes a serem definidas, porque eles são os elementos principais do projeto. Quando uma empresa atinge os objetivos do projeto, ela realizou as principais metas deste, e seu escopo está satisfeito. Os objetivos do projeto devem incluir métricas, de modo que o sucesso do projeto possa ser medido. As métricas podem incluir custo, cronograma e métricas de qualidade, juntamente com uma série de outras métricas. A Figura 11.13 mostra os critérios SMART – úteis lembretes sobre como garantir que o projeto tenha criado objetivos compreensíveis e mensuráveis.

FIGURA 11.13 Critérios SMART para a criação do objetivo com sucesso

- **S**pecific (Específico)
- **M**easurable (Mensurável)
- **A**greed upon (Acordado)
- **R**ealistic (Realista)
- **T**ime framed (Tempo definido)

FIGURA 11.14 — Características do plano de projeto bem definido

- Fácil de entender.
- Fácil de ler.
- Comunica-se com todos os participantes-chave (partes interessadas chave).
- Adequado ao tamanho, à complexidade e à criticidade do projeto.
- Preparado pela equipe, em vez do gerente de projeto individual.

Plano de projeto

O *plano do projeto* é um documento formal e aprovado que administra e controla a execução do projeto. A Figura 11.14 mostra as características de um plano de projeto bem definido. O plano do projeto deve incluir uma descrição do seu escopo, uma lista de atividades, um cronograma, estimativas de tempo e de custos, fatores de risco, recursos, atribuições e responsabilidades. Além desses componentes básicos, a maioria dos projetos profissionais também inclui planos de contingência e estratégias de comunicação e análise e um *kill switch* – um gatilho que permite que um gerente do projeto o encerre antes da conclusão.

Um bom plano de projeto deve incluir estimativas de receitas e necessidades estratégicas. Ele também deve incluir métodos de medição e de relatórios e detalhes sobre a forma como a liderança vai envolver-se no projeto. Um bom plano informa às partes interessadas sobre os benefícios do projeto e justifica o investimento, o compromisso e o risco do projeto no que se refere à missão geral da empresa.[26]

O desenvolvimento deve conter frequentes auto-avaliações, o que permite término antecipado de projetos falhos, com economia dos custos associados. Isso libera capital e pessoal para dedicação aos projetos que valem a pena. A eliminação de um projeto deve ser vista como o gerenciamento bem-sucedido dos recursos, não como uma admissão de fracasso.

A parte mais importante do plano é a comunicação. O gerente de projeto deve comunicar o plano para cada membro da equipe de projeto e para todos os executivos e partes interessadas. O plano do projeto também deve incluir todas as hipóteses do projeto e deve ser suficientemente detalhado para orientar sua execução. Uma chave para o sucesso do projeto é o ganho de consenso e de engajamento de todas as partes interessadas. Ao incluir as principais partes interessadas no desenvolvimento do plano do projeto, o gerente de projeto permite que elas tenham a posse do plano. Isso é traduzido frequentemente em maior senso de compromisso, que, por sua vez, resulta em maiores motivação e produtividade. Os dois diagramas principais mais utilizados no planejamento do projeto são os gráficos PERT e Gantt.

um gráfico PERT (*Program Evaluation and Review Technique*) é um modelo gráfico de rede que mostra tarefas de um projeto e as relações entre elas. Uma **dependência** é uma relação lógica que existe entre tarefas do projeto, ou entre uma tarefa do projeto e um marco. Os gráficos PERT definem a dependência entre as tarefas do projeto antes que elas sejam agendadas (ver Figura 11.15). As caixas na Figura 11.15 representam as tarefas do projeto, cujo conteúdo o gerente de projeto pode ajustar para apresentar vários atributos do projeto, como o cronograma e o tempo real de início e término. As setas indicam que uma tarefa é dependente do início ou término de outra. O *caminho crítico* é um caminho que vai do começo ao fim e que passa por todas as tarefas que são essenciais para a conclusão do projeto no menor tempo. Os gráficos PERT frequentemente

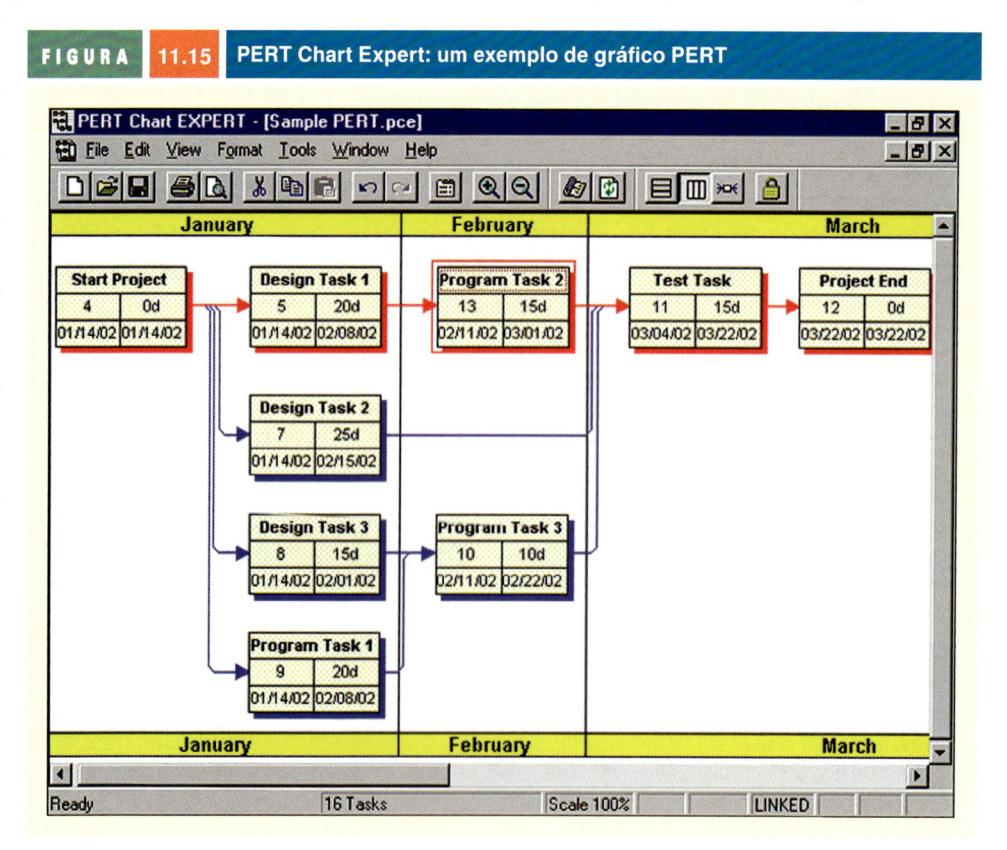

FIGURA 11.15 — PERT Chart Expert: um exemplo de gráfico PERT

mostram o caminho crítico do projeto.

um gráfico Gantt é um gráfico de barras simples que descreve as tarefas do projeto em um calendário. Em um gráfico de Gantt, as tarefas são listadas na vertical e o intervalo de tempo do projeto é listado na horizontal. Ele funciona bem para representar o cronograma do projeto e também mostra o progresso real de tarefas *versus* a duração prevista. A Figura 11.16 exibe um projeto de desenvolvimento de software usando um gráfico de Gantt.

FIGURA 11.16 Microsoft Project: um exemplo de gráfico de Gantt

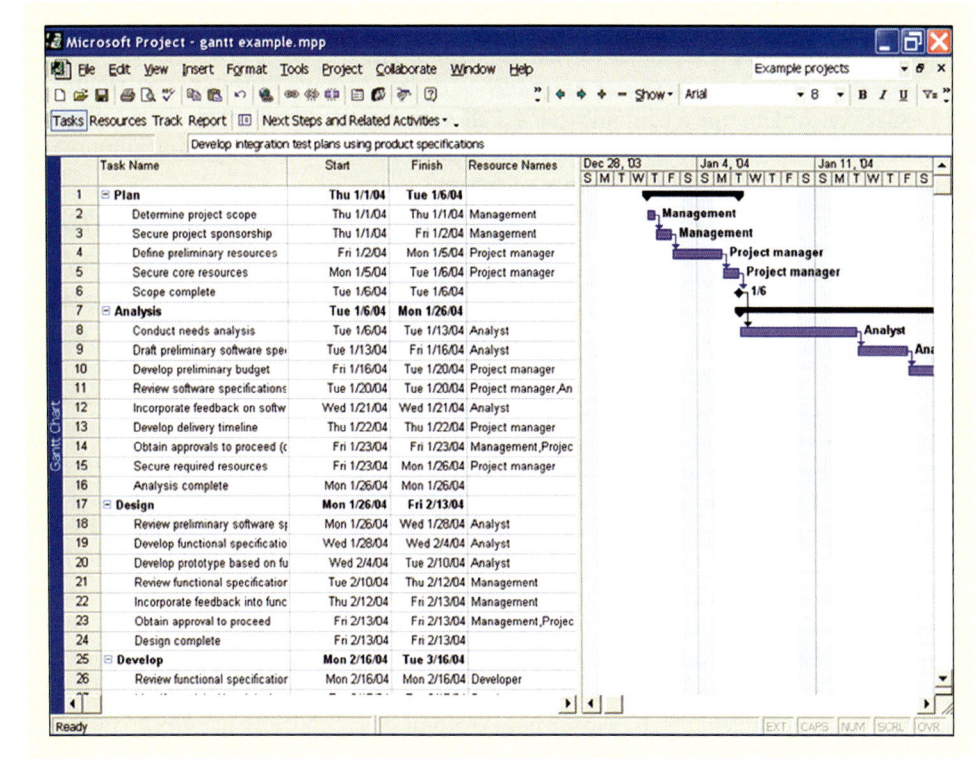

●● **OA11.10**
Identificar as três principais áreas em que um gerente de projeto deve se concentrar no respectivo gerenciamento para garantir o sucesso.

GESTÃO DE PROJETOS

A pesquisa do Standish Group mostra claramente que os projetos tendem a ser menos contestados e mais bem-sucedidos se têm um gerente de projetos competente e qualificado. Mais uma vez, um **gerente de projeto** é um especialista em planejamento e gestão de projetos, define e desenvolve o plano do projeto e acompanha o plano para garantir que o projeto seja concluído dentro do prazo e do orçamento. Um gerente de projeto pode, é claro, trazer enormes benefícios para uma organização, como despesas sob controle, moral alto e rápido tempo de colocação no mercado. Um gerente de projetos competente estabelece as expectativas corretas no início do projeto com metas alcançáveis. Gerenciar um projeto inclui:

- Identificar as necessidades.
- Estabelecer objetivos claros e exequíveis.
- Equilibrar as demandas conflitantes de qualidade, escopo, tempo e custo.
- Adaptar as especificações, os planos e a abordagem às diferentes preocupações e expectativas das diversas partes interessadas.[27]

Além de gerenciar esses objetivos, um gerente de projeto bem-sucedido possui uma variedade de habilidades definitivas e flexíveis. A pesquisa do Standish Group mostra também que os gerentes de projetos bem-sucedidos têm o conhecimento operacional básico dos negócios e boas habilidades de negócios. Quando um gerente de projeto tem uma boa compreensão das operações de negócios, ele pode melhorar a comunicação crítica entre os designers, os desenvolvedores, a comunidade de usuários e a liderança. Um gerente de projeto experiente deve conseguir minimizar o escopo e criar uma estimativa melhor, pois ele sabe como dizer 'não' sem criar polêmica. E um bom gerente de projeto deve ter aprendido que uma parte interessada feliz é aquela que recebe menos promessas e mais entregas! Um gerente de projeto deve focar na gestão de três áreas principais para assegurar o sucesso:

1. Pessoas
2. Comunicação
3. Mudança

Gerenciamento de pessoas

Gerenciar pessoas é uma das atividades mais duras e importantes que um gerente de projeto empreende. Resolver conflitos dentro da equipe e equilibrar as necessidades do projeto com as necessidades pessoais e profissionais da equipe são os dois principais desafios enfrentados pelos gerentes de projeto. Mais e mais gerentes de projeto são a principal (e, às vezes, a única) interface com o cliente durante o projeto. Por exemplo, a comunicação, a negociação, o marketing e a arte de vender são tão importantes para o gerente do projeto como a perspicácia financeira e analítica. Muitas vezes, é o gerenciamento de pessoas que faz a diferença em conseguir um projeto de sucesso.

Gerenciamento das comunicações

Enquanto muitas empresas desenvolvem esquemas únicos de gestão de projetos baseados em padrões conhecidos, todas concordam que a comunicação é a chave para a excelência na gestão de projetos. Isso é bastante fácil de afirmar, mas não tão fácil de realizar! É extremamente útil se um gerente de projeto planeja o que e como comunicar-se como uma parte formal do plano de gestão de projetos. Na maioria das vezes, um documento é referido como um plano de comunicação. Um gerente de projeto distribui a informação oportuna, precisa e significativa a respeito dos objetivos do projeto que envolve tempo, custo, escopo e qualidade, e o estado de cada um. O gerente de projeto compartilha pequenas vitórias ao longo do projeto, informa outros de correções necessárias, faz pedidos conhecidos de recursos adicionais e mantém todas as partes interessadas informadas sobre o cronograma do projeto.

receber *feedback* Outro aspecto de um plano de gerenciamento de comunicações do projeto é fornecer um método para obter e monitorar o *feedback* continuamente e para todas as partes interessadas. Isso não quer dizer que um gerente de projeto precisa passar horas incontáveis respondendo a cada e-mail e a cada pergunta. Pelo contrário, o gerente deve desenvolver um método para pedir um *feedback* específico como parte do plano e responder a ele de uma maneira oportuna e organizada. Os membros da equipe permanecem o mais próximo possível do projeto e devem ser incentivados a compartilhar um *feedback* honesto. É responsabilidade do gerente do projeto promover um ambiente de confiança para que todos se sintam seguros para contribuir com seus conhecimentos e ideias, mesmo que isso signifique veicular más notícias ou ter pontos de vista conflitantes.

Gestão de mudança

A mudança, seja na forma de uma crise, de um ajuste de mercado, ou de um desenvolvimento tecnológico, é um desafio para todas as empresas. As pessoas bem-sucedidas aprendem a prever e a reagir adequadamente à mudança. A Snap-on, uma fabricante de ferramentas e equipamentos para especialistas, como mecânicos de automóveis, é bem-sucedida em relação à gestão da mudança. Recentemente, a empresa aumentou os lucros em 12%, embora as vendas tenham caído 6,7%. Dennis Leitner, vice-presidente de TI, administra o grupo de TI no dia a dia e lidera a implementação de todas as principais iniciativas de desenvolvimento de software. Cada iniciativa de desenvolvimento de software é gerenciada pelo negócio e TI. Na verdade, os recursos de negócios estão na folha de pagamento de TI, e eles gastam 80% do tempo aprendendo o que uma unidade de negócios está fazendo e como a TI pode ajudar. O papel de Leitner foca principalmente no planejamento estratégico, na gestão de mudanças e na criação de métricas para monitorar o desempenho.[28]

---

mostre-me o DINHEIRO

Mantendo o tempo

A Time Keepers Inc. é uma pequena empresa especializada em consultoria de gestão de projetos. Você é um gerente sênior de projeto e foi recentemente posto à disposição da Tahiti Tanning Lotion. A empresa Tahiti Tanning Lotion tem atualmente uma taxa de sucesso de 10% (90% de taxa de fracasso) em todos os projetos internos de TI. Sua primeira tarefa é analisar um dos planos de projetos atuais que estão sendo usados para desenvolver um novo sistema de CRM (veja a figura a seguir). Examine o plano de projeto e crie um documento que liste os inúmeros erros que ele contém. Certifique-se também de dar sugestões sobre como corrigi-los.

FIGURA 11.17 Razões comuns das mudanças

1. Uma omissão na definição do escopo inicial.
2. A incompreensão do escopo inicial.
3. Um evento externo, como regulamentações governamentais, que criam novos requisitos.
4. Mudanças organizacionais, como fusões, aquisições e parcerias, que criam novos problemas e oportunidades de negócios.
5. A disponibilidade de uma tecnologia melhor.
6. Mudanças na tecnologia que forçam alterações inesperadas e significativas na empresas, cultura e/ou processos.
7. Os usuários ou a gerência querendo que o sistema faça mais do que o inicialmente solicitado ou acordado.
8. A gerência reduzindo o financiamento para o projeto ou impondo um prazo mais curto.

A mudança da dinâmica organizacional é inevitável, e uma organização deve gerenciar de maneira eficaz as mudanças à medida que elas evoluem. Com os inúmeros desafios e complexidades que as empresas enfrentam hoje, nesse ambiente em rápida mutação, a gestão eficaz da mudança torna-se uma competência central. A *gestão da mudança* é um conjunto de técnicas que ajudam na evolução, na composição e no gerenciamento da política de concepção e implementação de um sistema. A Figura 11.17 mostra algumas das razões mais comuns das mudanças.[29]

Um *sistema de gestão de mudança* inclui um conjunto de procedimentos para documentar uma solicitação de mudança e definir os passos necessários para considerar a mudança com base no seu impacto esperado. A maioria dos sistemas de gestão de mudança requer que um formulário de solicitação seja iniciado por uma ou mais partes interessadas no projeto (proprietários, usuários, clientes, analistas, desenvolvedores de sistemas). Idealmente, esses pedidos de mudança são avaliados por um *conselho de controle de mudanças* (CCB, *Changl Control Board*), que é responsável por aprovar ou rejeitar todos os pedidos de mudança. A composição do CCB geralmente inclui um representante de cada área de negócio que tem uma participação no projeto. A decisão do CCB em aceitar ou rejeitar cada alteração é baseada em uma análise do impacto da mudança. Por exemplo, se um departamento quer implementar uma mudança que irá aumentar o tempo e o custo de implantação, então os outros donos de negócios precisam concordar

> A mudança é uma oportunidade, não uma ameaça.

que a mudança é válida, justificando o prazo estendido e o aumento do orçamento.

A mudança é uma oportunidade, não uma ameaça; e perceber que a mudança é a regra, e não a exceção, vai ajudar uma empresa a ficar à frente. Tornar-se um líder de mudanças e aceitar a sua inevitabilidade pode ajudar a assegurar que uma empresa possa sobreviver e prosperar, mesmo em tempos de mudança. A Figura 11.18 mostra as três orientações importantes que os líderes de mudança podem seguir para criar uma mudança efetiva dentro e fora de suas empresas.[30]

OA11.11
Explicar os três diferentes tipos de terceirização.

PROJETOS DE TERCEIRIZAÇÃO

No ambiente de negócios global altamente veloz, uma empresa precisa maximizar seus lucros, aumentar a sua quota de mercado e conter seus custos crescentes. As empresas precisam fazer todos os esforços para repensar e adotar novos processos, especialmente os recursos potenciais quanto aos trabalhos internos e terceirizados. Duas opções básicas estão disponíveis para as empresas que desejam desenvolver e manter seus sistemas de informação: internalização e terceirização.

A *internalização (desenvolvimento interno)* é uma abordagem comum que utiliza a experiência profissional dentro de uma organização para desenvolver e manter a tecnologia de sistemas de informação da organização. A internalização tem sido fundamental na criação de uma fonte viável de profissionais de TI e na criação de uma força de trabalho de melhor

FIGURA 11.18 Três orientações importantes para a gestão eficaz da mudança

1. **Institua políticas de gestão de mudança** – Crie políticas e procedimentos claramente definidos que devem ser seguidos cada vez que um pedido de mudança é recebido.
2. **Antecipe a mudança** – Veja a mudança como uma oportunidade e abrace-a.
3. **Procure a mudança** – A cada 6 a 12 meses, procure por mudanças que possam ser janelas de oportunidade. Analise sucessos e fracassos para determinar se existem possibilidades de inovação.

qualidade combinando competências técnicas e empresariais.

A *terceirização* é um acordo pelo qual uma empresa fornece um ou mais serviços para outra empresa que opta por não realizá-los internamente. Em alguns casos, todo o departamento de tecnologia de informação é terceirizado, incluindo o planejamento e a análise de negócios, bem como a instalação, o gerenciamento e serviços da rede e das estações de trabalho. A terceirização pode variar de um grande contrato em que uma empresa como a IBM gerencia serviços de TI para uma empresa como a Xerox, até a prática de contratação de trabalhadores temporários individualmente. A Figura 11.19 compara as funções de empresas terceirizadas, e a Figura 11.20 mostra as principais razões de terceirização das empresas.

No início de 1990, a British Petroleum (BP) começou a enxergar a terceirização de TI como uma forma de reduzir drasticamente os custos e obter recursos mais flexíveis e de alta qualidade que melhoram diretamente o negócio global. Nos últimos dez anos, todas as empresas do Grupo BP incorporaram iniciativas de terceirização em seus planos de negócios. Os custos da tecnologia de informação da BP foram reduzidos em 40% mundialmente durante os primeiros três anos da contratação de terceirização e continuaram com uma redução de 10%, ano após ano, levando a centenas de milhões de dólares em economia para a BP.[31]

FIGURA 11.19 Departamentos mais usualmente terceirizados pelas organizações

Percentual de funções terceirizadas
- Tecnologia da informação
- Recursos humanos
- Gerenciamento de instalações
- Finanças e contabilidade
- Marketing/Vendas
- Nenhum departamento
- Outros departamentos

A terceirização da TI permite às empresas acompanhar os avanços do mercado e da tecnologia, com menos pressão sobre os recursos humanos e financeiros e mais garantia de que a infraestrutura vai manter o ritmo de evolução das prioridades da empresa (ver Figura 11.21). O planejamento, a implantação e o gerenciamento de ambientes de TI são tanto uma tática quanto um desafio estratégico que devem levar em conta as preocupações organizacionais, industriais e tecnológicas de uma empresa. As três formas diferentes de terceirização que um projeto deve considerar são:

1. **Terceirização Onshore** – Envolve outra empresa de serviços do mesmo país.
2. **Terceirização Nearshore** – Contrata um acordo de terceirização com uma empresa de um país vizinho. Muitas vezes, um país faz fronteira com o outro.
3. **Terceirização Offshore** – Utiliza empresas de países em desenvolvimento para compor código e desenvolver sistemas. Na terceirização *offshore*, o país está geograficamente distante.

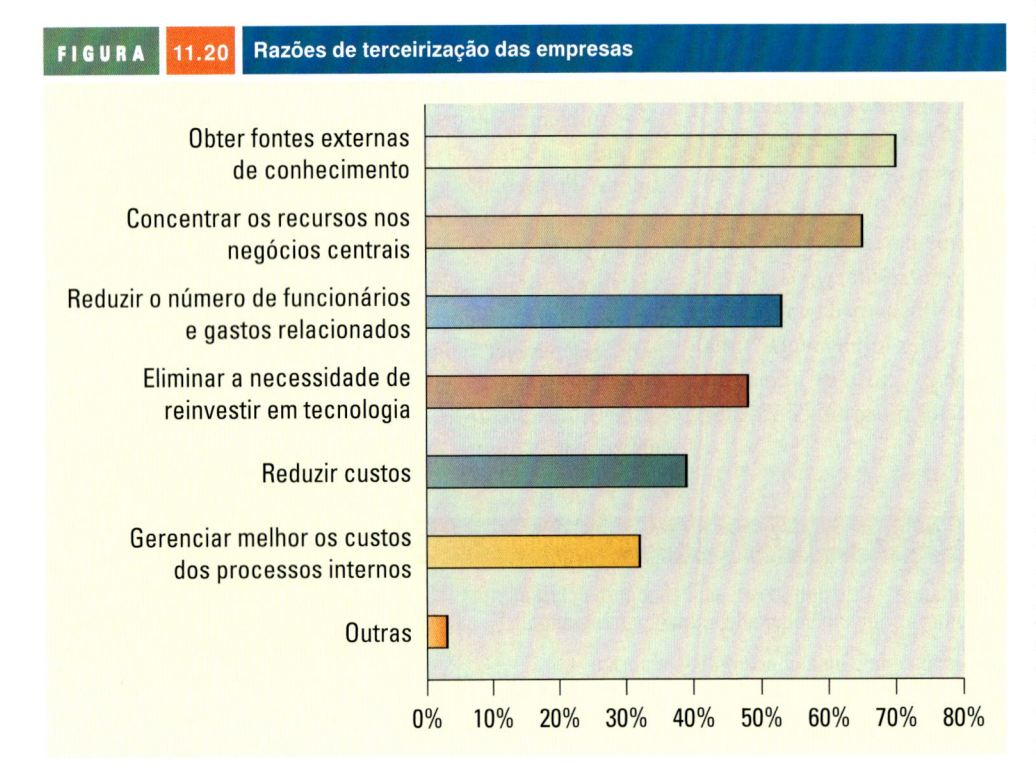

Desde meados da década de 1990, as grandes empresas dos Estados Unidos têm enviado porções significativas de seu trabalho de desenvolvimento de software para fornecedores de outros países, principalmente a Índia, mas também para China, Europa Oriental (incluindo a Rússia), Irlanda, Israel e Filipinas. A grande motivação para a terceirização offshore é um trabalho bom e barato. Um programador que ganha cerca de US$ 63 mil anuais nos Estados Unidos, ganha

FIGURA 11.20 Razões de terceirização das empresas

- Obter fontes externas de conhecimento
- Concentrar os recursos nos negócios centrais
- Reduzir o número de funcionários e gastos relacionados
- Eliminar a necessidade de reinvestir em tecnologia
- Reduzir custos
- Gerenciar melhor os custos dos processos internos
- Outras

FIGURA 11.21 Modelos de terceirização e redução de custos

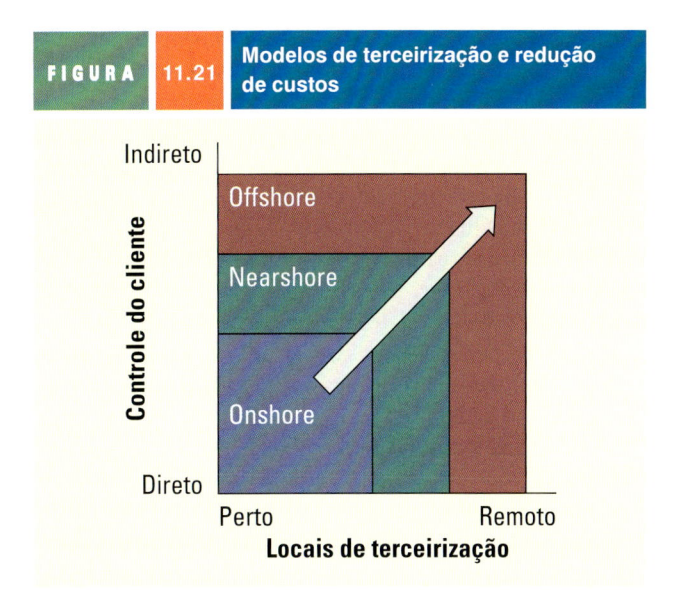

Eixo Y (Controle do cliente): Indireto ↔ Direto
Eixo X (Locais de terceirização): Perto ↔ Remoto
Camadas: Offshore, Nearshore, Onshore

apenas US$ 5 mil no exterior (ver Figura 11.22). As empresas podem facilmente obter economias de custos de 30 a 50% por meio da terceirização offshore e ainda receber a mesma qualidade do serviço, se não melhor.[32]

Países desenvolvidos e em desenvolvimento em toda a Europa e Ásia oferecem alguns serviços de terceirização de TI, mas a maioria é prejudicada em algum grau por causa da língua, da infraestrutura de telecomunicação ou por barreiras regulatórias. O primeiro e maior mercado offshore é a Índia, cuja população fala inglês e é tecnologicamente avançada e transformou o negócio de serviços de TI em uma indústria de US$ 4 bilhões. Infosys, NIIT, Satyam, TCS e Wipro estão entre os maiores prestadores de serviços de terceirização indiana, todos com presença significativa nos Estados Unidos.[33]

Desde que a Eastman Kodak anunciou que estava terceirizando seus sistemas de informação, em 1988, para a IBM, DEC e Businessland, as grandes empresas têm considerado aceitável transferir seus ativos de TI, locações e pessoal para a terceirização. Em virtude das mudanças na fonte de fornecimento, a questão-chave não é "Devemos terceirizar TI?", mas "Onde e como podemos tirar proveito do rápido desenvolvimento do mercado de prestadores de serviços de TI?". Alguns dos direcionadores influentes que afetam o crescimento do mercado de terceirização incluem:

- **Competências centrais.** Muitas empresas recentemente começaram a considerar a terceirização como um meio para estimular o crescimento das receitas, em vez de apenas uma medida de corte de custos. A terceirização permite que uma empresa mantenha uma infraestrutura de tecnologia atualizada, enquanto fica livre para focar em metas de crescimento das receitas mediante reinvestimento de dinheiro e do capital humano nas áreas que oferecem o melhor retorno sobre o investimento.
- **Economia financeira.** É geralmente mais barato contratar profissionais na China e na Índia do que nos Estados Unidos. A tecnologia está

omg lol*

Multa por dirigir um carrinho de golfe

A polícia sueca parou Bill Murray e o acusou de dirigir embriagado quando tentou conduzir o seu carrinho de golfe do Café Opera, um restaurante de luxo no centro da cidade, de volta ao seu hotel. Um carrinho de golfe anda somente a cerca de cinco quilômetros por hora, e parece estranho que se possa receber uma multa por dirigir alcoolizado. No entanto, países diferentes têm leis diferentes. Alguns outros enganos de ordem cultural que você pode evitar incluem:

- Vários gerentes de uma empresa norte-americana perceberam que a marca do óleo de cozinha que estavam vendendo em um país latino-americano era traduzida para o espanhol como "Óleo Babaca".
- A American Motors estava animada para comercializar o seu novo carro, o Matador, que foi baseado na imagem de coragem e força. No entanto, em Porto Rico, o nome Matador equivale a "assassino", e os consumidores não estavam dispostos a conduzir um carro assassino em estradas perigosas do país.
- Um anúncio de nova colônia retratava um cenário tranquilo, com um homem e seu cão. Ele não fez sucesso nos países islâmicos porque os cães são considerados impuros.
- Um comercial de um sabonete popular da Procter&Gamble europeia mostrava uma mulher tomando banho e seu marido entrando no banheiro e sorrindo. A P&G decidiu que o comercial fez tanto sucesso que ele iria ao ar no Japão. O problema? Os japoneses consideraram o anúncio uma invasão de privacidade, um comportamento inadequado e de gosto muito duvidoso.
- Um empresário norte-americano recusou-se a aceitar uma oferta de uma xícara de café de um empresário saudita. Essa rejeição é considerada muito rude, e todo o negócio foi encerrado.
- Uma empresa de fabricação de bolas de golfe embalou seus produtos em pacotes de quatro para compra conveniente no Japão. Infelizmente, a pronúncia da palavra "quatro" em japonês soa como a palavra "morte", e embalagens de quatro itens não são populares.

As empresa que estão se expandindo globalmente estão à procura de oportunidades e não de problemas. Ainda assim, as leis e os procedimentos que entram em jogo ao estabelecer uma loja no exterior, abrangendo tudo, desde contratação e demissão até declarações de imposto, podem ser um campo minado. Quais os tipos de cultura, linguagem e questões legais que uma empresa espera encontrar quando se trata de uma empresa de terceirização? O que uma empresa pode fazer para mitigar esses riscos?

---

* N. de T.: Acrônimo, usado na internet, que corresponde às expressões "Oh! My God" (Oh! Meu Deus) e "laughing out loud" (rindo alto), usadas para caracterizar os absurdos que encontramos na rede.

FIGURA 11.22 — Faixas salariais típicas para os programadores de computador

País	Faixa de salário por ano (em US$)
China	5.000–9.000
Índia	6.000–10.000
Filipinas	6.500–11.000
Rússia	7.000–13.000
Irlanda	21.000–28.000
Canadá	25.000–50.000
Estados Unidos	60.000–90.000

avançando a uma taxa tão acelerada que as empresas muitas vezes sofrem com a falta de recursos, de força de trabalho ou da manutenção do conhecimento. É quase impossível para um departamento de TI manter um *status* de "melhor do mercado", especialmente entre as pequenas e médias empresas, para as quais custo é um fator crítico.

- **Crescimento rápido.** A sustentabilidade de uma empresa depende da velocidade do mercado e da capacidade de reagir rapidamente às mudanças nas condições de mercado. Tirando vantagem da terceirização, uma organização é capaz de adquirir o conhecimento de melhores práticas de processos. Isso facilita a concepção, a criação, o treinamento e a implantação de processos ou funções de negócio.
- **Mudanças no setor.** Altos níveis de reorganização em todos os setores aumentaram a demanda por terceirização para melhorar o foco nas competências centrais. O aumento significativo na atividade de fusões e aquisições criou uma súbita necessidade de integrar múltiplas funções de negócio centrais e não centrais em um único negócio, enquanto a desregulamentação dos setores de utilidades e de telecomunicações criou uma necessidade de assegurar o cumprimento das regras e regulamentações governamentais. As empresas, em qualquer situação, voltaram-se à terceirização para que pudessem melhor focar nas mudanças no setor em questão.
- **A internet.** A natureza predominante da internet como um canal de vendas efetivo deixou os clientes mais confortáveis com a terceirização. As barreiras de entrada, como a falta de capital, estão drasticamente reduzidas no mundo do e-Business devido à internet. Novos concorrentes entram no mercado diariamente.
- **Globalização.** À medida que os mercados se abrem em todo o mundo, a competição esquenta. As empresas podem envolver prestadores de serviços de terceirização para oferecer serviços internacionais.[34]

A Best Buy Co. Inc. é a varejista número um dos Estados Unidos para eletrônicos de consumo, computadores pessoais, softwares de entretenimento e ferramentas. A Best Buy precisava encontrar um parceiro estratégico de TI que pudesse ajudá-la a alavancar suas funções de TI para atender seus objetivos de negócio. A empresa também queria integrar seus diferentes sistemas empresariais e minimizar seus custos operacionais. Ela terceirizou essas funções para a Accenture, uma consultoria global de gerenciamento, de serviços de tecnologia e de terceirização. O abrangente relacionamento de terceirização que levou à transformação da Best Buy produziu resultados espetaculares que foram mensuráveis em cada área-chave de seus negócios, tais como um aumento de 20% nas receitas de categoria-chave, que se traduziu em uma melhoria de 25 milhões de lucro.[35]

De acordo com a pesquisa da PricewaterhouseCoopers com os CEOs das 452 empresas de mais rápido crescimento dos Estados Unidos: "As empresas que terceirizam estão crescendo mais rápido, ficando maiores e mais rentáveis do que aquelas que não terceirizam. Além disso, a maioria dos envolvidos na terceirização diz que está economizando dinheiro e está muito satisfeita com seus prestadores de serviços terceirizados". A Figura 11.23 lista áreas comuns de oportunidades de terceirização em todos os setores.[36]

Benefícios da terceirização

Os muitos benefícios associados à terceirização incluem:

- O aumento da qualidade e da eficiência de um processo, serviço ou função.
- A redução de despesas operacionais.
- Os recursos focados em competências centrais geradoras de lucros.
- Redução da exposição aos riscos envolvidos com grandes investimentos de capital.
- Acesso à escala de economia de prestadores de serviços de terceirização.
- Acesso aos conhecimentos e práticas líderes no ramo do prestador de serviços de terceirização.
- Acesso a tecnologias avançadas.
- Maior flexibilidade com a capacidade de responder rapidamente às demandas do mercado.
- Não há gasto dispendioso de fundos de capital.
- Redução do número de funcionários e gastos gerais associados.
- Redução de frustração e de gastos relacionados à contratação e retenção de funcionários em um mercado de trabalho extremamente estreito.
- Redução do tempo de colocação no mercado para os bens ou serviços.[37]

FIGURA 11.23 — Oportunidades de terceirização

Setor	Oportunidades
Operações bancárias e finanças	Processamento de cheques e pagamentos eletrônicos, emissão de relatório de crédito, gerenciamento de inadimplência, títulos e processamento de transações.
Seguros	Relatório e investigação de reclamações, administração de políticas, processamento de cheques, avaliação de risco.
Telecomunicações	Produção e processamento de transações de nota fiscal e faturas.
Assistência médica	Intercâmbio eletrônico de dados, gerenciamento de banco de dados, contabilidade.
Transporte	Processamento de bilhetes e pedidos.
Governo	Processamento de empréstimo e de seguro de saúde.
Varejo	Processamento eletrônico de pagamentos.

Desafios da terceirização

A terceirização vem com vários desafios. Esses argumentos são válidos e devem ser considerados quando uma empresa está pensando em terceirizar. Muitos desafios podem ser evitados com a devida pesquisa. Os desafios incluem:

- **Período do contrato.** A maioria dos contratos terceirizados de TI tem um período de tempo relativamente longo (vários anos). Isso é devido ao alto custo de transferência de ativos e funcionários, bem como à manutenção de investimentos tecnológicos. O contrato enseja três questões específicas:
    1. Dificuldades para terminar um contrato se o prestador de serviços de terceirização passa a ser inadequado.
    2. Problemas no prognóstico do que a empresa vai precisar nos próximos 5 ou 10 anos (duração normal de contratos), criando dificuldades no estabelecimento de um contrato adequado.
    3. Problemas na reforma de um departamento interno de TI após o término da vigência do contrato.
- **Vantagem competitiva.** A utilização eficaz e inovadora de TI pode dar à empresa uma vantagem competitiva sobre seus concorrentes. Uma vantagem competitiva de negócios fornecida por um departamento interno de TI que compreende a empresa e está comprometida com suas metas pode ser perdida em um plano terceirizado. Em um plano terceirizado, o pessoal de TI está se esforçando para atingir as metas e objetivos do prestador de serviços de terceirização, o que pode ser conflitante com os da organização.
- **Confidencialidade.** Em algumas empresas, a informação armazenada nos sistemas de computador é fundamental para o sucesso ou sobrevivência delas, tais como informações sobre políticas de preços, fórmulas de mistura de produtos ou análise de vendas. Algumas empresas decidem contra a terceirização com medo de colocar informações confidenciais em mãos do prestador de terceirização, especialmente se ele oferece serviços a concorrentes no mesmo mercado. Embora a empresa geralmente descarte essa ameaça, afirmando que há cláusulas de confidencialidade no contrato, a empresa contratante deve avaliar o risco potencial e os custos de uma quebra de confidencialidade para determinar os benefícios líquidos de um acordo de terceirização.
- **Definição do escopo.** A maioria dos projetos de TI sofre com problemas relacionados à definição do escopo do sistema. O mesmo problema aflige os planos de terceirização. Muitas dificuldades resultam de desentendimentos contratuais entre a empresa e o prestador de serviços de terceirização. Em tais circunstâncias, a empresa acredita que o serviço requisitado está dentro do escopo do contrato, enquanto o prestador de serviços está certo de que está fora do escopo e por isso está sujeito a taxas adicionais.[38] ∎

fala sério!

Pesadelo de reunião

Você nunca sabe o que pode acontecer em uma reunião e você precisa estar preparado para situações de potencial perigo, como diferenças de opinião, conflitos de personalidade ou mesmo comentários impertinentes e extravagantes. Aqui vão os melhores conselhos da *BusinessWeek* para manter a reunião no caminho certo:

- **Um desentendimento acalorado entre colegas:** proponha uma alternativa construtiva sem ser indiferente.
- **Troca de gritos:** tente acalmar as pessoas e, se necessário, sugira que saiam da sala para tomar um fôlego.
- **Um comentário racista é feito:** dependendo da gravidade do comentário, pode ser suficiente apenas passar para o próximo item da ordem da pauta. Ou você pode deixar o comentário de lado e avisar o funcionário que você pretende falar-lhe a sós após a reunião.
- **Uma colega de trabalho adormece e começa a roncar:** se uma pessoa está caindo de sono, provavelmente o melhor a fazer é apenas deixá-la quieta: provavelmente, ela acordará por conta própria de qualquer maneira. No entanto, se a pessoa começa a roncar, é melhor acordá-la. Não é necessário repreendê-la, o fato de tê-la acordado já será embaraçoso o suficiente.

Qual é o pior problema de comportamento com que você se deparou em uma reunião? O que você fez para lidar com a situação? Como você lidaria com as situações descritas? O que você pode fazer para se preparar para o gerenciamento de reuniões?

ACESSE <http://www.grupoa.com.br>

para materiais adicionais de estudo, incluindo apresentações em PowerPoint.

capítulo doze

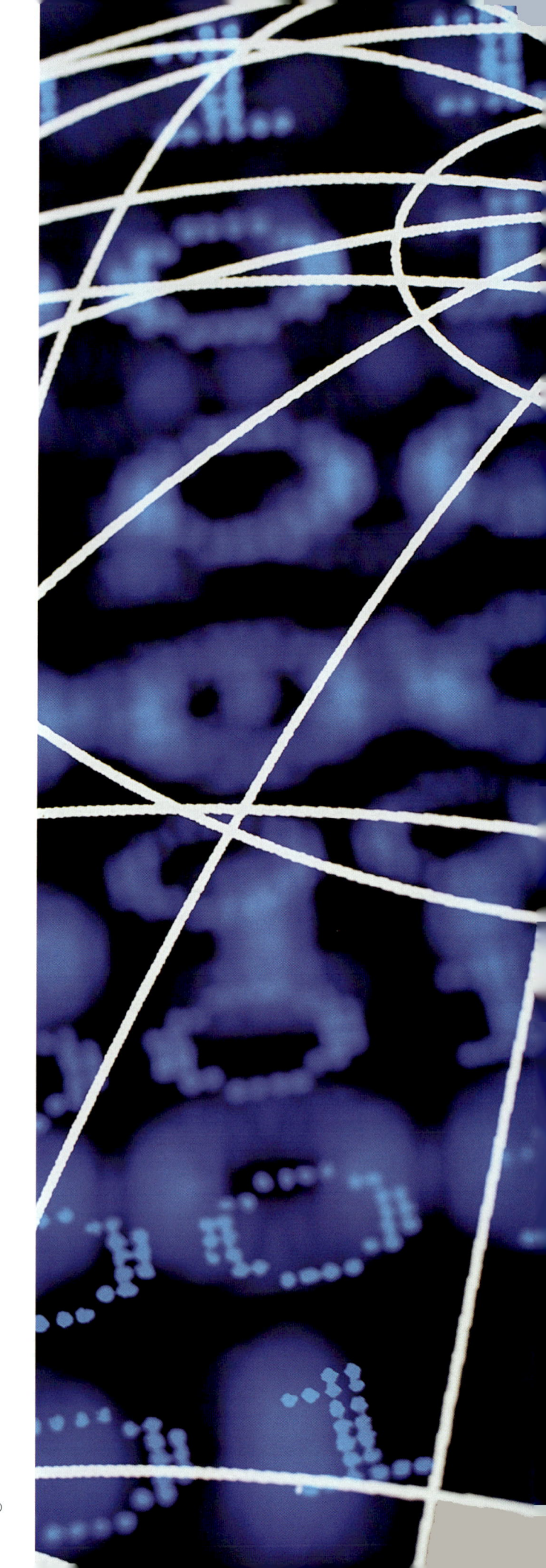

SEÇÃO 12.1 >>
Globalização

- Globalização
- Estratégias de negócios da TI global
- Arquiteturas corporativas globais
- Questões globais de informação
- Desenvolvimento de sistemas globais

SEÇÃO 12.2 >>
Tendências organizacionais do século XXI

- Tendências organizacionais do século XXI
- Inovação: descobrindo o novo
- Empreendedorismo social: tornando-se ecológico
- Redes sociais: quem é quem
- Mundos virtuais: é um mundo completamente novo

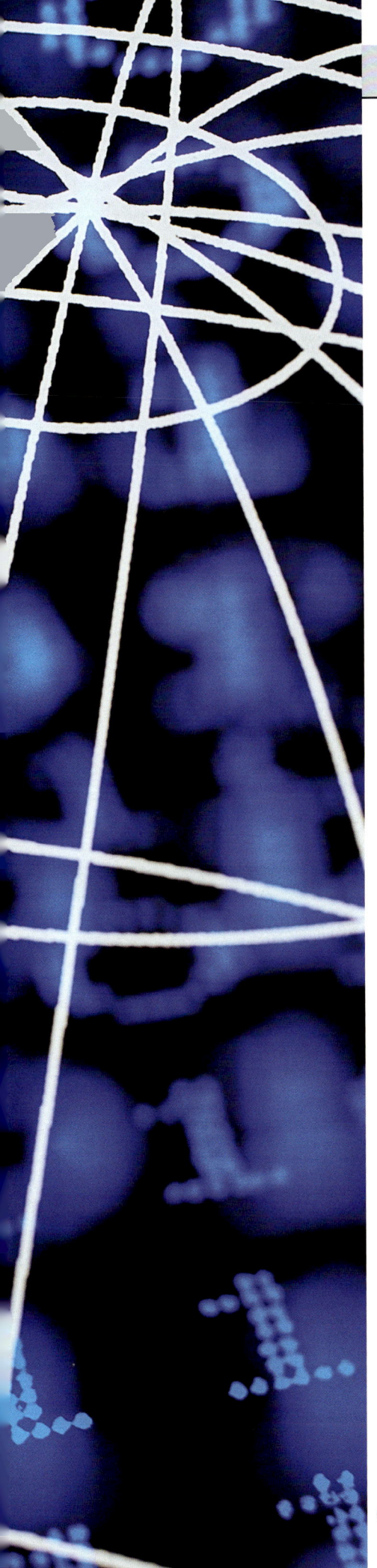

globalização, inovação,
tendências organizacionais do século XXI

O que a TI tem para mim?

Alguma vez você sonhou em viajar para cidades exóticas como Paris, Tóquio ou Cairo? Antigamente, o máximo que as pessoas conseguiam se aproximar de tais lugares era em sonhos. Hoje, a situação mudou. A maioria das grandes empresas cita a expansão global como um elo para o crescimento futuro. Um estudo recente constatou que 91% das empresas que fazem negócios internacionais consideram importante enviar funcionários para missões em outros países.

Se a ideia de uma carreira nos negócios globais já passou pela sua cabeça, este capítulo irá ajudá-lo a compreender os impactos de competir em um mundo globalizado. Os Estados Unidos são um mercado de cerca de 290 milhões de pessoas, mas há mais de 6 bilhões de clientes em potencial nos 193 países que compõem o mercado global. Talvez o dado mais interessante seja que aproximadamente 75% da população mundial viva em áreas em desenvolvimento, onde a tecnologia, educação e renda per capita ainda estão muito atrás dos índices de países desenvolvidos (ou industrializados) como os Estados Unidos.

Você, estudante de administração, deve ficar familiarizado com o potencial dos negócios globais, incluindo seus vários benefícios e desafios. O crescimento da demanda por estudantes com formação em negócios globais é a tendência, à medida que cresce o número de empresas competindo em mercados internacionais.

Independentemente de estarem em Berlim ou Bombaim, Kuala Lumpur ou Kansas City, São Francisco ou Seul, as empresas ao redor do mundo estão desenvolvendo novos modelos de negócio para operar competitivamente em uma economia digital. Esses modelos estão estruturados, são ágeis, globais, mas também locais, e concentram-se na maximização do retorno ajustado ao risco, a partir do conhecimento e dos ativos de tecnologia.[1]

Globalização e trabalho em uma economia global internacional são parte integrante do negócio hoje em dia. Empresas da *Fortune 500* e lojas de fundo de quintal estão atualmente competindo de forma global, e os desenvolvimentos internacionais afetam todas as formas de negócios.

●● SEÇÃO 12.1 Globalização

OBJETIVOS DE APRENDIZAGEM

OA12.1 Explicar os desafios culturais, políticos e geoeconômicos enfrentados pelas empresas globais.

OA12.2 Descrever os quatro direcionadores de negócios globais de TI que devem ser incluídos em todas as estratégias de TI.

OA12.3 Descrever governança e conformidade e os quadros associados que uma organização pode implementar.

OA12.4 Identificar por que uma empresa precisa compreender arquiteturas corporativas globais ao expandir suas operações no exterior.

OA12.5 Explicar os diversos problemas globais de informação que uma empresa pode encontrar enquanto opera seus negócios no exterior.

OA12.6 Identificar problemas globais de desenvolvimento de sistemas que as empresas devem compreender antes de desenvolver um sistema global.

●● OA12.1

Explicar os desafios culturais, políticos e geoeconômicos enfrentados pelas empresas globais.

●● OA12.2

Descrever os quatro direcionadores de negócios globais de TI que devem ser incluídos em todas as estratégias de TI.

GLOBALIZAÇÃO

De acordo com Thomas Friedman, o mundo é plano! As empresas estão elaborando estratégias e operando em uma arena global. As formas tradicionais de negócios simplesmente não são boas o suficiente em um ambiente global. Reveja o modo como a internet está mudando os negócios analisando a Figura 12.1. Para ter sucesso em um ambiente global de negócios, os desafios culturais, políticos e geoeconômicos (geográficos e econômicos) devem ser enfrentados.

Desafios culturais de negócios

Os desafios culturais de negócios incluem diferenças de idiomas, interesses culturais, religiões, costumes, atitudes sociais e filosofias políticas. Os negócios globais devem ser sensíveis a essas diferenças culturais. O McDonald's, uma

FIGURA 12.1 Exemplos de como a tecnologia está transformando os negócios

Indústria	Mudanças nos negócios em virtude da tecnologia
Viagens	O site de viagens Expedia.com é hoje a maior agência de viagens de lazer, com margens de lucro maiores que até mesmo a American Express. Entre as agências de viagens tradicionais, 13% fecharam em 2002, incapazes de competir com a viagem online.
Entretenimento	A indústria da música ainda impede que o Napster e outros sites operem, mas os US$ 35 bilhões anuais em downloads online estão quebrando a indústria da música tradicional. As vendas de música nos Estados Unidos estão 20% mais baixas desde 2000. O próximo setor da indústria de entretenimento a sentir os efeitos do e-Business será o de cinema e seus 67 bilhões de dólares em negócios.
Eletrônicos	Ao utilizar a internet para ligar seus fornecedores e clientes, a Dell dita os lucros do setor. Suas margens de operação subiram de 7,3% em 2002 para 8% em 2003, ao mesmo tempo em que levou os preços a níveis que impedem os concorrentes de ganhar dinheiro.
Serviços financeiros	Quase toda empresa pública de financiamento eletrônico ganha dinheiro, com o serviço de hipoteca online da Lending Tree, que cresce 70% ao ano. Processar aplicações de hipoteca online é hoje 40% mais barato para os clientes.
Varejo	Mesmo com menos de 5% das vendas sendo feitas online, o eBay estava no caminho certo em 2003 para tornar-se um dos 15 maiores varejistas no país, e a Amazon.com irá se juntar aos grupos dos 40 maiores. A estratégia de e-Business da Walmart está forçando seus concorrentes a fazer pesados investimentos em tecnologia.
Automóveis	O custo de produção de veículos está baixo por causa do SCM e da compra via web. Além disso, o eBay tornou-se o líder de revendedoras de carros usados nos Estados Unidos, e a maioria dos principais sites de carros é lucrativa.
Educação e treinamento	A Cisco economizou US$ 133 milhões em 2002 ao colocar as sessões de treinamento na internet, e as aulas online do ensino superior da Universidade de Phoenix agradam investidores.

- Em que país o servidor estará localizado para prestar suporte aos usuários locais?
- Quais implicações legais podem surgir com um site orientado para um determinado país, como leis sobre os comportamentos competitivos, de bem-estar infantil ou de privacidade?[2]

Desafios políticos de negócios

Os desafios de negócios políticos incluem as numerosas regras e regulamentos que cercam as transferências de dados por meio das fronteiras nacionais, especialmente informações pessoais, implicações fiscais, importação e exportação de hardwares e softwares e acordos comerciais. A proteção de informações pessoais é uma preocupação real para todos os países. Por exemplo, indicações de uma pesquisa nacional sobre a satisfação do cidadão com os serviços online do governo canadense dão mostras da importância de prestar atenção a questões de privacidade. A pesquisa amplamente divulgada, conhecida como Citizens First (Cidadãos em Primeiro Lugar), foi administrada pelo Citizen-Centered Service (ICCS) e pelo Institut of Public Administration in Canadá (IPCA). Os resultados da pesquisa indicam que, embora outros fatores ajudem a promover a satisfação do cidadão com a internet, como a facilidade de encontrar informações suficientes, navegação no site e apelo visual, o elemento-chave que afeta diretamente a possibilidade de os cidadãos realizarem transações online é a preocupação sobre segurança da informação e privacidade.

Para maior segurança, há muito cuidado com o armazenamento, transmissão e acesso a informações, e com verificação de identidade. Para privacidade e proteção de dados pessoais, há uma preocupação ainda maior sobre consolidação das informações, acessos não autorizados e partilha sem permissão.[3]

marca verdadeiramente global, criou vários sites específicos para minorias nos Estados Unidos: McEncanta para hispânicos, 365Black para afro-americanos e i-am-asian para asiáticos. Mas esses grupos minoritários não são homogêneos. Pense nos asiáticos: há asiáticos do leste, do sudeste, indo-asiáticos e, dentro de cada um desses conjuntos, há divisões de caráter nacional, regional e idiomático. Nenhuma empresa tem orçamento para criar um site separado para cada subsegmento, mas supor que todos os americanos de origem asiática caibam no mesmo ambiente – ainda que seja um ambiente virtual – é arriscado. A empresa deve fazer algumas perguntas-chave ao criar um site global:

- Será que o site exige nova lógica de navegação para acomodar as preferências culturais?
- O conteúdo será traduzido? Em caso afirmativo, em quantos idiomas?
- Os esforços multilíngues serão incluídos no site principal ou estarão em um site separado, talvez com um domínio específico do país?

Minha Lista do que Não Fazer

Onde foram parar todos os bons trabalhadores?

Sarah Schupp, fundadora da University Parent.com, contratou cinco recém-formados ao longo do ano passado – a respeito dos quais ela rapidamente mudou de ideia e os demitiu. Um foi dispensado no primeiro dia por comentários sexuais impróprios com o colega de trabalho, e outro durou uma semana antes de receber o cartão vermelho. "Quando você está contratando para vendas, é complicado encontrar alguém bom, e divulgação não é para qualquer um", afirma Schupp. "Mas você não pode ligar às 07h45min da manhã dizendo estar doente só porque não quer vir trabalhar às 8 horas".

Jeanne Achille, CEO do The Devon Group, estava desiludida com a recente contratação que fizera de uma egressa da faculdade cujos professores alegavam tratar-se de uma "fora de série". Achille demitiu a "fora de série" em três semanas, quando descobriu que ela passava horas online, no trabalho, visitando sites de namoro, tuitando sobre uma noite de festa e depois, ingenuamente, enviando e-mails no dia seguinte alegando estar doente. "Quem é que deveria estar preparando esses pirralhos para o trabalho?" pergunta Achille. "A família? A escola? Ou tem mais alguém que não notamos?".

Essa pergunta reacende o debate sobre quem é responsável pela qualidade dos recém-formados no mercado de trabalho. A tensão tem crescido à medida que jovens profissionais se associam a empresas que acompanham atentamente as despesas, incluindo as relativas a recrutamento e formação. Quem você acha que é responsável por preparar os graduandos para o mundo do trabalho? Por que os recém-formados enfrentam dificuldades para encontrar emprego? O que você pode fazer para garantir que não receberá o cartão vermelho no seu primeiro mês de trabalho?

Desafios geoeconômicos globais de negócios

Geoeconômico se refere aos efeitos da geografia nas realidades econômicas de atividades de negócios internacionais. Mesmo com a internet, as telecomunicações e as viagens aéreas, as distâncias físicas que abrangem o planeta dificultam operar negócios multinacionais. Deslocar especialistas de TI para locais remotos é caro, a comunicação em tempo real em todo os 24 fusos horários do globo é um desafio, e encontrar serviços de telecomunicações de qualidade em todos os países é difícil. Mão de obra qualificada, custo de vida e os encargos trabalhistas também mudam de um país para outro. Ao desenvolver estratégias globais de negócios, todos esses desafios geoeconômicos devem ser abordados.

Entender os desafios culturais, políticos e geoeconômicos para os negócios é um bom começo para a compreensão dos negócios globais, mas os problemas enfrentados pelos gestores são muito mais profundos. O restante desta seção se concentra em questões de gestão empresarial fundamentais para todos os negócios globais. Os gerentes de negócios devem compreender as quatro áreas principais – estratégias globais de negócios de TI, arquiteturas corporativas globais, problemas globais de informação e desenvolvimento de sistemas globais – durante a administração de empresas multinacionais (ver Figura 12.2).

●● OA12.3
Descrever governança e conformidade e os quadros associados que uma organização pode implementar.

> " Enquanto as operações globais se expandem e a concorrência global se aquece, aumenta a pressão para que as empresas instalem aplicações de negócio global para clientes, fornecedores e funcionários. "

ESTRATÉGIAS DE NEGÓCIOS DA TI GLOBAL

Estratégias de negócios da TI global devem incluir informações detalhadas sobre a aplicação da tecnologia da informação em toda a empresa. Os sistemas de TI dependem de direcionadores globais de negócios, como a natureza do setor, fatores competitivos e as forças ambientais. Por exemplo, companhias aéreas e hotéis têm clientes globais que viajam muito e esperam o mesmo serviço, independentemente do lugar. As organizações exigem sistemas globais de TI que possam oferecer um serviço rápido e conveniente a todos os funcionários internacionais que estão a serviço desses clientes. Quando uma cliente de alto nível se registra em um hotel na Ásia, ela espera receber o mesmo serviço de alta qualidade que receberia ao registrar-se em um hotel de Chicago ou Londres. A Figura 12.3 descreve os direcionadores de negócios globais de TI que devem ser levados em conta em todas as estratégias de TI.

Muitos sistemas globais de TI, como finanças, contabilidade e gestão de operações, estão no ar há anos. A maioria das empresas multinacionais têm orçamentos financeiros e gestão de recursos globais. Enquanto as operações globais se expandem e a concorrência global se aquece, aumenta a pressão para que as empresas instalem aplicações de negócio global para clientes, fornecedores e funcionários. Exemplos incluem os portais e sites voltados para o atendimento ao cliente e gestão da cadeia de suprimento. No passado, esses sistemas se baseavam quase exclusivamente nas redes de telecomunicações privadas ou estatais. Mas o uso empresarial impulsivo de internet, intranets e extranets para o e-Commerce têm tornado essas aplicações mais viáveis para as empresas globais.

FIGURA 12.2 Áreas de gestão de negócios globais de TI

- Estratégias globais de negócios de TI
- Arquitetura corporativa global
- Problemas globais de informação
- Desenvolvimento de sistemas globais

(Áreas de gestão de negócios globais de TI)

FIGURA 12.3 — Impulsionadores de negócios da TI global

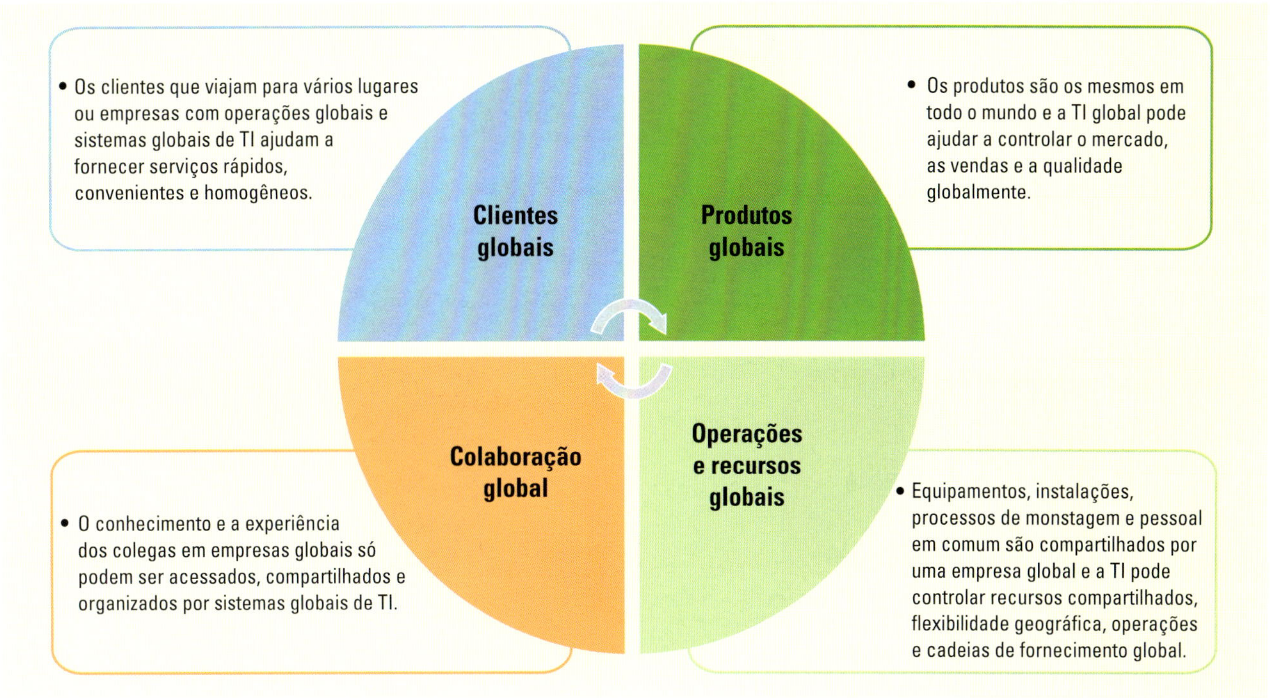

- **Clientes globais**: Os clientes que viajam para vários lugares ou empresas com operações globais e sistemas globais de TI ajudam a fornecer serviços rápidos, convenientes e homogêneos.
- **Produtos globais**: Os produtos são os mesmos em todo o mundo e a TI global pode ajudar a controlar o mercado, as vendas e a qualidade globalmente.
- **Colaboração global**: O conhecimento e a experiência dos colegas em empresas globais só podem ser acessados, compartilhados e organizados por sistemas globais de TI.
- **Operações e recursos globais**: Equipamentos, instalações, processos de montagem e pessoal em comum são compartilhados por uma empresa global e a TI pode controlar recursos compartilhados, flexibilidade geográfica, operações e cadeias de fornecimento global.

Governança e conformidade

Uma área-chave de rápido crescimento para todas as estratégias de negócios globais inclui governança e conformidade. *Governança* é um método ou sistema de governo para gestão e controle. *Conformidade* é o ato de conformação, concordância ou concessão. Há alguns anos, as ideias de governança e conformidade eram relativamente obscuras. Hoje, o conceito de governança de TI e conformidade formais é uma necessidade para praticamente todas as empresas, nacionais e globais. Os fatores determinantes para governança e conformidade incluem regulamentação financeira e tecnológica, bem como a pressão dos acionistas e clientes.

As empresas de hoje estão sujeitas a muitas regulamentações que regem retenção de dados, informações confidenciais, responsabilização financeira e recuperação de desastres. Ao implementar a governança de TI, as organizações desenvolvem controles internos de que necessitam para cumprir as orientações centrais de muitas destas regulamentações, como a Sarbanes-Oxley, de 2002.

A governança de TI essencialmente determina a estrutura em torno do modo como as empresas alinham a estratégia de TI com a estratégia de negócio, garantindo que as empresas permaneçam no curso para alcançar suas estratégias e metas e implementando boas medidas para medir seu desempenho de TI. A governança assegura que os interesses de todas as partes interessadas sejam considerados e que os processos tenham resultados mensuráveis. A governança de TI deve responder a perguntas-chave, incluindo como o departamento de TI está funcionando, quais métricas-chave o gerenciamento requer e qual retorno o negócio está recebendo do seu investimento em TI. A Figura 12.4 mostra as cinco principais áreas de foco, de acordo com o IT Governance Institute.[4]

As empresas seguem algumas estruturas de governança de TI diferentes, incluindo:

- **CoBIT**: *Information Systems Audit and Control Association* (ISACA) é um conjunto de orientações e ferramentas de apoio para a governança de TI que é aceito em todo o mundo e é geralmente utilizado por auditores e empresas como uma forma de integrar a tecnologia para aplicação de controles e cumprimento de objetivos de negócio específicos.
- **ITIL**: o *Information Technology Infrastructure Library* (ITIL) é uma estrutura fornecida pelo governo do Reino Unido com oito conjuntos de procedimentos de gestão: (1) prestação de serviços, (2) suporte técnico, (3) gerenciamento de serviços, (4) gestão de infraestrutura de Tecnologia de Informação e Comunicação (TIC), (5) gestão de ativos de software, (6) perspectiva de negócios, (7) gestão de segurança e (8) de gerenciamento de aplicações. O ITIL é uma boa opção para organizações preocupadas com suas operações.
- **COSO**: desenvolvido pelo *Committee of Sponsoring Organizations* (COSO) é fundamental para a avaliação de controles internos, como recursos humanos, logística, tecnologia da informação, riscos, jurídico, marketing e vendas, operações, funções financeiras, contratos e relatórios. Trata-se de uma estrutura mais geral de negócios e menos específica em relação à TI.
- **CMMI**: criado por um grupo formado por membros do governo, da indústria e do Instituto de Engenharia de Software da Carnegie Mellon University, o *Capability Maturity Model Integration method* (CMMI) é uma abordagem de melhoria de processos com 22 áreas de processo. Está dividido em apreciação, avaliação e estrutura. O CMMI é particularmente adequado para empresas que necessitam de auxílio para desenvolvimento de aplicações, questões de ciclo de vida e aprimoramento da entrega de produtos ao longo do ciclo de vida.[5]

FIGURA 12.4 Cinco áreas de foco do IT Governance Institute

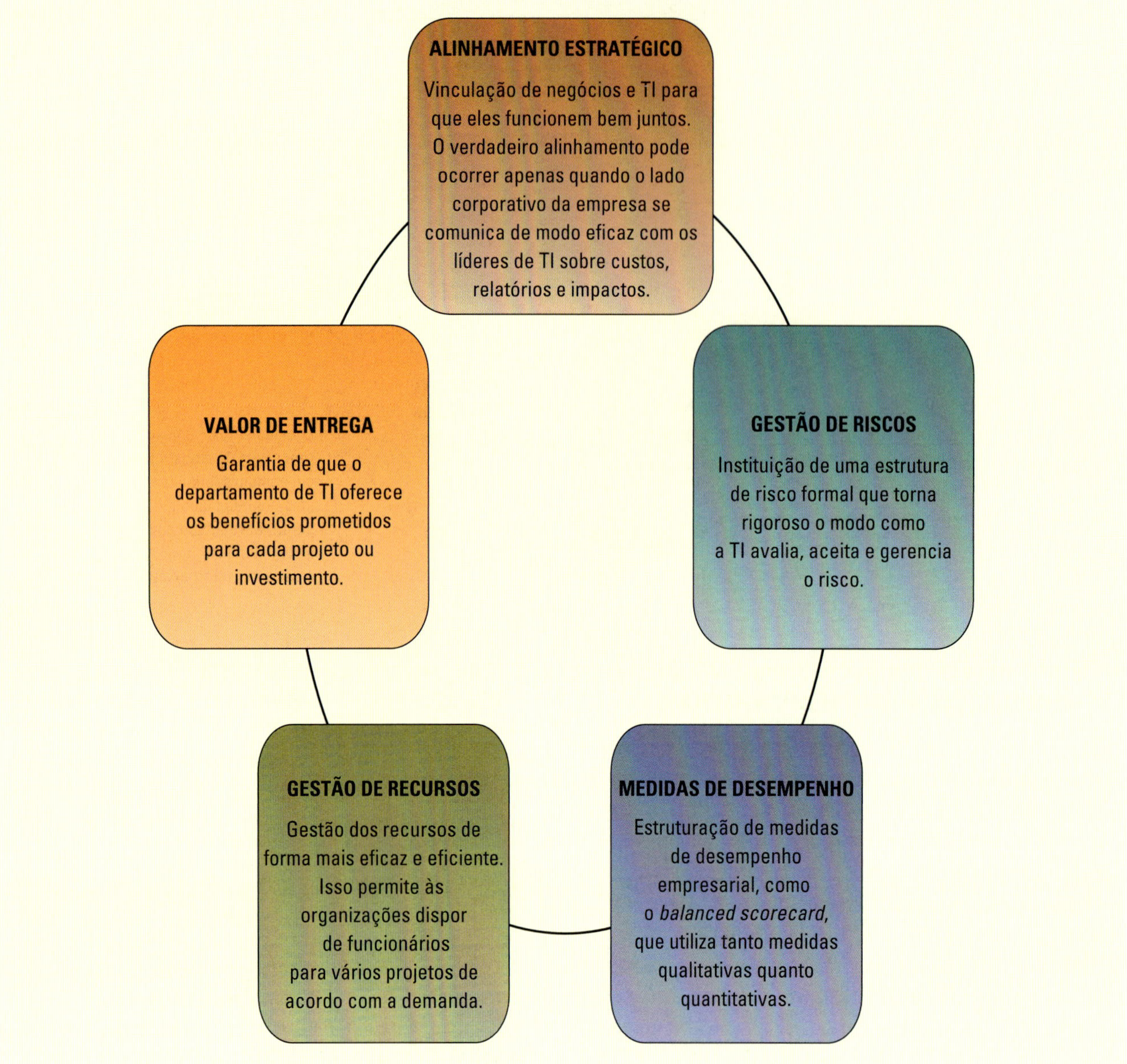

ALINHAMENTO ESTRATÉGICO
Vinculação de negócios e TI para que eles funcionem bem juntos. O verdadeiro alinhamento pode ocorrer apenas quando o lado corporativo da empresa se comunica de modo eficaz com os líderes de TI sobre custos, relatórios e impactos.

VALOR DE ENTREGA
Garantia de que o departamento de TI oferece os benefícios prometidos para cada projeto ou investimento.

GESTÃO DE RISCOS
Instituição de uma estrutura de risco formal que torna rigoroso o modo como a TI avalia, aceita e gerencia o risco.

GESTÃO DE RECURSOS
Gestão dos recursos de forma mais eficaz e eficiente. Isso permite às organizações dispor de funcionários para vários projetos de acordo com a demanda.

MEDIDAS DE DESEMPENHO
Estruturação de medidas de desempenho empresarial, como o *balanced scorecard*, que utiliza tanto medidas qualitativas quanto quantitativas.

OA12.4
Identificar por que uma empresa precisa compreender arquiteturas corporativas globais ao expandir suas operações no exterior.

ARQUITETURAS CORPORATIVAS GLOBAIS

Uma *arquitetura corporativa* inclui os planos de como uma empresa irá construir, implantar, utilizar e compartilhar seus dados, processos e ativos de TI. Uma empresa deve gerir sua arquitetura corporativa global para dar suporte a suas operações de negócios globais. A gestão de uma arquitetura corporativa global não só é tecnicamente complexa, mas também tem importantes implicações políticas e culturais. Por exemplo, escolhas de hardware são difíceis em alguns países por causa de preços altos, tarifas elevadas, restrições à importação, longos tempos de espera para a aprovação do governo, falta de serviços locais ou peças de reposição e falta de documentação adaptadas às condições locais. As escolhas de softwares também trazem questões; por exemplo, o fato de as normas europeias de dados diferirem dos padrões americanos ou asiáticos, mesmo quando a aquisição é feita do mesmo fornecedor. Alguns fornecedores de softwares também se recusam a oferecer o serviço e suporte a países que não cumprem acordos de licenciamento de softwares e não respeitam direitos autorais.

A internet e a World Wide Web são determinantes para os negócios internacionais. Essa matriz interligada de computadores, informações e redes que atinge dezenas de milhões de usuários em centenas de países é um ambiente de negócios sem fronteiras e limites tradicionais. A conexão com empresas globais online oferece às empresas um

> **GERENCIAR ARQUITETURAS CORPORATIVAS GLOBAIS, INCLUSIVE INTERNET, INTRANET, EXTRANET E REDES DE TELECOMUNICAÇÕES, É UM DESAFIO DE TI GLOBAL DETERMINANTE PARA O SÉCULO XXI.**

potencial sem precedentes para a expansão dos mercados, reduzindo custos e melhorando as margens de lucro, por um preço que normalmente corresponde a uma pequena percentagem do orçamento de comunicações das corporações. A internet proporciona um canal interativo de comunicação direta e troca de dados com clientes, fornecedores, distribuidores, fabricantes, desenvolvedores de produto, financiadores, fornecedores de informação – na verdade, com todas as partes envolvidas em uma empresa internacional.[6]

A organização "Repórteres sem Fronteiras", com sede em Paris, assinala que 45 países restringem o acesso dos cidadãos à internet. "Na sua forma mais fundamental, a luta entre a censura na internet e a abertura em nível nacional gira em torno de três meios principais: controle das condutas, filtragem dos fluxos e punição dos incitadores. Em países como Birmânia, Líbia, Coreia do Norte, Síria e os países da Ásia Central e no Cáucaso, o acesso à internet está proibido ou é sujeito a limitações rigorosas por meio de provedores controlados pelo governo. Esses países enfrentam uma luta sem chances de vitória contra a era da informação. Ao negar ou limitar o acesso à internet, eles impedem o funcionamento do principal motor de crescimento econômico. No entanto, ao facilitar o acesso, expõem seus cidadãos a ideias potencialmente desestabilizadoras para o *status quo*. De qualquer maneira, muitas pessoas vão ter acesso à informação eletrônica que quiserem. Na Síria, por exemplo, as pessoas vão até o Líbano no fim de semana para ver seus e-mails", declara Virgini Locussol, responsável geográfico dos "Repórteres Sem Fronteiras" para o Oriente Médio e Norte da África.[7]

A Figura 12.5 mostra os dez principais problemas de telecomunicações internacionais, conforme relatado por executivos de TI de trezentas empresas das multinacionais da *Fortune 500*. Questões políticas dominam o anúncio sobre questões de tecnologia, enfatizando claramente a sua importância na gestão das arquiteturas corporativas globais.[8]

Estimar as despesas operacionais associadas a operações internacionais de TI é outro desafio global. Empresas com operações comerciais globais normalmente formam associações ou contratam integradores de sistemas para instalações adicionais de TI em suas filiais de outros países. Essas instalações de TI devem atender às necessidades de computação locais e regionais e até mesmo ajudar a equilibrar as cargas de trabalho global de computação por meio de links de comunicação via satélite. No entanto, instalações *offshore* de TI podem representar grandes problemas de suporte, aquisição de hardwares e softwares, manutenção e segurança nas sedes. É por isso que muitas empresas globais preferem terceirizar essas instalações para os fornecedores de serviços de aplicação ou integradores de sistemas, como a IBM e Accenture, para gerenciar operações no exte-

FIGURA 12.5 Dez principais problemas de telecomunicações

Rede
- Aprimorar a eficiência operacional das redes
- Lidar com diferentes redes
- Controlar a segurança da comunicação de dados

Problemas regulatórios
- Lidar com as restrições de fluxo de dados transfronteiras
- Gerenciar regulamentos internacionais de telecomunicação
- Lidar com política internacional

Tecnologia e problemas específicos dos países
- Gerenciar infraestrutura de rede em todos os países
- Gerenciar a integração internacional de tecnologias
- Conciliar as diferenças nacionais
- Lidar com estruturas tarifárias internacionais

rior. Gerenciar arquiteturas corporativas globais, inclusive internet, intranet, extranet e redes de telecomunicações, é um desafio de TI global determinante para o século XXI.

gerais do Estado. A investigação da Pfizer mostrou que 15,7 mil desses trabalhadores efetivamente tiveram seus dados acessados e copiados.[9]

> " Atualmente, é mais importante do que nunca para uma empresa manter processos bem controlados e atualizados, além de procedimentos de garantia contra cenários adversos. "

OA12.5
Explicar os diversos problemas globais de informação que uma organização pode encontrar enquanto opera seus negócios no exterior.

QUESTÕES GLOBAIS DE INFORMAÇÃO

Embora muitos aparelhos eletrônicos e aplicações de softwares possam trazer benefícios para uma empresa – por exemplo, ajudando os funcionários na realização mais eficiente das tarefas –, as implicações de segurança são numerosas, disse Ken Silva, chefe de segurança da VeriSign, especializada em softwares de segurança de rede: "Quando nós acrescentamos essas coisas às redes corporativas, deixamos algumas brechas no ambiente". A empresa farmacêutica Pfizer descobriu isso da maneira mais difícil. O cônjuge de um funcionário instalou um software de compartilhamento de arquivos em um *laptop* da Pfizer em casa, criando uma brecha de segurança que parece ter comprometido os nomes e números de Previdência Social de 17 mil funcionários e ex-funcionários da Pfizer, segundo uma carta enviada pela Pfizer aos procuradores

Com a guerra e os ataques terroristas na mente de muitas pessoas, a segurança é um tema candente. Também para as empresas as preocupações de segurança são comuns. Cada vez mais a abertura das suas redes e aplicações para clientes, parceiros e fornecedores mediante um conjunto mais diversificado de dispositivos de computação e redes permite às empresas se beneficiar da implantação dos mais recentes avanços em tecnologias de segurança. Esses benefícios incluem menos interrupções para os sistemas organizacionais, aumento da produtividade dos funcionários e maiores avanços em administração, autorização e técnicas de autenticação.

As empresas devem ter os níveis adequados de autenticação, controle de acesso e criptografia para assegurar (1) que somente pessoas autorizadas possam ter acesso à rede, (2) que tenham acesso apenas aos aplicativos para os quais têm direito e (3) que a informação não possa ser compreendida ou alterada em trânsito. A Figura 12.6 mostra uma pesquisa recente sobre o nível de integração de segurança física e as práticas de segurança atuais utilizadas pela maioria das empresas.[10]

As violações de segurança não apenas trazem aborrecimentos aos usuários corporativos e seus clientes e parceiros, mas também podem custar milhões de dólares em receitas perdidas ou em capitalizações de mercado desperdiçadas. O custo empresarial da falta de segurança não se limita a transtornos e perda de receitas ou de valorização

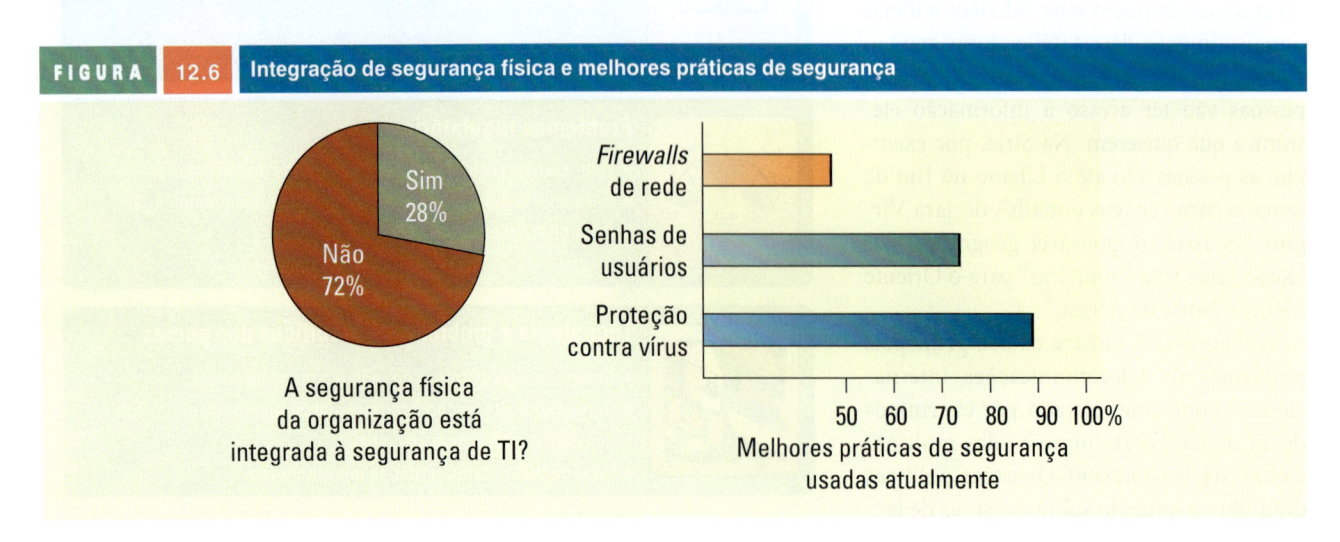

FIGURA 12.6 Integração de segurança física e melhores práticas de segurança

A segurança física da organização está integrada à segurança de TI?
- Sim 28%
- Não 72%

Melhores práticas de segurança usadas atualmente:
- Firewalls de rede
- Senhas de usuários
- Proteção contra vírus

no mercado. Pode, até mesmo, tirar um negócio do mercado. No início de 2002, por exemplo, o provedor de internet britânico, Cloud-Nine Communications, foi vítima de ataques distribuídos de negativas de serviço (DDoS) que forçaram a empresa a encerrar suas operações e depois transferir mais de 2,5 mil clientes para uma empresa rival. Embora as tecnologias disruptivas possam ajudar uma empresa a obter vantagem competitiva e participação de mercado (e evitar interrupções de negócios), a falta de segurança pode ter o efeito oposto, fazendo com que empresas rentáveis percam participação no mercado ou, até mesmo, todo o seu negócio.[11]

Atualmente, é mais importante do que nunca para uma empresa manter processos bem controlados e atualizados, além de procedimentos de garantia contra cenários adversos – e-mails e ataques de negativas de serviço de worms e vírus, perda de comunicação, perda de documentos, furto de senhas e de informações, incêndios, inundações, ataques contra as instalações e até mesmo ataques terroristas.

Em vez de remar contra a maré, algumas empresas estão experimentando dar aos funcionários mais opções sobre a tecnologia que usam, desde que aceitem ter mais responsabilidade por isso. Em 2005, a BP começou um projeto piloto que dá aos funcionários cerca de US$ 1 mil para gastar em ferramentas de melhoria de produtividade além dos equipamentos padrão, de acordo com um relatório da Leading Edge Fórum. Mas antes que possam participar, os funcionários devem passar por um teste sobre seus conhecimentos de informática.[12]

A empresa tem outras medidas para fazer com que os funcionários se livrem de limitações e, ao mesmo tempo, diminuir os riscos. A BP isola sua rede ao permitir que os funcionários se conectem à internet via conexões de clientes, de fora do *firewall*, no caso de seus 18 mil *laptops*. Ao mesmo tempo, reforça a segurança nessas máquinas. Isso permite aos funcionários experimentarem softwares de forma segura, como o de computação sob demanda e de serviços de armazenamento da Amazon.com.

A **deperimeterization** ocorre quando uma empresa move os funcionários para fora de seu *firewall*, um crescente movimento para mudar o modo como as corporações lidam com tecnologia de segurança. Em um mundo de negócios onde muitos funcionários trabalham fora da empresa, ou em que as empresas necessitam, cada vez mais, colaborar com parceiros e clientes, alguns dizem que não é prático confiar em proteções de *firewalls*. Em vez disso, os defensores da *deperimeterization* dizem que as empresas devem focar na melhoria de segurança em dispositivos de usuário final e nos ativos de informações críticas da organização.[13]

Privacidade de informações

Por muitos anos, problemas de acesso globais a dados têm sido objeto de controvérsia política e de barreiras tecnológicas em ambientes de negócios globais. Essas questões se tornaram mais predominantes com o crescimento da internet e a expansão dos negócios eletrônicos. Os **fluxos de dados transfronteiriços** (TDF, *Transponder Data Flows*) ocorrem quando dados corporativos circulam por fronteiras inter-

NO FLAGRA — Protestos cibernéticos

Hackers atacaram o site oficial das Nações Unidas, forçando a retirada do ar de algumas seções, incluindo uma seção de Ban Ki-Moon, o Secretário Geral da ONU. Slogans acusando os Estados Unidos e Israel de matar crianças apareceram nas páginas reservadas para declarações do Secretário Geral Ki-Moon. Os nomes dos hackers são "kerem125", "GSy" e "M0sted", e eles descrevem suas ações como "*cyberprotest*" (protesto cibernético). Em outros ataques efetuados por hackers usando os mesmos nomes, eles alegaram ser da Turquia. A ONU foi forçada a retirar do ar as páginas afetadas para reparo, mas depois conseguiu restabelecer as declarações do secretário-geral.

O mundo eletronicamente conectado é um parque de diversões para esse tipo de hacker e rastreá-lo é quase impossível. Quais tipos de problemas de informação global você pode prever à medida que seus sistemas se expandirem? Por que a privacidade da informação é um problema tão difícil de ser monitorado globalmente?

> **A PRIVACIDADE DE INFORMAÇÕES DIZ RESPEITO AO DIREITO LEGAL OU À EXPECTATIVA DE INDIVÍDUOS, GRUPOS OU INSTITUIÇÕES EM DETERMINAR POR SI MESMOS QUANDO E EM QUE MEDIDA AS INFORMAÇÕES SOBRE ELES SÃO COMUNICADAS A TERCEIROS.**

nacionais via redes de telecomunicações de sistemas de informação global. Muitos países consideram os TDF como uma violação da sua soberania nacional, porque os fluxos de dados transfronteiriços não observam direitos e regulamentos aduaneiros para a importação ou exportação de bens e serviços. Outros consideram os fluxos de dados transfronteiriços violações de suas leis para proteger a indústria de TI local da concorrência ou de suas leis trabalhistas para proteger os empregos locais. Em muitos casos, os problemas de fluxo de dados que parecem especialmente sensíveis politicamente são aqueles que afetam a saída de dados pessoais de negócios eletrônicos e de aplicações de recursos humanos do país.[14]

Muitos países, especialmente os da União Europeia (UE), podem considerar os fluxos de dados transfronteiriços como uma violação de sua legislação sobre privacidade, pois, em muitos casos, os dados sobre indivíduos estão saindo do país sem garantias rigorosas de privacidade. A Figura 12.7 destaca as principais disposições de um acordo de confidencialidade dos dados entre os Estados Unidos e a União Europeia. O acordo isenta empresas dos Estados Unidos envolvidas em e-Business internacional de sanções da União Europeia quanto à confidencialidade de dados se as empresas participarem de um programa de autorregulação que oferece aos consumidores da União Europeia informações básicas sobre como seus dados pessoais são utilizados, além de controle sobre o processo. Assim, o acordo deve fornecer um "porto seguro" para essas empresas a partir do cumprimento dos requisitos da Data Privacy Directive (diretiva sobre proteção de dados) da União Europeia, que proíbe a transferência de informações pessoais dos seus cidadãos para países sem proteção adequada à privacidade de dados.[15]

A privacidade de informações diz respeito ao direito legal ou à expectativa de indivíduos, grupos ou instituições em determinar por si mesmos quando e em que medida as informações sobre eles são comunicadas a terceiros. Em essência, a privacidade de informações diz respeito ao modo como as informações pessoais são coletadas e compartilhadas. Para facilitar a privacidade da informação, muitos países criaram legislações para proteger a coleta e o compartilhamento de informações pessoais. No entanto, esse tipo de legislação varia muito em todo o mundo.

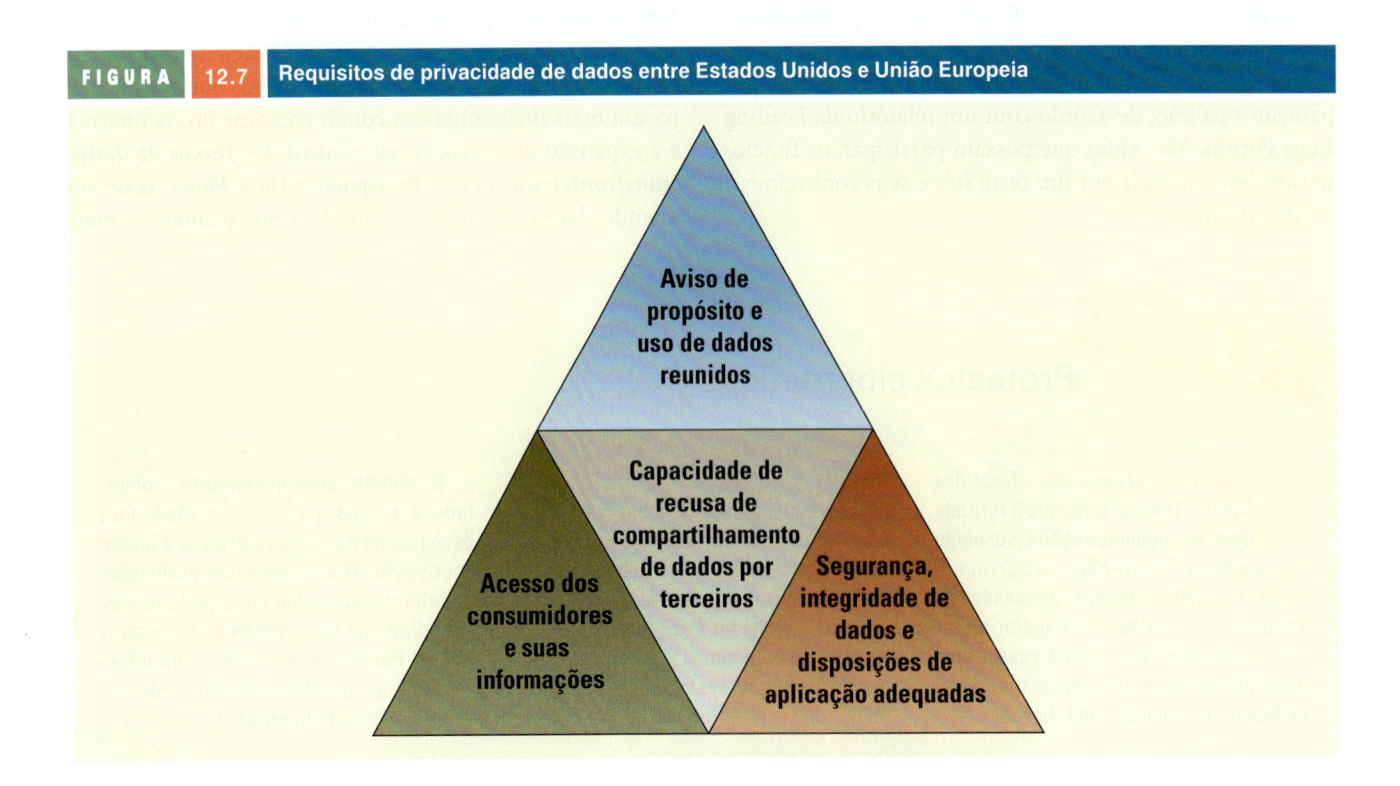

FIGURA 12.7 Requisitos de privacidade de dados entre Estados Unidos e União Europeia

- Aviso de propósito e uso de dados reunidos
- Capacidade de recusa de compartilhamento de dados por terceiros
- Acesso dos consumidores e suas informações
- Segurança, integridade de dados e disposições de aplicação adequadas

Europa

De um lado, estão as nações europeias, com as suas robustas leis de privacidade de informação. Mais concretamente, todos os países membros da União Europeia aderiram à diretiva relativa à proteção de dados pessoais. Diretiva é um ato legislativo que exige que os estados-membros alcancem um determinado resultado, sem ditar o modo como conseguir esse resultado.

A diretiva relativa à proteção dos dados pessoais concede aos membros da União Europeia os seguintes direitos:

- Saber a origem do processamento de dados pessoais e os propósitos desse processamento.
- A acessar e/ou retificar imprecisões nos próprios dados pessoais.
- Proibir o uso de dados pessoais.

Esses direitos se baseiam em princípios fundamentais relativos à coleta e ao armazenamento de dados pessoais. A diretiva define dados pessoais de modo a cobrir fatos e opiniões sobre um indivíduo. Qualquer empresa responsável pelo processamento de dados particulares de uma pessoa que vive na União Europeia deve respeitar princípios fundamentais definidos na diretiva, os quais afirmam que os dados devem ser:

- Tratados de maneira justa e em observância da lei.
- Processados para fins limitados.
- Adequados, pertinentes e não excessivos.
- Precisos.
- Não mantidos por mais tempo do que o necessário.
- Processados em conformidade com os direitos da pessoa em causa.
- Não transferidos para países sem proteção adequada.

O último direito restringe o fluxo de informações pessoais para fora da União Europeia, permitindo a transferência para países que ofereça nível "adequado" de proteção à privacidade – adequado no sentido de que esses países tenham um nível de proteção à privacidade equivalente ao da União Europeia. Quando implementada pela primeira vez, essa parte da diretiva causou alguma preocupação, pois os países fora da União Europeia dispõem de legislações de defesa da privacidade bastante mais frágeis. Organizações dos Estados Unidos ficaram muito preocupadas, pois corriam riscos legais caso dados pessoais de cidadãos da União Europeia fossem transferidos para servidores nos Estados Unidos – o cenário mais provável, no mundo global do e-Business de hoje. Isso levou a extensas negociações. O resultado foi a criação de um programa do tipo "porto seguro" nos Estados Unidos. Ele estabelece uma estrutura para empresas dos Estados Unidos mostrarem a prova do cumprimento da diretiva da União Europeia. Dessa forma, as empresas americanas podem se autodeclarar em conformidade com os princípios fundamentais da diretiva e fazer negócios com países da União Europeia sem se preocupar com possíveis processos dos respectivos cidadãos.

Estados Unidos

Na outra extremidade do espectro estão os Estados Unidos. A privacidade de informação não conta com legislação ou regulamentação de porte. Não existe uma lei abrangente que regule o uso de dados pessoais ou informações. Em muitos casos, o acesso à informação pública é considerado culturalmente aceitável, como a obtenção de relatórios de crédito para fins de emprego ou moradia. A razão para isso pode ser histórica. Nos Estados Unidos, a Primeira Emenda protege a liberdade de expressão e, em muitos casos, a proteção da privacidade pode entrar em conflito com ela.

Há algumas exceções. Embora poucos estados reconheçam o direito individual à privacidade, a Constituição da Califórnia protege o direito inalienável à ela. A legislatura da Califórnia promulgou vários artigos de legislação destinados a proteger a privacidade de informação do cidadão. Por exemplo, o Online Privacy Protection Act da Califórnia, promulgado em 2003, exige que os sites ou os serviços comerciais online que coletam informações pessoais dos residentes no estado exibam, com clareza, a política própria de privacidade para cumprir a lei californiana. Outras exceções nacionais incluem o Children's Online Privacy Protection Act (COPPA) e o Health Insurance Portability and Accountability Act (HIPAA).[16]

O COPPA é uma lei federal criada em 1998 que se aplica à coleta de informações pessoais de crianças americanas com menos de 13 anos de idade. O ato define o que um site deve incluir na sua política de privacidade, como buscar o consentimento de um dos pais ou responsáveis e as responsabilidades de um operador do site para proteger a segurança e a privacidade online de crianças. Essa lei se aplica a qualquer site considerado atraente para crianças americanas. Por exemplo, se uma empresa de brinquedos com sede no Canadá quiser vender seus produtos nos Estados Unidos, o site dela é obrigado a cumprir com a coleta e utilização da informação conforme descritas no COPPA. Demonstrar conformidade requer uma considerável papelada. Como resultado, muitos sites não permitem a participação de usuários menores de idade em comunidades e sites online. O não cumprimento do COPPA pode sair caro. Em setembro de 2006, o site Xanga, uma comunidade online, recebeu uma multa de US$ 1 milhão por violar a legislação do COPPA.

O HIPAA foi promulgado pelo congresso norte-americano em 1996. As disposições do HIPPA estabelecem padrões nacionais para o intercâmbio eletrônico de dados de transações de assistência médica entre os prestadores de cuidados de saúde, planos de seguros e empregadores. Incorporadas nessas normas estão regras para o manejo e proteção das informações pessoais de saúde.

Canadá

As leis de privacidade do Canadá são muito parecidas com o modelo europeu. O país está muito preocupado em proteger as informações pessoais de seus cidadãos. Sua lei básica de privacidade é a Lei de Proteção de Informações Pessoais e Documentos Eletrônicos (PIPEDA, *Personal Information Protection and Electronic Document Act*). O objetivo da PIPEDA é dar aos canadenses o direito de privacidade em relação à forma como suas informações pessoais são coletadas, usadas ou divulgadas por uma empresa. Isso é mais importante na atualidade, especialmente no setor privado, em que a tecnologia da informação cada vez mais facilita a coleta e o livre fluxo de informações.

Seu precursor foi o *Privacy Act*, criado em 1983, que limitava a manipulação de informações pessoais apenas aos departamentos e agências do governo federal. Essa informação diz respeito a coisas como arquivos de pensões e de seguro-desemprego, além de registros médicos, fiscais e militares.

A PIPEDA entrou em vigor em janeiro de 2001 e, como a lei da privacidade, foi aplicada apenas às empresas de regulação federal. Em janeiro de 2004, o alcance da PIPEDA se estendeu para além das fronteiras do governo, aplicando-se a todos os outros tipos de empresas, incluindo as comerciais. Ao fazer isso, a PIPEDA deixou o Canadá em conformidade com a diretiva da União Europeia relativa à proteção dos dados pessoais. Assim, desde janeiro de 2004 o Canadá não precisa mais implementar as disposições de "porto seguro" para empresas que desejem coletar e armazenar informações pessoais de cidadãos da União Europeia.

●● OA12.6

Identificar problemas globais de desenvolvimento de sistemas que as empresas devem compreender antes de desenvolver um sistema global.

DESENVOLVIMENTO DE SISTEMAS GLOBAIS

É extremamente difícil desenvolver um sistema interno de informações, mas a complexidade adicional do desenvolvimento de um sistema global de informações quadruplica esse esforço. Os sistemas globais de informações devem suportar uma base diversificada de clientes, usuários, produtos, idiomas, moedas, leis, e assim por diante. Desenvolver sistemas de informações eficientes, eficazes e ágeis para vários países, diferentes culturas e negócios eletrônicos globais é um enorme desafio para qualquer empresa. Os gestores devem esperar conflitos entre os requisitos de sistemas locais e os globais e com as dificuldades de entrar em acordo quanto às características comuns do sistema. Para o êxito do projeto, o ambiente de desenvolvimento deve promover o envolvimento e apropriação por todos os usuários do sistema local.

Uma das mais importantes questões para o desenvolvimento de sistemas globais de informações é a padronização global das definições de dados. Definições universais de dados são necessárias para o compartilhamento de informações entre as partes de um negócio internacional. Diferenças de idiomas, culturas e plataformas tecnológicas podem dificultar bastante a padronização de dados globais. Por exemplo, o que os americanos chamam de "venda" pode ser chamado de "pedido encomendado" no Reino Unido, "pedido programado" na Alemanha e "pedido produzido" na França. Todas essas definições se referem ao mesmíssimo tipo de negócio, mas podem causar problemas se os funcionários globais tiverem versões diferentes para a definição de dados. As empresas estão avançando rumo à padronização das definições de dados e de processos empresariais. Muitas estão implementando wikis corporativos em que todos os funcionários globais possam colocar e manter as definições universais de negócios.

As organizações podem utilizar diversas estratégias para resolver alguns dos problemas que surgem no desenvolvimento global dos sistemas de informação. Em primeiro lugar, transformar e personalizar um sistema de informação utilizado pelo escritório doméstico em uma aplicação global. Isso garante que o sistema utiliza os processos de negócios determinados e apoia as principais necessidades dos usuários finais. Em segundo lugar, criar uma equipe de desenvolvimento multinacional com pessoas-chave de várias subsidiárias para garantir que o projeto do sistema atenda as necessidades de todos os sites locais, bem como da sede da empresa. Em terceiro lugar, uma empresa poderia usar centros de excelência em que um sistema completo pode ter a tarefa de desenvolver uma subsidiária específica com base em sua expertise no negócio ou as medidas técnicas necessárias para o desenvolvimento bem-sucedido. A abordagem final que rapidamente se tornou a principal opção de desenvolvimento é a terceirização do respectivo trabalho para países em desenvolvimento ou offshore que têm as habilidades e experiência necessárias para desenvolver sistemas globais de informação. Todas essas abordagens necessitam da colaboração da equipe de desenvolvimento e supervisão gerencial para atender as necessidades globais do negócio.

Integração de sistemas globais

A tecnologia da informação penetrou no interior das empresas, onde vai permanecer. O setor de TI é um dos mais dinâmicos da economia global. Como setor, não só cria milhões de empregos de alto nível, mas também ajuda as empresas a serem mais eficientes e eficazes, o que, por sua vez, estimula a inovação. A integração dos negócios e da tecnologia tem permitido às empresas aumentar sua participação na economia global, transformar a maneira de conduzir os negócios e tornarem-se mais eficientes e eficazes (ver Figura 12.8).

Os últimos anos têm produzido uma confluência de eventos que revolucionou a economia global. Em todo o mundo, a concorrência do livre mercado tem florescido e surgiu um novo sistema financeiro globalmente interdependente. Refletindo essas mudanças, as relações e os modelos dos negócios centrais estão mudando drasticamente a partir de:

- Foco no produto para foco no cliente.
- Produção em massa para customização em massa.
- Valor de coisas materiais para valor de conhecimento e inteligência.

Em conjunto com essas tendências, uma outra série de fatores e desafios para o sucesso empresarial surgiu para ajudar a determinar os vencedores e perdedores:

- Agilidade de organização, muitas vezes apoiados por uma infraestrutura de TI "*plug and play*" (com uma arquitetura de aplicações flexível e adaptável).
- Foco nas competências e processos centrais.
- Redefinição da cadeia de valor.
- Resposta instantânea de negócios.
- Capacidade de dimensionar recursos e infraestrutura por meio de fronteiras geográficas.

Esses desenvolvimentos se somam a um ambiente que é muito mais complexo do que há cinco anos. Isso, por sua vez, tem levado as empresas a cada vez mais adotarem novos modelos de negócio. O novo ambiente exige que as empresas se concentrem externamente em seus processos de negócios e arquiteturas de integração. O modelo de negócio virtualmente integrado irá causar um aumento acentuado no número de parceiros de negócios e na proximidade de integração entre eles.

Nunca antes os investimentos em TI desempenharam papel tão decisivo no sucesso do negócio. À medida que as estratégias de negócio continuam a evoluir, a distinção entre "o negócio" e a TI vai praticamente desaparecer.

●● SEÇÃO 12.2 Tendências organizacionais do século XXI

OBJETIVOS DE APRENDIZAGEM

OA12.7 Explicar as seis melhores práticas de inovação.

OA12.8 Identificar como o consumo de energia e a reciclagem de equipamentos de TI podem levar a uma TI mais ecológica.

OA12.9 Descrever as três formas pelas quais as empresas podem utilizar redes sociais.

OA12.10 Explicar mundos e mão de obra virtuais e seu impacto nos negócios.

FIGURA 12.8 Integração de negócios e tecnologia

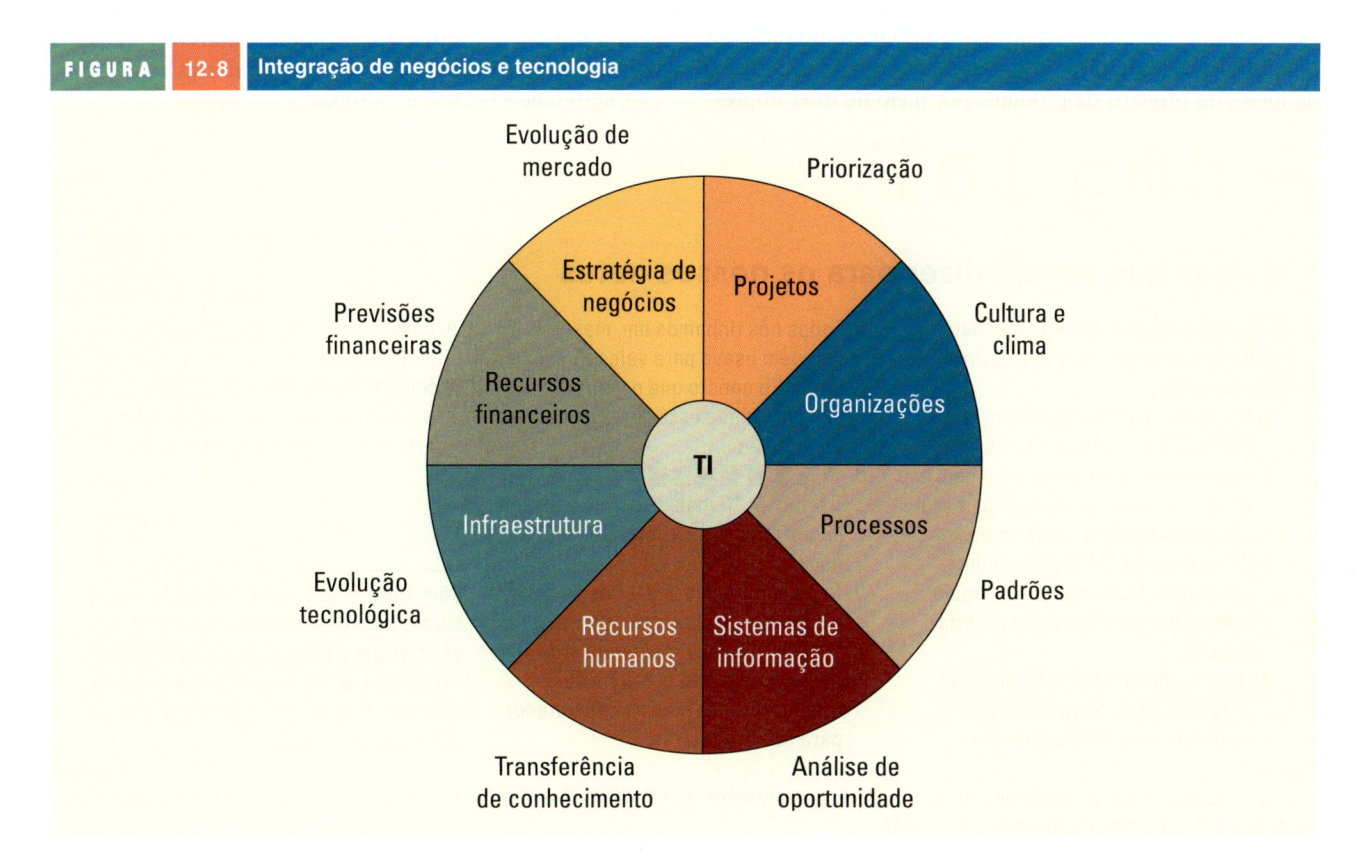

TENDÊNCIAS ORGANIZACIONAIS DO SÉCULO XXI

Muitas pessoas não têm ideia de como poderiam trabalhar em suas viagens de negócios se não tivessem um *laptop*. Elas simplesmente não conseguem se lembrar de como viviam sem os seus aparelhos BlackBerry. Seus celulares também poderiam ser cirurgicamente anexados aos seus ouvidos, de tão importantes que são para o seu trabalho. É difícil imaginar passar o dia sem o Google ou, se a pessoa tiver menos de quarenta anos, mensagens de texto, ou Facebook para ficar em contato com uma grande rede de colegas. Em apenas uma década, ou menos, a tecnologia mudou muito a forma como trabalhamos.

E, na próxima década, a marcha inexorável do poder computacional e as velocidades de conexão da internet vão trazer mudanças mais profundas para o trabalho do que qualquer outra coisa vista até agora. Consideremos apenas alguns dos avanços da tecnologia que visionários acham que vão ocorrer nos próximos anos. Imagine o excelente iPhone da Apple encolher até o tamanho de um cartão de crédito. Agora, imagine que ele pode se conectar não só a contatos das mais recentes redes sociais, mas também a bilhões de minúsculos sensores sem fio presentes em edifícios, ruas, produtos de varejo e roupas – todos simultaneamente enviando dados pela internet. Isso permitirá rastrear e gerenciar mais do que informações estáticas: os usuários poderão controlar eventos no mundo físico, desde a produção no chão de fábrica até o paradeiro de colegas e o modo como os clientes estão usando os produtos. Todas as informações serão muito mais fáceis de visualizar e analisar, usando gestos com as mãos e os braços para controle e visualização dos resultados com óculos especiais que simulam o usuário olhando para uma tela em tamanho real. Imagine a produção de protótipos detalhados de ideias ou projetos de produtos por meio de uma impressora 3D que crie modelos de plástico a partir de especificações informatizadas tão facilmente como uma impressora gera relatórios atualmente.[17]

As empresas enfrentam as mudanças mais abrangentes e com maior alcance em suas implicações do que qualquer coisa desde a revolução industrial moderna que ocorreu no início de 1900. As empresas que querem sobreviver no século XXI devem reconhecer essas mudanças e esses desafios tecnológicos, realizar mudanças organizacionais necessárias em face disso e aprender a operar de uma maneira totalmente diferente. As empresas de hoje se concentram na defesa e salvaguarda de suas posições de mercado atuais, além de visar a novos mercados. As principais mudanças e desafios nos quais as empresas estão se concentrando no século XXI incluem:

- Inovação: descobrindo o novo.
- Empreendedorismo social: tornando-se ecológico.
- Redes sociais: quem é quem.
- Mundos virtuais: é um mundo completamente novo.

OA12.7
Explicar as seis melhores práticas de inovação.

INOVAÇÃO: DESCOBRINDO O NOVO

No passado, uma empresa se voltava essencialmente para a excelência operacional. Hoje, a inovação está direcionando a TI. A *inovação* é a introdução de novos equipamentos ou métodos. O impulso atual para inovar decorre da necessidade de cortar custos e ao mesmo tempo criar uma vantagem competitiva. As mudanças fundamentais na tecnologia permitirão às empresas perceber as promessas para inovação, agilidade e velocidade proporcionadas pela TI.

omg lol*

Coisas que vamos dizer para os nossos netos

Segundo a revista **Wired**, aqui estão as 10 frases principais que vamos dizer aos nossos netos:

1. Na minha época, a gente só precisava de 140 caracteres.
2. Costumava haver tanta neve aqui em cima... você podia colocar um esqui nos pés e deslizar até lá embaixo.
3. Concursos da TV davam prêmios em dinheiro para quem conseguia armazenar mais dados na própria cabeça.
4. Bem, os monitores eram maiores, mas eles só exibiam filmes em determinados horários do dia.
5. Todos nós tínhamos um, mas ninguém usava para valer. Pense nisso. Eu aposto que o meu perfil do LinkedIn ainda está por lá, em algum lugar da web.
6. 英语曾经是统治语言。疯狂,哼? Tradução: "O inglês costumava ser a língua mais importante. Que loucura, não?"
7. Nossos corpos eram feitos de carne e apoiados em varetas de cálcio.
8. Você costumava manter os arquivos no seu computador e tinha de recorrer a esse mesmo computador para acessá-los!
9. Esse é o novo iPhone 27G? Já é multitarefa?
10. Simplesmente não consigo me acostumar com este maldito bife artificial. A textura não está boa.

Com tudo o que você aprendeu nesse curso, faça uma previsão de novas tendências para setor e negócios que você vai encontrar ao longo de sua carreira. Crie três frases que você acha que vai dizer aos seus netos.

---

* N. de T.: Acrônimo, usado na internet, que corresponde às expressões "Oh! My God" (Oh! Meu Deus) e "laughing out loud" (rindo alto), usadas para caracterizar os absurdos que encontramos na rede.

Surfistas do mundo todo foram para Maverick's, em Pillar Point, a poucos quilômetros de São Francisco, para competir nas grandes ondas que fizeram do local um lendário destino de surfe. O sexto Mavericks Surf Contest tinha sido anunciado apenas 48 horas antes para garantir condições ideais de onda para os competidores. Surfistas de lugares tão distantes como Austrália, Brasil e África do Sul se esforçavam para fazer bonito nessa competição. Foi mágico assistir esses atletas desafiarem ondas de seis metros com facilidade e graça, fazendo tudo aquilo parecer muito natural.

Nos bastidores, porém, é uma história diferente – é uma história que contém lições importantes para executivos de negócios. Embora toda a atenção recaia sobre os atletas e suas pranchas, a tecnologia e as técnicas usadas para dominar o surfe de ondas grandes têm evoluído ao longo de décadas, impulsionadas pelos dedicados, talvez mesmo obcecados, grupos de atletas e artesãos. Os executivos podem aprender muito sobre processos de inovação olhando para este esporte e seguindo as seis melhores práticas de inovação (ver Figura 12.9).[18]

Encontre a sua situação crítica relevante

Em primeiro lugar, para aumentar os níveis de desempenho, as empresas devem encontrar a sua situação crítica relevante. No caso dos surfistas de ondas grandes, tem havido uma procura crescente por ondas maiores e mais difíceis para testar novos designs de pranchas e técnicas de surfe.

Seguindo o exemplo dos surfistas, os executivos precisam encontrar situações críticas relevantes que irão testar e impulsionar seu desempenho atual. Por exemplo, empresas que fabricam motores e geradores de energia a diesel devem estar ativamente empenhadas em encontrar maneiras de servir de modo mais eficaz os clientes de baixa renda nas remotas áreas rurais das economias emergentes. Esses clientes exigentes podem estimular importante inovação para os processos de planejamento e distribuição de produtos no esforço de oferecer maior valor por custos mais baixos As inovações resultantes desses esforços para a situação crítica poderiam levar a melhorias significativas nas linhas de produtos.

Montar "estufas" de inovação

Em segundo lugar, atrair grupos de pessoas motivadas por essas situações críticas para trabalhar em conjunto em torno de questões desafiadoras de desempenho. No final dos anos 1950, Waimea Bay, na costa norte de Oahu, tornou-se o local de teste para atletas que procuravam chegar aos limites do surfe de ondas gigantes. No isolamento da costa norte, dedicados surfistas passavam de oito a dez horas por dia, todos os dias, desafiando a si próprios e uns aos outros nas ondas gigantes. Os avanços reais na tecnologia e práticas do surfe ocorriam nos intervalos, quando os surfistas se reuniam e construíam relacionamentos profundos durante longos períodos. Eles aprendiam rapidamente entre si e levavam uns aos outros para o próximo nível.

Grandes empresas tornaram-se entusiastas do estabelecimento de postos avançados remotos em lugares como Pequim, Hyderabad, Haifa e São Petersburgo para atrair talentos locais e impulsionar a investigação desafiadora e projetos de desenvolvimento. Muitas vezes, porém, esses postos se desconectam de suas empresas matrizes ou não conseguem estabelecer vínculos profundos com os outros participantes de ponta. O desafio principal é ligar essas instalações da empresa de forma mais eficaz com os seus ambientes locais, bem como uns com os outros por meio de iniciativas de inovação desafiadoras e sustentadas que estabeleçam relações a longo prazo baseadas na confiança. A melhoria do desempenho geral vem em primeiro lugar na forma de conhecimento tácito de que é difícil expressar e comunicar de modo mais amplo. As pessoas têm de estar lá para ter acesso a esse conhecimento tácito.

FIGURA 12.9 As seis melhores práticas de inovação

- Encontrar sua situação crítica relevante
- Montar sua "estufa"
- Recompensar os que assumem riscos
- Celebrar a diversidade
- Olhar em torno
- Misturar praticantes e desenvolvedores

INOVAÇÃO

Recompensar os que assumem riscos

Em terceiro lugar, reconhecer que as pessoas atraídas para a situação crítica são aquelas que assumem riscos. Essa é uma das principais razões pela qual a situação de risco se torna um fértil terreno para a inovação. Tal situação atrai pessoas que não têm medo de assumir riscos e aprender com suas experiências. Elas procuram incessantemente por novos desafios. Os executivos precisam ser cuidadosos quanto a como atrair essas pessoas, proporcionar-lhes ambientes propícios à tomada de riscos e recompensá-las pelos sucessos e fracassos.

Celebrar a diversidade

Em quarto lugar, reconhecer que a situação crítica favorece não apenas a tomada de riscos, mas também culturas muito diferentes que igualmente são críticas. Os avanços do surfe de ondas gigantes não aconteceu com surfistas de fim de semana, mas com aqueles que desenvolveram todo um estilo de vida e uma cultura, animados pela intensa e até mesmo obsessiva concentração em avançar. Os executivos precisam encontrar maneiras de proteger e honrar essas culturas, sejam elas compostas de web designers tatuados, seja da próxima geração de funcionários que aprenderam a inovar sendo membros de uma classe do World of Warcraft.

Olhar em torno

Em quinto lugar, encontrar formas de compreensão adequadas das disciplinas adjacentes e até das áreas mais remotas de atividade. Os primeiros avanços na tecnologia de surfe vieram da indústria aeroespacial porque alguns dos trabalhadores desse setor também eram surfistas entusiasmados. Alguns dos mais incríveis *insights* do surfista Laird Hamilton se originaram de suas experiências como especialista em windsurfe e das experiências de seus colegas com o snowboard. Ao atrair diversos *backgrounds* e experiências para a situação crítica, os executivos podem promover inovações criativas.

Misturar praticantes e desenvolvedores

Em sexto lugar, reunir usuários e desenvolvedores de tecnologia. Não é por acaso que os surfistas mais inovadores também costumavam ser grandes projetistas de pranchas de surfe. Essas pessoas não apenas faziam pranchas, mas também os materiais na forma de produto acabado e, em seguida, os utilizavam em condições arriscadas para testá-los e aprimorá-los. Eram artesãos implacáveis, integrando experiência, intuição e arte para resultar em novas e criativas pranchas. Tecnologia e prática estão intimamente ligadas. Pouquíssima melhoria em desempenho vem diretamente da própria tecnologia. É só quando os profissionais experientes se envolvem com a tecnologia, especialmente em comunidades muito unidas, e aprimoram suas práticas para melhor usá-la que reais avanços de desempenho acontecem.

●● **OA12.8**

Identificar como o consumo de energia e a reciclagem de equipamentos de TI podem levar a uma TI mais ecológica.

EMPREENDEDORISMO SOCIAL: TORNANDO-SE ECOLÓGICO

A *responsabilidade social* implica que uma entidade, seja um governo, empresa, organização ou indivíduo, tenha uma responsabilidade com a sociedade. A *política da empresa* é uma dimensão da responsabilidade social que se refere à posição de uma empresa em questões sociais e políticas. A *responsabilidade corporativa* é uma dimensão da responsabilidade social que inclui tudo, desde a contratação de minorias até a produção de produtos seguros. A **TI sustentável**, ou *"ecológica"*, descreve a fabricação, gestão, utilização e eliminação de tecnologia da informação de uma maneira que minimize os danos ao meio ambiente, que é uma parte importante da

---

Saiba que:

Conhece o Ted? Se você não conhece, precisa conhecer!

Você vai lembrar esse dia porque é o dia em que conheceu o Ted <http://www.ted.com>. Ted, uma pequena organização sem fins lucrativos, começou em 1984, é dedicada a Ideias Worth Spreading, uma conferência anual focada em três segmentos: Tecnologia, Entretenimento e Projeto. Ted reúne os mais fascinantes pensadores e executores do mundo, desafiando-os a falar de suas vidas em 18 minutos. Cada conversa é gravada e enviada para o site do Ted, incluindo oradores famosos como:

- Chris Anderson: editor da *Wired* e autor de "A cauda longa" (*Technology's Long Tail*).
- Tim Berners-Lee: inventor da World Wide Web.
- Jeff Bezos: fundador da Amazon.com.
- Richard Branson: fundador da Virgin.
- Bill Clinton: ex-presidente dos Estados Unidos.
- Peter Diamandis: administra a X Prize Foundation.
- Sergey Brin e Larry Page: cofundadores do Google.
- Malcolm Gladwell: autor de "Blink, a decisão em um piscar de olhos" (*Blink*) e "O ponto da virada" (*The Tipping Point*).
- Bill Gates: fundador da Microsoft.
- Seth Godin: guru de marketing.
- Steven Levitt: autor de *"Freakonomics*: o lado oculto e inesperado de tudo que nos afeta" (*Freakonomics*).

Como você pode usar o Ted para descobrir inovação no ambiente empresarial?

responsabilidade corporativa. Como resultado, o termo tem muitos significados diferentes, dependendo se você for fabricante, gerente ou usuário de tecnologia. Esta seção aborda o consumo de energia, a reciclagem de equipamentos de TI e uma TI mais ecológica.

Com a demanda de energia do computador explodindo, o consumo de energia em centros de dados dobrou entre 2000 e 2006 e duplicou novamente em 2011. Desse modo, a pressão recai sobre as empresas de tecnologia, serviços públicos e construtoras, para que descubram novas formas

> A TI sustentável, ou 'ecológica', descreve a fabricação, gestão, utilização e eliminação de tecnologia da informação de uma maneira que minimize os danos ao meio ambiente, que é uma parte importante da responsabilidade corporativa.

Consumo de energia

Como ameaça para operações e lucros, o crescente consumo de energia da computação corporativa está forçando as empresas a adotarem práticas ecológicas para o consumo de energia. Os engenheiros da Hewlett-Packard fizeram uma constatação surpreendente sobre os servidores que executam os sistemas de computação da empresa. O aumento do consumo de energia, juntamente com seus custos crescentes, em breve tornará mais caro manter um servidor ativo por um ano do que adquirir um novo. Se nada for feito, custos como esses terão impacto no objetivo da HP de cortar o consumo de energia em 15% até 2010.[19]

Quando a HP começou a construir um novo prédio com mais de 4.500 metros quadrados para abrigar computadores de alta potência, a empresa procurou orientação da Pacific Gas & Electric. Ao seguir as recomendações da empresa de energia da Califórnia, a HP vai economizar US$ 1 milhão por ano em custos de energia somente com o centro de dados, diz a PG&E. Além disso, combinando economia e sustentabilidade, a HP dotou suas gigantescas instalações no Texas com células fotovoltaicas e reaproveita a água dos resfriadores, tratando-a para irrigação, pois está situada em um local onde a água é um bem valioso.

Como a HP, empresas de todo o mundo estão acrescentando equipamentos para acompanhar as necessidades crescentes de computação – e, em seguida, são forçadas a fazer mudanças substanciais para reduzir o salto nos custos associados à manutenção de grandes edifícios, ou centros de dados, abrigando todos esses equipamentos. "Os centros de dados usam 50 vezes mais energia por metro quadrado que um escritório", disse Mark Bramfitt, gerente de programa da PG&E. A Figura 12.10 mostra a distribuição do uso de energia em centros de dados comuns.[20]

Especialistas do setor dizem que o consumo de energia dos centros de dados está dobrando a cada cinco anos, tornando-os um dos consumidores de mais rápido crescimento de energia dos Estados Unidos. A Figura 12.11 mostra as contas de energia elétrica do centro de dados.[21]

de reduzir o consumo de energia. Aqui estão algumas das maneiras por meio das quais elas estão reagindo.

Sun Microsystems: transferindo a computação Uma década atrás, a indústria de *chips* tinha um único foco: fazer o cérebro digital dos computadores processar dados cada vez mais rapidamente. Mas Marc Tremblay, arquiteto de *chips* da Sun Microsystems, viu uma falha fatal nessa estratégia. *Chips* mais rápidos esquentariam mais e eventualmente se queimariam. Então ele projetou o que é conhecido como *chip* de múltiplos núcleos, que tem vários processadores em um único pedaço de silício, cada um deles processando de maneira mais fria e sugando menos energia, mas coletivamente cumprindo mais tarefas. Ele também fez com que cada processador executasse mais de uma tarefa ao mesmo tempo. Os processadores do servidor Niágara da Sun, com base em projetos de Tremblay, consumiam apenas 70 watts de potência, cerca de um terço de um microprocessador convencional.[22]

virtualização Normalmente, só era possível executar um único aplicativo por vez em determinado servidor. Isso significava que, se aplicação não fosse necessária em determinado momento, o servidor ficaria ocioso. Analis-

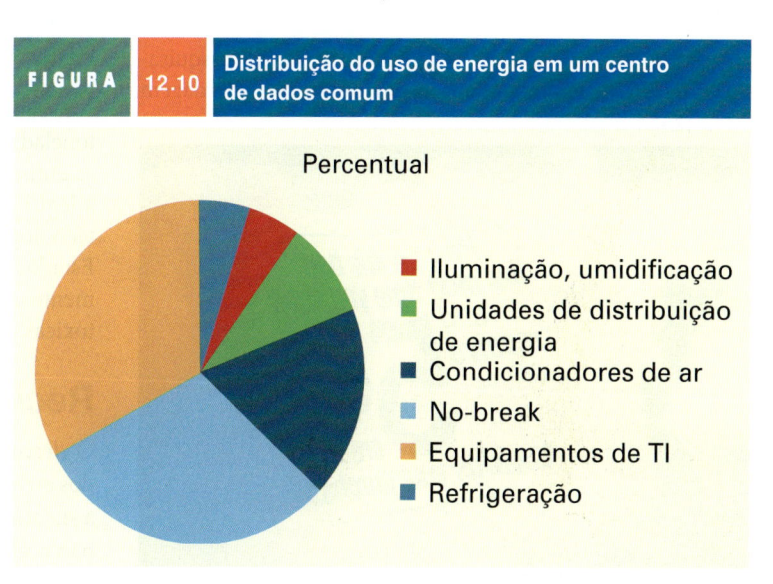

FIGURA 12.10 Distribuição do uso de energia em um centro de dados comum

Percentual
- Iluminação, umidificação
- Unidades de distribuição de energia
- Condicionadores de ar
- No-break
- Equipamentos de TI
- Refrigeração

FIGURA 12.11 A conta da luz

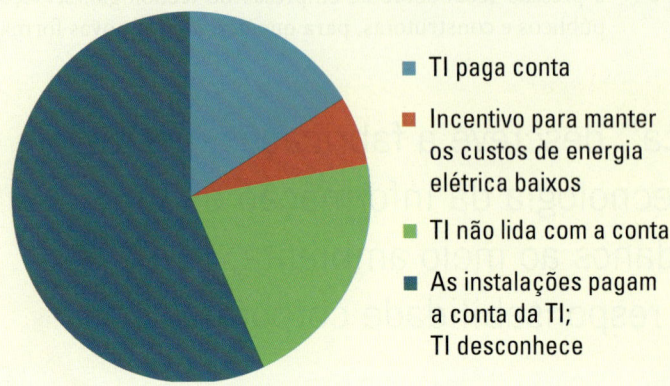

Como uma empresa pode controlar o uso do centro de dados?

- TI paga conta
- Incentivo para manter os custos de energia elétrica baixos
- TI não lida com a conta
- As instalações pagam a conta da TI; TI desconhece

tas estimam que somente de 10 a 20% da capacidade de um servidor comum é utilizada. A *virtualização* é uma estrutura de divisão dos recursos de um computador em vários ambientes de execução. O software de virtualização permite que gerentes de TI facilmente carreguem vários programas em uma única máquina e passem esses programas de um computador para outro na hora de fazer uso máximo de um cluster de servidores. Isso reduz significativamente o consumo de energia, pois são necessários menos servidores. O software de virtualização tem sido utilizado há décadas em computadores *mainframe*, mas só recentemente se tornou popular em servidores PC.[23]

programas de desconto de energia Mark Bramfit, da Pacific Gas & Electric, viu a virtualização como uma ótima maneira de reduzir o uso de energia nos centros de dados do norte da Califórnia e, para isso, projetou um programa inovador para a economia de energia. As empresas obtêm descontos ao reduzir o número de servidores que usam em seus centros de dados. Em apenas um ano, Bramfitt recebeu mais de 47 pedidos dos operadores de centros de dados e concedeu quatro descontos. Ele também está pedindo a outras instalações para adotar programas semelhantes. Até agora, outras três atenderam a solicitação.[24]

refrigeração inteligente Chandrakant Patel, pesquisador da Hewlett-Packard, pensou em uma nova abordagem para a utilização de energia dos centros de dados: imaginá-lo como uma máquina gigante. Daí resultou a tecnologia Dynamic Smart Cooling da HP. Milhares de sensores de calor monitoraram a temperatura, e o software dirige o sistema de ar condicionado para esfriar mais os lugares que mais precisam. A economia de energia estimada é de 20 a 45%.[25]

fontes alternativas de energia Google, o gigante de busca da web e que administra alguns dos maiores centros de dados do mundo, comprometeu-se a utilizar tecnologias de ponta para prover de energia e resfriar seus centros de dados, incluindo energia eólica e solar. A empresa já está usando energia eólica para alimentar um centro de dados na Holanda, e há especulações de que pode utilizar esse tipo de energia em uma instalação nova e importante em Council Bluffs, Iowa.[26]

a biologia encontra o *chip* O pesquisador Bruno Michel, da IBM, e sua equipe do laboratório de pesquisa da empresa, em Zurique, estão aplicando princípios biológicos para lidar com o problema do calor na computação. A partir dos princípios que fazem com que o sistema vascular humano resfrie o corpo, Michel está projetando dispositivos que resfriem os *chips*, usando líquidos fornecidos por meio de sistemas de circulação semelhantes ao sistema capilar. Normalmente, os processadores de servidores de computador são refrigerados a ar. O ar refrigerado é insuflado sobre as tampas de metal na parte de cima dos *chips*, onde aletas minúsculas dissipam o calor. Uma das invenções de Michel é uma tampa de metal que se encaixa em um processador e borrifa jatos de água sobre 50 mil bocais em canais microscópicos gravados no metal. Os canais se comportam como vasos capilares, fazendo circular o líquido eficientemente e reduzindo a energia necessária para bombear a água.[27]

envolvimento do governo A União Europeia impôs limites às emissões de carbono. Desde 2005, o Regime Comunitário de Licenças de Emissão (*Emission Trading Scheme*) exige que 12 mil usinas de ferro, aço, vidro e energia comprem licenças de CO_2, o que lhes permite a emissão do gás para a atmosfera. Se uma empresa ultrapassar o limite, pode comprar licenças não utilizadas de outras empresas que conseguem diminuir as emissões. Se, no entanto, ela não conseguir comprar licenças de reposição, será multada a cada tonelada de CO_2 em excesso. Uma vez que a TI contribui para as emissões de carbono totais de uma empresa, as licenças e a legislação comercial terão impacto sobre o modo como a tecnologia é gerida. A União Europeia e vários estados dos Estados Unidos também têm leis que exigem que os equipamentos de informática, os quais contêm diversas substâncias tóxicas, sejam reciclados.[28]

Reciclagem do equipamento de TI

O *descarte sustentável de TI* se refere à eliminação segura dos ativos de TI no final de seu ciclo de vida. Isso garante que a *sucata eletrônica*, ou equipamentos de informática antigos, não acabe em aterros sanitários, onde as substâncias tóxicas contidas podem contaminar a água subterrânea, entre outros problemas. Muitos dos principais fabricantes de hardware oferecem programas de retomada, de modo que os departamentos de TI não tenham de assumir a responsabilidade pelo descarte. Alguns estados dos Estados Unidos e da União Europeia têm leis que exigem a reciclagem da sucata eletrônica. A Dell e a Sony, por exemplo, recolherão todos os seus produtos gratuitamente, e a Toshiba irá receber de volta seus *laptops*. A Apple cobra uma taxa, que é liberada na compra de um produto novo. A HP também cobra, mas oferece um crédito para futuras compras. Para uma lista completa de programas de reciclagem nos Estados Unidos, visite o site da campanha Computer TakeBack <http://www.computertakeback.com>, em inglês. De acordo com essa iniciativa, os estados do Maine, Califórnia, Texas, Oregon, Maryland, Washington e Minnesota dispõem de leis para sucata eletrônica. Algumas dessas leis só se aplicam aos fabricantes de equipamentos, enquanto outras se destinam aos usuários finais. Em 2007, foram apresentados projetos de lei para sucata eletrônica em 23 estados. As empresas que atualmente cuidam de seu consumo de energia e descarte de equipamentos usados com responsabilidade levarão vantagem quando os regulamentos forem instituídos.

A conformidade com os regulamentos de sucata eletrônica deve tornar-se mais fácil para os gerentes de TI em virtude das novas regulamentações de produção. A diretiva RoHS (*Restriction of the Use of Certain Hazardous Substances*, ou Restrição de Certas Substância Perigosas) da União Europeia para equipamentos elétricos e eletrônicos, que entrou em vigor em 1º de julho de 2006, restringe o uso de seis materiais perigosos na fabricação de determinados produtos eletrônicos: chumbo, mercúrio, cádmio, cromo hexavalente, bifenilos polibromados e éteres difenil-polibromados (os dois últimos são substâncias resistentes ao fogo utilizadas em plásticos). Esses requisitos reduzem a toxicidade de produtos eletrônicos e, consequentemente, a sucata eletrônica por eles produzida.[29]

Em 2006, computadores de mesa, *laptops* e servidores foram responsáveis por mais de oito bilhões de toneladas de lixo eletrônico no mundo inteiro, e as principais empresas envolvidas na recuperação da sucata eletrônica (Dell, HP e IBM) recuperaram apenas 160 milhões de toneladas, cerca de 2%.

Apenas cerca de um terço de todas as empresas dos Estados Unidos têm uma política de descarte de ativos de TI. O restante nada faz ou despeja o material em aterros municipais. De acordo com o *Green Guide* do National Geographic, de 50 a 80% dos produtos eletrônicos reciclados acabam em nações em desenvolvimento, onde são desmontados por trabalhadores inexperientes, sem o equipamento adequado. Essa prática os expõe a substâncias tóxicas, como mercúrio, cádmio e chumbo. Se o equipamento for deixado em aterros sanitários, essas mesmas toxinas acabam em fontes de água.

TI ecológica

Na Sun Microsystems, o Open Work, o programa de teletrabalho (*telecommuting*) da empresa, oferece aos funcionários espaço de escritório compartilhado, equipamentos domésticos e subsídios para banda larga e energia elétrica, de acordo com Dave Douglas, vice-presidente de ecorresponsabilidade da empresa. Mais de 56% dos funcionários da Sun participam do programa. "Nos últimos cinco anos, reduzimos nossas instalações administrativas em 1/6 e economizamos mais de US$ 60 milhões por ano em espaço e energia elétrica", afirma Douglas. A Sun também economiza cerca de 29 mil toneladas de CO_2 por ano com a redução do trabalho interno dos funcionários. Isso é equivalente a 5.694 carros fora da

---

Vivendo o SONHO

Cidades inteligentes

Estão sendo criadas cidades inteligentes em todo o mundo com o uso de tecnologia avançada combinada com governos fortes. As cidades inteligentes usam mobilidade, construção, energia, transporte e tecnologia ecológica de ponta em novas e inovadoras maneiras de ajudar o meio ambiente. Alguns exemplos:

- O prédio da Academia de Ciências da Califórnia, em São Francisco, exibe um "telhado vivo" e é uma das estruturas mais sustentáveis do mundo. O "telhado vivo" de 2,5 hectares, com plantas locais e uma cobertura de vidro de células fotovoltaicas, produz energia para o edifício.
- Estocolmo utiliza sensores, software e redes de computadores para monitorar o tráfego nos períodos de pico.
- Shanghai possui a primeira ferrovia magnética de baixa poluição que suporta velocidades acima de 160 km/h.
- Massachusetts planeja instalar 300 turbinas eólicas em suas cidades.
- O recolhimento inteligente de lixo de São Francisco prevê incentivos e uma atitude ecológica para fazer a população reciclar 72% dos seus resíduos. A SF Recycling & Disposal separa produtos de vidro, plástico e papel no Pier 96 e compacta o material em cubos compactos.

Quais tipos de programas estão sendo implantados em sua cidade para auxiliar o meio ambiente? Quais tipos de programas estão sendo implantados em sua faculdade para auxiliar o meio ambiente? Pense em um novo programa que usa tecnologia que a sua universidade possa implementar para ajudar o meio ambiente.

estrada por ano, de acordo com o calculador de carbono da EPA (Agência de Proteção Ambiental dos Estados Unidos).[30]

Os sistemas de automação dos controles de processos da Dow Chemical desativa uma fábrica se ela não for compatível com os requerimentos de emissões no ar e na água. A Dow também utiliza um sistema de monitoramento para medir as emissões no ar e na água em suas fábricas e está implantando um sistema de informação ambiental para gerir comunicação desses dados às autoridades estaduais e federais, segundo o CIO e diretor de sustentabilidade David Kepler.

Os sistemas de TI podem também ajudar a poupar energia por meio do controle de aquecimento e ar condicionado dos prédios corporativos. Podem ser usados sensores sem fio para medir o fluxo de ar e ocupação de salas. Se os sensores de presença (que acionam e desligam as luzes quando alguém entra ou sai de uma sala) estiverem conectados aos sensores de fluxo de ar, a potência do ar condicionado utilizada quando a sala está vazia pode ser reduzida, afirma Kepler. "A ideia básica é coletar dados sobre como a instalação está utilizando energia e usar essa informação para definir padrões que possam ajudar a mudar o que está sendo feito e reduzir custos operacionais".

Para acompanhar o crescimento explosivo da empresa, o Google está construindo centros de dados em lugares remotos, como Lenoir, na Carolina do Norte; Mount Holly, na Carolina do Sul; e Council Bluffs, em Iowa. Uma instalação de trinta acres em The Dalles, Oregon, é o mais recente deles a ser concluído e colocado em funcionamento. The Dalles, uma cidade com população aproximada de 12 mil pessoas, forneceu o local perfeito para o Google, com uma usina hidrelétrica, terras disponíveis e incentivo fiscal de 15 anos. Uma rede elétrica industrial liga a represa ao complexo do Google, onde enormes sistemas de refrigeração erguem-se acima das instalações de dois centros de dados. O Google gasta aproximadamente 600 milhões de dólares para construir um grande centro de dados, que requer uma equipe de 100 a 200 operadores. A Figura 12.12 mostra as maneiras pelas quais as empresas estão escolhendo tornar-se ecológicas.[31]

OA12.9
Descrever as três formas pelas quais as empresas podem utilizar redes sociais.

REDES SOCIAIS: QUEM É QUEM

Chip Overstreet, CEO da Encover, estava à procura de um novo vice-presidente para vendas. Ele estava examinando um candidato promissor, mas não queria saber dos comentários animados, mas rotineiros, que são encontrados em referências. Era hora de procurar saber todos os detalhes escabrosos. Então, ele se conectou ao LinkedIn, uma rede de negócios online. "Eu fiz 11 verificações anônimas desse cara e encontrei pessoas com quem ele tinha trabalhado em cinco das suas últimas seis empresas", conta Overstreet, cuja empresa vende e administra contratos de serviços para fabricantes. "Aquilo era incrivelmente poderoso", ele continua.

Tão poderoso, de fato, que mais de uma dúzia de sites como o LinkedIn surgiram nos últimos anos. Eles são a resposta a um impulso crescente entre usuários da web para criar vínculos, comunidades e redes online, aumentando a popularidade de sites como o MySpace da News Corp. Desde abril, os 10 maiores sites de redes sociais, incluindo MySpace, alcançaram uma audiência combinada única de 68,8 milhões de usuários, atraindo 45% dos usuários ativos da rede, de acordo com a Nielsen/NetRatings.[32]

As corporações e pequenas empresas não adotaram as redes de negócios online com o mesmo entusiasmo dos adolescentes e estudantes universitários que se aglomeraram nos sites sociais. Contudo, as empresas estão cada vez menos desconfiadas e passando a utilizar os sites e tecnologias relacionadas para obter ferramentas de negócios potencialmente poderosas. A Figura 12.13 mostra os três tipos de redes sociais que uma empresa pode implementar: pesquisa passiva, bumerangues e redes de marketing.

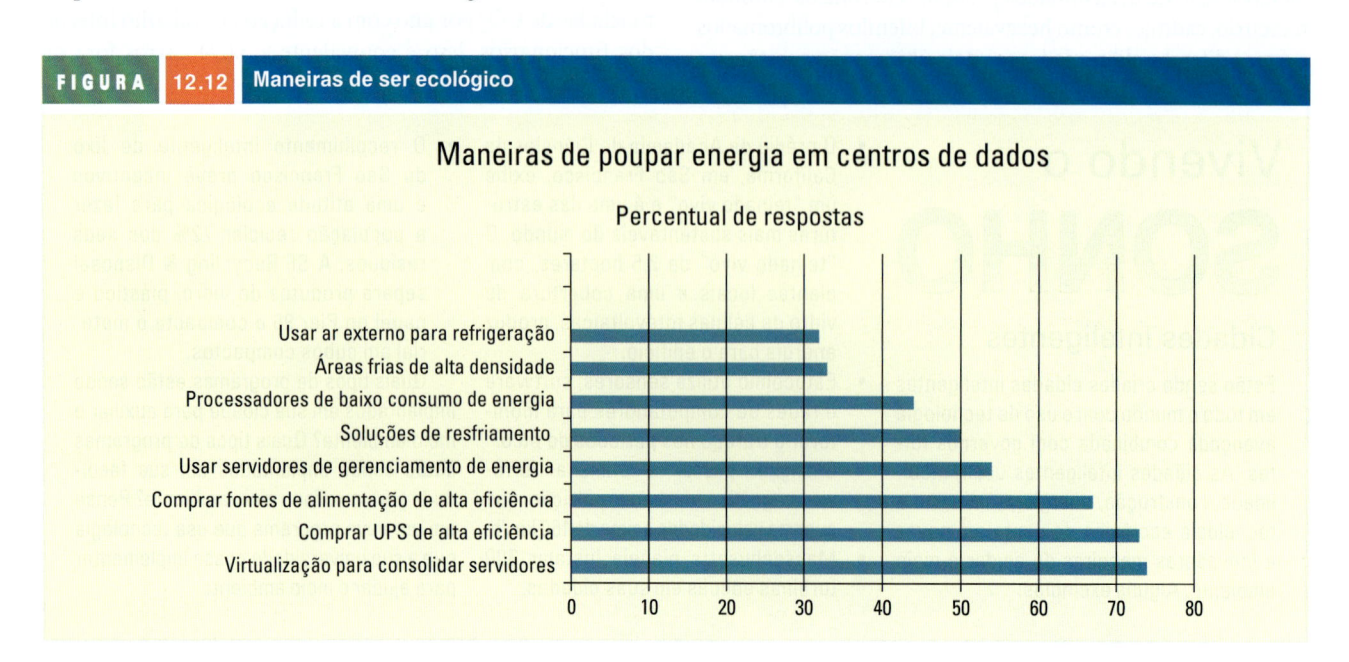

FIGURA 12.12 Maneiras de ser ecológico

Maneiras de poupar energia em centros de dados
Percentual de respostas

Método	%
Usar ar externo para refrigeração	~32
Áreas frias de alta densidade	~33
Processadores de baixo consumo de energia	~44
Soluções de resfriamento	~50
Usar servidores de gerenciamento de energia	~54
Comprar fontes de alimentação de alta eficiência	~67
Comprar UPS de alta eficiência	~72
Virtualização para consolidar servidores	~74

> **AS EMPRESAS QUE PENSAM NA CRIAÇÃO DE COMUNIDADES ONLINE COM FINS DE PUBLICIDADE, *BRANDING* OU MARKETING TERÃO DE CEDER ALGUM GRAU DE CONTROLE SOBRE O CONTEÚDO.**

Pesquisa passiva

Os recrutadores da Microsoft e Starbucks, por exemplo, rondam as redes online como o LinkedIn em busca de potenciais candidatos a empregos. A Goldman Sachs e a Deloitte gerencia suas próprias redes online de antigos pupilos para contratar de volta ex-funcionários e fortalecer os vínculos com clientes na mesma situação. O Boston Consulting Group e o escritório de advocacia Duane Morris implantaram softwares corporativos que controlam as comunicações dos funcionários para descobrir ligações úteis em outras empresas. E empresas como a Intuit e Mini USA criaram redes de clientes para estabelecer lealdade à marca.

Muitas empresas não confiam nas redes online. Os executivos não dão conta do possível afluxo de pedidos de relacionamento das redes corporativas. Os funcionários podem ficar consternados ao saber que seu local de trabalho usa softwares de monitoramento de e-mail para ajudar na determinação de alvos para o setor de vendas. "As empresas que pensam na criação de comunidades online com fins de publicidade, *branding* ou marketing terão de ceder algum grau de controle sobre o conteúdo."

Nenhuma dessas preocupações está detendo Carmen Hudson, gerente de recursos humanos corporativos da Starbucks, que diz que toma decisões de contratos baseada no LinkedIn. "É uma das melhores formas para encontrar executivos de nível médio", declara.

O Santo Graal do recrutamento é encontrar os chamados candidatos passivos – pessoas que estão felizes e são produtivas trabalhando para outras empresas. O LinkedIn, com seus 6,7 milhões de associados, é um fichário virtual desses tipos. Hudson afirma que já contratou três ou quatro pessoas este ano como resultado de conexões feitas por meio do LinkedIn. "Começamos a pedir aos nossos gerentes de contratação para se inscrever no LinkedIn e ajudar a nos apresentar para seus contatos", conta ela. "As pessoas têm preocupações sobre a privacidade, mas assim que explicamos como usamos os dados e como somos cuidadosos com os contatos, elas geralmente concordam com o que fazemos."

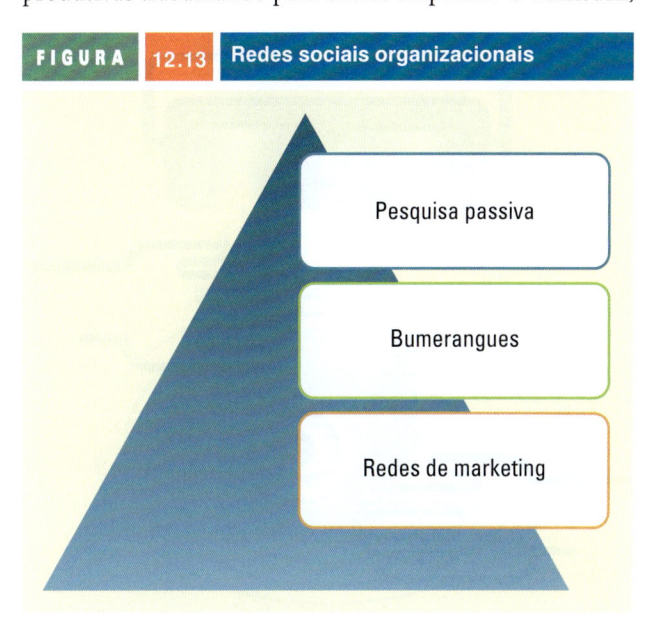

Bumerangues

Headhunters e departamentos de recursos humanos estão prestando atenção. "O LinkedIn é uma tremenda ferramenta para recrutadores", atesta Bill Vick, autor de *LinkedIn for Recruiting*. E o mesmo vale para sites como Ryze, Spoke, OpenBc e Ecademy. Várias empresas estão se voltando para as redes sociais e tecnologias relacionadas para ficar em contato com ex-funcionários. A empresa de consultoria Deloitte se esforça para manter os laços com ex-funcionários e tem um programa formal de relações com eles há anos. A empresa aumentou seus esforços no início deste ano, contratando o provedor de serviços de redes empresariais SelectMinds para lançar uma rede online de ex-funcionários.

Ex-funcionários da Deloitte podem ir ao site para procurar o lançamento de 900 postos de trabalho em várias empresas. Eles também podem saber sobre as posições em aberto na Deloitte. A rede online é uma extensão de um programa offline que inclui recepções e seminários em rede.

A Deloitte não faz mistério sobre o seu objetivo de utilizar a rede para atrair de volta alguns ex-funcionários – os chamados "bumerangues". "No ano passado, 20% das nossas contratações de pessoas com experiência foram de 'bumerangues'", relata Karen Palvisak, líder nacional de relacionamento com ex-funcionários da Deloitte.

Os bumerangues custam menos para treinar do que os novos contratados e tendem a funcionar imediatamente. Como o mercado de trabalho se encolhe, ex-funcionários tornam-se uma fonte de talento cada vez mais atraente. No ano passado, 13% dos funcionários que haviam sido demitidos foram recontratados por seus ex-empregadores, de acordo com uma pesquisa realizada pela Right Management Consultants com mais de 14 mil funcionários demitidos em 4.900 empresas.

Redes de marketing

As redes orientadas para negócios ajudam os executivos a encontrar funcionários, além de serem cada vez mais úteis em outras áreas, como vendas e marketing. Quando a Campbell

FIGURA 12.13 Redes sociais organizacionais

- Pesquisa passiva
- Bumerangues
- Redes de marketing

Soup Co. pediu a produtora de locação independente Marilyn Jenett para selecionar um castelo na Europa para uma promoção, ela postou uma mensagem no site de relacionamento Ryze oferecendo uma comissão de corretagem para quem pudesse sugerir o lugar certo.

Jenett recebeu sete respostas, incluindo uma que a levou ao Eastnor Castle. Ela ficou tão satisfeita com o local que o reservou novamente para outro evento. Jenett disse que o Ryze também a ajudou a desenvolver outro pequeno empreendimento: um programa de orientação pessoal chamado "Feel Free to Prosper" (Fique à vontade para prosperar).

As redes sociais também ajudam a formar comunidade entre clientes potenciais. Um grupo de proprietários de Mini Cooper juntou-se à empresa para o seu *rally* de *cross-country* de duas semanas. Os participantes participaram de eventos patrocinados pela empresa, como a festa de encerramento oficial, com vista para o rio Hudson e o horizonte de Manhattan, em Nova Jersey.

Mas eles também planejam seus próprios eventos paralelos no futuro com a ajuda dos fóruns da comunidade no site Mini Owner's Lounge para proprietários, patrocinado pela Mini USA. A cada mês, cerca de 1,5 mil a 2 mil novos proprietários se inscrevem na comunidade. "Nossos melhores vendedores são proprietários Mini, e eles gostam de falar sobre seus carros", contou Martha Crowley, diretora de consultoria da Beam Interactive, que fornece vários serviços de marketing na internet para a Mini USA.[33]

OA12.10
Explicar mundos e mão de obra virtuais e seu impacto nos negócios.

MUNDOS VIRTUAIS: É UM MUNDO COMPLETAMENTE NOVO

Virtual é o tema da web 2.0. Dois tipos principais de virtual devem ser considerados quando se olha para o mundo do século XXI. Isso inclui os mundos virtuais e as forças de trabalho virtuais (ver Figura 12.14).

Mundos virtuais

No meio do vasto mundo virtual do Second Life, um novo edifício recentemente foi erguido, o quartel-general digitalizado da revista Wired, em um lote de um acre. Espalhafatosas portas deslizantes em rosa neon levam a uma sala de conferências em forma de Shuttle PC, onde até 50 pessoas podem se sentar em cadeiras que lembram disjuntores e assistir uma tela que se parece com uma placa gráfica. A Wired, entretanto, revelou sua sede no Second Life para lançar uma série de reportagens sobre o jogo publicada em 17 de outubro. A empresa espera utilizar o seu novo edifício virtual para que escritores conversem entre si e para acolher três ou quatro eventos de Q&A por mês com o mundo real, bem como famosos do Second Life, segundo Chris Baker, editor-associado sênior da revista. "É

FIGURA 12.14 É um mundo completamente novo

É UM MUNDO COMPLETAMENTE NOVO

uma espécie de teste para nós", disse ele, acrescentando que a Wired também está ativamente procurando estabelecer-se em outros mundos virtuais. "Ainda não temos certeza de como fazer uso desse espaço. Eis o motivo do teste".

A sede virtual da Wired fica logo ao lado da sede da CNET Networks, que inaugurou recentemente seu próprio escritório de cinco andares no Second Life. O prédio é uma réplica exata da sede da empresa, de vidro e tijolos, em São Francisco, e fica em meio a vastos gramados com vista para o mar azul do Second Life.

A grande conquista de terreno para a mídia está a caminho no Second Life, o reino online onde pessoas reais, sob o disfarce de avatares, movem-se e se misturam e, em alguns casos, ganham a vida. O público do jogo, rapidamente se aproximando de 1 milhão de usuários, cresce cerca de 38% ao mês, de acordo com seu criador, a Linden Lab. A organização recebe de 200 mil a 250 mil novos jogadores – sendo que muitos deles são os cobiçados adotantes jovens – somente em um mês. "O Second Life é um fenômeno quase igual ao YouTube, que alcançou massa crítica", atestou Baker.

Como tantas outras empresas que já se instalaram no Second Life, empresas de notícias e outros meios de comunicação não querem ficar para trás. À medida que o mundo virtual cresce, ele vai ficar mais atraente para empresas que querem enviar uma mensagem multimídia. "Todo mundo está à procura de ótimas oferta de banda larga, simples assim", conta Justin Bovington, CEO da Rivers Run Red, que ajuda empresas como a BBC Radio One a criar eventos e prédios dentro do Second Life.

Empresas tão variadas como Adidas, Sun Microsystems e Toyota querem promover seus produtos e garantir a exposição de suas marcas entre os consumidores, muitos deles jovens, que passam períodos cada vez mais longos não apenas na internet, mas também imersos em mundos virtuais. As receitas publicitárias de jogos nos Estados Unidos subiram de US$ 186 milhões em 2005 para US$ 875 milhões em 2009, de acordo com o Yankee Group.[34]

As empresas de mídia ainda enfrentam a concorrência de empresas virtuais iniciantes dentro do Second Life, como a "New World Notes" e a "SL Herald". A Reuters encarregou seu repórter de tecnologia veterano, Adam Pasick, de cobrir o Second Life em tempo integral e agir como o chefe da Reuters no Second Life. O avatar de Pasick usa camisa verde, tem uma expressão sinistra e ostenta um crachá de imprensa. Uma de suas primeiras histórias foi sobre a investigação de uma comissão do Congresso dos Estados Unidos a respeito de economias virtuais online como o Second Life e o World of Warcraft, da Vivendi Universal, e como ativos virtuais e rendimentos recebidos nos jogos deveriam ser tributados.

Outra reportagem da Reuters é uma entrevista com o presidente do banco virtual mais popular do Second Life, o Ginko Financial. O site da Reuters também oferece uma variedade de informações de mercado, como a taxa de câmbio do dólar Linden, a moeda usada no Second Life, e o dólar americano. Outra amostragem é a quantia de dólares dos Estados Unidos (US$ 404.063, na última contagem) gastos pelos jogadores no Second Life nas últimas 24 horas. "O Second Life é uma economia em grande atividade", diz Pasick, que, no jogo, usa o nome de Adam Reuters. "Foi algo natural para a Reuters". "O Second Life oferece inúmeros recursos e opções para as empresas, e é uma tela em branco que permite que as empresas façam o que quiserem lá", declara David Fleck, vice-presidente de marketing da Linden. A seguir, alguns exemplos de como as empresas estão usando o Second Life para competir na economia global.[35]

Sun Microsystems A Sun Microsystems realizou uma conferência de imprensa no Second Life com John Gage, cientista-chefe da empresa. A empresa criou uma área chamada Sun Pavilion, onde é transmitido um vídeo blog de todas as atividades da Sun. Havia 60 avatares na conferência de imprensa – o que, em termos de Second Life, é casa cheia.[36]

Warner Bros. Records A Warner Bros Records promoveu o quarto álbum da cantora Regina Spektor, *Begin to Hope*, por meio da construção de um *loft* elegante em Manhattan no Second Life. Enquanto a música de Regina Spektor tocava, a iluminação e decoração do loft mudavam para ilustrar, de modo aproximado, a letra das canções – uma nova experiência de marketing que era parte videogame, parte clip.[37]

American Apparel A American Apparel lançou uma loja virtual no Second Life em julho de 2006. A famosa fabricante de camisetas mostra estilos antes de serem lançados no mundo físico e oferece promoções cruzadas. Os visitantes da loja virtual recebem 15% de desconto em compras no mundo real.[38]

Lego A Lego regularmente visita universidades e campus corporativos para sediar eventos onde novos tipos de robôs são construídos usando os populares *kits* Mindstorm Robotics Invention da empresa. Recentemente, a Lego foi palco de um encontro chamado Big Robot on Campus no Second Life, atraindo fabricantes de robôs de diferentes localidades para se reunirem no ciberespaço.[39]

---

mostre-me o DINHEIRO

Trabalhe virtualmente

Quase toda empresa que quer parecer um pouco descolada está abrindo um estabelecimento no Second Life, o mundo virtual online em que as pessoas podem interagir por meio de avatares gerados por computador, ou representações gráficas de si mesmas. Mas algumas empresas estão começando a ir mais longe, levando trabalho real, não apenas de marketing, para estes estranhos mundos novos. Por exemplo, a 1-800-Flowers.com abriu uma "estufa virtual", onde os clientes podem ver arranjos de flores e conversar com os avatares da empresa. Cerca de 12 atendentes de televendas estão, literalmente, trabalhando dentro do Second Life. O executivo-chefe Jim McCann, que ajudou a criar o conceito de televendas, pensa que os mundos virtuais poderiam mudar a natureza do emprego ainda mais, permitindo aos clientes projetar seus próprios arranjos com mais facilidade. "A fronteira entre nossos clientes e a nossa equipe continua a se confundir", diz ele.

A LivingLive é uma empresa iniciante de consultoria especializada em mundos virtuais. Você é uma contratação recente e seu chefe gostaria que você passasse algumas horas se familiarizando com os mundos virtuais e com o modo como as empresas estão competindo nesse novo ambiente. Pesquise na internet e encontre vários exemplos de empresas atuais que estão utilizando mundos virtuais em novas e excitantes formas de promover, mudar e melhorar o negócio.

Adidas Adidas está trabalhando na venda de tênis virtuais para academia no Second Life. A empresa espera testar estilos para o mercado antes de lançá-los no mundo real, verificando as combinações de cores ou desenhos mais populares entre os Second Lifers.[40]

Toyota O plano de marketing da Toyota para o seu estiloso Scion inclui uma galeria de arte em Los Angeles (Scion Space) e projeções patrocinadas de filmes *indie* (a Scion Independent Film Series). Agora a montadora por dentro das tendência pop também está presente no Second Life, onde oferece uma versão virtual do Scion xB.[41]

Dartmouth College Instituições educacionais como o Dartmouth College estão cada vez mais presentes no mundo virtual. Em uma versão do Second Life de Hanover, New Hampshire, onde está localizado o Dartmouth College, o Instituto de Estudos de Tecnologias da Segurança da instituição realiza exercícios de resposta a emergências no espaço virtual.[42]

Major League Baseball A Major League Baseball realizou uma transmissão simultânea (*simulcast*) do seu *derby* dentro do Second Life, com streams de vídeo do evento mostrados em telas em um estádio de beisebol digitalizado. Estabelecer filiais no Second Life fazia sentido para os executivos da MLB. O site *MLB.com* tem uma comunidade online robusta em suas salas de bate-papo.[43]

hospitais virtuais O Palomar Pomerado Health abriu um novo hospital de ponta no Second Life. A inauguração do hospital virtual aconteceu após a abertura do inovador (e real) Palomar Medical Center, no valor de US$ 773 milhões e contando com 600 leitos, em Escondido, Califórnia, em dezembro de 2007. Faltando ainda três anos para a conclusão da primeira fase do hospital, o PPH criou a instalação e todas as suas tecnologias no mundo virtual do Second Life para mostrar a seus 900 mil clientes do sul da Califórnia o que está por vir. O hospital do Second Life mostra salas de cirurgia equipadas com tecnologia robótica e sistemas de imagens funcionais que oferecem suporte a procedimentos médicos como cirurgia cardiovascular. Usar o Second Life para receber *feedback* dos utilizadores é um método eficaz – muito melhor do que simplesmente reunir as pessoas em uma sala para discussões em grupo.[44]

Mão de obra virtual

A manhã de domingo e a tarde de terça-feira estão se tornando exatamente a mesma coisa, segundo o CIO da KLM, Boet Kreiken. Ao mesmo tempo, os funcionários em todas as empresas estão ficando mais confortáveis com uma variedade de tecnologias.

Nos últimos anos, era possível que os funcionários tivessem apenas um PC em casa. Hoje, eles podem manipular uma rede entre vários computadores, impressoras e dispositivos de backup ligados a uma conexão de internet de alta velocidade – além de conversores STB, consoles, TV de alta definição e toda sorte de outros serviços baseados na web, como o YouTube e o MySpace da News Corp. Os benefícios para as empresas incluem custos menores e maior produtividade, mas é fundamental descobrir como se comunicar com funcionários fora do local de trabalho.

O trânsito no entorno da sede da Microsoft em Redmond, Washington, tornou-se tão congestionado que o governador do estado, Chris Gregoire, quase perdeu um discurso às nove horas da manhã no campus principal da empresa. As pistas que conduzem à empresa de softwares simplesmente não foram projetadas para lidar com os 35 mil usuários que comparecem ao trabalho todos os dias. A surpresa que apanhou Gregoire foi apenas o último lembrete de que a Microsoft precisa resolver – rapidamente – sua crise de mobilidade.

A Microsoft lançou um programa destinado a fazer com que mais funcionários trabalhassem em casa e em outros locais fora da sede da empresa, juntando-se ao crescente número de empresas que abraçaram a onda do trabalho virtual. Cerca de 17% da mão de obra dos Estados Unidos trabalhava em casa mais de dois dias por semana em 2009, segundo Charlie Grantham, produtor-executivo da empresa de consultoria Work Design Collaborative. Isso é 11% mais do que em 2004.[45]

Permitir que os funcionários trabalhem fora do escritório mantém carros fora da estrada, e essa prática pode diminuir a rotatividade de funcionários, aumentar sua produtividade e reduzir os custos imobiliários. Na IBM, cerca de 42% dos 330 mil funcionários trabalham na estrada, em casa ou na sede do cliente, economizando para a empresa cerca de US$ 100 milhões em despesas imobiliárias por ano. VIPdesk, um empregador de agentes de atendimento ao cliente que trabalham em casa, mantém 85% do quadro de funcionários a cada ano, em comparação com a taxa de 10 a 20% dos call centers tradicionais, de acordo com a consultoria IDC. E os funcionários virtuais são cerca de 16% mais produtivos do que os do escritório, de acordo com a pesquisa da Grantham.

Para todos os benefícios de liberar os funcionários do escritório, há abundantes inconvenientes. Primeiro, nem todo mundo quer sair. Alguns temem que poderão descer a escada corporativa, enquanto outros precisam de um ambiente agitado para se manterem produtivos. Alguns gestores ficam relutantes em dispersar subordinados diretos, pois manter o controle sobre uma força de trabalho virtual pode ser mais difícil do que gerir funcionários que estão por perto. Alguns funcionários virtuais podem se sentir solitários, isolados, privados de treinamento e orientação vitais. E as falhas de comunicação podem ser um obstáculo a inovação, confiança, satisfação no trabalho e no desempenho.

Obstáculos como esses levaram a IBM, Sun Microsystems e outras empresas a buscar uma série de soluções criativas para os problemas que o trabalho virtual apresenta. Algumas delas são uma combinação de dispositivos móveis, e-mail, mensagens instantâneas e softwares de colaboração para ajudar a manter os colegas sempre em contato.

ferramentas para a mão de obra virtual Mobilidade e capacidades sem fio são as ferramentas da força de trabalho virtual e incluem:

- **Comércio móvel, ou M-Commerce**, a capacidade de comprar bens e serviços por meio de um dispositivo habilitado com internet sem fio.
- **Telemática**, a junção de computadores e tecnologias de telecomunicações sem fio com o objetivo de transmitir informações de forma eficiente por vastas redes para melhorar as operações de negócios. O exemplo mais notável da telemática pode ser a própria internet, uma vez que ela depende de uma série de redes de computadores conectados globalmente por meio de dispositivos de telecomunicações.
- **Identificação eletrônica**, a técnica para identificação e rastreamento de bens e pessoas por meio de tecnologias como a identificação via radiofrequência e os cartões inteligentes (*smart cards*).

Outras empresas, incluindo Microsoft, WebEx e Citrix, também se especializaram em conferências online e softwares de colaboração que facilitam que as pessoas, em locais diferentes, trabalhem em conjunto e realizem reuniões. Na Groove Networks foi estabelecida uma política que diz que se uma pessoa estiver operando virtualmente em uma reunião, todos se sentarão em seus escritórios e a reunião será virtual. "Como há uma grande diferença sensorial nessa experiência, há a certeza de que todos estão em condições de igualdade", disse ela. Outra forma de resolver a questão da distância física é fornecer ao funcionário as ferramentas necessárias para que ele se mantenha conectado aos colegas.

Para o funcionário virtual, são obrigatórios um computador portátil, acesso à internet de alta velocidade e um assistente pessoal digital ou telefone celular. Mas algumas empresas fazem mais para equipar seus funcionários virtuais. A IBM fornece um serviço de mensagens universal que permite aos executivos dar um único número de telefone para clientes e colegas. Em seguida, o serviço encaminha as chamadas para onde quer que o executivo possa estar: em casa, em um telefone celular ou em um *emobility center*, um dos escritórios temporários criados pela IBM em localidades ao redor do mundo. Patrick Boyle, diretor de vendas de assistência médica e ciências da saúde da IBM, gasta cerca de metade do seu tempo viajando, trabalhando em táxis, saguões de aeroportos, aviões e cafés. Ele também é um usuário costumeiro dos *emobility centers* e considera fones de ouvido uma ferramenta essencial para os negócios. ■

fala sério!

Entrevistas de emprego no Second Life

E se dissessem para você que uma das maiores feiras de emprego estava ocorrendo esta semana, mas você não poderia ir de aviões, trens ou automóveis? E se eu dissesse que você teria de viajar para o Second Life, um mundo virtual 3D no ciberespaço onde as pessoas, ou os seus avatares, reúnem-se virtualmente para entrevistas de emprego? A feira de emprego, organizada pela TMP Worldwide, uma empresa de recrutamento para divulgação, inclui recrutadores da Accenture, EMC Corporation, GE Money e U.S. Cellular. Os recrutadores entram em um grande prédio branco. Quando é a vez do seu avatar ser entrevistado, você entra no prédio para encontrá-los. Você pode digitar perguntas e respostas ou falar. Para algumas pessoas, isso se revela tecnicamente difícil. Glitches (ou falhas) resultam em atravessar janelas em vez de portas ou sofrer uma momentânea falta de roupas, por exemplo.

Como este curso o preparou para competir no dinâmico ambiente empresarial global? O que você pode fazer para continuar a preparar-se para competir neste ambiente? Qual foi a melhor parte deste curso? Como ele o ajudou a se preparar para competir no setor que você escolheu?

ACESSE <http://www.grupoa.com.br>

para materiais adicionais de estudo, incluindo apresentações em PowerPoint.

APÊNDICES ONLINE

Para saber mais sobre conceitos de sistemas de informação gerenciais (MIS) e conceitos de negócios, acesse o site <www.grupoa.com.br> e leia os Apêndices deste livro. A seguir é apresentado um resumo de cada um deles.

Apêndice	Descrição
A. Fundamentos de Negócios	■ Tipos de negócios ■ Operações internacionais da corporação ■ Contabilidade ■ Finanças ■ Recursos humanos ■ Vendas ■ Marketing ■ Operações/Produção ■ Gerenciamento de sistemas de informação
B. Hardware e Software	■ Fundamentos de hardware ■ Tipos de computador ■ Fundamentos de software
C. Redes e Telecomunicações	■ Fundamentos de rede ■ Arquitetura ■ Topologia ■ Protocolos ■ Mídias ■ Redes de e-Business
D. Ciclo de Vida de Desenvolvimento de Sistemas	■ Ciclo de vida de desenvolvimento de sistemas ■ Plano ■ Análise ■ Projeto ■ Desenvolvimento ■ Testes ■ Implementação ■ Manutenção ■ Problemas de software e problemas de negócios

APÊNDICES ONLINE

Para obter mais sobre conceitos de sistemas de informação gerenciais (MIS) e conteúdo de negócios, acesse o site www.prenhall.com/laudon e role os apêndices deste livro. A seguir é apresentado um resumo de cada um deles.

Apêndice	Descrição
A. Fundamentos de Negócios	■ Ética de negócios
	■ Gerenciamento crítico de reputação
	■ Contabilidade
	■ Finanças
	■ Recursos Humanos
	■ Vendas
	■ Marketing
	■ Operações Produtivas
	■ Gerenciamento de sistemas de informação
B. Hardware e Software	■ Fundamentos de hardware
	■ Tipos de computador
	■ Fundamentos de software
C. Redes e Telecomunicações	■ Fundamentos de rede
	■ Topologia
	■ Tipologia
	■ Protocolos
	■ Meios de conexão
D. Ciclo de Vida de Desenvolvimento de Sistemas	■ Ciclo de vida e diferentes tipos de sistemas
	■ OOAD
	■ Diagrama
	■ JAD
	■ Desenvolvimento
	■ RAD
	■ Prototipação
	■ Terceirização, Cloud Computing e regulação

GLOSSÁRIO

A

acionista Outro termo para proprietário de negócio.

acoplamento fraco A capacidade dos serviços serem unidos sob demanda para criar serviços compostos ou desagregados, com a mesma facilidade, em seus componentes funcionais.

acordo de nível de serviço (SLA, *Service Level Agreement*) Define as responsabilidades específicas do provedor de serviços e as expectativas do cliente.

acordo de participação Acordo legal entre dois ou mais parceiros de negócios que esquematiza as questões centrais do negócio.

adware Software que gera anúncios que se instalam no computador quando uma pessoa faz download de algum outro programa a partir da internet.

agente inteligente Sistema de informação baseado no conhecimento e de propósito especial que cumpre determinadas tarefas em nome dos seus usuários.

alcance da informação Refere-se ao número de pessoas com quem um negócio pode comunicar-se globalmente.

algoritmo genético Sistema de inteligência artificial que imita o processo evolucionário e de sobrevivência do mais apto para gerar soluções cada vez melhores para um problema.

alta disponibilidade Refere-se a um sistema ou componente que permanece operacional por longo período de tempo.

ameaça de novos entrantes Alta quando é fácil que novos concorrentes entrem em um mercado, e baixa quando há barreiras significantes para entrar nele.

ameaça de produtos ou serviços substitutos Alta quando há muitas alternativas de quem escolher um produto ou serviço, e baixa quando há poucas.

análise da latência Período de tempo a partir do qual os dados são disponibilizados até o momento em que a análise esteja completa.

análise da sequência de cliques (*clickstream data*) Padrão de navegação detalhada de um consumidor em um site.

análise de busca de metas Encontra as entradas necessárias para atingir uma meta como um nível desejado de produção.

análise de cesta de produtos Analisa itens como websites e verifica informações de escâner para detectar o comportamento de compra dos clientes, e prevê o comportamento futuro por meio da identificação de afinidades entre os bens e serviços dos clientes.

análise de cluster Técnica usada para dividir um conjunto de informações em grupos mutuamente exclusivos, de modo que os membros de cada grupo estejam tão próximos quanto possível entre si e os diferentes grupos estejam tão distantes quanto possível.

análise de redes sociais (SNA, *Social Networking Analysis*) Processo de mapeamento de um grupo de contatos (pessoal ou profissional) para identificar quem conhece quem e quem trabalha com quem.

análise estatística Desempenha funções como correlações, distribuições, cálculos e análise de variância de informações.

análise sensitiva O estudo do impacto que as mudanças em uma (ou mais) parte(s) do modelo têm sobre outras partes do modelo.

análise *what-if* Checa o impacto de uma mudança em uma hipótese da solução proposta.

anúncio online Quadro contido em uma página da web que é geralmente utilizada para exibir anúncios.

anúncio pop-under Forma de pop-up que os usuários não veem até que fechem a tela do navegador de internet.

anúncio pop-up Pequena página da web contendo uma propaganda que aparece por fora do website em uso naquele momento.

apresentação e pagamento de contas por meio eletrônico (EBPP, *Electronic Bill Presentment and Payment*) Sistema que envia as contas via internet e fornece um mecanismo fácil de usar (como clicar em um botão) para pagá-las.

aprovação As assinaturas reais de usuários do sistema, indicando que aprovam todos os requerimentos de negócio

armazenamento secundário Consiste em um equipamento projetado para armazenar grandes volumes de dados a longo prazo.

arquiteto da empresa (AE) Pessoa com formação em tecnologia, fluente em negócios e diplomata paciente, que fornece a importante ponte entre a TI e o negócio.

arquitetura corporativa Inclui os planos de como uma empresa vai construir, implantar, usar e compartilhar seus dados, processos e ativos de TI.

arquitetura de aplicação Determina como aplicações se integram e se relacionam entre si.

arquitetura de informação Identifica onde e como informações importantes, como registros de clientes, serão mantidas e protegidas.

arquitetura de infraestrutura Inclui o equipamento de hardware, software e telecomunicações que, quando combinados, fornecem a base subjacente para sustentar as metas da empresa.

arquitetura orientada a serviços (SOA, *Service-Oriented Architecture*) Abordagem arquitetural da TI orientada aos negócios que sustenta a integração de um negócio como serviços ou tarefas ligadas e repetitivas.

assistência técnica (*help desk*) Grupo de pessoas que respondem aos problemas dos usuários do sistema interno.

ataques de negativa de serviços (DoS) Inunda um site com tantos pedidos para o serviço que retarda ou bloqueia o site.

ataques distribuídos de negativa de serviços (DDoS, *Distributed Denial-of-Service Attack*) Ataques de vários computadores que inundam um site com tantos pedidos para o serviço que retarda ou bloqueia o site.

ativo Qualquer coisa que tenha valor ou rentabilidade.

atributo Características ou propriedades de uma classe de entidade.

autenticação Método para confirmar a identidade dos usuários.

automação da força de vendas (SFA, *Sales Force Automation*) Sistema que monitora automaticamente todos os passos do processo de vendas.

autorização Processo de dar permissão a alguém para fazer ou ter alguma coisa.

B

backup Cópia exata das informações de um sistema.

balanced scorecard Sistema de gestão (não apenas um sistema de medição) que permite que as organizações esclareçam sua visão e estratégia e as ponham em prática.

balanço patrimonial Mostra uma imagem contábil dos ativos de uma empresa e dos compromissos em relação aos ativos em determinada data.

banco de dados Mantêm informações sobre vários tipos de objetos (estoque), eventos (transações), pessoas (funcionários) e locais (depósitos).

banda larga Conexões de internet de alta velocidade transmitindo dados a velocidades superiores a 200 kilobytes por segundo (Kbps), em comparação com os 56 Kbps de velocidade máxima oferecida pelas tradicionais conexões discadas.

banner Pequeno anúncio em um site que divulga os bens e serviços de outra empresa, normalmente outro negócio da internet.

barreira de entrada Característica do produto ou serviço que os clientes esperam de empresas em um determinado setor e que deve ser oferecida por uma empresa que entra para competir e sobreviver.

benchmark Valores iniciais que o sistema procura atingir.

benchmarking Processo de medir continuamente os resultados do sistema, comparando esses resultados com o desempenho ideal (valores de referência) e identificando as medidas e procedimentos para melhorar o desempenho do sistema.

biométrica Identificação de um usuário de acordo com uma característica física, como uma impressão digital, a íris, o rosto, a voz ou a caligrafia.

blog Site em que os itens são postados regularmente e exibidos em ordem cronológica inversa.

Bluetooth Especificação da indústria de telecomunicações que permite que telefones móveis, computadores e assistentes digitais pessoais (PDAs) sejam facilmente interligados por meio de uma conexão sem fio de curto alcance.

bomba de e-mail Envia uma enorme quantidade de e-mails para uma pessoa ou sistema específico, lotando o espaço em disco do destinatário, o que, em alguns casos, pode ser demais para a capacidade do servidor, fazendo-o, ocasionalmente, parar de funcionar.

business facing process Invisível para o cliente externo, mas essencial para a gestão eficaz dos negócios, além de incluir o estabelecimento de metas, planejamento do dia a dia, avaliação de desempenho, recompensas e alocação de recursos.

byte Grupo de oito bits que representa um caractere de linguagem natural.

C

cabo coaxial Cabo que pode transmitir uma ampla gama de frequências com pouca perda de sinal.

cabo de par trançado Tipo de cabo composto de quatro (ou mais) fios de cobre trançados entre si com revestimento plástico.

cadeia de suprimento Consiste de todas as partes envolvidas, direta ou indiretamente, na aquisição de um produto ou matéria-prima.

cadeia de valor Vê uma empresa como uma série de processos, em que cada um agrega valor ao bem ou ao serviço para cada cliente.

caminho crítico Caminho do começo ao fim que passa por todas as tarefas que são essenciais para a conclusão do projeto no menor espaço de tempo.

capital Representa o dinheiro cujo propósito é fazer mais dinheiro – por exemplo, o dinheiro usado para comprar um imóvel para alugar ou uma empresa.

cartão de memória Contém alta capacidade de armazenamento que guarda dados como imagens capturadas, músicas ou arquivos de texto.

cartão inteligente Dispositivo que tem o tamanho de um cartão de crédito, contendo tecnologias embutidas que podem armazenar informações e pequenas quantidades de software para executar alguns processamentos limitados.

catálogo eletrônico Apresenta aos clientes informações sobre bens e serviços oferecidos para venda, proposta ou leilão na internet.

CCB (*Change Control Board*) Responsável por aprovar ou rejeitar todos os pedidos de mudança.

chave externa Chave principal de uma tabela que aparece como um atributo em uma outra tabela e fornece uma relação entre as duas.

chave principal Campo (ou grupo de campos) que identifica exclusivamente uma determinada entidade em uma tabela.

cheque eletrônico Mecanismo para o envio de pagamento a partir de uma conta corrente ou poupança.

cibermediador financeiro Empresa com base na internet que facilita os pagamentos por essa via.

ciberterrorista Visa causar danos às pessoas ou destruir sistemas ou informações críticas e a utiliza a internet como arma de destruição em massa.

ciclo de vida de desenvolvimento de sistemas (SDLC, *Systems Development Life Cycle*) O processo geral de desenvolvimento de sistemas de informação do planejamento e análise até a implementação e a manutenção.

ciclo de vida do produto Inclui as quatro fases pelas quais passa o produto durante seu ciclo de vida, incluindo introdução, crescimento, maturidade e declínio.

CIO (*Chief Information Officer*) Responsável por (1) supervisionar todas as utilizações da tecnologia da informação e (2) assegurar o alinhamento estratégico da TI com as metas e objetivos de negócios.

CISC (*Complex Instruction Set Computer*) Tipo de CPU que pode reconhecer 100 ou mais instruções, o suficiente para realizar a maioria dos cálculos diretamente.

CKO (*Chief Knowledge Officer*) Responsável por reunir, manter e distribuir o conhecimento da empresa.

classificação Atribuição de registros a um dos conjuntos de classes predefinidos.

clicagem (*click-through*) Contagem do número de pessoas que visitam um site e clicam em um anúncio que as leva ao site do anunciante.

cliente Computador projetado para solicitar informações de um servidor.

clique para falar (*click-to-talk*) Botões que, quando clicados, permitem aos clientes falar com um representante de atendimento ao cliente via internet.

clustering Segmentação de uma população heterogênea de registros em vários subgrupos mais homogêneos.

código aberto Qualquer programa cujo código fonte é disponibilizado para uso ou modificação, caso usuários ou outros desenvolvedores considerem adequado.

código malicioso Inclui uma variedade de ameaças como vírus, worms e cavalos de Troia.

colaboração estruturada (ou colaboração de processo) Envolve o compartilhamento da participação nos processos de negócio, como workflow, no qual o conhecimento é inserido como regras.

colaboração não estruturada (por vezes referida como colaboração de informações) Inclui a troca de documentos, quadros compartilhados, fóruns de discussão e e-mail.

cold site Instalação separada sem qualquer equipamento de computação, mas é um lugar para onde os funcionários podem ir depois de um desastre.

Commercial Off-The-Shelf (COTS, ou *pronto para comercialização*) Pacote de software ou uma solução que foi comprada para dar suporte a uma ou mais funções de negócio e sistemas de informação.

companhia de responsabilidade limitada (LLC, *Limited Liability Corporation*) Entidade que possui as proteções legais de uma empresa e a capacidade de ser tributada (uma vez) como uma parceria.

competência-chave Principal força ou função de negócio de uma empresa, que sobrepuja os esforços de qualquer um de seus concorrentes.

componente do ERP central Componentes tradicionais incluídos na maioria dos sistemas do ERP com foco principal em operações internas.

componente do ERP de contabilidade e finanças Gerencia dados de contabilidade e processos financeiros dentro da empresa com funções como razão geral, contas a pagar, contas a receber, orçamento e gestão de ativos.

componente do ERP de recursos humanos Acompanha as informações do funcionário, incluindo salários, benefícios, remuneração e avaliação de desempenho e garante o cumprimento de requerimentos legais, incluindo as fiscais.

componente do ERP estendido Componentes extras que atendem as necessidades organizacionais não contempladas pelos componentes principais e concentra-se primordialmente em operações externas.

componentes do ERP de gerenciamento de produção e materiais Lidam com os diversos aspectos do planejamento da produção e execução, como a previsão de demanda, a programação de produção, a contabilidade dos custos de trabalho e o controle de qualidade.

computação em grade (*grid computing*) Agregação de computação geograficamente dispersa, armazenamento e recursos de rede, coordenada para oferecer melhor desempenho, maior qualidade de serviço, melhor utilização e um acesso mais fácil aos dados.

computador Dispositivo eletrônico sob o controle de instruções armazenadas em sua memória própria, que pode aceitar, manipular e armazenar dados.

Computer-Aided Software Engineering (CASE, ou *engenharia de software auxiliada por computador*) Suíte de software que automatiza a análise de sistemas, projeto e desenvolvimento.

comunicação de marketing Procura criar a percepção de produtos ou serviços e educar consumidores em potencial quanto a esse produto ou serviço.

comutação de pacotes Ocorre quando o computador que envia uma mensagem a divide em um número de unidades eficientes chamadas de pacotes, cada uma contendo o endereço do computador de destino.

condição de teste Os passos detalhados que o sistema deve realizar, juntamente com os resultados esperados de cada passo.

confiabilidade Garante que todos os sistemas estejam funcionando corretamente e fornecendo informações precisas.

confidencialidade Garantia de que as mensagens e informações estão disponíveis apenas para aqueles que estão autorizados a vê-las.

conformidade Ato de se conformar, concordar ou conceder.

conhecimento explícito Consiste em algo que pode ser documentado, arquivado e codificado, muitas vezes com a ajuda da TI.

conhecimento tácito O conhecimento contido na cabeça das pessoas.

consolidação Envolve a agregação de informações e apresenta simples divisões para agrupamentos complexos de informações inter-relacionadas.

consumidor–consumidor (C2C) Aplica-se principalmente a sites que oferecem bens e serviços para ajudar os consumidores a interagirem uns com os outros via internet.

consumidor–empresa (C2B) Aplica-se a qualquer consumidor que venda um produto ou serviço a uma empresa via internet.

contabilidade de gestão Envolve a análise de operações de negócios para tomada de decisão interna e não tem que seguir normas emitidas por grupos de padronização, como o GAAP.

contabilidade financeira Envolve a preparação de relatórios financeiros que fornecem informações sobre o desempenho do negócio para terceiros, como investidores, credores e autoridades fiscais.

contabilidade Analisa as informações transacionais dos negócios, de modo que proprietários e investidores possam tomar decisões econômicas acertadas.

***contact center* (*call center*)** Representantes de atendimento ao cliente (CSRs, de *Customer Service Representatives*), respondem aos pedidos dos clientes e tratam problemas mediante uma série de diferentes meios de contato com clientes.

cookie Pequeno arquivo depositado em um disco rígido por um site contendo informações sobre os clientes e suas atividades na web.

corporação (também chamada de empresa, organização ou negócio). Entidade legal criada artificialmente que existe em separado e à parte dos indivíduos que a criaram e executam suas operações.

COSO (*Committee of Sponsoring Organizations*) Avalia os controles internos, como recursos humanos, logística, tecnologia da informação, riscos, assuntos legais, marketing e vendas, operações, funções financeiras, contratos e relatórios.

CPO (*Chief Privacy Officer*) Responsável por garantir o uso ético e legal de informações dentro de uma empresa.

cracker Hacker com intenções criminosas.

criptografia de chave pública (PKE, *Public Key Encryption*) Sistema de criptografia que utiliza duas chaves: uma chave pública, que todos podem ter; e uma chave privada, apenas para o receptor.

criptografia Codifica informações em formato alternativo que requer uma chave ou senha para decodificar as informações.

CRM analítico Apoia operações de back-office e análise estratégica e inclui todos os sistemas que não lidam diretamente com os clientes.

CRM operacional Suporta o processamento transacional tradicional para as operações ou sistemas de linha de frente que lidam diretamente com os clientes.

CSO (*Chief Security Officer*) Responsável por garantir a segurança dos sistemas de TI e desenvolvimento de estratégias e salvaguardas de TI contra ataques de hackers e vírus.

CTO (*Chief Technology Officer*) Responsável por garantir produtividade, velocidade, precisão, disponibilidade e confiabilidade da tecnologia de informação da empresa.

cubo Termo comum para a representação de informações multidimensionais.

curva de custos do plano de recuperação de desastres Mostra (1) o custo para a empresa da indisponibilidade de informações e tecnologia e (2) o custo para a empresa da recuperação de um desastre ao longo do tempo.

customização em massa Capacidade de uma empresa para dar a seus consumidores a oportunidade de customizar seus bens ou serviços, conforme suas especificações.

custos de troca Os custos que podem deixar os clientes relutantes em trocar de produto ou serviço.

D

dados Fatos brutos que descrevem as características de um evento.

darwinismo digital Empresas que não conseguem se adaptar às novas exigências para sobreviver na era da informação estão fadadas à extinção.

declaração de fluxo de caixa Resume as fontes e os usos do dinheiro, indica se há dinheiro suficiente disponível para levar adiante as operações de rotina e oferece uma análise de todas as transações de negócios, informando onde a empresa obteve seu dinheiro e como ela escolheu alocá-lo.

declaração de patrimônio líquido (também chamado de declaração de lucros obtidos) Rastreia e comunica mudanças nos lucros dos acionistas.

declaração financeira Registros por escrito da situação financeira do negócio que permitem que as partes interessadas avaliem a rentabilidade e a solvência do negócio.

demonstração do resultado (também chamada de relatório de lucro, relatório de operações e relatório de lucros e perdas [P&L]) Relata os resultados da operação (ganhos menos despesas) de um dado período com fim em uma data específica.

departamento de contabilidade Fornece informações quantitativas sobre as finanças do negócio, incluindo registro, medição e descrição de informações financeiras.

dependência Relação lógica que existe entre as tarefas do projeto ou entre uma tarefa do projeto e um marco.

deperimeterization Ocorre quando uma empresa move os funcionários para fora de seu *firewall*, um movimento crescente para mudar a forma como as corporações lidam com tecnologia de segurança.

depósito de dados Coleção lógica de informações, recolhidas a partir de diversos bancos de dados operacionais, que apoia as atividades de análise de negócios e as tarefas de tomada de decisão.

descarte sustentável de TI A eliminação segura dos ativos de TI no final de seu ciclo de vida.

desempenho Mede a rapidez com que um sistema executa um determinado processo ou transação (em termos de métricas de eficiência da TI, velocidade e rendimento).

desenvolvimento iterativo Consiste em uma série de projetos pequenos.

despesa Refere-se aos custos incorridos na operação e manutenção de um negócio.

detecção de associação Revela o grau em que as variáveis estão relacionadas e a natureza e frequência dessas relações na informação.

diagrama de fluxo de dados (DFD) Ilustra a circulação de informações entre entidades externas e os processos e depósitos de dados dentro do sistema.

diagrama entidade relacionamento (DER) Técnica para documentar as relações entre as entidades em um ambiente de banco de dados.

digital wallet Software e informações: o software oferece segurança para a transação e as informações incluem dados sobre pagamento e entrega (por exemplo, o número do cartão de crédito e data de validade).

dígito binário (bit) Menor unidade de informação que um computador pode processar.

direitos autorais (copyright) Proteção jurídica proporcionada à expressão de uma ideia, como uma música, um vídeo game e alguns tipos de documentos de marca registrada.

discagem preditiva Disca automaticamente as chamadas de saída, e quando alguém atende, a chamada é encaminhada para um agente disponível.

disco rígido Meio de armazenamento secundário que utiliza vários discos rígidos revestidos com um sensível material magnético e acondicionados juntamente com o *recording head* em um mecanismo hermeticamente fechado.

disponibilidade do sistema A quantidade de horas que um sistema está disponível aos usuários.

disponibilidade Indica quando os sistemas podem ser acessados pelos usuários.

dispositivo de comunicação Equipamentos utilizados para enviar informações e recebê-las de um local para outro.

dispositivo de entrada Equipamento usado para capturar informações e comandos.

dispositivo de saída Equipamento usado para ver, ouvir ou recusar os resultados de solicitações de processamento de informação.

distribuição automática de chamadas Uma central telefônica direciona as ligações recebidas para os agentes disponíveis.

dividendo Distribuição de lucros aos acionistas.

documentação do usuário Destaca como utilizar o sistema.

documento de definição de requisitos Contém o conjunto final de requisitos de negócios, priorizados em ordem de importância comercial.

documento fonte Descreve os dados da transação básica, como data, objetivo e quantia e inclui os recibos, cheques cancelados, faturas, reembolso do consumidor, registro de horas dos funcionários etc.

doutrina do uso justo Em determinadas situações, é legal usar material com direitos autorais.

drill-down **(detalhamento)** Permite aos usuários obter mais detalhes, e detalhes dos detalhes, das informações.

E

e-Business (negócio eletrônico) Realização de negócios na internet, não apenas comprando e vendendo, mas também servir clientes e colaborando com parceiros de negócios.

e-Commerce (comércio eletrônico) Compra e venda de bens e serviços por meio da internet.

e-Marketplace (mercado eletrônico) Comunidades interativas de negócios que proporcionam um espaço no mercado central onde vários compradores e fornecedores podem exercer atividades de e-Commerce.

EDI financeiro (intercâmbio eletrônico de dados financeiros) Processo eletrônico padrão para os pagamentos das compras do mercado B2B.

editor de *mashup* WYSIWYG (*What You See Is What You Get*, em português: O que você vê é o que você obtém) para *mashups*.

efeito chicote Ocorre quando flutuações de demanda de produtos passam de uma entidade para a entidade seguinte em toda a cadeia de suprimento.

e-Government (governo eletrônico) Envolve o uso de estratégias e tecnologias para transformar governo(s) pela melhoria da prestação dos serviços e da qualidade de interação com o cidadão-consumidor, em todas as áreas do governo.

elevação de privilégio Processo pelo qual um usuário engana um sistema para a concessão de direitos não autorizados, geralmente com o propósito de comprometer ou destruir o sistema.

e-logistics (logística eletrônica) Gerencia o transporte e o armazenamento de bens.

emall (shopping eletrônico) Consiste em uma série de *e-shops* (lojas eletrônicas), que serve como portal mediante o qual o visitante pode acessar outras *e-shops*.

empresa–consumidor (B2C) Aplica-se a qualquer empresa que vende produtos ou serviços aos consumidores via internet.

empresa–empresa (B2B) Aplica-se a negócios que realizam compra e venda entre si por meio da internet.

engenharia colaborativa Permite a uma empresa reduzir o custo e o tempo necessários durante o processo de planejamento de um produto.

engenharia social Uso de habilidades sociais para enganar as pessoas para que elas revelem as credenciais de acesso ou outras informações valiosas para o *hacker*.

entidade No modelo de banco de dados relacional é uma pessoa, lugar, coisa, transação ou evento sobre o qual a informação é armazenada.

e-policies (políticas eletrônicas) Políticas e procedimentos para o uso ético dos computadores e o uso da internet no ambiente de negócios.

e-procurement (procuração eletrônica) Compra e venda B2B (empresa-empresa) de suprimentos e serviços via internet.

escalabilidade Refere-se a quão bem um sistema pode se adaptar em caso de grande demanda.

escopo do projeto Define o trabalho que deve ser concluído para entregar um produto com as características e funções especificadas.

escritório de gestão de projetos (PMO, *Project Management Office*) Departamento interno que supervisiona todos os projetos organizacionais.

escrituração Registro real das operações do negócio, sem qualquer análise das informações.

estimativa Determinação de valores para um comportamento variável contínuo desconhecido ou valor futuro estimado.

estratégia de competência-chave Quando uma empresa opta por concentrar-se especificamente no que faz de melhor (sua competência-chave) e forma parcerias e alianças com outras empresas especializadas para lidar com os processos de negócios não estratégicos.

estudo de viabilidade Determina se a solução proposta é viável e exequível do ponto de vista financeiro, técnico e organizacional.

ethernet Tecnologia de camada física e dados para redes LAN.

ética da informação Diz respeito às questões éticas e morais decorrentes do desenvolvimento e utilização das tecnologias da informação, bem como a criação, a coleta, a duplicação, a distribuição e o processamento da informação em si (com ou sem o auxílio das tecnologias de informática).

ética Princípios e normas que norteiam o nosso comportamento para com outras pessoas.

e-waste (resíduo ou lixo eletrônico) Equipamentos de informática antigos dos quais as substâncias tóxicas contidas podem contaminar águas subterrâneas, entre outros problemas.

exclusão digital Situação em que aqueles com acesso à tecnologia têm grandes vantagens sobre aqueles sem acesso à tecnologia.

extensible markup language (XML) Linguagem de marcação para documentos que contenham informações estruturadas.

extração, transformação e carga (ETL, *Extraction, Transformation, and Loading*) Processo que extrai informações de bancos de dados internos e externos, transforma a informação usando um conjunto comum de definições da empresa e carrega as informações em um depósito de dados.

extranet Intranet que está disponível para aliados estratégicos (como clientes, fornecedores e parceiros).

F

failover Backup em que as funções de um componente do computador (como um processador, servidor, rede ou banco de dados) são assumidas pelos componentes secundários do sistema quando o componente primário fica indisponível por falha ou parada programada.

fase de análise Análise dos requisitos empresariais do usuário final e refino dos objetivos de projeto em funções e operações do sistema pretendido.

fase de desenvolvimento Envolve a transformação de todos os documentos detalhados da fase projeto no sistema real.

fase de implementação Envolve a colocação do sistema em produção para que usuários possam realizar as operações de negócios reais com o sistema.

fase de manutenção Envolve a realização de alterações, correções, adições e atualizações para garantir que o sistema continue a atender as metas de negócio.

fase de planejamento Envolve o estabelecimento de um plano de alto nível do projeto pretendido e a definição das metas do projeto.

fase de projeto Envolve a descrição das características desejadas do sistema, incluindo *layouts* de tela, regras de negócio, diagramas de processos, pseudocódigos e outras documentações.

fase de testes Envolve a união de todas as partes do projeto em um ambiente de teste especial para detectar erros, bugs e interoperabilidade, e verificar se o sistema atende a todos os requisitos de negócio definidos na fase de análise.

fatiamento e agrupamento (*slice-and-dice*) A capacidade de olhar para uma informação sob diferentes perspectivas.

fatores críticos de sucesso (CSF, *Critical Success Factor*) Fatores que são fundamentais para o sucesso de um negócio.

feature creep Ocorre quando os desenvolvedores adicionam recursos extras que não faziam parte dos requisitos iniciais.

ferramenta de mineração de dados (*data mining*) Utiliza uma variedade de técnicas para descobrir padrões e relações em grandes volumes de informação e inferir regras a partir deles que preveem o comportamento futuro e orientar a tomada de decisão.

fibra ótica Tecnologia associada à transmissão de informações como impulsos de luz ao longo de um fio de vidro ou fibra.

filtragem de conteúdo Ocorre quando as empresas utilizam um software que filtra conteúdo para evitar a transmissão de informações não autorizadas.

finanças Tratam das questões financeiras associadas ao aumento do valor dos negócios observando as leis e as responsabilidades sociais.

firewall Hardware e/ou software que protege uma rede privada por meio da análise das informações que entram e saem da rede.

fita magnética Meio de armazenamento secundário mais antigo que utiliza uma tira de plástico fina, revestida com um meio de gravação magneticamente sensível.

fluxo de dados transfronteiriços (TDF, *Transborder Data Flow*) Ocorre quando dados corporativos circulam por fronteiras internacionais por meio de redes de telecomunicações de sistemas de informação global.

fluxo de trabalho Define todas as etapas ou regras de negócio, do início ao fim, necessárias para um processo de negócio.

G

geoeconômico Efeitos da geografia nas realidades econômicas de atividades de negócios internacionais.

gerador de lista Compila informações de clientes a partir de uma variedade de fontes e segmenta a informação para diferentes campanhas de marketing.

gerenciamento da cadeia de vendas Aplica a tecnologia às atividades do ciclo de vida do pedido desde a consulta comercial até a venda.

gerenciamento da produção Descreve todas as atividades que os gerentes fazem para ajudar as empresas a criar produtos.

gerenciamento de evento da cadeia de suprimento (SCEM, *Supply Chain Event Management***)** Permite que uma empresa reaja mais rapidamente para resolver os problemas da cadeia de suprimento.

gerenciamento de operações (OM, *Operations Management***)** O gerenciamento de sistemas ou processos que converte e transforma os recursos (incluindo os recursos humanos) em mercadorias e serviço.

gerenciamento de processos de negócios (BPM, *Business Process Managemen***)** Integra todos os processos de negócios de uma empresa para tornar os processos individuais mais eficientes.

gerente de projetos Indivíduo que é um especialista em planejamento e gerenciamento, que define, desenvolve e monitora o plano do projeto para garantir que ele seja concluído dentro do prazo e do orçamento.

gestão da cadeia de suprimento (SCM, *Supply Chain Management***)** Envolve o gerenciamento dos fluxos de informação entre as etapas da cadeia de suprimento para maximizar suas eficácia e rentabilidade totais.

gestão da mudança Conjunto de técnicas que ajudam na evolução, composição e gestão da política de concepção e implementação de um sistema.

gestão de projetos A aplicação de conhecimentos, habilidades, ferramentas e técnicas às atividades do projeto para atender aos requisitos do projeto.

gestão de recursos humanos (RH) Inclui as políticas, os planos e os procedimentos para a administração efetiva dos funcionários (os recursos humanos).

gestão de relacionamento com funcionários (ERM, *Employee Relationship Management***)** Fornece aos funcionários um subconjunto de aplicações de CRM disponível por meio de um navegador.

gestão de relacionamento com o cliente (CRM) Envolve o gerenciamento de todos os aspectos do relacionamento do cliente com uma empresa para aumentar a fidelização e retenção de clientes e a lucratividade dela.

gestão de relacionamento com o fornecedor (SRM, *Supplier Relationship Management***)** Foca em manter os fornecedores satisfeitos por meio da avaliação e da categorização dos fornecedores de diferentes projetos, o que otimiza sua seleção.

gestão de relacionamento com o parceiro (PRM, *Partner Relationship Management***)** Foca em manter os vendedores satisfeitos mediante a gestão de relacionamento entre os parceiros e os revendedores, o que oferece aos clientes o canal de vendas ideal.

gestão do conhecimento (KM, *Knowledge Management***)** Envolve a captura, a classificação, a avaliação, a recuperação e o compartilhamento dos ativos de informação de um modo que forneça o contexto para as decisões e ações eficazes.

gigabyte (GB) Aproximadamente 1 bilhão de bytes.

gigahertz (GHz) Quantidade de bilhões de ciclos por segundo da CPU.

governança Método ou sistema de governo para gestão e controle.

gráfico Gantt Gráfico de barras simples que descreve as tarefas do projeto em oposição a um cronograma.

gráfico PERT (*Program Evaluation and Review Technique***)** Modelo gráfico de rede que mostra as tarefas de um projeto e as relações entre elas.

granularidade de informação Refere-se ao grau de detalhamento no interior da informação (boa e detalhada ou grosseira e abstrata).

groupware Software que suporta a interação e a dinâmica da equipe, incluindo agendamento, programação e videoconferência.

grupo de afinidade Determinação das coisas que combinam entre si.

H

hacker *black-hat* Invade sistemas de computador alheios e pode apenas dar uma olhada ou roubar e destruir informações.

hacker Exímios conhecedores de computadores que usam o conhecimento para invadir os computadores de outras pessoas.

hacktivista Pessoa com razões filosóficas e políticas para invadir sistemas e que, muitas vezes, irão desfigurar o site em sinal de protesto.

hardware key logger Dispositivo de hardware que captura as teclas digitadas no caminho entre o teclado e a placa-mãe.

hardware Consiste em dispositivos físicos associados a um sistema de computador.

hipóteses do projeto Fatores que são considerados verdadeiros, reais ou certos sem prova ou demonstração.

hoaxes Atacam sistemas de computador por meio da transmissão de um vírus hoax (boato), com outro vírus anexado.

hot site Instalação separada e totalmente equipada para onde a empresa pode transferir-se imediatamente após um desastre e retomar os negócios.

I

identificação eletrônica Técnica para identificação e rastreamento de bens e pessoas por meio de tecnologias como a identificação por radiofrequência e os cartões inteligentes (*smart cards*).

identificação por radiofrequência (RFID, *Radio Frequency Identification***)** Tecnologias que utilizam etiquetas ativas ou passivas na forma de *chips* ou etiquetas inteligentes que podem armazenar identificadores únicos e transmitir essa informação para leitores eletrônicos.

indicador-chave de desempenho (KPI, *Key Performance Indicator***)** Medidas que estão vinculadas aos direcionadores de negócios.

informação Dados convertidos em contexto significativo e útil.

informação em tempo real Informação imediata e atualizada.

informações analíticas Engloba todas as informações organizacionais, e sua principal finalidade é apoiar a realização de tarefas de análise gerencial.

informações de séries temporais Informações com tempo gravado coletadas em uma frequência particular.

informações transacionais Compreendem todas as informações contidas dentro de um único processo de negócios ou unidade de trabalho, e seu propósito principal é apoiar a realização das tarefas operacionais diárias.

Information Systems Audit and Control Association (ISACA) Conjunto de orientações e ferramentas de apoio para a governança de TI que é aceito em todo o mundo.

Information Technology Infrastructure Library (ITIL) Estrutura fornecida pelo governo do Reino Unido e oferece oito conjuntos de procedimentos de gestão.

inovação Introdução de novos equipamentos ou métodos.

insiders Usuários legítimos que proposital ou acidentalmente fazem mau uso de seu acesso ao ambiente e causam algum tipo de incidente que afeta os negócios.

instabilidade Refere-se à perda total da informação armazenada se a energia é interrompida.

integração para frente Envia automaticamente as informações inseridas em um determinado sistema para todos os sistemas e processos de *downstream*.

integração reversa Leva as informações inseridas em um determinado sistema e as envia automaticamente para todos os sistemas e processos de upstream.

integração Permite que sistemas separados comuniquem-se diretamente um com o outro.

integridade de informação Medida da qualidade de informação.

inteligência artificial (IA) Simula processos de inteligência humana, como a capacidade de raciocinar e aprender.

inteligência de negócios (BI) Refere-se a aplicações e tecnologias que são usadas para coletar, proporcionar acesso e analisar dados e informações para apoiar os esforços da tomada de decisões.

interatividade Mede a interação do visitante com o anúncio-alvo.

intercâmbio eletrônico de dados (IED) Formato padrão para intercâmbio de dados comerciais.

interface de programação de aplicações (API, *Application Programming Interface*) Conjunto de rotinas, protocolos e ferramentas para fazer aplicações de softwares.

interface gráfica do usuário (GUI, *Graphical User Interface*) Interface para o sistema de informação.

intermediários Agentes, softwares ou empresas que unem compradores e vendedores que fornecem uma infraestrutura comercial para fortalecer o e-Business.

internalização (desenvolvimento interno) Abordagem comum que utiliza a experiência profissional dentro de uma empresa para desenvolver e manter a respectiva tecnologia de sistemas de informação.

internet Rede pública mundial de computadores que passa informações de um para outro utilizando protocolos comuns de computadores.

interoperabilidade Capacidade de dois ou mais sistemas de computadores compartilharem dados e recursos, mesmo que sejam feitos por diferentes fabricantes.

intranet Porção da internet internalizada, protegida do acesso de fora, que permite que uma empresa forneça acesso aos softwares de informações e aplicações somente para seus funcionários.

J

Joint Application Development (JAD) Sessão em que os funcionários se encontram, algumas vezes por vários dias, para definir ou rever os requisitos de negócios para o sistema.

K

kill switch Dispositivo que permite que um gerente do projeto o encerre antes da conclusão.

L

largura de banda Diferença entre a maior e a menor frequências que podem ser transmitidas em um único meio e medida da capacidade do meio.

latência de dados Tempo de duração para aprontar os dados para análise, ou seja, o tempo de extração, transformação e limpeza dos dados, além do tempo de carregá-los no banco de dados.

latência de decisão Período de tempo que uma pessoa leva para compreender um resultado analítico e determinar uma ação apropriada.

leilão reverso Tipo de leilão no qual lances cada vez menores são solicitados por empresas que querem fornecer o produto ou serviço desejado a um preço cada vez menor.

limpeza de informação Processo que seleciona e conserta ou descarta informações inconsistentes, incorretas ou incompletas.

lógica fuzzy Método matemático de lidar com informações imprecisas ou subjetivas.

logística Conjunto de processos que planeja e controla o transporte e o armazenamento eficientes e eficazes dos suprimentos dos fornecedores aos clientes.

loja eletrônica (*e-shop*, *e-store* ou *e-tailer*) Versão de uma loja onde os clientes podem fazer compras a qualquer hora do dia sem sair de sua casa ou escritório.

lucro líquido A quantia de dinheiro restante após o pagamento de impostos.

lucro Ocorre quando empresas vendem produtos ou serviços por valor maior que o custo de produção.

M

manutenção O conserto ou a melhoria de um sistema de informação.

marco do projeto Representa datas-chave quando um determinado grupo de atividades deve ser realizado.

marketing *mix* Inclui as variáveis que os gerentes de marketing podem controlar com o objetivo de melhor satisfazer os consumidores no mercado alvo.

marketing viral Técnica que induz os websites ou usuários a repassar uma mensagem de marketing a outros websites ou usuários, provocando um crescimento exponencial na visibilidade e no efeito da mensagem.

marketing O processo associado à promoção de vendas de bens ou serviços.

***mashup* da web** Aplicação de website ou da web que usa o conteúdo de mais de uma fonte para criar um serviço completamente novo.

materiais de manutenção, reparo e operações (MRO, *Maintenance, Repair, and Operations*) (também chamados de materiais indiretos) Materiais necessários para o funcionamento de uma empresa, mas não estão relacionados com suas principais atividades de negócios.

M-Commerce A capacidade de comprar bens e serviços por meio de um dispositivo habilitado com internet sem fio.

medida da eficácia da TI Mede o impacto que a TI tem sobre os processos e atividades de negócio, incluindo satisfação do cliente, taxas de conversão e aumento real de vendas.

medida de eficiência da TI Mede o desempenho do próprio sistema de TI, incluindo desempenho, velocidade e disponibilidade.

megabyte (MB ou M ou Meg) Aproximadamente 1 milhão de bytes.

megahertz (MHz) A quantidade de milhões de ciclos por segundo da CPU.

meio magnético Meio de armazenamento que utilize técnicas magnéticas para armazenar e recuperar dados em discos ou fitas revestidos com materiais magnéticos sensíveis.

melhoria de processos de negócios Tentativas de entender e medir o processo atual e melhorar o desempenho em conformidade.

memória cache Pequena unidade de memória ultrarrápida, usada para armazenar dados acessados recentemente ou com frequência para que a CPU não tenha que recuperá-los por meio de circuitos de memória mais lentos, como a memória RAM.

memória de acesso aleatório (RAM, *Random Access Memory***)** A principal memória operacional do computador, na qual as instruções e dados dos programas são armazenadas de forma que possam ser acessadas diretamente pela CPU por meio do barramento externo de dados de alta velocidade do processador.

memória flash Tipo especial de memória apenas para leitura (ROM) regravável que é compacto e portátil.

memória primária Principal memória do computador, que compreende a memória RAM, a memória cachê e a memória ROM que é acessível diretamente pela CPU.

memória somente de leitura (ROM, *Read-Only Memory***)** A parte do armazenamento principal de um computador que não perde seu conteúdo quando acaba a energia.

memory stick Fornece memória não volátil para um conjunto de dispositivos portáteis, incluindo computadores, câmeras digitais, MP3 players e PDAs.

mensagens instantâneas (IM ou IMing) Tipo de serviço de comunicações que permite que alguém crie uma espécie de sala de bate-papo particular com outro indivíduo, a fim de comunicar-se em tempo real via internet.

mercado empresa–empresa (B2B) Serviço baseado na internet que reúne vários compradores e vendedores.

método de integração do modelo de maturidade de capacidade (CMMI, *Capability Maturity Model Integration Method***)** Abordagem de melhoria de processo que contém 22 áreas de processo.

metodologia Conjunto de políticas, procedimentos, normas, processos, práticas, ferramentas, técnicas e tarefas que as pessoas aplicam aos desafios técnicos e de gerenciamento.

metodologia ágil Objetivos para a satisfação do cliente por meio da entrega inicial e contínua de componentes de software úteis.

metodologia de desenvolvimento rápido de aplicação (RAD, *Rapid Application Developmen***) (também chamada de prototipagem rápida)** Enfatiza a participação extensiva do usuário na rápida e evolutiva construção de protótipos de um sistema para acelerar o processo de desenvolvimento de sistemas.

metodologia de processo unificado racional (RUP, *Rational Unified Process***)** Fornece um quadro para derrubar o desenvolvimento de software em quatro portas.

metodologia de programação extrema (*extreme programming [XP] methodology***)** Divide um projeto em fases pequenas, e os desenvolvedores não podem continuar para a próxima fase até que a primeira esteja concluída.

metodologia em cascata Processo baseado em atividades no qual cada fase do SDLC é realizada sequencialmente desde o planejamento até a implementação e a manutenção.

metodologia scrum Utiliza pequenas equipes para a produção de pequenos pedaços de software a serem entregues, utilizando *sprints* ou intervalos de 30 dias para alcançar uma meta determinada.

middleware **de Integração de Aplicações Corporativas (EAI,** *Enterprise Application Integration***)** Representa uma nova abordagem para o *middleware* reunir funcionalidades utilizadas com frequência, como o fornecimento de links pré-fabricados para aplicações corporativas populares, o que reduz o tempo necessário para desenvolver soluções que integram aplicações de vários fornecedores.

middleware Tipos diferentes de software que ficam no meio de dois ou mais aplicativos de software e fornecem a conectividade entre eles.

mídias com fio Transmissão material realizada de forma que os sinais serão confinados em um caminho estreito e se comportarão de modo previsível.

mídias de transmissão de rede Vários tipos de mídia utilizados para transmitir o sinal entre os computadores.

mídias sem fio Partes naturais do meio ambiente que podem ser usadas como caminhos específicos para transmitir sinais elétricos.

mineração de dados (*data mining***)** Processo de análise de dados para extrair informações não oferecidas apenas pelos dados brutos.

modelagem (ou mapeamento) de processos de negócios Atividade de criação de um fluxograma ou mapa de processo detalhado de um processo de trabalho, mostrando suas entradas, tarefas e atividades, em uma sequência estruturada.

modelagem de processo Envolve a representação gráfica do processo que captura, manipula, armazena e distribui a informação entre um sistema e seu ambiente.

modelagem A atividade de elaborar uma representação gráfica de um projeto.

Modelo das Cinco Forças Ajuda a determinar a atratividade de um setor.

modelo de banco de dados de rede Maneira flexível de representar os objetos e as suas relações.

modelo de dados Maneira formal para expressar as relações de dados para um sistema de gerenciamento de banco de dados (SGBD).

modelo de e-Business Abordagem para a realização de negócios eletrônicos na internet.

modelo de processo As-Is Representa o estado atual da operação que foi mapeada, sem quaisquer melhorias ou alterações específicas aos processos existentes.

modelo de processo To-Be Mostra as melhorias resultantes da mudança aplicada ao processo atual (As-Is).

modelo de processos de negócios Descrição gráfica de um processo, mostrando a sequência de tarefas do processo, que é desenvolvida para um propósito específico e a partir de um determinado ponto de vista.

modelo hierárquico de banco de dados A informação é organizada dentro de uma estrutura semelhante a uma árvore, a qual permite a repetição de informações usando relações de pai/filho de uma forma que não existam relações demais.

modelo Representação ou abstração simplificada da realidade.

monitoramento da tecnologia da informação Acompanhamento das atividades das pessoas por meio de medidas tais como o número de toques, a taxa de erro, o número de transações processadas.

multitarefa Permite que seja usada mais de uma parte do software por vez.

N

não repudiação Cláusula contratual para garantir que os participantes do e-Commerce não neguem (repudiem) suas ações online.

negócio físico Empresa que opera em uma loja física, sem presença na internet.

negócios pure-plays (virtuais) Empresa que opera apenas na internet, sem uma loja física.

negócios virtuais (*click-and-mortar business*) Empresa que opera em loja física e na internet.

O

objetivo do projeto Critério quantificável que deve ser atendido para que o projeto seja considerado um sucesso.

opt-in Implicação de que a empresa irá contatar apenas pessoas que tenham concordado em receber promoções e material de marketing via e-mail.

organização internacional para padronização (ISO) Organização não governamental fundada em 1947 para promover o desenvolvimento de padrões mundiais para facilitar o intercâmbio internacional de bens e serviços.

organização sem fins lucrativos Geralmente existe para cumprir propósitos de caridade, humanitários ou educacionais, e os lucros e perdas não são divididos pelos proprietários do negócio.

organizações com fins lucrativos Focam primeiramente no ganho de dinheiro e todos os lucros e perdas são compartilhados pelos proprietários do negócio.

otimização de mecanismos de busca (SEO, *Search Engine Optimization*) Conjunto de métodos destinados a melhorar a classificação de um website em listas de mecanismos de busca.

P

packet tampering Alteração do conteúdo dos pacotes enquanto eles viajam na internet ou na alteração de dados nos discos do computador depois de penetrar em uma rede.

painel digital Integra informações de vários componentes e adapta a informação às preferências individuais.

parceria de informação Ocorre quando duas ou mais organizações cooperam, integrando seus sistemas de TI, proporcionando aos clientes, assim, o melhor que cada um pode oferecer.

parceria limitada Muito parecida como uma parceria comum, exceto por uma importante diferença fundamental: a lei protege o parceiro limitado de ser responsável por todas as perdas da parceria.

parceria Parecida com a propriedade exclusiva, exceto pelo fato de essa estrutura legal permitir mais de um proprietário.

partes interessadas do projeto Indivíduos e empresas ativamente envolvidas no projeto ou cujos interesses possam ser afetados como resultado da execução ou da conclusão do projeto.

participação de mercado Calculada pela divisão das vendas da empresa pelo total de vendas de mercado de toda a indústria.

passivo Obrigação de fazer pagamentos financeiros.

patrimônio líquido A porção de uma empresa que pertence aos proprietários.

patrocinador executivo Pessoa ou grupo que fornece os recursos financeiros para o projeto.

perda Ocorre quando empresas vendem produtos ou serviços por valor menor que o custo de produção.

personalização Ocorre quando um website pode saber o suficiente sobre o que uma pessoa gosta ou não e pode elaborar ofertas que são mais propensas a ser do agrado dessa pessoa.

pesquisa de mercado Aquisição e análise de eventos e tendências no ambiente externo à empresa.

phishing Técnica de obtenção de informações pessoais para fins de roubo de identidade, geralmente via e-mail fraudulento.

planejamento de capacidade Determina os futuros requisitos de infraestrutura de TI para novos equipamentos e capacidade de rede adicional.

planejamento de continuidade de negócios (BCP, *Business Continuity Planning*) Plano de como uma organização vai se recuperar e restaurar parcial ou completamente função (ões) crítica(s) interrompida(s) dentro de um prazo predeterminado após desastre ou interrupção prolongada.

planejamento de demanda colaborativa Ajuda as empresas a reduzir seus investimentos em estoque, melhorando a satisfação do cliente por meio da disponibilidade do produto.

planejamento de recursos empresariais (ERP, *Enterprise Resource Planning*) Integra todos os departamentos e funções em toda a empresa em um único sistema de TI (ou conjunto integrado de sistemas de TI) para que os funcionários possam tomar decisões visualizando as informações de toda a empresa em todas as operações de negócios.

planejamento e controle operacional (OP&C, *Operational Planning and Control*) Lidam com os procedimentos diários para executar o trabalho, incluindo a programação, o estoque e o gerenciamento de processos.

planejamento estratégico Foca no planejamento de longo alcance, como o tamanho da fábrica, a localização e o tipo de processo a ser utilizado.

planejamento tático Foca na produção de bens e serviços o mais de maneira eficiente possível dentro do plano estratégico.

plano de recuperação de desastres Processo detalhado para a recuperação de informações ou de um sistema de TI no caso de desastres catastróficos como incêndios ou inundações.

plano de segurança da informação Detalha como a empresa irá implementar as políticas de segurança da informação.

plano do projeto Documento formal e aprovado que administra e controla a execução do projeto.

podcasting Distribuição de arquivos de áudio ou vídeo, como programas de rádio ou vídeos de música, por meio da internet para tocar em dispositivos móveis e computadores pessoais.

poder de compra Alto quando os compradores têm poucas escolhas de quem comprar e baixo quando essas escolhas são muitas.

poder de compra Alto quando os compradores têm muitas escolhas de quem comprar e baixo quando essas escolhas são restritas.

política antispam Estabelece que os usuários de e-mail não enviarão e-mails indesejados (ou spams).

política da empresa Extensão da responsabilidade social que se refere à posição de uma empresa em questões sociais e políticas.

política de monitoramento de funcionários Institui como, quando e onde a empresa tem o direito de monitorar seus funcionários.

política de privacidade de e-mail Detalha em que medida mensagens de e-mail podem ser lidas por terceiros.

política de privacidade de informação Contém princípios gerais sobre a privacidade da informação.

política de segurança da informação Identifica as regras necessárias para manter a segurança da informação.

política de uso aceitável (PUA) Política que o usuário deve concordar em seguir a fim de ter assegurado o acesso a uma rede ou à internet.

política de uso da internet Contém princípios gerais para orientar o uso correto da internet.

política de uso ético de computador Contém os princípios gerais para orientar o comportamento do usuário de computador.

ponto de equilíbrio Ponto no qual as receitas e as despesas são equivalentes.

portal Website que oferece uma ampla gama de recursos e serviços, como e-mail, grupos de discussão online, mecanismos de pesquisa e centros de compra online.

precisão da informação Medida por meio da qual um sistema gera os resultados corretos ao executar a mesma operação várias vezes.

previsão Predições com base em séries de informações periódicas.

privacidade de informação Diz respeito ao direito legal ou à expectativa geral de indivíduos, grupos ou instituições em determinar por si mesmos quando e em que medida as informações sobre eles é passada a terceiros.

privacidade O direito de ser deixado sozinho quando você quiser, de ter controle sobre seus próprios bens pessoais e não ser observado sem o seu consentimento.

processamento analítico online (OLAP, *Online Analytical Processing***)** A manipulação da informação para criar inteligência de negócios no apoio à tomada de decisão estratégica.

processamento de transações online (OLTP, *Online Transaction Processing***)** A captura de informações transacionais e de eventos utilizando a tecnologia para (1) processá-las de acordo com as regras definidas dos negócios, (2) armazená-las e (3) atualizar as informações existentes para refletirem as novas.

processo de negócio Um conjunto padronizado de atividades que realiza uma tarefa específica, como processamento de pedidos de um cliente.

processo de transformação Muitas vezes referido como o núcleo técnico, especialmente em organizações de manufatura, e é a conversão real de entradas em saídas.

processos voltados para o cliente Resulta em um produto ou serviço que é recebido pelo cliente externo de uma empresa.

produção A criação de bens e serviços, utilizando os fatores de produção: terra, trabalho, capital, empreendedorismo e conhecimento.

programa backdoor Vírus que chega até a rede para ataques futuros.

programa de associados (programa de afiliados) As empresas podem gerar comissões ou *royalties* a partir de um site da internet.

programa de fidelidade Recompensa os clientes com base na quantia de negócios que eles realizam com uma determinada empresa.

Project Management Institute **(PMI)** Desenvolve procedimentos e conceitos necessários para apoiar a profissão de gestão de projetos <http://www.pmi.org>.

projeto Empreendimento temporário realizado para criar um bem, serviço ou resultado único.

propriedade exclusiva Formato de negócios em que uma única pessoa é a proprietária exclusiva e a responsável por todos os lucros e perdas do negócio.

propriedade intelectual Trabalho criativo intangível que se materializa na forma física.

Protocolo de Controle de Transmissão/Protocolo de Internet (TCP/IP, *Transmission Control Protocol/Internet Protocol***)** Fornece a base técnica para a internet pública, assim como para diversas redes privadas.

protocolo de transferência de hipertexto (HTTP, *Hypertext Transfer Protocol***)** O padrão da internet que sustenta a troca de informações no www.

protocolo Padrão que especifica o formato do dado, bem como as regras a serem seguidas durante a transmissão.

protótipo Representação ou modelo de trabalho em menor escala das requisições dos usuários ou um projeto proposto para um sistema de informação.

provedor de acesso à Internet (ISP, *Internet Service Provider***)** Empresa que fornece acesso à internet a indivíduos e empresas, juntamente com serviços adicionais relacionados, como a criação de um website.

provedor de acesso à internet sem fio (WISP, *Wireless Internet Service Provider***)** ISP que permite que os assinantes conectem-se a um servidor em *hotspots* designados ou a acessem em pontos utilizando uma conexão sem fio.

provedor de acesso online (OSP, *Online Service Provider***)** Oferece uma ampla gama de serviços exclusivos, como sua própria versão de um navegador da web.

provedor de serviços de aplicações (ASP, *Application Service Provider***)** Empresa que oferece à outra acesso via internet a sistemas e serviços relacionados que de outra forma teriam de ser estabelecidos em computadores das empresas ou pessoais.

quiosque Sistema de computador de acesso público que foi configurado para permitir a navegação em informação interativa.

R

Real Simple Syndications **(RSS)** Família de formatos de *feed* da web utilizados para a distribuição de programas e conteúdos da web.

receita Refere-se à quantia ganha como resultado da distribuição ou produção de um produto ou da prestação de um serviço.

recuperação A possibilidade de obter-se um sistema restabelecido e em funcionamento em caso de queda ou falha do sistema e inclui a restauração do backup de informações.

rede Sistema de comunicações, de troca de dados e de partilha de recursos criado mediante a ligação de dois ou mais computadores e com o estabelecimento de normas ou protocolos, de modo que eles possam trabalhar juntos.

rede de área local (LAN, *Local Area Network***)** Projetada para conectar um grupo de computadores próximos entre si, como em um prédio comercial, uma escola ou uma casa.

rede de área metropolitana (MAN, *Metropolitan Area Network***)** Grande rede de computadores normalmente abrangendo uma cidade.

rede de cliente/servidor Modelo para aplicações no qual a maior parte do processamento de *back-end*, como realizar pesquisas físicas de um banco de dados, ocorre em um servidor, enquanto o processamento *front-end*, que envolve a comunicação com os usuários, é controlado pelos clientes.

rede de longa distância (WAN, *Wide Area Network***)** Abrange uma grande área geográfica, como uma região, um estado ou um país.

rede de valor agregado (VAN, *Value-Added Network***)** Rede privada, fornecida por terceiros, para transferência de informações por meio de uma conexão de alta capacidade.

rede neural (rede artificial neural) Categoria de IA que tenta imitar a forma como o cérebro humano trabalha.

rede par a par (P2P) Qualquer rede sem um servidor de arquivos central em que todos os computadores na rede têm acesso aos arquivos públicos localizados em todas as outras estações de trabalho.

rede privada virtual (VPN, *Virtual Private Network***)** Maneira de usar a infraestrutura pública de telecomunicação (por exemplo, a internet) para fornecer acesso seguro para a rede de uma empresa.

redundância A duplicação de uma informação ou o armazenamento da mesma informação em espaços diferentes.

reengenharia de processos de negócios (BPR, *Business Process Reengineering*) Análise e revisão de workflow dentro e entre empresas.

reintermediação Utilização da internet para reunir, de novas maneiras, compradores, vendedores e outros parceiros em uma cadeia de suprimento tradicional.

rendimento A quantidade de informação que pode se deslocar por meio de um sistema a qualquer momento.

repositório de dados Contém um subconjunto de informações do depósito de dados.

requisitos de negócio Conjunto detalhado de requisitos de negócio que o sistema deve cumprir para ser bem-sucedido.

responsabilidade corporativa Extensão da responsabilidade social que inclui tudo, desde a contratação de trabalhadores de minorias para fazer produtos seguros.

responsabilidade limitada Significa que os acionistas não responsáveis pelas perdas incorridas pela empresa.

responsabilidade social Implica que uma entidade, seja um governo, empresa, organização ou indivíduo, tenha uma responsabilidade social.

resposta interativa de voz (IVR, *Interactive Voice Response*) Direciona os clientes a usarem os telefones multifrequenciais ou palavras-chave para navegar ou fornecer informações.

restrições de integridade críticas de negócios Impõe regras de negócio vitais para o sucesso de uma empresa e, muitas vezes, exige mais perspicácia e conhecimento do que restrições de integridade relacionais.

restrições de integridade relacional Regras que reforçam restrições básicas e fundamentais baseadas em informações.

restrições de integridade Regras que ajudam a assegurar a qualidade de informação.

restrições do projeto Fatores específicos que podem limitar as opções.

resultados do projeto Quaisquer produtos, resultados ou itens mensuráveis, tangíveis e verificáveis produzidos para completar um projeto ou parte de um projeto.

riqueza da informação Refere-se à profundidade e à amplitude das informações transferidas entre os clientes e as empresas.

RISC (*Reduced Instruction Set Computer*) Limita o número de instruções que a CPU pode executar para aumentar a velocidade de processamento.

rivalidade entre concorrentes Alta quando a concorrência é feroz em um mercado e baixa quando é mais complacente.

roteador Dispositivo de conexão inteligente que examina cada pacote de dados que recebe e, então, decide de que forma enviá-lo progressivamente ao seu destino.

roubo de identidade A falsificação da identidade de alguém com o intuito de cometer fraude.

S

satélite Grande repetidor de micro-ondas no céu, que contém um ou mais *transponders* que captam uma porção específica do espectro eletromagnético, amplificando os sinais de entrada e os retransmitindo de volta à Terra.

scope creep Ocorre quando o alcance do projeto aumenta.

script kiddies* ou *script bunnies Encontram códigos de raqueamento na internet e colocam um caminho próprio dentro dos sistemas para causar danos ou disseminar vírus.

***secure socket layer* (SSL)** (1) cria uma ligação segura e privada entre um cliente e um computador servidor, (2) codifica a informação, e (3) envia a informação por meio da internet.

segmentação de mercado A divisão de um mercado em grupos similares de consumidores.

segurança da informação Termo amplo que abrange a proteção da informação do seu mau uso acidental ou intencional por pessoas dentro ou fora da empresa.

sequência de cliques (*clickstream*) Registra informações sobre um cliente durante uma sessão de navegação na web, como sites que foram visitados, duração da visita, anúncios que foram vistos e o que foi comprado.

serviço Tarefa de negócios.

serviço da web Contém um repertório de dados e recursos processuais baseados na web que utiliza protocolos compartilhados e padrões que permitem que diferentes aplicativos partilhem dados e serviços.

serviços baseados em localização (LBS, *Location-Based Services*) Serviços de conteúdo móvel sem fio que fornecem informações específicas de localização para usuários móveis.

servidor Computador dedicado a fornecer informações em resposta a solicitações externas.

shopping bot Software que irá pesquisar vários sites varejistas e fornecer uma comparação das ofertas de cada um, incluindo preço e disponibilidade

sistema aberto Termo geral e amplo que descreve hardwares e softwares de TI comuns, disponibilizados pelas normas e procedimentos a partir dos quais os seus produtos operam, tornando mais fácil integrá-los.

sistema CRM de gerenciamento de contatos Mantém contatos com clientes e identifica potenciais clientes para vendas futuras.

sistema de apoio à decisão (SAD) Modela a informação para apoiar gestores e profissionais de negócios durante o processo de tomada de decisão.

sistema de autoatendimento baseado na web Permite que os clientes usem a web para encontrar respostas às suas perguntas ou soluções para seus problemas.

sistema de banco de dados relacional Tipo de banco que armazena informações na forma de tabelas dimensionais logicamente relacionadas.

sistema de colaboração Conjunto de ferramentas baseado em TI que apoia o trabalho das equipes, facilitando a partilha e o fluxo de informações.

sistema de controle de workflow Facilita a automação e o gerenciamento de processos de negócio e controla a circulação do trabalho mediante o processo de negócio.

sistema de execução da cadeia de suprimento (SCE, *Supply Chain Execution*) Automatiza os diferentes passos e fases da cadeia de suprimento.

sistema de gerenciamento de banco de dados (SGBD) Software por meio do qual os usuários e programas de aplicativos interagem com um banco de dados.

sistema de gerenciamento de campanha Orienta os usuários mediante campanhas de marketing com funções como a definição de campanha, planejamento, programação, segmentação e análise de sucesso.

sistema de gerenciamento de conteúdo Fornece ferramentas para gerenciar a criação, armazenamento, edição e publicação de informações em um ambiente colaborativo.

sistema de gerenciamento de distribuição Coordena o processo de transporte de materiais de um fabricante para centros de distribuição e até o cliente final.

sistema de gerenciamento de documentos (SGD) Apoia a captura, armazenamento, distribuição, arquivamento e acesso eletrônicos de documentos.

sistema de gerenciamento de estoque global Fornece a capacidade de localizar, rastrear e prever os movimentos de cada componente ou material em qualquer lugar para trás e para frente no processo de produção.

sistema de gerenciamento de oportunidade Tem como alvo as oportunidades de vendas ao encontrar novos clientes ou empresas para vendas futuras.

sistema de gerenciamento e controle do estoque Fornece o controle e a visibilidade para a situação de itens individuais mantidos em estoque.

sistema de gestão da mudança Inclui um conjunto de procedimentos para documentar uma solicitação de mudança e definir as etapas necessárias para estudar esse processo com base no impacto esperado da mudança.

sistema de gestão de ativos digitais (DAM, *Digital Asset Management System*) Embora semelhante à gestão de documentos, o DAM geralmente trabalha com arquivos binários, em vez de arquivos de texto, como arquivos multimídia.

sistema de gestão de conteúdo da web (WCM, *Web Content Management System*) Acrescenta uma camada adicional ao gerenciamento de documentos e ativos digitais que permite a publicação de conteúdo tanto para intranets quanto para sites públicos.

sistema de gestão do conhecimento (KMS, *Knowledge Management System*) Apoia a captura, a organização e a disseminação de conhecimento (ou seja, o *know-how*) em toda a empresa.

sistema de informação executiva (SIE) SAD especializado que suporta os executivos de nível sênior dentro da organização.

sistema de informação geográfica (GIS) Projetado para trabalhar com informações que podem ser mostradas em um mapa.

sistema de informações gerenciais (MIS, *Management Information System*) Nome comum para as funções do negócio e de disciplina acadêmica que abrangem a aplicação de pessoas, tecnologias e procedimentos – coletivamente chamadas de sistemas de informação – para resolver problemas de negócios.

sistema de inteligência Várias aplicações comerciais de inteligência artificial.

sistema de planejamento da cadeia de suprimento (SCP, *Supply Chain Planning*) Utiliza algoritmos matemáticos avançados para melhorar o fluxo e a eficiência da cadeia de suprimento, reduzindo estoques.

sistema de planejamento das necessidades de materiais (MRP, *Materials Requirement Plannin*) Utiliza sistemas de prognósticos de vendas para se certificar de que as peças e materiais necessários estão disponíveis na hora e no local certos em uma empresa específica.

sistema de planejamento de demanda Gera previsões de demanda utilizando ferramentas estatísticas e técnicas de previsão.

sistema de planejamento de transporte Rastreia e analisa o movimento de materiais e bens para assegurar a entrega dos materiais e dos bens acabados na hora certa, no lugar certo e com o menor custo.

sistema de posicionamento global (GPS, *Global Positioning System*) É uma constelação de 24 satélites bem espaçados que orbitam a Terra e tornam possível às pessoas, portadoras de receptores em solo, apontar sua localização geográfica.

sistema de processamento de transação O sistema de negócios fundamental que serve o nível operacional (analistas) na organização.

sistema de *script* de chamada Acessa bancos de dados organizacionais que rastreiam problemas ou perguntas semelhantes e gera automaticamente os detalhes para o representante de atendimento ao cliente, que pode, então, retransmiti-las ao cliente.

sistema de telecomunicação Permite a transmissão de dados por meio de redes públicas ou privadas.

sistema de tempo real Fornece informações em tempo real em resposta a solicitações de consulta.

sistema de virtualização A capacidade de apresentar os recursos de um único computador como se fosse uma coleção de computadores separados ("máquinas virtuais"), cada um com suas CPUs, interfaces de rede, armazenamento e sistema operacional virtuais.

sistema de workflow baseado em banco de dados Armazena documentos em um local central e automaticamente pede aos membros da equipe para acessar o documento quando for a sua vez de editar o documento.

sistema de workflow baseado em mensagens Envia atribuições de trabalho mediante um sistema de e-mail.

sistema especialista Programas de assessoria computadorizada que imitam o processo de raciocínio de especialistas para resolução de problemas difíceis.

sistema operacional de rede (NOS, *Network Operating System*) O sistema operacional que executa uma rede, direcionando a informação entre os computadores e controlando a segurança e os usuários.

sistemas de CRM de gerenciamento de vendas Automatizam cada fase do processo de vendas, ajudando representantes de vendas individuais a coordenar e organizar todas as suas contas.

smartphone Combina as funções de um telefone celular e um PDA em um único dispositivo.

sniffer Programa ou dispositivo que pode monitorar os dados de tráfego em uma rede.

software de aplicação Usado para necessidades específicas de processamento de informação, incluindo folha de pagamento, gestão de relacionamento com clientes, gestão de projetos, treinamento e várias outras.

software de detecção de intrusos (IDS, *Intrusion Detection Software*) Procura por padrões no tráfego de informações e da rede para indicar os ataques e responder rapidamente a eles para evitar qualquer dano.

software de operação de sistema Controla o aplicativo de software e gerencia a forma como os dispositivos de hardware trabalham juntos.

software de sistema Controla como as várias ferramentas de tecnologia trabalham juntas com o software de aplicações.

software falsificado Software que é fabricado de modo a parecer a coisa real e ser vendido como tal.

software *key logger* ou *key trapper* Programa que, quando instalado em um computador, registra cada toque de tecla e clique do mouse.

software pirata A utilização não autorizada, a cópia, a distribuição ou a venda de software sem a remuneração de direitos autorais.

software utilitário Fornece funcionalidade adicional ao sistema operacional.

software O conjunto de instruções que o hardware executa para realizar tarefas específicas.

solvência Representa a capacidade do negócio de pagar suas contas e seus serviços de dívida.

spam E-mail não solicitado.

spamdexing Utiliza uma variedade de técnicas enganosas como tentativa de manipular a classificação do mecanismo de busca, enquanto o SEO legítimo foca na criação de sites melhores, utilizando métodos honestos de promoção.

spoofing **(falsificações)** A falsificação do endereço de retorno em um e-mail para que a mensagem pareça vir de alguém que não seja o verdadeiro remetente.

spyware Software que vem escondido em um software grátis para download e rastreia os movimentos online, explora as informações armazenadas em um computador, ou utiliza a CPU e a memória de um computador para alguma tarefa sobre a qual o usuário não tem nenhum conhecimento.

T

tecnologia da informação (TI) Campo preocupado com o uso da tecnologia na administração e no processamento da informação. A tecnologia da informação pode ser um importante facilitador do sucesso e da inovação dos negócios.

tecnologia disruptiva Nova maneira de fazer as coisas que, inicialmente, pode não atender às necessidades dos clientes existentes.

tecnologia sustentada Produz um produto melhorado que os clientes anseiam comprar, como um carro mais rápido ou um disco rígido maior.

tecnologias de análise de CRM Ajuda as empresas a segmentar seus clientes em categorias como melhores e piores clientes.

tecnologias de previsão de CRM Ajudam as empresas a fazer previsões sobre o comportamento do cliente, como a previsão de clientes que estão em risco de abandono do negócio.

tecnologias de relatório de CRM Ajudam as empresas a identificar seus clientes em outras aplicações.

telemática A mistura de computadores e tecnologias de telecomunicações sem fio com o objetivo de transmitir informações de forma eficiente por vastas redes para melhorar as operações de negócios.

tempo de resposta O tempo que leva para responder às interações do usuário, como um clique do mouse.

terabyte (TB) Aproximadamente 1 trilhão de bytes.

terceirização nearshore Contrata um acordo de terceirização com uma empresa de um país vizinho.

terceirização offshore Utiliza empresas de países em desenvolvimento para compor código e desenvolver sistemas.

terceirização onshore Envolve outra empresa de serviços do mesmo país.

terceirização Acordo pelo qual uma empresa fornece um serviço ou serviços para outra que opta por não realizá-lo(s) internamente.

termo de abertura de projeto Documento emitido pelo iniciador ou patrocinador do projeto que autoriza formalmente sua existência e dá ao gerente a autoridade para aplicar os recursos organizacionais nas atividades do projeto.

TI sustentável, ou "ecológica" A fabricação, gestão, utilização e eliminação de tecnologia da informação de uma maneira que minimize os danos ao meio ambiente, que é uma parte importante da responsabilidade corporativa.

tokens Pequenos dispositivos eletrônicos que alteram as senhas do usuário automaticamente.

tolerância a falhas Sistema de computador projetado para que, caso um componente falhe, um componente ou procedimento de backup possa tomar o seu lugar imediatamente, sem perda de serviço.

topologia de rede Refere-se ao arranjo geométrico da atual organização física dos computadores (e outros dispositivos de rede) em uma rede.

tráfego da web Inclui uma série de parâmetros como o número de visualizações de página, o de visitantes únicos e o tempo médio gasto ao visitar uma página da web.

transação eletrônica segura (SET, *Secure Electronic Transaction***)** Método de segurança da transmissão que garante que as transações sejam seguras e legítimas.

transação Troca ou transferência de bens, serviços ou fundos, envolvendo duas ou mais pessoas.

transmissor de micro-ondas Usa a atmosfera (ou espaço exterior) como meio de transmissão para enviar o sinal para um receptor de micro-ondas.

treinamento online Executado na internet ou por meio de um CD-ROM.

trimestre financeira Período de três meses (quatro trimestres por ano).

troca privada Mercado B2B no qual um comprador posta suas necessidades e, então, fica aberto a propostas de qualquer fornecedor que esteja disposto a fazer alguma.

U

unidade aritmética e lógica (ULA, *Arithmetic/Logic Unit***)** Realiza todas as operações aritméticas (adição e subtração, por exemplo) e todas as operações lógicas (como classificação e comparação de números).

unidade de controle Interpreta as instruções de software e, literalmente, diz a outros dispositivos de hardware o que fazer, com base nas instruções do software.

unidade de processamento central (CPU, *Central Processing Unit***) (ou microprocessador)** Hardware real que interpreta e executa as instruções do programa (software) e coordena como todos os outros dispositivos de hardware irão funcionar em conjunto.

unidades estratégicas de negócios (SBU, *Strategic Business Units***)** Consistem em várias empresas autônomas.

up-selling Aumento do valor da venda.

V

valor agregado O termo usado para descrever a diferença entre o custo das entradas e o preço das saídas.

vantagem competitiva Produto ou serviço a que os clientes de uma empresa dão mais valor do que às ofertas similares de um concorrente.

vantagem do primeiro movimento A empresa pode causar um impacto significativo na sua fatia de mercado por ser a primeira com uma vantagem competitiva.

velocidade de transação O tempo que um sistema leva para realizar uma transação.

venda cruzada Venda de produtos ou serviços adicionais a um cliente.

vendas A função de vender uma mercadoria ou serviço e focar em aumentar a venda para o cliente, o que amplia as receitas da companhia.

videoconferência Conjunto de tecnologias de telecomunicações interativas que permite que dois ou mais locais interajam mediante duas vias de transmissões de vídeo e de áudio simultaneamente.

virtualização Estrutura de divisão dos recursos de um computador em vários ambientes de execução.

vírus cavalo de Troia Esconde-se dentro de outro software, normalmente como um anexo ou um arquivo para download.

vírus e worms polimórficos Mudam sua forma à medida que se propagam

vírus Software feito com a intenção maliciosa de causar incômodo ou prejuízo.

visão física O armazenamento físico da informação em um dispositivo de armazenamento como um disco rígido.

visão lógica Foca em como os usuários acessam logicamente uma informação para satisfazerem as suas necessidades.

visibilidade da cadeia de suprimento A capacidade de visualizar todas as áreas acima e abaixo da cadeia de suprimento.

voz sobre IP (VoIP, *Voice over IP*) Usa a tecnologia TCP/IP para transmitir chamadas de voz por meio de linhas telefônicas de longa distância.

W

web 2.0 Conjunto de tendências econômicas, sociais e tecnológicas que formam coletivamente a base para a próxima geração da internet – um meio mais maduro e distinto, caracterizado pela participação do usuário, pela abertura e pelos efeitos da rede.

web log Consiste em uma linha de informação para todos os visitantes de um site e é normalmente armazenado em um servidor web.

web semântica Extensão evolutiva da world wide web, na qual o conteúdo da web pode ser expresso não apenas em linguagem natural, mas também em um formato que possa ser lido e utilizado por agentes de software, permitindo, então, que eles encontrem, compartilhem e integrem as informações mais facilmente.

webconferência Mistura áudio, vídeo e tecnologias de compartilhamento de documento para criar salas virtuais onde as pessoas se "encontram" em um site protegido por senha.

website orientado a dados Website interativo mantido constantemente atualizado e relevante para as necessidades de seus clientes mediante utilização de um banco de dados.

white-hat hacker (hacker ético) Trabalha a pedido dos proprietários do sistema para encontrar vulnerabilidades e consertá-las.

wiki de negócios Páginas da web colaborativas que permitem aos usuários editar documentos, compartilhar ideias ou monitorar o status de um projeto.

wiki Ferramentas baseada na web que facilita aos usuários adicionar, remover e alterar o conteúdo online.

WiMAX A Worldwide Interoperability for Microwave Access ou Interoperabilidade Mundial para Acesso de Micro-Ondas, é uma tecnologia de telecomunicações destinada a fornecer dados sem fio em longas distâncias em uma variedade de formas, desde links ponto a ponto até o tipo de acesso completo de telefones celulares.

wireless fidelity (wi-fi) Meio de ligação entre computadores por meio do uso de sinais infravermelhos ou de rádio.

workshop training Realizado em um ambiente de sala de aula e conduzido por um instrutor.

World Wide Web (WWW) Sistema global de hipertexto que utiliza a internet como seu mecanismo de transporte.

worm Tipo de vírus que se propaga, não apenas de arquivo para arquivo, mas também de computador para computador.

NOTAS

Capítulo 1

1. Jon Surmacz, "By the Numbers", *CIO Magazine,* <http://www.cio.com>, acessado em outubro de 2004.
2. IT Centrix, "Optimizing the Business Value of Information Technology", <http://www.unisys.com/products/mainframes/insights/insights_compendium>, acessado em 10 de dezembro, 2004.
3. "IT Master of the Senate", *CIO Magazine,* <http://www.cio.com>, acessado em 1 de maio de 2004.
4. Glossary of Business Terms, <http://www.powerhomebiz.com/Glossary/glossary-A.htm>, acessado em 15 de dezembro de 2003; Financial Times, "Mastering Management", <http://www.ft.com/pp/mfm>, acessado em 15 de dezembro de 2003; "Glossary of Financial Terms", <http://www.nytimes.com/library/financial/glossary/bfglosa.htm>, acessado em 15 de dezembro de 2003; "Business Dictionary", <http://www.glossarist.com/glossaries/business/>, acessado em 15 de dezembro de 2003; and "Glossary of Business Terms", <http://www.smallbiz.nsw.gov.au/smallbusiness/>, acessado em 15 de dezembro de 2003.
5. Ibid.
6. "Integrating Information at Children's Hospital", *KMWorld,* <http://www.kmworld.com/Articles/ReadArticle.aspx?ArticleID=10253>, acessado em 1 de junho de 2005.
7. Dave Lindorff, "General Electric and Real Time", <http://www.cioinsight.com/article2/0,3959,686147,00.asp>, acessado em 1 de março de 2004.
8. "IT Master of the Senate", *CIO Magazine,* <http://www.cio.com>, acessado em 1 de maio de 2004.
9. Cisco Press, <http://www.ciscopress.com/index.asp?rl=1>, acessado em 15 de março de 2004.
10. "Integrating Information at Children's Hospital", *KMWorld.*
11. "Glossary of Business Terms", <http://www.powerhomebiz.com/Glossary/glossary-A.htm>, acessado em 15 de dezembro de 2003; Financial Times, "Mastering Management", <http://www.ft.com/pp/mfm>, acessado em 15 de dezembro de 2003; "Glossary of Financial Terms", <http://www.nytimes.com/library/financial/glossary/bfglosa.htm>, acessado em 15 de dezembro de 2003; "Business Dictionary", <http://www.glossarist.com/glossaries/business/>, acessado em 15 de dezembro de 2003; and "Glossary of Business Terms", <http://www.smallbiz.nsw.gov.au/smallbusiness/>, acessado em 15 de dezembro de 2003.
12. Ken Blanchard, "Effectiveness vs. Efficiency", Wachovia Small Business, <http://www.wachovia.com>, acessado em 14 de outubro de 2003.
13. Lindorff, "General Electric and Real Time."
14. Cisco Press, <http://www.ciscopress.com/index.asp?rl=1>, acessado em outubro de 2003.
15. Ken Blanchard, "Effectiveness vs. Efficiency", Wachovia Small Business, <http://www.wachovia.com>, acessado em 14 de outubro de 2003.
16. United Nations Division for Public Economics and Public Administration, <http://www.un.com>, acessado em 10 de novembro de 2003.
17. Ibid.
18. EBay Financial News, "Earnings and Dividend Release", 15 de janeiro de 2002.
19. "Sun and eBay Celebrate Record Uptime", <http://www.sun.com/service/about/features/ebay.html>, acessado em 14 de janeiro de 2004.
20. Michael E. Porter, *Competitive Strategy: Techniques for Analyzing Industries and Competitors.*

Capítulo 2

1. "1,000 Executives Best Skillset", *The Wall Street Journal,* 15 de julho de 2003.
2. "The Visionary Elite", *Business 2.0,* dezembro de 2003, p. S1-S5.
3. "Boston Coach Aligns Service with Customer Demand in Real Time", <http://www-1.ibm.com/services/us/index.wss>, acessado em 4 de novembro de 2003.
4. "Industry Facts and Statistics", Insurance Information Institute, <http://www.iii.org>, acessado em dezembro de 2005.
5. Neil Raden, "Data, Data Everywhere", *DSSResources.com,* 16 de fevereiro de 2003.
6. Ibid.
7. Ibid.
8. Christopher Koch, "How Verizon Flies by Wire", *CIO Magazine,* 1 de novembro de 2004.
9. Neil McManus, "Robots at Your Service", *Wired,* janeiro de 2003, p. 059.
10. "Put Better, Faster Decision-Making in Your Sights", <http://www.teradata.com>, acessado em 7 de julho de 2003.
11. Ibid.
12. S. Begley, "Software au Natural", *Newsweek,* 8 de maio de 2005.
13. Beth Bacheldor, "Steady Supply", *InformationWeek,* 24 de novembro de 2003, <http://www.informationweek.com>, acessado em 6 de junho de 2003.
14. McManus, "Robots at Your Service."
15. "Put Better, Faster Decision-Making in Your Sights", <http://www.teradata.com>; "Neural Network Examples and Definitions", ece-<http://www.colorado.edu/~ecen4831/lectures/NNdemo.html>, acessado em 24 de junho de 2007; Begley, "Software au Natural"; McManus, "Robots at Your Service"; Santa Fe Institute, <http://www.dis.anl.gov/abms/>, acessado em 24 de junho de 2007; and Michael A. Arbib, (ed. 1995), *The Handbook of Brain Theory and Neural Networks* L. Biacino and G. Gerla, "Fuzzy logic, continuity and effectiveness", *Archive for Mathematical Logic.*
16. Ibid.
17. <http://www.columbiasportswear.com>, acessado em 15 de dezembro de 2008.
18. "What Is BPR?" searchcio.techtarget.com/sDefinition/0,,sid182_gci536451,00.html, acessado em 10 de outubro de 2005; BPR Online, <http://www.prosci.com/mod1.htm>, acessado em 10 de outubro de 2005; Business Process Reengineering Six Sigma, <http://www.isixsigma.com/me/bpr/>, acessado em 10 de outubro de 2005; and SmartDraw.com, <http://www.smartdraw.com/>, acessado em 11 de outubro de 2005.
19. Ibid.
20. Ibid.
21. Ibid.
22. Michael Hammer, *Beyond Reengineering: How the Process-Centered Organization Is Changing Our Work and Our Lives* (New York: HarperCollins Publishers, 1996).

23. Richard Chang, "Process Reengineering in Action: A Practical Guide to Achieving Breakthrough Results (Quality Improvement Series)", 1996; H. James Harrington, *Business Process Improvement Workbook: Documentation, Analysis, Design, and Management of Business Process Improvement* (New York: McGraw-Hill, 1997); Hammer, *Beyond Reengineering;* Michael Hammer and James, Champy, "Reengineering the Corporation: A Manifest for Business Revolution", 1993; "Government Business Process Reengineering (BPR) Readiness Assessment Guide, General Services Administration (GSA)", 1996; Richard Chang, "Process Reengineering in Action: A Practical Guide to Achieving Breakthrough Results (Quality Improvement Series)", 1996 and; Michael Hammer, "Beyond Reengineering: How the Process-Centered Organization is Changing Our Work and Our Lives", 1997.
24. Ibid.
25. Ibid.
26. Ibid.
27. Ibid.
28. Ibid.
29. H. James Harrington, *Business Process Improvement: The Breakthrough Strategy for Total Quality, Productivity, and Competitiveness* (New York: McGraw-Hill, 1991); and Hammer, "Beyond Reengineering.
30. Ibid.
31. Ibid.
32. Ibid.
33. Bjorn Andersen, *Business Process Improvement Toolbox* (Milwaukee, WI: ASQ Quality Press, 1999).
34. "What is BPR?" <http://searchcio.techtarget.com/sDefinition/0,,sid182_gci536451,00.html>; SmartDraw.com, <http://www.smartdraw.com/>; BPR Online, <http://www.prosci.com/mod1.htm>; and Business Process Reengineering Six Sigma, <http://www.isixsigma.com/me/bpr/>.
35. "What Is BPR?" searchcio.techtarget.com/sDefinition/0,,sid 182_gci536451,00.html, acessado em 10 de outubro de 2005; BPR Online, <http://www.prosci.com/mod1.htm>, acessado em 10 de outubro de 2005; Business Process Reengineering Six Sigma, <http://www.isixsigma.com/me/bpr/>, acessado em 10 de outubro de 2005; and SmartDraw.com, <http://www.smartdraw.com/>, acessado em 10 de outubro de 2005.

Capítulo 3

1. Cisco Press, <http://www.ciscopress.com/index.asp?rl=1>, acessado em 1 de março de 2005.
2. Adam Lashinsky, "Kodak's Developing Situation", *Fortune,* 20 de janeiro de 2003, p. 176.
3. <http://www.wired.com>, acessado em 15 de novembro de, 2003.
4. Lashinsky, "Kodak's Developing Situation."
5. Clayton Christensen, *The Innovator's Dilemma* (Boston: Harvard Business School, 1997).
6. Internet World Statistics, <http://www.internetworldstats.com>, janeiro de 2007.
7. info.cern.ch, acessado em 1 de março de 2005.
8. "Internet Pioneers", <http://www.ibiblio.org/pioneers/andreesen.html>, acessado em 1 de março de 2005.
9. Gunjan Bagla, "Bringing IT to Rural India One Village at a Time", *CIO Magazine,* 1 de março de 2005.
10. Tim O'Reilly, "What Is Web 2.0: Design Patterns and Business Models for the Next Generation of Software", <http://www.oreillynet.com/pub/a/oreilly/tim/news/2005/09/30/what-is-web-20.html>, acessado em 25 de junho de 2007; and "Web 2.0 for CIOs", <http://www.cio.com/article/16807>, *CIO Magazine,* acessado em 24 de junho de 2007.
11. Ibid.
12. Ibid.
13. "The Complete Web 2.0 Directory", <http://www.go2web20.net/>, acessado em 24 de junho de 2007, and "Web 2.0 for CIOs", <http://www.cio.com/article/16807>.
14. Ibid.
15. Anne Zelenka, "The Hype Machine, Best Mashup of Mashup Camp3",<http://gigaom.com/2007/01/18/the-hype-machine-best-mashup-of-mashup-camp-3/>, acessado em 14 de junho de 2007; and Webmashup.com, <http://www.webmashup.com/Insert New 25>, acessado em 14 de junho de 2007.
16. Ibid.
17. Ibid.
18. Ibid.
19. "Info on 3.9M Citigroup", *Money,* 6 de junho de 2005.
20. Amy Johnson, "A New Supply Chain Forged", *Computerworld,* 30 de setembro de 2002.
21. "Pratt & Whitney", *BusinessWeek,* junho de 2004.
22. "Let's Remake a Deal", *Business 2.0,* março de 2004.
23. Laura Rohde, "British Airways Takes Off with Cisco", *Network World,* 11 de maio de 2005.
24. <http://www.t-mobile.com>, acessado em junho de 2005.
25. <http://www.idc.com>, acessado em junho de 2005.
26. "A Site Stickier Than a Barroom Floor", *Business 2.0,* junho de 2005, p. 74.
27. <http://www.emarketer.com>, acessado em janeiro de 2006.
28. Heather Harreld, "Lemon Aid", *CIO Magazine,* 1 de julho de 2000.
29. Rachel Metz, "Changing at the Push of a Button", *Wired,* 27 de setembro de 2004.
30. <http://www.hotel-gatti.com>, acessado em junho de 2003.
31. Frank Quinn, "The Payoff Potential in Supply Chain Management", <http://www.ascet.com>, acessado em 15 de junho de 2003.
32. <http://www.oecd.org>, acessado em junho de 2005.
33. <http://www.vanguard.com>, acessado em junho de 2005.
34. "Watch Your Spending", *BusinessWeek,* 23 de maio de 2004.
35. Jack Welch, "What's Right About Walmart", *CIO Magazine,* <http://www.cio.com>, acessado em maio de 2005.
36. <http://www.yankeegroup.com>, acessado em maio de 2005.
37. <http://www.ingenio.com>, acessado em julho de 2005.
38. "E-Commerce Taxation", <http://www.icsc.org/srch/government/ECommerce> fevereiro de 2003.pdf, acessado em 8 de junho de 2004.

Capítulo 4

1. Michael Schrage, "Build the Business Case", *CIO Magazine,* <http://www.cio.com>, acessado em 17 de novembro de 2003.

2. Scott Berianato, "Take the Pledge", *CIO Magazine*, <http://www.cio.com>, acessado em 17 de novembro de 2003.
3. Ibid.
4. Ibid.
5. AMA Research, "Workplace Monitoring and Surveillance", <http://www.amanet.org>, acessado em 1 de março de 2004.
6. Ibid.
7. Ibid.
8. Andy McCue, "Bank Boss Quits after Porn Found on PC", <http://www.businessweek.com>, acessado em junho de 2004.
9. AMA Research, "Workplace Monitoring and Surveillance", <http://www.amanet.org>, acessado em 1 de março de 2004.
10. <http://www.vault.com>, acessado em janeiro de 2006.
11. AMA Research, "Workplace Monitoring and Surveillance."
12. "Health Information Management", <http://www.gartner.com>, acessado em 16 de novembro de 2003.
13. "2005 CSI/FBI Computer Crime and Security Survey", <http://www.gocsi.com>, acessado em 20 de fevereiro de 2006.
14. Ibid.
15. <http://www.ey.com>, acessado em 25 de novembro de 2003.
16. "The Security Revolution", *CIO Magazine*, <http://www.cio.com>, acessado em 6 de junho de 2003.
17. "Losses from Identity Theft to Total $221 Billion Worldwide", <http://www.cio.com>, acessado em 23 de maio de 2003.
18. "Sony Fights Intrusion with 'Crystal Ball,'" *CIO Magazine*, <http://www.cio.com>, acessado em 9 de agosto de 2003.
19. Mark Leon, "Keys to the Kingdom", <http://www.computerworld.com>, acessado em 8 de agosto de 2003.
20. "Spam Losses to Grow to $198 Billion", *CIO Magazine*, <http://www.cio.com>, acessado em 9 de agosto de 2003.
21. "Teen Arrested in Internet 'Blaster' Attack", <http://www.cnn.com>, acessado em 29 de agosto de 2003.

Capítulo 5

1. Christine McGeever, "FBI Database Problem Halts Gun Checks", <http://www.computerworld.com>, acessado em 22 de maio de 2000.
2. <http://www.cio.com>, acessado em novembro de 2005.
3. "Distribution of Software Updates of Thousands of Franchise Locations Was Slow and Unpredictable", <http://www.fountain.com>, acessado em Outubro de10, 2003.
4. Christopher Koch, "A New Blueprint for the Enterprise", *CIO Magazine*, 1 de março de 2005.
5. "New Coalitions Increasing America's Crisis Preparedness", <http://www.complianceexecutive.com>, acessado em 29 de novembro de 2007.
6. Ibid.
7. Bob Tedeschi, "*Protect Your Identity*",<http://pcworld.about.com/magazine/2212p107id118241.htm>, acessado em 11 de novembro de 2007.
8. "Password Management", <http://www.fischerinternational.com>, acessado em 1 de dezembro de 2007.
9. Martin Garvey, "Manage Passwords", *Information Week*, 20 de maio de 2005.
10. Martin Garvey, "Security Action Plans", *Information Week*, 30 de maio de 2005.
11. Ibid.
12. <http://www.abercrombie.com>, acessado em 29 de novembro de 2008.
13. Erick Schonfeld, "Linux Takes Flight", *Business 2.0*, janeiro de 2003, p. 103-105.
14. John Fontana, "Lydian Revs up with Web Services", *Network World*, 10 de março de 2004.
15. <http://www.websidestory.com>, acessado em 18 de novembro de 2007.
16. Tim O'Reilly, "Open Source Paradigm Shift", <http://tim.oreilly.com/articles/paradigmshift_0504.html>, acessado em 11 de janeiro de 2008.
17. Julie Bort, "SOA Made Fast and Easy", *Network World*, Outubro de22, 2007.
18. Dirk Slama, Robert Paluch, "Key Concepts of Service-Oriented Architecture", <http://www.csc.com/cscworld/012006/web/web002.html>, acessado em 4 de janeiro de 2008.
19. Ibid.
20. "Achieving a Single Customer View", <http://www.sun.com>, acessado em 12 de janeiro de 2008.
21. "VMware – History of Virtualization", <http://www.virtualizationworks.com/Virtualization-History.asp>, acessado em 23 de janeiro de 2008.
22. "EPA Report to Congress on Server and Data Center Energy Efficiency", <http://www.energystar.gov/ia/partners/prod_development/downloads/EPA_Report_Exec_Summary_Final.pdf>,acessado em 23 de janeiro de 2008.
23. Paul Krill, "Impending Death of Moore's Law Calls for Software Development Changes", *InfoWorld*, 24 de maio de 2005.
24. Ibid.
25. Geoffrey Thomas, "Seeing Is Believing", *Air Transport World*, junho de 2007, p. 54.
26. Julie Bort, "Subaru Takes a Virtual Drive", *Network World*, 25 de setembro de 2006.
27. "Google Groans Under Data Strain", <http://www.byteandswitch.com/document.asp?doc_id=85804>, acessado em 30 de janeiro de 2008.
28. Alan Joch, "Grid Gets Down to Business", *Network World*, 27 de dezembro de 2004.

Capítulo 6

1. "Google Reveals High-Profile Users of Data Search Machine", Reuters News Service, 13 de agosto de 2003, <http://www.chron.com>, acessado em 3 de setembro de 2003.
2. Mitch Betts, "Unexpected Insights", *ComputerWorld*, 14 de abril de 2003, <http://www.computerworld.com>, acessado em 4 de setembro de 2003.
3. Ibid.
4. "Data Mining: What General Managers Need to Know", *Harvard Management Update*, outubro de1999.
5. Barbara DePompa Reimers, "Too Much of a Good Thing", *ComputerWorld*, <http://www.computerworld.com>, 14 de abril de 2003.
6. Ibid.
7. "MSI Business Solutions Case Study: Westpac Financial Services", <http://www.MSI.com>, acessado em 4 de agosto de 2003.

8. "Why Data Quality", <http://www.trilliumsoft.com>, acessado em 3 de outubro, 2003.
9. Ibid.
10. Webopedia.com, <http://www.webopedia.comTERM/d/database.html>, acessado em 15 de maio de 2007; and Oracle Database, <http://www.oracle.com/database/index.html>, acessado em 17 de maio de 2007.
11. Ibid.
12. Ibid.
13. Chicago Police Department, <http://gis.chicagopolice.org/>, acessado em 23 de junho de 2004.
14. Ford's Vision, donate.pewclimate.org/docUploads/Ford.pdf, acessado em 18 de junho de 2003.
15. Webopedia.com, <http://www.webopedia.comTERM/d/database.html>; Oracle Database, <http://www.oracle.com/database/index.html>.
16. <http://www.sitepoint.com/article/publishing-mysql-data-web>, acessado em 16 de maio de 2007.
17. Ibid.
18. Oracle Success Stories, <http://www.oracle.com/successstories/army>, acessado em 15 de maio de 2003.
19. Kathleen Melymuka, "Premier 100: Turning the Tables at Applebee's", ComputerWorld, <http://www.computerworld.com>, acessado em 24 de fevereiro de 2003.
20. Julia Kiling, "OLAP Gains Fans among Data-Hungry Firms", ComputerWorld, 8 de janeiro de 2001, p. 54.
21. Tommy Perterson, "Data Cleansing", ComputerWorld, <http://www.computerworld.com>, acessado em 10 de fevereiro de 2003.
22. "Dr Pepper/Seven Up, Inc.", <http://www.cognos.com>, acessado em 10 de setembro de 2003.

Capítulo 7

1. <http://www.sabreairlinesolutions.com/about/history.htm>, acessado em 22 de janeiro de 2008.
2. "Rip Curl Turns to Skype for Global Communications", <http://www.voipinbusiness.co.uk/rip_curl_turns_to_skype_for_gl.asp> 7 de julho de 2006, acessado em 21 de janeiro de 2008.
3. "VoIP Business Solutions", <http://www.vocalocity.com>, acessado em 21 de janeiro de 2008.
4. <http://www.skype.com>, acessado em 15 de fevereiro de 2008.
5. <http://www.rei.com>, acessado em 23 de fevereiro de 2008.
6. Enrique De Argaez, "What You Should Know About Internet Broadband Access", <http://www.internetworldstats.com/articles/art096.htm>, acessado em 29 de janeiro de 2008.
7. "Broadband Technology Overview", <http://www.corning.com/docs/opticalfiber/wp6321.pdf>, acessado em 1 de fevereiro de 2008.
8. <http://www.drpepper.com>, acessado em 1 de fevereiro de 2008.
9. "Navigating the Mobility Wave", <http://www.busmanagement.com>, acessado em 2 de fevereiro de 2008.
10. <http://www.mbia.com>, acessado em 3 de fevereiro de 2008.
11. Dan Nystedt, "Mobile Phones Grow Even More Popular", PC World, abril de 2006.
12. "How Do Cellular Devices Work", <http://www.cell-phone101.info/devices.php>, acessado em 9 de fevereiro de 2008.
13. <http://mobilementalism.com>, acessado em 2 de fevereiro de 2008.
14. V. C. Gungor, F. C. Lambert, "A Survey on Communication Networks for Electric System Automation, Computer Networks", The International Journal of Computer and Telecommunications Networking, 15 de maio de 2006, p. 877-897.
15. "CenterCup Releases PDA Caddy to Leverage Legalized Golf GPS", <http://www.golfgearreview.com/article-display/1665.html>, acessado em 3 de fevereiro de 2008.
16. <http://www.onstar.com>, acessado em 10 de fevereiro de 2008.
17. "Keeping Weeds in Check with Less Herbicide", <http://www.ars.usda.gov/is/AR/archive/aug06/weeds0806.htm>, acessado em 11 de fevereiro de 2008.
18. <http://www.gis.rgs.org/10.html>, acessado em 7 de fevereiro de 2008.
19. Coco Masters, "Bringing Wi-Fi to the Skies", <http://www.time.com/time/specials/2007/article/0,28804,1665220_1665225,00.html>, acessado em 20 de fevereiro de 2008.
20. W. David Gardner, "McDonald's Targets Starbucks with Free Wi-Fi, Upscale Coffee Bars", InformationWeek, 7 de janeiro de 2008.
21. "Security-Free Wireless Networks", <http://www.wired.com>, acessado em 11 de fevereiro de 2008.
22. "Sprint Plans Launch of Commercial WiMAX Service in Q2 2008", <http://www.intomobile.com>, acessado em 10 de fevereiro de 2008.
23. Deepak Pareek, "WiMAX: Taking Wireless to the MAX", CRC Press, 2006, p. 150-51.
24. <http://www.wimax.com>, acessado em 9 de fevereiro de 2008.
25. Mohsen Attaran, "RFID: an Enabler of Supply Chain Operations", Supply Chain Management: An International Journal 12 (2007), p. 249-57.
26. Michael Dortch, "Winning RFID Strategies for 2008", Benchmark Report, 31 de dezembro de 2007.
27. Ibid.
28. "RFID Privacy and You", <http://www.theyaretrackingyou.com/rfid-privacy-and-you.html>, acessado em 12 de fevereiro de 2008.
29. "RFID Roundup", <http://www.rfidgazette.org>, acessado em 10 de fevereiro de 2008.
30. Chris Silva, Benjamin Gray, "Key Wireless Trends That Will Shape Enterprise Mobility in 2008", <http://www.forrester.com>, acessado em 12 de fevereiro de 2008.

Capítulo 8

1. Norman E. Bowie, ed., The Blackwell Guide to Business Ethics. (Malden, MA: Blackwell, 2002).
2. Ibid.
3. Ibid.
4. Geoffrey Colvin, "Managing in the Info Era", Fortune, 6 de março de 2007, p. F6-F9.
5. Christopher A. Bartlett and Sumantra Ghoshal, "Going Global: Lessons from Late Movers", Harvard Business Review, março-abril de 2000, p. 132-34.
6. Stuart Crainer, The Management Century (New York: Jossey-Bass, 2000).
7. James Fitzsimmons and Mona Fitzsimmons, Service Management, 4. ed. (New York: McGraw-Hill Irwin, 2004).

8. Ibid.
9. William J. Hopp and Mark Spearman, *Factory Physics: Foundations of Manufacturing Management,* 2. ed. (Burr Ridge, IL: Irwin, 2001).
10. Ibid.
11. Ibid.
12. Aaron Bernstein, "Backlash: Behind the Anxiety of Globalization", *BusinessWeek,* 24 de abril de 2006, p. 36-42. Terry Hill, *Manufacturing Strategy: Text and Cases* 3. ed. (New York: McGraw-Hill, 2000).
13. Ibid.
14. Ibid.
15. Ibid.
16. Christopher A. Bartlett and Sumantra Ghoshal, "Going Global: Lessons from Late Movers", *Harvard Business Review,* março-abril de 2000, p. 132-34.
17. Sharon Shinn, "What About the Widgets?" *BizEd,* novembro-dezembro de 2004, p. 30-35.
18. Ibid.
19. James P. Womack, Daniel Jones, and Daniel Roos, *The Machine That Changed the World* (New York, Harper Perennial, 1991).
20. Ibid.
21. John Hagerty, "How Best to Measure Our Supply Chain", <http://www.amrresearch.com, acessado em 3 de março de 2005.
22. Andrew Binstock, "Virtual Enterprise Comes of Age", *InformationWeek,* 6 de novembro de 2004.
23. Mitch Betts, "Kinks in the Chain", *Computerworld,* 17 de dezembro de 2005.
24. Walid Mougayar, "Old Dogs Learn New Tricks", *Business 2.0,* Outubro de 2000, <http://www.Business2.com>, acessado em 14 de junho de 2003.
25. "Creating a Value Network", *Wired,* setembro de 2003, p. S13.
26. Fred Hapgood, "Smart Decisions", *CIO Magazine,* <http://www.cio.com>, acessado em 15 de agosto de 2001.
27. "Creating a Value Network", *Wired.*
28. "Success Story", <http://www.perdue.com>, acessado em setembro de 2003.
29. "Creating a Value Network", *Wired.*
30. "The e-Biz Surprise", *BusinessWeek,* 12 de maio de 2003, p. 60-65.
31. Hagerty, "How Best to Measure Our Supply Chain."
32. Ibid.
33. Frank Quinn, "The Payoff Potential in Supply Chain Management", <http://www.ascet.com>, acessado em 15 de junho de 2003.
34. Mougayar, "Old Dogs Learn New Tricks."
35. Quinn, "The Payoff Potential", and William Copacino, "How to Become a Supply Chain Master", *Supply Chain Management Review,* 1 de setembro de 2001, <http://www.manufacturing.net>, acessado em 12 de junho de 2003.
36. Ibid.

Capítulo 9

1. "Customer Success Stories", <http://www.siebel.com>, acessado em 12 de novembro de 2003.
2. "Kaiser's Diabetic Initiative", <http://www.businessweek.com>, acessado em 15 de novembro de 2003.
3. "Integrated Solutions—The ABCs of CRM", <http://www.integratedsolutionsmag.com>, acessado em 12 de novembro de 2003.
4. Ibid.
5. "1800 flowers.com", *Business 2.0,* fevereiro de 2004.
6. "The 'New' New York Times", *Business 2.0,* janeiro de 2004.
7. "New York Knicks—Success", <http://www.jdedwards.com>, acessado em 15 de janeiro de 2004.
8. "Barclays, Giving Voice to Customer-Centricity", <http://crm.insightexec.com>, acessado em 15 de julho de 2003.
9. "Customer Success—PNC Retail Bank", <http://www.siebel.com>, acessado em 5 de maio de 2003.
10. "California State Automobile Association Case Study", <http://www.epiphany.com/customers/detail_csaa.html>, acessado em 4 de julho de 2003.
11. <http://www.salesforce.com>, acessado em junho de 2005.
12. "Vail Resorts Implements FrontRange HEAT", *CRM Today,* Outubro de 16, 2003, <http://www.crm2day.com/news/crm/EpyykIlFyAqEUbqOhW.php>, acessado em 2 de dezembro de 2003.
13. "3M Accelerates Revenue Growth Using Siebel eBusiness Applications", <http://www.siebel.com>, 30 de julho 2002, acessado em 10 de julho de 2003.
14. <http://www.enterprise.com>, acessado em 15 de junho de 2004.
15. "Avnet Brings IM to Corporate America with Lotus Instant Messaging", <http://www.websphereadvisor.com/doc/12196>, acessado em 11 de julho de 2003.
16. Ibid.
17. Ibid.
18. <http://www.nicesystems.com>, acessado em junho de 2005.
19. <http://www.FedEx.com>, acessado em 13 de julho de 2003.
20. "Documedics", <http://www.siebel.com>, acessado em 10 de julho de 2003.
21. Ibid.
22. Ibid.
23. "Customer Success – UPS", <http://www.sap.com>, acessado em 5 de abril de 2003.
24. Ibid.
25. "Customer Success – UPS."
26. "Supply Chain Planet", junho de 2003, <http://newsweaver.co.uk/supplychainplanet/e_article000153342.cfm>, acessado em 12 de julho de 2003.
27. "Customer Success – Cisco", <http://www.sap.com>, acessado em 5 de abril de 2003.
28. "Customer Success", <http://www.costco.com>, acessado em junho de 2005.
29. "Customer Success", <http://www.rackspace.com>, acessado em junho de 2005.
30. "Customer Success", <http://www.siebel.com>, acessado em 5 de maio de 2007.
31. "The Critical Shift to Flexible Business Intelligence", Used with Permission: Dr. Claudia Imhoff, Intelligent Solutions, Inc. "What Every Marketer Wants – And Needs – From Technology", Used with Permission: Dr. Claudia Imhoff, Intelligent Solutions, Inc. "Enterprise Business Intelligence", maio de 2006, Used with Permission: Dr. Claudia Imhoff, Intelligent Solutions, Inc. "The Business Case for Data Warehousing", Jill Dyche, 2005, (used with permission).

32. Ibid.
33. Ibid.
34. Ibid.
35. Ibid.
36. Ibid.
37. Ibid.
38. Ibid.
39. Ibid.
40. Ibid.
41. Ibid.
42. Ibid.
43. Ibid.
44. Ibid.
45. Ibid.
46. Ibid.
47. Ibid.
48. Ibid.
49. Ibid.
50. Ibid.
51. Ibid.
52. Ibid.
53. Ibid.

Capítulo 10

1. "Customer Success Story – Turner Industries", <http://www.jdedwards.com>, acessado em outubro de15, 2003.
2. "Success Stories", <http://www.sap.com>, acessado em abril de 2005.
3. "Customer Success Story – Turner Industries", <http://www.jdedwards.com>, acessado em 15 de outubro, 2003.
4. Michael Doane, "A Blueprint for ERP Implementation Readiness", <http://www.metagroup.com>, acessado em 17 de outubro, 2003.
5. "Amazon Finds Profits in Outsourcing", CIO Magazine, Outubro de15, 2002, <http://www.cio.com/archive/101502/tl_ec.html>, acessado em 14 de novembro de 2003.
6. "D-FW Defense Contractors Show Mixed Fortunes since September 11", <http://www.bizjournals.com/dallas/stories/2002/09/09/focus2.htm>, acessado em 8 de junho de 2004.
7. Steve Konicki, "Collaboration Is Cornerstone of $19B Defense Contract", <http://www.business2.com/content/magazine/indepth/2000/07/11/17966>, acessado em 8 de junho de 2004.
8. "Knowledge Management Research Center", CIO Magazine, <http://www.cio.com/research/knowledge>, acessado em dezembro de 2005.
9. "Harley-Davidson on the Path to Success", <http://www.peoplesoft.com/media/success>, acessado em 12 de outubro, 2003.
10. "Customer Success Story—Grupo Farmanova Intermed", <http://www.jdedwards.com>, acessado em 15 de outubro, 2003.
11. "Customer Success Stories", <http://www.jdedwards.com>, acessado em 15 de outubro, 2003.
12. Michael Doane, "A Blueprint for ERP Implementation Readiness", <http://www.metagroup.com>, acessado em 17 de outubro, 2003.
13. Megan Santosus, "In The Know", CIO Magazine, janeiro de 2006.
14. Ibid.
15. The Balanced Scorecard, <http://www.balancedscorecard.org>, acessado em fevereiro de 2008.
16. Ibid.
17. Ibid.
18. Ibid.
19. Ibid.
20. "Speeding Information to BMW Dealers", <http://www.kmworld.com/resources/featurearticles/index.cfm?action=readfeature&Feature_ID=337>, acessado em 8 de junho de 2004.
21. "Toyota's One-Stop Information Shop", <http://www.istart.co.nz/index/HM20/PC0/PV21873/EX236/CS25653>, acessado em 8 de junho de 2004.
22. Ibid.
23. "Amazon Finds Profits in Outsourcing", CIO Magazine, Outubro de15, 2002, <http://www.cio.com/archive/101502/tl_ec.html>, acessado em 14 de novembro de 2003.
24. "D-FW Defense Contractors Show Mixed Fortunes since September 11", <http://www.bizjournals.com/dallas/stories/2002/09/09/focus2.htm>, acessado em 8 de junho de 2004.
25. Steve Konicki, "Collaboration Is Cornerstone of $19B Defense Contract", <http://www.business2.com/content/magazine/indepth/2000/07/11/17966>, acessado em 8 de junho de 2004.
26. "Knowledge Management Research Center", CIO Magazine, /<http://www.cio.com/research/knowledge>, acessado em dezembro de 2005.
27. Megan Santosus, "In The Know", CIO Magazine, janeiro de 2006.
28. Ibid.
29. "Speeding Information to BMW Dealers", <http://www.kmworld.com/resources/featurearticles/index.cfm?action=readfeature&Feature_ID=337>, acessado em 8 de junho de 2004.
30. Megan Santosus, "In The Know", CIO Magazine, janeiro de 2006.
31. Ibid.
32. "Knowledge Management Research Center", CIO Magazine, <http://www.cio.com/research/knowledge>, acessado em dezembro de 2005.
33. Ibid.
34. Ibid.
35. Ibid.
36. Ibid.

Capítulo 11

1. <http://www.businessweek.com>, acessado em 1 de novembro de 2005.
2. "Software Costs", CIO Magazine, <http://www.cio.com>, acessado em 5 de dezembro de 2003.
3. "Defective Software Costs", National Institute of Standards and Technology (NIST), junho de 2002.
4. Ibid.

5. *CIO Magazine,* 1 de junho de 2006, p. 55; "The Project Manager in the IT Industry", <http://www.si2.com>, acessado em 15 de dezembro de 2003; <http://www.standishgroup.com>, acessado em 12 de dezembro de 2003; Jim Johnson, "My Life Is Failure", p. 46; and Gary McGraw, "Making Essential Software Work", *Software Quality Management,* abril de 2003, <http://www.sqmmagazine.com>, acessado em 14 de novembro de 2003.
6. Ibid.
7. Ibid.
8. Ibid.
9. "Customer Success Story—PHH", <http://www.informatica.com>, acessado em 12 de dezembro de 2003.
10. *CIO Magazine,* 1 de junho de 2006; "The Project Manager in the IT Industry"; <http://www.standishgroup.com>; Johnson, "My Life Is Failure"; and McGraw, "Making Essential Software Work."
11. Ibid.
12. Ibid.
13. Ibid.
14. "Building Events", <http://www.microsoft.com>, acessado em 15 de novembro de 2003.
15. Agile Alliance Manifesto, <http://www.agile.com>, acessado em 1 de novembro de 2003.
16. "Software Metrics", *CIO Magazine,* /<http://www.cio.com>, acessado em 2 de dezembro de 2003.
17. "Building Software That Works", <http://www.compaq.com>, acessado em 14 de novembro de 2003.
18. "Software Metrics", *CIO Magazine.*
19. <http://www.agile.com>, acessado em 10 de novembro de 2003.
20. "Python Project Failure", <http://www.systemsdev.com>, acessado em 14 de novembro de 2003.
21. *CIO Magazine,* 1 de junho de 2006; "The Project Manager in the IT Industry"; <http://www.standishgroup.com>; Johnson, "My Life Is Failure"; and McGraw, "Making Essential Software Work."
22. Ibid.
23. McGraw, "Making Essential Software Work."
24. *CIO Magazine,* 1 de junho de 2006; "The Project Manager in the IT Industry"; <http://www.standishgroup.com>; Johnson, "My Life Is Failure"; and McGraw, "Making Essential Software Work."
25. Ibid.
26. "Top Reasons Why IT Projects Fail", *InformationWeek,* <http://www.infoweek.com>, acessado em 5 de novembro de 2003;<http://www.calpine.com>, acessado em 14 de dezembro de 2003; "The Project Manager in the IT Industry", <http://www.si2.com>, acessado em 15 de dezembro de 2003, <http://www.standishgroup.com>, acessado em 12 de dezembro de 2003; and <http://www.snapon.com>, acessado em 13 de dezembro de 2003.
27. Ibid.
28. Ibid.
29. Ibid.
30. Ibid.
31. Ibid.
32. <http://www.standishgroup.com>, acessado em 14 de novembro de 2003.
33. Ibid.
34. <http://www.microsoft.com>, acessado em 16 de novembro de 2003.
35. "REI Pegs Growth on Effective Multi-channel Strategy", *Internet Retailer,* <http://www.internetretailer.com>, acessado em 17 de fevereiro de 2005; and Alison Overholt, "Smart Strategies: Putting Ideas to Work", *Fast Company,* abril de 2004, p. 63.
36. *CIO Magazine,* 1 de junho de 2006; "The Project Manager in the IT Industry"; <http://www.standishgroup.com>; acessado em 12 de dezembro de 2003; Johnson, "My Life Is Failure"; and McGraw, "Making Essential Software Work."
37. Ibid.

Capítulo 12

1. *BusinessWeek: Innovation,* <http://www.businessweek.com/innovate/>, acessado em 15 de fevereiro de 2008.
2. -45. Ibid.

CRÉDITOS

Capítulo 1

Página 2, © Photodisc/Getty Images.

Página 4, © GRAFIKA/Miyano Takuya/Norihiro Uehara.

Página 6, © Digital Vision/Punchstock.

Página 6, figura 1.1, Paige Baltzan.

Página 9, Stockbyte/Punchstock Images.

Página 13, © BananaStock Ltd.

Página 13, figura 1.10, /<http://www.cio.com>, acessado em agosto de 2005.

Página 13, figura 1.11, "What Concerns CIOs the Most?", <http://www.cio.com>, acessado em 17 de novembro de 2003.

Página 14, figura 1.12, <http://www.cio.com>, acessado em agosto de 2005.

Página 16, Ryan McVay/Getty Images.

página 17, figura 1.13, United National Division for Public Economics and Public Administration, <http://www.un.com>, accessado em 10 de novembro de 2003.

Página 17, Imagemore Co., Ltd./Getty Images.

Página 20, Ryan McVay/Getty Images.

Página 20, figura 1.17, Porter, Michael E., Competitive Strategy: Techniques for Analyzing Industries and Competitors, The Free Press, 1998.

Página 21, figura 1.18, Porter, Michael E., Competitive Strategy: Techniques for Analyzing Industries and Competitors, The Free Press, 1998.

Página 22, Jason Reed/Ryan McVay/Getty Images.

Página 23, figura 1.19, Porter, Michael E., Competitive Strategy: Techniques for Analyzing Industries and Competitors, The Free Press, 1998.

Página 24, figura 1.20 no canto superior esquerdo, fotografia cedida por Hyundai Motor America.

Página 24, figura 1.20 no canto superior direito, fotografia cedida por Audi of America.

Página 24, figura 1.20 no canto inferior esquerdo, fotografia cedida por Kia Motors American, Inc.

Página 24, figura 1.20 no canto inferior direito, fotografia cedida por General Motors.

Página 24, figura 1.21, Porter, Michael E., Competitive Strategy: Techniques for Analyzing Industries and Competitors, The Free Press, 1998.

Página 25, figura 1.22, Porter, Michael E., Competitive Strategy: Techniques for Analyzing Industries and Competitors, The Free Press, 1998.

Página 26, figura 1.23, Porter, Michael E., Competitive Strategy: Techniques for Analyzing Industries and Competitors, The Free Press, 1998.

Página 26, Digital Vision/Getty Images.

Capítulo 2

Página 28, RF/Corbis.

Página 32, figura 2.3, Google Analytics, <http://www.google.com/analytics>, acessado em 13 de julho de 2007.

Página 33, figura 2.4, Google Analytics, <http://www.google.com/analytics>, acessado em 13 de julho de 2007.

Página 33, © Nova Development.

Página 38, figura 2.9, <http://www.visualmining.com>, acessado em 24 de junho de 2005.

Página 38, figura 2.10, <http://www.visualmining.com>, acessado em 24 de junho de 2005.

Página 39, Alexander Heimann/AFP/Getty Images.

Página 40, AP/Wide World.

Página 41, Jeff Greenberg/Photoedit.

Página 43, Getty Images/Rubberball.

Página 45, Getty Images/Blend Images.

Página 46, Figura 2.13, Michael Hammar and James Champy, Beyond Reengineering, How the Process-Centered Organization Is Changing Our Work and Our Lives, New York: HarperCollins, Publisher, 1996.

Página 47, figura 2.14, Michael Hammar and James Champy, Beyond Reengineering, How the Process-Centered Organization Is Changing Our Work and Our Lives, New York: HarperCollins, Publisher, 1996.

Página 47, figura 2.15, Michael Hammar and James Champy, Beyond Reengineering, How the Process-Centered Organization Is Changing Our Work and Our Lives, New York: HarperCollins, Publisher, 1996.

Página 48, figura 2.16, Michael Hammar and James Champy, Beyond Reengineering, How the Process-Centered Organization Is Changing Our Work and Our Lives, New York: HarperCollins, Publisher, 1996.

Página 49, figura 2.18, <http://www.smartdraw.com>, acessado em 24 de junho de 2004.

Página 49, figura 2.19, /<http://www.smartdraw.com>, acessado em 24 de junho de 2004.

Página 50, figura 2.20, <http://www.smartdraw.com>, acessado em 24 de junho de 2004.

Página 53, figura 2.22, <http://www.smartdraw.com>, acessado em 24 de junho de 2004.

Página 53, figura 2.23, <http://www.smartdraw.com>, acessado em 24 de junho de 2004.

Página 54, figura 2.24, <http://www.smartdraw.com>, acessado em 24 de junho de 2004.

Página 54, figura 2.25, <http://www.smartdraw.com>, acessado em 24 de junho de 2004.

Capítulo 3

Página 56, © Ingram Publishing/AGE Fotostock.

Página 59, figura 3.1, Adam Lashinsky, "The Disrupters", Fortune, 11 de agosto de 2003, p. 62-65.

Página 60, figura 3.3, <http://www.internetworldstats.com/stats.htm>, acessado em janeiro de 2006.

Página 61, figura 3.4, <http://www.internetworldstats.com/stats.htm>, acessado em janeiro de 2006.

Página 61, Digital Vision/Getty Images.

Página 65, Stockbyte/Getty Images.

Página 67, Thinkstock/Getty Images.

Página 73, Jason Reed/Getty Images.

Página 78, fStop/PunchStock.

Página 83, © Comstock/PunchStock.

Página 61, figura 3.5, <http://www.expedia.com>, acessado em 13 de outubro de 2003; <http://www.apple.com>, acessado em 13 de outubro de 2003: <http://www.dell.com>, acessado em 13 de outubro de 2003; <http://www.lendingtree.com>, acessado em 13 de outubro de 2003: <http://www.amazon.com>, acessado em 13 de outubro de 2003; <http://www.ebay.com>, acessado em 13 de outubro de 2003; <http://www.cisco.com>, acessado em 13 de outubro de 2003.

Página 63, figura 3.9, Tim O'Reilly, "What Is Web 2.0: Design Patterns and Business Models for the Next Generation of Software", 30 de setembro de 2005.

Página 64, figura 3.10, Tim O'Reilly, "What Is Web 2.0: Design Patterns and Business Models for the Next Generation of Software", 30 de setembro de 2005.

Página 84, figura 3.32, "E-Commerce Taxation", <http://www.icsc.org/srch/government/ECommerceFebruary2003.pdf>, acessado em 8 de junho de 2004.

Página 85, figura 3.35, "E-Commerce Taxation", <http://www.icsc.org/srch/government/ECommerceFebruary2003.pdf>, acessado em 8 de junho de 2004.

Capítulo 4

Página 88, © Comstock/PunchStock.

Página 90, © Royalty-Free/CORBIS.

Página 92, Don Farrall/Getty Images.

Página 93, figura 4.2, Scott Berianato, "Take the Pledge",<http://www.cio.com>, acessado em 17 de novembro de 2003.

Página 101, figura 4.13, AMA Research, "Workplace Monitoring and Surveillance", <http://www.amanet.org>, abril de 2003, acessado em 1º de março de 2004.

Página 101, figura 4.14, AMA Research, "Workplace Monitoring and Surveillance", <http://www.amanet.org>, abril de 2003, acessado em 1º de março de 2004.

Página 102, figura 4.15, AMA Research, "Workplace Monitoring and Surveillance", <http://www.amanet.org>, abril de 2003, acessado em 1º de março de 2004.

Página 105, figura 4.18, "2004 CSI/FBI Computer Crime and Security Survey", <http://www.usdoj.gov/criminal/cybercrime/FBI2005.pdf>.

Página 105, figura 4.19, "2005 CSI/FBI Computer Crime and Security Survey", <http://www.usdoj.gov/criminal/cybercrime/FBI2005.pdf>.

Página 108, figura 4.21, "The Security Revolution", <http://www.cio.com>, acessado em 6 de junho de 2003.

Página 108, figura 4.22, "Losses from Identity Theft to Total $221 Billion Worldwide", <http://www.cio.com>, 23 de maio de 2003.

Página 109, TRBfoto/Getty Images.

Página 110, figura 4.23, "Losses from Identity Theft to Total $221 Billion Worldwide", <http://www.cio.com>, 23 de maio de 2003.

Página 111, figura 4.24, "Spam Losses to Grow to $198 Billion", <http://www.cio.com>, acessado em 9 de agosto de 2003.

Página 111, Enamul Hoque/Rod Steele/Getty Images.

Página 112, Digital Vision/Getty Images.

Página 114, figura 4.27, "Spam Losses to Grow to $198 Billion", <http://www.cio.com>, acessado em 9 de agosto de 2003.

Página 115, figura 4.28, "Spam Losses to Grow to $198 Billion", <http://www.cio.com>, acessado em 9 de agosto de 2003.

Capítulo 5

Página 116, © Royalty-Free/CORBIS.

Página 119, figura 5.1, BusinessWeek, 10 de janeiro de 2005.

Página 120, figura 5.2, InformationWeek, 9 de agosto de 2004.

Página 122, © W.C. Mendenhall/U.S. Geological Survey.

Página 125, Keith Brofsky/Getty Images.

Página 127, © Royalty-Free/CORBIS.

Página 128, Nick Koudis/Getty Images.

Capítulo 6

Página 140, Jason Reed/Ryan McVay/Getty Images.

Página 143, The McGraw-Hill Companies, Inc./John Flournoy, fotógrafo.

Página 145, © Royalty-Free/CORBIS.

Página 146, Simon Fell/Getty Images.

Página 150, © Nova Development.

Página 151, © Royalty-Free/CORBIS.

Página 154, Figura 6.8, Webopedia.com, <http://www.webopedia.comTERM/d/database.html>, acessado em 15 de maio de 2007; Oracle Database, <http://www.oracle.com/database/index.html>, acessado em 17 de maio de 2007; <http://www.sitepoint.com/article/publishing-mysql-data-web>, acessado em 16 de maio de 2007.

Página 155, Digital Vision/Getty Images.

Página 160, © Digital Vision/PunchStock.

Capítulo 7

Página 164, RF Digital Vision Disk.

Página 166, Robin Jareaux/Getty Images.

Página 167, Jason Reed/Getty Images.

Página 173, Image 100/CORBIS.

Página 174, © Royalty-Free/CORBIS.

Página 176, © Royalty-Free/CORBIS.

Página 179, figura 7.13, AP/Wide World.

Página 181, C Squared Studios/Getty Images.

Página 183, © Royalty-Free/CORBIS.

Página 184, Getty Images.

Página 189, Getty Images.

Capítulo 8

Página 194, Photodisc/Getty Images.

Página 196, Digital Vision/Getty Images.

Página 199, © Royalty-Free/CORBIS.

Página 199, © Charles Smith/CORBIS.

Página 201, Ryan McVay/Getty Images.

Página 202, Chad Baker/Ryan McVay/Getty Images.

Página 210, figura 8.11, William Copacino, "How to Become a Supply Chain Master", Supply Chain Management Review, 1 de setembro de 2001, <http://www.manufacturing.net>, acessado em 12 de junho de 2003.

Página 210, figura 8.12, William Copacino, "How to Become a Supply Chain Master", Supply Chain Management Review, 1 de setembro de 2001, <http://www.manufacturing.net>, acessado em 12 de junho de 2003.

Página 212, figura 8.15, William Copacino, "How to Become a Supply Chain Master", Supply Chain Management Review, 1 de setembro de 2001, <http://www.manufacturing.net>, acessado em 12 de junho de 2003.

Página 213, figura 8.16, William Copacino, "How to Become a Supply Chain Master", Supply Chain Management Review, 1 de setembro de 2001, <http://www.manufacturing.net>, acessado em 12 de junho de 2003.

Página 213, figura 8.17, William Copacino, "How to Become a Supply Chain Master", Supply Chain Management Review, 1 de setembro de 2001, <http://www.manufacturing.net>, acessado em 12 de junho de 2003.

Capítulo 9

Página 216, RF Digital Vision Disk.

Página 219, Rim Light/PhotoLink/Getty Images.

Página 224, The McGraw-Hill Companies, Inc./John Flournoy, fotógrafo.

Página 228, Comstock/PictureQuest.

Página 229, figura 9.10, "Finding Value in the Real-Time Enterprise", Business 2.0, novembro de 2003, p. S1-S5.

Página 230, figura 9.11, "Finding Value in the Real-Time Enterprise", Business 2.0, novembro de 2003, p. S1-S5.

Página 232, Somos/Veer/Getty Images.

Página 233, figura 9.12, <http://www.donotbuydodge.ca>, acessado em abril de 2007.

Página 234, © Jason Reed/Getty Images.

Página 235, figura 9.13, usada com permissão, Claudia Imhoff e Richard Hackathorn, abril de 2007.

Página 237, figura 9.16, usada com permissão, Claudia Imhoff e Richard Hackathorn, abril de 2007.

Capítulo 10

Página 244, Eyewire/Getty Images.

Página 246, © Comstock/PunchStock.

Página 246, figura 10.1, "ERP Knowledge Base", <http://www.cio.com>, acessado em julho de 2005.

Página 248, figura 10.4, Exact Software, "ERP-II: Making ERP Deliver On Its Promise to the Enterprise", <http://jobfunctions.bnet.com/whitepaper.aspx?docid_144338>, acessado em 25 de julho de 2007.

Página 249, figura 10.5, Exact Software, "ERP-II: Making ERP Deliver On Its Promise to the Enterprise", <http://jobfunctions.bnet.com/whitepaper.aspx?docid_144338>, acessado em 25 de julho de 2007.

Página 249, figura 10.6, Exact Software, "ERP-II: Making ERP Deliver On Its Promise to the Enterprise", <http://jobfunctions.bnet.com/whitepaper.aspx?docid_144338>, acessado em 25 de julho de 2007.

Página 250, figura 10.7, Exact Software, "ERP-II: Making ERP Deliver On Its Promise to the Enterprise", <http://jobfunctions.bnet.com/whitepaper.aspx?docid_144338>, acessado em 25 de julho de 2007.

Página 250, figura 10.8, Exact Software, "ERP-II: Making ERP Deliver On Its Promise to the Enterprise", <http://jobfunctions.bnet.com/whitepaper.aspx?docid_144338>, acessado em 25 de julho de 2007.

Página 251, figura 10.9, Michael Doane, "A Blueprint for ERP Implementation Readiness", <http://www.metagroup.com>, acessado em 17 de outubro de 2003.

Página 252, figura 10.10, Kaplan, Robert, Norton, David, "The BSC: Translating Strategy into Action" (Vintage Books: 1998) The Balanced Scorecard Institute, <http://www.balancedscorecard.org/>, acessado em 15 de maio de 2007.

Página 253, Digital Vision/Getty Images.

Página 254, Comstock Images/Alamy.

Página 255, figura 10.12, <http://www.sap.com>.

Página 255, figura 10.13, <http://www.sap.com>.

Página 257, Fotografia cedida pela U.S. Army/U.S. Coast Guard, autoria do Sargento de 2a Classe Kyle Niemi.

Página 258, Getty Images.

Página 259, figura 10.16, Supply Chain Metrics.com, <http://www.supplychainmetric.com/>, acessado em 12 de junho de 2007.

Página 260, Ingram Publishing/SuperStock.

Página 262, Corbis/PictureQuest.

Capítulo 11

Página 274, Digital Vision/Getty Images.

Página 276, © Royalty-Free/CORBIS.

Página 278, Ryan McVay/Getty Images.

Página 279, figura 11.1, "Software Costs", CIO Magazine, <http://www.cio.com>, acessado em 5 de dezembro de 2003.

Página 280, Ryan McVay/Getty Images.

Página 284, figura 11.7, Agile Alliance Manifesto, <http://www.agile.com>, acessado em 1º de novembro de 2003.

Página 284, © Getty Images/Photodisc.

Página 286, © Stockbyte/PunchStock.

Página 290, Ryan McVay/Getty Images.

Página 290, figura 11.12, "Top Reasons Why IT Projects Fail", InformationWeek, <http://www.infoweek.com>, acessado em 5 de novembro de 2003.

Página 294, © Beathan/CORBIS.

Página 296, figura 11.19, Deni Connor, "IT Outlook Declines Due to Outsourcing, Offshoring", <http://www.nwfusion.com/careers/2004/0531-manside.html>, acessado em 8 de junho de 2004.

Página 298, figura 11.22, Todd Datz, "Outsourcing World Tour", CIO Magazine, 15 de julho de 2004, p. 42-48.

Capítulo 12

Página 300, © Royalty-Free/CORBIS.

Página 303, Noel Hendrickson/Getty Images.

Página 307, Getty Images.

Página 309, Bryan Mullennix/Getty Images.

Página 311, Chad Baker/Ryan McVay/Getty Images.

Página 312, Simon Fell/Getty Images.

Página 315, © Comstock/JupiterImages.

Página 318, Jack Star/PhotoLink/Getty Images.

Página 319, Bryan Mullennix/Getty Images.

Página 322, Shakirov/Getty Images.

Página 324, © Royalty-Free/CORBIS.

ÍNDICE

1-800-Flowers, 220, 323
3M, 225
7-Eleven Taiwan, 120
8 X 8, 167

A

A & F Quarterly (revista), 126
A ameça fantasma (filme), 101
A Arte da Guerra (Sun Tzu), 234
A Hundred Monkeys, 59
ABC, 74, 268
ABC News, 266
Abercrombie & Fitch (A&F), 126
Aberdeen's, 187
ABN AMRO Bank, 243
Abordagem iterativa, 282
Abramo, Guy, 243
Absentismo (absenteísmo), 285
AbsolutePoker, 96
AC (*ver* Arquiteturas corporativas)
Accenture, 261, 298, 308, 325
Aceleração dos negócios, 31
Acesso
    a dados globais, 309-310
    a informação, 66-68, 123, 241-242
    a tecnologia, 63
    internet, 68
    ponto único de, 241
    sem fio, 69
    velocidades de, 186
Acesso do usuário a informações, 123
Acesso sem fio, 69
Achille, Jeanne, 303
Acoplamento fraco, 129, 132-133
Acordos de nível de serviço (SLAs), 70
Active Software, 256
Adaptec Inc., 209
Adidas, 242, 323, 324
Administração Nacional do Espaço e da Aeronáutica (NASA), 271
Adware, 101
Aeroporto Internacional de Denver (DIA), 184
Agência de Pesquisa de Projetos Avançados (ARPA), 60
Agência de Pesquisa de Projetos Avançados (ARPA), 60
Agências do governo, 175
Agentes inteligentes, 41, 79
Agile Alliance, 284
Agilização, 43
Agregação de dados, 159
Agricultores/agricultura, 183
Agrupamento de afinidade, 239
AIG, 40, 239
Air Liquide America, 42
AirCell, 185
Ajuste geral, 259
Albertsons, 22
Alcance global, 74
Alertas automáticos, 205
Algoritmos genéticos, 40-41
Algoritmos, 40-41

Alianças estratégicas, 261
Alibi Network, 207
Alinhamento estratégico, 306
Alteração de pacotes, 115
Altman, Eli, 59
AMA (American Management Association), 100
Amazon
    aquisição da Zappos pela, 209
    buzz da, 58
    colaboração da Nokia com, 86
    com *pure play*, 73
    concorrência com, 175
    e clientes, 232
    e Jeff Bezos, 316
    e phishing, 110
    e tecnologia, 45, 61, 302
    links para, 128
    oportunidades de negócios com, 27
    para uso de *mashups*, 64, 65
    programas associados da, 75
    raqueamento da, 139
    terceirização feita pela, 261
Ambientes operacionais, 138
Ambiguidade, 281
Ameaças (Modelo das Cinco Forças de Porter), 21, 22
America Online (AOL), 27, 67, 70, 110, 272
American Airlines, 185
American Apparel, 297, 323
American Dad (programa de TV), 101
American Express, 47, 61, 302
AMR Research Inc., 196
Análise "*what-if*", 33, 34
Análise baseada no mercado, 240
Análise de agrupamento, 239-240
Análise de busca de metas, 33, 34
Análise de negócios, 259
Análise de redes sociais (SNA), 266
Análise estatística, 240-241
Análise financeira, 18, 290
Análise multidimensional, 160
Análise sensitiva, 33
Andersen, Bjorn, 340
Anderson, Chris, 316
Andreesen, Marc, 62
Anúncios de *banner*, 80
Anúncios online, 75
Anúncios pop-up/pop-under, 75
AOL (*Ver* America Online)
API (interface de programação de aplicação), 64, 132
API (interface de programação de aplicação), 64, 132
Aplicações
    coexistência múltipla, 131
    para agentes inteligentes, 41
    para CRM/ERP/SCM, 256, 257
    para e-Business globais, 304
    mensagens instantâneas, 273
    middleware, 256
    (*Ver também* Desenvolvimento de aplicações empresariais*)*

Apple Computer, 182, 272
    desenvolvimento do iPhone pela, 178, 314
    e informação, 6
    e nomes de domínio, 59
    e reciclagem, 319
    modelo de negócios da, 213
    projeto de produtos pelo, 261
Applebee's Neighborhood Grill & Bar, 157
Appshop, 71
Apresentação e pagamento de contas eletrônicas (EBPP), 76
Aqua-One, 190
Aquisição, 77
Arbib, Michael A., 339
Áreas de fumo, 103
Áreas funcionais, 7-9
Ares, Jean-Michel, 257
Argaez, Enrique De, 342
Arkansas State University (ASU), 109
Armazenamento no disco rígido, 69
ARPANET, 60
Arquitetura
    de aplicação, 119, 126-128
    de concreto, 129
    de informação, 119-123
    de infraestrutura, 119, 124-126
    orientada a serviços (SOA), 66, 256-257
Arquiteturas corporativas (AC), 117-139
    componente de arquitetura de aplicação de, 126-128
    componente de arquitetura de informações de, 119-123
    componente de arquitetura de infraestrutura de, 124-126
    gerenciamento de, 118-128
    para globalização, 306-308
    princípios de, 118-119
    tendências em, 128-138
    tendências da virtualização em, 133-136
    tendências de computação em grade em, 136-139
    tendências de orientação de serviços em, 128-133
Arquivos, 92
Arrested Development (programa de TV), 101
Arthur Andersen, 92
Artist2Market, 65
Ascential, 224
Assistentes digitais pessoais (PDAs), 174, 178-179
Associação de Golfe dos Estados Unidos, 182
AT&T, 22, 68, 70, 86, 94, 167
Ataque distribuído de negativa de serviço (DoS), 114, 139, 309
Atendimento ao cliente
    medida de, 37
    (*Ver também* Gestão de relacionamento com o cliente)
    processo de negócios para 50
    para e-Business, 78
Atividades de
    valor agregado, 25, 197-198

valor de apoio, 25
valor primário, 25
Atributos, 148
Attaran, Mohsen, 342
Atuais tendências, 236
Audi, 23, 24, 243
Auringer, Amos, 284
Autenticação por impressão digital, 111
Autenticação/autorização, 109-110
Authors Guild, 161
Auto-avaliação, 292
Automação, 248-249
Automação da força de vendas (SFA), 224
Automóveis, 183
Avaliações de crédito, 128
Avnet Computer Marketing, 226
Axelbank, Gary, 51

B

Bacheldor, Beth, 339
Background Draw-a-Secret (BDAS), 109
Backup, 120-121
Baddealings.com, 222
BAE Systems, 263
Bagla, Gunjan, 340
Baja Beach Club, 190
Baker, Chris, 322
Balanced scorecard, 258-259
Banco(s) de dados, 141-156
    centralizado(s), 248-249
    definido(s), 147
    e informações organizacionais, 142-147
    estrutura de, 147
    gerenciamento de, 151-153
    integração de dados entre múltiplos, 153-156
    relacional(is), 147-151
    sistemas de workflow, 269
Bancos de dados do FBI, 118
Bank of Halifax, 231
Bank of Ireland, 100
Bank of Scotland, 231
Barach, Marc, 80-81
Barclays Bank, 221
Barger, Dave, 233
Barnes and Noble, 74, 175
Barreiras de entrada, 24
Bartlett, Christopher A., 342
Baud, 170
BBC Radio One, 323
BCP (planejamento da continuidade de negócios), 122
Beacon, 112
Beam Interactive, 322
Beck, Kent, 283
Beckham, David, 12
Begley, S., 339
Bell Atlantic, 126
Ben & Jerry's, 163, 243
Benchmarking, 17
Benefícios
    imprevisíveis, 243
    indiretamente quantificáveis, 243
    intangíveis, 243
    quantificáveis, 242-243

Berbew, 110
Berianato, Scott, 340
Berners-Lee, Tim, 62, 65, 316
Bernstein, Aaron, 342
Best Buy, 73, 170, 214, 222, 298
Betts, Mitch, 341, 342
Bezos, Jeff, 316
Biacino, L., 339
Binstock, Andrew, 342
Biometria, 109-111
BlackBerry, 46, 136
Black-hat hackers, 114
Blair, Tony, 12
Blanchard, Ken, 339
Blink, a decisão num piscar de olhos (Malcolm Gladwell), 316
Blog, 75
Bloomberg, 272
Bloqueador de etiquetas RSA, 189
Blue Marble Biking, 222
BlueStar Solutions, 71
Blundell, Peter, 243
BMW Group Switzerland, 267
BNSF (Burlington Northern e Santa Fe Railroad), 35
Boeing, 135, 142
Bolder Technologies, 238
Bomba de e-mail, 98
Borders Books, 69
Bort, Julie, 341
Boston Consulting Group, 202, 321
BostonCoach, 33
Botnets, 139
Bountiful Mazda, 68
Bovington, Justin, 323
Bowie, Norman E., 342
Bowman, Dennis, 170
Boyd, Michael, 219
Boyle, Patrick, 325
BP (British Petroleum), 296, 309
BPM (gerenciamento de processos de negócios), 51-52
BPR (reengenharia do processo de negócio), 46-47
Bramfitt, Mark, 317
Branson, Jeff, 316
Branson, Richard, 316
Brin, Sergey, 12, 316
British Airways, 68, 243
British Petroleum (BP), 296, 309
Brother International Corporation, 228
Bumerangues, 321
Burlington Northern e Santa Fe Railroad (BNSF), 35
Business 2.0, 232
Businessland, 297
BusinessWeek, 6, 299
Byrd, Robert, 12

C

CAD (desenho assistido por computador), 135
Caddies de golfe, 264
Cadeia de suprimento de produção, 204
Cadeia de suprimento
    e gerenciamento de operações, 203-205

    estratégia para, 203
    integrada, 210
    ligações da, 206, 207
    logística para, 203
    operação da, 203
    parceiros de, 203
    posição da organização na, 21
    produção da, 204
    serviços da, 204
    tecnologias para, 206-207
    visibilidade da, 209-210
    (*Ver também* Gestão da cadeia de suprimento)
Cadeia de valor
    diagrama da, 25
    estratégia de negócios, 24-27
    ligações na, 137
Café Opera, 297
Caillat, Colbie, 58
"Calças Ketchup", 98
California Academy of Sciences, 319
California State Automobile Association (CSAA), 224
Caliper Associates, 30
Caminho crítico, 293
Campanha
    de marketing opt-in, 94
    de retomada de computadores, 319
Campbell Soup Co., 321-322
Cana-de-açúcar, 68
Capacidade de
    análise detalhada, 36
    consolidação, 36
    fatiamento e agrupamento, 36
    processamento, 134
Carbon Neutral Company, 214
Cardoza, Barry, 122
Carfax, 73
Cartão de embarque eletrônico, 176
Carteira digital, 76
Cartões inteligentes, 110
Catálogo eletrônico, 77-78
CBS, 268
CCB (conselho de controle de mudanças), 295
Celulares
    com GPS, 183
    digitais, 177
    e negócios, 175
    reciclagem, 136
    tática de custos de troca para, 22
    virtualização de, 134
Cemitério Crib Point, 142
Centro
    de contato, 226-228
    de negócio eletrônico do MIT, 210
    de Pesquisa Thomas J. Watson, 33
    Histórico de Imigração da Família Americana, 150
    para e-Business do Massachusetts Institute of Technology (MIT), 210
Centros de dados, 135, 317
Centros de distribuição (DCs), 209
CEPs, 239
Chalkboard, 76-77
Chamadas de vídeo, 168
Chamadas telefônicas, 167

Champy, James, 339
Chang, Richard, 339, 340
Change.org, 227
CharityFocus, 287
Charles Schwab, 60, 218
Chaves, 148
Checkfree, 76
Cheque eletrônico, 76
ChevronTexaco Corporation, 265
Chicago Police Department (CPD), 151
Chicletes da Wrigley, 188
Children's Hospital (Boston), 14
Children's Online Privacy Protection Act (COPPA), 311
Chips de computador, 317, 318
Chips de múltiplos núcleos, 317
Christensen, Clayton, 60, 340
Cibermediador financeiro, 76
Ciberterroristas, 114
Ciclo de vida de desenvolvimento de sistemas (SDLC), 279-280, 284
Ciclo de vida do produto, 203
Cidades inteligentes, 319
Cigna, 40
Cinco 9s (de disponibilidade), 125
CIO (revista), 7, 15, 96
CIOs (vice-presidentes de informação), 13, 120
Circuit City, 170
Cisco Systems, 16, 61, 109, 142, 269, 302
Citibank, 40
Citigroup, 67
Citizen and Law Enforcement Analysis and Reporting (CLEAR), 151
Citizen-Centered Service (ICCS), 303
Citizens First (Cidadãos em Primeiro Lugar), 303
Citrix, 325
CKOs (vice-presidentes de conhecimento), 14
Clarke, Ian, 92
Classic Cars Inc., 253
Cleveland, Brad, 227
Click-to-talk, 228
Clientes
    comportamento de, 210
    exigência de, 210
    identificação de, 132
    pagamentos online dos, 76
    perguntas de, 236
    poder do, 232, 233
    prospectivos, 225, 226
    proteção para, 78-79
    reclamações de, 222
    satisfação dos, 18, 43, 45, 283
    valor de, 230
Clientes da web, 62
Clientes em potencial, 225, 226
Clinton, Bill, 316
Cloud-Nine Communications, 309
CMMI (integração do modelo de maturidade de capacidade), 202, 306
CMMI-DEV, 202
CNET Networks, 322
CNN, 101
CoBIT, 305
Coca-Cola, 256-257

Coca-Cola Bottling Company of Egypt (TCCBCE), 147-149
Código malicioso, 115
Cognos, 241
Colaboração, 212, 248
    de informações, 262
    de processo, 262
    departamental, 248
    em tempo real, 271-273
    estruturada, 262
    não estruturada, 262
Colby, David, 27
Cold sites, 122
Cold Stone Creamery, 66
Colegas dorminhocos, 299
Collard, Tom, 243
College Hunks Hauling Junk, 37
Columbia Sportswear, 43
Colvin, Geoffrey, 342
Comentários racistas, 299
Comissão de Valores Mobiliários (SEC), 92
Committee of Sponsoring Organizations (COSO), 305
Compaq, 288
Compartilhamento de dados, 173
Compatibilidade, 136
Compensações de carbono, 214
Competências centrais, 261, 297
Complain Complain, 222
Complaints.com, 222
Componentes centrais do ERP, 251-253
Componentes
    de crescimento rápido (SCM), 215
    do ERP estendidos, 253-255
Computação de rendimento, 317
Computação em grade (*grid computing*), 136-139
ComScore Networks, 100
Comunicações, 14-15, 101-102
Concorrência
    e CRM, 218
    e SCM, 210-211
    pedidos perdidos para, 143
Concur, 71
Confiabilidade, 125
Confiança, 92-93, 100-101
Confidencialidade, 92, 299
Conformidade, 305
Conhecimento
    explícito, 264
    tácito, 264
Conjunto contínuo de bens e serviços, 197, 198
Conjunto de solução de problemas, 265
Conselho de Arquitetura da Internet (IAB), 61
Conselho de controle de mudanças (CCB), 295
Consentimento informado, 96
Consistência, 145, 246-247
Constructech, 247
Consumo de energia, 134, 135, 317
Contabilidade
    bancos de dados para, 247
    componentes para ERP de, 251-252
    na estrutura organizacional, 8
    processos empresariais de, 44
Contact center, 226-227
Conteúdo, 83

Continental Airlines, 176
Conversations.org, 287
Cookies, 80, 101
Copacino, William, 343
COPPA (Children's Online Privacy Protection Act), 311
Corio, 71
Cornworth, Francis, 78
Correções, 123
Corretores, 79
CorruptedFiles.com, 131, 207
COSO (Committee of Sponsoring Organizations), 305
Costco, 232
Cox, Mary, 181
CPD (Departamento de Polícia de Chicago), 151
CPOs (vice-presidentes de privacidade), 14
Cracker, 114
Craigslist, 27, 74, 76
Crainer, Stuart, 342
Credit Union National Association, 40
Crescimento rápido, 298
Criptografia, 79, 112-113, 173
Criptografia de chave pública (PKE), 113
Crise de mobilidade, 324
Critério SMART, 291
CRM (*ver* Gestão de relacionamento com o cliente)
CRM
    analítico, 222-223, 229-231
    baseado na web, 224
    de *back office*, 223
    de linha de frente, 223
    operacional, 222-223
Crowley, Martha, 322
Crutchfield, 129
CSAA (California State Automobile Association), 224
CSI/FBI Computer Crime and Security Survey, 104, 106
CSOs (vice-presidentes de segurança), 14
CSRs (representantes de atendimento ao cliente), 227
CTOs (vice-presidentes de tecnologia), 13-14
Cubo de dados, 160
Culturas corporativas, 100-101
Cummings, Elijah E., 239
Customização em massa, 75
Customreceipts.com, 207
Custos
    com sites baseados em dados, 154
    de eneriga, 135
    de informações ruins, 146
    de produto, 201-202
    de tempo de inatividade, 102-104, 111
    de troca, 21-22
    de violações de segurança, 309
    em restrição tripla, 287
    minimização de, 43
Cyberhacking, 114

D

Dados
    backup de, 120-121

compartilhamento de, 173
criptografia de, 173
definições padrão para, 312
definidos, 9, 142
fluxos transfronteiriços de, 310
globais, 309-310
integração de, 153-156
padrões internacionais para, 307
perda de, 120
pessoais, 311
quantidade de, 234
recuperação de, 120-121
sequência de cliques, 80-81, 101
Dados *clickstream*, 80-81, 101
Dados globais, 309-310, 312
DailyGood, 287
DaimlerChrysler, 211
DAM (sistema de gestão de ativos digitais), 267
Dartmouth College, 324
Darwinismo digital, 58
DBMS (sistema de gerenciamento de bancos de dados), 147, 152
DCs (centros de distribuição), 209
DDoS (ataques distribuídos de negação de serviço), 114
DDSs (*ver* Sistemas de suporte à decisão)
DEC (Digital Equipment Corporation), 60, 297
Decodificação, 173
Deeley Harley-Davidson Canada, 251
Defeitos, software, 278
Del Monte Foods, 255
del.icio.us, 66
Dell, 61, 74, 209-210, 212, 214, 242, 302, 319
Deloitte, 321
Delta Air Lines, 232
Departamento de Defesa dos Estados Unidos (DoD), 60, 182, 188, 263
Departamento de Estado dos Estados Unidos, 190-191
Dependência, 292
Depósito/armazenamento de dados
 e inteligência de negócios, 162
 e mineração de dados, 162
 e virtualização, 135
 histórico de, 157-158
 modelo de, 159
 princípios de, 158-162
 tecnologias para, 230
Desafios
 culturais, 302-303
 políticos, 303-304
 geoeconômicos, 304
Desastres naturais, 177
Descrição de produto, 83
Desejos, 83
Desempenho
 de banco de dados, 150
 em arquiteturas corporativas, 125-126
 medidas de, 306
Desenho assistido por computador (CAD), 135
Desentendimentos, 299
Desenvolvedores, 316
Desenvolvimento de aplicações empresariais, 277-286

ciclo de vida de desenvolvimento de
 interno, 295
 sistemas para, 279-280
 de software, 278-279
 de software bem-sucedido, 285-286
 metodologias agile para, 281-285
 metodologia tradicional para, 280-281
 rápido de aplicação (RAD), 283
Despesas operacionais, 307-308
Detecção de associação, 240
Devolução (de produtos), 208
DIA (Aeroporto Internacional de Denver), 184
Diamandis, Peter, 316
Diapers.com, 209
Digg, 66
DiGiorno, 240
Digital Equipment Corporation (DEC), 60, 297
Digitalização da íris, 111
Dilemas éticos, 94
Dimensão, 160
Direcionador de custo (medida), 37
Direcionamento, 30
Director of National Intelligence (DNI), 93
Direito à privacidade, 311
Direitos autorais, 92
Discagem preditiva, 227
Discovery Communications, 142
Disponibilidade, 69, 125
 "Nunca falha", 125
 de sistema, 18
 operacional de 100%, 125
Dispositivos
 de medição de distância, 182
 multifunções, 190-191
 periféricos de computadores, 175
 periféricos sem fio de computadores, 175
 portáteis, 175 (*ver também* dispositivos específicos)
Distribuição automática de chamada, 227
Diversidade, 316
Dívidas, 279
DMS (sistema de gerenciamento de documentos), 267
DNI (Director of National Intelligence), 93
Doane, Michael, 343, 344
Documedics, 228
Documentos de requisitos, 286
Documentum, 268
DoD (*ver* Departamento de Defesa dos Estados Unidos)
Dodge, 233
Dólar Linden, 323
Dole Organic, 64
Doodles, 109
Dortch, Michael, 342
DoS (*ver* Ataque distribuído de negativa de serviço)
Douglas, Dave, 319
Doutrina do uso justo, 92
Dow Chemical, 319-320
DPW (Dubai Ports World), 215
Dr Pepper Snapple Group, 200
Dr Pepper/Seven Up Inc., 161, 174
Dresdner Kleinwort, 268
Drucker, Peter, 16
DSL (linha de assinante digital), 171, 172
Duane Morris, 321

Dubai Ports World (DPW), 215
Ducklin, Paul, 108
Duncan, David, 92
Duplicação de informações, 145
Duquesa de Cornualha, 12
Duyser, Diana, 78
Dyche, Jill, 343

E

E*Trade, 64
E.piphany, 224
EAI (integração de aplicativos empresariais), 256
Eastman Kodak, 297
Eastnor Castle, 322
eBay, 68
 benchmarking pelo, 17, 18
 como vitrine principal, 67
 e mashups, 64
 e proteção ao consumidor, 78
 e tecnologia, 61, 302
 interrupção no, 111
 leilões online com o, 73, 74
 modelo do processo de negócios do, 54-55
 oportunidades de negócios do, 27
EBPP (apresentação e pagamento de contas eletrônicas), 76
 ameaças de segurança ao, 115
 and privacy, 93
 benefícios/desafios do, 81-84
 componentes do ERP do, 254-255
 confiança no, 93
 e acesso a informações, 66-68
 e Internet, 60-63
 e tecnologia disruptiva, 58-60
 e web 2.0, 63-65
 e web 3.0, 65-66
 e-Business, 57-87
 estratégias organizacionais para, 74-79
 fornecendo informações sobre, 68-70
 global, 303, 311
 medindo o sucesso do, 79-81
 modelo de processos para, 53
 modelos para, 70-74
 princípios do, 70
 redes em, 169-170
 tendências em, 84-87
E-commerce, 70
Economia financeira, 297-298
Economia global, 313
Ecossistemas, 41
Eddie Bauer, 219
EDI (intercâmbio eletrônico de dados) financeiro, 77
Ediscovery (descoberta eletrônica), 158
Edison Chouest Offshore LLC, 42
Editoração eletrônica, 67
Eficiência, 16-19, 125, 154
EIP (portal de informações empresariais), 142
EIS (*ver* sistemas de informação executiva)
Electric Sheep Company, 42
Electronics (revista), 134
Elevação de privilégio, 115
e-Government, 17, 85

E-mail:
   enganos com, 46
   filtragem de conteúdo de, 111
   normas de etiqueta para, 87
   política de privacidade para, 98-99
E-mails de lixo eletrônico, 99
Emails, 73
EMC Corporation, 325
Emissões de carbono, 214, 318
Empreendedorismo social, 316-320
Empresas
   ecologicamente corretas, 203, 214 (*Ver também* TI ecológica)
   estendidas, 213
   globais online, 307
   multinacionais, 303
Encomenda eletrônica, 147-148
Encover, 320
Enemybook, 78
Engenharia
   colaborativa, 215
   social, 106
Enron, 92
Enterprise Miner, 220
Enterprise Rent-A-Car, 222, 226
Enterprise Storage Group da Compaq, 285
Entidades, 148
Entradas, 196-197
Entrega
   de quiosque, 67-68
   de valor, 306
   de valor, 306
   na cadeia de suprimentos, 208
   por quiosque, 67-68
   velocidade de, 202-203
Entretenimento em casa, 191
EPolicy Institute, 100
Equipes, 260-261
Ericsson, 86, 179
ERM (Gestão de relacionamento com funcionários), 232
Ernst & Young, 108
ERP (*ver* planejamento de recursos empresariais)
Erros, 154
   de ordem cultural, 297
   em entrevistas, 236
Escalabilidade, 125, 150
Escopo, 287, 289, 291
Escopo competitivo, 23
Escritório de gestão de projetos (PMO), 288
Eshops, 73
Espaços 3D, 66
Espectro do processo de mudança, 48
Espiões dos Estados Unidos, 93
Esquema, 147
Estabilidade, 154
Estação
   de iniciação, 284
   de transição, 284
Estágio da web orientada por dados, 66
e-Steel Corp., 79
Estilo quadrante chamado Marcha da morte, 291
Estimativa, 239
Estratégia
   com foco, 23
   de custos, 23
   de negócios, 18-27
      abordagem da cadeia de valor a, 24-27
      CRM como, 219-220
      Modelo das Cinco Forças de, 20-22
      para tecnologia móvel, 175-176
      para operações, 200
      para cadeia de suprimento, 203
      sistemas para, 199-200
      Três Estratégias Genéricas de, 23-24
      vantagem competitiva de, 19-20
   de operações, 200
   de preço, 22
   genéricas, 24
Estrutura departamental, 8
Ética, 91-102
   de informações, 93-95
   e políticas de gerenciamento da informação, 95-100
   no local de trabalho, 100-102
Etiquetas inteligentes, 187, 215
Etiquetas RIFD passivas, 188
ETL (extração, transformação e carga), 159
Eurpac, 65
Evans Data Corp., 144
Eventos, 127
E-waste (resíduo ou lixo eletrônico), 319
Excesso de provisionamento, 133
Excite, 62
Exclusão digital, 63
Exército dos Estados Unidos, 60
Expansibilidade, 154
Expedia, 61, 302
Exposições
   de página, 82
   de sites, 82
Extensible markup language (XML), 132
Extração, transformação e carga (ETL), 159
Extranet, 67
Extricity, 256

F

Facebook, 68, 112
   como tendência, 314
   e rede antissocial, 78
   mobilidade do, 190
   popularidade do, 219
   raqueamento (hacking) do, 139
   uso por funcionários, 263, 269
Failover, 121
Fair Credit Reporting Act (FCRA), 94
Faixas salariais
   para CIOs, 13
   para programadores de computador, 298
Faris, Dick, 284
Fase de análise, 279
Fase de desenvolvimento (ciclo de vida de desenvolvimento de sistemas), 279
Fase de implementação (ciclo de vida de desenvolvimento de sistemas), 280
Fase de manutenção (ciclo de vida de desenvolvimento de sistemas), 280
Fase de planejamento (ciclo de vida de desenvolvimento de sistemas), 279
Fase de projeto (ciclo de vida de desenvolvimento de sistemas), 279
Fases de implantação (SCM), 212-213
Fast Company (revista), 6
FatWire, 268
FCRA (Fair Credit Reporting Act), 94
Feature creep, 286
FedEx, 19, 174, 228
Feedback, 294
Fenwick and West, 99
Ferramenta de consulta, 158
Ferramentas de mineração de dados, 162, 238-241
Field, J. P., 260
Filo, David, 61
Filtragem de conteúdo, 111-112
Finanças
   componentes do ERP de, 251-252
   departamento de, 8
   processos de negócios para, 44
Fingerhut, 40
FireFighter, 39
Firefox, 128
Firewalls, 108, 113, 172
FirstEnergy, 121
Fischer International Corporation, 123
Fitzsimmons, James, 342
Fitzsimmons, Mona, 342
Flavors, 260
Fleck, David, 323
FleetBoston Financial Corporation, 40
Flexibilidade
   com bancos de dados, 148, 150
   de arquitetura de infraestrutura, 124
   e SOA, 131
   em processos de fabricação, 203
Flickr, 59, 64, 66, 232
Fluxos de dados transfronteiriços (TDF), 310
Fones de ouvido do Bluetooth, 179
Fontana, John, 341
Fontes, 208
Fontes alternativas de energia, 318
Food and Drug Administration, 188
Força Tarefa da Engenharia da Internet (IETF), 60
Forças da indústria, 24
Ford Motor Co., 42, 151, 152, 211
Ford, Henry, 209
Formadores de mercado, 79
Formados, 303
Fornecedores, 212, 231
Forrester Research Inc., 214
Fortune (revista), 6, 64
Fórum Nacional de Arbitragem, 59
Franklin, Benjamin, 288
Fraude, 110
Freakonomics (Steven D. Levitt), 150, 316
Freenet, 92
Friedman, Nick, 37
Friedman, Thomas, 7, 302
Frito-Lay, 19, 20
Fuji Heavy Industries, 136
Funcionários
   comportamento antiético de, 96
   confiança em, 100-101
   fora da empresa (*ver* Força de trabalho/

local de trabalho virtual)
    políticas de gerenciamento de informações para, 100
    política de monitoramento para, 101-102
    treinamento/motivação de, 198
    uso da tecnologia por, 309
Funções de negócios, 7, 241
Fundação Make it Right, 257
Fundação Nacional da Ciência, 60

G

Gage, John, 323
Gardner, W. David, 342
Gartner Group, 103
Gartner Inc., 124, 126
Gartner Research, 258, 285
Garvey, Martin, 341
Gastos de segurança em informática, 105
Gates, Bill, 272, 316
GE Money, 325
General Electric Co. (GE), 16
General Motors (GM), 180, 183, 211
Geradores de lista, 223
Geradores de regras de associação, 240
Gerenciamento
    da cadeia de vendas, 215
    de comunicações, 294
    de estoque, 198, 200-201
    de evento da cadeia de suprimento (SCEM), 215
    de informações, 95-100
    de mão de obra, 269-270
    de operações (OM), 195-205
        estratégia para, 201-203
        e cadeia de fornecimento, 203-205
        departamento de, 8
        nos negócios, 198-201
        princípios de, 196-198
    de recursos, 306
    de risco, 306
    global de negócios, 303
Gestão de relacionamento com funcionários (ERM), 232
Gestão de relacionamento com o cliente (CRM), 217-232
    analítico, 229-231
    aplicações, 256, 257
    componentes do ERP, 254
    operacional, 223-229
    princípios do, 218-223
    tendências em, 231-232
    visão geral do mercado do, 255
Gestão de relacionamento com parceiro (PRM), 231-232
Gerentes de projetos, 288, 293-295
Gerla, G., 339
Gestão da cadeia de suprimento (SCM), 205-215
    aplicações, 256, 257
    componentes do ERP, 254
    medição de sucesso do, 211-213
    métricas para, 211
    papel da TI no, 208-211
    princípios de, 206-208
    sete princípios do, 212, 213
    sistemas para, 196
    tendência em, 214-215
    visão geral de mercado do, 255
Gestão de conteúdo
    e sistemas de colaboração, 267-268
    de sites orientados por dados, 154
Gestão de processos de negócios (BPM), 51-52
Gestão de projetos, 277, 286-299
    de desenvolvimento de software, 286-288
    de projetos terceirizados, 295-299
    gerentes de projetos em, 293-295
    planejamento em, 290-293
    princípios, 288-290
Gestão do conhecimento (KM)
    e tipos de conhecimento, 264
    e sistemas de colaboração, 264-267
    software para, 226-228
Ghoshal, Sumantra, 342
Gillette, 190-191
Ginko Financial, 323
Giros/rotação do estoque, 212
GIS (sistema de informação geográfica), 182-184
Gladwell, Malcolm, 316
Global Kids, 42
Globalização, 301-313
    arquiteturas corporativas para, 306-308
    desafios culturais da, 302-303
    desafios geoeconômicos para, 304
    desafios políticos da, 303-304
    e desenvolvimento de sistemas de informação, 312-313
    e processos de negócios, 45
    e terceirização, 298
    estratégias de tecnologia da informação para, 304-306
    problemas de informação na, 308-312
Godin, Seth, 316
Goebel, Jennifer, 168
Goldman Sachs Group, 211
Goldman Sachs, 321
Goodall, Jane, 184
Goodman, Latreasa, 171
Google, 178, 272, 314, 316
    aumento de vendas no, 142
    cache, 269
    centros de dados do, 320
    contas de e-mail do, 46, 87, 114
    digitalização de livros feita pelo, 161
    e computação em grade, 138
    e emprego, 19
    e energias alternativas, 318
    e mashups, 64-66
    e tecnologia WiMAX, 186
    Earth, 184
    redes sociais com o, 190
Gore, Al, 272
Governança, 305
GPS (sistema de posicionamento global), 182
Gráfico Gantt, 293
Gráfico PERT (Program Evaluation and Review Technique), 292-293
Grantham, Charlie, 324
Granularidade, 33, 128, 142-143
Gray, Benjamin, 342
Gray, Kelly, 200
Green Guide, 319
Gregoire, Chris, 324
Grokster, 92
Groove Networks, 325
Group 1 Software, 161
Groupware, 270-272
Grupo de Gestão da Engenharia da Internet (IESG), 61
Grupo Farmanova Intermed, 252
Gsy, 309
GTE, 126
Gungor, V. C., 342

H

H. J. Heinz Company, 255
Hackathorn, Richard, 238
Hackers white-hat, 114
Hackers, 112, 114, 123, 139, 309
Hackett Group, 288
Hactivistas, 114
Hagerty, John, 342
Hamilton, Laird, 316
Hammer, Michael, 339, 340
Hanson, J. Greg, 13
Hapgood, Fred, 343
Hardware key logger, 101
Hardware, 134, 135
Harley-Davidson, 59, 110, 251
Harrah's, 220
Harreld, Heather, 340
Harrington, H. James, 339, 340
Hauger, 33
Hawkins Shipping, 148
HBOS, 231
Headhunters, 321
Health Information Management Society, 104
Health Insurance Portability and Accountability Act (HIPAA), 104, 311
Hefner, 39
Heineken USA, 262
HelpOthers, 287
Hering, Lance, 285
Hershey, 278
Hertz, 170
Hewlett-Packard, 60, 100, 288, 317-319
HIPAA (Health Insurance Portability and Accountability Act), 104, 311
Hitachi Data Systems, 142
Hitler, Adolf, 12
Hits qualificados, 82
Hoaxes, 115
Home Depot, 214
Homologation Timing System (HLS), 152
Hopp, William J., 342
Hospedagem da web, 69
Hospital virtual, 324
Hot sites, 122
Hotel Gatti, 74
Hotmail, 87
HTML (linguagem de marcação de hipertexto), 63
HTS (Homologation Timing System), 152
HTTP (protocolo de transferência de hipertexto), 62
Hudson, Carmen, 321

Hummer, 23, 24
Hyundai, 23, 24

I

i2 Technologies, 254, 255, 278
IA (inteligência artificial), 37-42, 66
IAB (Conselho de Arquitetura da Internet), 61
IBM Life Sciences, 239
IBM, 7, 40, 239, 308, 325
    BostonCoach, 33
    cadeia de suprimento da, 214
    como grande ISP, 68
    e chips resfriados, 318
    e mashups, 64
    e metodologia RUP, 284
    e UPS, 230
    funcionários da, 324
    Lotus Sametime, 273
    recuperação de e-waste feita pela, 319
    tecnologia da, 60, 66
    terceirização para, 297
    wikis da, 268
ICCS (Citizen-Centered Service), 303
Identificação eletrônica, 325
Identificação por rádiofrequência (RFID), 187-190, 214-215
Identificações (IDs) de usuário, 110
Identificações de usuários, 132
Idiomas, 124, 312
IDS (software de detecção de intruso), 108, 109
IESG (Grupo de Gestão da Engenharia da Internet), 61
IETF (Força Tarefa da Engenharia da Internet), 60
Ignasinski, Paul, 65
Imhoff, Claudia, 237, 343
Impostores de Internet, 219
IN (*Ver* Inteligência de negócios)
Inatividade
    custos da, 102-104, 111
    fazendo negócios durante a, 119
    fontes imprevistas de, 103
    programação para, 125
Indicadores-chave de desempenho (KPIs), 16
Indústria
    automobilística, 302
    da educação, 302
    de entretenimento, 302
    de saúde, 104
    de serviços financeiros, 221, 302
    de treinamento, 302
    de viagens, 302
    eletrônica, 302
Influência, 290
Infomediários, 79
Informações
    acessando, 66-68
    analíticas, 32, 144
    confidencial, 35
    de crédito, 94
    de séries temporais, 241
    definidas, 142
    e ética, 93-95
    em tempo real, 144-145
    erradas, 145
    estruturadas, 132
    faltantes, 145
    fluxo de, 205
    grandes volumes de, 150
    impacto da Internet nas, 62
    imprecisas, 145
    incompletas, 145
    integridade das, 151
    limpeza das, 160-162
    níveis/formatos/granularidade das, 143
    oportunas, 144
    organizacionais e bancos de dados, 142-147
    personalização das, 267
    precisão de, 18
    problemas de globalização com, 308-312
    públicas, 311
    qualidade das, 145-147
    redundância das, 150-151
    segurança da (*ver* segurança de informações)
Informações de clientes
    análise de agrupamento com, 239
    de base de dados da Visa, 97
    e violação de privacidade, 189
    geradores de lista para, 223
    informações de contato, 225
    integração de, 156
    padronização de, 162
Information Systems Audit and Control Association (ISACA), 305
Information Technology Infrastructure Library (ITIL), 305
Information Week (revista), 15, 288
Infosys, 297
Info-thelas, 63
Infrações de privacidade, 92-93, 181, 188-189
Ingenio, 80-81
Ingram Micro, 243
Innovator's Dilemma (Clayton M. Christensen), 60
Inovação, 301, 314-316
Inovant, 96
Insiders, 106
Institute for Public Administration in Canada (IPCA), 303
Intacct, 71
Integração
    a jusante, 155
    da cadeia de suprimentos, 210, 213
    de informações de clientes, 156
    de negócios e tecnologia, 313
    de processos de negócios, 210, 255-256
    de SCM/CRM/ERP, 255-257
    de SOA, 130
    definida, 155
    do modelo de maturidade de capacidade (CMMI), 202, 306
    ferramentas para, 256-257
    reversa, 155
    sistema aberto de, 128
Integridade, 145
Intel, 60, 268
Inteligência de mercado, 228
Inteligência de negócios (IB), 232-243
    baseado em dados, 153, 154
    benefícios da, 241-243
    componentes para ERP da, 254
    definida, 9-10
    e depósitos de dados, 162
    e gestão de relacionamento com o cliente, 217
    informações transformadas em, 11
    mineração de dados para, 238-241
    na Ben & Jerry's, 163
    operacional/tática/estratégica, 237-238
    princípios da, 234-236
Inteligência estratégica de negócios, 237-238
Intelligent Solutions, 237
Interação
    direta, com banco de dados, 152
    indireta com bancos de dados, 152
Interatividade, 80
Intercâmbio eletrônico de dados (EDI), 76, 77, 104
Intermediários, 79
Internalização, 295
International Data Corporation (IDC), 70, 175, 324
Internet
    censura nacional da, 307
    com WiMAX, 186
    comércio na, 173
    de alta velocidade, 171
    e negócio eletrônico, 60-63
    e negócios globais, 307
    e terceirização, 298
    evolução da, 60-63
    fornecimento de informações para, 68-70
    impacto da, 61, 62
    golpes, 219
    penetração da, 60
    política de uso para, 99
    tecnologias ilegais na, 92
    tempos de download na, 172
    transações na, 18
Interoperabilidade, 126, 129, 131-132
Interoperabilidade Mundial para Acesso de Micro-ondas (*ver* WiMAX)
Interrupções de negócios da Internet, 60
InterWoven, 268
Intranet, 67, 271
Intuit, 60, 321
IPCA (Institute for Public Administration in Canada), 303
ISACA (Information Systems Audit and Control Association), 305
ISO (Organização Internacional para Padronização), 202
ISO 14000, 202
ISO 900, 202
ISPs (Provedores de acesso à Internet), 68-69, 79
ITIL (Information Technology Infrastructure Library), 305
IVR (resposta interativa de voz), 227

J

Jackson, Warren, 188
Jakhaia, Georgy, 139
James, Lance, 110

Jay-Z, 64
Jenett, Marilyn, 322
Jensen, Bob, 246
JetBlue, 231, 233
Jobs, Steve, 271
Joch, Alan, 341
Jogos, 182
John Deere's Harvester Works, 203
Johnson, Amy, 340
Johnson, Jim, 285, 289, 344, 345
Johnston, Stephen, 268
Jones, Daniel, 342
Jordan, Michael, 75
Jupiter Media Metrix, 17
Jupiter Research, 81

K

Kaiser Permanente, 218-219
Kaplan, Robert, 258
KarmaTube, 287
Karrick, Bob, 50
Kay, Vernon, 12
KazaA, 73
Kendrick, Wayne, 53
Kennedy, John, 12
Kennedy, Robert, 12
Kennedy, Ted, 12
Kepler, David, 320
Kerem, 125, 309
Kesner, Matt, 99
Kheradpir, Shaygan, 37
Kia, 23, 24
Kiling, Julia, 342
Kill switch, 292
Ki-Moon, Ban, 309
Kiva Mobile Fulfillment System (Kiva MFS), 209
Kiva, 97
KLM, 324
KM (ver gestão do conhecimento)
KMS (Sistema de gestão do conhecimento), 264
Knight, Philip, 278
Koch, Christopher, 339, 341
Konicki, Steve, 344
Kool-Aid, 240
Kovac, Caroline A., 239
KPIs (Indicadores-chave de desempenho), 16
KPMG Peat Marwick, 50
Kraft, 240, 241
Kreiken, Boet, 324
Krill, Paul, 341
Kroger, 22, 151

L

Laboratório de pesquisa da IBM em Zurique, 318
Lambert, F. C., 342
LAN (Rede de Área Local), 166-167, 173
Lands' End, 159
Lane, Sean, 111
Lapidus, Gary, 211
Largura de banda, 170-171
Lashinsky, Adam, 340

Late Show (programa de TV), 101
Latência
  de análise, 238
  de dados, 238
  de decisão, 238
Latham, Kimberly, 92
LBS (Serviços baseados em localização), 181-182, 191
Leading Edge Forum, 309
Lee, Tommy, 65
Lego, 232, 323
Lei Anti-cybersquatting de Proteção ao Consumidor, 59
Lei de Moore, 134
Lei de Proteção de Informações Pessoais e Documentos Eletrônicos (PIPEDA), 312
Leilão
  reverso, 21, 74
  tradicional, 74
  eletrônicos, 74
Leis
  para e-waste, 319
  para tecnologia da informação, 94-95
  sobre privacidade de informações, 311-312
Leis de privacidade, 311-312
Leis de privacidade da União Europeia (UE), 311
Leis de privacidade do Canadá, 312
Leis de privacidade dos Estados Unidos, 311
Leitner, Dennis, 294-295
Lending Tree, 61, 302
Leon, Mark, 341
Leonard, Dorothy, 264-265
Levad, Tim, 269
Levitt, Steven D., 150, 316
Libbey, 99
Liberty Mutual, 40
Liderança em custos, 23
Ligações de conferência, 168
Lillian Vernon Corp., 146
Lily, Marla, 260
Limitações
  de integridade, 151
  do projeto, 287-288, 291
Limpeza de informação, 160-162
Linden Lab, 322-323
Lindorff, Dave, 339
Linguagem de marcação de hipertexto (HTML), 63
Linha de assinante digital (DSL), 171, 172
Linha dedicada TI/T3, 172
Link de micro-onda/satélite, 180
LinkedIn for Recruiting (Bill Vick), 321
LinkedIn, 263, 314, 320, 321
Linux, 128
LiveJournal, 139
LivePerson, 71
LivingLive, 323
Livros, 161
LNP (Portabilidade numérica), 22
Local da instalação, 198
Local de trabalho
  ética no, 100-102
Localização de publicidade, 182

Lockheed Martin Aeronautics Company, 263
Lógica *fuzzy*, 40
Logística, 208
Logística eletrônica (elogistics), 254
Loja eletrônica, 73
Lojas online, 170
Lotus Instant Messaging, 226
Lotus Notes, 271
Loveman, Gary, 220
Lumish, Phil, 39
Lycos, 62
Lydian Trust, 128

M

M&Ms, 75
MOsted, 309
Madoff, Bernard, 27
Magin, Paul, 280-282
Major League Baseball (MLB), 324
Manifesto da Agile Alliance, 284
Manugistics, 254
Mão de obra virtual, 324-325
Mapeamento, 48
Máquinas
  de fax, 212
  de venda automática, 174
  virtuais, 133-134
Marcha da morte (Death March) (Edward Yourdon), 291
Marketing
  campanha "opt-in" para, 94
  como área funcional, 9
  e CRM, 223-224
  departamento de, 8
  métricas para, 229
  para e-Business, 74-75
  redes para, 321-322
Marketing viral, 75
Marks & Spencer, 214
Mars (empresa), 266
Mashups da web (*ver* Mashups)
Mashups, 64-65
MasterCard International, 242
MasterCard, 40, 47
Matera, Alison, 285
Materiais
  de manutenção, reparo e operações (MRO), 77
  de manutenção, reparo e operações (MRO), 77
  indiretos, 77
Matsushita, 39
Mattel Inc., 208
Maverick's, 315
Mayo Clinic, 239
Mazda, 68
MBIA Insurance Corp., 145
McCann, Jim, 323
McCue, Andy, 340
McDonalds, 171, 185, 224, 302
McGeever, Christine, 341
McGraw, Gary, 344, 345
MCI (Microwave Communications Incorporated), 68
McKay, John, 114

McManus, Neil, 339
M-Commerce, 86, 325
Media Lab Asia, 63
Medição de sucesso
    da gestão da cadeia de fornecimento, 211-213
    de sistemas de informação, 15-18
    do e-Business, 79-81
    do ERP, 258
Medidas
    de segurança sem fio, 191
    financeiras, 258
Melhores
    práticas da indústria, 212
    práticas de segurança, 308
Melhoria do processo de negócios, 45-46, 55
Melymuka, Kathleen, 341
Mensagens instantâneas, 168, 272-273
Mercado
    de transporte, 167
    de viagens, 167
    global de M-Commerce, 86
Mercados eletrônico, 73, 83, 84
Mercedes-Benz, 23
Merck & Co., 42
Merrill Lynch, 15, 224
Meta, 174, 261
Metas, 288
Metas de negócios, 119, 220
Metodologia Waterfall, 280-281
Metodologias Agile, 284-285
Métricas
    de Hit, 82
    de visita/visitante, 82
    desenvolvimento de, 258
    eficiência de, 125
    exposição de, 82
    para dados *clickstream* (sequência de toques), 81
    para CRM, 228-229
    para eficácia/eficiência, 16-19
    para marketing, 229
    para SCM, 211
    para websites, 80-81
    parâmetros de referência de base, 17
    projeto de, 16
    TI de, 16-19
Métrica *click-through*, 80
Metz, Peter J., 210
Metz, Rachel, 340
MFS (Mobile Fulfillment System), 209
Michel, Bruno, 318
Microsoft Internet Explorer (MSIE), 128
Microsoft/National Broadcasting Company (MSNBC), 125
Microsoft Network (MSN), 110
Microsoft, 7, 34, 65, 316, 321, 325
    e análise "e-se", 33
    e colaboração em tempo real, 272
    e mashups, 64
    e modelagem de processos de negócios, 53
    e perdas financeiras por causa da atividade de hackers, 114
    e tecnologia disruptiva, 60
    endereços de e-mail com, 99
    portais da, 67
    recrutadores da, 324
    software de mensagens da, 43
    software de navegador fabricado pela, 62
Microwave Communications Incorporated (MCI), 68, 70
Middleware de integração de aplicativos empresariais (EAI), 256
Miller, Sienna, 12
Mineração de dados
    e depósitos de dados, 162
    e tomada de decisão estratégica, 42
    ferramentas para, 162, 238-241
    para inteligência de negócios, 238-241
Mini USA, 321, 322
Ministério de Defesa do Reino Unido (MOD), 153
MIS (*ver* Sistemas de informações gerenciais)
MLB (Major League Baseball), 324
MLS (Serviço de listagem múltipla), 178-179
Mobil Oil Corporation, 53
Mobilidade da empresa, 191
MOD (Ministério de Defesa do Reino Unido), 153
Modelagem do processo de negócios, 47-50, 52-55
Modelo
    B2B (empresa-empresa), 21, 70-73
    B2C (empresa-cliente), 71, 70-73
    C2B (cliente-empresa), 72-73
    C2C (cliente-cliete), 72-74
    das Cinco Forças de Porter, 20-22, 25-26, 58, 205-206
    de processo "to-be", 48-50
    de processo de composição de pedido, 49-50, 54
    G2B (governo-empresa), 85
    de bancos de dados de redes, 147
    de bancos de dados hierárquicos, 147
    de processos As-Is, 48-50
    de receita, 84
Modelos estendidos do e-Business, 85
Moedas, 124
Moët et Chandon, 242
Monitoramento
    com inteligência artificial, 37, 39
    de informações de remessa, 248
    materiais/transferência, 175
    serviços para, 182
Monroe College, 51
Moore, Gordon, 134
Moran, Terry, 266
Morgan, Pat, 285
Morphosis Architects, 257
Morte aos códigos, 189
Morte fingida, 285
Motivação de funcionários, 198
Mötley Crüe, 65
Motorola, 86, 186, 268
Mougayar, Walid, 343
Movimento de estoque, 215
Mozilla Firefox, 128
MRP (planejamento das necessidades de materiais), 200
MSN, 110
MSNBC, 125
Mudanças na indústria, 298
Mundos virtuais, 322-324
Murray, Bill, 297
Música online, 173
Myspace, 19, 58, 64, 80, 190, 263

N

Não repudiação, 98
Napster, 61, 302
Naquin, Doug, 93
National Basketball Association, 221
National Center for Supercomputing Applications (NCSA), 62
National Geographic, 319
National Research Council, 278
Navegadores, 62
NCSA Mosaic (National Center for Supercomputing Applications), 62
Neeleman, David, 231, 233
Negociações perdidas, 143
Negócios
    "brick and mortar," 74
    "bricks and clicks," 73
    "click and mortar," 73, 74
    departamentos nos, 8
    ecologicamente correto, 214
    gerenciamento de operações nos, 198-201
    global online, 307
    imobiliário, 178-179
    impacto da Internet nos, 61
    metas da arquitetura corporativa dos, 119
    mudanças nos, 129
    práticas tradicionais de, 212
    pure play, 74
    redes nos, 169-170
    soluções da SOA para, 132
    tarefas de, 131
    tipos de, 74
    virtuais, 74
Negroponte, Nicholas, 23
Nestlé, 286
Nestlé Group, 241
Nestlé Italiana, 241
Netcom, 68
Netflix, 27, 93, 205
NetLedger, 71
Netscape, 67, 128
New York Knicks, 221
New York Times, 220
Newmark, Craig, 73
News Corp, 320, 324
Nextel Communications, 142
Nice Systems, 227
NIIT, 297
Nike, 278, 279, 286
Nixon, Richard F., 158
Nokia, 86, 186, 191, 214, 268
Nomes
    de cargos, 13
    de domínios, 59
Northrup Grumman Corp., 263
Norton, David, 258
Novos entrantes (Modelo das Cinco Forças de Porter), 22
NTA Monitor Ltd., 103
Nucleus Research, 37, 99
Números da Previdência Social, 157
NYNEX, 126
Nystedt, Dan, 342

Índice | 363

O

O'Brien, Conan, 12
O'Marah, Kevin, 196
O'Reilly, Tim, 63, 340, 341
OAISIS (Omnibus Automated Image Storage Information System), 270
Obama, Barack, 266
Objetivos, 287, 291-292
Office Depot, 170, 261
OLAP (processamento analítico online), 33
"Óleo Babaca," 297
OLTP (processamento de transações online), 32
OM (ver Gerenciamento de operações)
Omnibus Automated Image Storage Information System (OAISIS), 270
Omnicom Group Inc., 123
Online Privacy Protection Act, 311
Oooooc, 59
Oportunidade, 145
OptionsXpress, 124
Oracle, 7, 60, 161, 254, 255
Orçamentos, 285
Oreo, 240
Organização da mão de obra, 182
Organização Internacional para Padronização (ISO), 202
Organização Mundial da Propriedade Intelectual, 59
Organizações
 crescimento de, 125
 culturas de informação em, 12
 departamentos de, 241-242
 direcionadas ao cliente, 218
 estratégias de e-Business para, 74-79
 estrutura de, 32-33
 metas de, 212, 290
 mudanças, 126, 129
 redes sociais em, 321
 virtuais, 137
Orientação futura, 213
Os que assumem riscos, 316
OSP (provedor de acesso online), 70, 79
Otimização de mecanismos de busca (SEO), 75
Outmesguine, Mike, 185-186
Outtask, 71
Overholt, Alison, 345
Overstreet, Chip, 320
Owens & Minor, 243

P

P&O (Peninsular and Oriental Steam Navigation Co.), 215
PA Consulting, 242
Pacific Gas & Electric, 317, 318
Padronização, 162, 312
Pagamentos
 de consumidores online, 76
 de empresas online, 77
 de empresas, 77
Page, Larry, 316
Pagers, 175
Pages Up, 260

Páginas da web, 63
Páginas
 de FAQ (perguntas frequentes) da web, 68
 de perguntas frequentes (FAQ) da web, 68
 de resultados de mecanismos de busca (SERP), 75
Painéis
 de comunicação, 38
 digitais, 36, 74
 eletrônicos, 74
Painel financeiro, 38
Palm Pilots, 178
Palomar Pomerado Health, 324
Palvisak, Karen, 321
Parcerias de informações, 261
Parcerias, 260-261
Pareek, Deepak, 342
Parque Nacional Gombe, 184
Parson, Jeffrey Lee, 114
Parsons, Joey, 232
Part Miner, 280-281
Partes interessadas, 289-290
Pasick, Adam, 323
Patel, Chandrakant, 318
Patrocinador executivo, 290
PayPal, 76
PC World (revista), 12
PCS (serviços de comunicação pessoal), 177
PDAs (assistentes digitais pessoais), 174, 178-179
Pechman, Marsha, 114
Pedido em atraso, 212
Pedidos de compra (POs), 246
Peninsular and Oriental Steam Navigation Co. (P&O), 215
PeopleSoft, 252, 255
Percussion, 268
Perda de pacotes, 125
Perdue Farms, 211
Período do contrato, 299
Personalização, 75, 229-230, 267
Perspectivas históricas, 236
Perterson, Tommy, 342
Pesquisa de mercado, 19
Pesquisa passiva, 321
Pessoal, 11, 106-108, 293
Pessoal de negócios, 14-15
PetroChem-Net Inc., 79
Pfizer, 308
PHH Vehicle Management Services, 283
Phillips, Kyra, 101
Phillips, Richard, 98
Phishing, 110, 112
Ping Inc., 31
PIPEDA (Lei de Proteção de Informações Pessoais e Documentos Eletrônicos), 312
Pirataria de domínio, 59
Pitt, Brad, 257
PKE (criptografia de chave pública), 113
Planejamento de capacidade, 125, 198
Planejamento de demanda colaborativa, 215
Planejamento de recursos empresariais (ERP), 245-259
 aplicações de, 256, 257
 componentes centrais do, 251-253
 componente de recursos humanos do, 252

 componentes estendidos do, 253-255
 evolução do, 249-251
 integrating SCM/CRM with, 255-257
 medição do sucesso do, 258
 razões para, 246-248
 seleção de software para, 258-259
Planejamento e controle operacional (OP&C), 200, 201
Planejamento estratégico, 200, 201
Planejamento tático, 200, 201
PMI (Project Management Institute), 287, 288, 290
PMO (escritório de gestão de projetos), 288
Podcast, 75
Poder
 de computação, 134, 138
 do cliente, 232, 233
 do comprador, 20-21, 24
 do fornecedor (Modelo das Cinco Forças de Porter), 21, 24
Polaroid, 58
Política
 antispam, 99-100
 corporativa, 316
 de informações do cartão de crédito, 97
 de privacidade, 98-99
 de tabagismo, 102
 de uso aceitável (AUP), 98
 de uso aceitável (AUP), 98
 de uso de computadores, 96
 de monitoramento do funcionário, 101-102
 eletrônicas (e-policies), 96
Ponto de venda (POS), 170
Ponto único (de acesso), 241
Pontos
 fortes da organização, 234
 fracos da organização, 234
Portabilidade numérica (LNP), 22
Portal, 67, 79
 de construção, 284
 de elaboração, 284
 de informações empresariais (EIP), 142
Portas (de desenvolvimento), 284
Porter, Michael, 20, 24, 339
POs (ordens de compra), 246
POS (ponto de venda), 170
Postos avançados, 315
Praticantes, 316
Práticas comerciais tradicionais, 212
Pratt & Whitney, 67
Precisão, 145
Prédios comerciais, 320
Prêmio Nacional de Qualidade Malcolm Baldrige, 202
Prevenção contra spam, 100
Previsão (inteligência de negócios), 236
Previsões, 198, 241
Priceline, 73
PricewaterhouseCooper, 298
Primavera Systems Inc., 284
Privacidade
 de dados, 310
 de informações, 96-97, 309-312
PRM (gestão de relacionamento com o parceiro), 231-232

ProactiveNet, 17
Problemas
   de regulamentação, 307
   relacionados a países, 307
Procedimentos de produção, 241
Processamento
   analítico online (OLAP), 33
   de transações online (OLTP), 32
Processo
   de produção, 208
   de serviços de banco online, 53
   de negócios ambientais, 44
   de negócios, 24, 42-55
      automação de, 248-249
      gestão de, 51-52
      importância de, 43-45
      integração de, 255-256
      melhoria de, 45-46
      modelagem de, 47-50, 52-55
      reengenharia de, 46-47
   de sinistros de autosseguro, 48
   de transformação, 196-197
   voltados à empresa, 45
   voltados ao cliente, 45
Procter & Gamble, 41, 142, 205, 214, 232, 297
Produção
   componente do ERP de, 252
   gerenciamento de, 196
   processo de planejamento de, 253
Produtividade, 279
Produtos, 201-203
Produtos/serviços substitutos (Modelo das Cinco Forças de Porter), 21
Profissionalismo, 299
Program Evaluation and Review Technique (PERT), 292-293
Programa do tipo "porto seguro", 311
Programação
   com OM, 198
   ficar para trás na, 288
   para inatividade/manutenção de sistema, 125
Programação extrema (XP), 283
Programadores de computador, 298
Programas
   backdoor, 114
   de associados, 75
   de desconto de energia, 318
   de fidelidade, 21
   suplemento (Skype), 169
Progressive Insurance, 47
Project Management Institute (PMI), 287, 288, 290
Projeto(s)
   "Feio", 291
   "Kamikaze", 291
   "Missão Impossível", 291
   "Suicida", 291
   categorização de, 290
   definido(s), 288
   desenvolvimento de sistema, 118
   eliminação de, 292
   escopo de, 291
   estratégicos, 289-290
   fracassado(s), 287
   impedimentos em, 291
   metas em, 288
   mudanças em, 295
   objetivos de, 287, 291-292
   partes interessadas de, 289-290
   planos para, 292-293
   pressupostos para, 291
   resultados de, 288
   tempo de abertura de, 291-292
Proliferação de servidores, 135
Propaganda, 75, 80, 84, 182, 191
Propagandas *pay-per-click*, 80-81
Propriedade intelectual, 92, 103-106
Proteção à privacidade, 311
Protestos cibernéticos, 309
Protocolo de transferência de hipertexto (HTTP), 62
Protocolos, 60
Protótipos, 283
Provedor
   de acesso à Internet (ISPs), 68-69, 79
   de acesso à Internet sem fio (WISP), 69
   de acesso online (OSP), 70, 79
   de conteúdo, 79
   de serviços de aplicativo (Application service provider, ASP), 70, 79
PSINet, 68
Publicidade móvel, 191
Pulso do mercado, 37
Pure plays (virtuais), 73
PVR (redução da variação de processos), 240-241

Q

Qualcomm, 86
Qualidade de processo, 202
Qualidade Seis Sigma, 202
Qualidade
   controle de, 198
   da informação, 145-147, 151
   de processo, 202
   de produto, 202
   em conceito de restrição tripla, 287
Qualls, Ashley, 80
Quantum, 60
Queda de sistema, 121 (*Ver também* Inatividade)
Quicken, 76
Quinn, Frank, 340, 343
Quiosque de web, 68

R

Rackspace, 232
RAD (desenvolvimento rápido de aplicação), 283
Raden, Neil, 339
Rádio por satélite XM, 180
Radiohead, 64
Raines, Dick, 73
Raw visit depth, 82
Raza, Ghyslain, 101
RBC Capital Markets, 191
Real People (revista), 148
Real simple syndication (RSS), 75
Reatância psicológica, 101
Receitas, 279
Recência, frequência e valor monetário (RFM), 221
Reciclagem, 136, 318-319
Reclamações de negligência médica, 269-270
Recrutamento, 321
Recuperação de desastre, 121-123
Recursos Humanos (RH), 8
   componentes do ERP dos, 252
   ferramentas de recrutamento para, 321
   processos de negócios para, 44
Rede(s), 165-172
   artificiais neurais, 39
   corporativas, 172
   de área local (LAN), 166-167, 173
   de área metropolitana (MAN), 167
   de e-Commerce, 76
   de longa distância (WAN), 167, 173
   de negócios on-line, 320
   de negócios, 169-170, 320
   de quarta geração (4G), 177
   de telecomunicação, 310
   de terceira geração (3G), 177
   de valor agregado (VAN), 77, 170
   e serviços web, 127
   e velocidade de transmissão, 170-171
   em negócios, 169-170
   local sem fio (wLAN), 175, 185
   marketing de, 321-322
   neurais, 39-40
   segurança de, 172-173, 308
   para dados globais, 310
   princípios de, 166-167
   privada virtual (VPN), 170
   problemas internacionais com, 307
   sociais, 320-322
   voz sobre IP, 167-169
Redução da variação de processos (PVR), 240-241
Redundância de informação, 150-151
Reengenharia de processos de negócios (BPR), 46-47
Regime Comunitário de Licenças de Emissão (Emission Trading Scheme), 318
Registros pessoais de saúde, 104
REI, 169
Reidenberg, Joe, 94
Reimers, Barbara DePompa, 341
Reinos online, 322-323
Reintermediação, 79
Reinventar a TI, 205
Reiser, Paul, 12
Relacionamento do fornecedor com o gerenciamento (SRM), 231
Relacionamentos, 148
Relacionamentos pós-venda, 226
Rendimento, 18
Repicci, Tom, 253
Repórteres sem fronteiras, 307
Repositório de dados, 159, 161
Representantes de atendimento ao cliente (CSRs), 227
Reputação da marca, 279
Requisitos de negócios:
   ambiguidade em, 281
   documentos de, 286
   e SDLC, 279

Responsabilidades, 12-15
Responsabilidade
    corporativa, 316
    social, 316
Resposta interativa de voz (IVR), 227
Restaurante Maloney & Porcelli's, 207
Restrição
    de integridade, 151 de integridade crítica ao negócio, 151
    de integridade relacional, 151
    tripla, 287-288
Resultados, 288
Retirada na loja, 169-170
Retorno sobre o investimento (ROI), 15, 67, 223
Reuters, 242
Reutilização, 131
RFID (identificação por radiofrequência), 187-190, 214-215
RFM (recência, frequência e valor monetário), 221
RH (ver Recursos Humanos)
Rico em dados, pobre em informação, 234
Right Management Consultants, 321
RightNow, 71
Rip Curl, 168
Ritz, 240
Rivalidade (Modelo das Cinco Forças de Porter), 22, 24
RivalWatch, 37, 39
Rivers Run Red, 323
Roche, Katrina, 278
Rode, Jerry, 94
Rogers, Sandy, 226
Rohde, Laura, 340
ROI (retorno sobre o investimento), 15, 67, 223
Rolling Stone (revista), 58
Rolodex, 321
Roos, Daniel, 342
Rosso, Wayne, 92
Roubo de identidade, 110
Rowdii, 59
RSS (real simple syndication), 75
Ruf Strategic Solutions, 238
RustyBrick, 219

S

Saab Cars USA, 94
Sabre Airline Solutions, 167
Safeway, 22
Saídas, 196-197
Salesforce, 71, 224
Salesnet, 71
Sam's Club, 232
Samsung Electronics, 143, 186
Sandbrook, John, 123
Santosus, Megan, 344
SAP, 255, 257
SAS, 161, 241
SAS Institute, 100
Satélites
    de baixa órbita, 180
    de comunicação, 180
Satisfação do cliente, 18, 43, 45, 283
Satyam, 297

SBUs (unidades estratégicas de negócios), 200
ScanR.com, 134
SCE (execução da cadeia de suprimento), 210-211
SCEM (gerenciamento de evento da cadeia de suprimento), 215
Schmidt, Eric, 272
Schonfeld, Erick, 341
Schrage, Michael, 340
Schrenker, Marcus, 285
Schupp, Sarah, 303
Schwartz, Barry, 219
SCM (*ver* Gestão da cadeia de fornecimento)
Scope creep, 286
SCP (planejamento da cadeia de fornecimento), 210, 211
Script kiddies/bunnies, 114
SDLC (*ver* ciclo de vida de desenvolvimento de sistemas)
Sears, Roebuck and Company, 60, 170, 231
SEC (Comissão de Valores Mobiliários), 92
SecondLife, 42, 322-324
Secure Science Corp., 110
Secure socket layer (SSL), 79
Sega of America, 239
Segurança
    como segmento de mercado, 182
    de bancos de dados, 151
    física, 308
    orçamento de, 104, 106
    para e-Business, 79
    para redes, 172-173, 308 (*Ver também* Segurança de informações)
    pessoal, 181
Segurança de informações, 102-115
    de bancos de dados, 151
    e arquiteturas empresariais, 122-123
    e custos de inatividade, 102-103
    e globalização, 308-309
    e métricas de TI, 18
    olíticas para, 106
    orçamento para, 104-105
    para ativos intelectuais, 103-106
    riscos pessoais para, 106-108
    tecnologia para, 109-115
    violações de, 309
Seigenthaler, John, 12
SelectMinds, 321
Sem fio (*ver* wireless fidelity)
SENECA (Sensory and Experimental Collection Application), 241
Senhas, 109, 110, 123
Sensores de segurança, 175
Sensory and Experimental Collection Application (SENECA), 241
SEO (otimização de mecanismos de busca), 75
SEO *White hat*, 75
SEO de *black hat*, 75
SERP (página de resultados de mecanismos de busca), 75
Serviço(s), 127-129
    baseados em localização (LBS), 181-182, 191
    cadeia de fornecimento de, 204
    de comunicação pessoal (PCS), 177

    de diretório e busca, 181
    de emergência, 177, 182
    de navegação, 182
    de listagem múltipla (MLS), 178-179
    definidos, 131
    estratégia OM para, 203
    financeiros, 52, 76-77
    meteorológico nacional, 188
    métricas para, 229
    web, 126-128, 132
Servidores web, 62
Sessão do visitante, 82
SET (transação eletrônica segura), 79
Setor
    das companhias áreas, 185
    de serviços industriais, 247
    varejista, 175, 302
SF Recycling & Disposal, 319
SFA (automação da força de vendas), 224
Shadowing, 264-265
Sharp Electronics, 227
Shaw, Danny, 14
Shell Oil, 39
Shell Services, 235
Shinn, Sharon, 342
Shopping bot, 41
Short message service (SMS), 181
Siebel, 7, 218, 224, 254, 255
Silos funcionais, 7
Silva, Chris, 342
Silva, Ken, 308
Sinbad, 12
Sinegal, Jim, 232
Singularidade, 145
Sirf Technology, 182
Sistema(s)
    aberto(s), 128
    CRM de gerenciamento de vendas, 224-225
    de autoatendimento baseado na web, 228
    de *back office*, 254-255
    de chamada de script, 228
    de controle, 200-201
    de CRM de gerenciamento de oportunidade, 225-226
    de execução da cadeia de suprimento (SCE), 210-211
    de gerenciamento de banco de dados (DBMS), 147, 152
    de gerenciamento de campanhas, 223
    de gerenciamento de contato, 225
    de gerenciamento de crédito, 251-252
    de gerenciamento de distribuição, 201
    de gerenciamento de documentos (DMS), 267
    de gerenciamento de estoque global, 200
    de gestão de ativos digitais (DAM), 267
    de gestão de mudança, 295
    de gestão do conhecimento (KMS), 264
    de informações, 312-313
    de informação executiva (EIS), 32, 36-37, 199
    de informação geográfica (GIS), 182-184
    de informações empresariais, 193
    de informações gerenciais (MIS), 8, 9, 44
    de modelagem baseada em agentes, 41-42
    de planejamento da cadeia de suprimento (SCP), 210, 211

de planejamento das necessidades de materiais (MRP), 200
de planejamento de demanda, 210
de planejamento de transporte, 201
de posicionamento global (GPS), 182
de processamento de transação (TPSs), 32-33, 35
de telecomunicação, 166, 307
de tomada de decisão (DSSs), 32-35, 199
de workflow baseado em banco de dado, 269
de workflow baseado em mensagens, 269
em tempo real, 144-145
especialistas, 39
estratégico de informação, 167
estratégicos de negócios, 199-200
estratégicos de tomada de decisão, 28-32
globais de TI, 303
inteligentes, 39
multiagente, 41-42
operacionais, 157-158
telefônico, 133
proprietários, 128
Sistemas de apoio à decisão em tomada de decisão, 33-35
Sistemas de colaboração, 260-273
definidos, 262-263
e controle de workflow, 269-270
e gestão de conteúdo, 267-268
e gestão do conhecimento, 264-267
e groupware, 270-272
e mensagens instantâneas, 272-273
equipes/parcerias/alianças, 260-261
Sistemas de informação, 5-18
desenvolvimento de, 275
global, 312-313
medindo o sucesso dos, 15-18
papel dos, 6-8
papéis/responsabilidade em, 12-15
princípios básicos de, 89
princípios de tecnologia para, 9-12
Sistemas de informações executivas em tomada de decisão, 36-37
Sistemas de processamento de transações em tomada de decisão, 32-33
Sistemas de tomada de decisão, 28-42
estratégica, 28-32
inteligência artificial em, 37-42
Sites
de acesso público, 19
de colaboração on-line, 268
de redes sociais, 93, 112, 190, 263, 321
(*Ver também sites específicos*)
interativos, 152-153
Situação crítica relevante, 315
Skinner, Mike, 65
Skype, 167-169, 190
SLA (acordo de nível de serviço), 70
Slama, Dirk, 341
Smart cooling, 318
Smartphones, 178
SMS (short message service), 181
SNA (análise de redes sociais), 266
Snap-on, 294
Sneakware, 101
Sniffer, 115
SOA (arquitetura orientada a serviços), 66, 256-257

Socializr, 59
Soden, Michael, 100
Software Ascential, 161
Software
antivírus, 114, 123
aplicações (*ver* Aplicações)
avaliação de, 285
de código aberto, 128
de detecção de emoção, 227
defeitos de, 278
desastres, 278
desenvolvimento de, 127, 285-288
e desenvolvimento de aplicações empresariais, 278-279
e vantagem competitiva, 278
falsificado, 92
instalação automática, 123
key logger/trapper, 101
padrões internacionais de dados para, 307
para detecção de intrusos, 108, 109
para ERP, 258-259
para limpeza de informação, 161-162
para redes de fornecimento, 210
para segurança de rede, 308
pirateado, 92
serviços web de, 127
sucesso/fracasso de, 279
teste de, 286
Solheim, Karsten, 31
Soloway, Robert, 99
Sony, 59, 60, 268, 319
Sony Inc., 111
Sony Pictures Entertainment (SPE), 111
Sophos, 108
Southwest Airlines, 41
Spam, 99, 111
de celular, 99
móvel, 99
Spamdexing, 75
Spammers, 123
SPE (Sony Pictures Entertainment), 111
Spearman, Mark, 342
Spektor, Regina, 323
Spider, 127
Spoofing (falsificações), 115
SpreeRide, 286
Sprint, 86
Sprint Nextel, 186
Sprints, 284
Spyware, 101, 115
SRM (relacionamento de fornecedor com gerenciamento), 231
SSL (secure socket layer), 79
St. Regis Resort, 239
Stalk, George Jr., 202-203
Stamps.com, 204
Standish Group, 278, 279, 282, 285-287, 289, 293
Staples, 143, 209
Star Wars kid, 101
Starbucks, 69, 166, 321
Stealthware, 101
Stellent, 268
Stewart, Martha, 92
Stickiness, 82
StorageTek, 121
Strategy Analytics, 86

Subaru, 136
Suker, Jason, 68
Sun Microsystems, 317, 319, 323, 325
Sun Tzu, 234
Suporte, 69
Surebridge, 71
Surfistas (oceano), 315
Surmacz, Jon, 339
Swap, Walter, 264-265
Swift, Taylor, 266

T

Tarefas de negócios, 131
Taxa(s), 84
de assinatura, 84
de conversão, 18
de licenciamento, 84
de serviços de valor agregado, 84
de transação, 84
Taylor, Andy, 226
Taylor, Nick, 161
TaylorMade, 243
TCCBCE (Coca-Cola Bottling Company of Egypt), 147-149
TCS, 297
TDF (fluxo de dados transfronteiriços), 310
Technology's Long Tail (A Cauda Longa) (Chris Anderson), 316
Tecnologia(s)
armazenamento de dados, 230
banda larga, 171-172
celular, 178
de CRM, 223-228
de detecção, 114
de monitoramento, 100-101
de prevenção, 111
de resistência, 111
de resposta, 114
de satélites, 180
disruptiva, 58-60
gestão do conhecimento, 266
ilegal, 92
integração de, com negócios, 313
interligação de redes, 118
M-Commerce, 86
móvel, 174
mudanças no negócio devido a, 302
para segurança de informações, 109-115
para sistemas de informação, 9-12
problemas internacionais em, 307
para cadeias de suprimento, 206-207
sustentável, 59
uso dos funcionários de, 309
Tecnologia a cabo, 172
Tecnologia da informação (TI):
BPM para, 51-52
culturas de, 10, 12
definidos, 9
e globalização, 303-306, 313
e reciclagem de e-waste, 318-320
em gerenciamento de operações, 199-201
executivos de, 14, 286
governança/conformidade, 305
inatividade de (*ver* Inatividade)
instalações para, 307-308
leis relacionadas a, 94
medindo o sucesso dos, 15-18

metas de projetos de, 7
métricas de, 16-19
monitoramento dos, 101
na gestão da cadeia de fornecimento, 208-211
nos negócios, 6-8
para agregar valor, 25
para CRM operacional, 223-229
para o CRM analítico, 229-231
pessoal de, 14-15
política de descarte de ativos de, 319
sustentáveis, 316-317
uso questionável da, 94
visão da empresa sobre, 33
(*ver também* Desenvolvimento de aplicações empresariais; Gestão de projetos)
Tecnologia de celulares, 176-179
Tecnologia de fibra para o lar, 172
Tecnologia disruptiva, 58-60
Tecnologia móvel, 173-191
  celular, 176-179
  direcionadores de negócios para, 174-176
  estratégia para, 175-176
  satélite, 172, 180-184
  sem fio, 184-189
  tendência de mão de obra em, 189-191
Tecnologia sem fio fixa, 172
Tecnologia sem fio, 174-175
Tecnologia sustentável, 59
Ted, 316
Tedeschi, Bob, 341
Telecomunicações (*ver* Rede(s))
Telefones, 212
  celulares analógicos, 177
Telemática, 325
Televisão
  móvel, 190
  via satélite, 175
Telhado vivo, 319
Temple, Nancy, 92
Tempo, 287
  de download (médio), 172
  de resposta, 18, 234
  do ciclo de reposição do estoque, 212
Tempos de ciclos de pedidos de clientes, 212
Tendência(s)
  atuais, 236
  em arquiteturas corporativas, 128-138
  em CRM, 231-232
  em e-Business, 84-87
  mão de obra, 189-191
  (*ver também* Tendências organizacionais do século XXI)
Tendência organizacionais do século XXI, 313-325
  empreendedorismo social, 316-320
  inovação, 314-316
  mundos virtuais, 322-325
  redes sociais, 320-322
Terceirização, 295-299
  nearshore, 296
  offshore, 296
  onshore, 296
Termo de abertura do projeto, 291-292
Thain, John, 15

The Colbert Report (programa de TV), 101
The Complaint Department, 222
The Complaint Station, 222
The Devon Group, 303
The Gap, 59, 73
The Hartford, 40
The Magicians, 42
The Onion, 15
The Tipping Point (Ponto de Virada) (Malcolm Gladwell), 316
The World is Flat (O Mundo é Plano: Uma História Breve do Século XXI) (Thomas Friedman), 7
Thomas, Geoffrey, 341
Thompson, Scott, 96-97
Thompson, Trina, 51
Thurman, Howard, 287
TI
  ecológica, 316-320
  sustentável, 316, 318-320
Time Keepers Inc., 294
Titchmarsh, Alan, 12
T-Mobile, 268
T-Mobile International, 69, 119, 128, 232
Todos os Homens do Presidente (filme), 158
Tokens, 110
Tolerância a falhas, 121
Tomada de decisão
  ao nível da SBU, 200
  com CRM analítico, 229
  e qualidade de informações, 146-147
  operacional, 237
  (*Ver também* Sistemas de tomada de decisão)
"Tornando-se ecológico," 316 (*ver também* TI ecológica)
Toshiba, 319
Toyota, 136, 214, 242, 271, 323, 324
TPSs (sistemas de processamento de transação), 32-33, 35
Trabalhadores remotos, 108
Trabalho em equipe, 283
Tráfego da web, 18
Transação eletrônica segura (SET), 79
Transmissor de micro-ondas, 180
Travelocity, 74
Treinamento de funcionários, 198
Tremblay, Marc, 317
Três Estratégias Genéricas de Porter, 23-24
Troca privada, 21
True Value Hardware, 237
TruServ, 237
Turner Industries, 247
TV móvel, 190
Twitter, 139, 219, 263, 266, 269

U

U.S. Bancorp, 40
U.S. Cellular, 325
U.S. Postal Service, 204, 205
U.S. Track and Field (USTAF), 168
Unidades estratégicas de negócios (SBUs), 200
Uniform Domain-Name Dispute-Resolution Policy, 59
Union Bank of California, 122

Unisys, 40
United Parcel Service (UPS), 174, 182, 199-200, 214, 230, 248
Universal resource locators (localizadores universais de recurso) (URLs), 62
Universal Systems Inc., 270
University of Denver, 106-107
University of Florida, 121
University of Phoenix, 302
University Parent, 303
UPS (*ver* United Parcel Service)
Up-selling, 224
UpShot, 71
Upton, Dennis, 228
URL (localizador universaL de recurso), 62
Usabilidade, 18
USi, 71
Uso global da Internet, 81
Uso legal de tecnologia, 94
USTAF (U.S. Track and Field), 168
UUnet, 68

V

Vail Resorts Inc., 224
VAN (rede de valor agregado), 77, 170
Vanguard, 78
Vanguard Petroleum Corporation, 76-77
Vantagem
  competitiva, 19-20, 299
  do primeiro movimento, 19
Vault.com, 100
Velocidade, 210-212
  de acesso a web, 186
  de transação, 18
  de transmissão, 170-171, 180
Vendas
  automação de, 224
  cruzada, 224
  departamento de, 8
  e CRM operacional, 223, 224
  métricas para, 229
  negócios eletrônicos, 74-75
  processo de, 225
VeriChip, 190
VeriSign, 308
Verizon, 22, 37, 126-127
Viajantes (seguro), 40
Vice-presidente
  de conhecimento (CKOs), 14
  de privacidade (CPOs), 14
  de segurança (CSOs), 14
  de sistemas de informação (CIOs), 13, 120
  de tecnologia (CTOs), 13 14
Vick, Bill, 321
Videoconferência, 271
Vignette, 268
VIPDesk, 324
Virgin, 316
Virgin America, 185
Virgin Mobile, 119
Virtualização:
  arquitetura de, 133
  de arquiteturas corporativas, 133-136
  de computação em nuvem, 137-138
  de desktops, 133

de sistema, 135
de servidor, 133
do sistema, 133, 135
e consumo de energia, 317-318
para celulares, 134
Vírus, 110, 114
Visa, 40, 47, 96-97
Visão
 física, 150
 lógica, 150
Visibilidade, 209-210
Visit depth, 82
Visitante
 identificado, 82
 monitorado, 82
 não identificado, 82
 único, 82
Vitale, Adam, 27
Vitas Healthcare Corporation, 123
Vitria Technology, 256
Volkswagen AG, 241-243
Vonage, 167
Voz sobre IP (VoIP), 167-169
VPN (rede privada virtual), 170

W

Wachovia Bank, 230
Wales, Jimmy, 12
Walgreens, 214, 218
Wall Street Journal, 30, 278, 281
Walmart, 17, 22, 42, 61, 67, 79, 188, 205, 206, 214
WAN (rede de longa distância), 167, 173
Warner Bros. Records, 323
Waxman, Henry, 239
WCM (sistema de gestão de conteúdo da web), 267
WCPO-TV, 74

Web
 1.0, 63
 2.0, 63-65
 3.0, 65-66
 log, 101
 semântica, 65, 66
Web3D Consortium, 66
Webconferência, 271-272
WebEx, 325
Website(s), 152-154
 acessível(is) ao público, 19
 baseados em dados, 152-154
 estáticos, 153
 métrica para, 80-81
 original(s), 62
 tráfego de, 79-80
 visitas, 82
Welch, Jack, 340
Wellpoint, 27
West, Kanye, 266
Weyco Inc., 102
Weyers, Howard, 102
Whateverlife, 80
Wheels of Zeus, 182
Whirlpool Corporation, 240
Wi-fi sustentado por anúncios, 184
Wikipédia, 153, 268
Wikis, 268
Wikis empresariais, 268
Williams, Robbie, 12
WiMAX, 7, 175, 186-187
Wipro, 297
Wired (revista), 314, 316, 322
Wireless fidelity (wi-fi), 184, 185
Wisconsin Physician Services Insurance Corporation, 227
WISP (provedor de acesso à Internet sem fio), 69
wLAN (rede local sem fio), 175, 185

Womack, James P., 342
Woodward, Bob, 158
Work Design Collaborative, 324
World Wide Web (www), 61-66
 e negócios internacionais, 307
 evolução da, 61-63
 invenção da, 316
 versões da, 63-66
World Wide Web como, 66
WorldNet, 68
Worm (vírus), 114
Worm Blaster, 114
Wozniak, Steve, 182

X

X Prize Foundation, 316
Xanga, 311
Xerox, 60, 142, 270, 296
XML (extensible markup language), 132
XP (programação extrema), 283

Y

Yahoo!, 61, 62, 64, 67, 178, 190, 272
Yang, Jerry, 61
Yankee Group, 79, 323
Yourdon, Edward, 291
YouTube, 19, 78, 93, 125, 173, 231, 232, 269, 324
Yuuguu, 59

Z

Zappos, 209
Zarb, John, 99
Zelenka, Anne, 340
Zoomr, 59